KB144766

신라토기연구

신라토기연구

2022년 7월 21일 초판 1쇄 인쇄
2022년 8월 11일 초판 1쇄 발행

지은이 최병현

편집 김천희
디자인 김진운
본문조판 토비트
마케팅 최민규

펴낸이 고하영·권현준
펴낸곳 (주)사회평론아카데미
등록번호 2013-000247(2013년 8월 23일)
전화 02-326-1545
팩스 02-326-1626
주소 03978 서울특별시 마포구 월드컵북로6길 56
이메일 academy@sapyoung.com
홈페이지 www.sapyoung.com

ISBN 979-11-6707-071-5 93910

신라토기연구

최병현 지음

사회평론아카데미

머리말

필자가 대학을 졸업하고 나서 첫 번째 일터였던 경주 천마총 현장에서 유적의 발굴을 익혀가며 처음으로 읽은 고고학 책이 故 삼불 김원룡 선생의 『*Studies on Silla Pottery*(新羅土器의 硏究)』(乙酉文化社, 1960)였다. 선생의 뉴욕대학 박사학위 논문을 출판한 이 책은 14쪽의 긴 국문 요약이 붙어 있기는 하지만, 원문은 영어로 되어 있어서, 처음 읽을 때 우리말로도 모르는 토기들의 명칭과 토기 각 부분의 설명을 이해하기도 어려웠지만, 영어로 쓰인 토기 무늬를 알아내기란 참으로 힘들었다. 복사한 책과 원문을 거의 베껴 쓰다시피 하고 무늬를 트레이싱지에 복사하여 붙인 노트를 지금도 가지고 있다. 그 책은 필자에게는 천마총에서 황남대총으로 이어진 신라고분 발굴과 함께 신라고고학의 세계로 빠져들게 한 고고학의 입문서였던 셈이다.

천마총과 황남대총에서는 온갖 화려한 유물이 출토되었고, 경주의 발굴은 안압지, 황룡사지로 이어졌지만, 필자의 주된 학문적 관심은 신라의 묘제와 고분구조를 중심으로 한 신라 고분문화의 변화·변동에 기울여졌고, 다른 어떤 고고학 자료보다도 세밀한 상대편년이 가능한 신라토기의 편년이 그에 대한 연구의 관건이고 선행조건임을 차차 알아가게 되었다. 필자가 신라고분에 대한 첫 논문을 발표할 때, 우리 고고학계에서는 원삼국토기의 실체 문제에 대한 이른바 '와질토기 논쟁'이 시작되었고, 광복 후 한국고고학의 최대 학술논쟁으로 평가될 만큼 격렬한 논쟁으로 비화되고 있을 무렵, 때맞추어 필자는 진천 삼룡리·산수리 원삼국~백제토기 요지군을 발굴조사하고 있었다. 이에 필자는 그 논쟁을 피해갈 수 없게 되었고, 그 참전(?)으로 토기에 대한 이해와 토기 연구의 범위를 넓혀갈 수 있었다.

그리하여 신라고분에 대한 필자의 첫 저작인 『新羅古墳硏究』(一志社, 1992)를 제1부: 고분, 제2부: 유물로 꾸며, 제2부를 토기 연구로 채웠다. 그 책의 머리말에서도 밝혔듯이, 그때 필자에게는 신라토기의 일목요연한 편년체계를 수립하여 제시하고 싶은 욕심이 있었다. 그러나 그것은 당시로서는 과욕이었고, 결과는 조루한 논문 모음이 되고 말아, 오히려 언젠가는 이를 완성해 내야만 하는 짐이 되었다. 그 후 생활인으로, 사회인으로 바쁘게 사는 사이, 누군가 다른 연구자가 그 대안을 내준다면 그 짐을 벗어버릴 수도 있겠다 싶었지만, 학계의 신라토기 연구는 한 분기씩의 편년으로 그치거나 그마저도 각 분기의 몇몇 중심 기종으로 제한된 것이 대부분이었다.

이 책은, 그래서 필자에게 그대로 남은 그 짐을 풀기 위해 지금까지 기울여온 노력의 결과물로, 먼저 출간된 『신라 6부의 고분 연구』(사회평론아카데미, 2021)의 각 분기 고분들을 분석할 때마다 그에 앞서 경주지역의 신라토기들을 편년하여 발표한 논문들을 근간으로 하였다. 여기에 그 사이 새로 나오는 발굴보고서들에서 경주지역의 신라토기 편년자료를 최대한 보완하거나 빠진 것을 보충하고, 분기마다 지방의 신라토기 전개를 추가하여 이 책을 엮었다.

이 책은 제1부와 제2부로 꾸며졌다. 제1부는 서론 격으로 신라토기의 이해를 위한 기초적인 사항과 신라토기 성립 이전 원삼국토기의 성격 및 신라토기의 직접적인 모태가 된 경주지역의 원삼국토기 편년을 살펴보았다. 제2부는 신라토기의 전개 과정으로, 신라토기를 시기양식으로 나누어 경주지역에서 각 시기 원신라양식의 성립과 그 편년을 살펴보고, 이어서 그 지방 전개 과정을 파악해 보았다. 요컨대 이 책에서는 1차적으로 사로국시기부터 통일신라까지 경주지역에서 각 시기 토기양식의 성립과 그 통시적인 편년체계를 수립하고자 하였으며, 이를 바탕으로 각 시기양식 신라토기가 지방으로 확산되어 나간 과정을 추적해보고자 하였다. 각 시기 신라토기의 지방 전개는 분포 범위의 변화와 그 외곽의 파악에 중점을 두었다. 신라토기 성립 이후 그 지방 전개는 신라의 지방지배 과정과 밀접하게 관련되어 있기 때문이다.

이 책을 기획하면서 필자는 특별히 다음 사항에 유의하였다. 첫째는 이 책이 일종의 신라토기 사전과도 같은 역할을 하여 유적의 발굴현장에서나 발굴유물을 정리할 때 손쉽게 찾아볼 수 있기를 바랐다. 이에 단발성이거나 출토 빈도가 극히 적은 기종은 제외되었지만, 형식분류를 통해 상대편년이 가능한 모든 기종을 포함하고자 하였다. 둘째는 읽기 쉬운 토기책이 되기를 바랐다. 사실 고고학자료로서 유물의 세부는 글로 묘사하기도 어렵지만, 이를 읽고 이해하기는 더 어렵다. 유물 중에서도 특히 토기의 구조·형태 등 속성을 글로 표현하거나 속성과 형식의 변화 과정에 대한 방법론적인 내용을 글로 설명하고, 그 글을 끝까지 읽어내 이해하기는 더욱 어렵다. 그래서 도면으로 대신하고 세부적인 설명을 생략하거나, 글을 읽다가 중도 포기하기도 한다. 사실 필자도 그러한 경험이 여러 번 있다. 이에 이 책에서는 글로 묘사하는 것을 줄여, 먼저 토기 기종에 따라 형식의 변천 도표를 제시하고 변화의 방향을 간략히 설명하는 것으로 대신하였으며, 세부 묘사는 꼭 필요한 부분만 덧붙였다.

신라토기의 편년은 그동안 끊임없는 학계의 연구를 통해 큰 진전을 이룬 것이 사실이다. 하지만 경주지역에서 성립한 각 시기 원신라양식의 변화 과정을 통시적으로 규명하여 전체 신라토기 편년의 중추와도 같은 종적 편년체계를 구축하고, 지방의 각 지역양식 신라토기의 편년이 이에 결구되면서 이루어져야 하는 과제가 여전히 남아 있다. 이 책이 그와 같은 전체 신라토기의 안정적인 편년체계 구축에 기여할 수 있기를 기대한다.

이 책은 대한민국학술원의 학술원총서 지원으로 엮을 수 있었다. 학술원총서는 비매품 한정판으로 제작하여 각종 도서관에만 제공되므로, 필자가 원할 경우 외부 출판사의 중복 출판이 허용되었다. 학술원총서는 『신라토기의 성립과 전개』로 하였지만, 이 책은 제목을 『신라토기연구』로 바꾸어 낸 것이다. 이 책은 필자가 원래 구상한 신라토기 연구가 완성된 것이 아니다. 신라토기의 시기양식 중 편년자료의 문제로 신라후기양식토기의 후반부는 기종이 극히 제한될 수밖에 없었고, 나말여초양식토기는 아예 다루지 못했다. 또 신라토기 요지를 고찰하여 신라토기 제작기술의 변화 과정에 대해서도 살피고 싶었지만, 이 책에서는 시도하지 못했다. 학술원총서의 제목은 이들이 빠진 책의 내용에 맞게 붙인 것이며, 이 책의 제목은, 이제 필자는 고고학자료를 세밀히 살피기에는 힘이 들고 멀어져가는 기억을 붙들려고 씨름해야만 하는 나이에 접어들어 완성을 장담할 수는 없지만, 연구를 계속하여 언젠가는 이를 증보하고 싶다는 의지의 표현이다.

책을 내면서, 필자의 연구생활 내내 필요한 자료들을 쉼없이 구해주고 있는 김무중 기양고고학연구소장, 이 책의 모든 도면과 표의 파일을 작성해 준 정명주 님에게 감사한다.

또 중복 출판이라는 불리한 조건에서도 선뜻 이 책의 출판을 맡아주신 사회평론아카데미 윤철호·고하영 대표님, 김천희 소장님께 감사한다.

끝으로, 당신의 책이 나온 뒤 60년이 지나 엮어낸 신라토기 책을 故 삼불 김원룡 선생께서 읽어보신다면 무어라 평해주실지 궁금하며, 가납해주신다면 이 책을 선생님의 영전에 바치고 싶다.

2022년 1월 30일

최병현

요약 차례

결론   신라토기의 전개와 그 정치적 함의

차례

결론: 신라토기의 전개와 그 정치적 함의 557

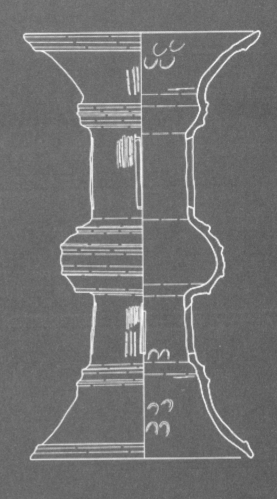

제1부

서설

제1장

신라토기 이해의 기초

신라토기의 정의와 양식   I

1. 신라토기의 정의

토기란 인류가 최초로 화학변화를 깨달아 흙으로 빚고 불에 구워 그릇으로 사용하기 시작한 것이다. 토기는 처음에는 요리·저장·운반 등에 사용되는 생활용기로 시작되었지만, 부장품이나 祭器, 또는 옹관이나 골호와 같은 매장용기 등 다양한 용도로 발전되면서 인류 문화의 발전 과정에 획기적인 영향을 주었다. 이에 따라 토기의 변화는 고고학에서 시대구분의 한 기준이 되기도 한다.

인류의 문화 발전 과정에서 토기의 제작과 사용은 신석기문화의 공통적인 특징 중의 하나이지만, 아무르강 하류를 비롯한 동아시아 일부 지역에서는 후기 구석기시대의 최말기 무렵부터 토기가 사용되었고, 한반도에서도 최초의 토기는 그와 연관되어 출현하였을 것으로 여겨지고 있다. 한국의 신석기시대 토기는 일반적으로 빗살문토기라고 하며, 이어서 청동기시대와 초기철기시대에는 무문토기가 사용되었다. 초기철기시대의 무문토기는 구연부에 붙인 두툼한 점토띠가 특징적이어서 점토대토기라고 부른다.

이어 원삼국시기에는 이상의 선사토기와는 제작기술이 완전히 다른 새로운 토기문화가 등장하였다. 선사토기는 사람의 손으로만 빚고 노천요에서 산화염으로 소성한 적갈색 토기가 일반적이었지만, 원삼국토기부터는 회전축을 이용한 녹로, 즉 물레성형 방법이 도입되고 실요에서 환원염으로 소성한 회색이나 회청색 토기가 중심이 되어갔다. 원삼국토기는 중국에서 새로운 제도기술이 도입되어 출현한 것으로, 성형 때 표면에 찍힌 타날문이 공통적 특징이므로 타날문토기라고 부른다. 백제토기, 신라토기, 가야토기 등 삼국시대 토기는 기본적으로 원삼국시기 타날문토기의 제작기술이 발전하고 새로운 기종들로 대체되어 나가면서 성립한 것이다.

土器라는 말은 이제는 학계는 물론 일반인에게도 익숙한 것이 되었지만, 원래 우리나라나 중국에서는 쓰지 않던 것이다. 흙을 빚어 구워 만든 용기를 총칭하여 흔히 陶瓷器라고도 하는데, 이 말도 원래는 사용하지 않던 것으로 우리나라나 중국에서 전통적으로 陶器와 瓷器(또는 磁器)를 구분하여 쓰던 것을 현대에 이르러 합친 것이라고 한다. 도기는 陶土, 즉 질이라고 부르는 찰흙, 곧 粘土를 구워 만든 것으로 우리말로는 질그릇이라고 하였고, 자기는 대개 돌가루로 되어 있는 瓷土를 구워 만든 것으로, 우리나라에서는 돌가루인 砂土로 만들었다 하여 砂器라고 부르기도 하였다(윤용이 1996: 192~196). 이와 같은 전통에 따르면 나말여초에 靑瓷가 등장하기 이전, 즉 선사시대와 고대에 흙을 빚어 구워 만든 그릇도 '질그릇'이나 '陶器'라고 불러야 옳다.

그런데 근대 이후 서양의 도자학에서는 흙을 구워 만든 그릇을 굽는 온도에 따라 土器(clayware), 陶器(earthenware), 炻器(stoneware), 磁器(porcelain)로 구분하였다. 토기는 대개 600~700℃ 정도로 구워 연질이고, 안에 물을 넣으면 물이 스며서 밖으로 번져 나오는 것으로, 선사토기가 이에 해당한다. 도기는 토기보다 단단하나 물은 역시 기벽으로 스며들며 붉은 화분이나 떡시루 같은 것이 이에 해당된다고 한다. 석기는 1000~1200℃의 고온으로 구워 경질이며, 태토 속의 장석이 녹아 유리질이 되어 때리면 쇳소리가 나고, 물이 기벽에 스며들지 않는 것이다. 원삼국 이후의 회청색 경질토기가 이에 해당한다. 자기는 1300℃가 넘는 고온으로 구워 태토의 유리질화가 더 진전되고 유약을 씌운 것이다(김원룡 1981).

이와 같은 서양 도자학의 구분을 일본에서 받아들여, 일본에서는 그 중 토기의 범위를 확대하여 자기 이외의 모든 것을 토기로 포괄하게 되었고, 우리나라에서도 이를 따라 토기라는 말이 일반적으로 쓰이게 된 것이다(윤용이 1996: 16~23). 그러나 주로 고려시대 이후를 다루는 도자사에서는 고려·조선시대에 자기와 공존한 점토로 만든 그릇을 여전히 도기라고 부르고 있어, 고고학에서 통일신라까지 토기라고 하는 것과 도자사에서 고려시대 이후 도기라고 하는 것이 마치 제도기술이 다른 별개의 것처럼 되었다.

그러나 이들은 모두 원래 같은 제작 전통에 있는 질그릇으로, 고고학에서도 전통적인 용어를 일부 회복하여 원삼국토기를 赤色土器와 '軟質陶器', '硬質陶器'로 나누자는 제안이 있었다(이성주 1988a: 37; 1988b: 129). 필자도 원삼국시기의 적색토기뿐만 아니라 선사시대 토기까지 모두 도기로 회복하여 질이나 색, 또는 문양을 의미하는 수식어를 붙여 '빗살문도기'와 '무문도기', '적갈색도기'와 '회색도기', '연질도기'와 '경질도기' 등으로 나누어 쓸 것을 타진한 바 있다(최병현 2012: 107). 그러나 고고학에서는 이미 토기라는 용어 사용이 굳어져 학계에서는 아직 그에 대한 반응이 없다. 이에 이 글에서도 혼란을 피해 토기, 신라토기라는 용어를 그대로 쓰기로 하겠다.

신라토기란 삼국시대부터 통일신라시대까지 신라의 영역 안에서 생산된 토기라고 정의할 수 있다. 신라토기는 제작기술의 전통이나 기종구성 및 기형에 있어서 삼국시대에는 한반도 안에서도 고구려토기나 백제토기와 구별되고, 통일신라시대에는 중국이나 일본 등 이웃 나라들의 도자기와는 다른 양식적 특징을 가지고 있다. 따라서 신라의 영역 안에서 생산되고 사용된 토기는 물론 신라토기이지만, 신라에서 생산되어 다른 나라나 지역으로 옮겨진 토기도 신라토기로서 그 구분은 그다지 어렵지 않다.

다만 삼국시대 영남지방의 신라(전기양식)토기와 가야토기는 제작기술의 전통이나 기종 구성에 큰 차이가 없고 양식적 친연성이 강하므로 과거에는 광의의 신라토기에 가야토기를 포함하기도 하였다(김원룡 1960). 그러나 유적의 조사와 연구가 진척되면서 점차 낙동강을 경계로 이동과 이서지방의 토기 사이에 기종의 차이는 크지 않지만 대표적인 기종들의 기형에서 상당한 차이가 있음이 드러나게 되었다. 낙동강을 경계로 한 동서 양쪽의 이와 같은 토기군의 분포가 단순한 문화적인 차이였는지 아니면 신라와 가야의 정치적 권역에 따른 것이었는지에 대한 많은 논란이 있었으나, 낙동강 이동지방과 이서지방은 토기 이외에도 고분의 묘제와 구조, 장신구와 무기의 양식 등 고고학 자료들에서 점차 분명한 차이가 드러나, 지금은 대개 신라와 가야의 권역이 낙동강을 경계로 나뉘어 있었다는 쪽으로 정리되어 있다. 이에 따라 이제는 삼국시대 영남지방의 토기 가운데 낙동강 이동지방의 토기는 신라(전기양식)토기로서, 낙동강 이서지방의 토기는 가야토기로서 각각 별개의 토기양식으로 구분하고 따로 나누어 연구해 나가는 경향이 강하다.

2. 신라토기의 양식

양식(樣式, style)이란 '어떤 행위를 하거나 인공물을 만드는 방식 중 특징적이어서 상호 분간할 수 있는 방식'(콜린 렌프류·폴 반 2006: 427), '무언가를 하는 독특한 방식'(T. 더글라스 프라이스 2013: 240) 등으로 정의되고 있지만, 고고학 자료에서 양식이란 일정 사회에서 동일 기술유형으로 제작된 일련의 유물군을 의미한다. 이에 따라 삼국시대 토기도 시공적으로 차별성이 있는 기종들로 구성된 일련의 토기군을 양식으로 구분하고 있다.

삼국시대의 고구려토기, 백제토기, 신라토기, 가야토기는 공간적으로 일정한 정치적 권역에서 같은 기술유형으로 제작된 토기군을 양식으로 가르는 것이며(도 1.1-1), 백제토기 중 한성기토기, 사비기토기는 백제토기를 다시 시기적으로 달라진 양식으로 나누는 것이다. 뒤에서 살펴보겠지만, 토기는 지역성이 강하여 신라(전기양식)토기는 부산양식, 창녕양식, 경산양식, 성주양식, 의성양식, 가야토기는 고령양식, 함안양식, 서부경남양식 등의 지역양식으로 세분되기도 한다. 이와 같은 구분에 따르면 삼국시대의 토기양식에는 대양식과 소양식이 있어, 백제토기, 신라토기, 가야토기라는 대양식 안에서 시기적인 소양식과 지역적인 소양식이 구분되고 있는 것이다.

신라토기의 양식을 시기적으로 가르는 것은 신라토기의 시기구분과도 같다. 즉 신라토기의 발전 과정을 양식의 변천에 따라 시기적으로 나누는 것이다. 과거에는 신라토기를 고신라토기와 통일신라토기로 나누었다. 일제강점기에는 신라토기를 新羅燒, 또는 新羅燒土器라고 불렀는데, 有光教一이 1932년 경주 충효동의 석실분 발굴에서 경주 시내의 평지 적석목곽분 출토 토기와는 기형이 다르고 인화문이 시문된 토기들이 출토되자 이를 통일신라토기라고 보아, 경주 시내 평지의 적석목곽분은 고신라 고분으로 그 출토 토기는 고신라토기, 경주분지 주변 산지의 횡혈식석실분은 통일신라 고분으로 그 출토 토기는 통일신라토기라고 한 데(조선총독부 1937: 45~53) 따른 것이다.

1·2. 몽촌토성

2

1

1. 고구려토기

1·3. 풍납토성

2. 몽촌토성

1

2

3

2. 백제토기

1·2. 황남대총 남분

1

2

3. 신라토기

1·2. 지산동 73

1

2

4. 가야토기

도 1.1-1 삼국시대 토기

    광복 후 김원룡은 일찍이 신라토기를 '제I기 신라토기'와 '제II기 신라토기'로 구분하고, 제I기에서 제II기로의 변화가 6세기 중엽부터 시작되었다는 것을 밝힌 바 있다(김원룡 1960). 그러나 그의 주장과 관계없이, 학계에서 신라토기는 여전히 삼국 통일을 기점으로 고신라토기와 통일신라토기로 구분되는 것이 일반적이었다(小學館 1979)

    한편 김원룡은 가야토기가 포함된 광의의 신라토기는 낙동강을 경계로 하여, 가야산 이북의 낙동강 이서를 포함한 낙동강 동안양식–신라중심군과 가야산 이남의 낙동강 서안양식–가야군으로 나뉜다고 하였다. 대표적으로 대각에 2단으로 투창이 뚫린 고배의 경우 낙동강 동안양식은 직선적인 대각에 투창을 상하 엇갈리게 교차로 뚫은 반면,

낙동강 서안양식은 곡선적인 대각에 투창을 상하 일렬로 뚫었다고 지적하였다(김원룡 1960). 이에 따라 삼국시대 낙동강 동쪽의 신라토기는 낙동강 동안양식, 서쪽의 가야토기는 낙동강 서안양식으로 불리게 되었다.

그 후 경주 황룡사지 발굴조사(문화재관리국 문화재연구소 1984)를 통해 신라의 수도 경주에서 적석목곽분으로부터 석실봉토분으로의 묘제 교체와 토기양식의 전환은 신라의 삼국통일보다 100년 이상 앞서서 일어난 사실이 밝혀졌다(최병현 1981; 1984). 이에 필자는 신라토기의 양식은 특정의 정치적 기점과는 관계없이 구분되어야 한다고 보아 고신라토기를 신라전기양식토기, 통일신라토기를 신라후기양식토기로 규정할 것을 제창하였고(최병현 1987), 이는 대체로 학계에서 수용되었다.

김원룡은 또 일찍이 영남지방에서 원삼국토기로부터 삼국시대 신라토기로 전환하는 과도기의 토기군을 주목하여 이를 '신라토기 조기'로 설정하고(김원룡 1979), 김해 부원동패총을 그 표준유적으로 보아 신라토기 조기는 '부원동기'라 하기도 하였다(김원룡 1981; 1982). 즉 영남지방에서 토기는 원삼국시기의 김해식토기에서 조기 신라토기를 거쳐 낙동강 이동의 신라토기와 이서의 가야토기로 발전되었다고 본 것이다.

때마침 우리 학계에서는 김해식토기가 원삼국토기라는 종래의 견해를 뒤집고, 진정한 원삼국토기는 김해식토기가 아니라 '와질토기'라는 주장이 제기되어(신경철 1982; 최종규 1982) 이른바 '와질토기 논쟁'이 벌어졌는데(김성남·김경택 2013), 와질토기론에서는 영남지방에서 원삼국 와질토기에 이어 등장한 삼국시대 토기는 '고식도질토기'이며, 낙동강을 경계로 갈라진 낙동강 동안양식과 서안양식은 그에 이은 '신식도질토기' 또는 '제2기 도질토기'(최종규 1982: 227)라고 하였다. '고식도질토기'는 삼국시대 토기라고 하였지만, 그러나 고식도질토기 단계의 토기군에는 와(연)질로 질이 무른 토기들이 여전히 많이 남아 있어 사실상 원삼국토기의 연장으로 다루어질 뿐(안재호 1994; 이성주 1999), 실제로 학계에서는 고식도질토기 단계의 토기군이 삼국시대 토기로 인정되지 않았다.

'고식도질토기'라는 용어가 '와질토기'에 상대되는 토기질을 나타내기는 하지만, 이 토기군이 다음 시기 신라(전기양식)토기와 가야토기의 직접적인 모태임에도 그와 연결되는 의미가 담겨져 있지 않고, 그 시기가 경주에서는 진한 사로국이 신라국가로 탈바꿈하여 낙동강 이동지방부터 지배해나가기 시작하고, 김해에서는 변한 구야국이 가야로 전환되는 시기임에도 그 역사성이 결여되어 있기 때문이었다. 이에 필자는 삼국시대인 이 단계 토기군의 이름에는 그 두 가지 의미가 결합된 역사성이 담겨져 있어야 한다고 보아 신라·가야조기양식토기로 설정하고, 경주지역에서 성립하여 지방으로 확대되어 나간 것을 신라조기양식토기, 김해지역에서 성립하여 주변으로 퍼져나간 것을 가야조기양식토기라고 하였다(최병현 2012: 106~107).[1]

한편 통일신라 후기부터 고려 초까지는 신라후기양식토기에서 전환된 새로운 양식의 토기가 이어졌다. 이 토기군을 역사적인 용어 그대로 '나말여초 토기'라고 하기도 하지만(박순발 2000; 변영환 2007), 필자는 신라토기의 시기양식 구분에 따라 이 단계 토기군을 나말여초양식토기로 설정한 바 있다(최병현 2011).

영남지방의 원삼국토기로부터 발전되어 성립한 신라토기는 이와 같이 신라조기양식토기, 신라전기양식토기, 신라후기양식토기, 나말여초양식토기로 시기양식이 구분된다. 물론 학계에서는 신라조기양식토기를 여전히 고식도질토기라고 하는 연구자도 많고, 신라후기양식토기를 다시 후기양식과 통일양식(홍보식 2000; 2003), 또는 중기양식과 후기양식(山本孝文 2007; 윤상덕 2010)으로 가르기도 하고, 나말여초양식토기를 말기양식이라고 하는(山本孝文 2007; 윤상덕 2010) 등의 이견이 아직 남아 있다.

그러나 시기마다 원신라양식이 성립한 경주지역에서 신라토기는 그 자체만 변화되어 간 것이 아니다. 묘제를 비롯한 고분문화의 변동과 함께 하였다. 경주지역에서 신라토기의 양식 전환은 고분의 변동과 연동된 것이었다.

신라조기양식토기: 경주지역에서는 원삼국 후기의 장방형 목곽묘에 이어 주부곽식 목곽묘가 축조되었다. 異穴, 同穴의 주부곽식 목곽묘는 신라 조기의 묘제이며, 이때의 토기양식이 신라조기양식토기이다. 신라조기양식토기는 원삼국 후기의 신식와질토기로부터 발전하여 신라전기양식토기가 성립되기까지의 신라토기 양식으로, 대부직구호와 무파수노형기대를 표지로 한다. 목곽묘 피장자의 위세를 나타내는 오리형토기도 이 단계의 특징적인 것이다.

회청색 경질토기의 부장이 증가하여 전체적으로는 부장토기가 와(연)질의 무른 토

....

1   필자가 김원룡의 '신라토기 조기'를 신라조기양식토기로 바꾸어 쓰기 시작한 것은 그 이전부터였으며(최병현 1992a: 619; 1992b: 98~101), 이때 그 의미를 좀 더 분명히 하였다.

기에서 경질토기로 바뀌어 가는 시기이지만, 경주지역의 중심고분군과 분지 주변 지구의 고분군 사이에 차이가 컸다. 중심고분군인 월성북고분군에는 경질토기 중심으로 부장되었지만, 분지 주변 지구 고분군의 부장토기는 여전히 와질의 연한 토기가 많았다.

신라전기양식토기의 표지적인 기종 중 하나인 고배의 선행 형식은 아직 경주지역에서 발견되지 않았지만 지방에서 출토된 바 있고, 다른 하나인 장경호가 성립되어가는 모습을 볼 수 있다.

신라전기양식토기: 신라 조기의 주부곽식 목곽묘에 이어 신라의 왕도 경주에서는 신라 전기의 적석목곽분이 축조되었다. 신라전기양식토기는 적석목곽분 축조 시기인 신라 전기의 토기양식이다. 신라토기를 대표하여, 과거에 신라토기라고 하면 이 신라전기양식토기를 가리켰다. 대각에 장방형 투창이 교차로 뚫린 고배, 목이 길게 올라간 장경호가 대표적인 기종이다. 회청색 경질토기가 일반화되어 중심고분군, 주변 지구 고분군 구분 없이 경질토기가 부장토기의 중심이 되었다. 이 단계 영남지방의 토기를 낙동강을 중심으로 낙동강 동안(이동)양식-신라토기와 낙동강 서안(이서)양식-가야토기로 나누기도 한다.

신라후기양식토기: 신라의 왕경 경주지역에서는 신라 전기의 적석목곽분에 이어 신라 후기의 횡혈식석실분이 축조되었다. 신라후기양식토기는 경주지역에서 횡혈식의 석실봉토분이 축조된 시기의 토기양식이다. 삼국시대 후기에 성립하여 통일신라 후기에 나말여초양식토기로 바뀌기까지의 신라토기이다. 유개합, 편구형병, 화장골호로 쓰인 연결고리유개호 등이 대표적인 기종이다. 이른 단계는, 고분에 신라전기양식토기 고배에서 대각이 단각화한 각종 고배와 배신에 환형의 굽이 붙은 단각고배가 주로 부장되어, 단각고배 단계로 구분하기도 한다. 삼국시대 후기부터 발전되어 온 인화문이 통일기에 크게 성행하여, 과거에는 통일신라토기는 곧 인화문토기라고 하기도 하였다.

나말여초양식토기: 통일신라 후기부터 고려 초까지는 경주와 지방에서 모두 고분이 거의 축조되지 않은 사실상의 고분 소멸기이다. 나말여초양식토기는 이 고분 소멸기에 해당하는 토기양식이다. 인화문이 쇠퇴하고, 토기가 전체적으로 무문화하는 가운데, 대호의 목과 어깨에는 거칠게 파상문을 긋는 등 침선문이 다시 등장하였다. 주름무늬 소병, 각종 편병과 각병이 발전하였으며, 늦은 시기에는 반구병 등이 무덤에서 이른 형식의 청자와 공반되기도 한다.

신라토기의 제작기술 II

신라토기라고 하면 대개는 신라전기양식토기의 고배, 장경호와 같은 회청색 경질 토기를 떠올린다. 회청색 경질토기는 도자기학상의 炻器(stoneware)에 해당하며, 대개 1200℃가 넘는 고화도로 소성되어 두드리면 쇳소리가 나고 흡수성이 없다. 환원염으로 소성을 마쳐 표면은 회청색이나 회흑색을 띠며, 소성할 때 재가 녹아 초록색의 자연유 가 덮이기도 하고, 자연유가 흘러내린 것도 적지 않다. 속심은 암자색이나 회색인데, 전 자가 후자보다 더 고온으로 소성된 것이다.

이와 같은 회청색 경질토기는 원삼국시기부터 한반도 남부지방에 타날문토기 생 산체제가 도입되어 생산되기 시작하였지만, 제도기술이 발전함에 따라 증가하여 신라 전기양식토기에서 절정을 이루었다. 그러나 신라전기양식토기에도 회청색 경질토기만 있는 것은 아니며, 회색 연질토기와 적갈색 연질토기도 공존하였다.

회색 연질토기도 환원염으로 소성되었지만 회청색 경질토기보다 소성온도가 낮은 것으로, 원삼국시기의 '와질토기'라고 하는 것도 대개는 회색 계통의 연질토기이다. 신 라조기양식토기, 신라전기양식토기로 오면서 제도기술의 발전에 따라 회색 연질토기가 회청색 경질토기로 전환되어 갔지만, 시루나 일부 단경호와 같은 것은 신라전기양식토기에서도 회색 연질토기로 남았고, 일상생활용 토기는 회청색 경질토기보다 회색 연질토기가 많아 주거지 등 생활유적에서 그 출토 비율이 높다. 신라후기양식토기도 신라전기양식토기에 비하면 회색의 연질토기가 많은 편이다.

적갈색 연질토기는 낮은 온도의 산화염으로 소성되어 선사시대 토기와 같이 적갈색을 띤다. 회청색 경질토기나 회색 연질토기에 비해 많지 않지만, 생활유적에서 자비용기로 쓰인 토기들은 대개 적갈색 연질토기이며, 무덤에 부장된 소형의 심발형토기, 옹관으로 사용된 장란형토기도 적갈색 연질토기로 제작되었다.

신라토기는 이와 같이 용도에 따라 다양하게 만들어졌다. 토기는 일정한 공정, 즉 태토의 채취와 가공, 성형과 장식, 건조, 소성이라는 과정을 거쳐 제작된다(최병현 2002). 신라토기에 소성온도와 소성염이 다른 다양한 토기가 존재하는 것은 각 공정상의 기술이 시기에 따라 변화·발전되어 왔기 때문이기도 하지만, 토기의 용도에 따라 제작 공정상에 차이를 두었기 때문이다. 아래에서는 신라토기의 기본적인 제작기술을 공정에 따라 살펴본다.

1. 胎土

토기를 만드는 바탕흙, 즉 태토의 주재료는 점토이다. 점토는 硅酸(silica)과 알루미나(alumina)가 주성분으로 되어 있고, 물을 섞으면 빚어지는 可塑性과 불에 구우면 굳어지는 固化性을 가지고 있다.

질이 좋은 점토는 산지에서 채취한 것을 그대로 쓰기도 하지만, 점토를 물에 풀어 불순물을 제거하고 입자를 곱게 하는 水飛(flotation) 과정을 거쳐 사용하기도 한다. 그러나 입자가 너무 곱고 불순물이 없으면 지나친 가소성으로 인해 성형 과정에서 빚어 올리기가 어렵고, 건조나 소성 과정에서 기벽 내외의 수축률이 고르지 못하여 균열이 생기게 된다. 그래서 지나친 가소성을 줄여 성형을 편리하게 하고, 건조나 소성 시 균열을 방지하기 위하여 다른 물질을 섞는 胎土調節(tempering)을 하기도 한다. 태토조절에 쓰이는 물질은 주로 광물질로, 이를 비짐, 섞음재, 보강재, 혼합물 등으로 부른다. 따라서 토기의 태토는 엄밀히 말하면 찰흙, 즉 점토와 혼합물로 이루어지며, 점토의 질, 혼합물의 양과 종류는 시대나 지역에 따라 다르다.

청동기시대의 두께가 얇은 적색마연토기 중에는 퇴적점토를 써서 태토에 굵은 입자가 보이지 않는 것도 있지만, 선사시대 토기는 대개 취락지 인근에서 구하기 어렵지 않은 저급점토를 사용하였다. 그러나 원삼국시기에 새로 등장하는 회색의 타날문토기부터는 태토가 선사시대 토기의 태토와는 질이 다른 입자가 매우 고운 양질의 점토로 바뀌었다. 그와 같은 양질점토는 아무 곳에나 있는 것이 아니라 특별한 산지가 따로 있다.

점토는 암석이 풍화하여 생성된 것이지만, 점토의 鑛床은 殘留鑛床과 堆積鑛床으로 나뉜다. 잔류광상은 母岩이 원래 있던 자리에서 풍화되어 그대로 남아 있는 형태의 광상으로 모암에 존재하던 造岩鑛物들이 많이 포함되어 있으며, 퇴적광상은 잔류광상이 물에 씻겨 하천을 따라 떠내려가거나 또는 바람에 날려가다가 입자의 크기나 비중에 따라 분리되면서 주로 점토광물만 따로 모이고 침전되어 형성된 것으로 많은 유기물을 포함한다. 따라서 퇴적광상은 잔류광상에 포함되어 있던 굵은 입자의 조암광물들이 걸러져 입자가 더욱 곱고 유기물로 인해 색이 어두어진 泥質의 점토층을 형성하게 된다.

토기의 태토로는 잔류광상의 1차점토나 퇴적광상의 2차점토가 모두 가능하지만, 원삼국시기 타날문토기부터는 토기의 어두운 색조로 보아 그 중 주로 양질의 2차점토가 선택된 것을 알 수 있다. 원삼국 이후의 대규모 토기요지군은 대개 양질의 2차점토 산지 가까운 곳에 형성되었던 것으로 보인다. 필자가 발굴한, 원삼국~백제토기를 생산한 진천 삼룡리·산수리요지군은 인근 미호천변의 2차점토 산지에서 멀지 않은 곳이었고(한남대학교박물관 2006), 경마장 예정부지로 발굴된 경주 손곡동·물천리 신라토기 요지군(국립경주문화재연구소 2004), 그리고 나말여초양식토기가 생산된 보령 진죽리요지군(변영환 2007; 보령박물관 2016)도 토기가마가 자리한 구릉 아래 저지대가 양질의 2차점토 산지들이었다.

와질토기론에서는 원삼국시기의 '와질토기'와 삼국시대의 '도질토기'는 태토가 다르다고 주장하기도 하였지만, 필자는 와질토기를 포함한 원삼국시기의 타날문토기부터 나말여초양식토기까지 그 태토는 기본적으로 같았으며 근본적인 변화는 없었다고 판단한다. 다만 2차점토의 산지에 따라 색이나 성분이 약간 다를 수 있고, 수비나 다른 점토의 혼합, 혼합물의 첨가 등을 통한 태토의 개량은 꾸준히 이루어졌을 것이다.

선사시대 토기의 태토에는 모래와 함께 운모, 활석, 장석과 같은 광물질 외에 조개 껍질 가루, 다른 토기편을 파쇄한 토기 알갱이 등 다양한 물질이 혼합되었고, 중부지방의 원삼국시기 중도식무문토기도 그와 같았다. 그러나 원삼국시기의 와질토기를 포함한 타날문토기부터는 태토에 대체로 모래 한 가지만 혼합되었다. 적갈색 또는 회색의 연질토기에는 토기의 용도에 따라 약간 굵은 모래가 혼합되기도 하였지만, 모래도 선사시대 토기에 비하면 Silt성 微細砂粒 등 대개는 작은 입자의 가는 것들이었다.

2. 성형

토기의 성형 과정은 먼저 물에 반죽한 태토로 토기의 기본적인 형태를 만드는 기본성형 과정, 기벽을 고르게 하고 내외면을 곱게 다듬거나 덧칠을 하는 조정 과정, 그리고 무늬를 새기거나 그리는 장식 과정으로 나뉜다. 기본성형, 즉 토기의 형태를 만드는 방법은 사람의 손으로만 만드는 방법과 回轉軸을 이용한 轆轤, 즉 물레 성형 방법이 있다. 사람의 손으로만 만드는 방법도 물에 반죽된 점토를 손으로 적당히 주물러 만드는 빚기[手捏法], 점토띠를 만들어 수평으로 쌓아 올라가는 테쌓기[輪積法], 점토띠를 이어가며 나선형으로 쌓아 올라가는 서리기[卷上法], 반죽한 점토를 틀[型]에 붙여 찍어내는 틀뜨기 등이 있다.

선사시대 토기의 성형에는 납작한 돌이나 판자 같은 것이 받침으로 쓰였고, 밑이 뾰족한 토기의 성형에는 원통형의 받침통 같은 것이 사용되었지만, 회전축을 이용한 물레는 사용되지 않았고, 사람의 손으로만 성형이 이루어졌다. 원삼국시기 중·서남부지방의 중도식무문토기도 대개 사람의 손으로만 성형이 이루어졌다. 또 원삼국시기 이래의 회색토기 가운데에도 소형 토기 중에는 빚기수법으로 만들어진 것도 간혹 있다.

그러나 원삼국시기 와질토기를 포함한 타날문토기부터는 성형에 기본적으로 물레가 사용되었다. 원삼국시기 중·서남부지방의 각종 타날문토기나 영남지방 와질토기 원저단경호의 목과 구연부에는 조밀한 세선들이 희미하게 돌고 있고, 타날문으로 덮인 몸통부에도 타날 후에 그은 평행 沈線들이 돌려져 있는 것이 보통인데, 이들이 바로 물레위에서 회전조정한 흔적들이다.

그러나 원삼국시기 타날문토기부터 물레가 사용되었다 하더라도 물레 위에 점토덩이를 얹어 놓고 물레를 회전시키면서 점토덩이에서 그릇의 형태를 곧바로 뽑아올리는 물레뽑기라는 성형 방법은 훨씬 후대에 와서야 이루어졌다. 신라조기양식토기와 신라전기양식토기는 물론 나말여초양식토기까지 대개 물레 위에서 테쌓기나 서리기로 기본적인 형태를 만든 다음 물레를 회전시키면서 기면을 조정하여 마무리하는 방법이 일반적이었다. 이에 따라 서리기를 한 점토띠의 흔적이 토기 표면에는 기면 조정 과정이나 마무리 과정에서 지워져 잘 남아 있지 않으나, 토기 내면에는 나선형으로 잘 남아 있는 예가 많고, 신라전기양식토기 고배나 개배의 내면 밑바닥 부분에는 점토띠를 감아올라간 흔적이 또아리 모양으로 남아 있기도 한다.

규모가 작은 토기는 기형 전체를 한 번에 만들었지만 규모가 큰 壺, 甕과 같은 대형토기는 저부와 몸통부, 목 부분을 따로따로 만들어 접합한 경우도 있고, 신라전기양식토기의 중심 기종 가운데 하나인 장경호 중 동체에서 어깨가 꺾인 것은 어깨 부분 이상과 그 이하 부분을 따로 만들어 붙였기 때문이다.

고배와 같이 대각이 달린 토기는 배신과 대각을 따로 만들어 접합하거나, 배신을 먼저 만들어 어느 정도 굳힌 다음 배신을 엎어놓고 대각을 만들었다. 이 경우 배신의 접합면에는 대각이 잘 접합되도록 몇 줄의 홈을 파기도 하고, 배신과 대각이 접합되는 부분에 점토를 덧붙여 보강하기도 하였다.

기본성형 후에는 기면을 조정하고 장식을 한다. 원삼국시기 영남지방의 타날문이 없는 와질토기들은 기벽을 나무칼(예새)로 깎아내거나 목판으로 문질러 두께를 고르게 하고, 표면을 마연하여 마무리한 것이 많다. 그러나 타날문이 있는 원저단경호 등은 기면을 고르게 한 다음 내면에 內拍子를 대고 표면을 陶拍으로 두드려 기벽을 튼튼하게 하였다. 타날문은 바로 이 도박으로 토기 표면을 두드리는 과정에서 도박에 감은 노끈이나 도박에 미리 파놓은 무늬가 찍힌 것이다. 내박자는 흙으로 빚어 구워 만든 것이 유적에서 다수 출토되나 토기 표면을 두드린 도박은 대개 나무로 만들었는지 유적에서 출토되는 예가 없다.

다음으로는 물에 적신 가죽이나 천을 기벽에 대고 물레를 빠른 속도로 회전시켜 기면을 매끄럽게 하는 마무리 성형을 하게 되는데, 이때 타날문이 찍히지 않은 단경호의 목과 구연부에 앞서 말한 조밀한 세선의 희미한 회전 물손질 흔적이 남게 된 것이다.

회전 물손질 흔적을 통해서는 물레를 회전시킨 방향도 관찰할 수 있는데, 영덕 괴시리 고분 출토 신라전기양식토기의 경우 간혹 우회전도 있지만 좌회전, 즉 반시계방향이 압도적으로 많았다고 한다(국립경주박물관 1999: 155~157).

삼국시대 이후의 토기 중에도 여전히 표면에 타날문이 찍힌 연질토기가 있지만, 회청색의 경질토기들은 대개 표면에 타날문이 남아 있지 않다. 그 중에는 기면 조정 후 바로 물손질로 마무리한 것도 있지만, 타날 조정하였으나 마무리 물손질 과정에서 타날문을 의도적으로 지워버린 것이 많다. 토기의 기면 조정 과정에 찍히는 타날문이 아니라 대칼이나 컴파스 등의 시문구로 그어낸 신라전기양식토기의 壓捺文, 시문구에 미리 새겨놓은 무늬를 찍어낸 신라후기양식토기의 印花文은 마무리 성형이 끝나고 토기 표면에 최종적으로 장식한 것이다.

삼국시대에 토기를 성형한 공방지는 대개 수혈주거지 형태로 되어 있으며, 일반적으로 내부에서 주거지 바닥을 약간 파고 태토를 쌓아둔 胎土孔이나 바닥에 그냥 태토를 쌓아둔 흔적, 그와 약간의 거리를 둔 물레 축구멍이 발견된다. 공방지는 토기요지들이 자리한 구릉 경사면 위쪽의 능선부 가까운 곳에 자리 잡은 예가 많다(최병현 2002: 231~232).

3. 건조

공방에서 성형이 끝난 토기는 가마에서 소성하기 전에 건조 과정을 거친다. 5~6세기 신라전기양식토기와 신라후기양식토기를 생산한 경주 손곡동·물천리 요지군의 경우 경사면에 요지들이 자리한 구릉의 능선부에 공방지들이 위치하였고, 구릉의 능선부에서는 이와 함께 많은 기둥 구멍이 잔존한 고상식 건물지들이 조사되었다. 고상식 건물들은 대개 성형된 토기를 건조하기 위한 건조장이었을 것으로 추정되었다(국립경주문화재연구소 2004: 880~883).

신라전기양식토기를 생산한 대구 욱수동·경산 옥산동 요지군에서도 요지들보다 높은 위치에서 수많은 기둥구멍들이 발견되었다(영남문화재연구원 2011). 이들도 대개는 고상식의 토기 건조장이었을 것이다(최병현 2002: 232).

이러한 사례들로 보아 삼국시대 토기요지군에서 공방지와 건조장은, 토기의 성형 과정이나 성형된 토기들이 잘 건조될 수 있도록, 요지들이 위치한 구릉의 경사면 위쪽이나 능선부 가까이의 바람이 잘 통하는 곳에 두었던 것으로 판단된다.

4. 소성

토기를 소성하는 가마[窯]는 크게 露天窯와 室窯로 구분된다. 노천요란 지상에 토기를 놓고 굽거나, 또는 지면을 약간 파고 窯床을 설치했지만 窯壁과 천정을 설치하지 않아 내부를 밀폐시킬 수 없는 가마를 말한다. 따라서 노천요에서는 열 손실을 막을 수 없으므로 1,000℃ 이상의 고열을 낼 수 없어 태토의 유리질화가 충분히 이루어지지 못하여 연질토기밖에 소성되지 않는다. 실요는 벽과 천정을 설치하여 내부를 밀폐시킬 수 있는 가마로, 실요에서는 열 손실을 막고 불길을 조절하여 1,000℃ 이상의 고열을 낼 수 있으므로 경질토기나 자기를 소성할 수 있다.

토기의 색조는 태토의 성질이나 태토 속에 섞여 있는 유기물질에도 영향을 받지만, 표면 색조는 주로 降溫 단계의 燒成焰에 따라 달라진다. 노천요에서는 昇溫 단계는 물론 강온 단계에도 외부 공기의 유입을 차단할 수 없으므로, 토기 소성은 산소 공급이 잘되는 酸化焰으로 마치게 되며, 이때 토기 태토 속의 철분(酸化鐵)이 공기 중의 산소와 결합해 제2산화철(Fe_2O_3)로 되어 토기의 빛깔이 적갈색이 된다. 그러나 실요에서 요 내부의 온도를 적절히 올린 뒤 요 입구나 굴뚝 등을 막아 외부 공기의 유입을 차단하여 산소 공급이 적은 還元焰으로 소성을 마치게 되면, 이때 태토 속의 철분은 산소가 빠져나가 제1산화철(FeO)로 변화되어 토기의 빛깔은 회색이나 회청색이 된다.

선사시대 토기는 청동기시대의 적색마연토기나 초기철기시대의 흑색마연토기처럼 표면에 특수 처리를 한 것을 제외하고는 대체로 적갈색 계통의 색깔을 띠었다. 부분적으로 흑색을 띠거나 또는 전체가 검게 그을린 것도 있지만, 이는 태토 속의 유기물이나 소성 시의 불완전 연소 등에 영향을 받은 것이다. 선사시대 토기는 노천요에서 대체로 550~850℃ 이하의 산화염으로 소성되었다(최병현 2002: 233~234).

원삼국시기의 타날문토기부터는 토기의 빛깔이 회색, 회청색인데, 이는 노천요가 아니라 환원염을 낼 수 있는 실요가 도입되어 실요에서 소성되었기 때문이다. 실요에서도 토기를 소성할 때 승온 단계와 강온 단계 모두 요 입구와 굴뚝 등을 개방 상태로 두어 산화염으로 소성을 마치면 토기의 색깔은 적갈색을 띠게 된다. 삼국시대의 적갈색 연질토기도 회색, 회청색 토기를 소성한 요와 다른 형태의 요에서 소성된 것이 아니라 같은 요에서 개방 상태의 산화염으로 소성한 것일 뿐이다.

환원 소성된 연질토기 가운데에는 토기 표면에 탄소가 다량 흡착되어 흑색을 띠는 것도 있는데, 이는 강온 단계에 소나무 잎과 같은 연기가 많이 나는 연료를 요 안에 넣고 밀폐하여 토기에 검은 연기를 흡착시킨 결과이다. 이와 같이 실요에서는 열이나 연기에 의한 인공적인 조절이 가능하여 여러 가지 색이나 硬度의 토기를 생산할 수 있었다. 두드리면 쇳소리가 나고 투수성이 없는 회청색 경질토기는 실요에서 1,000℃ 이상의 고열로 소성하여 태토의 주성분인 규산과 알루미나가 완전 유리질화된 것이다.

중부지방에서는 원삼국 후기로 올라가는 등요를 비롯한 요지군이 여러 곳에서 조사되었으나, 영남지방에서 원삼국시기의 와질토기를 소성한 요가 어떤 구조였는지는 아직 확실하지 않다. 그러나 신라조기양식토기를 소성한 요지로는 대구 신당동요지군(삼한문화재연구원 2015), 함안 우거리요지군(국립김해박물관 2007), 창녕 여초리요지군(국립진주박물관 1992; 1995)이 조사되었고, 경주지역에서도 출토된 토기들은 신라전기양식토기 성립 초기로 편년되지만 신라조기양식토기 이래의 기종들을 생산한 화산리요지군(중앙문화재연구원 2008)이 조사된 바 있다.

신라전기양식토기를 소성한 대규모 요지군으로, 경주지역에서는 손곡동·물천리요지군, 대구·경산지역에서 욱수동·옥산동요지군이 조사되었으며, 신라후기양식토기의 요지군으로는 경주 화곡리에서 가마는 발굴되지 못하였으나 대규모 폐기장이 조사되어 막대한 양의 토기편이 출토되었다(성림문화재연구원 2012).

신라조기양식토기의 가마는 지역에 따라 길이에 차이가 있었지만, 신라토기 가마는 신라후기양식토기까지 모두 구릉 경사면에 설치하여 소성실 바닥이 경사로 올라간 단칸의 등요들이다. 앞서부터 아궁이와 연소실, 소성실, 배연부로 구성되었는데, 그 기본적인 구조는 통일신라 말까지 큰 변화가 없었다.

함안 우거리요지군에서 출토된 신라조기양식토기 타날문단경호 중에는 가마 내부에 횡치하여 다른 토기를 겹쳐 놓고 소성한 흔적이 있는데(이정근 2012), 그런 흔적은 대구 신당동요지군의 토기들 중에서도 보인다(삼한문화재연구원 2015: 206~207). 또 경주 손곡동·물천리요지군 등에서는 건조된 토기를 가마 바닥에 놓을 때 받쳤던 離床材와 토기들 사이에 끼웠던 離器財가 출토되어 가마 안에 여러 개의 토기들을 겹쳐 놓고 한번에 소성하였음을 말해준다.

연구의 범위와 신라토기 상대편년의 방법

1. 문제의 제기와 연구의 범위

　　과거 인간이 남겨놓은 물질자료, 즉 고고학 자료 가운데 변화가 가장 빠르고 유적에서 일반적으로 출토되는 유물은 토기이다. 이에 토기는 선사시대, 역사시대를 막론하고 고고학 연구에서 가장 기초적인 자료이며, 토기에 대한 연구는 다른 고고학 자료 해석의 토대가 된다.

　　모든 고고학 자료의 해석은 편년을 기반으로 하여 이루어진다. 고고학 자료의 세밀한 상대편년에 가장 적합한 유물은 변화가 빠른 토기이다. 고고학의 발전과 연구의 수준은 각 시대, 각 시기 토기편년의 정밀도가 좌우한다고 해도 과언이 아니다. 신라고고학의 연구도 신라토기의 편년에 따라 진전되어 왔다고 할 수 있다.

　　신라토기의 발상지는 물론 신라의 중심지인 경주지역이었으며, 경주지역에서 성립한 각 시기양식의 신라토기는 신라의 지방 지배에 따라 각 지역으로 확산되어 나갔다. 영남지방을 비롯한 전국 각지의 신라고분 발굴조사에서는 막대한 양의 신라토기가 출토되고 있고, 이에 힘입어 경주지역을 비롯한 각 지역 고분 출토 토기를 중심으로 형식

분류에 의한 신라토기의 편년이 이루어지고 있다. 경주지역의 신라토기 상대편년은 이제 학계에서 이견이 많이 해소되어 큰 틀에서 공감대가 형성되고 있다. 지방의 주요 지역 신라토기 편년도 진전되어 가고 있다.

그러나 지금까지 경주지역의 신라토기에 대한 편년 연구도 사실상 신라전기양식토기에 집중되어 왔다. 신라조기양식토기에 대한 연구는 거의 이루어지지 않았고, 신라후기양식토기의 편년 연구도 신라전기양식토기에 비하면 미미하다. 각 시기 지방의 신라토기 편년은 신라토기의 중심지이자 각 시기양식의 출발지인 경주지역의 원신라양식 토기 편년과 연계되어 이루어져야 한다. 그러나, 지금까지 지방의 신라토기 편년은 몇몇 주요 지역으로 한정되어 있지만, 그나마 경주지역의 신라토기 편년과 연계되지 않아 겉돌거나 심지어는 지방의 신라토기 편년으로 경주지역의 원신라양식 토기를 재단하기도 한다.

그동안 신라토기의 편년 연구는 큰 진전을 이루었지만, 아직 신라토기의 변화 과정을 종적, 횡적으로 체계화해야 할 과제가 남아 있는 것이다. 지금 단계에서 우선적인 것은 전체 신라토기 편년의 중추와도 같은 경주지역의 원신라양식 토기 변화 과정을 세밀하게 파악하여 전체 신라토기 편년의 종적 체계를 수립하는 것이다. 그래야 지방 각 지역의 신라토기 편년이 이와 횡적으로 결구되어 전체 신라토기의 안정적인 편년체계가 구축될 수 있다.

물론 편년이 신라토기 연구의 궁극적 목표가 될 수는 없다. 앞서 영남지방의 와질토기를 포함한 원삼국시기 타날문토기로부터 발전된 신라토기의 기본적인 제작기술을 살펴보았지만, 각 시기마다 양식의 전환에 따른 제작기술의 진보, 양식의 전환과 함께 새로 등장하는 기종과 그 연원 및 기능 등 토기 자체에 대한 연구뿐만 아니라 토기양식과 생활상의 변화, 토기양식의 사회적 의미 등 토기 연구가 지향해야 할 바는 많다. 그러나 그러한 주제들도 모두 편년을 토대로 하여 이루어져야 한다. 편년이 뒷받침되지 못한 고고학의 연구 결과는 공허하다.

이에 이 연구는 1차적으로 각 시기 원신라양식인 경주지역의 신라토기 편년체계 수립을 목표로 한다. 그 대상은 경주지역의 신라토기 전체, 곧 신라토기의 모태인 원삼국시기의 와질토기를 시작으로 신라조기양식토기부터 나말여초양식토기까지이지만, 그 중 나말여초양식토기는 상대편년 자료, 즉 공반토기를 통해 여러 기종의 변화 과정을 함께 살펴볼 수 있는, 편년 가능한 자료가 아직도 확보되지 못하고 있다. 이에 나말여초양식토기는 부득이 이 연구에서 제외될 수밖에 없다. 신라후기양식토기도 늦은 시기의 편년 자료는 한정되어 있어 일부 기종으로 제한될 수밖에 없다.

현재의 경주지역은 크게 보아 형산강이 남북으로 관통하는 중심부 분지지구와 분지지구를 둘러싼 외곽의 산지로 이루어져 있다. 외곽의 산지는 형산강의 본류와 지류가 흘러 중심부 분지지구와 연결되면서 자연 경계도 이루는 동남부, 남부, 서남부, 북부 네 방향의 구조곡이 각 지구를 이루고 있다. 이와 함께 동해안지구도 경주지역에 포함되어 있다. 현재의 경주지역은 이와 같지만, 신라의 전신 사로국의 지역 범위는 현재의 경주지역에 울산의 태화강 이북지역이 포함되고, 사로국이 고대국가 신라로 탈바꿈하면서 사로지역은 신라 왕도, 광역의 왕경이 되었다는 데 학계의 견해가 일치되어 있다. 이에 경주지역의 신라토기에는 현재는 울산광역시에 속하지만 태화강 이북 지역의 유적에서 출토된 것을 포함한다.

다음은 각 시기 신라토기의 전개 과정에 대해 살펴보고자 하는데, 경주지역의 경우는 각 시기양식의 상대편년과 그 종합이 전개 과정이기도 하므로 이로써 대신하고, 경주지역에서 성립한 각 시기양식의 신라토기가 지방으로 확산되어 나가는 과정을 중심으로 살펴보겠다. 그에 앞서 원삼국시기 영남지방의 공통양식이라고 할 수 있는 와질토기에서 갈라져 나와 양식을 달리해 간 신라토기와 가야토기의 분리 과정에 대한 이해를 위해 각 시기 가야토기의 초기 양상을 간단히 살펴두겠다. 지방의 각 시기 신라토기는 꼭 필요한 경우 편년에 대해서도 최소한도로 언급하겠지만, 그보다는 분포권의 변화와 확대 과정에 유의하여 분포권의 외곽지역 파악에 중점을 두겠다.

2. 신라토기 상대편년의 방법

신라토기가 가장 많이 출토되는 유적은 각지의 신라고분이다. 고분에서는 일반적으로 여러 기종의 토기들이 공반하여 출토되므로, 추가장이 이루어진 신라 후기의 횡혈식, 횡구식 고분을 제외하고, 신라 전기까지의 수혈식 고분 출토 토기는 폐기동시성을 가진 여러 기종의 세트 관계를 알 수 있는 최적의 편년자료이다. 신라 후기에 추가장이 이루어진 고분의 경우도 토기를 비롯한 유물의 매납 횟수는 제한적이어서 이를 가려내어 편년자료로 활용할 수 있다. 이에 지금까지도 신라토기의 편년은 고분 출토 토기를 중심으로 이루어져 왔으며, 이 연구의 대상자료도 고분 출토 신라토기이다.

신라토기의 각 시기양식은 여러 기종으로 구성되어 있다. 따라서 상대편년을 비롯한 토기연구에서는 먼저 기종 분류가 이루어져야 하고, 특히 토기의 상대편년에서는 기종 분류가 세부적으로 이루어지지 않으면 안 된다. 이 연구에서는 단발성으로 출토되거나 또는 출토 빈도가 극히 적어 연속되는 형식의 분류가 불가능한 기종은 제외되겠지만, 형식분류가 가능한 모든 기종을 포함하고자 하며, 기종분류도 가능한 데까지 세분하도록 하겠다. 또 하나의 세부 기종으로 분류되지만 여러 계보로 나누어볼 수 있는 것들도 있다. 하나의 세부 기종이라도 유적에 따라 공급원이 달랐기 때문으로 보인다. 이 경우 계보 각각의 계열이 파악되면 좀 더 정밀한 세부 편년이 가능해진다.

토기(유물) 각 기종의 개체는 여러 속성, 즉 조직이나 장식 등의 양식적 속성, 구조와 계측적인 형태적 속성, 재료 및 제작공정과 관련된 기술적 속성을 가지고 있다. 유물이 가진 이 속성들의 결집이 型式을 구성한다. 형식은 속성들의 결집체라고 할 수 있고, 형식에 따라 유물을 나누는 과정이 형식분류이다.

토기(유물)의 상대편년에서는 유물에 대한 반복 관찰을 통해 변화에 유의미한 속성을 인지해 내는 것이 관건이다. 유물의 상대편년은 인지해 낸 변화에 유의미한 속성이나 그 속성들의 결집체인 형식을 변화의 방향으로 배열하거나 일정한 방향의 형식조열을 찾아내는 과정이라고 할 수 있다. 속성이나 형식이 배열된 방향이나 찾아진 형식조열은 객관성이 담보되어야 하므로, 여기에 순서배열법이나 형식학적 방법과 같은 방법론이 적용되고, 속성 또는 형식의 배열 과정이나 복수 기종의 형식조열이 정합성을 이루어 객관성이 검증되는 과정이 설명되어야 한다.

이 연구에서는, 앞서 이미 밝힌 바와 같이, 먼저 일제강점기 이래의 연구사적 검토와 함께 신라토기의 시기양식을 구분하였다. 시기양식 구분의 핵심적인 기준은 각 시기 중심 기종의 출현이나 중심 기종의 뚜렷한 구조적 변화이며, 이에 수반된 새로운 문양과 시문기법, 제작기술의 진보를 반영하는 경질토기와 연질토기의 비율 등도 구분의 기준이 되었다. 다음으로 각 시기양식 신라토기의 상대편년은 매납유물이 폐기동시성을 가진 수혈식 고분에서 출토되었거나, 추가장이 가능한 횡혈식·횡구식 고분에서 출토되었어도 매납 횟수나 차례가 나누어져 폐기동시성이 확인되는 공반토기들을 대상으로 하였다. 기본적으로 공반관계에 있는 여러 기종의 토기들이 함께한, 변화에 유의미한 속성이나 형식의 선후를 파악하고 변화의 방향에 따라 배치하여 분기한 다음, 분기의 소기를 나누어 상대편년하였다. 분기는 그 과정에서 드러나는 각 시기양식 내에서 새로운 기종의 출현, 신라후기양식토기의 경우 문양의 변화 단계로 구분하여 그 기준을 명확하게 하였다. 각 분기 내의 소기는 토기형식의 변화에 따라 나누었지만, 변화의 방향을 함께해간 각 시기 중심 기종들의 형식 변화에 중점을 두었다.

이 연구에서는 이상과 같이 각 단계의 기준을 명확히 하여 상대편년하였지만, 이 경우에도 물론 객관성을 담보하는 방법론적 설명은 필요하다. 그러나 이 연구는 각 시기양식의 거의 모든 기종을 포함한 것이어서, 그 모든 기종에 대한 편년 과정의 방법론적 설명은 대단히 번잡할 수밖에 없다. 사실 유물, 특히 토기의 구조·형태나 속성, 속성의 결집체인 형식 등과 같은 세부 묘사는 글로 쓰기도 어렵지만, 그것을 읽어내기도 여간 어렵지 않다. 속성과 형식의 변화 과정을 방법론적으로 일일이 설명하는 것도 마찬가지이다.

그런데 이 연구의 편년 대상 중 신라조기양식토기 외에는 대개 그동안 학계에서 이루어진 성과들을 바탕으로 한 것이어서, 주요 기종 토기들의 속성이나 형식의 기본적인 변화 방향에 대해서는 학계에서 이미 검증이 이루어진 것이라고 할 수 있다. 신라조기양식토기도 앞의 신식와질토기나 뒤의 신라전기양식토기와 연계되는 기종들이 많아서, 그 변화의 방향도 자연스럽게 드러난다. 또 이 연구에서는 각 시기양식의 거의 모든 기종을 대상으로 하였으므로 그 상대편년 결과를 기종별로 제시한 형식변천 도표에서 복수 기종의 형식조열 정합성도 자연스럽게 검증된다. 이와 같이 이미 학계의 연구 성과가 쌓이고 검증이 이루어진 부분까지 객관성 제시를 위해 다시 처음부터 원론적으로 설명해 나갈 필요는 없다고 판단된다.

이에 이 연구에서는 번거로움을 피해 속성 분석에 대한 구체적인 설명이나 각 형식의 속성, 속성이나 형식을 발생순서로 배열한 도표 등 방법론적 설명은 생략하겠다. 다만 상대편년 결과를 제시한 기종별 형식변천 도표에 따라 각 기종 토기의 변화 방향과 관련된 필요한 부분의 설명만 덧붙이기로 하겠다. 기종별 형식변천 도표는 시기양식의 분기와 일치되도록 작성하여 각 기종의 형식변천을 분기와 연계하여 이해할 수 있도록 하겠다. 이에 기종별 각 토기형식의 명칭이나 기호도 따로 정하지 않고 필요한 경우 상대편년의 분기명을 각 기종 토기형식의 명칭(기호)으로 사용하여 번잡함을 가능한 한 피하도록 하겠다.

그러나 이 연구의 신라토기 상대편년은 폐기동시성을 가진 공반토기에서 출발하였으므로, 그 공반 현황과 관련된 표를 제시하고 각 시기양식의 분기 기준을 명확히 제시함으로써 편년 결과의 객관성을 보완하는 것으로 하겠다.[2]

....

2   이 연구의 각 시기 토기 공반 현황표는 이 연구에 앞서 발표한 각 시기 토기 편년 논문에서 제시한 것을 그대로 전재한 것이다. 이 연구의 각 시기 토기 편년에서는 추가된 기종들이 많으며, 토기 공반 현황표에는 새로 추가된 기종들이 반영되어 있지 않아 차이가 있다. 그러나 앞서 논문에서 제시한 각 시기 토기의 분기나 형식, 그에 소속된 출토 고분이 이 연구에서 달라진 것은 없고, 추가된 기종들도 앞서 발표된 상대편년의 틀 속에 들어간 것이어서, 표가 의도하는 바에는 문제가 없다고 보아 그대로 전재해 둔다.

제2장

신라토기의 성립 전야:
원삼국시기 경주지역의 와질토기

원삼국토기 인식의 변화와
그 성격

I

1. 원삼국토기 인식의 변화

1) 김해식토기론-전국토기 기원설

신라토기의 모태는 영남지방의 원삼국토기이다. 신라토기는 영남지방의 원삼국토기로부터 발전하여 성립하였다. 한국고고학에서 원삼국토기에 대한 인식의 시작은 1920년 김해패총의 발굴조사로 거슬러 올라간다. 김해패총은 1907년 8월 今西龍이 김해 회현리에서 처음 찾아냈고, 1914년부터 黑板勝美와 鳥居龍藏의 일부 발굴이 있었으며, 1920년 濱田耕作·梅原末治가 본격적으로 발굴조사하여 패총의 층위 등을 파악하였다. 발굴에서는 토기들과 함께 철기와 소량의 마제석기가 출토되었는데, 보고서에서는 이를 근거로 김해패총이 금석병용기에 속한다고 하고, 김해패총의 주민은 중국 전한시대의 철기문화와 접촉하여 그 영향을 받았을 것이라고 하였다. 패총의 연대에 대해서는 출토된 王莽시기의 貨泉으로 보아 "이 유적의 일부가 서기 1세기 또는 2세기경에 구성되었을 것으로 추측한다"고 다소 애매하게 표현하였다(조선총독부 1923: 48~49).

패총 출토 토기는 '陶質黝靑色土器' '赤色素燒' '黑褐色素燒'로 분류되었다. 도질유청색토기는 치밀한 도질의 靑黑色 또는 유청색 토기로 일본의 소위 祝部風, 한국의 新羅燒와 같은 계통에 들어가는 것이라고 한 것으로 보아 일본 고분시대의 須惠器, 한국의 신라토기와 같은 회청색 경질토기를 가리킨다. 赤色素燒는 일본의 彌生式土器와 같은 것이라 하였으며 적갈색 연질토기에 해당한다. 黑褐色素燒는 가장 古拙한 수법의 연질토기라고 한 것으로 회색 연질토기의 범주에 포함될 것으로 판단된다.

김해패총은 그 후 1922년에도 조사가 있었는데(조선총독부 1925), 이 조사에 참가한 바 있는 藤田亮策은 중국 동북지방과 한반도의 명도전 유적을 검토하는 가운데 김해패총 토기의 계통에 대해서도 언급하였다. 그는 요령지역의 명도전 반출 토기는 중국 전국시대 燕 계통의 打型文(타날문) 토기이며, 한반도 남부 경상남도의 김해·고성·동래·양산, 그리고 경주 월성에서 나오는 토기도 이 계통으로, 이 유적들의 토기에는 이미 쥐색(회색)의 견치한 新羅燒式이 많이 포함되어 있다고 하였다. 김해패총 등에서 보이는 경질의 繩目文陶器는 발달된 것인데, 그 原始形은 석기시대 말기에 반도 각지에 넓게 보급되어 있었으며, 이들은 중국의 전국시대 말기에 銅器 및 철기문화와 함께 한반도로 들어와 삼한시대의 특수토기가 되었을 것으로 생각된다고 하였다(藤田亮策 1938). 조심스럽게 표현하였지만, 김해패총 타날문토기의 원류가 중국 한대의 토기가 아니라 전국시대의 타날문 회도라고 한 것이다.

1953년 水野淸一의 『對馬』보고서에서는 김해패총의 토기를 '金海式土器'라고 하고, 김해식토기는 藤田亮策이 말한 경상남도의 패총유적과 경주 월성 외에 서울의 풍납리 유적에서도 출토된다고 지적하면서, 이 토기들이 사용된 시기를 '金海期'라고 하였다(水野淸一 外 1953: 128~130). 금석병용기를 '김해기'로 대체한 것이다.

김해패총에서 출토된 것과 같은 류의 토기와 그 문화기를 가리키는 김해식토기, 김해기는 김원룡에게 수용되어 우리 학계에서 정착되었다. 그는 김해식토기 또는 '김해토기'라는 말을 쓰면서, 김해패총의 상한 연대를 패총 아래에서 발견된 선사시대 석관묘와 옹관묘(榧本杜人 1954; 1957) 시기까지 올려보고 패총 토기도 新古層序가 있다는 주장(有光敎一 1954)을 비판하고, 김해패총의 상한은 서력 기원 전후라고 하였다. 그리고 김해패총에서는 전형적인 김해토기 이외에 김해토기와 신라토기의 중간형식 토기 및 완성된 신라토기가 나타나고 있으며, 신라토기의 출현은 서기 300년 후기에 속한다고 하였다(김원룡 1957).

그가 김해토기와 신라토기 중간형식 토기라고 한 것은 훗날 그의 '신라토기 조기' 설정(김원룡 1979a)으로 이어진 것으로 보인다. 그는 이어서 김해토기는 선사시대의 무문토기와는 다른 정선된 태토로 만들어졌으며, 중국 전국시대의 회도에서 유래된 타날문토기로 등요에서 소성되었다는 것을 밝혔다(김원룡 1960: 20~29).

김원룡은 그 후 김해토기가 신라토기의 직접적인 모체라는 것을 분명히 하면서, 김해기를 '김해시대'로 하여 한국고고학의 시대구분에서 초기철기문화와 삼국고분문화 사이에 '김해문화'를 두었다가(김원룡 1964), 이를 '원삼국시대' '원삼국문화'로 바꾸었다(김원룡 1972). 그는 원삼국시대란 선사와 삼국고분기를 이어주는 과도기로 종래 고고학의 김해시대, 역사에서의 삼한시대이며, 原初 삼국시대−原史時代의 삼국시대라는 의미로 명명했다고 하였다(김원룡 1973: 109). 김원룡은 김해기, 김해시대를 대체한 원삼국시대가 고고학과 고대사에서 두루 쓰이기를 바랐지만 한국고대사에서는 냉담한 가운데, 원삼국시대는 한국고고학의 시대구분으로 정착되어 통설로 자리 잡아 갔다.

그 무렵 양평 대심리유적(김원룡 외 1974), 부산 조도패총(한병삼·이건무 1976), 마산 성산패총(문화공보부 문화재관리국 1976) 등의 발굴이 이루어졌는데, 1973년 조도패총의 발굴조사를 계기로 김해식토기의 연대 소급론이 제기되면서(한병삼 1974), 김해식토기의 연대 상한이 기원전 3~4세기로 올라간다는 주장이 확산되고 있었다. 그리고 김해식토기는 색조와 경도에 따라 여러 가지로 분류되었지만, 대체로 회청색 경질토기, 회색 연질토기, 적갈색 연질토기로 나누어지고, 그 중 회청색 경질토기로 대표된다고 보았다(김원룡 1979b).

한편 김정학은 자신이 발굴한 웅천패총의 조사결과를 들어 김원룡의 김해식토기와 그 연대관을 비판한 바 있었다(김정학 1967). 그는 김해식토기는 웅천식토기이고, 김해문화는 웅천문화인데, 1910±150 B.P.로 나온 웅천패총 목탄 시료의 방사성탄소연대로 보아 웅천문화의 연대는 기원 1세기이고, 탄소연대의 오차를 감안하여도 기원 전후 2세기가 된다고 하였다. 그리고 신라토기는 웅천문화에서 이미 완성되었으므로, 신라토기의 출현은 김원룡의 주장과 같이 4세기 후반이 아니라 그 기원은 서기 1세기, 늦어도 2세기를 더 내려가지는 않는다고 하였다.

학계의 이런 흐름 속에서 김원룡은 김해식토기의 연대 소급론을 수용하여 김해식 토기의 출현을 기원전 1세기 이전으로 올렸다. 또 김정학의 신라토기 연대도 받아들여 서기 1세기 말부터는 과도기의 신라토기가 점차 발전되기 시작하였다고 하였다(김원룡 1979b).

2) 와질토기론-낙랑토기 영향설

원삼국 문화는 그동안 이와 같이 주로 남해안지방의 패총 토기를 중심으로 논의되어 왔으나, 1970년대 후반부터는 연구 환경이 급변하였다. 1976년부터 김해 예안리유적에서 당시까지 알려지지 않았던 삼국시대 초기의 목곽묘가 조사되었고(부산대학교박물관 1985; 1993), 1979년부터는 경주 조양동유적의 발굴조사에서 원삼국시기의 목관묘와 목곽묘가 드러나기 시작한 것이다. 그런데 조양동유적의 목관묘와 목곽묘에서는 김해식의 회청색 경질토기가 아니라 그보다 질이 무른 토기들만 출토되고 있었다. 목관묘에서는 조합우각형파수부장경호와 주머니호가, 목곽묘에서는 대부장경호와 노형토기가 타날문 원저단경호와 함께 출토되고 있었는데, 이들은 회색, 회백색으로 환원소성되었으나 대개 소성온도가 낮은 연질의 토기들이었다(국립경주박물관 2000; 2003).

이를 계기로 1980년대 벽두부터 그동안 학계에서 인정해온 원삼국토기의 실체를 근본적으로 뒤엎고 새로 규정하는 주장이 제기되었다. 먼저 신경철이 웅천문화기, 즉 김해문화기의 상한은 기원전으로 올라갈 수 없다고 제동을 걸고 나온 것이 그 시작이었다(신경철 1980). 이어 신경철·최종규 양인이 무문토기에 이은 영남지방의 진정한 원삼국토기는 도자기학상의 炻器(stoneware)에 해당하는 회청색 경질토기가 아니라 그보다 질이 무른 '와질토기'이며, 그것은 재래의 무문토기에 한식 낙랑토기의 영향으로 서기 1세기에 성립하였다는 '와질토기'론을 동시에 제기한 것이다. 또 그들은 회청색 경질토기 대신 '도질토기'라는 용어를 쓰면서, 김해식 회청색 경질토기, 곧 도질토기는 원삼국토기가 아니라 삼국시대 토기라고 하였다.

최종규는 와질토기를 고식과 신식으로, 도질토기를 고식과 제2기 도질토기로 나누고, 고식와질은 서기 1세기의 1/4분기, 신식와질은 2세기의 3/4분기에 개시되었다고 하였으며, 신경철은 도질토기가 좀 늦은 3세기 후반대에서 4세기 초 간의 어느 시기에 발생했다고 주장하였고, 최종규는 고식도질토기가 3세기 4/4분기, 제2기 도질토기는 5세기 1/4분기에 개시되었다고 하였다(신경철 1982; 최종규 1982).

'도질토기'는 한국의 삼국시대 토기에서 유래된 일본 고분시대의 토기 중 일본에서 생산된 須惠器와 구별하여 한국에서 이입된 경질토기를 지칭하는 일본 학계의 용어였지만, '와질토기'도 일본 학계에서 김해식토기나 백제토기 중 질이 무른 연질토기를 가리키는 것이었다. 그리고 武末純一은 이 와질토기가 낙랑계 한식토기로 연결된다고 한 바 있었다(武末純一 1974: 50~53).

원삼국토기에 대한 이러한 새로운 주장에 대해 김원룡은 즉각 반론하였다. 그는 신경철·최종규 양인이 와질토기라고 내세운 조합우각형파수부장경호와 주머니호 같은 것은 前代의 의기적인 존재인 흑도, 홍도, 그리고 갈색 마연장경호를 조형으로 하는 의식용, 무덤의 부장용이고, 실생활 토기는 패총에서 출토되는 경질토기라고 하였다. 그래서 이 특수 와질토기는 원삼국 전기간 김해식토기와 공존한 것으로 실용토기를 김해식경질토기라고 한다면, 이것은 김해식와질토기로 불러야 할 것이라고 하였다. 또 그는 1,000℃ 이상의 火度를 쉽게 낼 줄 알았던 冶鐵人들이 800℃ 소성의 빈약한 비실용적 토기만을 2~300년 동안이나 썼다고 하는 것도 도무지 이해하기 어렵다고 하였다(김원룡 1983).

그 무렵인 1983년 일본 大阪 加美遺蹟의 方形周溝墓에서는 한국에서 건너간 '도질토기' 타날문 원저단경호가 일본의 庄內式土器와 함께 출토되었는데(大阪文化財研究所 2015: 45), 武末純一은 이로 보아 한국에서 도질토기의 출현 시기는 3세기 후반까지 올라갈 것이라고 하였다. 또 그는 신경철·최종규가 주장하는 와질토기는 중국 한대 토기와 같고 平窯에서 소성되었을 것이라고 와질토기-평요소성설을 주장하면서, 와질토기는 三韓土器라고 하였다(武末純一 1985).

그러자 신경철은 김원룡의 반론을 비판하면서, 즉각 武末純一의 주장을 확대하여 중국의 경우도 전국시대에는 철은 생산되었지만 도질토기와 같은 고화도소성을 낼 수 있는 窯의 발명은 이루어지지 않았으며, 와질토기의 발현에 직접적인 영향을 끼쳤던 漢式土器가 평요에 의해서 소성되었듯이 와질토기의 요도 平窯일 것이라고 하였다. 그리고 大阪 加美遺蹟의 도질 원저단경호는 영남이 아니라 백제지역에서 전래된 것이며, 한국에서 도질토기는 중국 남조에서 자기요가 백제로 수입되어 중부지방에서부터 생산되었다고 주장하였다. 중부지방의 유적에서 출토되고 있는 서기 4세기대의 중국 古越州 靑磁器가 이를 뒷받침하며, 이곳의 신제도술의 영남 이입으로 비로소 신라·가야토기가 발현·발전해 나갔다고 하였다(신경철 1986a). 그는 또 한걸음 더 나가 와질토기는 김원룡의 주장처럼 영남지방의 무덤 토기만이 아니라 중부지방의 원삼국 주거지 출토 토기들도 모두 와질토기라고 하여(신경철 1986b), 와질토기의 범주를 확장하고 논란을 확대시켰다.

이뿐만 아니라 이제 와질토기론자들은 와질토기의 개념도 변화시켰다. 와질토기론이 처음 제창될 때, 주장의 핵심은 토기의 경도, 즉 소성온도의 문제였다. 도질토기는 대개 1000℃ 이상으로 소성된 과거의 회청색 경질토기를 가리켰다. 그런데 부산 노포동유적에서 출토된 토기를 신경철·최종규 양인의 정의에 따라 와질토기와 도질토기로 분류하고, 그 중 와질토기 시료를 이성주에게 의뢰하여 과학적 실험분석 결과 그 중에는 Mohs硬度가 5.0까지 이르는 것도 있고, 소성온도도 1200℃ 이상인 것도 있었다. 이렇게 되자 와질과 도질의 차이는 경도와 소성온도에 있는 것이 아니라, 태토에 좌우되는 것이며, 와질토기는 표면 정면에 마연수법이 채용되었으나 도질토기는 마연이 행해지지 않았고, 도질토기의 속심은 자색계열의 색조를 띤다고 하였다(부산대학교박물관 1988: 72~73). 와질토기와 도질토기는 이제 소성온도가 문제가 아니라 태토부터 다르다고 한 것이며, 여기에 토기의 정면수법과 속심 색깔을 덧붙여 놓은 것이다.

이에 이성주와 최성락이 논쟁에 가담하여, 이성주는 합천 저포리유적의 원삼국 주거지에서 출토된 토기들을 과학적으로 분석한 결과 원삼국토기에도 軟質陶器와 함께 硬質陶器, 즉 회청색 경질토기가 존재한다고 하였다(이성주 1988a·b). 해남 군곡리패총을 발굴하여 그 출토 토기를 정리한 바 있는 최성락은 원삼국시기 한반도에는 와질토기 외에도 경질무문토기 등 다양한 토기가 존재하였으며, 와질토기는 영남지방 외에 다른 지역에서는 발견되지 않기 때문에 "原三國期를 瓦質土器時代로 부를 수는 없다"고 하였다. 그러면서 그는 硬質=陶質=炻器質이란 있을 수 없다고 하고, 炻器質 단계의 삼국토기 발생은 대체로 기원 3세기 후반이지만, 타날문이 있는 회청색의 경질토기 발생은 원삼국기 중에 이루어진 것이 분명하다고 주장하였다(최성락 1988).

와질토기론자들의 주장은 회청색 경질토기가 곧 도질토기이고 삼국시대 토기라는 것이지만, 최성락은 이를 분리하여 회청색 경질토기는 원삼국토기, 도질토기는 삼국시대 토기라고 한 것이다. 그리고 그가 경질무문토기라고 한 것은 과거 김원룡이 서울의 풍납토성에서 발굴하여 風納里無文土器라고 한 것(김원룡 1967)을 김양옥이 청동기시대의 무문토기와 구별하여 붙인 이름이었다(김양옥 1976).

한편 박순발은 한강유역의 원삼국토기를 크게 경질무문토기, 타날문토기, 회(흑)색무문양토기라는 세 가지의 기술적 유형으로 나누었는데, 그 중 회(흑)색무문양토기는 낙랑으로 대표되는 한식계토기의 영향으로 출현한 흑색 또는 회색계의 환원소성 무문양토기라고 하였다. 그는 영남지방의 와질토기도 이 부류에 속하며 소성온도에 따라 연질인 와질토기와 경질인 도질토기로 구분되는데, 원삼국시대에는 연질인 와질토기가 대부분이고 炻器質의 경질로 변화되는 시점은 서기 4세기 중엽경이라고 하였다(박순발 1989).

와질토기론자들은 타날문 유무 여부와 관계없이 영남지방의 원삼국토기는 와질토기이며, 중부지방의 원삼국 주거지에서 나오는 타날문토기도 와질토기라고 한 것과 달리, 박순발은 와질토기를 낙랑계 한식토기의 영향을 받은 회(흑)색무문양토기로 좁혀 놓은 것이 차이였다.

3) 타날문토기 생산체제론-전국토기 영향설

소위 와질토기론이 제창되어 이와 같은 논란을 벌이고 있을 때, 필자는 진천 삼룡리·산수리에서 원삼국~백제토기 요지군을 연차적으로 발굴조사하고 있었다. 당시 우리나라에서는 공주, 부여에서 조사된 기와요지 외에 삼국시대까지의 토기요지가 발굴되어 그 구조가 밝혀진 예는 없었다. 그런데 진천 삼룡리·산수리요지군에서는 4세기 이후 백제토기가 생산된 요지도 소성실 바닥이 경사져 올라간 등요였지만(도 1.2-1의 3, 4), (경질)무문토기와 타날문토기가 함께 출토되어 그 시기가 원삼국으로 올라가는 토기요지(도 1.2-1의 1, 2)도 작은 규모의 등요였다(한남대학교박물관 2006).

그리고 원삼국 요지 출토 토기는 크게 무문토기와 타날문토기로 나누어지고, 타날문토기는 태토에 모래가 많이 섞인 粗質土器와 거의 섞이지 않은 精質土器로 분류되었

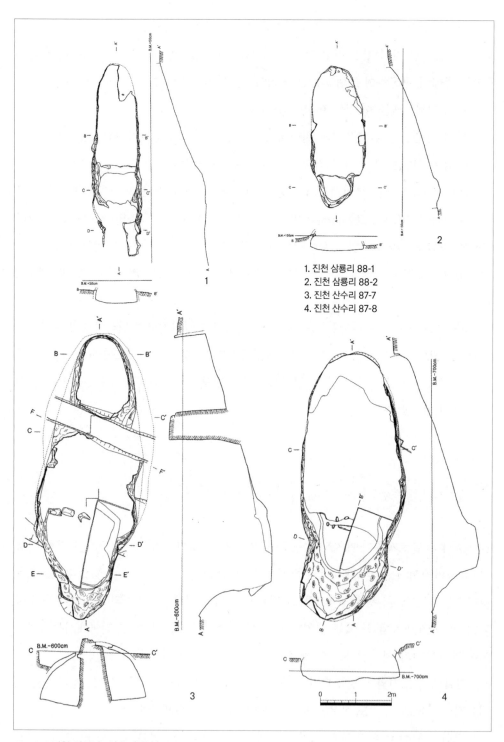

1. 진천 삼룡리 88-1
2. 진천 삼룡리 88-2
3. 진천 산수리 87-7
4. 진천 산수리 87-8

도 1.2-1 진천 삼룡리·산수리 요지

으며, 이들은 다시 색조와 소성온도에 따라 세분되었고, 정질타날문토기 중에는 분명히 회청색 경질토기도 포함되어 있었다. 여기 무문토기는 김원룡의 풍납리무문토기였고, 粗質타날문토기와 精質타날문토기도 김원룡의 풍납리 粗質有文土器, 金海式有文土器와 같은 것이었다(김원룡 1976).

이에 필자는 먼저 원삼국토기 요는 와질토기론자들의 주장과 같이 평요가 아니라 등요이며, 원삼국토기 중에는 도자기학상의 炻器, 곧 회청색 경질토기도 존재하였으므로, 와질토기론자들이 원삼국시대는 와질토기, 삼국시대는 도질토기라고 하는 것은 사실이 아니라는 것을 밝혔다. 따라서 원삼국토기의 전체 성격은 '타날문토기'로 규정되어야 하고, 영남지방의 토광묘(목관묘)에 부장된 조합우각형파수부장경호, 주머니호라는 것도 이전 시대 토기의 기종을 계승한 특징적인 것이지만, 그것도 타날문토기 제작기술에 의해 만들어진 것이므로 크게 보아 타날문토기의 범주 안에 있는 것이라고 보았다. 그리고 와질토기론자들은 '연질'과 '경질'은 상대적이어서 '와질토기'와 '도질토기'로 구분되어야 한다고 하지만, 그것도 애매하기는 마찬가지이므로 굳이 지금까지 써 온 회색 연질토기, 회청색 경질토기와 같은 토기분류 명칭도 바꿀 필요가 없다고 주장하였다. 또 타날문토기에서 회(흑)색무문양토기를 분리해 낸 박순발의 한강유역 원삼국토기 분류에 대해서도 이의를 제기하였다(최병현 1990a).

이렇게 해서 필자는 이른바 와질토기논쟁에 발을 들여놓아 극렬한 논쟁에 빠져들게 되었는데, 다음으로 필자는 진천 삼룡리·산수리 토기요지의 계보를 추적해 보았다. 그 결과 중국 山西省 襄汾縣 大柴遺址에서 조사된 H11호 '灰坑'(中國社會科學院考古研究所山西工作隊 1987)이 사실은 토기 요지로(도 1.2-2의 1), 소성실의 경사는 완만하지만 수직으로 내려간 연소실의 구조가 진천 삼룡리·산수리 토기요지의 수직식 연소실과 똑같은 것임을 알게 되었다. 大柴遺址 H11호 '灰坑'에서 출토된 토기는 二里頭文化 東下馮類型으로 진천 요지와는 연대 차이가 크지만 그 구조로 보아 연관성이 있을 것으로 판단하였다. 또 浙江省 上虞縣 李家山遺蹟의 Y2요지(도 1.2-2의 2)도 바닥만 남았지만 소성실 경사도 16도의 등요였다(浙江省文物考古研究所 1987). 李家山遺蹟에서는 이와 같은 요지가 6기 발굴되었는데 보고서에서는 商代의 印文陶 요지이며 전국시대 龍窯의 조기유형이라고 하고 있었다.

이에 필자는 신경철이 중국에서도 전국시대에 철은 생산되었지만 도질토기와 같

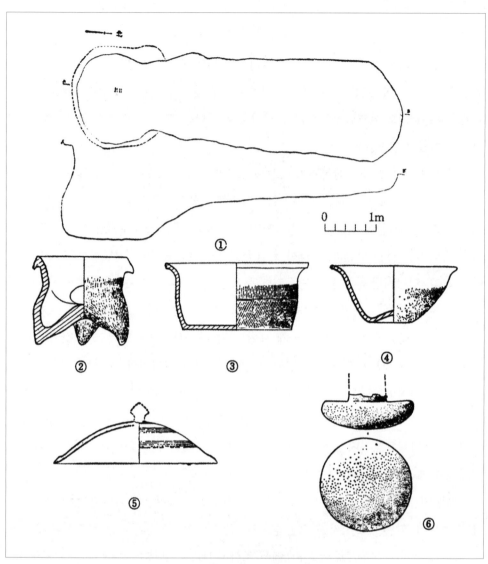

1. 山西省 大柴遺址 H11호 요지와 출토유물

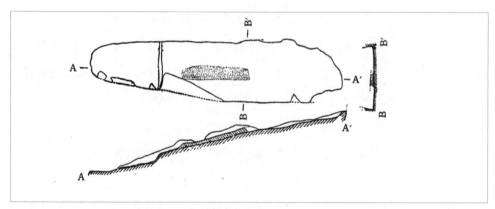

2. 浙江省 李家山 요지

도 1.2-2 중국의 토기요지

은 고화도소성을 낼 수 있는 窯의 발명은 이루어지지 않았다는 주장은 사실이 아니며, 중국에서는 신석기시대 이래 타날문 灰陶가 존재하였고, 도자기학상의 석기에 해당하는 印紋硬陶가 夏代에 남중국에서 출현하여 商代 이후에는 황하 중하류까지 그 분포범위가 확대되었으며, 原始瓷器도 이미 상대부터 출현한 사실(中國硅酸鹽學會 1982)을 밝힐 수 있었다.

필자는 한국의 원삼국토기 제작기술은 중국의 전국계 회도 제작기술, 즉 정선된 태토, 녹로 성형과 성형 시 타날기법, 고화도의 환원소성이 가능한 등요로 이루어진 '타날문토기 생산체제'가 중국 동북지방, 서북한을 거쳐 내려와 성립한 것이라고 보았다(최병현 1990b: 537~548; 1992a: 559~571). 전국계 회도 제작기술이 서북한지방에 도달한 것은 낙랑군 설치 이전인 위만조선시기였으며, 영남지방에서는 기원전 1세기 후반기에는 타날문토기 생산체제 하에 이른바 '와질토기'가 생산되기 시작하였다고 보았다.

그리고 영남지방의 원삼국 전기 목관묘 출토 토기에서 먼저 주목되어야 하는 것은 조합우각형파수부장경호나 주머니호가 아니라 타날문토기 생산체제와 함께 새로 출현한 회색의 타날문단경호라고 하였다. 바로 이 회색의 타날문단경호야말로 타날문토기 생산체제와 함께 남하한 것으로 양질의 점토로 만들어 환원소성한 것이며, 와질토기론자들이 내세운 조합우각형파수부장경호나 주머니호는 이 회색 타날문단경호를 생산한 타날문토기 생산체제 하에서 만들어진 이전 시대 토기의 계승 기종이라는 점을 지적하였다(최병현 1990b: 555~568; 1992a: 578~592). 그리고 영남지방의 원삼국토기에서 낙랑토기와 관련 있는 기종이 나타나는 것은 원삼국 후기로, 목곽묘에서 출토되는 대부장경호와 노형토기의 계보가 낙랑고분으로 연결될 것이라고 하였다(최병현 1990b: 78~82; 1992a: 95~97).

이렇게 하여 필자는 원삼국토기는 와질토기이고, 와질토기는 한식 낙랑토기의 영향으로 발생하였다는 와질토기론의 주장을 전국계 타날문 회도 원류설(藤田亮策 1938; 김원룡 1960)로 되돌려놓게 되었는데, 이어서 이성주도 원삼국토기의 제작기술은 중국 전국시대 이전의 제도기술에 기원을 두고 있다고 하였다(이성주 1991: 244).

그러나 신경철과 최종규는 원삼국 와질토기의 낙랑토기 영향설을 고수한 채, 초점을 도질토기로 옮겨 그 기원에 대한 주장을 더해갔다. 신경철은 김해 예안리 160호묘에 이어 대성동 29호묘에서 출토된 양이부원저단경호가 최고의 도질토기이며, 그것은 중국 남방의 古越磁의 영향으로 서진 무렵 중국 북방에 나타나는 기종이며, 한반도 남부의 양이부원저단경호는 중국 북방의 서진대 양이부호와 연관된 것으로 서기 280년 전후가 상한이라고 주장하였다(신경철 1992: 148~151). 한반도 남부지방에서 도질토기는 중국 북방에서 양이부호의 남하로 출현하였다는 것이었다. 최종규도 애초에는 한반도 중부지방을 도질토기 기원의 후보지로 생각하고 싶다고 한 바 있으나(최종규 1982: 223), 신경철의 월주요 기원설에 대해서는 반대하고 중국 漢代의 灰釉陶가 우리 도질토기의 원형이며, 중국의 회유도 기술이 우리나라에 유입된 것은 魏晉代라고 주장하였다(최종규 1994).

그 사이 1987년에 발굴된 창원 도계동유적에서는 경질 소성된 원삼국 전기 말의 조합우각형파수부장경호가 출토된 바 있어(곽동철 1992), 필자는 타날문토기 생산체제와 관련하여 이를 언급한 바 있었다(최병현 1992a: 581). 또 진천 송두리유적에서는 영남지방의 원삼국 전기와 같은 토기류가 부장된 목곽묘가 발굴되었는데, 그 중 1호묘 출토 조합우각형파수부호와 장동호도 고화도로 소성된 경질토기였다(충북대학교박물관 1991).

최종규는 이들이 우발적으로 강한 소결도를 갖게 된 것으로 点的인 존재에 구애받을 필요가 없다고 하였고(최종규 1994: 76), 신경철도 이들이 의도된 도질토기가 아니라 가마 안에서 소성 위치에 따라 우발적으로 만들어진 '類似陶質土器'라고 하였고(신경철 1995c: 118), 뒤에는 '擬似陶質土器'라고 하였다(신경철 2012). 경질 소성된 조합우각형파수부호는 그 뒤 포항 옥성리 15호묘에서도 출토되었다(영남매장문화재연구원 1998). 양인 모두 이 경질토기들(도 1.2-3)이 도질토기와 같은 소성온도로 만들어진 것은 맞지만 도질토기 단계의 것이 아니기 때문에 진정한 도질토기로 인정할 수 없다는 것이었다.

그러면서 신경철은 와질토기에는 타날기법과 함께 마연, 목리조정, 깎기 등의 정면기법이 쓰였지만, 3세기 말에 등장하는 도질토기는 와질토기와는 달리 素文으로 물손질 정면만 되었다는 것을 강조하였다(신경철 1995c: 112·118).[1] 요컨대 이들의 주장을 종

....

1   신경철은 필자가 "와질토기는 부장용토기, 회청색경질토기는 日常土器로 제작되었으므로, 원삼국시대의 분묘에서는 와질토기만 출토된다. 그러므로 이러한 분묘출토의 토기만으로 「와질토기시대」를 제창한다는 것은 「넌센스」다." 라고 했다면서 "그런데 현재 金元龍·崔秉鉉 외의 어느 연구자가 과연 이 說을 신봉하고 있는 것일까"라고 비판하였다(신경철 1995c: 117). 그러나 필자는 그러한 주장을 어디에서도 한 바 없다. 다만 필

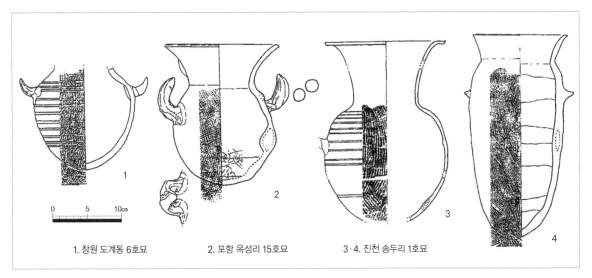

도 1.2-3 원삼국 전기의 경질토기(신경철 2012에서)

1. 창원 도계동 6호묘 2. 포항 옥성리 15호묘 3·4. 진천 송두리 1호묘

합하면 와질토기와 도질토기는 태토, 정면기법, 燒成窯가 완전히 다른 것으로, 서로 계통이 다른 별개의 제도기술로 제작된, 서로 연관성이 없는 도자기라는 것이었다.

　　그런데 佐佐木幹雄은 울산 하대유적의 출토 토기를 분석하여 매우 흥미로운 결과를 내놓았다. 그는 251점의 하대유적 출토 토기를 기종별로 분류하고 '와질소성 토기' 213점을 분석하였는데, '신식와질토기' 특유의 기종이라고 하는 노형토기, 광구대부호(대부장경호), 직구대부호(대부직구호)와 같은 것은 태토에 상응하는 소결온도에 이르지 못하여 표면 박리율이 53%로 높고 소성온도도 ±1000℃ 미만율이 90%인데, 박리가 보이는 와질토기는 소성온도가 ±700℃에도 도달하지 않았다고 하였다. 그러나 원저단경호 56점은 박리율이 32%로 낮고, 超±1000℃率이 26%(15점)로 가장 안정된 소성상태를 보여준다고 하면서 "원저단경호는 와질토기 내에서 이질적인 존재"라고 하였다(佐佐木幹雄 1996: 21~22·37 표2).

　　그가 이 고화도 소성의 원저단경호들을 와질토기로 분류해 놓고 와질토기 내에서 이질적인 존재라고 한 것은 와질토기론자들의 토기 분류방식을 따른 것이지만, 어떻든

....

자는 원삼국 이전 무문토기시대에도 흑도장경호와 홍도단경호는 주거지에서는 거의 출토되지 않았던 부장토기인데, 이를 계승한 원삼국 전기의 조합우각형파수부장경호와 주머니호도 (토광)목관묘에 부장되어 "전시기 이래의 부장용토기에서 강한 전통성을 볼 수 있는 것이다."고 하였을 뿐이다(최병현 1992a: 582). 당시는 학계에서 주머니호가 홍도단경호의 기형을 이은 것이라고 보았다. 김원룡과 필자를 싸잡아 공격하려다 보니 그렇게 된 것으로 보인다.

이와 같은 분석 결과는 원삼국 후기에 소위 신식와질토기로 새로 등장한 기종의 토기들은 전통적으로 저화도 소성되었으나, 원삼국 전기부터 내려온 타날문토기의 고유기종인 원저단경호는 매우 안정된 고화도 소성을 보여준다는 것이었다. 그가 원저단경호라고 한 것은 원삼국 전기부터 내려온 타날문 원저단경호일 터인데, 누구도 지적하지 않았지만, 이 타날문 원저단경호는 타날기법과 회전물손질로 정면되었을 뿐 원삼국 전기의 조합우각형파수부장경호와 주머니호, 후기의 대부장경호와 노형토기 등에 쓰인 마연, 목리조정, 깎기 등의 정면기법은 쓰이지 않은 것이다.

그러므로 佐佐木幹雄의 분석 결과는 원삼국토기의 제작기술과 그 발전 과정을 대표하는 것은 타날문토기의 고유 기종인 원저단경호이지, 원삼국 전기의 조합우각형파수부장경호나 주머니호, 후기의 대부장경호나 노형토기 등이 아니며, 이런 기종의 토기들은 그 전통과 기능에 따라 타날문 원저단경호와는 정면기법 등 세부 성형기법을 달리하고 소성온도도 달리하여 제작된 것임을 말해주는 것이었다. 또 앞의 노포동유적 출토 토기의 분석에서도 드러났지만, 지금까지 와질토기라고 일괄해 온 원삼국토기 중에는 고온소성된 경질토기도 상당히 많이 포함되어 있었을 것이라는 점이었다.

한편 중부지방의 원삼국 주거지에서 타날문토기와 함께 출토되고 있는 무문토기에 대해서는 앞서 언급한 바와 같이 풍납리무문토기, 경질무문토기라고 불러왔는데, 연질과 경질은 매우 주관적인 것이지만, 더욱이 박순발의 연구에 의하면 그것이 한성백제시대의 적갈색 연질토기로 계승·발전되었다 하므로, 원삼국의 경질토기가 백제시대의 연질토기로 되어 토기문화가 퇴행한 것이 된다는 신경철의 비판이 있었다(신경철 1995c). 그리고 당시 학계에서는 이 토기가 출토된 춘천 중도유적의 이름을 따서 중도식토기라 부르기도 하였는데, 중도주거지에는 무문토기와 타날문토기가 함께 출토되었으므로 중도식토기가 그중 어느 것을 가리키는지 애매하다는 논란도 있었다. 또 이 토기의 기원에 대해서도 재지의 무문토기 계승설, 송국리토기 기원설 등이 있었다(최병현 1998: 108).

그런데 박순발은 서북한지방에서 점토대토기에 이어 출현한 외반구연토기인 명사리형토기가 남하한 것이 중부지방의 경질무문토기라고 하였다(박순발 1996; 1998a). 그리고 한강유역의 타날문토기는 직접적으로는 낙랑군 설치 이후이지만, 그 원류는 세죽리-연화보유형문화의 전국계 타날문토기가 단계적으로 파급된 것이며, 명사리형토기의 남하와 타날문토기의 파급에는 시차가 있어 중부지방에서는 경질무문토기 단순기가 존재하였다고 주장하였다(박순발 1998a·b).

이러한 학계의 동향을 지켜보던 필자는 원삼국토기에 대한 판단을 다시 정리하여 밝혔다(최병현 1988). 먼저 중부지방의 원삼국 주거지에서 타날문토기와 함께 출토되는 무문토기는 앞의 신경철의 지적이나 당시 강조되고 있던 춘천 중도유적의 의의를 고려할 때[2] 중도식토기에서 타날문토기와 무문토기를 구분하여 중도식무문토기로 부르는 것이 옳겠다고 보았다. 김원룡의 풍납리무문토기로 다시 돌아갈 상황은 아니었고, 중도유적 발굴자들도 이 토기를 '中島式無文土器'라고 한 바도 있었다(국립중앙박물관 1982: 17).

이에 원삼국시기 중부지방의 타날문토기와 중도식무문토기의 원류를 재추적해 본 바, 타날문토기와 중도식무문의 외반구연토기는 중국 동북지방의 연화보유적에서도 공반된 것이 확인되고, 영변 세죽리유적과 북창 대평리유적에서도 공존하였으며, 평양의 낙랑토성에서도 중도식무문토기가 존재하였던 것을 알 수 있었다.[3] 이로써 타날문토기와 중도식무문토기로 이루어진 중부지방의 원삼국토기는 중국 전국시대 철기문화의 동전으로 성립한 소위 세죽리-연화보유형문화의 타날문토기 생산체제가 서북한을 거쳐 남하하여 출현한 것임을 확인할 수 있었다. 즉 전국시대 타날문 회도의 영향으로 세죽리-연화보유형문화에서 타날문토기 생산체제가 성립하였고, 중도식무문토기는 타날문토기 생산체제 하에서 변화된 요동지방 재래의 무문토기가 원류였으며, 그것의 남하로 중부지방과 영남지방의 원삼국토기가 출현한 것이었다.

이와 같이 세죽리-연화보유형문화의 타날문토기 생산체제가 기원전 3세기 말·2세기 초, 즉 위만조선의 성립과 함께 서북한지방에 도래하여 낙랑군으로 이어졌고, 한강유역에서는 기원전 100년경, 영남지방에서는 기원전 1세기 후반기부터 원삼국토기가 시작되었다고 보았다. 따라서 중부지방에서 중도식무문토기 단순기는 존재하지 않

2 사실은 국립박물관의 중도유적 발굴보다 1년 앞서 숭실대학의 수원 서둔동유적 발굴에서 중도유적과 같은 주거지, 토기들이 드러났지만, 정식 보고가 늦어져 그 의미는 퇴색되었다. 서둔동유적의 발굴보고서는 2010년에야 출간될 수 있었다(숭실대학교 한국기독교박물관 2010).

3 다만 그 과정에서 필자는 황해도 신천의 명사리 토기를 박순발의 견해를 받아 중도식무문토기와 같은 것으로 보았으나(최병현 1998: 114), 이는 후일 퇴화된 삼각형점토대토기로 밝혀졌다(국립중앙박물관 2006: 68).

앞으며, 한강 이남지방에서 원삼국토기의 시작은 낙랑군 설치 무렵이라 하더라도 그 계통은 한식 낙랑토기가 아니라 전국계 토기이고, 낙랑군 설치 이후에는 한강 이남지방으로 낙랑토기 문화의 영향도 미쳐온 것이라고 보았다.

그리고 타날문토기 생산체제는 경질토기 소성이 가능하였지만, 김해토기론에서와 같이 처음부터 경질토기가 대량으로 생산된 것은 아니었으며, 원삼국 타날문토기에서 삼국토기로 발전하는 과정에서 태토의 개량도 이루어지고 소성법도 개선되는 등 제도기술의 개량·발전에 따라 연질토기 중심에서 경질토기 중심으로 바뀌어 온 것이라고 하였다. 佐佐木幹雄의 울산 하대유적 출토 토기 분석 결과는 바로 그런 사실을 말해주는 것이라고 지적하였다.

와질토기론자들은 원삼국 와질토기와 삼국 도질토기는 완전히 다른 것이라고 하면서, 남중국의 월주요 청자나 북중국의 회유도 기술이 와서 도질토기가 출현하였다고 하지만, 청자기술이 왔으면 조질의 청자라도, 회유도 기술이 왔으면 조질의 회유도라고 나와야 되는 것이 아닌가 반문하면서, 원삼국토기와 삼국토기는 태토, 성형법, 요법 등의 기본적인 제도기술 체제가 유지된 계승-발전관계이며, 그 과정에서 토기 성형의 정면기법과 시문법도 비뀌고, 기형의 변화도 이루어지고 토기 기종이 추가되기도 한 것이라고 지적하였다. 원삼국 후기에 대부장경호와 노형토기 등 낙랑계 기종이 등장하고, 그 뒤 양이부원저단경호가 출현하는 것도 단계적으로 자연스럽게 이루어진 기종의 추가 과정일 뿐이라고 본 것이다.[4]

그리고 중국의 도자기요 분류와 중부지방 원삼국토기 요의 관계에 대해서도 좀 더 고찰해 두었다(최병현 1998: 137~141). 평요와 등요는 일본에서 쓰는 말일 뿐 중국에서는 사용하지 않는 용어인데, 중국의 도자기요를 평요와 등요로 나누어보아도 평요에서는 고화도 소성이 불가능하고 등요라야만 고화도의 도질토기, 즉 회청색경질토기를 소성할 수 있다는 주장은 사실이 아니라는 점을 지적하였다.

중국에서는 도자기요를 구조적 형태와 화염의 진행 형태에 따라 분류하는데(中國硅酸鹽學會 1982; 劉可棟 1982) 이를 굳이 평요와 등요로 구분하면, 신석기시대 이래의 竪穴

....

4   그러나 신경철은 그 후에도 중국 북방에서 양이부호가 내려와 김해지역에서 최초로 도질토기가 출현하였다고 주장하고 있다(신경철 2012).

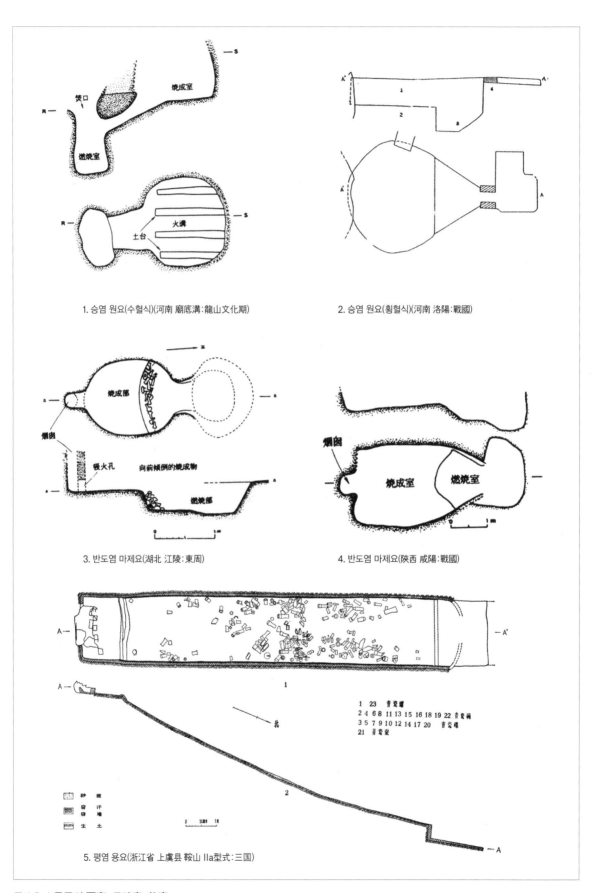

1. 승염 원요(수혈식)(河南 廟底溝:龍山文化期)

2. 승염 원요(횡혈식)(河南 洛陽:戰國)

3. 반도염 마제요(湖北 江陵:東周)

4. 반도염 마제요(陝西 咸陽:戰國)

1　23　靑瓷罐
2　4　6　8　11　13　15　16　18　19　22　靑瓷碗
3　5　7　9　10　12　14　17　20　靑瓷碟
21　靑瓷壺

砂　廛
窯汗墻
生　土

5. 평염 용요(浙江省 上虞县 鞍山 IIa型式:三国)

도 1.2-4 중국의 圓窯·馬蹄窯·龍窯

式·橫穴式 昇焰圓窯(도 1.2-4의 1, 2), 북중국에서 상대부터 사용되어 온 半倒焰馬蹄窯(饅頭窯)(도 1.2-4의 3, 4) 같은 것이 평요, 상대부터 남중국에서 사용되어 온 平焰龍窯(도 1.2-4의 5)는 등요라고 할 수 있지만, 용요에서는 1300℃ 이상, 마제요에서는 1300℃까지, 원요에서도 1200℃까지 낼 수 있었다(劉振群 1982; 熊海堂 1995). 와질토기와 도질토기 모두 평요에서도 등요에서도 소성 가능하였으며, 와질토기를 소성한 요가 반드시 평요일 이유도 없고, 도질토기를 소성하기 위해서는 반드시 등요가 필요한 것도 아니었다.

앞서는 진천 삼용리·산수리의 원삼국~백제토기 요지의 구조가 중국 山西 大柴遺址 H11호 요지(灰坑)와 같은 것으로 보았는데, 이들은 소성실 後尾의 천정을 뚫고 排煙口를 설치하였을 것이므로, 排煙口를 소성실 後尾 바닥 가까이에 설치하여 불길의 진행을 半倒焰으로 바꾼 마제요가 아니라 불길이 바로 천정의 배연구로 향하는 횡혈식의 昇焰圓窯(도 1.2-4의 2)와 같은 구조라는 것을 지적하였다. 진천 요지는 소성실 바닥이 경사로 올라간 등요이고, 중국의 원요와 마제요는 대개 소성실 바닥이 편평한 평요이지만, 이성주는 우리나라의 원삼국토기 요가 전국시대 원요의 형태를 받아들여 그것을 산복 경사면에 설치함으로써 요상의 경사를 강조한 것이라고 지적한 바 있었다(이성주 1991: 258).

2. 원삼국토기의 성격

1) 원삼국토기의 계통과 실체

원삼국토기의 실체가 무엇인가에 대하여 거의 20년 가까이 끌어온 논쟁은 이로써 일단 소강 국면으로 접어들었지만(김성남·김경택 2013), 그 후 원삼국토기의 계통을 재확인하고 그 개시 시기를 확인시켜 주는 자료들의 발굴이 이어졌다(최병현 2014g). 먼저 성주 예산리 3호 목관묘에서는 삼각형점토대토기 단계의 장각형 두형토기, 굽이 분명한 흑도장경호, 명사리형 파수부호 등과 함께 동체가 상하로 긴 타날문단경호가 출토되었고(경상북도문화재연구원 2005), 사천 늑도패총(경남고고학연구소 2006), 울산 달천유적

(울산문화재연구원 2008; 2010) 등에서는 삼각형점토대토기와 함께 타날문단경호, 화분형토기 등이 출토되었다.

정인성은 이 유적들에서 출토된 타날문단경호들을 낙랑토기 단경호 이전의 전국계 회도로 판정하고, 이들은 燕式釜에서 유래된 활석혼입계 화분형토기[5]와 함께 이입된 것으로, "낙동강유역권의 사람들이 최초로 중국계 灰陶에 노출되는 시기는 낙동강유역권이 요동반도와 한반도 서북지방은 물론 일본열도와 오키나와까지를 연결하는 국제교역망에 편입되는 기원전 3세기까지 거슬러 올라갈 가능성이 있다고 본다"고 하였다(정인성 2008: 25). 이어서 달성 평촌리유적(경상북도문화재연구원 2010)에서도 삼각형점토대토기 단순기에 다수의 활석혼입계 화분형토기와 타날문토기가 이입된 것을 확인하고 "늦어도 기원전 2세기 중반 무렵에는 이미 낙동강유역권에도 타날문단경호가 이입되어 있었다"고 하였다(정인성 2012: 66). 정인성은 이와 같이 전국계 회도가 낙랑군설치 이전에 이미 요동반도나 서북한에서 육로가 아니라 해로를 통해 영남지방으로 직접 도래하였을 가능성을 상정하고, 영남지방에서 와질토기의 성립 시기도 기원전 2세기대로 올려 잡았다.

또 북한강유역인 가평 달전리유적에서는 화분형토기와 회색소호가 부장된 서북한고조선-낙랑 계통의 분묘가 발굴된 데(박성희 2003) 이어, 가평 대성리유적에서는 타날문단경호와 중도식무문토기가 공반하는 주거지들보다 앞선 시기의 수혈유구들이 발굴되었다(경기문화재연구원 2009). 이 수혈유구들에서는 화분형토기와 격자문 계열(마점문)이나 승문타날의 단경호가 함께 출토되었는데, 정인성은 화분형토기와 공반한 타날문단경호들도 전국계 회도로 판정하고 이 유물들을 낙랑군 설치 이전 기원전 2세기대의 것으로 편년하였다(정인성 2009).

한편 중부지방 중도식무문토기[6]의 계통에 대해서도 새로운 연구성과가 나왔다. 유은식은 한반도 중부 이남지방의 중도식무문토기는 요동 쪽에서 남하한 것뿐만 아니라

....

5   필자는 중도식무문토기의 계통을 추적하는 과정에서 서북한지방의 화분형토기도 당시 중도식무문토기라고
     본 명사리형토기와 공존한 것이거나 또는 그 일종일 것이라고 언급한 바 있는데(최병현 1998), 정인성은 화
     분형토기가 전국시대 활석혼입토기인 燕式釜에서 유래되어 낙랑군 설치 이전에 요동지방에서 성립된 것임
     을 밝혔다(정인성 2004).

6   중도식무문토기는 주로 원삼국시기 중·서남부지방에 분포된 것으로 알려져 있지만, 이성주는 동래패총과
     성산패총, 고성 동외동패총 등 동남부지방 유적에서도 존재하고 있음을 밝힌 바 있다(이성주 2011).

연해주의 초기철기문화인 크로노프카 문화 토기에서 유래된 동북계 토기도 내려와 결합되었다는 것을 지적하였다(유은식 2006). 중도식무문토기 중의 외반구연토기는 요동계이지만, 내만구연호 등은 크로노프카 문화계이며, 이들이 각각 서북한과 두만강유역을 거쳐 남하하여 한반도 중부지방에서 결합된 것이라고 본 것이다. 그 후 그는 동북계 토기의 기종을 외반구연옹(토기)을 포함한 중도식무문토기의 많은 기종으로 확대하는 가운데, 동북계 토기문화가 먼저 도달된 곳은 기원전 1세기 전반 영서지방이며, 이곳에서는 중도식무문토기 단순기가 일부 존재하였으나 그보다 늦은 영동지방이나 한강 하류 지역에서는 중도식무문토기 단순기로 편년될 유적은 없다고 하였다(유은식 2011).

이와 관련하여 양평 양수리유적의 발굴이 주목된다. 양수리 537/1-6호 수혈에서는 삼각형점토대토기와 중도식무문토기가 포개져서 나왔고, 그 3호 주거지에서는 흑색마연호의 동체와 중도식무문토기가 공반되었다(한양문화재연구원 2018). 박경신은 전자를 기원전 2세기 후엽~1세기 전반, 후자를 기원전 1세기 전중엽으로 편년하고 있는데(박경신 2018: 337~342), 이 유구들에서 나온 중도식무문토기는 모두 내만구연호뿐이고, 타날문토기는 공반하지 않았다.

한강유역에서 서북한외 고조선-낙랑계 분묘는 앞의 가평 달전리에 이어 춘천 우두동유적에서도 조사된 바 있고(한강문화재연구원 2017), 최근에는 남양주 금남리유적에서 여러 기가 발굴되어 화분형토기와 회색소호들이 공반되었다(한강문화재연구원 2020). 한강유역에서는 앞으로 이와 같은 유적의 발굴이 계속 늘어날 것으로 보인다.

필자는 앞서 밝힌 바와 같이 영남지방에서 원삼국토기의 성립을 살필 수 있는 근거 자료로서는 경주 조양동유적과 의창 다호리유적밖에 없는 상황에서 영남지방의 타날문토기 생산체제의 등장을 낙랑군이 설치된 기원전 100년경보다 더 앞으로 올려볼 수는 없었고, 또 당시로서는 자연스럽게 타날문토기 생산체제가 중부지방을 거쳐 면적으로 확대되어 영남지방에 도달하였을 것으로 보았다. 그러나 이제 낙랑군 설치 이전에 이미 전국계 타날문회도와 활석혼입 화분형토기들이 중부지방과 영남지방에 이입되어 있었던 사실까지 밝혀진 지금 원삼국 타날문토기 생산체제가 중국의 전국계 타날문회도의 영향으로 성립되었다는 것은 더 이상 논란거리가 되지 않는다. 또 남부지방에서 원삼국토기의 개시 시기가 낙랑군 설치 이전인가 이후인가를 묻는 것도 큰 의미를 갖지 못한다.

그러나 중부지방이나 영남지방에서 모두 전국계 회도 이입 단계에서 타날문토기 생산단계로 넘어가는 과정을 구체적으로 밝히는 과제는 아직 남아 있다. 또 영서지방이나 한강유역에서 동북계통의 무문토기만 존재한 중도식무문토기 단순기가 과연 존재하였는가도 좀 더 지켜보아야 할 문제로 생각된다. 양평 양수리 537/1-5호 수혈에서는 중도식무문토기와 전국계토기의 영향을 받은 것으로 판단되는 타날문토기가 출토되었다고 하는데(한양문화재연구원 2018: 212), 앞의 타날문토기가 출토되지 않은 6호 수혈 및 3호 주거지와 이 5호 수혈 사이에 과연 중도식무문토기 단순기를 설정할 만큼의 시차가 있는지 아닌지, 좀 더 분명한 자료의 출현을 기다려보아야 할 것으로 판단되기 때문이다.

필자는 앞서 밝힌 바와 같이 영남지방을 포함한 한국의 원삼국토기는 전국계 제도기술의 영향으로 성립된 타날문토기 생산체제 하의 토기이므로 기본적으로 '타날문토기'로 규정되어야 한다고 본다. 그런데 와질토기론에서는 처음에 이 타날문토기 생산체제 하의 영남지방 원삼국토기를 와질토기라고 규정하였으나, 뒤에는 중부지방의 원삼국토기까지도 모두 와질토기라고 하였다. 필자는 그러한 와질토기론에 대해 강력하게 비판하고, 와질토기라는 용어 사용에 대해서도 반대해 왔다.

그러나 이제 중부지방의 원삼국토기는 타날문토기와 중도식무문토기 또는 경질무문토기로 분류되고 있지만, 영남지방의 원삼국토기는 그 실체나 성격과 관계없이 널리 '와질토기'로 불리고 있다. 와질토기론에서 대개 타날문이 없는 연질소성 토기, 즉 원삼국 전기의 조합우각형파수부장경호와 주머니호, 후기의 대부장경호와 노형토기 등을 표지적인 토기로 내세워, 영남지방의 원삼국토기라고 하면 이들로 강한 이미지가 형성되었기 때문이다. 이들도 타날문 원저단경호를 동반한 타날문토기 생산체제 하에서 제작된 것임은 앞서 말한 대로이지만, 지금은 타날문 원저단경호를 포함하여 이들을 모두 와질토기라고 한다.

이제 '와질토기'라는 말은 한국의 원삼국토기 가운데 시공적으로 한정된 일단의 토기군, 즉 대체로 낙동강을 중심으로 대구 이남, 진주-합천 삼가 이동의 영남지방에 분포한[7] 원삼국 전기와 후기의 토기를 지칭하는 용어가 된 것이다. 이에 필자도 와질토기

....

7   현재까지 와질토기의 서쪽 분포선은 진주 창촌리유적(삼강문화재연구원 2010)과 합천 삼가유적(동서문물

라는 용어의 사용을 더 이상 반대하지 않고 쓰고 있다(최병현 2012: 107). 그러나 와질토기는 '낮은 온도로 소성된 와질의 토기'라는 의미가 아니라 앞서와 같이 원삼국토기 가운데 시·공적으로 제한된 일단의 토기군, 즉 토기양식으로 규정되어야 한다고 본다. 즉, 한국 원삼국시기의 타날문토기라는 큰 범주하에 그 영남양식, 또는 진·변한 지역의 토기양식이라고 하겠다.

와질토기라고 하여 반드시 낮은 온도로 소성된 것이 아님은 앞의 노포동유적 보고서와 佐佐木幹雄의 울산 하대유적 출토 토기의 분석 결과가 말해준다.[8] 현재 영남지방의 유적 발굴보고서나 원삼국토기에 대한 연구에서는 와질토기를 천편일률적으로 '정선된 태토' '소성양호'라고 설명하고 있지만, 와질토기도 개별적인 설명에서는 연질과 경질, 개체끼리 비교할 때는 'A가 B보다 상대적으로 경질이다 또는 연질이다'라고 설명하는 것이 합리적이라고 본다.

원삼국 타날문토기 생산체제는 태토로 양질의 점토 사용, 물레성형과 타날기법, 고온 소성이 가능한 실요로 이루어진 것이지만, 처음부터 경질토기가 대량 생산된 것은 아니었다고 판단된다. 영남지방에서도 이른 시기에는 연질의 와질토기가 일반적이었지만, 시기가 내려오면서 대토 조성의 개량, 소성법의 개선 등 제도기술의 발전과 용기 사용 문화의 진보에 따라 경질토기의 생산이 점진적으로 증가하여 삼국시대에는 경질토기가 중심이 되었다고 판단된다. 원삼국 와질토기와 삼국토기는 와질토기론자들의 주장과 같이 별개 계통의 제도기술에 의해 시작된 것이 아니라 기본적인 제도기술은 같았으며, 그것이 개량·발전되어 오는 가운데 토기 성형과 정면기법, 시문법과 문양 내용이 바뀌고, 기종들도 추가되어 중심 기종이 새로운 기종으로 전환된 것이라고 판단된다. 삼국시대로 들어오면 타날문이 전체적으로 퇴조하였고, 기종에 따라서는 처음부터 소문으로 제작된 것도 있지만, 성형할 때 타날하였으나 최종적으로 물손질하며 타날문을 지운 것, 여전히 격자타날문, 평행타날문 토기가 존재하는 것은 그 때문이다. 타날

....

연구원 2014)까지로 판단된다.

8 최근 발굴조사된 함안 신음리유적(경남연구원 역사문화센터 2021)은 삼각형 점토대토기와 타날문토기가 함께 나온 원삼국 전기의 취락유적인데, 보고서에서는 그중 1호 주거지에서 나온 토기편 17점 중 4점, 3호 주거지에서 나온 토기편 5점 중 1점이 '도질토기'라고 하였고, 그외 1호 고상건물지에서도 점토대토기용, 와질토기편과 함께 '도질토기'편 2점이 공반되었다고 한다. 원삼국 초기부터 고화도 소성 토기가 존재한 것이다.

전통은 신라후기양식토기를 넘어 고려·조선 도기로까지도 이어졌다.

그러므로 원삼국토기는 와질토기, 삼국시대 토기는 도질토기라고 하는 것은 맞지 않다. 영남지방의 원삼국토기는 토기양식으로서 와질토기라고 한다 하여도, 삼국시대 토기를 다시 토기의 질을 나타내는 도질토기라고 하는 것은 옳지 않다. 삼국시대 토기는 뒤에서 보는 바와 같이 토기의 질에 의해서가 아니라 역사적 정체성을 함의한 양식으로 규정되어야 한다.

2) 원삼국토기 요의 문제

진천 삼룡리·산수리에서 원삼국~백제토기 요지군이 발굴된 이래 한반도 남부지방에서는 삼국시대까지의 수많은 토기요지군이 조사되었다. 이제는 경기도 일원에서 한성백제 이전의 토기요지가 조사된 유적만 해도 20여 곳에 가까운데, 요지 1~2기가 조사된 곳도 있지만 다수가 조사된 요지군도 여러 곳이다(서현주 2021). 충청 이남의 서남부지방을 포함하면 그 수는 훨씬 늘어난다. 중·서남부지방의 이 토기요지들은 대개 삼국시대의 것이지만, 그 중 진천 삼룡리·산수리요지군처럼 이른 시기 것 중에는 원삼국토기 요지가 포함되어 있다는 것이 학계의 일반적인 인식이다.

그러나 중·서남부지방에서 조사된 원삼국토기 요지의 연대가 어디까지 올라갈 수 있을지에 대해서는 이견이 있다. 필자도 과거에는 중도식무문토기를 종말기 무문토기라고 하여 원삼국 초기에 존재하였던 토기로 보는 경향(정징원·신경철 1987)에 따라 타날문토기와 중도식무문토기가 함께 출토된 진천 삼룡리 1기 요지군(앞의 도 1.2-1의 1, 2)의 연대를 이르게 보기도 하였다(최병현 1990a). 그러나 그 후 중부지방에서 중도식무문토기는 원삼국시기는 물론 지역에 따라서는 그 이후까지도 존재한 것으로 밝혀져, 진천 삼룡리 1기 요지군의 연대가 당초의 생각만큼 올라가지는 않을 것으로 판단하고 있다.

한국 고대의 토기요지를 종합·연구한 김재철은 영광 군동유적의 토기요지, 진천 삼룡리 1기 요지군 등 현재 중·서남부지방에서 가장 이른 시기라는 토기요지를 3세기 후반~4세기 전반으로 편년하고 있다(김재철 2011: 79~81). 그러나 그의 연대관은 와질토기론의 영남지방 도질토기 출현 시점에 근거를 두고 중·서남부지방에서 회청색 경질토기의 출현 연대를 판단한 것이어서 그대로 인정하기는 어렵다. 중·서남부지방 원삼국토기 요지의 연대에 대해서는 앞으로 좀 더 정밀한 고찰이 필요하다.

지금까지 중부지방에서 조사된 원삼국~백제토기 요지들은 연소실의 구조에서는 진천 삼룡리·산수리요지군처럼 수직연소실인 것과 요 입구와 연소실이 횡혈식으로 이어진 수평연소실인 것으로 차이가 있지만, 소성실은 대개 바닥이 경사져 올라간 등요로 되어 있다. 앞서는 중국에서 소성실 바닥이 편평한 횡혈식 昇焰圓窯(앞의 도 1.2-4의 2 참조)를 우리나라에서는 산 경사면에 설치하여 그와 같은 구조가 되었을 것으로 보았는데, 중국에서는 昇焰圓窯가 신석기시대부터 내려왔고, 山西 大柴遺址 H11호 요지도 그러한 승염원요였음이 분명하다. 중국의 승염원요가 우리나라에 전해진 것은 전국계일 것으로 판단된다.

그러나 북중국에서는 半倒焰馬蹄窯(饅頭窯)가 일찍부터 발달해 있었고 특히 漢代 도기요로 널리 쓰였으므로, 반도염마제요도 낙랑군의 설치와 함께 한반도에 도입되었을 가능성이 타진된 바 있다(顧幼靜 2009). 필자도 그 개연성을 지적한 바 있는데(왕인문화연구소 2016), 최근 파주 축현리에서 半倒焰馬蹄窯가 발굴되었다.

파주 축현리유적에서는 모두 9기의 토기요지가 발굴되었는데(중부고고학연구소 2021), 그 중 1기(7호)는 연소실 부분이 확실하지 않으나 소성실 바닥이 편평하고 排煙口가 소성실 後尾의 가운데 바닥 가까이에 설치된 반도염마제요였다(도 1.2-5). 그 외는 소성실 바닥이 경사져 올라간 승염원요계의 등요들이었는데, 이들 중 연소실과 소성실 사이에 단차가 있어 불턱이 높은 것이 여러 기였다. 이와 같이 불턱이 높은 것도 다른 유적에서 발굴된 토기요지들과는 차이가 있는 것으로, 높은 불턱도 중국의 횡혈식 승염원요나 반도염마제요의 특징이다(앞의 도 1.2-4의 2, 3 참조). 축현리 7호 요지의 바닥에는 돌을 둘러 낙랑계의 토기뚜껑을 소성하던 모습이 남아 있었고, 축현리 요지군에서 출토된 토기편 중에 백제 한성기로 내려오는 것은 찾아볼 수 없었다.

파주 축현리유적으로 보아 이제 낙랑군 설치와 함께 서북한지역에는 반도염마제요가 도입되어 있었던 것이 분명해졌다. 또 이를 통해 화성 요리 270/4-1호 마제요(한국문화유산연구원 2012)도 그 연대가 한성백제 이전으로 올라가는 토기요지일 가능성이 커졌다(도 1.2-6). 요리 270/4-1호 요지에서는 소량의 토기편과 기와편이 출토되었을 뿐이어서 그동안 주목을 받지 못했지만, 재검토가 필요하다. 요리 마제요의 소성실은 약

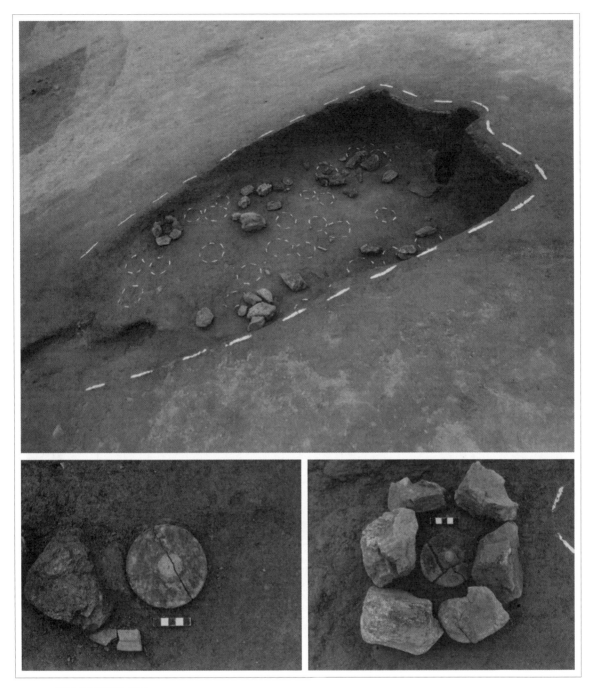

도 1.2-5 **파주 축현리 7호 요지**

하게 경사져 올라갔는데, 축현리와 요리 마제요 모두 연소실 부분이 파괴로 확실하지
않다. 그러나 잔존상태로 보아 불턱이 높지는 않았을 것으로 판단되며, 우리나라에서는
마제요도 산 경사면에 설치되어 중국의 마제요와는 차이가 생긴 것이 아닐까 판단된다.

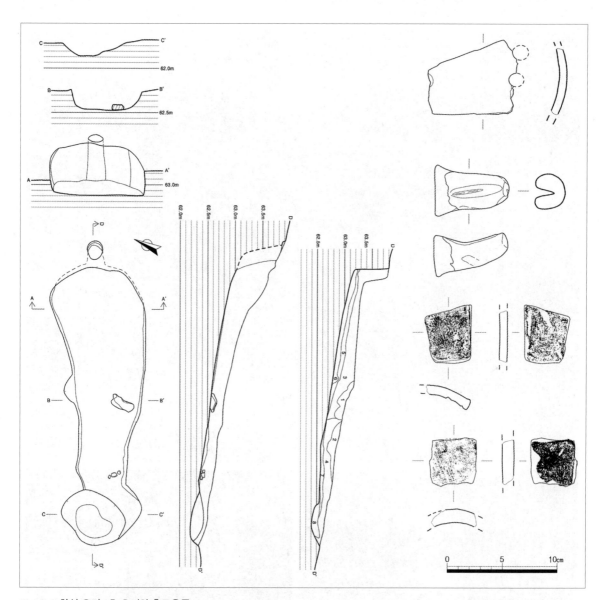

도 1.2-6 화성 요리 1호 요지와 출토유물

　　아직 반도염마제요의 실례는 많지 않지만, 이제 이들로 보아 원삼국 이후 우리나라
에는 중국의 횡혈식 승염원요계와 반도염마제요계의 토기요지가 함께 도입되어 있었
던 것이 분명해졌다. 그 중 중·서남부지방 토기요지의 주류로 발전해 간 것은 승염원요
계로, 산 경사면에 설치되어 소성실 바닥이 경사져 올라간 등요로 발전해 간 것으로 판
단된다.

　　이와 같은 중·서남부지방에 비해 영남지방의 원삼국토기 요의 실체는 아직 불확
실하다. 뒤에서 좀 더 살펴보겠지만, 신라조기양식토기를 소성한 등요는 창녕 여초리요

지군(국립진주박물관 1992; 1995)을 시작으로 함안 우거리요지군(국립김해박물관 2007), 대구 신당동요지군(삼한문화재연구원 2015)이 발굴되었고, 경주에서는 그보다 연대가 조금 내려와 신라 전기 초로 편년되는 화산리요지군이 조사되었지만(중앙문화재연구원 2008), 그 이전 원삼국 와질토기를 소성한 窯窯의 존재는 아직 분명하지가 않은 것이다.

그런데 경주 황성동 나지구 2차조사에서는 窯窯 1기가 조사된 바 있다(경북대학교 박물관 2000: 208~211). 황성동 II나-13호요로 기록된 이 요지(도 1.2-7의 1)는 청동기시대의 묘역식지석묘의 묘역 안에 설치되었는데(金武重 2012: 5) 화구, 연소실, 소성실로 구성된 반지하식 실요로, 소성실은 일부만 남은 것으로 보이나 바닥이 편평한 평요였으며, 소성실의 벽과 바닥에는 점토를 발랐다고 하였다. 도면으로 보아 연소실에서 소성실로 올라가는 불턱이 높았던 것을 알 수 있다. 화구 앞쪽은 넓은 前庭部(작업장)로 되어 있었고, 연소실에서 토제방추차 2점, 전정부에서 목탄과 함께 물손질된 와질소성의 토기편이 출토되었다. 요지 가까이에는 II나-7호 주거지가 자리하였는데, 주머니호와 타날문단경호편 등 원삼국 전기의 와질토기들이 출토되었다.

이 요지는 그동안 학계에서 별로 주목을 받지 못하였지만, 김권일은 황성동 제철유적에 유의하여 이 요지를 철기 제작과 관련된 용범요로 판단하였다(김권일 2020: 253). 그러나 이 요지가 와질토기를 소성한 토기요였을 가능성을 배제할 수 없다. 소성실 후미 부분이 남아 있지 않아 배연구의 위치를 알 수 없어 확실하지 않지만 높은 불턱으로 보아 반도염마제요계의 평요였을 가능성도 있고, 중국에서처럼 평지에 설치한 횡혈식 승염원요계의 평요였을 가능성도 있다.

또 최근 경주 천군동에서 와질토기 요지 1기가 발굴되었다고 한다(대동문화재연구원 2020). 현장 중간 검토회의 자료에 의하면, 요지는 완만한 경사면을 직교하여 설치되었으며, "전체 구조가 파악되지 않지만 바닥과 벽체에 환원소성과 산화 소결된 양상이 분명하게 확인되는 가마"라고 하였다(도 1.2-7의 2). 내부에 석재들과 와질토기 구연부편이 다수 깔려 있었으며, 목곽묘 단계의 와질토기를 소성한 가마라고 한다. 사진에서는 요 입구, 연소실, 소성실이 따로 구분되지 않으나, '바닥과 벽체에 환원소성과 산화 소결된 양상'이라는 설명으로 보면 실요였을 가능성이 있으며, 바닥 경사도는 미약하여 평요에 가까웠을 것으로 판단된다.

그런데 지금까지 영남지방에서 원삼국 와질토기를 소성한 유구로는 이들보다 김

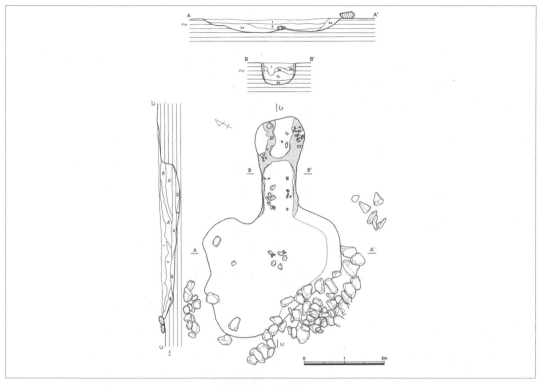

1. 황성동 Ⅱ나-13호 요지

2. 천군동 요지

도 1.2-7 경주지역의 원삼국토기 요지

해 대성동 소성유구와 사천 봉계리 소성유구가 주목받아 왔다(김재철 2007). 김해 대성동 소성유구(도 1.2-8)는 부정형의 얕은 수혈 안에 燒土덩이와 목탄, 재 등이 깔려 있는 것으로, 출토 토기는 삼각형점토대토기 등의 무문토기가 대부분이었지만 주머니호, 타날문단경호 등의 와질토기도 일부 출토되었다(부경대학교박물관 1998). 타날문단경호의 구연부 중에는 구연단이 직각으로 꺾인 것도 있다.

사천 봉계리 소성유구(도 1.2-9)는 긴 溝狀으로, 2개의 床面이 관찰되어 1회의 개축이 있었을 것으로 보았는데, 입지가 산의 경사면이어서 바닥 경사도는 약 10도였고, 내부에는 다량의 목탄, 소결토, 점질토가 퇴적되어 있었다고 한다. 출토 토기는 주로 삼각형점토대토기 등의 무문토기였지만, 소량의 타날문토기가 포함되어 있었다(경남고고학연구소 2002).

이와 같은 김해 대성동과 사천 봉계리의 소성유구에서 토기를 소성한 것은 분명해 보인다. 그러나 이 유구들에서 주로 소성한 토기는 삼각형점토대토기 등의 무문토기이고, 이들은 대개 적갈색으로 산화염 소성된 것이다. 그러므로 두 유구는 원래 노천요로, 김해 대성동 소성유구는 평지에, 사천 봉계리 소성유구는 산 경사면에 구상으로 설치하여 무문토기를 소성한 것으로 판단된다.

그런데 김해 대성동 소성유구에서는 주머니호와 타날문단경호, 사천 봉계리 소성유구에서는 타날문토기편 등 두 유구에서 환원소성된 와질의 토기편들도 출토되었다. 이들은 무문토기에 비해 적은 양이어서 이 유구들에서 직접 소성된 것인지 아닌지 확신할 수 없지만, 어떻든 이 소성유구 운영자들이 소지하였거나 생산한 토기였을 것이다.

여기서 주목되는 것은 소성유구 내부에 쌓여 있던 소토덩이나 점질토들이다. 김해 대성동 소성유구의 소토덩이에는 짚흔이 남아 있었다 하고(부경대학교박물관 1998: 25~26), 사천 봉계리 소성유구의 내부에 퇴적된 점질토는 상부 구조물이 붕괴된 것이라 하였다(경남고고학연구소 2002: 315). 두 소성유구에서 와질의 토기편들이 직접 생산된 것이라면, 이와 같은 설명으로 보아 이 유구들은 원래 노천요였으나, 와질토기를 소성할 때는 적재된 건조 상태의 토기와 연료를 점토로 피복하여 환원 소성하였을 것으로 판단된다.

그러나 김해 대성동과 사천 봉계리의 소성유구가 원삼국 와질토기를 소성한 일반적인 토기요라고 생각되지는 않는다. 아마도 원삼국 와질토기를 소성한 요는 경주 황성

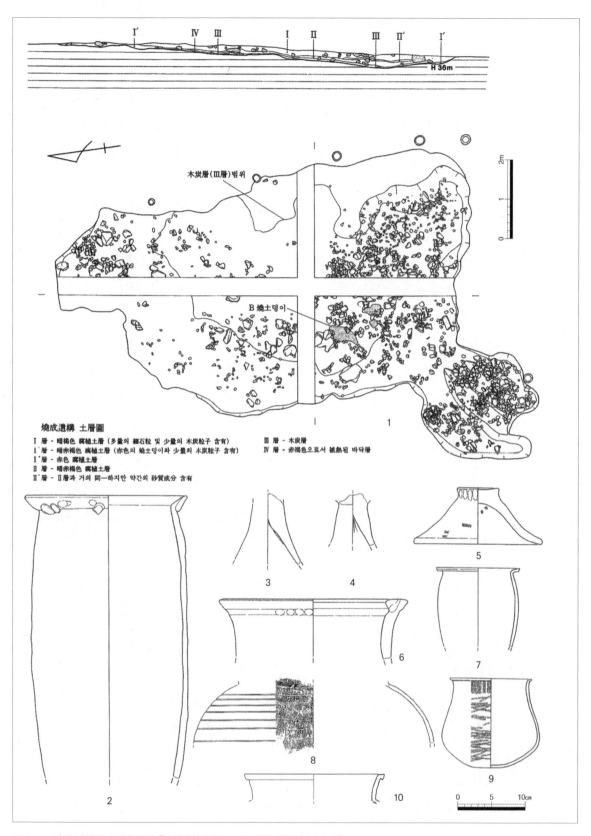

燒成遺構 土層圖

I 層 - 暗褐色 腐植土層 (多量의 細石粒 및 少量의 木炭粒子 含有)　　　Ⅲ 層 - 木炭層
I′層 - 暗赤褐色 腐植土層 (赤色의 燒土덩이와 少量의 木炭粒子 含有)　　Ⅳ 層 - 赤褐色으로서 被熱된 바닥層
I″層 - 赤色 腐植土層
Ⅱ 層 - 暗赤褐色 腐植土層
Ⅱ′層 - Ⅱ層과 거의 同一하지만 약간의 砂質成分 含有

도 1.2-8 김해 대성동 소성유구와 출토유물(김재철 2007에서; 10은 필자 추가)

도 1.2-9 사천 봉계리 1호 소성유구와 출토유물(김재철 2007에서)

동유적이나 천군동유적에서 발굴된 것과 같은 실요였을 것이다. 그러한 실요는 타날문토기 생산체제에 동반되어 원삼국 초기에 영남지방에 도입되었을 것이며, 점차 요법이 발달하면서 앞서 본 바와 같은 경질의 조합우각형파수부장경호도 소성하였을 것이다. 김해 대성동과 사천 봉계리 소성유구는 노천요에서 무문토기를 소성하던 사람들이 원삼국 초기에 실요의 환원소성을 접하고 이를 노천요에 적용한 것이 아닐까 판단된다.

경주지역의 원삼국토기   II

원삼국 이전 한국 초기철기시대의 토기문화는 무문토기인 점토대토기를 표지로 한다. 점토대토기는 구연부에 붙인 점토대의 단면이 원형인 원형점토대토기 단계와 삼각형인 삼각형점토대토기 단계로 나뉜다.

초기철기시대의 삼각형점토대토기에 이어 원삼국시기의 새로운 토기문화가 시작되는데, 영남지방에 등장한 원삼국시기의 새로운 토기를 와질토기라고 한다. 와질토기는 원삼국 타날문토기의 영남양식으로, 중국 전국계 회도의 영향으로 세죽리-연화보유형문화에서 성립한 타날문토기 생산체제가 영남지방에 도입되어 시작된 새로운 토기문화임은 앞서 밝힌 바와 같다.

영남지방의 원삼국 와질토기는 고식와질토기와 신식와질토기로 나뉜다. 고식와질토기는 영남지방에서 목관묘가 중심 묘제로 축조된 원삼국 전기의 토기양식이고, 신식와질토기는 영남지방에서 장방형의 목곽묘가 중심 묘제로 축조된 원삼국 후기의 토기양식이다. 타날문토기 생산체제 하에서 고식와질토기로부터 신식와질토기로의 전환에는 새로운 토기 기종의 출현이 있었다.

영남지방에서 와질토기의 분포는 대체로 낙동강을 중심으로 대구 이남, 진주-합천 삼가 이동으로 한정되어 있다. 그 외 경북 북부지역과 호서지역에서 와질토기 출토 유적이 점점이 이어졌고(홍지윤 1999: 33~34), 최근 아산 공수리유적(기호문화재연구원 2020) 등 그 예가 늘어나고 있지만, 중심 분포권은 큰 변동이 없는 것으로 보인다.

영남지방에서 원삼국 와질토기는 고식와질토기와 신식와질토기 모두 지역차가 거의 없다. 그러므로 와질토기는 원삼국시기 영남지방의 공통양식 토기라고 할 수 있다.

1. 고식와질토기의 성립과 경주지역의 고식와질토기 편년

1) 고식와질토기의 성립(도 1.2-10)

기원전 2세기 경주지역의 몇 곳에서는 대체로 삼각형점토대토기가 부장된 목관묘가 축조되고 있었다. 이 초기철기시대 목관묘에는 삼각형점토대토기 심발과 함께 대개 흑도장경호, 소옹이 부장되었는데, 이 토기들의 바닥은 굽이 높은 평저를 이루었다.

경주지역에서는 삼각형점토대토기 단계의 목관묘에 이어 원삼국 와질토기를 부장한 목관묘와 목곽묘가 축조되었다. 원삼국 전기 영남지방의 중심 묘제는 일반적으로 목관묘라고 알려져 있지만, 원삼국 초기 경주지역에서는 유적에 따라 목관묘가 축조되기도 하고, 목곽묘가 축조되기도 하였다. 원삼국 전기의 목관묘가 축조된 대표적인 유적은 잘 알려진 조양동유적이고(국립경주박물관 2003), 목곽묘가 축조된 대표적인 유적은 덕천리유적이다(영남문화재연구원 2008).

조양동유적의 원삼국 전기 목관묘는 재지의 초기철기시대 목관묘를 계승한 것으로 판단된다. 그러나 덕천리유적에서는 목곽묘와 함께 목관묘도 축조되었는데, 목곽묘는 서북한지방의 '나무곽무덤'과 같고, 목관묘도 서북한지방의 '나무관무덤'과 같은 것이어서 조양동유적과는 달리 새로운 유이민의 남하를 보여주는 것으로 이해된다(최병현 2021: 115~131).

그런데 조양동유적의 목관묘와 덕천리유적의 목곽묘는 부장토기의 세트에도 차이가 있었다. 그 중 새로운 토기가 먼저 출현한 것은 덕천리유적의 목곽묘로 판단된다. 덕

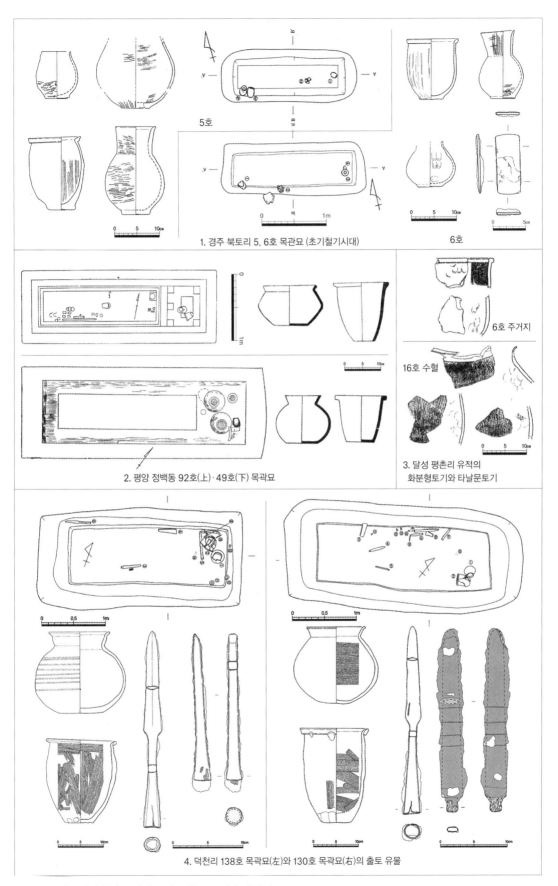

1. 경주 북토리 5, 6호 목관묘 (초기철기시대)

5호

6호

6호 주거지

16호 수혈

3. 달성 평촌리 유적의
화분형토기와 타날문토기

2. 평양 정백동 92호(上)·49호(下) 목곽묘

4. 덕천리 138호 목곽묘(左)와 130호 목곽묘(右)의 출토 유물

도 1.2-10 **경주지역 원삼국 전기 목곽묘 출토 토기와 관련 자료**

천리 138호 목곽묘에서는 철기들과 함께 바닥의 굽이 없어져 평저로 바뀐 삼각형점토대토기 심발과 타날문 단경소호가 부장되었다. 타날문 단경소호는 내·외면 색조가 황갈색이지만 세사립이 혼입된 정선된 태토로 만들어졌고, 8줄의 횡침선이 돌려진 승석문이 타날되었다.

덕천리 138호묘의 타날문 단경소호는 소성 시 환원이 충분히 이루어지지는 않았지만, 분명히 경주지역에 새로운 타날문토기의 등장을 의미한다. 그 이후 덕천리유적의 목곽묘에서는 삼각형점토대토기 심발과 단경소호, 또는 삼각형점토대토기 심발에서 변화된 평저·원저의 심발과 단경소호 세트의 부장이 이어졌다.

조양동유적에서 덕천리 138호 목곽묘와 같은 무렵으로 편년되는 것은 5호 목관묘이다. 조양동 5호 목관묘에는 철기들과 함께 주머니호와 조합우각형파수부장경호가 부장되었다. 이 토기들에 대해서는 아직 무문토기라는 주장(정인성 2008; 2012: 48)과 와질토기라는 주장(신경철 1991: 196)이 있다.

조양동 5호 목관묘의 토기들을 초기철기시대의 삼각형점토대토기와 공반하는 소옹, 흑색마연장경호와 비교해보면, 주머니호는 그 선행 기종으로 보이는 소옹에서 기벽과 구연부 형태가 상당히 변화되었고, 조합우각형파수부장경호도 굽이 거의 흔적만 남아 있는 등 두 토기 모두 초기철기시대의 무문토기에서 상당히 변화된 모습을 보여준다. 그러나 조양동 5호 목관묘에서는 타날문단경호나 단경소호가 공반되지 않았고, 주머니호와 조합우각형파수부장경호의 제작에 타날문토기 생산체제가 적용된 흔적도 보이지 않는다. 조양동유적에서 타날문단경호는 이보다 한 단계 늦은 28호 목관묘에서부터 부장되었다. 조양동유적의 타날문단경호는 덕천리유적의 단경소호보다 큰 규모이며, 이후 조양동유적에서는 주머니호, 조합우각형파수부장경호, 타날문단경호가 세트로 부장되었다.

덕천리유적의 목곽묘와 조양동유적의 목관묘는 부장토기 세트에서 이와 같이 차이가 있었는데, 덕천리유적의 목곽묘 부장토기는 서북한지방의 목곽묘 부장토기인 화분형토기+배부른단지 세트가 현지에서 삼각형점토대토기 심발+타날문 단경소호 세트로 바뀐 것을 알 수 있다. 그런데 앞서는 달성 평촌리유적, 울산 달천유적 등에서 활석혼입계 화분형토기와 타날문단경호가 출토된 것을 지적하였다. 이들은 현지에서 제작된 토기가 아니라 외부에서 이입된 토기들이다. 덕천리유적의 단경소호는 그와 같은 타날문토기의 이입 단계를 지나 영남지방 현지에서 타날문토기 생산체제에 의한 토기 생산이 이루어지기 시작하여, 목곽묘의 부장토기 세트가 현지화한 것을 의미한다.

이와 같이 영남지방에서 새로운 토기 생산이 이루지기 시작한 데에는 서북한지방으로부터 유이민의 남하와 그에 따른 타날문토기 생산체제의 도입이 있었다. 타날문토기 생산체제의 핵심은 타날문단경소호, 타날문단경호의 제작기술이었다. 원삼국 전기 고식와질토기의 표지적인 기종처럼 되어 있는 주머니호와 조합우각형파수부장경호는 이 타날문토기 생산체제 하에서 변질된 전 시기 토기 계승 기종들이었다.

2) 경주지역의 고식와질토기 편년

(1) 상대편년(도 1.2-11, 12)

원삼국 전기 영남지방 고식와질토기의 편년에 대해서는 이미 많은 연구가 이루어졌다. 경주 조양동유적을 발굴한 최종규의 연구를 시작으로(최종규 1983; 1995), 그 형식분류와 상대편년에 대해 많은 연구 성과가 축적되었다(이성주 1999; 이원태 2013). 이에 선행연구들을 참고하여 경주지역의 원삼국 전기 토기 편년표를 작성하였다(최병현 2018a).

이 편년표에서 필자는 주머니호와 조합우각형파수부장경호의 형식변화에 기초하여 경주지역의 원삼국 전기 토기를 크게 4기로 나누고, 다시 8소기로 세분하였는데, 그 내용은 선행 연구들과 큰 차이가 없다. 이에 여기서 각 기종 토기의 형식분류에 대한 설명은 생략하고, 분기의 근거에 대해서도 각 분기의 시작에서 밝히기로 하겠다.

다만 이 편년표에서는 종래의 원삼국 전기 토기 상대편년 연구들에서 중점이 두어진 주머니호와 조합우각형파수부장경호 외에 심발형토기와 단경소호의 형식 변화에도 유의하였음을 밝혀둔다. 앞서 언급한 바와 같이 경주지역의 원삼국 전기 고분군 중에는 조양동유적과 같이 부장토기 세트가 주머니호+조합우각형파수부장경호+타날문단경호로 이루어진 유적과 덕천리유적과 같이 심발형토기+단경소호로 이루어진 유적이 있기 때문이다.

부장토기 세트로 보아 단경소호와 짝을 이룬 심발형토기는 평저의 단면 삼각형점

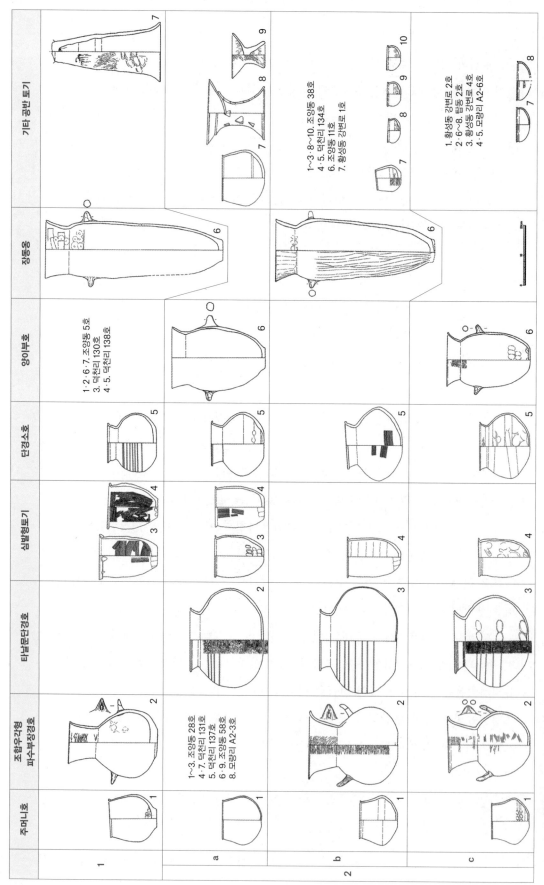

도 1.2-11 경주지역 원삼국 전기 토기 편년표(1)

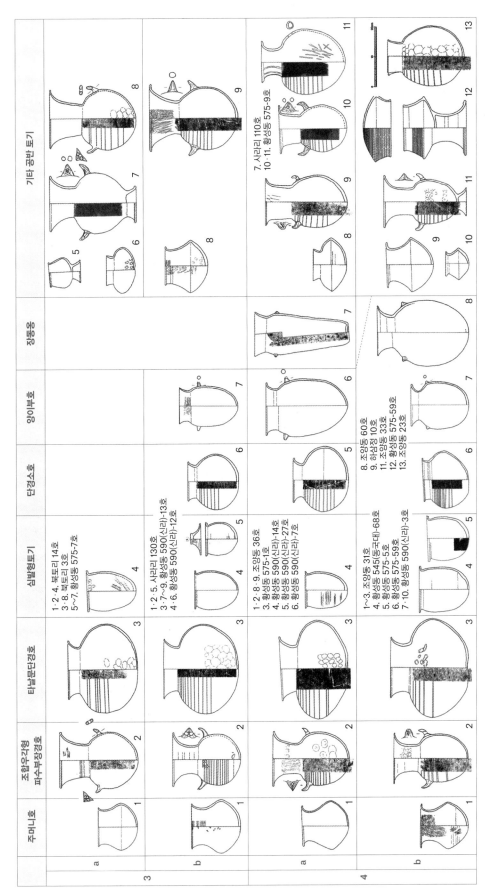

도 1.2-12 경주지역 원삼국 전기 토기 편년표(2)

토대토기 심발에서 적갈색 연질의 평저 심발형토기로 바뀐 다음 다시 와질토기 원저심 발로 변화한다. 주머니호+조합우각형파수부장경호와 세트가 되는 타날문단경호, 심발 형토기와 세트가 되는 단경소호는 우선 크기에서 차이가 있다. 타날문단경호는 동 최대 경이 대개 30cm를 넘고 높이도 30cm 전후이지만, 단경소호는 동 최대경이 대개 20cm 내외이고, 높이는 20cm를 넘지 않는다. 타날문단경호와 단경소호는 표면 전면에 세승 문을 타날한 다음 횡침선을 돌렸는데, 단경소호 중에는 소문인 것도 있다.

원삼국 전기의 이른 시기에도 고분군에 따라 두 가지 세트의 일부 기종이 섞여 부 장된 예가 있고, 전기의 늦은 시기에 오면 후자의 부장 세트는 소멸된 가운데 두 가지 부장토기 세트의 기종들이 서로 섞여갔다. 주머니호와 심발형토기가 공반되는 등 부장 토기 세트가 결합된 유구들을 통해 이들의 상대편년도 가능하다.

원삼국 전기의 타날문토기에는 주로 세승문이 타날되었다. 그러나 격자문도 일찍 부터 등장하였음이 이미 밝혀져 있다(이원태 2016).

① 1기

주머니호와 조합우각형파수부장경호는 아직 무문토기의 연장으로, 저부가 굽 상태 이거나 굽의 흔적이 남아 있다. 조양동 5호 목관묘 출토 토기가 이에 해당한다.

삼각형점토대토기 심발과 단경소호의 세트에서 삼각형점토대토기 심발은 평저화 하였고, 단경소호는 직선적인 경부에서 구연부가 꺾여 외반하였다. 단경소호의 바닥은 평저이다. 덕천리 138호 목곽묘와 130호 목곽묘 출토 토기가 이 단계에 해당한다.

② 2기

주머니호와 조합우각형파수부장경호가 와질토기로 변화하여 저부가 굽 없이 평저 이거나 들린 평저로 되었으나, 조합우각형파수부장경호에 아직 타날이 되지 않은 단계 이다. 승문타날 단경호가 공반되는데, 평저이며 짧은 구경부가 외반한다. 주머니호 기 벽의 내만 곡선화 정도, 조합우각형파수부장경호 동체의 구형화 정도에 따라 a~c의 3 소기로 세분된다.

삼각형점토대토기 심발은 구연이 외반한 적갈색 연질의 심발형토기로 변화하여 동체의 기벽이 상하 수직으로 길어지며, 평저인 바닥이 점차 좁아져 원저로 바뀌어 갔다. 2c기부터 와질토기 원저심발로 전환되었다. 단경소호의 평저 바닥도 점차 좁아져 갔다.

조양동 28호 목관묘와 덕천리 131호 목곽묘에서 각각 2a기의 주머니호와 심발형토기가 공반되어 전후의 기형 변화를 알 수 있다.

③ 3기

주머니호는 기벽 단면 S자형의 원저호 형태로 발전하였고, 바닥이 원저로 바뀐 조합우각형파수부장경호의 구형 동체에 타날문이 시문되는 단계이다. 타날문단경호의 바닥도 원저화하였고, 구경부가 길어지면서 곡선적으로 외반한다.

북토리 14호묘, 황성동 575-6호묘에서 주머니호와 와질토기 원저심발이 공반되었는데, 원저심발의 동체 상부가 축약되어 기벽 단면이 곡선화하였다. 단경소호의 바닥은 원저로 바뀌었다.

기형의 변화 정도에 따라 a, b의 2소기로 세분되며, 3a기 조합우각형파수부장경호에는 세승문만 타날된 것, 세승문 타날에 횡침선이 돌아간 것이 있고, 또 주머니호와 조합우각형파수부장경호에 대각이 붙은 것도 출현하였다. 3b기의 주머니호 중에는 기벽이 동체 중앙부에서 각을 이루며 꺾여 내만하여 올라간 것도 있다.

④ 4기

원저호 형태로 바뀐 주머니호는 구연부가 수평으로 심하게 외반하고, 조합우각형파수부장경호는 동체가 상하로 긴 편구형으로 변화된 단계이다. 원저심발은 바닥이 넓어지고, 기고가 낮아진 것이 출현한다. 황성동 575-5호묘에서 주머니호와 기고가 낮아진 원저심발이 공반되었다. 원저로 바뀐 단경소호는 기벽이 둥글어져 구형화하는 경향이 있다.

기형의 변화 정도에 따라 a, b의 2소기로 세분되며, 4a기와 4b기 모두 각각 여러 가지 변형의 조합우각형파수부장경호가 공반된다. 4b기의 황성동 575-13호묘와 59호묘에서는 다른 기형의 유개대부호가 공반되었다.

(2) 절대연대

영남지방 고식와질토기의 연대 비정에 대해서는 청동거울이 출토된 무덤의 연대를 중심으로 연구가 진행되어 왔다. 그 결과를 종합하면 다뉴경이 출토된 조양동 5호묘를 기원전 1세기 전엽(高久健二 2000), 4점의 이체자명대경이 출토된 조양동 38호묘를 기원전 1세기 후엽(高久健二 2000; 이양수 2006), 사라리 130호묘 출토 소형 방제경은 서기 1세기 말~2세기 전엽(이재현 2000), 그리고 한경과 방제경이 출토된 원삼국 후기 초의 목곽묘인 김해 양동리 162호묘를 2세기 중엽(이양수 2006)으로 보는 연대관이 널리 인정되고 있다(이희준 2002; 2011; 이원태 2013).

이에 따르면 경주지역 고식와질토기의 연대는 다음과 같이 정리된다.

1기: 기원전 1세기 전엽

2기: 2a기-기원전 1세기 중엽, 2b기-기원전 1세기 후엽, 2c기-서기 1세기 전엽

3기: 3a기-서기 1세기 중엽, 3b기-서기 1세기 후엽

4기: 4a기-서기 2세기 전엽의 이른 단계, 4b기-서기 2세기 전엽의 늦은 단계[9]

2. 신식와질토기의 성립과 경주지역의 신식와질토기 편년

1) 신식와질토기의 성립

신식와질토기는 영남지방에서 장방형 목곽묘가 축조된 원삼국 후기의 토기양식이

---

9   이성주는 진·변한지역 분묘 출토 토기 편년에서 "木棺墓의 마지막 단계(I-7단계)와 木槨墓의 初現 段階(II-1a 단계)는 사실상 겹쳐 있을 것이라는 전제하에 II-1단계의 상한을 2세기 중엽까지 올려 볼 수 있다고 생각한다"고 하였다(이성주 1999: 41). 그러나 필자는 고식와질토기의 하한은 2세기 전엽, 신식와질토기의 상한은 2세기 중엽으로 본다.

다. 원삼국 전기 영남지방에서는 일반적으로 목관묘가 축조되었지만, 경주지역에서는 목곽묘도 함께 축조된 것을 앞서 언급하였다. 원삼국 후기에 들어오면 경주지역에서는 전기 이래의 목곽묘와는 계통이 다른 새로운 목곽묘가 도입되어 함께 축조되기 시작하였다(최병현 2021a: 137~145). 목곽묘는 경주 이외의 영남지방에서도 일반적으로 축조되어, 원삼국 후기 영남지방의 중심 묘제가 되었다.

원삼국 후기에 목곽묘가 축조되면서 부장토기의 중심 기종도 교체되었다. 전기의 목관묘에는 일반적으로 주머니호와 조합우각형파수부장경호가 타날문단경호와 함께 부장되었으나, 후기의 목곽묘에서는 대부장경호와 노형토기가 타날문단경호와 함께 부장된 것이다.

경주지역의 경우 대부장경호의 부장은 새로운 계통의 목곽묘 출현과 함께하였다. 경주지역에서 새로운 목곽묘와 대부장경호가 출현할 무렵, 경주를 비롯한 영남지방에서는 그와는 구조 형태가 다른 대부단경호 또는 대부장경호가 일시 존재하였다. 그러나 이들은 곧 소멸되고 영남지방 목곽묘 부장토기의 중심은 새로운 대부장경호와 노형토기로 되어갔다. 그러므로 신식와질토기의 성립 시점은 새로운 대부장경호의 출현이라고 할 수 있다.

대부장경호, 노형토기는 원삼국 전기에는 존재하지 않았던 것으로, 새로운 목곽묘의 출현과 함께 도입된 신기종의 토기들이다. 필자는 그 중 대부장경호의 원류는 중국 전한대의 도호(도 1.2-13의 1)일 것이며, 가깝게는 평양 정백동 69호분에서 출토된 바 있는 낙랑고분의 대부장경호(도 1.2-13의 2)와 같은 것이 그 조형이었을 것으로 본 바 있다. 낙랑고분에서 노형토기의 직접적인 조형을 찾을 수 없지만, 멀리 중국 浙江省 衢州市에서 출토된 견부 사격자문대의 원시청자 같은 것이 그 원류로(도 1.2-13의 3), 그와 같은 형태의 용기가 낙랑고분을 통해 영남지방에 도입되었을 가능성도 제시한 바 있다(최병현 1992a: 95~97). 원삼국 후기의 목곽묘에서는 이들과 함께 새로운 양식의 고배가 출현하였는데, 이 역시 낙랑토기 고배나 낙랑고분 출토 木豆에서 유래되었을 것으로 판단된다.

경주지역에 새로 출현한 원삼국 후기의 목곽묘도 낙랑목곽묘와 깊은 관련이 있는 것이지만(최병현 1992a: 97~98; 2021a: 137~145), 그와 함께 출현한 토기 기종들도 낙랑고분의 부장토기에서 유래되었을 것으로 판단된다. 이에 필자는 漢계통의 낙랑토기가

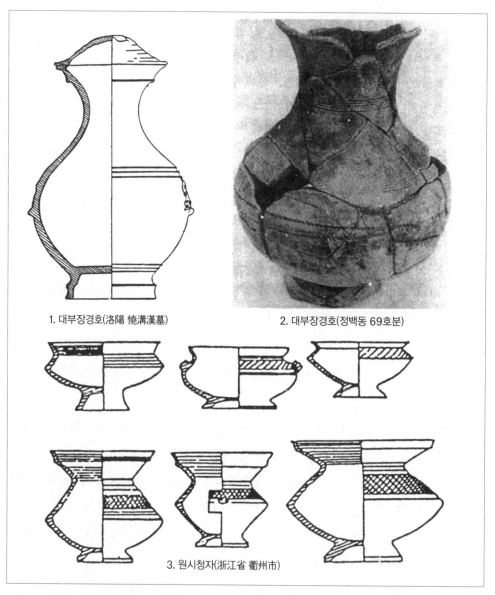

1. 대부장경호(洛陽 燒溝漢墓)　　　　　2. 대부장경호(정백동 69호분)

3. 원시청자(浙江省 衢州市)

도 1.2-13 원삼국 후기 신식와질토기의 원류

영남지방에 직접적으로 영향을 미친 것은 원삼국 전기가 아니라 원삼국 후기라고 한
바 있다(최병현 1990b: 78~82; 1992a: 95~97).

　　그런데 원삼국 전기 고식와질토기의 문양은 성형 시 타날기법에 의한 타날문뿐이
지만, 후기의 신식와질토기에서 새로 출현한 기종들에는 여러 가지 선각문이 시문되는
등 장식문양이 발달하고, 회백색의 토기 표면이 흑색 피막으로 덮이는 黑彩기법이 쓰이

기도 하였다. 원삼국 전기 고식와질토기에 비해 비실용적이고 장식성이 한층 강화된 것인데, 신식와질토기의 이와 같은 변화는 새로운 상장의례의 채용과 사회 내부의 전반적인 변화가 반영된 것으로 이해되기도 하지만(이재현 2006), 토기 표면을 흑색으로 塗漆하는 장식법은 낙랑토기에서 온 것이다(국립중앙박물관 2001: 150~151). 신식와질토기에서 새로 출현한 기종뿐만 아니라 표면 장식법도 낙랑토기와 밀접한 관련이 있는 것이다. 이에 신식와질토기에서는 기종 구성이나 장식법 외에 고식와질토기 단계에서는 전혀 볼 수 없는 태토와 소성기술 등도 포함되었다는 주장이 있다(이성주 2014: 160).

그러나 원삼국 후기의 목곽묘에서 대부장경호와 노형토기는 타날문단경호와 함께 부장되었다. 타날문단경호는 원삼국 전기부터 이어져 내려온 것으로, 타날문이 승석문에서 격자문이나 평행타날로 바뀌었을 뿐, 그 제도기술 자체가 달라진 것은 아니다. 원삼국 후기의 타날문단경호도 기본적으로 원삼국 전기 이래의 타날문토기 생산체제에 의해서 생산된 것이다. 여기에 부장토기 기종의 교체가 이루어지면서 그에 따른 새로운 장식법이 출현한 것이다.

물론 신식와질토기의 성립은 새로운 기종이 출현하고, 새로운 장식법이 쓰이기도 한 것이므로, 그에 맞는 태토조성이 이루어지고 시문기법이 추가되고, 또 의도에 맞는 소성기술이 적용되기도 하였을 것이다. 그러나 서북한지방에서 낙랑토기의 성립이 완전히 새로운 제도기술로의 전환을 의미하지는 않는 것과 마찬가지로, 영남지방에서 신식와질토기의 성립이 완전히 새로운 제도기술의 도입이나 새로운 토기 생산체제의 성립을 의미하는 것은 아니라는 것이 필자의 판단이다. 신식와질토기의 성립은 원삼국 전기 이래의 타날문토기 생산체제에 새로운 기종의 추가와 부장토기의 중심 기종 교체, 그에 수반된 제도기술의 개량이 이루어진 것을 의미할 뿐이다.[10]

과거의 원삼국 후기 토기에 대한 연구에서는 대부장경호와 노형토기는 물론 대부직구호와 노형기대 등 그보다 늦게 출현하는 '와질' 기종들을 모두 신식와질토기에 포함하여 편년하였다(최종규 1983; 안재호 1994; 이성주 1999). 토기질에 집중한 나머지 토기양식의 전환을 인지하지 못한 것이다. 자세한 것은 뒤에서 살펴보겠지만, 그 중 많은

---

10 신식와질토기의 신기종들은 대개 회백색이 많은 것으로 보아 태토로는 잔류광상의 1차점토나 퇴적광상의 2차점토라도 유기물 함량이 적은 밝은 색의 점토를 선택하였을 것으로 보이고, 앞의 佐佐木幹雄(1996)의 분석에서도 밝혔듯이 의도적으로 낮은 온도로 소성하였을 것으로 판단된다.

부분은 영남지방의 토기양식이 신라·가야조기양식토기로 전환된 뒤의 것이다.

그러므로 종래 신식와질토기로 다루어진 토기는 분명한 기준에 따라 원삼국 후기의 신식와질토기와 신라·가야조기양식토기로 구분되어야 한다. 필자는 대부직구호의 문양대가 종방향에서 횡방향으로 바뀌는 것이 그 기준이 된다고 본다(최병현 2012: 111). 경주지역에서는 그와 동시에 주부곽식 목곽묘가 출현하고 노형기대가 출현하는 등 토기양식이 전환되기 때문이다. 따라서 원삼국 후기 신식와질토기의 하한은 대부직구호의 문양대가 횡방향으로 바뀌기 직전까지로 규정된다.

2) 경주지역의 신식와질토기 편년

(1) 상대편년

신식와질토기의 표지적인 기종은 대부장경호와 노형토기이다. 그 중 대부장경호는 동체부에 문양이 새겨지지 않은 소문 단계와 문양대가 배치된 유문 단계로 구분된다. 무문대부장경호에서 유문대부장경호로 전환되면서 종방향 문양대의 대부직구호가 새로 출현한다. 또 대부장경호보다 늦게 출현한 노형토기에서도 기형과 문양의 변화를 볼 수 있다. 이에 신식와질토기는 무문대부장경호 단계의 1기와 유문대부장경호 단계의 2기로 구분되며, 1기와 2기는 각 기종 토기의 세부 형식변화에 따라 각각 a, b 소기로 나누어 볼 수 있다. 이하에서는 기종별로 분기에 따른 토기형식의 변화를 살펴보겠다.

① 기종별 토기형식의 변천

○ 대부장경호(도 1.2-14): 원삼국 후기 신식와질토기의 대표적인 기종으로 이미 많은 연구 성과가 있으므로 여기서는 세부적인 설명은 생략하고 경주지역 출토품의 형식 변천만 간략히 지적해 두겠다.

1a기의 1과 2는 황성동 513·545-40호 목곽묘에서 함께 출토된 것으로, 1은 대각과 경부가 짧아 대부단경호에 가깝고, 동체에 격자문을 타날하고 횡침선을 돌린 특징

이 있다. 2는 기형이 1과 유사하나 동체에 무늬가 새겨지지 않았고 대각과 목도 길어진 것이 다르다.

1a기의 3도 무문이지만, 앞의 것들에 비해 대각과 경부가 길고 동체도 상하로 긴 장동형이다.

이와 같은 것들이 신식와질토기 대부장경호의 초기 기형이라는 것은 종래의 연구에서 이미 밝혀져 있지만(이성주 1999), 1과 2는 황성동 유적의 재지적인 목곽묘에서 출토되었고, 3은 중산리유적에서 원삼국 후기에 새로 출현한 목곽묘에서 출토되었다는 차이가 있다. 이후의 대부장경호는 1a-3에서 변화된 것이다.

1b기-1은 동체가 구형이고, 2는 단면 역삼각형으로 다르지만 모두 무문이며, 1a기-3과 비교해 보면 공통적으로 대각이 낮아지고 외반된 구경부가 더욱 길어진 것을 알 수 있다.

2a기 형식은 단면 역삼각형인 동체의 상반부에 여러 단의 선조문을 돌리고 그 안에 무늬를 배치하여 문양대를 만들고 있는데, 1은 삼각집선문, 2는 윗 단에는 삼각집선문, 아랫 단에는 종방형 집선문을 배치한 차이가 있다. 이 단계에서 대부장경호에 납작한 뚜껑이 발생한 것을 중산리 VII-10호묘에서 확인할 수 있다.

2b기 형식부터는 경부의 길이가 짧아지고 대각도 더욱 낮아져 기고가 전체적으로 줄면서 기형 자체가 왜소해졌다. 또 소형도 발생하였다. 이에 따라 구형에 가까워진 동체에는 종방향의

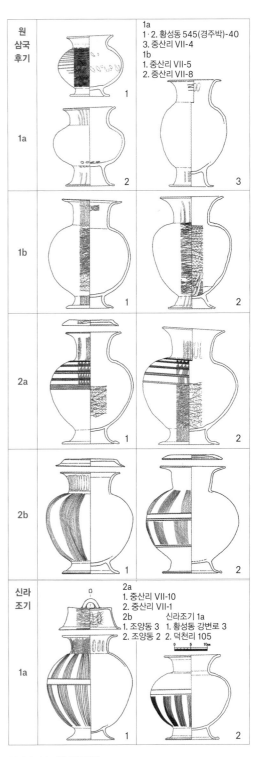

도 1.2-14 대부장경호

긴 집선문대가 배치되었다. 그 중 1은 단 구분 없이 종방향의 긴 집선문대가 배치된 것이고, 2는 동체 중간에 무문양대를 두고 종방향의 집선문대를 그 위아래로 나누어 배치한 것이다.

그런데 1과 같이 종방형 집선문이 중간 단 없이 기저부까지 내려간 것은 2a기에 출현한 대부직구호에서부터 볼 수 있어서 종방향 집선문 자체는 중간 단이 없는 것이 있는 것보다 고식인 것을 알 수 있다. 그러나 중앙에 단이 없는 것과 있는 것, 단이 있는 것 중에서도 기저부보다 위에 침선대를 두르고 침선대까지만 집선문을 시문한 것과 침선대 없이 집선문이 기저부 가까이까지 내려오는 것이 한 고분에서도 공반되고 있어, 종방향 집선문의 발생 후 문양상의 변별력은 거의 없어진 것으로 판단된다. 또, 한편으로 무문화도 진행되어 2b기부터 문양이 새겨지지 않은 대부장경호도 공반된다.

대부장경호는 신라 조기 1a기까지 존속하였는데, 아직 동체 상하단에 모두 종방향 집선문을 배치한 것, 동체 하단에만 집선문을 배치한 것이 일부 남아 있다. 기고가 높은 뚜껑이 덮인 것이 원삼국 후기의 대부장경호와 다른 점이다.

○ 대부직구호(도 1.2-15): 2a기에 대부장경호의 동체 위에 외반된 구경부 대신 긴 직구가 바로 올라선 형태로 출현하였으며 동체에는 종방향의 긴 집선문대를 배치하였다. 2b기에는 유문 대·소형과 무문 대·소형으로 분화되었는데, 2a기의 대부직구호에 비해 공통적으로 동체의 최대경이 동 중앙으로 내려와 동체가 편구화하고, 구경부가 외반하고 대각이 낮아지는 변화를 볼 수 있다. 유문과 무문의 소형은 대형에 비해 구경부가 짧다.

유문 대형의 동체에 새긴 집선문대도 중간에 무문양대를 두고 상하로 배치한 형태로 변모하며, 긴 구연부의 상부가 약간 밖으로 벌어지는 것을 볼 수 있다. 유문 소형은 중간의 무문양대 없이 종방향의 집선문대를 그대로 배치하였다.

대부직구호는 신식와질토기의 기종 가운데 하나로 원삼국 후기에 대부장경호보다 늦게 출현하였으며, 이들이 크게 번성하는 것은 신라 조기에 와서였다.

○ 편구형 대부직구호(도 1.2-16): 앞의 대부직구호 소형들과 유사하지만 그보다 동체의 편구화가 심하게 진행되고 구경부가 직립에 가깝다. 신식와질토기 2b기에 대·소형으로 출현하였으며 모두 무문이다. 편구형 대부직구호도 신라 조기에 내려와서 본격적으로 발전하였다.

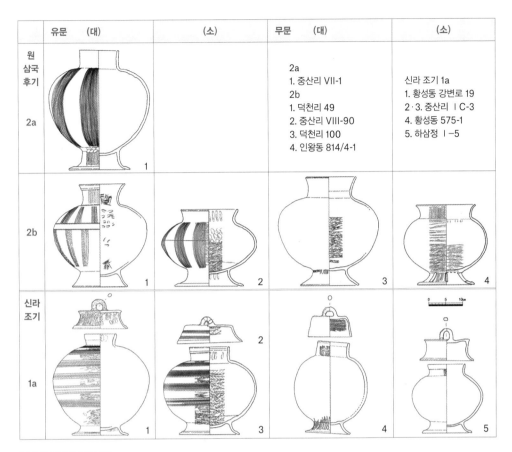

	유문 (대)	(소)	무문 (대)	(소)
원삼국후기 2a	1		2a 1. 중산리 VII-1 2b 1. 덕천리 49 2. 중산리 VIII-90 3. 덕천리 100 4. 인왕동 814/4-1	신라 조기 1a 1. 황성동 강변로 19 2·3. 중산리 ⅠC-3 4. 황성동 575-1 5. 하삼정 Ⅰ-5
2b	1	2	3	4
신라조기 1a	1	3	4	5

도 1.2-15 대부직구호

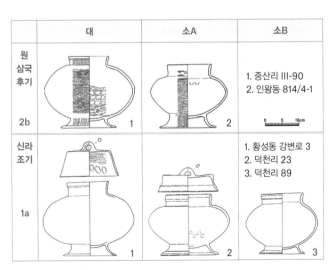

	대	소A	소B
원삼국후기 2b	1	2	1. 중산리 Ⅲ-90 2. 인왕동 814/4-1
신라조기 1a	1	2	1. 황성동 강변로 3 2. 덕천리 23 3. 덕천리 89 3

도 1.2-16 편구형 대부직구호

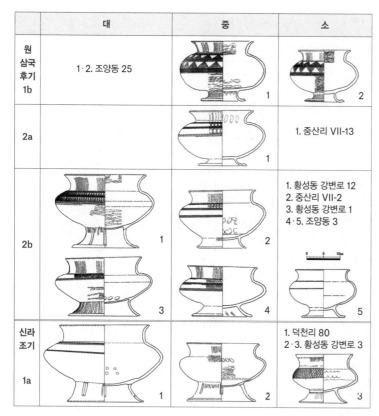

	대	중	소
원 삼국 후기 1b	1·2. 조양동 25	1	2
2a		1	1. 중산리 VII-13
2b	1 3	2 4	1. 황성동 강변로 12 2. 중산리 VII-2 3. 황성동 강변로 1 4·5. 조양동 3 5
신라 조기 1a	1	2	1. 덕천리 80 2·3. 황성동 강변로 3 3

도 1.2-17 노형토기

○ 노형토기(도 1.2-17): 신식와질토기의 대표적인 기종 가운데 하나로 신라 조기에도 크게 번성했으며, 형식분류를 중심으로 한 많은 연구성과가 있다.

경주지역에서는 1b기에 중·소형이 함께 출현하는데, 모두 납작한 편구형 동체로 최대경이 동 중앙에 있고 구연은 높게 외반하였다. 동체에는 큰 삼각문을 횡으로 배치한 문양대가 있다. 대각은 상부 직경이 좁은 원통형이고 접지부만 외반한다.

2a기 형식은 중형만 찾아졌는데, 동체에 새겨진 삼각문대의 단위문양이 작아졌고, 대각도 원통부가 없이 위에서부터 밖으로 벌어져 내려온다.

2b기에는 대형도 발생하여 대·중·소형으로 분화되었으며, 모두 최대경이 어깨로 올라가 동체의 단면이 납작한 역삼각형이 된다. 위에서부터 자연스럽게 벌어지면서 내려오는 대각도 모두 높아졌는데, 대형 중에는 대각이 급격히 높아진 고대형도 있다. 어깨에 시문한 삼각문대와 능형문대의 단위문양은 앞 단계보다 더욱 작아졌고, 사격자 문양대도 이 단계에 출현하였으며, 소형은 어깨에 두른 침선 외에는 문양을 새기지 않은 것도 있어 무문화를 선도한 것으로 보인다.

노형토기는 신라 조기의 전반기까지 크게 번성하였다.

○ 고배(도 1.2-18): 원삼국 후기에 신식와질토기의 한 기종으로 출현하였다. 1a기 형식에서 1b기 형식으로 오며 규모가 급격히 커졌는데, 배신이 얕아지고 대각도 높아

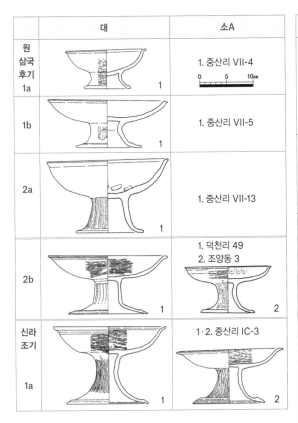

도 1.2-18 고배

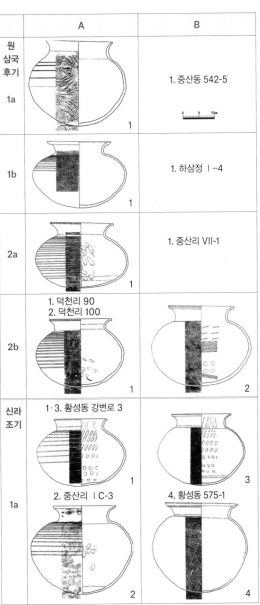

도 1.2-19 타날문단경호

진 것을 알 수 있다. 2a기에 배신이 다시 깊어진 것이 있지만 대각은 더욱 높아졌고, 2b기 형식은 얕은 배신에 대각의 직경이 좁아지고 접지부가 길게 뻗었다. 이와 같은 형태의 고배가 신라 조기로 이어졌다. 2b기에는 대형의 축소형으로 소형도 출현하였다.

○ 타날문단경호(도 1.2-19): 원삼국 타날문토기 생산체제의 핵심 기종으로 고식와질토기 이래의 기종이다. 원삼국 전기의 타날문단경호에는 주로 승석문이 타날되었지만, 후기에는 타날문이 격자문과 평행타날로 바뀌었다. 후기 1a기 형식은 동체가 아직 깊으나 바닥은 완전 원저이고 전기 단경호에 비해 외반하는 구경부가 짧아진 것을 알

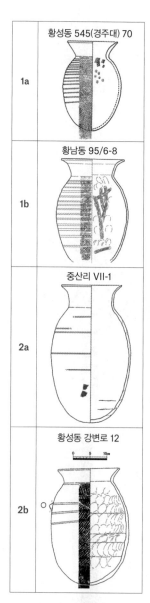

<table>
<tr><td>1a</td><td>황성동 545(경주대) 70</td></tr>
<tr><td>1b</td><td>황남동 95/6-8</td></tr>
<tr><td>2a</td><td>중산리 VII-1</td></tr>
<tr><td>2b</td><td>황성동 강변로 12</td></tr>
</table>

도 1.2-20 장란형 단경호

수 있다. 1b기 형식부터는 동체가 얇아져 납작한 편구 형태가 되었고, 짧은 구경부의 외반이 더욱 심해졌다. 동체 상부에 두른 횡침선이 조밀해지면서 2a기 형식부터는 동체 하부까지 내려왔다. 2b기부터는 동체가 다시 깊어지는 경향을 보이고, 동체에 횡침선이 돌지 않은 것이 출현하였다.

2b기의 두 가지 형태의 타날문단경호가 신라 조기로 이어졌다.

○ 장란형 단경호(도 1.2-20): 소수 기종으로, 상하로 긴 동체에서 외반하는 구경부가 올라선 것이다. 전체적인 형태가 원삼국 전기의 양이부호와 유사한 면이 있지만, 이어진 기종인지 여부는 확실하지 않다. 1a기 형식은 격자문이 타날된 동체에 횡침선이 조밀하게 돌아갔고, 구경부가 길게 외반하였다. 1b기 형식은 1a기 형식과 유사하나 경부 상단이 꺾여 벌어져 구연부로 이어진 점이 다르다. 2a기 형식은 무문이지만 동체가 더욱 깊어지고, 구경부 하단이 직립하는 변화가 있다. 2b기 형식은 동체의 높이에 직경이 커졌고 구경부가 짧게 외반하였으며, 동체의 격자문 위에 횡침선 3줄이 형식적으로 돌고 있는 것을 볼 수 있다. 어깨 한쪽에만 원형 꼭지를 붙였다.

② 분기와 종합

앞서 분기에 따른 각 기종 토기의 형식변화를 살펴보았으므로 그 내용을 〈도 1.2-21〉과 〈표 1.2-1〉로 종합하고,[11] 여기서는 각 분기의 토기 변화 내용을 간략히 종합해 두기로 하겠다.

○ 1기: 새로 출현한 대부장경호가 아직 무문인 단계이다. 황성동유적에서는 원저심발의 부장이 계속되었다. 대부장경호의 동체가 상하로 긴 1a기와 구형 또는 단면 역삼각형으로 변화된 1b기로 나누어진다.

....

11 〈표 1.2-1〉은 필자의 이전 논문(최병현 2012)의 〈표 2〉를 그대로 전재한 것이어서, 앞의 토기 형식변화에 추가된 기종이나 유적은 반영되지 않아 차이가 있다. 유적과 기종은 추가되었지만, 경주지역 신식와질토기의 상대편년은 달라지지 않았으므로 상대편년의 객관성 담보를 위해 전재해 둔다.

	대부장경호	대부직구호		노형토기			고배	타날문단경호	장란형단경호	기타
		유문	무문	대	중	소				
1a		1·2·10. 황성동 545(경주박) 40호 3·4·7·8. 중산리 VII-4호 5. 중산동 542-5호 6. 황성동 545(경주대) 70호 9. 황성동 590(신라) 8호								
1b		1·5. 중산리 VII-5호 2·8. 중산리 VII-8호 3·4. 조양동 25호 6. 하삼정 I-4호 7. 황남동 95/6-8호 9. 황성동 545(경주박) 2호		1. 중산리 VII-10호 2·3·6~10. 중산리 VII-1호 4·5·11. 중산리 VII-13호						
2a										
2b	1·8·9. 조양동 3호 2. 조양동 2호 3·10. 덕천리 49호			4·12. 덕천리 100호 5·13. 황성동 강변로 12호 6. 중산리 VII-2호 7. 황성동 강변로 1호 11. 덕천리 90호 14~17. 중산리 VIII-90호						

도 1.2-21 경주지역 원삼국 후기 토기 편년표

표 1.2-1. 경주지역 원삼국 후기 토기형식의 공반과 분기

	대부장경호 1a-①	대부장경호 1a-②	대부장경호 1a-③	대부장경호 1b-①	대부장경호 1b-②	대부장경호 2a-①	대부장경호 2a-②	대부장경호 2b-①	대부장경호 2b-②	대부직구호 2a	대부직구호 2b-①	대부직구호 2b-②	노형토기 1b-①	노형토기 1b-②	노형토기 2a	노형토기 2b-①	노형토기 2b-②	노형토기 2b-③	노형토기 2b-④	노형토기 2b-⑤	고배 1a	고배 1b	고배 2a	고배 2b	분기
황성동(경주박)	1	1																							1a
중산리Ⅶ-4			1																		1				1a
조양동25													1	1											1b
중산리Ⅶ-5				1											1							1			1b
중산리Ⅶ-8					1																				1b
중산리Ⅶ-13															1								1		2a
중산리Ⅶ-14						1									1										2a
중산리Ⅶ-10																									2a
중산리Ⅶ-1							1			2															2a
황성동강변로12								1								1			1						2b
덕천리90								5								1									2b
중산리Ⅶ-2																	1								2b
황성동강변로1								3										1		1					2b
조양동3								4	1									1	1	1				1	2b
조양동2								3	6									1	1						2b
중산리Ⅶ-9								1			1														2b
덕천리49																								4	2b
덕천리100									0			1						2							2b

1a기에는 아직 노형토기가 공반되지 않는다. 배신이 깊고 대각이 짧은 고배가 출현하였고, 구경부가 짧아진 타날문단경호가 출토된다. 장란형 단경호의 길게 뻗은 구경부는 단순하다. 황성동유적에서는 기고가 높은 원저심발과 낮은 원저심발이 남아 있고, 중산리유적에서는 소완과 원통형의 컵형토기가 출토되기도 한다.

1b기에는 편구형 동체에 큰 삼각문의 문양대가 배치된 중·소형의 노형토기가 출현하였다. 고배는 규모가 커졌으나 배신은 얕고, 대각은 높아졌다. 타날문단경호는 동체가 납작한 편구형이 된다. 어깨 양쪽에 뉴가 붙은 소호가 공반되기도 한다. 황성동유적에서 원저심발은 기고가 낮은 것만 잔존하였다.

○ 2기: 대부장경호에 문양대가 배치된 단계이다. 단면 역삼각형의 동체부 어깨를 침선으로 구획하고 횡방향 문양대를 배치한 2a기와 동체부 전체에 걸치거나 또는 2단으로 종방향 문양대를 배치한 2b기로 나누어진다.

2a기에는 종방향 문양대가 배치된 대부직구호가 출현하고, 노형토기의 어깨부에 작아진 삼각문의 문양대가 배치되었다. 고배의 규모가 확대되었고, 어깨 양쪽에 뉴가 붙은 소호는 동체에서 축약된 구경부가 외반하였다. 컵형토기는 아래쪽이 좁아졌다.

2b기에는 대부직구호가 유문과 무문의 대소형으로 분화되었고, 편구형 대부직구호도 발생하였다. 대·중·소형으로 분화된 노형토기의 어깨부에는 작은 삼각문의 문양대 또는 사격자 문양대가 배치되었다. 고배도 대·소형으로 분화되었고, 타날문단경호도 동체에 침선대가 돌아간 것과 침선대가 없는 것으로 나누어졌다. 양뉴부소호는 동체가 상하로 길어져 신라 조기로 이어진다. 컵형토기는 기고가 낮아졌다.

노형토기 중에는 동체 내부에 소호를 복합 제작한 것이 있어, 신라 조기에 발달한 복합토기가 이때 발생한 것을 알 수 있고, 덕천리유적에서는 신식와질토기 2b기의 오리형토기도 출토되었다. 중산리 VIII-90호 목곽묘에서는 어깨 양쪽에 뉴가 붙은 경질소성의 타날문단경호도 공반되었다(뒤의 도 2.1-1 참조).

(2) 절대연대

경주지역에서 신식와질토기의 연대를 비정할 수 있는 직접적인 자료는 찾기 어렵다. 그러나 2세기 중엽의 한경과 방제경(이양수 2006)이 출토된 김해 양동리 162호 목곽묘(동의대학교박물관 2000: 54)에서는 신식와질토기 대부장경호가 공반되었는데, 그 전체적인 기형은 동체가 구형인 앞의 1b기-1에 가깝지만, 동체 전면에 타날된 점은 1a기-1의 대부단경호 속성이다. 이에 1a기는 2세기 중엽으로 비정될 수 있다.

한편 신라조기양식토기의 연대에 대해서는 뒤에서 살펴보겠지만, 경주 월성로고분 출토 土師器系 토기의 연대에 따라 신라조기양식토기 1a기는 서기 3세기 중엽으로 비정된다(최병현 2012). 이에 경주지역 신식와질토기 2b기의 연대는 서기 3세기 전엽으로 설정될 수 있다. 이상과 같은 상하한 연대에 의해 경주지역 신식와질토기의 연대는 다음과 같이 정리할 수 있다.

1기: 1a기-서기 2세기 중엽, 1b기-서기 2세기 후엽

2기: 2a기-서기 2세기 말·3세기 초, 2b기-서기 3세기 전엽

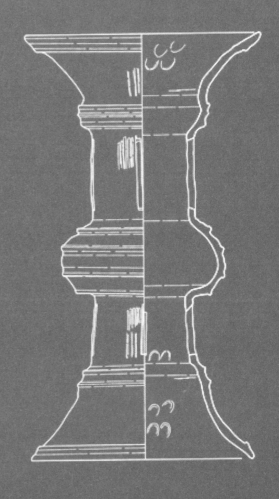

제2부

신라토기의 성립과 전개

제1장

신라조기양식토기

신라조기양식토기의 성립

I

신라조기양식토기는 원삼국 후기의 신식와질토기와 신라전기양식토기 사이의 신라토기 양식이다. 경주지역에서 신식와질토기로부터 발전하여 성립한 다음 영남지방으로 확산되었다. 신라조기양식토기는 대체로 김원룡의 '신라토기 조기'(김원룡 1979; 1981), 와질토기론의 '고식도질토기'(최종규 1982; 신경철 1982) 단계에 대응되지만, 내용에서는 약간씩 차이가 있으므로 먼저 신라조기양식토기의 상하한과 그 성격에 대해 규정해 두어야겠다.

원삼국 후기 영남지방의 신식와질토기를 상대편년하는 데 가장 적합한 토기 기종은 대부장경호와 노형토기이다. 앞서 본 바와 같이 경주지역의 신식와질토기는 1a기부터 2b기까지 모두 4단계로 상대편년되는데, 2a기에는 구경부가 외반한 대부장경호로부터 구경부가 직립한 대부직구호가 파생하여 성립한다. 대부직구호의 동체에는 대부장경호와 같이 종방형의 집선문이 시문되었으며, 신식와질토기 2b기에는 유문 대·소형과 무문 대·소형, 편구형 동체의 대부직구호 대·소형으로 그 세부 기종이 분화된다.

신식와질토기 2b기를 지나면 대부직구호 유문 대·소형의 집선문이 횡방향의 문양대로 바뀌면서, 동시에 기고가 높고 반환형의 꼭지가 달린 뚜껑이 덮인다. 대부직구호의 이러한 변화와 함께 노형기대도 노형토기로부터 규모가 확대되어 성립한다. 필자는 경주지역에서 이와 같은 횡방향 문양대의 대부직구호 출현과 노형기대의 성립을 영남지방 원삼국 후기의 신식와질토기로부터 신라조기양식토기로의 전환 기점으로 본다(최병현 2012).

경주지역에서는 이와 같은 토기양식의 변화와 함께 목곽묘도 장방형 목곽묘에서 주부곽식 목곽묘로 전환되었다(최병현 2015). 목곽묘의 구조 변화와 토기양식의 변화가 연동된 것이다. 필자는 경주지역의 고분과 토기 문화에서 일어난 이러한 변화를 진한 사로국에서 고대국가 신라로의 전환을 의미하는 고고학적 지표로 보아, 신라 전기의 적석목곽분에 앞선 주부곽식 목곽묘를 신라 조기의 고분과 묘제로, 적석목곽분 축조기의 토기인 신라전기양식토기에 앞선 주부곽식 목곽묘 축조기의 토기를 신라조기양식토기로 규정하고 있다. 신라 조기의 주부곽식 목곽묘는 그 축조지역이 경주지역을 넘어 영남 일원으로 확대되었고, 영남 일원의 주부곽식 목곽묘에서는 신라조기양식토기를 부장하였는데, 이는 사로국에서 탈바꿈한 신라 조기의 지방 지배와 관련된다(최병현 2018b).

신라조기양식토기의 하한은 물론 신라전기양식토기의 성립 직전까지이다. 신라전기양식토기의 표지적인 기종은 고배와 장경호이다. 종래에는 신라전기양식토기 가운데 고배는 대각에 교차투창이 뚫린 3단각고배로 출현하여 2단각고배로 정형화되었고, 장경호도 3단각고배와 함께 출현하였다고 판단하였다. 즉 3단각고배가 출토된 경주 황남동 109호분-3·4곽과 동래 복천동 21·22호묘 단계의 토기부터를 신라(전기양식)토기, 또는 낙동강 이동양식 토기로 보아 대각에 일렬투창이 뚫린 고배로 대표되는 가야토기, 또는 낙동강 이서양식 토기와 구분하였다.

그런데 최근 경주지역에서는 황남동 109호분-3·4곽의 3단각고배에 앞서 4단각고배 단계가 존재하였고, 장경호도 이 4단각고배의 출현과 함께 성립한 것으로 밝혀졌다(경상북도문화재연구원 2015; 國立慶州文化財硏究所 2018). 즉, 신라토기 고배는 4단각이 3단각으로, 다시 2단각으로 변화하여 정형화되었으며, 그와 함께 장경호도 여러 세부기종으로 분화하여 그 형식이 변화되어 간 것이다. 이에 필자는 경주지역에서 4단각고배와 장경호의 출현을 새로운 토기양식의 성립으로 보아 이를 기점으로 그 이후는 신라전기양식토기, 그 이전은 신라조기양식토기로 규정하고 있다. 가야토기도 마찬가지로, 김해지역에서 장방형의 상하 일렬투창 고배와 장경호의 출현부터 가야양식토기, 그 이전은 가야조기양식토기로 구분되어야 한다고 본다(최병현 2012: 155~156; 2013: 47~51).

김원룡의 '신라토기 조기'는 상한과 하한을 명확히 하지는 않았지만, 처음에는 경주 황남동 109호분-3·4곽의 3단각고배 출현 이전인 김해 예안리고분군 최하층의 토광묘군, 즉 목곽묘 출토 토기를 표지로 하여, 남해안 패총에서 출토되는 같은 형식의 토기들을 지칭하였다(金元龍 1979). 그 후 김해 부원동 패총을 표준유적으로 보아 '신라토기 조기'는 '부원동기'라고 하였지만(김원룡 1981; 1982), 부원동 패총에는 늦은 시기의 토기도 포함되어 있고 층위의 교란도 심하였다(동아대학교박물관 1981). 이에 '부원동기'를 논외로 하면, 신라·가야조기양식토기는 김원룡의 '신라토기 조기'와 일부 겹치지만 상한도 하한도 그보다 앞으로 설정한 것이다.

와질토기론이 제창될 때 '고식도질토기'의 상한은 명확히 하지 않았지만, 대체로 당시의 신라토기, 즉 낙동강 이동양식 토기의 시작이라고 본 3단각고배 출현 이전 단계의 토기를 가리켰다(신경철 1982; 최종규 1982). 그 후 신경철은 김해 대성동 29호묘의 경질 양이부원저단경호를 최초의 도질토기라고 하면서 노포동 21호묘 출토 횡방향 문양대의 대부직구호도 '고식도질토기'의 시작 단계에 두었다(신경철 2012). 대성동 29호묘의 경질 양이부원저단경호는 논외로 하더라도, 노포동 21호묘의 대부직구호를 '고식도질토기'의 시작 단계에 둔 것은 그 상한이 신라·가야조기양식토기와 같음을 의미한다.

그러나 '고식도질토기'의 하한은 신라·가야조기양식토기의 하한과 달라 여전히 경주 황남동 109호분-3·4곽과 동래 복천동 21·22호묘의 3단각고배 출현 직전까지를 가리킨다. 이에 따라 경주지역에서는 4단대각에 장방형 투창이 뚫린 고배와 장경호가 출토된 경주 월성로 5호묘·6호묘 단계까지, 김해지역에서는 장방형의 상하 일렬투창이 뚫린 장각의 고배가 출토된 대성동 2호묘와 예안리 117호묘, 장경호가 출토된 대성동 1호묘는 물론 김해 예안리고분군 발굴보고에서 규정된 대로 예안리 IV단계인 130호묘 토기까지를 고식도질토기라고 한다(부산대학교박물관 1993: 241~242).

물론 경주지역에서 4단각고배 단계에는 신라조기양식토기 이래의 통형고배가 남아있고, 김해·부산지역에서는 복천동 21·22호묘의 3단각고배 단계까지도 가야조기양식토기 이래의 외절구연고배가 출토되어 과도기적 양상을 띤다. 이에 그 과도기를 '형식난립기'(조영제 2008), '전환기 변동', '양식복합기'(박승규 2010: 69~77)라 하기도 하지

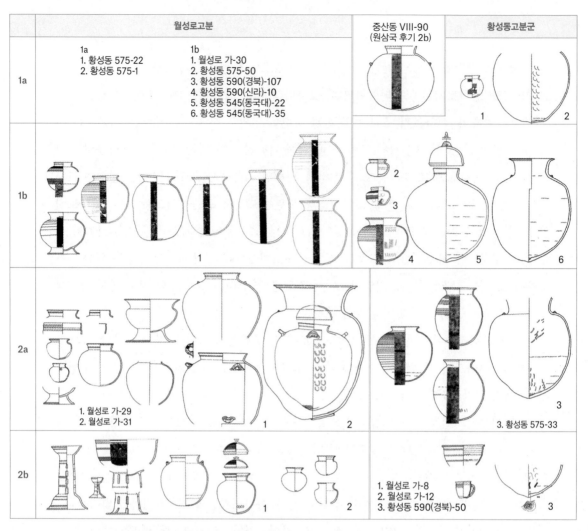

도 2.1-1 신라 조기 경(도)질토기(월성로고분과 황성동고분군 출토)

만, 양식의 전환에는 항상 과도기가 있기 마련이고, 그 시작은 분명하지만 끝은 모호하다. 그러므로 새 양식의 기점은 과도기의 끝이 아니라 새 양식의 출현 시점이 되어야한다

신라조기양식토기는 원삼국 후기 영남지방의 신식와질토기로부터 발전된 만큼 아직 질이 무른 연(와)질토기가 많이 남아 있지만, 단단한 경(도)질토기의 비율이 높아져갔다. 즉 신라 조기는 토기의 전체적인 비중이 연(와)질토기에서 경(도)질토기로 역전되어 가는 시기였다. 그러나 유적에 따라 그 편차가 컸다.

경주지역의 고분군을 예로 들면, 신라 조기의 중심고분군인 월성북고분군의 대형묘에서는 경질토기가 부장토기의 중심을 이루었다(도 2.1-1). 이는 월성로고분의 발굴에서 출토된 토기들을 통해 알 수 있다. 월성로고분은 도로변에 하수관로를 매설하기 위해 판 좁은 도랑에서 조사되어 고분들의 일부분씩만 발굴되었지만, 그 중 신라 조기의 대형 목곽묘로 판단되는 유구들에서 출토된 토기들은 경질토기가 다수였다. 1a기부터 2b기까지 모두 4단계로 편년되는 신라 조기 중 월성로에서는 아직 1a기에 해당하는 유구는 발굴되지 않았지만, 1b기로 편년되는 가-30호묘에서는 출토 토기 10점 중 8점이 경질토기였고, 2a기인 가-29호묘에서는 10여 점의 출토 토기가 모두 경질토기였다. 그 기종도 대개 구형·난형의 대·소 단경호들이고, 2a기의 월성로 가-31호묘에서는 구경 55cm, 높이 98.5cm의 경질토기 대호가 출토되기도 하였다.

이와 같이 신라 조기 경주지역의 중심고분군인 월성북고분군의 대형 목곽묘에 부장된 토기는 경질토기가 중심이었지만, 월성북고분군과 함께 분지지구에 위치한 황성동고분군에서는 부장토기의 중심이 경질토기가 아니라 연질토기들이었다. 그러나 황성동고분군에서도 좀 규모가 큰 일부 목곽묘들에는 신라 조기 1a기부터 대호와 소형 단경호 등의 경질토기가 소수 부장되었다(앞의 도 2.1-1). 이에 비해 신라 조기의 목곽묘군 거의 전체가 발굴된 남부지구 덕천리고분군에서는 경질토기 자체가 거의 존재하지 않았다(최병현 2015: 129).

신라 조기의 목곽묘에서 경질토기의 부장은 경주지역 내부에서도 이와 같이 고분군에 따라 편차가 컸고, 한 고분군 내에서도 대형묘와 중·소형묘 사이에 차이가 있었다. 신라 조기에는 경질토기가 아직 전체적으로 일반화하지는 못하여, 고분 부장에 있어서는 최고 위계 고분군에서 거의 독점적이었던 것이다. 그런 중에도 황성동고분군에서 소수나마 경질토기가 부장된 것은 월성북고분군과 함께 분지지구에 위치하여 그 소속의 하위 고분군으로 존재하였기 때문이었을 것이다.

신라조기양식토기 1a기부터 황성동고분군에서 경질토기 대호가 부장된 것은 의미가 크다. 월성북고분군에서는 아직 신라 조기 1a기의 목곽묘가 발굴되지 않았지만, 발굴된 1b기 목곽묘부터 경질토기 각종 호류가 다수 부장된 것은 주목되어야 한다. 이는 높이 1m에 가까운 대호와 각종의 호류를 제작하고 소성할 수 있는 토기 제작기술이 신라 조기에 들어와 갑자기 출현한 것이 아니라 그 이전 원삼국시기부터 발전되어 온 것을 의미하기 때문이다.

와질토기론에서는 도자기학상의 석기, 즉 섭씨 1,000℃ 이상의 경질토기를 소성할 수 있는 토기 생산기술이 원삼국시기에는 부재하였으며, 원삼국 전기나 후기에 존재한 1,200℃ 이상의 경질토기는 진정한 경(도)질토기가 아니라 토기 소성 시 가마 내부에 놓인 위치상 우연히 생성된(최종규 1994: 69) '類似陶質土器' 또는 '擬陶質土器'라고 주장하였다(신경철 1995a·b·c). 그러나 필자는 원삼국시기에 영남지방에 도래한 타날문토기 생산체제가 경질토기 소성기술을 포함한 것으로, 타날문토기의 제작기술이 정착되고 그 기술이 개량되면서 경질토기 생산도 점차적으로 확대되어 온 것이라고 반론한 바 있다(최병현 1998).

울산 하대유적의 신식와질토기에 대한 佐佐木幹雄의 분석 결과도 이를 의미하는 것이라고 지적하였다. 울산 하대유적 출토 노형토기, 대부광구호, 대부직구호 등 와질토기 기종은 소성온도 ±1,000℃ 미만율이 98%인 데 비해, 원저단경호, 즉 타날문단경호 56점은 소성온도 超±1,000℃率이 26%(15점)로 가장 안정된 소성상태를 보여준다고 하였다(佐佐木幹雄 1996: 22).

하대유적의 토기에서 분석된 이와 같은 결과는 노형토기, 대부광구호, 대부직구호와 같은 와질토기 기종과 타날문단경호는 토기 소성 시 의도적으로 소성온도를 달리하였음을 의미한다. 즉 기종과 용도에 따라 토기 소성온도를 조절한 것으로, 고화도의 경질 소성은 와질토기 기종이 아니라 원래 타날문토기 생산체제의 도래에 수반된 원저단경호의 소성기술에서 발전되어 온 것임을 말해주는 것이다(최병현 1998: 124~126).

이와 같이 영남지방에서는 원삼국시기부터 타날문토기 생산체제가 발전하면서 경질토기의 제작기술도 개량되어 왔기 때문에 각종 대·소 호류는 물론 높이 1m에 이르는 대호까지 경질토기로 생산되어 신라 조기 초부터 목곽묘에 부장될 수 있었을 것이다. 그러므로 와질토기론에서 경(도)질토기가 원삼국시기의 신식와질토기 단계까지는 존재하지 않았고 그 이후 김해지역에서 양이부단경호와 같은 소형토기로 발생하였다고 주장하고 있는 것(신경철 1995a: 30; 1995b: 204~205), 또 학계의 일각에서 김해지역 다음으로 함안지역에서 경(도)질토기가 생산되기 시작하였다고 주장하는 것(박천수 2000; 정주희 2009)은 사실과 거리가 멀다.

신라조기양식토기에서는 원삼국 후기의 신식와질토기에 비해 기종이 훨씬 많이 늘어났다. 신라조기양식토기에 들어와 신기종이 다수 출현하였고, 신식와질토기 이래의 기종에서 세부기종, 즉 아기종이 분화되기도 하여, 토기 기종의 다양화가 이루어진 것이다(최병현 2012). 그러므로 신식와질토기로부터 전환된 신라조기양식토기의 성격은 연질토기와 경질토기의 비율 역전과 함께 토기 기종의 다양화라고 규정될 수 있다.

신라조기양식토기 가운데 가장 다양하게 분화된 기종은 각종 호류였고, 경질토기의 중심 역시 각종 호류였다. 신식와질토기 이래의 기종이거나 신식와질토기로부터 분화된 기종들은 신라 조기에도 대개 연(와)질토기로 존재하다가 경질 소성으로 전환되기도 하였다. 그러나 그 전환은 일률적이지 않아서 유적마다 차이도 있었고, 또 세부 속성은 똑같지만 소성온도에 따른 토기질만 다른, 같은 형식의 토기가 한 고분에 부장되기도 하였다. 그러므로 신라조기양식토기의 편년에서 연(와)질토기와 경(도)질토기의 분류는 별 의미를 갖지 못한다. 소성온도에 따른 토기질과는 관계없이 양식적 속성에 따라 기종을 분류하고 각 기종의 형식분류에 의해 상대편년이 이루어져야 한다.

경주지역에서 조사된 토기 요지 가운데에서는 천북면 화산리 1호 요지가 신라 조기 말까지 올라갈 가능성이 있지만, 함께 발굴된 2호 요지와 3호 요지에서는 신라전기양식토기 1Ab기부터 토기 생산이 이루어진 것으로 보인다(중앙문화재연구원 2008). 요지의 구조는 대구 신당동요지(삼한문화재연구원 2015)와 같고, 출토 토기도 신당동요지의 늦은 시기와 같이 통형고배의 대각이 나팔형으로 변형된 것들을 포함하고 있다. 대구 신당동요지와 경주 화산리요지는 산 경사면에 설치한 반지하식 등요이지만 길이가 짧은 편으로, 창녕 여초리(국립진주박물관 1992; 1995)와 퇴천리(동아세아연구원 2019)의 세장한 토기 요지들과는 구조적인 차이가 있다. 토기 요지의 계통에 차이가 있었던 것으로 판단된다.

신라조기양식토기의 편년

II

1. 상대편년

1) 편년자료와 분기

신라조기양식토기는 경주지역 안에서도 고분군에 따라 경질토기와 연질토기의 부장에 차이가 크고, 같은 기종이라도 유적에 따라 그 변화 과정에 미세한 차이가 보인다. 이는 단위 지구나 고분군에 따라 토기의 공급원이 달랐기 때문이다. 즉 경주지역 안에서도 토기의 생산과 공급은 일원적으로 이루어진 것이 아니라 단위지구나 고분군을 조영한 세력에 따라 다원적으로 이루어졌기 때문이다. 따라서 그 상대편년에는 1차적으로 기준이 되는 표준유적이 필요하고 그 표준유적은 경주지역의 중심고분군이어야 하겠지만, 신라 조기 경주지역의 중심고분군으로 판단되는 월성북고분군의 조기고분 구역은 아직 발굴이 이루어지지 않고 있다. 이에 현재로서는 경주지역에서 비교적 많은 신라 조기고분들이 발굴조사된 분지지구의 황성동고분군과 그 남쪽의 덕천리유적, 동남쪽의 울산 중산리유적 출토 토기들을 중심으로 상대편년할 수밖에 없다. 이 유적의 토기들에서도 세부적으로 속성의 차이들이 관찰되지만, 차이점보다는 공통점을 찾아 분기를 나눈다는 점을 밝혀둔다.[1]

신라조기양식토기는 신식와질토기에 비해 기종이 다양화하였다. 앞서 설정한 신라조기양식토기의 상·하한에 따라 작성된 〈표 2.1-1〉에서 보듯이 신라조기양식토기의 기종은 원삼국 후기의 신식와질토기에 비할 수 없이 증가하였다. 이 연구의 대상이 되는 토기는 고분에 부장된 토기로 한정되었으므로, 〈표 2.1-1〉의 기종이 당시 토기의 전부라고 할 수도 없지만, 이를 통해 신식와질토기에서 신라조기양식토기로 양식이 전환되면서 토기의 기종이 폭발적으로 증가한 것을 알 수 있다.

신라조기양식토기도 기종에 따라 변화의 속도가 달라, 수많은 형식으로 세분될 수 있는 기종과 형식을 잘게 나눌 수 없는 기종이 있다. 그러므로 개별 기종의 세밀한 상대편년이 아니라, 개별 기종의 종적 편년과 여러 기종들의 횡적 편년이 일치하는 신라조기양식토기의 종합적인 편년체계 구축을 위해서는 변화의 중심이 되는 기종의 선정과 각 기종 토기 형식의 공반관계 파악이 중요하다. 여기서 편년의 대상이 되는 신라조기양식토기는 물론 모두 유구별로 폐기동시성을 가진 수혈식 목곽묘의 매장주체부 출토품이므로 일단 기종 간 형식의 공반관계 등에서 상대편년의 이점을 갖고 있다

신라조기양식토기의 기종 가운데 대부직구호, 노형기대, 고배 등 원삼국 후기의 신

....

1   신라토기는 지방에서 각 지역별로 지역양식이 성립되었지만, 경주지역 내에서도 단위 지구나 고분군별로 기종 구성이나 양식·형식상의 구조적 차이가 있다. 그 중 기종 구성의 차이는 문화 전통 등 단위 집단들의 정체성과 관련된 것이지만, 토기의 구조적 차이는 공급원의 문제로 시기가 내려오며 줄어들지만 신라조기양식토기는 물론 신라후기양식토기까지도 일부 존재하였다. 경주지역 내에서도 토기가 한 곳에서가 아니라 지구 단위 등 여러 곳의 조업장에서 생산이 이루어져 각 고분군에 공급되었기 때문에 조업장에 따라 세부적으로 미세한 차이가 생겨난 것이다. 토기는 사람의 손끝으로 제작되는 것이어서 세부적으로 살펴보면 완전히 똑같은 것은 존재하지 않는다고 할 수 있으며, 같은 기종, 같은 형식의 토기라도 조업장이나 제작자가 다르면 미세한 차이가 있게 마련이다.

그런데 안재호·한승현(2015)에서는 경주 덕천리유적과 황성동유적의 신라조기양식토기 사이에 기종구성이나 동일기종의 구조·형태에 차이가 있음을 인지하고, 그러한 지역색은 독립된 토기생산체제의 결과이며, 이로 보아 삼한 사회는 서기 3세기까지도 광역의 정치체제가 아니라 대규모 묘역을 형성한 단위집단이 사회정치적인 독립체였을 것이라고 하고 있다. 그러나 신라조기양식토기 이래의 신라토기가 가진 양식적, 형식적 제일성은 무시하고 그 사이의 미세한 차이만을 강조하여 그와 같이 확대 해석하면, 신라는 후기까지도 경주지역, 즉 왕경 내부도 통합하지 못한 사회가 되어버린다.

표 2.1-1. 원삼국후기~신라조기의 토기 기종

세로 기종(왼쪽→오른쪽): 대부장경호 · 대부직구호(양이부) · 대부직구호(무이부) · 편구형대부직구호(대·소A) · 편구형대부직구호(소B) · 노형토기 · 노형기대·A · 노형기대·B · 대부단경호 · 고배(대) · 고배(소A) · 고배(B2) · 타날문단경정호 · 소문직구단경소호 · 소문단경소호 · 소문단경호 · 구형호A · 구형호B · 구형호C · 구형호D · 통형기대 · 발형기대 · 양이부구형호 · 양이부난형호 · 난형단경호 · 단경대호 · 직구대호 · 우각형파수부소호 · 횡침부소호 · 컵형토기A · 컵형토기B · 컵형토기C · 심발형토기 · 복합토기 · 오리형토기 · 완 · 통이형토기 · 대부발

가로 시기: 원·조 1a / 1b / 2a / 2b / 신·조 1a / 1b / 2a / 2b / 신·전 1A

식와질토기에서부터 지속되었거나 또는 그로부터 파생된 연(와)질 기종은 대개 형식이 세분될 수 있지만, 대·소 호류를 중심으로 신라조기양식토기에서 새로 출현한 경(도)질 기종은 변화의 속도가 느려 형식이 세분되지 않는다. 이외에 원삼국 후기의 신식와질토기 대부장경호와 노형토기도 일부 남아 있었으나, 대부장경호는 신라조기양식토기 초기를 끝으로 소멸되었고, 노형토기는 그보다 좀 더 오래 존속하였지만 토기 변화의 중심에 있지는 않았다. 그러므로 신라조기양식토기의 형식은 대부직구호, 노형기대, 고배를 중심 기종으로 삼아 분류하되, 개별 기종의 형식 세분보다는 각 기종 형식의 횡적 공존, 즉 공반관계에 중점을 두어 분류하고자 한다. 그 외 변화가 느린 기종들은 이들과의 공반 관계에 따라 배치하겠다.

각 기종 토기의 형식분류는 물론 계측속성과 명목속성을 함께 고려하겠지만, 각 개체에 따라 변이가 많을 수밖에 없는 부분보다는 제작자의 기획이나 의도가 작용한 것이 분명한 부분의 구조 파악이 중요하다. 신라조기양식토기는 성형 중에 찍히는 타날문 외에는 무문이 많지만, 무늬가 베풀어진 토기라도 무늬보다는 기형의 변화에 중점을 두겠다. 무늬는 대개 구조적인 기형보다 장기지속성을 가지기 때문이다.

이상과 같은 기준으로 대부직구호, 노형기대, 고배의 변화 과정을 종합하면, 신라조기양식토기는 모두 4단계로 구분된다. 그런데 그 중 대부직구호와 고배의 변화는 앞의 두 단계와 뒤의 두 단계 사이에 큰 차이를 보인다. 대부직구호는 두 번째 단계까지 유지된 형태의 정형이 세 번째 단계부터 해체되고, 고배도 신식와질토기 고배의 구조가 두 번째 단계까지 이어졌으나 세 번째 단계부터는 그로부터 이탈하였다. 연질 기종으로 시작된 노형기대도 세 번째 단계에서 경질 소성된 것이 출현하였고, 원삼국 후기 신식와질토기 이래의 노형토기도 앞의 두 단계를 끝으로 사실상 소멸하였다. 또 세 번째 단계부터 경질 소성된 각종 호류가 증가하거나 새로운 단경호류가 출현한다. 이들은 대개 신라전기양식토기로 이어졌다.

그러므로 신라조기양식토기는 앞의 두 단계와 뒤의 두 단계를 각각 묶어 1기와 2기로 구분할 수 있고, 1기와 2기 모두 a, b 소기로 세분된다. 신라조기양식토기 1기는 원삼국 후기 신식와질토기의 잔영이 아직 짙게 남아 있는 시기라면, 2기는 이를 탈피하여 신라전기양토기로의 이행이 준비되는 시기라고 할 수 있다. 이하에서는 신라조기양식토기 각 기종의 형식 변천에 대해 살펴보겠는데, 원삼국 후기의 신식와질토기가 지속되었거나 원삼국 후기에 발생된 기종에 대해서는 기형 변화의 연속성 파악을 위해 신식와질토기 2a기 형식부터 제시해 두는 것으로 하겠다.

2) 기종별 토기형식의 변천

(1) 대부장경호(도 2.1-2)

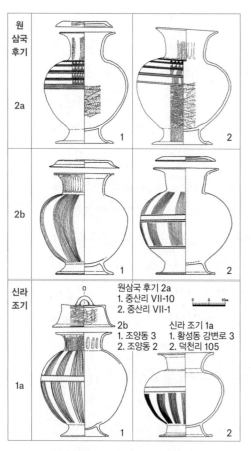

도 2.1-2 대부장경호

원삼국 후기 신식와질토기의 대표적인 기종으로 형식의 변화 과정에 대해서는 앞서 이미 살펴보았다. 신라조기양식토기 1a기까지 존속하였는데, 기형상으로는 신식와질토기 2b기 형식과 큰 차이가 없으나 동체를 상하단으로 나누어 종방형 집선문대를 상하단에 모두 배치한 것, 하단에만 배치한 것, 무문인 것 등이 있다.

신식와질토기와는 뚜껑에 큰 차이가 있어, 뒤의 대부직구호에서와 같이 기고가 높고 반환형 손잡이가 달린 뚜껑이 덮였다.

(2) 대부직구호(도 2.1-3)

원삼국 후기의 신식와질토기 2a기에 출현하여, 2b기에는 유문식 대·소형과 무문식 대·소형으로 분화되었다. 이어 유문식 대·소형에서 종방향의 집선문대가 횡방형의 집선문대로 바뀌고, 이와 함께 기고가 높고 반환형의 손잡이가 달린 뚜껑이 덮이는 변화가 오는데, 이것이 영남지방에서 신식와질토기가 신라·가야 조기양식토기로의 전환을 의미하는 표지적인 특징이다.

	유문 (대)	(소)	무문 (대)	(소)
원삼국후기 2a		1. 중산리 VII-1		
2b		1. 덕천리 49 2. 중산리 VIII-90		3. 덕천리 100 4. 인왕동 814/4-1
신라조기 1a		1. 황성동 강변로 19 2·3. 중산리 IC-3		4. 황성동 575-1 5. 하삼정 I-5
1b		1·2. 황성동(국박) 3. 구어리 1 4. 황성동 545(동국대)-22		
2a	1·2. 황성동 545(경주대)-16 3. 중산리 IA-74 4. 중산리 IA-33			
2b	1. 황성동 590(경북)-59 2. 황성동 590(경북)-62 3. 황성동 590(경북)-108			

도 2.1-3 대부직구호

대부직구호는 신라조기양식토기에서 크게 발전하여 그 대표 기종 중의 하나가 되었다. 신라조기양식토기 1a기 형식들은 신식와질토기 2b기 형식에 비해 동체부에서 구연부와 대족이 모두 현저하게 짧아지거나 낮아졌다. 이후의 변화로는, 우선 유문식 대·소형, 무문식 대·소형 모두 변이가 있기는 하지만, 대체로 시기가 내려오면서 규모가 점차 커져간 것을 알 수 있다. 세부적인 기형 변화도 공통되어 1b기 형식들은 1a기 형식들에 비해 대족의 직경이 현저하게 넓어졌고, 이에 따라 동체와 대족의 접합부 위치가 위로 올라가 동체의 바닥이 대족 기저부 가까이로 처져 내려오고 있는 것을 볼 수 있다.

1b기 형식에 비해 2a기 형식부터는 구연부의 길이가 더 짧아지는 것이 공통적인 변화이지만, 형태의 구조적 정형이 해체되어, 동체부 형태가 여전히 구형인 것도 있지만, 상하로 긴 편구형, 좌우 비대칭형 등 여러 가지 변형이 발생하였다. 동체에 비해 구경이 현저하게 넓어지거나 좁아진 것, 구연부와 동체의 연결각이 밋밋해진 것, 대족이 비현실적으로 넓어져 과장되고 동체의 바닥이 대족의 접지부보다도 더 아래로 처져 내려온 것이 있다. 유문식에서 횡방향의 집선문대도 4~5단 이상에서 3단으로 줄어든 것이 있다. 모두 대부직구호의 구조적 정형이 해체되면서 나오는 특징들이다.

2b기 형식에서는 유문식이 소멸되고 무문식만 남았는데, 2a기 형식과 같이 직경이 넓은 대족이 붙은 것도 있지만, 대족 자체가 붙지 않아 원저직구호로 전환된 것도 있다. 구경부가 직립하거나 아주 짧아진 것도 잔존하였지만, 짧은 구경부가 내경하는 것은 이 2b기 형식의 특징이다.

뚜껑은 1a기부터 기고가 높은 것과 상대적으로 낮은 것, 동체가 직선적으로 넓어져 내려온 것과 곡선적으로 벌어져 내려온 것이 공존하나, 1b기부터는 모두 곡선적이며 상면에 여러 줄의 돌대를 돌려 장식한 장식뚜껑도 출현하였다. 2a기에는 상면이 둥글어진 대접형, 2b기에는 삿갓형 등 변형 뚜껑이 생겨났다.

뚜껑의 꼭지도 일률적이지는 않으나 시간성을 띠고 변화되었는데, 1a기에는 반환형 꼭지가 일반적인 가운데, 단면 원형의 봉상꼭지가 발생하였다. 1b기에도 반환형 꼭지가 잔존하였지만 그 중에는 각이 진 것도 있고, 1a기에 발생한 단면 원형의 봉상꼭지 외에 상면이 둥글고 작은 구멍이 뚫린 단면 직사각형의 봉상꼭지도 출현하였다. 2a기에는 단면 직사각형 봉상꼭지의 상면이 편평해지고 하부폭이 좁아졌으며, 이 외 내부가

빈 원통형 또는 나팔형의 꼭지가 발생하였다. 2b기의 봉상꼭지는 보주형으로 변화되어 갔다.

(3) 편구형 대부직구호(도 2.1-4)

신식와질토기 2b기에 대·소형이 발생하였으며, 신라조기양식토기에서는 여러 아기종으로 늘어났는데, 그 가운데 정형성이 있다고 판단되는 것을 모아 분류하였다. 모두 대부직구호보다는 규모가 작고, 동체의 직경에 비해 높이가 낮아 납작하게 보이는 편구형들이다. 대·소형 중 소형은 동체가 상대적으로 더 납작한 A형과 덜 납작한 B형으로 구분된다.

대부직구호와 마찬가지로 대·소형 모두 공통적으로 동체 크기에 비해 대족의 직경이 커지고 구연부가 짧아지는 방향으로 변천되는 것이 기본적인 변화의 방향이지만, 대·소형에 따라 차이가 있다. 대형은 동체의 규모가 더 커지는 경향이 있고, 1b기부터는 대족에 투공이 뚫리기도 한다. 소A형은 점차 소형화하면서 동체가 더 납작해진

	대	소A	소B
원삼국후기 2b	1	2	1. 중산리 III-90 2. 인왕동 814/4-1
신라조기 1a	1	2	1. 황성동 강변로 3 2. 덕천리 23 3. 덕천리 89 3
1b	1 2	1·2. 덕천리 75 3. 황성동(국박) 4. 덕천리 46 3	4
2a	1	2	3
2b	2a 1. 황성동 545(경주대)-12 2. 황성동 545(경주대)-17 3. 중산동 59 2b 1. 사리리 52		1

도 2.1-4 편구형 대부직구호

다. 소B형은 반대로 동체가 높아져 전체 형태가 둥글어지고 대족도 점차 높아져 앞의 것들과 대조를 이루는데, 2a기 형식부터는 구연부도 외반된다.

대형과 소A형은 2a기 형식까지만 존재하였다. 소B형의 2b기 형식은 대족이 더욱 높아지고 구연부가 외반되어 대부단경호로 변화하였으나, 구연부 아래와 대족의 하단에 돌린 돌대가 2a기 형식에서부터 보여 이 기종의 발전된 형식임이 분명하다.

뚜껑도 대부직구호와 공통되고 같은 변화 과정을 겪었다고 판단되는데, 2a기 소A형의 뚜껑 중에는 상부가 둥글게 솟은 삿갓형에 짧은 봉상꼭지가 붙은 것들이 있다.

(4) 노형토기(도 2.1-5)

원삼국시기 후기 신식와질토기의 대표적인 기종 가운데 하나로 신라조기양식토기에서도 크게 번성하였다. 여러 형식으로 분화되어 공존하였는데, 신식와질토기 2b기에는 대·중·소형으로 나뉘어졌고, 신라조기양식토기 1a기에는 대·중·소형에서 모두 변이가 더욱 심해져 여러 형식이 공존하였다. 대형은 구경부가 단면 ㄷ자형에 가깝게 외반한 것, 짧고 내만 기미가 있게 직립한 것, 길게 직립한 것이 있으며, 높은 대족은 나팔형으로 벌어졌고 대부분 투창을 뚫었다. 중형도 구경부가 단면 ㄷ자형으로 외반한 것, 짧고 내만 기미가 있게 직립한 것이 있고, 높아진 대족에는 투창을 뚫었다. 다만 중형 1a-8은 이들과 기형이 약간 다른데, 최대경이 하향하면서 동체가 납작해지고 대족도 상부가 직선적인 차이가 있다. 소형은 모두 구경부가 외반되었고, 대족은 앞 단계보다 직경이 넓고 높아졌는데, 이들과 다른 1a-9는 중형 1a-8과 세부형태가 같다. 문양은 사격자문대가 일반적이지만 대·중·소형 모두 무문화된 것이 있다.

이 외 신라조기양식토기 1a기의 노형토기 중에는 〈도 2.1-5〉에 제시한 대형들보다도 규모가 더 크고 종방향 또는 횡방향 집선문을 시문한 이색적인 것들이 있는데, 이들은 뒤에서 대부단경호의 출현 과정과 관련하여 살펴보는 것으로 하겠다.

1b기에도 대·중·소형이 공존하였는데, 앞 단계와 비교하면 대형은 대족의 직경이 월등히 넓어지면서 낮아진 것이 특징이고, 중형도 대족이 낮아졌는데, 구경부는 직립형과 외반형이 있으나 외반형도 끝이 단면 ㄷ자형으로 꺾이지는 않았다. 소형도 기형이 대개 중형과 같으나, 1b-6은 동 최대경이 중앙에 있고 구연부도 단면이 완전 ㄷ자형으로 꺾여 1a기의 8·9와 한 계열을 형성하고 있었던 것을 알 수 있다.

이외 1b기에는 크기가 소형보다도 작은 초소형이 파생되어 2a기까지 이어졌다. 1b

	대	중	소
원삼국후기 2a	2a 1. 중산리 VII-13 2b 1. 황성동 강변로 12 2. 중산리 VII-2 3. 황성동 강변로 1 4·5. 조양동 3	1	
2b	1 3	신라 조기 1a 1·4. 덕천리 80 2·3·6. 황성동 강변로 3 5·7. 덕천리 20 8. 덕천리 92 9. 덕천리 86 2 4	5
신라조기 1a	1 4 7	2 5 8	3 6 9
1b	1 4	2 5	3 6
2a	1b 1. 덕천리 81 2. 덕천리 46 3. 덕천리 48 4. 덕천리 37 5. 황성동 강변로 6 6. 황성동 575-17	1	2a 1. 덕천리 34 0 5 10cm

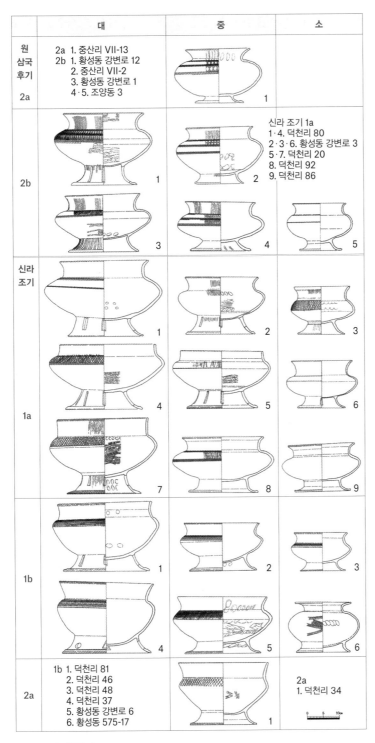

도 2.1-5 노형토기

기의 노형토기는 문양이 퇴화되어 여러 줄의 횡침선만 그은 것, 횡침선에 사선을 불규칙하게 그어 조잡한 사격자문이 된 것, 횡침선도 긋지 않고 무문인 것 등이 있다.

2a기의 노형토기로는 중형 1점만 확인되었는데 어깨에서 직선적으로 길게 내려오는 동체, 직선화한 외반구연, 폭이 넓은 사격자문대 등이 1b-5형식에서 퇴화된 모습을 보인다. 경주지역에서 노형토기는 사실상 신라 조기 1b기로 끝났으며, 이와 같이 퇴화된 것이 극히 소수 잔존하였던 것이라 판단된다.

(5) 노형기대(도 2.1-6)

신라조기양식토기를 대표하는 기종 가운데 하나로, 노형토기가 대형화하여 그로부터 함께 파생된 것으로 판단된다. A형의 1a기 형식에서 그 과정을 확인할 수 있는데, 대·소형 모두 동체의 어깨가 넓어 기형이 노형토기와 같고, 횡방향의 문양대를 두른 것, 뚜껑을 갖추고 있는 것도 아직 노형토기로부터 완전히 이탈하지 못한 모습이다.

1b기 형식부터 무문화되고, 동체의 어깨가 좁아지면서 구경부 직경이 상대적으로 넓어지고 대각은 높아져 노형기대로서의 형태를 갖추었다. 1b기 형식부터 B형이 분화되기 시작하여 A형의 대·소와 변화의 방향을 달리하였다. A형은 1a기 형식보다 동체의 기고가 높아졌지만, 좁은 어깨에서 꺾여 곡선적으로 길게 외반하여 올라간 구경부, 아래로 살짝 넓어진 대각부는 크게 변화되지 않은 모습이다. 이에 비해 B형은 구경부가 좀 더 직선적으로 길게 뻗고, A형에 비해 넓은 대각도 아래로 크게 벌어졌다.

2a기 형식부터는 A형과 B형의 변화 방향을 달리한 모습이 더욱 뚜렷하다. A형은 좁아진 어깨가 더 올라가면서 구경부가 짧아졌고, 길어진 대각의 아래쪽이 더 벌어졌다. A 대형의 2b기 형식은 동체의 어깨가 더 완만해져 구경부와 동체가 S자형 곡선을 이루고, 높아진 대각은 2단으로 구분하여 상하단에 삼각형 투창을 뚫었다. A 대형의 2b기 형식 중에는 구경부 중간과 동체 하단에 돌대를 두르거나 동체 어깨에 여러 줄의 돌대를 돌린 것 등 장식성이 강해진 것도 출현하였다. A 소형은 2a기 신단계부터 소형화가 더 진행되었지만, 2b기 형식에서는 역시 대각이 높아졌다.

B형은 2a기 형식부터 동체가 더욱 깊어지면서, 구경부는 짧아지고 대족은 낮아지는 방향으로 형식이 변화하여 대부발의 형태를 띠게 되었다. B형 2b기 형식은 2a기 형식과

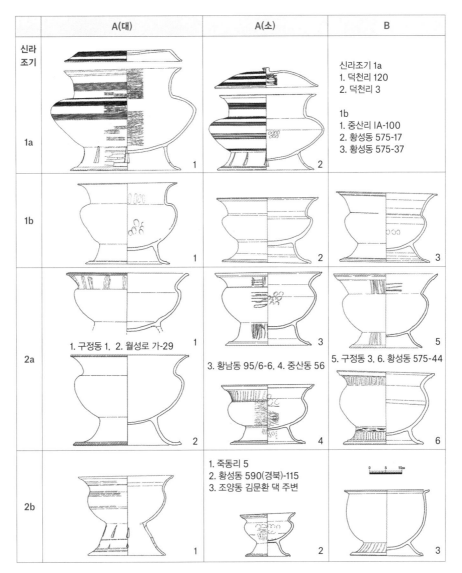

	A(대)	A(소)	B
신라 조기 1a	1	2	신라조기 1a 1. 덕천리 120 2. 덕천리 3 1b 1. 중산리 IA-100 2. 황성동 575-17 3. 황성동 575-37
1b	1	2	3
2a	1. 구정동 1, 2. 월성로 가-29 1 2	3 3. 황남동 95/6-6, 4. 중산동 56 4	5 5. 구정동 3, 6. 황성동 575-44 6
2b	1	1. 죽동리 5 2. 황성동 590(경북)-115 3. 조양동 김문환 댁 주변 2	3

도 2.1-6 노형기대

차이가 크지만, 이 계열의 변화형으로 판단되며 옹관묘의 막음옹으로 많이 사용되었다.

　　대개 저화도로 소성된 연질토기이지만 2a-2의 월성로 가-29호묘 출토품은 일부 자연유가 덮일 정도의 회흑색 경질토기로, 고분군에 따라 노형기대의 소성도가 달랐던 것으로 보인다.

(6) 대부단경호(도 2.1-7)

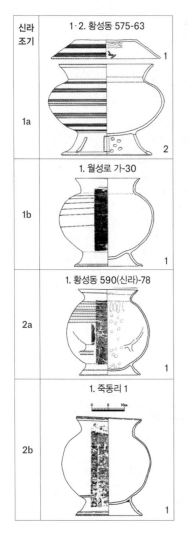

신라 조기	
1a	1·2. 황성동 575-63
1b	1. 월성로 가-30
2a	1. 황성동 590(신라)-78
2b	1. 죽동리 1

도 2.1-7 대부단경호

대부단경호도 신라조기양식토기 1a기에 노형토기에서 파생되어 성립한 것으로 판단된다. 횡방향 문양대가 배치된 동체와 뚜껑, 투창 뚫린 높은 대각의 1a기 형식은 대부단경호가 노형토기에서 어깨가 둥글어진 동체로 변화되어 성립한 것을 말해준다. 2a기 형식까지는 규모가 점차 작아지고 대족도 낮아지며 소형화하는 변화 과정을 보여주지만, 죽동리 1호묘에서 규모가 다시 커진 2b기 형식이 출토되었다.

1a기 형식의 높은 대족에는 투공을 뚫지 않은 것도 있고, 1b기 형식부터는 동체에 격자문을 타날하였는데, 어깨부에 횡침선을 돌린 것이 일반적이지만 돌리지 않은 것도 있다.

2b기 형식은 규모가 커졌지만, 동체에 격자문을 타날한 것은 앞 시기 형식들과 같은데, 어깨에 횡침선을 돌리지 않은 것은 2a기 형식부터 존재한다.

(7) 고배(도 2.1-8)

A형은 원삼국 후기에 신식와질토기의 한 기종으로 출현하였고, 신식와질토기 2b기에는 소형도 분화되었다. 신라조기양식토기에서는 신식와질토기 이래의 A 대·소형 외에 B1형과 B2형 고배가 새로 발생하였다.

A 대형은 신식와질토기 2b기 형식에서 직경이 좁아지고 접지부가 넓어진 대각 형태가 신라조기양식토기 1b기 형식까지 이어지나, 배신이 깊어지면서 구연단이 길어지고, 대각이 곡선적으로 벌어지는 변화를 보인다.

신라조기양식토기 2a기부터 경주지역의 고분에서는 고배의 부장이 급감하였는데, 분지지구의 황성동유적에서는 A 대형의 계열을 이은 것으로 보이는 고배들이 소수 출토되었다. 2a기 형식부터 구연단의 반전이 없어져 배신은 구연이 자연스럽게 끝나는 완

	A(대)	A(소)	B1	B2
원삼국후기 2a	1			1. 중산리 VII-13
2b	1	2		1. 덕천리 49 2. 조양동 3
신라조기 1a		1·2. 중산리 IC-3 2	3. 덕천리 56 3	4. 덕천리 45 4
1b	1	1. 덕천리 59 2. 덕천리 16 2	3. 덕천리 66 3	4. 덕천리 75 4
2a	1	1. 황성동 590(경북)-83 2. 덕천리 34 2	3. 황성동 590(신라)-45 3	4. 합천 옥전 6 4
2b	1	2	1. 황성동 590(신라)-87 2·4. 황성동 590(경북)-67 3. 중산리 IA-26 3	4
신라전기 1Aa	1	1. 황성동 590(경북)-77 2. 인왕동 C군-5	0 5 10cm	2

도 2.1-8 고배

형이 되고, 대각은 완전한 나팔형이 되었다. 2a기 형식은 돌대로 대각을 2단으로 나누었으나 무투창인데, 2b기 형식에는 구연 아래에 돌대를 두르고 3단으로 나눈 대각의 중단에 장방형 투창을 뚫었다. 황성동유적에서 이와 같은 계열의 고배가 신라 전기 1Aa기까지 이어진 것으로 보인다.

또 황성동유적에서는 2b기부터 A 대형에 포함될 수 있지만 대각이 좀 더 장각화하고 신라 전기 1Aa기에는 통형에 가까워진 고배들도 출토되었다(뒤의 도 2.1-24의 2b의 1, 1Aa-1 참조).

A 소형도 신라조기양식토기 1b기 형식까지는 A 대형과 같은 변화 과정을 보여주지만, 2a기 형식은 짧은 대각의 직경이 넓어지고 상하 차이가 줄어 통형화하였다. 2b기 형식은 배신이 A 대형을 따라 완형으로 바뀌고 대각에 삼각형 투창을 뚫기도 하였다.

신라조기양식토기 1a기에는 수평으로 편평한 배신의 바닥에서 기벽이 각을 이루며 꺾여 올라가고 대각이 상단의 통형부와 하단의 접지부로 이루어진 소형의 B1형 고배가 출현하였다. 이 B1형 고배는 바닥과 기벽의 연결각이 둥글어지면서도 편평한 바닥으로 앞의 A형 대·소 고배들과 차별성을 유지하였으나, 대각의 형태는 A 소형과 같아지는 변화를 보인다.

또, 대각이 통형이지만 배신은 완형인 B2형의 소형 고배도 B1형 고배와 함께 덕천리유적에서 출토되었는데, 경주지역에서는 1b기, 2a기(뒤의 도 2.1-24의 2a-4 참조)로 가면서 대각이 A소형과 같아진 계열과, 2a기의 합천 옥전 6호묘 고배와 같이 통형각을 유지하여 배신의 구연부 아래에 돌대가 돌아가고 긴 대각에 삼각형 투공이 뚫린 2b기의 통형고배, 원형 투공 3개가 뚫린 1Aa기의 통형고배로 발전해 간 계열로 나누어진 것으로 보인다.

이상에서 본 바와 같이 경주지역의 신라조기양식토기에서는 원삼국 후기의 신식와질토기 고배가 지속되는 가운데, 신라조기양식토기에 들어와 B1형, B2형 등 새로운양식의 고배 발생이 짐작되지만, 2a기부터는 고분유적에서 부장된 고배의 사례를 찾기어렵고 또 고배들의 정형성도 떨어진다. 여기에는 어떤 원인이 있었을 것인데, 이에 대해서는 뒤에서 언급하기로 한다.

(8) 타날문단경호(도 2.1-9)

타날문단경호는 영남지방에서 와질토
기를 발생하게 한, 중국 전국계 회도에서
유래한 타날문토기 생산체제의 핵심 기종
이다. 단경호들은 원래 형식의 변화가 잘
나타나지 않으며, 신라조기양식토기의 타
날문단경호는 격자문타날이 대부분이지만
승문타날도 일부 존재하고, 격자문타날 단
경호도 변이가 심하여 여기서 타날문단경
호 전체를 살펴보기에는 무리가 있다. 이에
〈도 2.1-9〉에 제시한 것은 신라 조기의 격
자문타날 단경호 가운데 비교적 기형의 변
화가 인지되는 것을 고른 것인데, 모두 연
질토기로 동체의 어깨부를 중심으로 횡침
선이 돌려진 것을 A, 횡침선을 돌리지 않은
것을 B라 하였다.

〈도 2.1-9〉의 원삼국 후기 2a기의 단경
호 A는 격자문에, 2b기의 단경호 A는 평행
선문에 횡침선을 돌린 것이지만 신라조기
양식토기 격자문 단경호 A와 기형이 이어
지고, 원삼국 후기 2b기의 단경호 B는 횡
침선을 돌리지 않은 평행선문이지만 신라
조기양식토기 격자문 단경호 B와 기형이
이어진 것으로 보인다.

신라조기양식토기 1a기의 A와 B 모두
이른 단계 형식은 동체가 납작한 편구형이
고 구연부가 밋밋하고 단순하여 원삼국 후

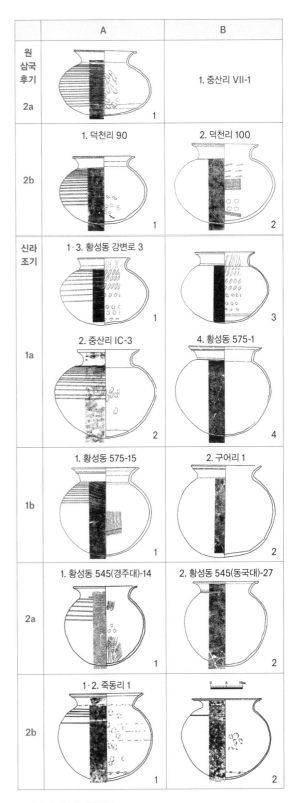

도 2.1-9 타날문단경호

기의 단경호와 기형이 같다. 그러나 1a기 신단계부터는 동체가 구형으로 변화되어 가고, 구연부도 길어지면서 구순부 외면 아래에 돌대가 돌아가는 등 복잡한 구연부로 바뀌어 간 것을 볼 수 있다. 동체의 직경에 비해 구경부의 직경도 커져갔는데, 특히 동체가 완전 구형으로 바뀐 2a기 형식부터는 동체에 비해 구경부가 더욱 넓어진 것을 알 수 있다. A의 동체에 두른 횡침선도 간격이 넓어져 형식화해 갔다.

(9) 소문 경질 단경호류(도 2.1-10)

신라 조기의 타날문단경호들이 대개 연질소성인 데 비해 고화도로 소성된 경질토기 소문단경호들이 공반된다. 크기와 구경부 형태에 따라 직구소호, 단경소호, 단경호로 분류하였다.

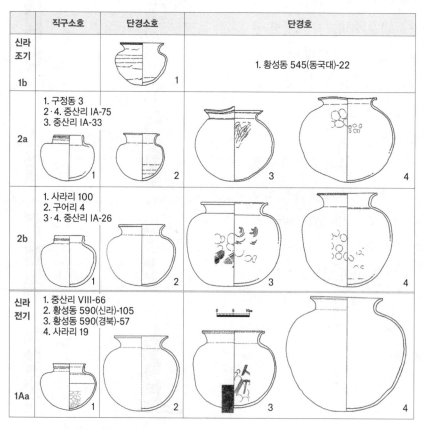

도 2.1-10 소문 경질 단경호

직구소호는 2a기 형식부터 찾아졌는데, 곧게 뻗은 구연부 외면에 돌대를 한 줄 돌린 것이 특징이다. 신라 전기 초까지 이어졌는데, 구연부가 길어지고 외반하는 기미가 있다.

단경소호는 동체 어깨에서 구경부가 외반하는 것으로 1b기 형식부터 찾아졌으며, 동체의 규모가 커지면서 최대경도 어깨에서 기복부로 내려와, 동체가 구형화하는 변화를 보인다.

단경소호보다 규모가 큰 소문의 단경호는 2a기 형식부터 찾아졌는데, 2a-3의 중산리유적 1A-33호분 출토 단경호는 타날하지 않았지만 타날문단경호와 똑같은 기형이다. 중산리유적에서 출토된 2b기의 단경호들은 앞 단계에 비해 구경부가 길어진 것을 볼 수 있는데, 그 중 2b-3은 동체에 비해 구경부 직경도 넓어진 것을 알 수 있다. 이러한 소문의 경질 단경호류는 신라전기양식토기로 이어졌는데, 직구소호는 전기 1A기를 넘지 않았으나, 다른 기종은 그 뒤로도 이어졌다.

(10) 구형호류(도 2.1-11)

신라전기양식토기의 장경호로 발전해가는, 그 선진기형으로 판단되는 것들이다.

A는 비교적 큰 규모로, 외반되는 짧은 구경부의 가운데에 한 줄의 돌대가 돌려진 것이 특징인데, 구경부가 점차 길어져, 2b기에는 월성로 가-8호묘 구형호와 같이 장경화하고, 신라 전기 1A기에는 황성동 590(경북)-57호묘의 장경호와 같이 모두 장경호로 발전되었다고 판단된다. 모두 경질 소성되었다.

B는 A보다 작은 규모이며, 구경부 외면에 한 줄의 돌대가 돌아간 구형직구호에서 구경부가 점차 길어지면서 외반하여 장경화하고, 신라 전기에 들어가 월성로 가-5호묘의 장경호와 같이 경부를 돌대로 2단 구분한 장경호가 된다고 판단된다. 2a기의 봉길리 사토장부지 가-7호묘의 구형호 B는 연질이나 그 외는 모두 경질 소성되었다.

C는 신라조기양식토기 2b기에 구경부가 직립한 소형호로 출현하여 신라전기양식토기 장경호 C로 발전된 것으로 판단된다. 2b기의 죽동리 2호묘 출토품은 연질 소성된 것이나 신라 전기 구어리 3호묘 출토 구형호는 경질 소성되었다.

D도 소형호로, 신라 조기 2b기에 작은 동체에서 구경부가 곡선적으로 외반하는 호로 출현하여 신라전기양식토기 장경호 D로 발전되어간 것으로 판단된다. 모두 경질 소

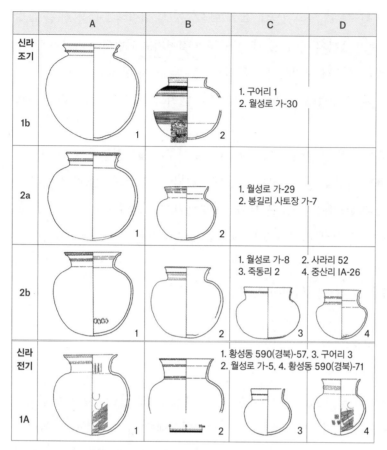

	A	B	C	D
신라 조기 1b	1	2	1. 구어리 1 2. 월성로 가-30	
2a	1	2	1. 월성로 가-29 2. 봉길리 사토장 가-7	
2b	1	2	1. 월성로 가-8　2. 사라리 52 3. 죽동리 2　4. 중산리 IA-26 3	4
신라 전기 1A	1	2	1. 황성동 590(경북)-57, 3. 구어리 3 2. 월성로 가-5, 4. 황성동 590(경북)-71 3	4

도 2.1-11 **구형호류**(장경호의 형성 과정)

성되었다.

　(11) 기대(도 2.1-12)

　경주지역의 신라 조기고분에서는 기대의 출토례가 희소하여 그 계기적인 발전 과정을 살피기 어렵다. 극히 소수이지만 통형 A와 B, 발형기대로 분류된다. 통형 A는 직경이 좁은 중앙에서 위 아래로 넓어지는 단순한 형태로 대형과 소형이 있다. 대형은 황성동유적과 구정동 2호묘에서 출토되었는데, 황성동유적 출토품은 공반유물을 알 수 없어 정확한 시기 판정이 어려우나 2a기의 구정동 2호묘 출토품보다 형태가 단순하여 그보다 앞으로 배치하였다. 소형도 중앙의 돌대를 사이에 두고 삼각형 투창이 뚫린 몸

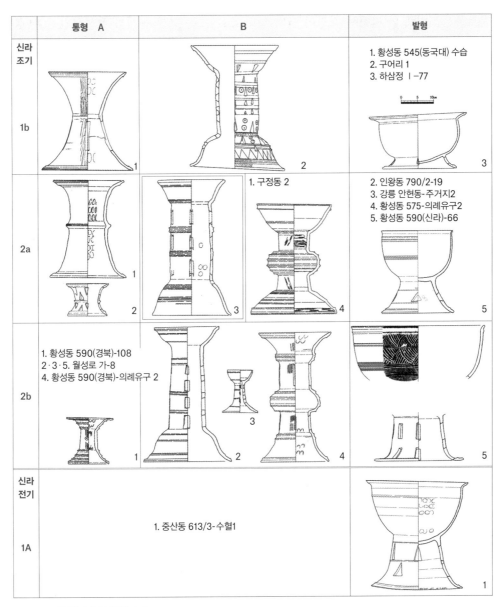

통형 A	B			발형

신라 조기

1b

1. 황성동 545(동국대) 수습
2. 구어리 1
3. 하삼정 Ⅰ-77

2a

1. 구정동 2

2. 인왕동 790/2-19
3. 강릉 안현동-주거지2
4. 황성동 575-의례유구2
5. 황성동 590(신라)-66

2b

1. 황성동 590(경북)-108
2·3·5. 월성로 가-8
4. 황성동 590(경북)-의례유구 2

신라 전기

1A

1. 중산동 613/3-수혈1

도 2.1-12 통형기대와 발형기대

체가 위 아래로 넓어지는 신라 조기 2a기의 인왕동 790/2-19호묘 출토품에서 몸체가 길어진 2b기의 황성동 590(경북)-108호묘 출토품으로 변화된 것으로 보인다. 모두 연질소성되었다.

통형 B는 통형의 몸체와 수발부, 받침부가 구분되는 것으로, 1b기의 구어리 1호묘 출토품은 수발부와 받침부 직경이 거의 같다. 2a기에는 통형 몸체가 직선적인 것과 통형 몸체의 가운데가 편구형을 이룬 것으로 분화된 것으로 보인다. 통형 몸체가 직선적인 2a기 형식은 경주지역에서 아직 그 예를 찾을 수 없으나, 수발부보다 받침부가 넓어진 강릉 안현동 2호 주거지 출토 통형기대가 1b기와 다음의 2b기를 이어주는 형식으로 판단된다. 2b기의 월성로 가-8호묘 출토 통형기대에서는 수발부에 비해 받침부가 더욱 넓어진 것을 알 수 있다. 월성로 가-8호묘에서는 이와 함께 수발부가 완형인 소형의 통형기대도 공반되었다.

통형 몸체의 가운데가 편구형을 이룬 것은 황성동유적에서 2개의 예가 찾아졌는데, 전체 높이가 아직 낮고 수발부와 받침부 형태가 다른 것과 전체의 높이가 늘어나고 상하 대칭을 이룬 것이 있다. 수발부와 받침부의 비례로 보아 전자가 2a기 형식으로 판단되어 후자를 2b기에 배치하였다.

발형기대로 형태가 갖추어진 것은 2a기 형식부터 찾아졌으나, 뒤에 살펴볼 복합토기의 내부에 호가 제작되지 않은 대부발형토기가 발형기대의 시원형일 수도 있어 그 앞 1b기에 배치하였다. 2a기 형식은 소형이나 발형기대로서의 형태를 가진 것으로 무문의 수발부가 깊고 기벽이 직립하였다. 대각은 접지부 위가 3단으로 구분되었고 중단에 삼각형 투창을 뚫었다. 2b기의 월성로 가-8호묘 출토 발형기대는, 파손되어 전체의 기형을 알 수 없으나, 기벽이 위로 올라가며 약간 벌어졌고, 직립한 구연부의 내면은 경사져 내려갔다. 수발부인 동체에 곡선적인 교차 삼각문대를 배치하였다. 대각은 통형에 가깝게 직선적이며 2단으로 장방형 투창을 뚫었다. 정형화된 신라전기양식토기의 발형기대보다는 앞선 형식으로 판단된다. 경질 소성되었다.

(12) 양이부구형호(도 2.1-13)

구형 동체에서 짧은 구경부가 살짝 외반하고 양쪽 어깨에 작은 귀가 달린 원저호들이다. 소형과 대형으로 구분되는데, 형태상 유사하여 같은 기종으로 분류하였지만 소형은 대개 타날문 연질이고, 대형은 모두 경질로 1a기만 타날하였다. 대·소 모두 원래 타날문토기였으나, 소형은 연질의 타날문토기로 남고, 경질의 대형은 소문으로 바뀐 것인지 아니면 다른 계보의 토기인지 알 수 없다. 대·소형 모두 시기가 내려오며 규모가 커지는 경향이 있다.

소형은 2b기까지 연질 소성되었고, 동체에 격자문을 타날하였다. 2a기 형식부터 구경이 넓어지고 평저화 기미가 보인다.

대형은 1a기 형식부터 모두 경질 소성되었다. 1a기 형식은 평행타날한 동체에서 구연부가 직립하였고, 구연단은 단순하다. 1b기 형식은 소문의 동체에서 직경이 넓고 외반하는 구경부가 올라섰고 구연단은 단순하다. 이후는 모두 소문이고 직경이 좁아진 구경부가 길어지며 구연부 외면에 돌대를 돌리는 변화를 보인다.

(13) 양이부난형호(도 2.1-14)

상하로 긴 동체의 양쪽 어깨에 앞의 양이부구형호보다는 큰 반환형의 귀가 달리고 짧은 구경부가 외반한 것

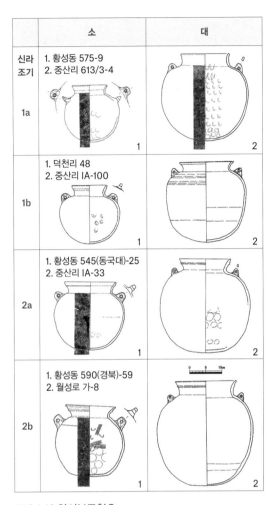

도 2.1-13 **양이부구형호**

들이다. 원삼국 후기 2b기에 출현한 것으로 보이며, 동체에 격자문을 타날한 타날문토기로 대개 연질소성되었다. 대·소형으로 구분되고 시기가 내려오며 규모가 약간 커지는 경향성은 있으나 일정하지는 않다. 시기에 따른 속성과 형식의 변화도 뚜렷하지 않으나, 소형의 경우 목이 길어지고 늦은 시기에는 반환형 귀가 각진 귀로 바뀐 것을 볼 수 있다.

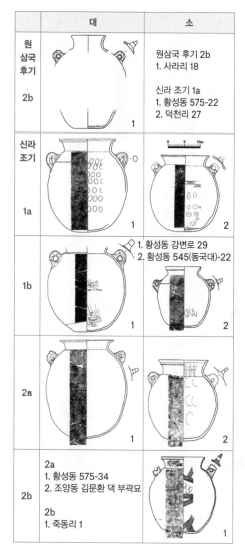

	대	소
원삼국 후기 2b		원삼국 후기 2b 1. 사라리 18 신라 조기 1a 1. 황성동 575-22 2. 덕천리 27 1
신라 조기 1a	1	2
1b	1	1. 황성동 강변로 29 2. 황성동 545(동국대)-22 2
2a	1	2
2b	2a 1. 황성동 575-34 2. 조양동 김문환 댁 부곽묘 2b 1. 죽동리 1	1

도 2.1-14 양이부난형호

(14) 난형단경호(도 2.1-15)

규모가 큰 난형 동체의 신라 조기 단경호들이며, 원삼국 후기의 장란형 단경호(앞의 도 1.2-20 참조)와 관계가 있을 것으로 판단된다. 동체에 격자문을 타날한 것이 일반적이나 타날문이 생략된 것도 있다. 대·소형으로 구분되며, 1a기의 대형 중에는 동체에 비해 구경부 직경이 좁은 것과 넓은 것이 있는데 좁은 것이 상대적으로 고식으로 판단된다. 어깨에 뉴가 붙은 것도 있고 붙지 않은 것도 있다. 1a기 형식은 대·소형 모두 구연부 형태가 밋밋한데, 1b기 이후 구연부 외면에 돌대를 두르거나 저부가 평저화하는 등의 변화를 볼 수 있다. 격자문을 타날한 동체 중 대형의 동체에는 횡침선을 돌리기도 하였는데, 2a기 이후는 횡침선을 넓은 간격으로 듬성듬성 돌려 형식화한 것을 볼 수 있다. 대형 중 1b기의 월성로 가-30호묘와 2b기의 중산리 IA-26호묘 출토품은 경질 소성되었으나 대개는 연질토기이다.

(15) 구형단경호(도 2.1-16)

구형 동체의 대형 원저단경호들이다. 동체에 승석문이 타날된 것과 무문인 것, 구경부가 직구형인 것과 외반하는 것, 어깨에 양이가 있는 것과 없는 것이 있으나 여기서는 양이의 유무 여부와는 관계없이 구경부가 외반한 구형의 타날문 원저단경호만 분류하였다. 대형 1a기 형식으로 제시한 황성동 575-22호묘 출토품은 연질 소성이고 승문 타날 없이 횡침선만 돌렸으나 같은 기종임은 분명하며, 나머지는 모두 경질 소성으로 승문을 타날하고 횡침선을 돌렸다. 크기 차이들이 많지만 대체로 대·소형으로 구분해 볼 수 있다. 대·소형 모두 세부적인 속성과 형식의 변화는 뚜렷하지 않지만 대형은 점

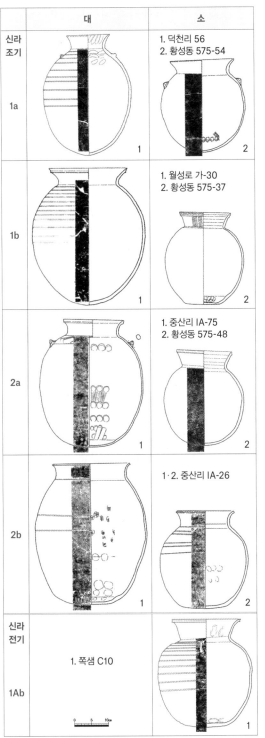

도 2.1-15 난형단경호

도 2.1-16 구형단경호

차 규모가 작아지는 경향이 있으며, 대·소형 모두 동 최대경이 어깨에서 중앙부로 내려오는 경향을 볼 수 있다. 특히 소형은 늦은 시기에 기고가 낮아져 편구화한다. 횡침선도 시기가 늦은 것은 간격이 넓어지며 형식화한다.

(16) 대호(도 2.1-17)

상하로 약간 긴 동체에서 구경부가 올라선 경질토기 대호들인데, A는 구경부가 길게 외반하는 것이고, B는 짧은 구경부가 직립한 직구대호이다. A형에 비해 B형의 어깨가 더 넓은 것을 알 수 있다. 1a기의 황성동 575-1호묘 출토품은 구경부가 결실되어 알 수 없으나 동체부의 복원도로 보아 A형으로 판단된다.

A는 신라조기양식토기부터 출현하여 신라전기양식토기로 이어졌고 출토례도 많은 편이다. 형식의 변화가 민감하지 않은데, 신라 조기고분에서 출토된 것들은 대부분 파손품이어서 상반부 기형이 복원되지 않는 것들이 많다. 복원품은 2a기 형식까지만 찾아졌는데, 앞 시기보다 더 대형화하였고 구연 아래에 돌대를 두른 구경부가 아래에서부터 외반하는 것을 볼 수 있다. 뾰족한 바닥은 그대로 유지되었다.

직구대호인 B는 신라조기양식토기 1b기 형식부터 찾아졌는데 바닥이 뾰족한 동체에서 올라선 구경부가 길고, 반환형의 꼭지가 붙은 뚜껑은 완전 반구형으로 기고가 높다. 2a기의 월성로 가-31호묘 출토품은 짧아진 구경부 직경이 좀 넓어졌고, 뚜껑도 기고가 낮아진 것을 알 수 있다. 월성로 가-29호묘에서 출토된 2a기의 직구대호는 뚜껑이 공반되지 않았으나 구경부 직경이 좁은 것과 넓은 것이 있다(앞의 도 2.1-1의 2a-1 참조). 신라 전기고분에서는 B형이 잘 찾아지지 않으나, 신라전기양식토기 1Aa기인 황성동 590(경북)-57호묘 출토품은 동체의 어깨각이 완만해지면서 저부가 둥근 원저로 바뀌었고, 구경부가 길어지면서 곡선적으로 외반하였다.

(17) 소호류(도 2.1-18)

원래 난형에 가까운 동체에 넓은 구연부가 외반하는 소형의 연질토기 단경호 형태였으나 그 규모가 더 소형화되면서 둥근밑 또는 뾰족밑의 심발형으로 바뀌어가는 소호류

	A	B
신라 조기 1a		1. 황성동 575-1
1b	1. 황성동 545(동국대)-35 2. 황성동 545(동국대)-22	
2a		1·2. 월성로 가-31
2b		
신라 전기 1Ab	1. 황성동 590(경북)-57	

0   10   20cm

도 2.1-17 대호

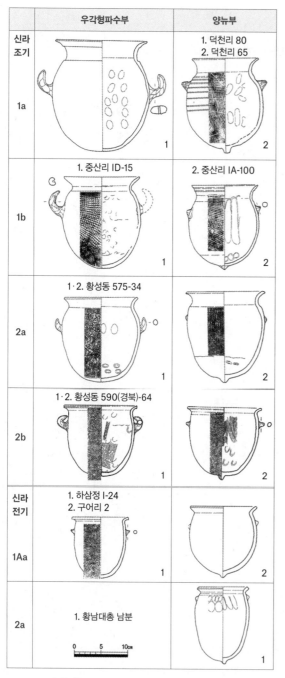

	우각형파수부	양뉴부
신라 조기 1a		1. 덕천리 80 2. 덕천리 65
1b	1. 중산리 ID-15	2. 중산리 IA-100
2a	1·2. 황성동 575-34	
2b	1·2. 황성동 590(경북)-64	
신라 전기 1Aa	1. 하삼정 I-24 2. 구어리 2	
2a	1. 황남대총 남분	

0   5   10cm

도 2.1-18 **소호류**

이다. 어깨 부분 양쪽에 우각형파수가 붙은 것과 뉴가 붙은 것으로 나누어지는데, 초기에는 우각형파수부소호가 양뉴부소호보다 규모가 컸으나 시기가 내려오면서 모두 소형화하고 크기도 같아진다.

규모의 소형화와 함께 구연부의 길이가 짧아져 가는 것이 기본적인 변화 과정이며, 우각형파수도 점차 작아진다. 우각형파수부소호는 바닥이 둥글고, 양뉴부소호는 바닥에도 꼭지가 붙은 것처럼 뾰족한데, 늦은 시기 것 중에는 우각형파수부소호의 저부도 뾰족한 것이 있다.

모두 격자문을 타날한 것이 일반적이지만, 신라 조기 1a기 우각형파수부소호는 무문, 양뉴부소호는 승석문이다. 신라 전기로 내려오는 소형 중에는 무문화한 것도 있다.

(18) 컵형토기(도 2.1-19)

경주지역의 신라 조기고분에서 출토된 컵형토기들을 기형에 따라 A·B·C로 구분하였는데, 이들 가운데에는 같은 기종의 계기적인 형식인지 불분명한 것도 있다.

A는 곡선적인 동체에서 직립하는 구연부가 구분되는 것으로, 1a기 형식은 환형 파수가 붙은 구형 동체에서 구연부가 직립하여 컵형토기라기보는 파수부호에 가깝다. 덕천리 40호묘과 62호묘에서 출토되었다. 1b기 형식은 찾을 수 없고, 2a기 형식으로

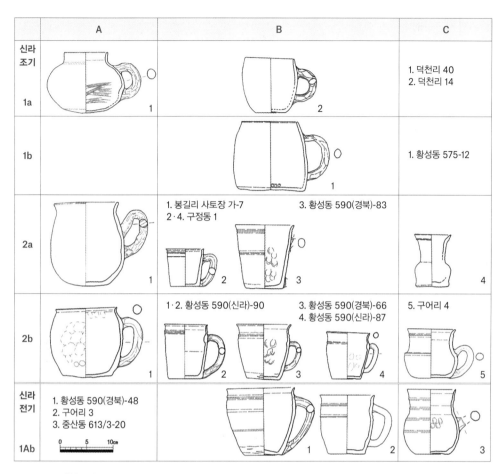

	A	B	C
신라 조기 1a	1	2	1. 덕천리 40 2. 덕천리 14
1b		1	1. 황성동 575-12
2a	1	1. 봉길리 사토장 가-7 2·4. 구정동 1 3. 황성동 590(경북)-83 2 3	4
2b	1	1·2. 황성동 590(신라)-90 3. 황성동 590(경북)-66 4. 황성동 590(신라)-87 5. 구어리 4 2 3 4	5
신라 전기 1Ab	1. 황성동 590(경북)-48 2. 구어리 3 3. 중산동 613/3-20 0 5 10cm	1 2	3

도 2.1-19 **컵형토기**

는 봉길리 사토장부지 가-7호묘의 것이 유일하다. 파수가 달리고 배가 부른 완만한 곡선의 동체에서 짧은 구연이 외반하였다. 2b기 형식으로 배치한 황성동 590(신라)-90호묘 출토품은 기고가 낮아지고 배가 부른 동체에서 짧은 구연이 외반하였다. 구어리 4호묘에서는 동체가 이 형식에 속하나 파수가 붙지 않은 것이 출토되었다(뒤의 도 2.1-24의 2b-3 참조). 2b기 구어리 4호묘 컵형토기는 경질이고 앞의 것들은 연질 소성된 것들이지만, 이들은 같은 기종으로 형식의 변화를 보여주는 것으로 판단된다.

　　B는 동체에서 구연부가 곧게 뻗은 것이나 1a·1b기 형식과 2a기 이하의 형식은 크기나 세부 형태에서 차이가 커 서로 연결되지 않는다. 1a·1b기 형식은 크기와 형태에서 차이가 있지만 기벽에서 구연부를 구분하는 아무런 표시가 없고 연질 소성이라는

공통점이 있다.

B의 2a기 형식부터는 경질토기인데, 구연부 외면에 돌대를 돌려 기벽과 구연을 구분하였다. 구연이 직립한 것과 구연부 끝이 살짝 외반하는 것으로 구분되며 각각 대·소형이 있었던 것으로 보인다. 구연부가 직립한 것은 2a기의 소형, 2b기의 대형 모두 기벽이 직선적이며, 구연부 아래에 돌선대가 있다. 구연부가 외반한 2a기 형식은 직선적인 기벽을 돌선대로 2단 구분하였고, 2b기 형식부터는 기벽이 곡선적으로 변하였으며, 신라 전기로 내려오면 기벽을 2단 또는 3단으로 나누었다.

C는 모두 경질토기이며, 곡선적인 동체 위로 긴 경부가 있는 것이다. 2a기 형식인 구정동 1호묘 출토품도 파수가 떨어져나간 흔적으로 보아 원래는 파수가 달린 컵형토기이며, 2b기의 구어리 4호묘 출토품은 구정동 1호묘 출토품에서 경부가 짧아지고 저부도 둥글어진 것이 분명하다. 중산리 1A-26호묘에서도 2b기 형식의 컵형토기 C가 출토되었다.

컵형토기 C는 신라 전기에 들어와 둥근 동체에서 긴 경부를 돌대로 구분한 것으로 발전한 1Aa기 형식까지 찾아지나 그 이후의 형식은 찾아지지 않는다.

(19) 심발형토기(도 2.1-20)

평저에 구연부가 외반하는 연질의 크고 작은 심발형토기들인데, 정형성이나 형식의 변화가 뚜렷하지는 않지만, 크기가 대체로 4종으로 구분되는 것 같다. 1a기 형식들은 바닥에 아직 둥근 기미가 남아 있으나 1b기 형식부터는 모두 평저화되었다. 대형은 시기가 내려오며 좀 더 규모가 커지는 경향이 있다. 색조는 회색, 갈색, 적갈색 등 여러 가지인데, 이른 시기는 회색계가 많으나 시기가 내려오며 갈색, 적갈색으로 바뀌어 갔고, 무문이 대부분이지만 1a기 것 중에는 승문타날된 것(1a-2)이 있고, 그 외 격자문이 타날된 것들이 있다. 1b-3의 구어리 1호묘 출토품은 암자색의 경질토기이다.

이 신라 조기의 심발형토기는 원삼국시기의 원저심발형토기(옹)에서 발전된 기종일 것이며, 신라 조기에는 이와 같이 크기, 색조, 무늬 등 차이가 많았으나 신라 전기로 내려오면 산화염 소성 적갈색 무문의 연질토기로 정형화된 것이라 판단된다.

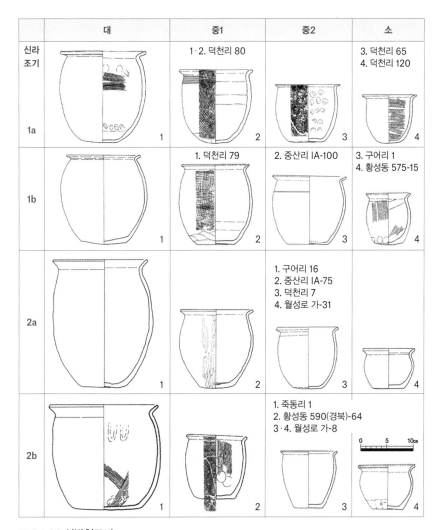

	대	중1	중2	소
신라 조기 1a	1	1·2. 덕천리 80 2	3	3. 덕천리 65 4. 덕천리 120 4
1b	1	1. 덕천리 79 2	2. 중산리 IA-100 3	3. 구어리 1 4. 황성동 575-15 4
2a	1	2	1. 구어리 16 2. 중산리 IA-75 3. 덕천리 7 4. 월성로 가-31 3	4
2b	1	2	1. 죽동리 1 2. 황성동 590(경북)-64 3·4. 월성로 가-8 3	4

도 2.1-20 **심발형토기**

(20) 복합토기

발형기대 안에 장·단경호, 고배의 배신 안에 직구소호 등을 일체로 복합·제작한 토기들이다. 원삼국 후기 말 신식와질토기 2b기의 노형토기 안에 직구소호를 일체로 제작한 예가 있어(뒤의 도 2.1-24의 1a-6 참조), 복합토기의 발생은 원삼국 후기 말로 올라가지만, 발형기대와 장·단경호, 고배와 직구소호를 일체로 제작한 것은 신라조기양식 토기에서 시작된 것으로 보인다. 대개 연질 소성되었다.

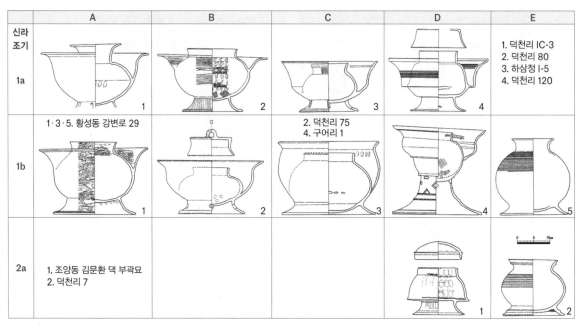

	A	B	C	D	E
신라 조기 1a	1	2	3	4	1. 덕천리 IC-3 2. 덕천리 80 3. 하삼정 I-5 4. 덕천리 120
1b	1·3·5. 황성동 강변로 29 1	2	2. 덕천리 75 4. 구어리 1 3	4	5
2a	1. 조양동 김문환 댁 부곽묘 2. 덕천리 7			1	2

도 2.1-21 복합토기

발형기대와 장·단경호의 복합토기는 신선로형토기라 불리기도 하는데, 형식 변화
의 연속성이 잘 찾아지지 않지만, 발형기대부의 유사도에 따라 A·B·C·D로 구분하였
다.

A는 구연부가 길게 외반하는 발형기대의 단면 S자형 동체가 깊은 것이며, 1a기 형
식은 내부에 장경호를 복합·제작하였다. 1b기 형식은 발형기대 내부에 복합·제작한 호
가 직구호이나 그 구연부가 발형기대의 구연부보다 위로 올라와 1a기 형식과 공통점이
있다. 1b기 형식에서 발형기대의 대족 직경이 넓어진 것을 볼 수 있다.

B는 동체가 A보다 깊지 않지만, 기벽에서 구연부가 꺾이는 발형기대 안에 직구호
를 복합·제작한 것이다. 1a기 형식은 직구호의 구연부가 발형기대의 구연부 위로 올라
왔고, 1b기 형식은 작아진 직구호가 발형기대 안으로 들어갔다. 1a기 형식에 비해 1b기
형식의 발형기대 대족이 높이는 줄고 직경은 넓어진 것을 볼 수 있다.

C는 구연부의 외반 각도가 완만하거나 짧게 외반하는 발형기대 안에 직구호를 복
합·제작한 것이다. 1b기 형식은 발형기대의 동체가 깊고 대족이 넓어졌다.

D는 앞의 A·B·C와는 다른 계열로, 발형기대의 기벽이 직구호의 동체에서 올라가

는 것이다. 1b기의 구어리 1호묘 출토품은 1a기의 덕천리 120호묘 출토품에서 발형기대의 동체 각이 둥글어지고, 대각도 높아지면서 직경이 커진 것을 알 수 있다. 이와 같이 A·B·C·D 모두 1b기 형식에서 대족(각)의 직경이 넓어지는 공통점이 있다.

이와 같이 발형기대 안에 장·단경호를 배치한 복합토기는 신라조기양식토기 1a기와 1b기의 목곽묘에 주로 부장되었지만, 이와는 동떨어져 신라전기양식토기 1Aa기의 중산리 613/3-1호묘에서도 1점 출토되었다(한국문화재재단 2015). 대각이 2단으로 높고 기대의 수발부가 복합 제작된 직구호의 어깨에서 뻗어 D계열의 늦은 형식으로 보이지만, 이와 같은 복합토기가 신라 전기까지 내려가는지, 아니면 신라 전기고분의 우연한 부장인지 알 수 없다.

D의 2a기에 배치한 조양동 김문환 댁 부곽묘 출토품은 엄밀히 말하면 복합토기가 아니어서 복합토기 D와 직접적인 관련은 없을 것이나, 각진 동체에 대각이 달려 유사한 점이 있으므로 참고 삼아 두었다.

E도 엄밀히 말하면 복합토기가 아니라 앞서 소개한 대부단경호와는 또 다른 대부단경호인데, 넓은 대족이 일반적인 장·단경호의 대족이 아니라 대부직구호의 대족 형태인 것이 특이하다. 1b기 형식에서 2a기 형식에 오면 규모도 작아졌지만 구연부 아래와 대족에 돌대가 돌아간 것을 볼 수 있다.

고배의 배신 안에 직구소호를 복합·제작한 것은 형식의 변화가 고배와 같으므로 따로 분류하지 않았다.

(21) 오리형토기(도 2.1-22)

오리형토기는 덕천리 100호묘에서부터 출토되어 원삼국 후기 2b기부터 출현한 것으로 판단되는데, 신라 조기 1a기에는 세부 형태가 다른 3종의 오리형토기가 있다. 1a-1은 덕천리 100호묘의 오리형토기와 같은 계열로 오리의 몸체가 크고 둔중한 것인데, 대족은 덕천리 100호묘 것보다 더 짧아졌다. 1a-2와 3은 오리의 몸체가 작아져 날렵하고 대각이 높은 것으로, 앞의 것은 나팔형 대각이고 뒤의 것은 원통형 대각인 차이가 있다.

1b기 형식의 오리형토기는 1a-2에서 나팔형 대각이 낮아지고 머리의 벼슬이 더욱 커져 강조된 것을 알 수 있다. 전체의 기형을 알 수 있는 것은 도면에 제시한 중산리

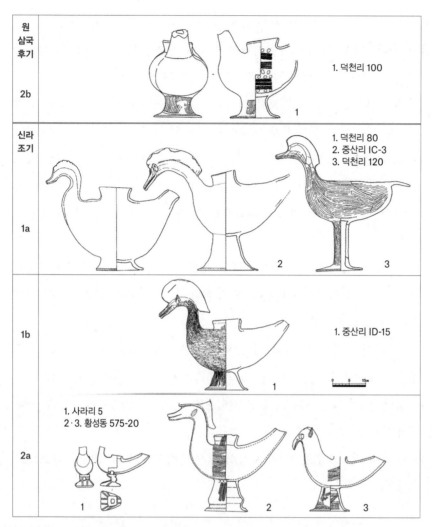

원 삼국 후기 2b		1. 덕천리 100
신라 조기 1a		1. 덕천리 80 2. 중산리 IC-3 3. 덕천리 120
1b		1. 중산리 ID-15
2a	1. 사라리 5 2·3. 황성동 575-20	

도 2.1-22 **오리형토기**

ID-15호묘 출토품뿐이지만, 다른 고분에서 출토된 파손품들도 몸체와 대족의 형태가
모두 이와 같다.

2a기 형식으로는 2a-2가 1b기 형식을 이은 것으로 오리의 몸체가 더욱 날렵해졌으
며, 나팔형 대각은 하단에 굴곡이 있는 것과 없는 것이 있다. 2a-1은 몸체와 대각을 분
리 제작하여 조립하게 만든 소형이고, 2a-3은 머리 모양으로 보아 오리가 아니라 부엉
이로, 2a기에는 이와 같이 여러 가지 변형이 발생하였다.

(22) 평저완(도 2.1-23)

편평한 바닥에서 기벽이 올라가는 연질토기 완으로 기벽이 밖으로 벌어지며 올라가는 A와 곧게 올라가는 B가 있다.

A는 기벽이 낮아지며 외반도가 심해지는 변화를 보이며, 신라 전기로 내려오면 소형화하고 기벽이 곡선적으로 바뀌면서 기벽과 구연부의 경계가 분명해진다.

B는 신라 조기 2a기와 2b기의 것만 찾아졌는데, 규모가 약간 커지고 구연부가 길어진 기미가 있다.

도 2.1-23 평저완

	A	B
신라 조기 2a	1. 황성동 590(경북)-78	2. 황성동 590(경북)-83
2b		1·2. 황성동 590(신라)-36
신라 전기 1Aa		1. 죽동리 639/3 목곽묘
1Ab		1. 하삼정 I-71
1Ba		1. 황성동 590(경북)-46

3) 분기와 종합

고고학자료의 일반적인 상대편년에서는 유물에서 변화에 유의미한 속성들을 인지해 낸 다음, 그 속성이나 속성들의 결집체인 형식들에 순서배열법 등 방법론적 이론틀을 적용하여 각 기종별 상대편년이 먼저 이루어지고 이들을 종합하여 분기하는 과정으로 이루어진다. 그러나 이 연구에서는, 앞서 말한 바와 같이 설명과 이해의 편의를 위해, 이미 각 기종 토기들의 분류된 형식을 종적, 횡적으로 배치하여 구축한 단계와 분기를 미리 제시하고, 이에 따라 각 기종의 토기 형식과 그 변화 과정을 살펴보았다. 이에 여기서는 중복 설명을 피하여 기종별 토기의 형식분류와 그 변천 과정에 대한 설명은 생략하고, 각 분기 토기의 내용을 새로 출현하는 기종들을 중심으로 간략히 살펴보는 것으로 하겠다.

그런데 이 글의 저본이 된 논문(최병현 2012)에서 필자는 원삼국 후기의 신식와질 토기와 과거의 고신라토기, 즉 신라전기양식토기 사이의 토기 양식을 신라조기양식토기로 설정하고, 이를 앞서와 같이 2기-4소기로 분기한 상대편년안을 제시한 바 있다. 그 이후 학계에서는 여전히 '고식도질토기'라고 하기도 하고, 또는 양식명 없이 시기를 한정하면서, 개별 기종의 세부 편년안이나 여러 기종의 종합 편년안들이 발표되고 있다.

지금까지 발표된 개별 기종의 편년안으로는 안재호·한승헌의 대부직구호 편년이 대표적이다(안재호·한승헌 2015). 필자는 앞의 논문에서 당시까지 보고된 경주지역의 대부직구호를 1a기부터 2a기까지 3소기로 상대편년하였는데, 그들은 형식학적속성분석법이라는 상대편년 방법으로 경주 덕천리유적의 대부직구호를 모두 10단계, 황성동유적의 대부직구호를 모두 5단계로 상대편년하였다. 그 결과는 필자의 안과 대체적인 흐름에서 차이가 없다고 하면서, "현재로서는 이렇게 좁은 시간폭으로 설정된 편년은 어디에 사용되어야할지 모르지만"이라고 하고 있는데(안재호·한승헌 2015: 121), 하여튼 한 기종의 토기가 얼마만큼 세분될 수 있는가를 보여주는 사례라고 할 수 있다.

이원태는 필자가 발형기대와 장·단경호, 고배와 소호 등을 하나로 복합·제작했다고 보아 복합토기라고 이름붙인 토기를 신선로형토기라고 하고 이들에 대해 편년했다(이원태 2018). 복합토기의 발생을 노형토기 안에 직구호를 복합·제작한 원삼국 후기 말의 신식와질토기(도 2.1-24의 1a-6)에서 찾은 것도 필자와 같고(최병현 2018a: 58 도 12-14), 발형기대와 장·단경호의 복합토기 상대편년도 필자의 안과 대동소이하다. 다만 필자는 전고의 복합토기 편년에서 다른 공반유물 없이 단독으로 출토된 사라리 73호묘의 장각형 복합토기(도 2.1-24의 1b-4)를 제외하였으나, 그는 경산 조영동 CI-4호묘 출토 복합토기와 함께 늦은 단계를 하나 더 두고 있는 점이 다르다. 그러나 사라리 73호묘의 복합토기는 대각의 형태로 보아 신라조기양식토기 1b기인 구어리 1호묘의 장각형 복합토기 D와 시기 차이가 없을 것으로 판단된다.

경주지역의 신라조기양식토기 종합편년안은 필자 이후 정주희의 안이 여러 차례 발표되었다. 그는 필자의 신라조기양식토기에 해당하는 경주지역의 고식도질토기를 모두 I~VI단계로 구분하고 있는데, 첫 번째 안부터 경주 월성로 가-5·6호묘 출토

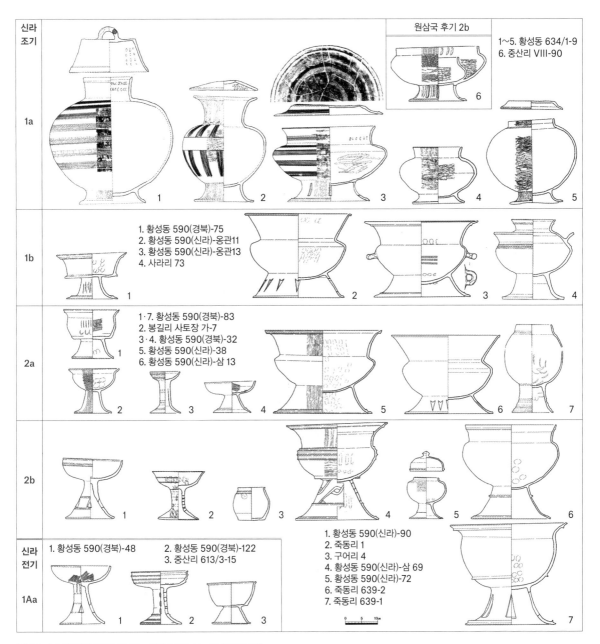

도 2.1-24 **원삼국 후기 2b기–신라 전기 1Aa기 공반토기**

토기를 그의 Ⅵ단계에 두고 있다. 이는 종래의 고식도질토기 범위를 따른 것이며, 필
자는 이들을 신라전기양식토기 1Ab기로 편년하고 있다. 따라서 필자의 신라조기양
식토기에 해당하는 것은 Ⅰ단계부터 Ⅴ단계까지인데, 그의 Ⅰ단계는 필자의 1a기, Ⅴ단계

는 필자의 2b기와 일치하며, 필자의 1b기와 2a기를 Ⅱ~Ⅳ단계로 늘려놓은 것이다(정주희 2013: 38~42). 그의 두 번째 안에서는 Ⅱ단계와 Ⅲ단계 소속 고분이 약간 달라졌고(정주희 2019), 세 번째 안도 황성동 634/1-9호묘 토기를 가장 위에 배치하는 등 Ⅰ단계부터 소속 고분을 조정하였을 뿐 대동소이한데(정주희 2020), 필자가 신라조기양식토기 2b기로 편년한 월성로 가-8호묘 토기를 월성로 가-5·6호묘와 함께 Ⅵ단계에 둔 것이 이채롭다.

경주지역만 다룬 것은 아니지만, 문재은도 '4세기 토기'라는 이름으로 영남지방의 신라·가야조기양식토기를 Ⅰ~Ⅴ단계로 구분하였다(문재은 2015: 150). 그의 Ⅰ단계에는 경주지역 토기가 빠져 있지만, 노형토기의 형식이 필자의 경주지역 1a기 노형토기와 같고, Ⅴ단계는 사실상 필자의 신라전기양식토기 1Aa기이어서 경주지역 신라조기양식토기는 4단계로 구분된 셈이다. 여희진도 노형기대를 중심으로 '조기 신라·가야토기'를 1-a, b, c 3단계로 상대편년하였는데, 전기 신라토기인 2a기는 필자의 신라조기양식토기 2b기 일부와 신라전기양식토기 1Aa기를 합친 것이다(여희진 2019).

고고학자료의 상대편년에서는 연구의 대상이나 목적에 따라 형식이 세분될 수도 있고, 분기도 세분하거나 좀 크게 나눌 수도 있다. 그러나 중요한 것은 유물의 상내순서나 형식조열이며, 이들이 맞지 않으면 어느 쪽인가에 오류가 있다. 하지만 이상과 같이 필자의 신라조기양식토기 편년안 이후 발표된 개별 기종의 세부편년안과 종합편년안들을 살펴본 결과, 필자의 안과 이들 사이에 분기나 각 분기의 토기 출토 고분 배치에서 약간의 차이가 있기는 하지만, 토기 형식의 순서나 조열에서 큰 차이가 있지는 않았다.

따라서 기존의 필자 안을 크게 수정할 필요는 없는데, 다만 앞서는 전고(최병현 2012)에서 빠진 것, 전고에도 있었지만 좀 더 적합한 것을 새로 발표된 발굴 보고서들에서 찾아 보충한 부분들이 있고 추가된 기종도 있다. 그러나 그 과정에서 형식의 분기가 달라지거나 분기가 늘어난 것은 아님을 밝혀둔다. 이에 여기서는 경주지역 신라조기양식토기의 상대편년의 분기 구분을 분기의 기준이 되는 대표 기종의 형식 변화를 통해 〈표 2.1-2〉로 제시하고, 각 분기별 토기 형식의 공반현황과 관련된 표는 전고의 것을 수정없이 전재하도록 하겠다.

(1) 1기

① 1a기(표 2.1-3)

　원삼국 후기 신식와질토기 대부직구호의 종방향 문양대가 횡방향 문양대로 바뀌면서 신라조기양식토기 대부직구호가 성립한 단계이다. 노형토기로부터 노형기대가 분화하기 시작하였으나, 동체에 횡방향 집선문대가 남아 있고 납작한 뚜껑도 덮여 아직 노형토기로부터 완전히 이탈하지는 못한 모습이다.

　원삼국 후기의 대표 기종인 대부장경호가 아직 존속하였고, 유문·무문의 대부직구호 대·소형, 그리고 그 여러 아기종이라고 판단되는 편구형 대부직구호들이 원삼국 후기로부터 이어졌다. 대부직구호는 유문 대·소형, 무문 대·소형 모두 구연부가 아직 길고 대족의 직경이 좁은 형식이다. 황성동 634/1-호묘에서는 기벽이 직선적이고 큰 반환형 꼭지가 달린 높은 기고의 뚜껑이 덮인 긴 구연부의 대부직구호와 함께 원삼국 후기의 와질토기에서와 같이 납작한 뚜껑이 덮인 대부직구호, 노형토기 등이 출토되어 신식와질토기로부터 신라조기양식토기로 전환하는 과정을 보여준다(도 2.1-24의 1a). 1a기는 이와 같이 횡방향 문양대의 대부직구호가 출현하는 시점부터이다.

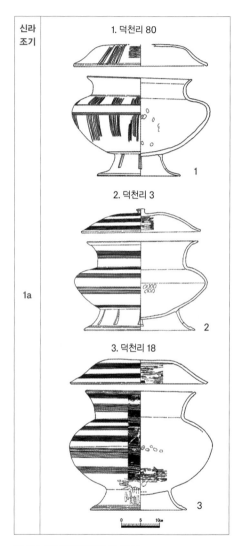

도 2.1-25 대부단경호의 형성

　대부단경호가 이 단계에 새로 출현하였는데, 그 형성 과정을 알려주는 자료들이 덕천리고분군에서 출토되었다. 〈도 2.1-25〉가 그것으로 종방향 집선문이 시문된 대형의 노형토기에서 구연부가 길어지며 문양대가 횡방향 집선문으로 바뀌고, 이어 어깨각이

표2.1-2. 신라조기양식토기의 분기

	대부장경호	대부직구호유문대1a	대부직구호유문소1a	대부직구호무문대1a	대부직구호무문소1a	대부직구호유문대1b	대부직구호유문소1b	대부직구호무문대1b	대부직구호무문소1b	대부직구호유문대2a	대부직구호유문소2a	대부직구호무문대2a	대부직구호무문소2a	대부직구호무문대2b	대부직구호무문소2b	노형기대A대1a	노형기대A소1a	노형기대A대1b	노형기대A소1b	노형기대B1b	노형기대A대2a	노형기대A소2a	노형기대B2a
황성 634/1-9	3	2																					
덕천 120	8				1											2							
덕천 80	1	2	2		2																		
덕천 3	2				1												4						
덕천 5	3				1																		
덕천 62	1				1																		
중산 IC-3		1		1																			
덕천 56																							
덕천 45		1																					
덕천 59		3																					
덕천 75					1																		
덕천 70					2																		
덕천 16																							
황성(국박)						1	1																
구어 1								1	1														
덕천 66																							
황성 545(동국)-22									1														
중산 IA-100										O								1					
황성 575-17																			1				
황성 575-37																				1			
황성 강변 6																							
덕천 54						3				3													
구어 16								1	1														
황성 575-20								1															
덕천 34										3													
황성 545(경주)-16										1		1	1										
황성 545(경주)-17												1	1										
황성 590(신라)-38																		1			1		
월성로 가-29																					1		
구정 1																					1		
봉길 사토가-7																							
구정 3																							1
황성 590(경북)-83																							
황성 590(신라)-45																							
황성 590(경북)-32																							
황성 590(신라)-72																							
황성 590(경북)-59														2									
황성 590(경북)-62														1									
황성 590(경북)-108															1								
죽동 5																							
황성 590(신라)-69																							
구어 4																							
황성 590(경북)-115																							
황성 590(신라)-87																							
황성 590(신라)-90																							
황성 590(신라)-67																							
중산 IA-26																							
황성 590(경북)-122																							

노형기대A대 2b	노형기대A소 2b	노형기대B 2b	고배A대 1a	고배A소 1a	고배B1 1a	고배B2 1a	고배A대 1b	고배A소 1b	고배B1 1b	고배B2 1b	고배A대 2a	고배A소 2a	고배B1 2a	고배B2 2a	고배A대 2b	고배A소 2b	고배B1 2b	고배B2 2b	복합토기 1a	복합토기 1b	복합토기 2a	오리형토기 1a	오리형토기 1b	오리형토기 2a	분기
																			4			4			1a
																			1			3			
			1																						
			2																						
			9																1			1			
				1	1	2																			
						2																			
			1				2																		1b
			1							3											2				
							1	2													1		1		
				8															1					2	
							2																1		
										1											1				
									4	1															
							2																		2a
							1																	2	
														4											
																			컵A 2a	컵B 2a	컵C 2a	컵A 2b	컵B 2b	컵C 2b	
																				1	1				
												1							1						
												1										1			
													1												
														1											
												1		2											2b
																							1		
1																									
1																									
	1																					1		1	
	1																								
	2														2				1						
															1				1	1					
															1	2									
																					1			1	
															1									2	

표2.1-3. 신라조기양식토기 1a기 토기형식 공반현황

유적	대부장경호①	대부장경호②	대부직구호(야뭉)·대	대부직구호(야뭉)·소	대부직구호(야뭉)·대	대부직구호(야뭉)·소	편구형대부직구호·대	편구형대부직구호·소A	편구형대부직구호·소B	노형토기·대	노형토기·중	노형토기·소	대부단경호	고배·대	고배·소A	고배·소B	타날문단경호 A①	타날문단경호 A②	타날문단경호 B③	타날문단경호 B④	양이부호·소	양이부호·대	난형단경호·대	난형단경호·소	구형단경호·대	소호(아가리형파수부)	소호(하부)	컵형토기 A	컵형토기 B	심발형토기·대	심발형토기·중1	심발형토기·중2	심발형토기·소	복합토기 A	복합토기 B	복합토기 D	오리형토기 A	오리형토기 B	오리형토기 C
황성강변로 3	1						1					2					2		1																				
덕천 105	1	2									1	1							1																				
황성강변로 19			3																																				
중산 IC-3		1		1	3			2						9			1	2		1								1					1	1				1	
덕천 17						1		1						1			1		1		1			1						3	1	1		1					
황성 575-1						1			1					1			1			2															1				
덕천 23	1			2				1			1						1				2									3	1								
덕천 89	1			2				1		3		2		1			1	1		2			1			1				1	1								
덕천 80			2		1		1			1				1			1	1																	1		3		
덕천 20			2	2										1			1			2				1	1								1		1				
덕천 92				1		2	1							1				1				1	1	1															
덕천 86								1						1	2																				1				
황성 575-63													1		3		1	1		1																			
덕천 62	1									1		1		2			1			1	1	1																	
덕천 45		1							1				1		2																								
덕천 56					1			1									1																						
황성 575-54			1							2				2		1	1	1		1																	3		
황성 575-22					1																															1			
황성 575-9				1					1		3				1			1		1								1		2	1	1							
덕천 65	1			1		1	1	1						2	1		1	1	1	1						1	1		1										
덕천 40	1				1								1																						1				
덕천 120	5	3		1				1	1								1	1		1															3	1			3
덕천 18	4		1											1																						1			
덕천 5	1	2						1						1			1																						
덕천 100			1											1																									
덕천 14										2				2		1										1	1		1										

완만해지며 동체가 편구화하여 대부단경호가 성립되는 것을 알 수 있다. 토기들의 공반 상태로 보아 그러한 변화는 신라조기양식토기 1a기에 완성된 것으로 판단된다.

고배 B1형과 B2형, 각종 양이부호, 대형의 구형단경호, 우각형파수부소호와 양뉴 부소호, 평저심발형토기, 발형기대와 장·단경호 또는 고배와 직구소호를 일체로 제작한 각종 복합토기가 출현하고, 오리형토기도 본격적으로 부장되는 것이 이 단계이다. 고배 B1과 B2는 통형고배의 시원형으로 주목된다.

앞서 언급한 바와 같이 황성동고분군에서 이 단계부터 이미 고화도 소성된 경질토기 대호가 부장되고 있는 것으로 보아, 중심고분군에서는 경질토기의 부장이 이 단계부터 급격히 증가하였을 것으로 판단된다.

② 1b기 (표 2.1-4)

대족의 직경이 넓어진 대부직구호들이 부장되는 단계로, 대부장경호는 소멸되어 더 이상 부장되지 않는다. 노형기대, 경질의 소문단경소호, 신라전기양식토기 장경호로 발전하는 경질의 구형호류 A·B, 통형기대, 경질토기 직구대호 등이 이 단계부터 새로 출현하였다.

노형기대는 노형토기로부터 완전히 이탈하여 A 대·소형과 B형으로 분화되기 시작하였는데, A·B형 모두 파수가 붙지 않은 무파수노형기대로 김해의 가야식 파수부노형기대와는 성립 과정도 달랐고 변화의 방향도 달랐다. 구경부가 길게 뻗은 B형 중에는 대각에 역삼각형 투창을 뚫은 것도 있으며(도 2.1-24의 1b-2), 동체 어깨에 반환형 파수를 붙인 것(도 2.1-24의 1b-3)도 1점 찾아졌다.

고배 B1형의 1b기 형식에 속하나 편평한 배신 바닥이 기벽 밖으로까지 뻗은 것이 있어(도 2.1-24의 1b-1), B1형 고배가 여러 가지 모양으로 변한 것으로 보이는데, 〈도 2.1-24의 2a-1〉과 신라전기양식토기 1Aa기로 내려오는 〈도 2.1-24의 1Aa-3〉의 대부발도 그 변형으로 판단된다.

구어리 1호묘에서 출토된 통형기대는 경주지역의 신라조기양식토기에서 통형기대의 성립을 보여주는 것이며, 통형기대는 발형기대와 함께 신라전기양식토기로 이어진다.

표 2.1-4. 신라조기양식토기 1b기 토기형식 공반현황

유적	대부직구호(유문)·대	대부직구호(야문)·대	대부직구호(야문)·대	대부직구호(마문)·대	편구형대부직구호·대	편구형대부직구호·소A	편구형대부직구호·소B	노형토기·대	노형토기·중	노형토기·소	노형기대·A	노형기대·B	대부단경호	고배·대	고배·소A	고배·소B	타날문단경호 경질A	타날문단경호 경질B	타날문단경호 소문경질·단경	구형호·A	구형호·B	통형기대	영아부구소호·소	영아부구소호·대	영아부소호형·소·대	난형단경호·소·대	난형단경호·소·소	구형단경호·소·소	직구대호	소호(아가리파수부)	소호(항아부)	심발형토기·대B	심발형토기·중1	심발형토기·중2	복합토기B①	복합토기B②	복합토기B③	복합토기D	복합오리토기E
황성(국박)	1													2				3																					
구어1	1	1										1		1	1		3	1		3	1					2												1	
황성(동국대)22				2											1		1	1				1	1											2				1	
덕천75					2				2						4		2	2																	2				
덕천46				1		1	1	1	1								1	1																					
덕천81								1	1								1																						1
덕천37				1		1			1					2			2	3					1		1														
황성 강변로6																		3																1					
덕천48								1								1	1	1																					
황성575-17			1								1	1		1	1		1	4		1			1								1								
중산IA-100				1					1		1							1			1	1	1				1						1			1	1		
황성575-37									1									1							1	1													
월성로 가-30	3												1	3						1		1				6				1									
덕천59													1				1																						
덕천16				4										8			1	1																	1				2
덕천66				2											4		1	2					1																
황성575-15															1		1	1						1	1	1					1				1				
황성강변로29																		1												1							1	1	1
중산ID-15								1	1								2	1																		1	1		
덕천12													1			1	1	1														1							
덕천79									2								1																		1				
덕천70			2						1						3																				1				1

이 단계에는 소문단경소호, 구형호류, 양이부구형호, 대·소 구형단경호 등이 경질화하거나 경질토기로 출현하여 고화도 소성 토기의 기종이 훨씬 더 늘어난 것을 볼 수 있다.

(2) 2기

① 2a기(표 2.1-5)

정형성을 상실한 대부직구호들이 부장되고 노형토기는 사실상 소멸되었으며, 경질토기 단경호와 소문직구소호, 신라전기양식토기로 이어지는 컵형토기 B가 출현하는 단계이다.

대부직구호는 짧은 구연부가 공통적인 특징일 뿐 기형상 통일성이 없으며, 뚜껑도 여러 변형이 발생하였다.

이 단계에는 노형기대가 더욱 발달하였는데, 〈도 2.1-24의 2a-5〉는 꺾인 어깨로 보아 1b기 형식이지만 소형 2a기 형식과 공반되었다. 〈도 2.1-24의 2a-6〉은 1b기의 삼각형 투창 노형기대에서 대각의 직경이 좁아진 것을 알 수 있다.

원삼국 후기 이래의 전통적인 고배 A는 이 단계부터 완형 배신에 완전한 나팔각으로 변화하였다. 단발성이지만 봉길리유적에서는 외반하는 구연부의 깊은 배신에 나팔형 대각의 고배 1점이 출토되었고(도 2.1-24의 2a-2), 황성동 590번지 유적에서는 고배인지 소형 기대인지 구분되지 않는, 완형의 배신에 긴 통형각이 붙은 소형 토기가 출토되기도 하였다(도 2.1-24의 2a-3). 이상의 예들로 보아 2a기부터 경주지역의 고배 양식에서 어떤 큰 변화가 있었던 것으로 짐작되지만, 경주지역의 중심고분군인 월성북고분군의 신라 조기고분이 조사되지 않아 확실한 것은 아직 알 수 없다.

대부소호, 완, 동이형토기가 새로 출현하였고, 복합토기는 더 이상 출토되지 않는다.

이 단계로 편년되는 고분 가운데 월성로 가-29호묘의 출토유물에 대해서는 재고가 필요하다. 이 고분에서는 앞의 형식분류에서 제시한 경질토기 노형기대와 구형호 외에 소호류, 그리고 양뉴부직구대호 등이 출토되었으며, 이와 함께 긴 대각에 삼각형 투창이 뚫리고 동체 어깨에 양이가 있는 대부호와 倭系 石釧(도 2.1-26의 4, 5)이 공반되었

표 2.1-5. 신라조기양식토기 2a기 토기형식 공반현황

	대부직구호(야뜨)·대	대부직구호(야뜨)·대	대부직구호(마뜨)·대	대부직구호(마뜨)·대	편구형대부착구호·대	편구형대부착구호·소A	편구형대부착구호·소B	노형토기·중	노형기대·A	노형기대·B	대부단경호	고배·대	고배·소A	고배·소B	타날문단경호·A	타날문단경호·B	소문소문경질경질단경호	소문경질단경소호	구형호·A	구형호·B	통형기대·대	영이부구경형호·소	영이부구경형호·대	영이부구경형호·소	단경단경호·대	단경단경호·소	구형단경호·대	구형단경호·소	직구대호	소호(아가형파수부)	소호(하부)	컵형토기·A	컵형토기·B	컵형토기·C	심발형토기·대	심발형토기·중1	심발형토기·중2	심발형토기·소	복합토기·D	복합토기·E	어리형토기
황성(경주대) 16	1	1	1												1	5				1		1		1																	
중산 IA-74	5														1	1		1	1				1				1	1								1					
중산 IA-33		1	1												2	1		1		1	1					1															
황성(경주대) 12		1	1	2		1									4	2								1																	
황성(경주대) 17		1	1	1	1										2	2						1																			
구어 16		1																																	1						
덕천 34	3	3				1	1	1	1				3																												
구정 1																								1												1					
구정 3															1	2														1		1	1			1					
월성로 가-29						1		1	1							1	1	1	1	1								1	1	2	1										
황성 575-44															1	1						1																			
황성 575-5			2	1		1		1	1		1	1		1	2	1				1			1			1	1									1					
봉길 사토장 가-7																																				1					
황성 575-32																1		1		1	1																				
황성(동국대) 14		1													1	2						1																			
황성(동국대) 27															1	3				1						3															
중산 IA-75						1								1			1	1	1		1		1		2		3			1	1		1		1	1		1			
구정 2															1			1																							
황성 575-48						1		1						1		2	1	1		1	1			1	3	1		1													
황성 575-34																2									1																
조양 김문환덕부곡모			4	2																																			1		
황성(동국대) 25			1	1													1	1	1				1				1														
월성로 가-31																																									
사라 55																								1				1							1			1		1	1
덕천 7																				1					1												1			1	
황성 575-20		1	1	1		1							2		2 1										2																4
중산 IA-23	2	1		1		1									1									1														1			
덕천 2	3	1													1									1																	

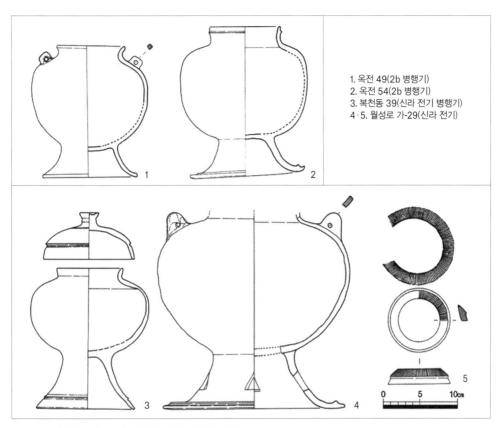

1. 옥전 49(2b 병행기)
2. 옥전 54(2b 병행기)
3. 복천동 39(신라 전기 병행기)
4·5. 월성로 가-29(신라 전기)

도 2.1-26 월성로 가-29호묘 倭系 石釧과 관련 자료

다고 보고되었다. 이 대부호는 구연부가 파손되었지만 다른 유적의 출토례로 보아 구연부가 짧은 대부직구호였음이 분명하다. 이 대부직구호는 어깨에 양이가 붙은 것이 다르지만, 신라조기양식토기 편구형 대부직구호 소B의 2b기 형식이나 〈도 2.1-24의 1a-5, 2a-7, 2b-5〉의 대부직구호에서 이어진 신라전기양식토기인 것이 분명하다. 이상의 경주지역 신라조기양식토기 대부직구호에는 어깨에 양이가 붙지 않았지만, 어깨에 양이가 있는 것은 합천 옥전고분에서 그 예를 볼 수 있다(도 2.1-26의 1, 2). 월성로 가-29호묘의 대부호는 이들은 물론 동체가 편구화한 신라전기양식토기 2a기 병행기의 복천동 39호묘 대부직구호보다도 규모가 더 커지고 세부 기형도 발달된 것이다. 보고서에서도 "유구는 현지표하 150cm 지점에서 확인되었는데 상부는 모두 교란되었고 특히 조사전 이미 포크레인에 의해 유구내부까지 파괴된 상태였으므로 유구의 성격을 알아내기는 곤란하였다"(국립경주박물관 1990: 217)라고 한 것으로 보아 이 고분의 출토유물로 보고

된 것 가운데에는 다른 유구의 것들이 섞여 들어갔을 가능성이 있다. 그러므로 이 고분의 다른 토기들과 동시기가 될 수 없는 이 대부직구호는 이 고분이 파괴되면서 혼입된 것으로 판단되며, 倭系 石釧 또한 이 고분 출토 다른 유물들과의 공반 여부를 재고해 보아야 할 것으로 판단된다.

② 2b기(표 2.1-6)

유문의 대부직구호는 소멸되었고, 무문의 대부직구호는 원저직구호로 전환된 것이 공존하였다. 편구형 대부직구호 대형과 소A는 소멸되고, 신라전기양식토기 대부직구호로 이어지는 편구형 대부직구호 소B만 잔존하였다.

노형기대 중에는 동체와 높아진 대각에 장식성이 강해진 것, 동체와 대각이 여러 형태로 변화된 것들도 출현하였다(도 2.1-24의 2b-4, 6, 7).

고배 A(대)의 2a기 형식에서 변화된 2b기 형식의 장방형 투창 뚫린 고배와 유사하나 그보다 장각이고 3단으로 구분된 대각 중단에 삼각형 투창을 뚫은 나팔각고배(도 2.1-24의 2b-1)가 출토되었고, 이 계열의 고배는 신라전기양식토기 1Aa기까지 이어져 대각이 길어지면서 4단각이 된 것으로 보인다(도 2.1-24의 1Aa-1).

고배 B2에서 발전한 것으로 보이는 얕은 완형 배신의 통형고배(앞의 도 2.1-8 참조), 배신은 편평한 바닥에서 직립한 기벽이 돌대로 덮이고 대각에는 3단의 소투공이 뚫린 통형고배(도 2.1-24의 1Aa-2)가 황성동유적에서 출토되었는데, 후자는 대각의 소투공과 그 아래 접지부의 돌대 배치로 보아 신라 전기 1Aa기로 내려올 것으로 판단된다. 죽동리 1호묘에서 출토된 기벽이 외반하는 통형고배(도 2.1-24의 2b-2)는 대각의 투공 배치로 보아 2b기로 편년된다. 출토된 수는 많지 않으나 이와 같이 신라조기양식토기 늦은 단계에는 여러 가지 형식의 통형고배가 산발적으로 출토되는 것이 주목된다.

월성로 가-8호묘에서 출토된 통형기대는 장방형 투창이 일렬식이지만 신라전기양식토기 통형기대와 거의 같아진 모습이고, 2a기부터 성립 과정을 볼 수 있는 발형기대는 기벽이 직립한 동체, 통형의 대각이 아직 신라전기양식토기 발형기대와는 차이가 있다.

오리형토기도 소멸되어 더 이상 출토되지 않는다.

2b기는 원삼국 후기 신식와질토기에서 유래되었거나 신라조기양식토기에서 발생

표 2.1-6. 신라조기양식토기 2b기 토기형식 공반현황

	노형기대·B	편구형대부직구호·소B	대부단경호	고배·대	고배·소A	고배·소B	타날문단경호·A	타날문단경호·B	소문경질직구소호	소문경질단경소호	소문경질단경호	구형호·A	구형호·B	구형호·C	구형호·D	통형기대	발형기대	양이부구형호·대	양이부난형호·소	난형단경호·대	난형단경호·소	구형단경호·소	컵형토기·A	컵형토기·B	컵형토기·C	심발형토기·대	심발형토기·중1	심발형토기·중2	심발형토기·소
사라 52		1						2				1															1		
죽동 1			1	1			2	1											1							1			
조양 김문환댁주변	1	1			2																								
중산 IA-26						1		2			3	1		1						1	1	1					1		
사라 100									1															1				1	
구어 4									1	2													1	1					1
월성로 가-8												1						2	1	1								3	1
죽동 2							1	1			1									1	1								
황성 36								1									1												

하여 연질로 소성된 토기들이 거의 소멸하고, 신라전기양식토기로 이어지는 경질토기들이 주류를 점해가는 단계라고 할 수 있다.

이상 살펴본 신라조기양식토기의 종합편년표를 기종을 제한하여 〈도 2.1-27〉로 제시해 둔다.

2. 절대연대

경주지역의 신라조기양식토기 가운데 절대연대를 알려주는 직접적인 자료는 존재하지 않는다. 그와 같은 현상은 다른 지역에서도 마찬가지이다. 이에 경주지역의 신라조기양식토기의 연대는 물론 이와 관련될 수 있는 다른 지역의 고고학자료 연대도 일본열도나 한반도 북부 및 중국 동북지방의 고고학자료와 교차편년을 통해 비정할 수밖에 없다. 교차편년 자료로는 한반도 남부지방에서 출토된 왜계토기나 갑주와 마구 등이 활용되고 있는데, 왜계토기는 당시 한반도와 일본열도 사이의 교류의 산물이며, 갑주와 마구는 고구려 유적을 포함하여 한반도 북부와 중국 동북지방에서 유래되었다고 판단되는 유물들이다.

표 2.1-27 경주지역 신라조기양식토기 편년표 관련 편년표

	대부장경호	편구형 대부 직구호 (소B)	노형토기	노형기대	대부단경호	타날문단경호	소문경질 단경호	구형호류 A	구형호류 B	고배 A(대)	고배 B1/B2	컵형 토기 B
1a	1	2	3 / 4 / 5	6 / 7	8	9 / 10				11	12	
1b	1	2	3 / 4	5 / 6	7	8	9	10	11	12	13	
2a	1	2	3 / 4	3 / 4	5	6	7	8	9	10	11	12
2b	1	2	3 / 4	3 / 4	5	6	7	8	9	10	11	12

고배(1a) 범례:
1. 황성동 강변로 19
2. 낙천리 89
3·4. 낙천리 80
5. 낙천리 20
6. 낙천리 120
7. 낙천리 3
8. 황성동 575-63
9. 황성동 강변로 3
10·11. 중산리 IC-3
12. 낙천리 56

고배(1b) 범례:
6. 황성동 575-37
7·11. 월성로 가-30
8. 황성동 575-15
9. 황성동 545(동국대)-22
10. 구어리 1
12. 낙천리 59
13. 낙천리 66

구형호류 B 범례:
1. 황성동(국박)
2. 낙천리 46
3. 낙천리 81
4. 낙천리 37
5. 중산리 IA-100

노형토기(2a) 범례:
1. 황성동 545(경주대)-16
2. 중산리 59
4. 월성로 가-29
4. 황성동 575-44
5. 황성동 590(신라)-78
6. 황성동 545(경주대)-14
7. 중산리 IA-75
8. 월성로 가-29
9. 봉길리 사토장 가-7
10. 황성동 590(경북)-83
11. 옥전 6
12. 구정동 1

노형토기(2b) 범례:
1. 황성동 590(경북)-62
2·9. 사라리 52
3. 죽동리 5
4. 조양동 답문환 대 주변
5·6. 죽동리 1
7. 구어리 4
8. 월성로 가-8
10. 황성동 590(신라)-87
10. 황성동 590(신라)-67
11. 황성동 590(신라)-87
12. 황성동 590(신라)-90

도 2.1-27 경주지역 신라조기양식토기 편년표

그런데 경주지역에서도 왜계토기가 소수 출토되기는 하지만, 당시 한반도에서 왜계토기 출토의 중심지는 낙동강 하류역이고, 갑주와 마구도 현재는 경주지역에서도 일부 자료가 확보되었지만, 역시 낙동강 하류역에서 먼저 조사되기 시작하였고 아직도 그쪽의 자료가 많은 편이다. 그러므로 그동안 낙동강 하류역을 중심으로 이 자료들과 신라·가야조기양식토기의 편년이 이루어져 왔다. 이에 여기서는 먼저 경주지역과 낙동강 하류역 유적의 병행관계를 설정하고 이를 통해 신라조기양식토기의 절대연대에 대해 살펴보도록 하겠다.

1) 지역 간 병행관계(도 2.1-28, 표 2.1-7)

한반도 남부지방에서 소위 고식도질토기, 즉 신라·가야조기양식토기가 부장된 목곽묘가 처음 조사된 것은 김해 예안리고분군으로, 이 유적의 편년이 지금까지도 고식도질토기 편년의 골격을 이루고 있다고 하여도 과언이 아니다. 김해 예안리고분군의 편년안을 처음 제시한 연구자는 신경철이며(부산대학교박물관 1985), 큰 골격이 바뀐 것은 아니지만 그것은 안재호에 의해 수정되었다(부산대학교박물관 1993). 그 후 신경철은 동래 복천동고분군, 김해 대성동고분군 등의 발굴 및 연구 성과를 반영하여 여러 차례 고식도질토기의 편년안을 발표해 왔다. 이에 신경철의 견해는 뒤에서 대성동고분군을 포함한 그의 최종안을 중심으로 살펴보기로 하고, 여기서는 안재호의 예안리고분군 편년안과 경주지역과의 관계를 살펴보기로 하겠다.

안재호는 『김해예안리고분군 Ⅱ』의 Ⅵ. 고찰(부산대학교박물관 1993)에서 예안리고분군을 모두 Ⅰ~Ⅹ단계로 나누었다. 그 중 Ⅳ단계에서 낙동강 동·서안양식이 분화되는 조짐이 있기는 하지만, 이 단계의 토기까지가 고식도질토기라고 하였다.

Ⅰ단계에는 예안리 160호묘와 74호묘 등을 포함하였는데, 이 두 고분의 토기는 형식의 차이가 있다. 예안리 160호묘에서 출토된 횡방향 집선문의 대부직구호 동체는 경주지역 1a기의 형식과 비견되지만, 뚜껑 꼭지는 경주지역 1a기에서도 좀 늦게 발생한 단면 원형의 봉상꼭지로 되어 있다. 그런데 이 고분에서 출토된 여러 점의 경질토기 양이부원저단경호(양이부구형호)는 단순한 구연부 등으로 보아 경주지역 1b기의 중산리

IA-100호묘 출토품과 같은 형식이다. 경주지역에서는 양이부구형호 1a기 형식은 아직 출토되지 않았다. 경질의 소문 단경소호도 경주지역 1b기 형식과 같다. 격자문이 타날된 양뉴부소호도, 지역 차이를 감안하여도, 짧아진 구연부로 보아 경주지역 1a기로 소급되기는 어렵다(이상 도 2.1-28의 1b-3~6). 이들보다도 예안리 160호묘의 상대적인 위치를 살펴보는 데 가장 결정적인 것은 〈도 2.1-28의 1b-2〉의 노형기대이다. 이 노형기대도 노형토기로부터 파생된 기대의 한 기종일 터인데, 도면에서 보듯이 부산 노포동 17호묘와 울산 중산리 IA-75묘 출토 기대의 사이에 들어가는 형식이 분명하다. 부산 노포동 17호묘는 김해 대성동 29호묘와 같은 단계이며, 뒤에서 다시 언급하겠지만, 대성동 29호묘는 경주지역 신라조기양식토기 1a기와 병행한다. 중산리 IA-75호묘는 신라조기양식토기 2a기에 속한다. 그러므로 예안리 I단계 고분 가운데 160호묘는 경주지역 1a기보다는 한 단계 늦은 1b기와 병행한 것으로 보는 것이 옳다.

예안리 74호묘의 대부직구호는 경주지역에서 2a기에 출토되는 형식과 같이 동체가 상하로 깊어진 변형이고, 공반된 경질의 소문단경소호도 경주지역의 2a기 형식과 같은 것이다. 예안리고분군의 I단계 토기를 경주지역의 신라조기양식토기와 비교해 보면 이와 같이 경주지역 1b기~2a기와 병행한 것을 알 수 있다.

다음으로 예안리고분군 II단계의 대표적인 고분으로는 93·104·138호묘를 들고 있는데, 이 단계에서 단각의 외절구연고배가 출현한다. 그런데 경주지역에는 존재하지 않는 노형기대를 제외하고, 이 고분들에서 나온 토기들을 경주지역의 토기와 비교하면 예안리 93호묘의 편구형 대부직구호는 경주지역 2b기의 사라리 52호묘 출토품과 같고, 두 고분에서 나온 경질의 소문단경호류, 목이 길어진 구형호류가 경주지역 2b기의 사라리 52호묘와 100호묘, 월성로 가-8호묘의 것과 같은 형식인 것이 분명하다. 그리고 예안리 93호묘에서 출토된 1점과 138호분에서 출토된 2점의 무파수노형기대도 경주지역의 신라조기양식토기 2b기 형식의 노형기대로 판단된다(최병현 2018: 127). 즉, 예안리 II단계는 경주지역 신라조기양식토기 2b기와 병행한다. 따라서 예안리 III단계부터는 신라·가야 조기가 아니라 신라 전기·가야시기의 병행기로 내려오는 것이다.

다음으로 복천동고분군의 목곽묘에 대한 종합적인 편년안은 이재현에 의해 제시되었다(부산대학교박물관 1996). 그는 『부산복천동고분군 III』의 IV. 고찰(부산대학교박물관 1996)에서 4세기대로 판단한 목곽묘들을 모두 I~VI기로 구분하였는데, I기 고분으로

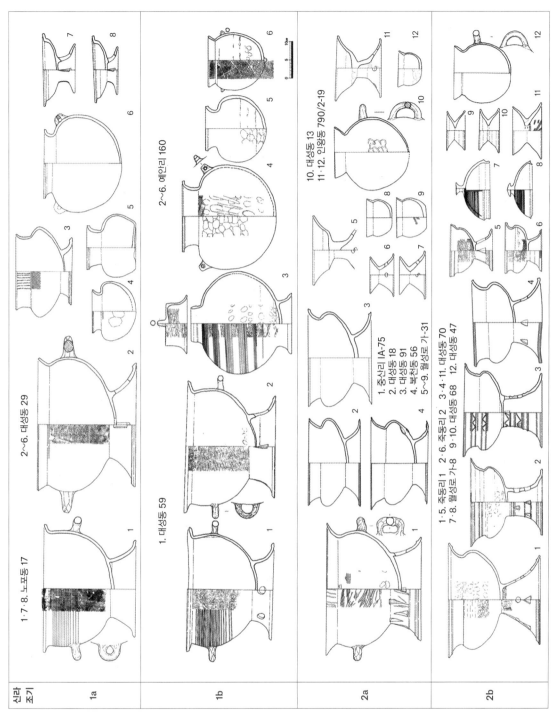

1·7·8. 노포동 17

2~6. 대성동 29

6

7

8

5

3

4

2

1

2~6. 예안리 160

1. 대성동 59

6

5

4

3

2

1

10. 대성동 13
11·12. 인왕동 790/2-19

1. 죽산리 IIA-75
2. 대성동 18
3. 대성동 91
4. 복천동 56
5~9. 월성로 가-31

11

12

10

8

9

5

6

7

3

2

4

1

1~5. 죽동리 1   2·6. 죽동리 2   3·4·11. 대성동 70
7·8. 월성로 가-8   9·10. 대성동 68   12. 대성동 47

12

9

10

11

7

8

5

6

4

3

2

1

도 2.1-28 신라·가야조기 지역 간 교류 및 교차편년 자료는 56호묘를 들고 이 목곽묘에서 출토된 노형기대 2점을 소개하였다. 그런데 그 중 한 점은 가야조기양식토기 파수부노형기대이고 다른 한 점은 신라조기양식토기 무파수노형기대 소형이다(도 2.1-28의 2a-4). 파수부노형기대는 필자의 가야조기양식토기 편년 2a기에 속하고(최병현 2018: 83), 무파수노형기대도 신라조기양식토기 2a기 형식의 소형에 가깝다.[2]

Ⅱ단계 고분으로는 38호묘와 73호묘를 들었다. 복천동 38호묘에서 출토된 토기(정징원·안재호 1987; 복천박물관 2010) 가운데 양이부구형호 중에는 경주지역에서 2a기에 나오는 것과 같이 구연부 아래에 돌대가 돌려진 것이 포함되어 있고, 머리 부분만 나온 오리형토기도 끝이 반전된 긴 부리와 큰 벼슬로 보아 경주지역의 2a기 형식과 비견된다. 직구대호도 2a기의 월성로 가-31호묘 출토품과 가깝다(최병현 2012: 125).

복천동 73호묘 출토 토기도 몇 점 소개되었는데(부산대학교박물관 1996: 도면 40), 뚜껑과 함께 나온 무파수노형기대 소형은 신라조기양식토기 2a기 형식에 속하지만, 구연부에 돌대가 돌아간 경질의 소문 직구소호와 긴 대각이 붙은 단경호는 경주지역의 신라조기양식토기 2b기 형식과 같다. 그러므로 복천동 Ⅱ단계 고분 중 73호묘는 경주지역의 신라조기양식토기 2b기로 내려온다.

다음으로 복천동 Ⅲ단계 고분으로는 57호묘와 60호묘를 들고 있다. 57호묘는 북쪽에 주곽, 남쪽에 부곽이 있는 주부곽식으로 보고하였지만, 보고서에서도 남쪽의 부곽이라고 한 것은 유물의 배치 상태로 보아 별개의 고분일 가능성이 있다고 하였다. 그런데 57호묘의 주곽에서 출토된 파수부노형기대 중에는 가야시기 1Aa기인 김해 대성동 2호묘 출토 파수부노형기대(최병현 2018b: 83~84)와 같이 기면이 문양대로 덮인 것도 포함되어 있지만, 외절구연고배들은 모두 단각이고, 파수부노형기대들의 대각도 직경이 아직 좁은 편이어서 가야조기양식토기 2b기 형식으로 볼 수 있다. 그러나 편구형 동체의 대부직구호는 돌대가 돌아간 구경부가 길어져 신라 전기·가야시기 초로 내려올 것으로 보이고, 어깨와 구경부에 삼각집선문이 돌아간 단경호도 구경부가 신라 전기·가야시기

....

2   필자의 김해지역 가야조기양식토기 편년안(최병현 2018b: 83~84)이 작성되기 이전 전고(최병현 2012: 139~142)에서는 복천동 56호묘를 신라조기양식토기 1b기와, 다음의 복천동 73호묘를 2a기와 병행하는 것으로 보았다. 그러나 김해지역 가야조기양식토기 편년안에 비추어 보아 이 고분들의 출토 토기들은 한 단계씩 뒤로 수정되어야 한다.

1Aa기인 김해 예안리 111호묘 단경호에 가까워진 것으로 판단된다(부산대학교박물관 1996: 56, 도면 6-3·1). 57호묘 부곽 출토 토기에는 장각의 통형고배와 함께 대각에 장방형 투창이 뚫린 유개식고배가 포함되어 있는데, 이와 같은 투창고배는 신라 전기·가야시기로 내려오는 것이며, 그 뚜껑도 경주지역의 신라조기양식토기 2b기인 월성로 가-8호묘 출토품(도 2.1-28의 2b-7, 8)보다도 늦은 형식이다. 따라서 57호묘 주곽과 부곽은 모두 경주지역의 신라조기양식토기 2b기보다는 늦은 것으로 판단된다.

60호묘는 주곽의 동쪽에 부곽이 있고 서쪽에도 부곽인 86호묘가 있어, 이재현은 그 소속을 두고 논란이 있는 것을 보고서에 언급하였다. 그는 86호묘는 60호묘의 부곽이 될 수 없다고 하고, 60호묘는 동쪽의 부곽과 함께 주부곽식이지만 부장유물에는 시차가 있다고 판단하여 주곽은 III단계, 부곽은 IV단계에 배치하였다. 60호묘의 주곽에서 출토된 외절구연고배와 무개고배는 모두 단각이고 파수부노형기대도 대각의 직경이 좁아 가야조기양식토기 2b기 형식이지만, 노형기대 중에는 파수가 달리지 않고 대각이 높아진 변형이 포함되어 있어, 그 시기는 좀 내려올 것으로 보인다. 부곽 출토 외절구연고배들은 모두 장각화한 것이고, 높은 대각의 편구형 대부직구호, 단면 V자형으로 목이 직선적인 장경소호(부산대학교박물관 1996: 89, 도면 37-3·4)로 보아 주곽보다 늦은 단계이다.

이상 살펴본 바와 같이 동래 복천동고분도 I~II단계는 경주지역의 신라 조기와 병행기이나 그 이하는 신라 전기로 내려오는 것으로 판단된다.

다음은 신경철의 고식도질토기 단계와 김해 대성동고분 편년안이다. 앞서 언급한 바와 같이 신경철은 여러 차례 고식도질토기 편년안을 제시하였는데, 가장 최근의 것으로는 2000년 6월에 함께 출간된 『김해대성동고분군 II』(경성대학교박물관 2000b) 맺음말 부분의 고찰과 별개의 논문(신경철 2000)이 있다. 이 중 앞의 보고서 고찰에 수록된 도면은 그보다 1년 앞서 개최된 학술대회의 발표문(신경철 1999)을 그대로 전재한 것이고, 뒤의 논문은 이보다 더 많은 자료를 복잡하게 제시한 것이지만, 내용으로 보면 보고서의 고찰에 실린 도면과 설명이 간결하게 정리되어 있다. 이에 여기서는 이 보고서의 고찰을 중심으로 살펴보도록 하겠다.

신경철은 여기서 그의 고식도질토기를 I~VI단계로 구분하였는데, 대성동고분군의 29호묘를 I단계에 두었다. 대성동 29호묘에서 출토된 노형토기(도 2.1-28의 1a-3)는 경주지역의 신라 조기 1a기 소형과 같은 형식이고, 봉상파수가 달린 노형기대(도 2.1-28의 1a-2)도 김해 예안리 160호묘의 반환형 파수부노형기대(도 2.1-28의 1b-2)보다 앞서는 형식이 분명하다. 그러므로 대성동 29호묘는 경주지역 1a기와 병행하는 것으로 판단된다.

다음으로 그는 고식도질토기 Ⅱ단계로 예안리 160호묘를 들었고, Ⅲ단계로는 대성동 13호묘와 18호묘를 들면서도 예시한 토기 도면으로는 예안리 100호묘의 것을 제시하였다. 예안리 100호묘는 93호묘의 주곽으로(토기는 주로 93호묘에서 출토)으로, 안재호는 예안리 93호묘를 예안리 Ⅱ단계로 편년하고 있지만(부산대학교박물관 1993: 239), 그 출토 토기는 경주지역의 2b기보다 앞으로 소급하기는 어려운 형식들이다.

대성동 13호묘와 18호묘의 파수부노형기대는 같은 형식인데, 18호묘에서는 무파수노형기대 소형도 1점 출토되었다(도 2.1-28의 2a-2). 이 무파수노형기대는 신라조기양식토기 2a기 형식에 속한다. 13호묘의 구연부 아래에 돌대가 돌아간 양이부구형호(경성대학교박물관 2000b: 44 도면 13-5), 18호묘의 구경부에 돌대가 돌아간 직구호(경성대학교박물관 2000b: 51, 도면 16-3)도 경주지역과 비교하면 신라조기양식토기 2a기 형식과 가깝다.[3] 그러므로 그의 고식도질토기 Ⅲ단계는 경주지역의 신라조기양식토기 2a기와 병행한다.

다음으로 신경철은 고식도질토기 Ⅳ단계로 예안리 138호묘를 들고, 대성동고분을 직접 거명하지는 않았지만 『김해대성동고분군 Ⅰ』(경성대학교박물관 2000a)에서 47호묘를 예로든 c형 목곽묘가 이 단계에 속한다고 하였다. 대성동 47호묘에서 단각의 외절구연고배와 함께 출토된 파수부노형기대들은 앞의 13호묘·18호묘의 노형기대들보다는 늦은 형식이지만, 투창 뚫린 장각의 변형 노형기대와 2단투창 유개식고배가 반출된 2호묘, 장각의 외절구연고배가 출토된 3호묘의 노형기대들보다 이른 형식이어서 경주지역 2b기와 병행한 것으로 판단된다.

이상과 같이 신경철의 고식도질토기 단계 중 Ⅰ~Ⅳ단계는 각각 경주지역의 신라조기양식토기 1a~2b기와 병행하며, 이보다 늦은 Ⅴ, Ⅵ단계에 속하는 예안리고분과 대성동 2호묘, 1호묘 등은 신라 전기·가야시기로 내려오는 것이다.

....

3   필자의 전고(최병헌 2012: 142)에서는 대성동 18호묘를 경주지역의 신라전기양식토기 1b기, 13호묘를 2a기와 병행하는 것으로 보았으나 그 후 대성동 18호묘도 2a기 병행으로 수정하였다(최병헌 2018b: 81~85).

표 2.1-7. 신라조기양식토기 지역 간 병행관계

경주지역	예안리고분군 (부산대박물관 1993)	복천동고분군 (부산대박물관 1996)	대성동고분군 (신경철 2000)	함안지역 (우지남 2000)	함안지역 (정주희 2009)	합천옥전 (조영제 1988)
신라조기 1a기: 황성동 634/1-9 덕천리 120			고식도질토기 I단계: 29호			
신라조기 1b기: 월성로 가-30	I단계: 160호		고식도질토기 II단계: (예안리160)			
신라조기 2a기: 월성로 가-29·31	I단계: 74호	I단계: 56호 II단계: 38호	고식도질토기 III단계: 13·18호	I단계: 예둔리 26호 도항리(문) 35호	I단계: 도항리(문) 35호 II단계: 예둔리 26호	I단계: 6·17·21· 25·27-A
신라조기 2b기: 월성로 가-8	II단계: 93·104·138호	II단계: 73호	고식도질토기 IV단계: (47호)	II단계: 현동 67호	III단계: 현동 67호 예둔리 48호	I단계: 27·49·52· 54·66

앞서 살펴본 낙동강 하류역의 김해 예안리고분, 동래 복천동고분, 김해 대성동고분에 대한 기존의 편년안들과 경주지역 고분의 병행관계는 〈표 2.1-7〉과 같이 정리된다. 〈표 2.1-7〉의 다른 지역에 대해서는 뒤에서 언급하겠다.

한편 대성동고분군에서는 그 후 중요 고분의 발굴이 이어졌고, 심재용은 파수부노형기대를 중심으로 대성동고분군을 모두 I~VI단계로 구분한 편년안을 제시하였다. 필자도 이상의 논의들을 참고하여 김해지역 가야조기양식토기의 편년표를 작성하였는데(최병현 2018: 83~84), 심재용의 대성동 I~III단계는 각각 필자의 경주지역 신라조기양식토기 1a기~2a기와 병행하지만, 그의 대성동 IV단계는 필자의 신라조기양식토기 2b기와 신라전기양식토기 1Aa를 합해놓은 것에 해당한다. 그러나 필자는 단각의 외절구연고배만 출토되는 단계와 장각의 외절구연고배가 공반되거나, 앞서 언급한 바와 같이 2단투창 유개식고배가 출토되는 단계는 구분되어야 한다고 본다.

뒤의 〈도 2.1-31〉의 가야조기양식토기는 필자의 김해지역 가야조기양식토기 편년표 중 노형기대와 고배 부분만 뽑은 것이다. 〈도 2.1-31〉에는 나와 있지 않은 대성동 91호묘 출토 토기는 2a기로 편년되는데, 파수부노형기대와 함께 무파수노형기대 소형 2점도 함께 출토되었다(도 2.1-28의 2a-3). 이 무파수노형기대도 신라조기양식토기 2a기 형식에 속한다.

2) 연대 고찰

신라조기양식토기와 교차편년에 활용될 수 있는 왜계토기는 일본 고분시대의 土師器系 토기인데, 신라조기양식토기 1a기, 1b기와 그 병행기의 영남지방 고분에서는 아직 土師器系 토기가 확인되지 않았고, 2a기부터 부장되었다. 경주지역의 신라조기양식토기 2a기인 월성로 가-31호묘에서는 고배, 소형기대와 소형발이 출토되었고(도 2.1-28의 2a-5~9), 이와 병행기인 김해 대성동 13호묘에서는 파수부옹이 출토되었다(도 2.1-28의 2a-10). 월성로 가-31호묘에서 출토된 것과 같은 형식의 고배와 소형발은 최근 인왕동 790/2-19호묘에서도 출토되었는데(도 2.1-28의 2a-11, 12), 신라조기양식토기 2a기 형식의 대부단경호, 편구형 대부직구호 소B 등과 공반되었다(계림문화재연구원 2019).

월성로 가-31호묘 출토 토기에 대해서는 여러 의견이 있었다(안재호 1993; 이희준 1998; 박천수 2001). 하지만 井上主稅에 의하면 월성로 가-31호묘 출토 토기 가운데 소형발은 평저 형태가 남아 있는 점에서 庄內式土器의 영향이 인정되지만 조정방법이 달라 재지화된 것이고, 소형기대도 각부에 투공이 있는 점 등 庄內式土器의 영향이 인정되지만, 전체 형태가 X자형이므로 布留 1식 이후로 보는 것이 옳다고 한다. 과거 의견이 분분하였던 고배도 대각부가 아니라 배신에 庄內式土器의 영향이 인정되지만 조정방법으로 보아 역시 재지화된 것이라고 한다. 결국 이 토기들은 庄內式土器의 영향이 인정되기는 하지만 소형기대를 근거로 할 때 布留 1식 이후이며, 재지화된 점도 고려하여 실연대로는 3세기 말~4세기 초라고 하였다. 그는 대성동 13호묘 출토 파수부옹에 대해서는 구체적으로 언급하지 않았지만, 편년표상에는 월성로 가-31호묘와 같은 단계로 두었다(井上主稅 2006: 145~151).

일본 학계의 土師器 연대관은 아직 안정되지 않아 이르게는 布留 0식을 3세기 중엽 전후, 1식을 3세기 후반, 2식을 4세기 전반으로 보는 견해(柳本照男 2004)로부터 그보다는 수십년씩 늦게 보는 견해까지 상당한 차이가 있다고 한다(후지다겐지 2011). 井上主稅가 월성로 가-31호묘 출토 土師器系 토기들의 실연대를 그와 같이 설정한 것은, 그도 밝히고 있듯이, 일본 학계의 土師器 연대관 가운데 좀 안정적으로 중간 것을 취한 것이다. 이제 이를 따르면 월성로 가-31호묘가 속한 신라조기양식토기 2a기는 3세기 말~4세기 초가 되므로, 1b기는 3세기 후엽, 1a기는 3세기 중엽으로 비정하는 것이 자연스럽다.

다음으로 2b기의 경주고분에서는 土師器系 토기가 출토되지 않았으나, 이와 병행기의 김해지역 고분 가운데에서는 여러 곳에서 출토되었다. 예안리 93호묘에서 파수부옹 1점, 대성동 47호묘에서 파수부옹(도 2.1-28의 2b-12)과 소형기대, 대성동 68호묘에서 원저옹과 소형기대(도 2.1-28의 2b-9, 10), 대성동 70호묘에서도 소형기대(도 2.1-28의 2b-11)가 출토되었다. 이 고분들은 井上主稅의 IV단계에 속하는데, 그는 이 고분들에서 출토된 土師器系 토기들은 전체적으로 재지화가 진행된 것이라 하면서 영향 관계를 구체적으로 지적하지는 않은 채, 布留 2식과 대응시키면서 그 연대를 4세기 중엽까지로 설정하였다. 그러나 井上의 IV단계 이후 연대는 다분히 영남지방 연구자들의 고식도질토기 단계와 그 연대관을 의식하여 늦추어 잡은 것으로 판단된다. 그의 연대관을 따르더라도 그의 IV단계 중 이른 단계와 병행하는 신라조기양식토기 2b기는 4세기 전엽이 되는 것이 자연스럽다.[4]

한편 고식도질토기, 즉 신라조기양식토기의 편년과 관련하여 경주 월성로 가-29호묘 출토 倭系 石釧이 문제가 된다(신경철 2000: 39). 이 石釧은 일본에서는 4세기 전반으로 올라가는 형식이나 다른 석제품들과 함께 4세기 말까지도 부장된다고 한다(北條芳隆 2002). 그런데 월성로 가-29호묘는 신라 조기 2a기에 속하지만, 조사 전에 이미 유구 내부가 파괴·교란되어 일부 유물이 혼입되었을 가능성이 있음은 앞서 이미 언급하였다. 그러므로 출토맥락이 확실하지 않은 이 석천을 편년자료로 사용하는 것은 부적절하다는 점을 밝혀둔다.

다음으로 갑주를 살펴볼 차례인데, 경주지역의 신라 조기고분 가운데에서는 2a기

---

4 井上主稅는 안재호의 예안리고분군 편년과 이재현의 복천동고분군 편년을 조정하여 자신의 영남지방 고분군 편년 단계로 I단계-대성동 29호, II단계-예안리 I단계(160호와 복천동 I기), III단계-복천동 II기(38호)와 대성동 18호, IV단계-복천동 III·IV기(57호)와 예안리 II·III단계 및 대성동 47호(이하는 생략함) 등을 제시하고, II·III단계가 布留 1시기로 II단계는 3세기 말, III단계는 4세기 초라고 하였다(井上主稅 2006: 148). 이에 따라 대성동 29호가 속한 I단계는 3세기 3/4분기, 대성동 47호가 속한 IV단계는 布留 2식기로 4세기 중엽, 대성동 2호묘가 속한 V단계는 布留 3식기로 4세기 후엽, 대성동 1호와 복천동 31·32호가 속한 IV단계는 4세기 말~5세기 초로 편년하고 있다. 그의 이와 같은 편년 가운데 IV단계 이후는 영남지방 연구자들의 낙동강 하류역 고분 연대관을 의식한 것으로 보인다.
그 후 안재호는 다시 倭系 石釧이 나온 월성로 가-29호묘 출토 유물의 공반관계를 검토해보지 않은 채 월성로 가-29호묘를 4세기 후엽으로 편년하면서 월성로 가-31호묘의 연대를 4세기 중엽 혹은 2/4분기라고 하였고(안재호·이양수 2011), 조성원은 연대 근거는 밝히지 않고 대성동 13호묘 출토 파수부옹을 4세기 2/4분기로 하였으나(조성원 2016: 32), 모두 낙동강 하류역 고분에 대한 특정 연대관을 바탕으로 한 것이다.

의 구정동 3호묘, 중산리 IA-75호묘, 그리고 이와 병행기인 동래 복천동 38호묘에서 종장판 판갑이 출토되었다. 이 판갑들의 연대는 같은 연구자도 논문의 발표 시점에 따라 미세한 진폭이 있기는 하지만(장경숙 1999; 이현주 2008; 2010a; 2010b), 대체로 4세기 초라는 데 일치되고 있으므로 본고에서 별도의 고찰을 필요로 하지는 않는다.

경주지역의 신라 조기고분에서는 이보다 한 단계 앞서는 1b기의 중산리 IA-100호묘에서 만곡종장판주, 구어리 1호묘에서 頸甲이 출토되었고(도 2.1-29의 1b), 김해지역에서는 신라조기양식토기 2a기 병행기인 대성동 18호묘에서 만곡종장판주가 출토되었다(도 2.1-29의 2a-1). 두 고분의 만곡종장판주를 신라 전기로 내려오는 중산리 IB-1호묘의 만곡종장판주와 비교해 보면 복발이 점차 높아지는 것을 알 수 있는데, 중산리 IA-100호묘의 복발이 대성동 18호묘의 복발보다 낮아 상대적으로 앞서는 것임을 알 수 있다. 중산리 IA-100호묘 만곡종장판주는 4세기 초(장경숙 1999: 80), 4세기 1/4분기(이현주 2008), 대성동 18호묘 만곡종장판주는 4세기 2/4분기(이현주 2010: 54; 2010b: 354)로 편년하고 있다.

하지만 토기 형식으로 보면 신라와 가야의 조기고분에서 만곡종장판주는 판갑에 비해 분명히 한 단계 앞서는 1b기에 출현하였다. 吉林 楡樹 老河深유적(吉林省文物考古硏究所 1987)에서는 西漢 말·東漢 초로 편년되는 중층의 M56, M67, M97호묘에서 이미 만곡종장판주, 종장판주가 모두 출토되었다. 일찍이 송계현이 영남지방에서 철제갑주의 출현은 단조무기의 발달 및 삼한사회의 전반적인 변화와 함께 3세기 후엽~4세기 초의 변화라고 하였던 지적(송계현 1988: 64)을 상기하면 영남지방에서 만곡종장판주의 출현 시기를 3세기대로 올려보아도 별 무리가 없다는 점만 지적해 둔다.

다음으로는 경주지역에서 신라조기양식토기와 공반한 마구들에 대해서 검토해보기로 하겠다. 1a기인 중산리 IC-3호묘에서는 완전 S자형의 鑣 1쌍이 출토되었다(도 2.1-29의 1a-1). 이와 같은 S자형 표는 의기화하여 원삼국 후기 말에 극단적으로 변한 것으로, 똑같은 것이 원삼국 후기 2b기인 황성동 강변로 1호묘에서 출토되었다. 중산리 IC-3호묘에서 재갈쇠[銜]는 출토되지 않았으나, 이 표는 원삼국시기 영남지방에서 일반적인 철봉을 꼬아 만든 재갈쇠와 결합되어 있었을 것이다.

2a기인 황성동 575-20호묘에서는 실용적인 재갈이 출토되었는데(도 2.1-29의 2a-2), 3줄꼬기 기법의 재갈쇠에 2줄식 引手가 걸려 있는 것이다. 그런데 이 인수는 한 줄의 철

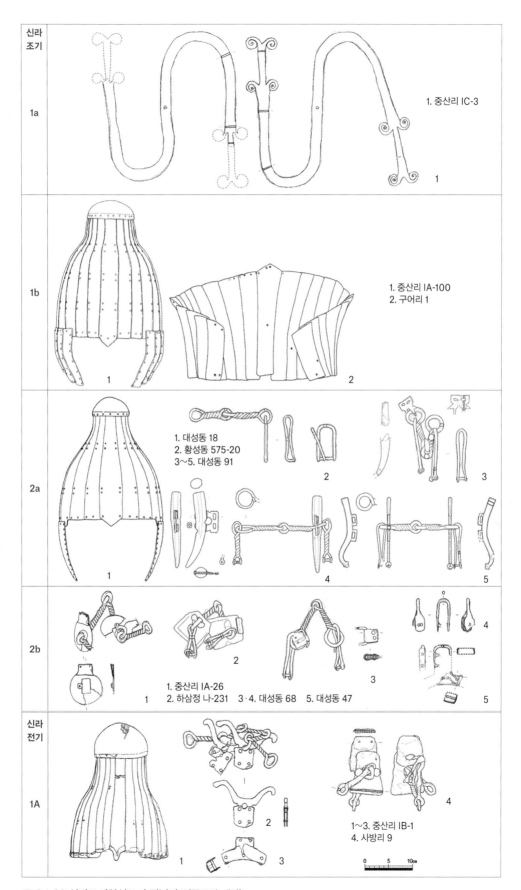

신라
조기

1a

1b

2a

2b

신라
전기

1A

1. 중산리 IC-3

1. 중산리 IA-100
2. 구어리 1

1. 대성동 18
2. 황성동 575-20
3~5. 대성동 91

1. 중산리 IA-26
2. 하삼정 나-231   3·4. 대성동 68   5. 대성동 47

1~3. 중산리 IB-1
4. 사방리 9

0   5   10㎝

도 2.1-29 신라조기양식토기 편년자료(투구와 재갈)

봉을 구부려 한쪽 끝을 반대쪽 끝의 측면에 꽂은 것으로, 이와 같이 꼰 재갈쇠에 측면꽂기 2줄식 인수가 결합된 재갈은 중부지방의 백제고분인 오산 수청동 5-5지점 38호묘에서 출토된 바 있으나(경기문화재연구원 2012), 영남지방의 다른 유적에서는 아직 유례가 없는 것 같다. 그러나 재갈쇠의 3줄(또는 2줄)꼬기 기법은 원삼국시기 이래 영남지방의 재갈에서 기본적인 것이므로(諫早直人 2005), 여기서 중요한 것은 측면꽂기 2줄식 인수의 유래라고 할 수 있다.

그런데 재갈쇠는 꼬지 않았지만 그와 같은 측면꽂기 2줄식 인수가 결합된 재갈은 중부지방의 마한-백제고분인 충주 금릉동 78-1호묘, 청주 봉명동 C-31호묘, 고구려 유적으로는 集安 萬寶汀 242-1호분, 자성군 서해리 2-1호분에서 출토되었으며, 멀리는 吉林 楡樹 老河深 56호묘에서 출토되어 넓은 분포를 보인다(諫早直人 2007; 성정용 외 2009). 그 연대도 楡樹 老河深 56호묘는 서력기원 전후, 서해리 2-1호분은 4세기 전반으로, 萬寶汀 242-1호분은 서해리고분보다 앞으로 비정되고(諫早直人 2007), 충주 금릉동 78-1호묘는 3세기 중엽, 청주 봉명동 C-31호묘는 4세기 전반으로 편년하고 있어(성정용 2009) 연대폭이 크다.

그 중 서해리 2-1호분의 연대는 재갈과 공반된「步搖附菊形飾金具」, 즉 운주가 戊戌(338)년명 와당이 출토된 禹山下 992호분, 丁巳(357)년명 와당이 출토된 禹山下 3319호분의 운주와 유사하다고 보아 설정된 것으로, 4세기 전반을 크게 벗어나지는 않을 것 같다고 하였다(諫早直人 2007: 22). 己丑(329)년명 와당이 출토된 서대총의 운주를 가장 앞에 놓은 이희준의 운주 형식조열(이희준 2006: 91) 가운데 두 고분을 지목하였지만, 서해리 2-1호분의 운주는 두 고분의 운주보다 오히려 앞의 형식으로 보인다. 앞서 황성동 575-20호묘가 속한 신라조기양식토기 2a기는 그 연대가 3세기 말~4세기 초로 비정되었는데, 여러 유적의 재갈 연대로 보아도 크게 무리는 아니라는 것을 알 수 있다.

다음으로 토기 형식으로는 역시 신라조기양식토기 2a기인 구어리 16호묘에서도 꼬아 만든 재갈쇠에 2줄식의 긴 삽자루형 인수가 달린 재갈이 출토된 것으로 보고되었다(영남문화재연구원 2011). 그런데 이 재갈은 보고서에서 "인수는 남아 있지 않고 함만 잔존하고 있다" 하고 출토상태와 유물 사진에도 함만 보이는데, 실측도면에는 긴 인수가 걸려 있어 일관성이 의심된다. 따라서 이 재갈을 편년자료로 삼을 수는 없다.

신라조기양식토기 2b기인 중산리 IA-26호묘와 하삼정 나-231호묘에서는 경판부

재갈이 출토되었다. 중산리 IA-26호묘에서 출토된 경판부재갈의 재갈쇠와 인수는 3줄 꼬기로 만들었고, 원형에 가까운 경판의 중앙에 상하로 긴 장방형 구멍을 뚫고 횡방향 의 衡留金具를 부착하였으며, 경판의 상부에는 굴레를 끼워 박도록 한 立聞金具가 있다 (도 2.1-29의 2b-1). 이와 유사한 것은 김해 대성동 2호묘에서 출토된 재갈인데, 재갈쇠와 인수의 제작기법과 형태는 같으나 함류는 가운데 원공에 X자형 함류금구를 부착한 환 판인 것이 다르다. 대성동 41호묘에서 출토된 경판부재갈은 모든 부분이 같으나, 입문 금구의 형태가 다르다. 대성동 41호묘의 토기 형식은 알 수 없지만, 대성동 2호묘 출토 토기는 신라 조기가 아니라 신라 전기·가야시기 1Aa기에 해당한다.

류창환(2012: 140~163)은 대성동 2호묘의 재갈을 4세기 3/4분기, 대성동 41호묘와 중산리 IA-26호묘의 재갈을 4세기 4/4분기로, 諫早直人(2012: 135~155)은 대성동 2호묘 의 재갈을 그의 낙동강 하류역 마구 I단계 후반(4세기 중엽~후엽), 대성동 41호묘 재갈 을 II단계(4세기 말~5세기 초)로 편년하고 있다.

하삼정 나-231호묘 출토 재갈의 재갈쇠는 2줄꼬기로 만들었고, 사다리꼴 경판에 횡방향의 衡留金具를 부착하였으며 경판 상부에는 立聞金具가 떨어져나간 흔적이 있 다. 인수는 2줄식의 짧은 삽자루형이다(도 2.1-29의 2b-2). 짧은 삽자루형 인수는 하삼정 나-231호묘보다 1단계 이른 가야조기양식토기 2a기의 대성동 91호묘에서 출토된 입 문식 표비에서 사용된 예가 있으며(도 2.1-29의 2a-3~5),[5] 하삼정 나-231호묘와 병행기 인 가야조기양식토기 2b기의 대성동 68호묘(대성동고분박물관 2011)에서도 삽자루 인수 의 입문식 표비가 출토되었다(도 2.1-29의 2b-3). 사다리꼴 경판은 경주 사방리 9호묘, 복 천동 54호묘와 95호묘 출토 재갈에 사용되었으나, 경주 사방리 9호묘의 토기는 신라전 기양식토기 1Aa기로 편년되고, 복천동 54호묘와 95호묘도 모두 신라 전기·가야시기로

....

5 　대성동 91호 목곽묘는 매우 심하게 도굴되어 묘광 내부의 함몰토는 전체가 뒤섞여져 있었다고 하며, 도굴의 피해가 심하지 않은 동쪽 단벽 쪽에서 삽자루 인수의 표비 외에도 ＋자형 각부운주, 패각운주, 각종 결속금 구 등 청동·금동제의 마구 장식들과 함께 球形의 馬鈴, 반구형 받침이 달린 마령(笠形鈴) 등 여러 종류의 장 식마구가 출토되었다고 한다. 그 중 笠形鈴은 중국 동북지방의 선비계 무덤 여러 곳에서도 출토되어 형식분 류를 통해 연대비정 자료로도 활용되고 있는데, 대성동 91호묘 笠形鈴은 심재용의 분류와 형식조열에 따르 면 효민둔묘나 원대자벽화묘의 笠形鈴보다 이른 형식이지만(심재용 2013: 108~115), 이현우의 분류에 의하 면 효민둔묘, 원대자벽화묘보다 더 늦은 것이 된다(이현우 2016: 159~161). 이에 여기서는 검토 대상에서 제외하였다.

내려오는 것이어서, 하삼정 나-231호묘보다 늦다.

하삼정 나-231호묘의 재갈에 대해 직접 언급한 연구는 아직 없는 것으로 보인다. 그러나 앞서 말한 것처럼 지금까지의 마구 연구자들은 영남지방에서 경판의 출현을 4세기 후반 이후로 본다. 최근 포항 남성리고분군 출토 마구를 검토한 이현정도 대성동 91호묘의 재갈 등 신라·가야지역에서 삽자루 인수의 표비는 4세기 초 내지 전반부터이나, 경판비는 4세기 후반 이후로 편년하였다(이현정 2000). 그러나 중산리 IA-26호묘와 하삼정 나-231호묘의 토기 형식은 신라 전기·가야시기 1Aa기인 경주 사방리 9호묘와 대성동 2호묘보다 1단계 앞이어서, 현재로서는 이들이 영남지방에서 출토된 최고의 경판비이다.

한편 諫早直人은 한반도 남부지방의 재갈에 쓰인 경판 중 타원형 경판은 중국 동북지방에 계보를 두고 있지만, 사다리꼴이나 말각방형 경판은 한반도 남부의 독특한 형태로 그 소재인 철정의 형태에서 유래하였을 것이라고 하였다. 사다리꼴 경판의 출현 시기는 타원형 경판보다 늦다고 하면서 부산 복천동 54호묘의 철정과 사다리꼴 경판비의 예를 제시하였다(諫早直人 2012: 148). 부산 복천동 54호묘는, 통형고배들과 함께 장각의 무개식고배, 변형의 무파수노형기대 등이 출토된 것으로 보아(복천박물관 2009: 78~81), 신라 전기 이후로 내려오는 고분인데, 諫早直人의 주장에는 한반도 남부지방에서 철정은 4세기 후반 이후의 고분에서 부장되는 유물이라는 의미가 내포되어 있는 것으로 보인다.

그런데 잘 알려져 있는 바와 같이 영남지방에서는 원삼국 전기부터 판상철부가 부장되었고(최병현 2018: 94~101), 철정은 신라 전기고분에서 널리 부장된 유물이다. 하지만 철정은 신라 조기고분에서부터 부장되기 시작하였다(최병현 2015: 154). 예컨대 신라 조기양식토기 1a기인 중산리 IC-3호묘와 1b기인 ID-15호묘에서는 한쪽에 날이 있는 대형의 판상철부가 부장되었지만(창원대학교 박물관 2006), 1b기인 중산동 63호묘에서는 소형 철정이, 2a기의 67호묘에서는 대형 철정이 부장되었다(울산문화재연구원 2011). 대형 철정은 2a기인 월성로 가-29호묘에서도 출토되었다(국립경주박물관 1991).

신라 조기의 고분군 가운데 현재까지 월성북고분군의 월성로고분과 중산리고분군에서만 철정이 출토된 점이 유의된다. 사로국 후기부터 조영되기 시작한 월성북고분군은 신라 조기 경주지역의 중심고분군이었고, 경주의 동남부지구에 위치한 중산리(동)고분군은 신라 조기에는 경주지역에서 월성북고분군 다음으로 위계가 높은 고분군이었다(최병현 2015). 철정의 부장이 고분군의 위계와 관련되어 있지 않았을까 판단된다.

김해 대성동고분군에서도 가야조기양식토기 2a기의 95호묘와 2b기의 70호묘에서는 판상철부 형태이지만 날이 없는 대형 철정이 출토되었다(대성동고분박물관 2015). 또 2b기의 대성동 94호묘에서는 대형 철정이 묘곽의 바닥 반쪽에 깔려 나왔다(대성동고분박물관 2016). 하여튼 이러한 사례들로 보아 철정의 출현 시기를 전제로 하여 한반도 남부지방에서 사다리꼴 경판의 출현 시기가 반드시 4세기 후반 이후로 내려온다고 단정할 수는 없다.

동아시아에서 재갈에 경판을 사용하기 시작한 것은 중국 동북지방의 선비계 三燕文化에서부터이며, 北票 喇嘛洞 ⅡM202호묘에서는 재갈쇠와 인수 형태는 알 수 없지만 함류공이 상하로 길게 뚫린 3엽형의 경판이 출토되었고, 安陽 孝民屯 154호묘, 朝陽의 袁台子壁畵墓, 三合成墓, 十二台鄕磚廠 88M1호묘에서는 경판의 가운데에 횡방향의 함류금구를 부착시킨 타원형 또는 3엽형 경판부재갈이 출토되었다(遼寧省文物考古硏究所 2002; 田立坤 2006; 2010).

諫早直人은 경판부재갈을 비롯한 장식마구는 마구가 부장되지 않은 錦州 李廆墓(324년)와 安陽 孝民屯 154호묘, 朝陽 袁台子壁畵墓 사이에 발생하였을 것이라고 하였다(諫早直人 2012: 48). 田立坤에 의해 안양 효민둔 154호묘의 연대는 서기 352년 이후 하한 370년, 조양 원대자벽화묘의 연대는 太和 원년(366) 가능성도 있으나 永和 10년(356)으로 고정되었고(田立坤 1991; 2002), 학계에서는 이 연대에 대해 이의 없이 받아들이고 있다(최병현 2014: 5). 諫早直人은 마구가 부장되지 않은 李廆墓의 연대를 장식마구 발생의 상한으로 보고 있지만, 마구가 부장되지 않았다고 하여 당시에 장식마구가 발생되어 있지 않았다고 단정할 수는 없다. 마구 자체가 부장되지 않은 李廆墓를 두고 장식마구 발생의 상한이라고 하는 것도 논리적으로 비약이다.

경판부재갈 등 장식마구가 출토되는 선비계 삼연문화묘 중 라마동 ⅡM101호묘와 ⅡM202호묘에서는 등자가 공반되지 않았고, 안양 효민둔 154호묘, 조양의 원대자벽화묘, 삼합성묘 등에서는 장병등자가 공반되었다. 안교와 경판부재갈이 출토되었지만 등자가 공반되지 않은 무덤과 장병등자를 공반한 무덤은 시차가 있었을 것으로 보인다.[6] 중국 동북지방에서 장병등자의 출현 시기는 현재로서는 4세기 중엽이다. 중국의 田立坤

은 라마동 三燕文化墓의 연대가 3세기 말부터 4세기 중엽까지라고 하였다(田立坤 2006; 2010).

신라조기양식토기 2b기의 연대와 관련하여 김해 대성동 68호묘에서 삽자루형 인수의 표비와 함께 나온 등자 관련 철기, 대성동 47호묘에서 출토된 등자에 대해서도 언급해 두겠다. 대성동 68호묘에서는 목제 안교 전후륜의 내연금구에 박았던 것으로 보이는 못들과 함께 표비와 고리쇠 한 짝이 나왔다(도 2.1-29의 2b-3, 4). 이 고리쇠는 목등자의 병부 상단에 박아 등자의 현수공으로 쓰인 것으로 추정되며, 복천동 21·22호묘 출토 목심등자 가운데 병부의 현수공이 고리쇠로 되어 있는 등자보다 선행한 것으로 판단되고 있다(대성동고분박물관 2011: 113~119). 대성동 47호묘 출토 등자는 목등자의 병부와 윤부 경계부를 철판으로 보강하고 현수공은 역시 철고리로 되어 있는 것이다(도 2.1-29의 2b-5).

대성동 68호묘의 고리쇠가 등자의 현수공이라면, 이와 대성동 47호묘 등자는 현재까지 영남지방에서 나온 최고의 등자 자료들이다. 지금까지는 신라 전기·가야시기 1Ab기로 편년되는 중산리 IB-1호묘, 경주 사라리 65호묘, 월성북고분군의 쪽샘 C10호묘와 대성동 1호묘, 57호묘 등자가 가장 오래된 것으로 판단하였다(최병현 2014b).

그런데 대성동 68호묘와 47호묘에서 출토된 등자 관련 철기는 모두 외짝으로 출토된 점이 유의된다. 앞에 언급한 신라 전기 1Ab기 고분 중에서도 중산리 IB-1호묘의 등자 역시 외짝이었고, 그 외 고분의 등자들은 모두 쌍으로 출토되었다. 여기서 상기되는 것이 서기 302년인 중국 長沙 金盆嶺 21호 西晉墓 陶俑의 單鐙子, 서기 322년의 南京 象山 7호 東晉墓 도용의 쌍등자이다. 이 도용등자들은 등자의 실물은 아니지만 단병등자를 표현한 것이 분명하고, 중국 남부에서 단병등자의 발생과 단등자에서 쌍등자로의 진행을 말해주는 것이다. 신라와 가야지역에서 신라조기양식토기 2b기와 그 병행기의 단등자 출현과 그 후 쌍등자로의 발전은 한반도 남부지방에서의 등자 진행이 약간의 시차

....

6   라마동 ⅡM101호묘에서는 진식과대의 교구와 대단금구가 출토되었다. 藤井康隆는 이 대장식구를 요서지역에서 진식대장식구의 모방품이 전개된 三燕의 대장식구 4기에 두고, 喇嘛洞 ⅡM101호묘 출토 용문투조 안교가 倭의 譽田丸山古墳 출토 안교와 유사한 점을 들어 그 연대를 5세기 전엽으로 비정한 바 있다(藤井康隆 2003: 957). 그러나 그 후 라마동 ⅡM101호묘의 대장식구를 三燕의 대장식구 2기로 올리고 그 연대도 4세기 전엽~중반으로 올렸다(藤井康隆 2014: 119).

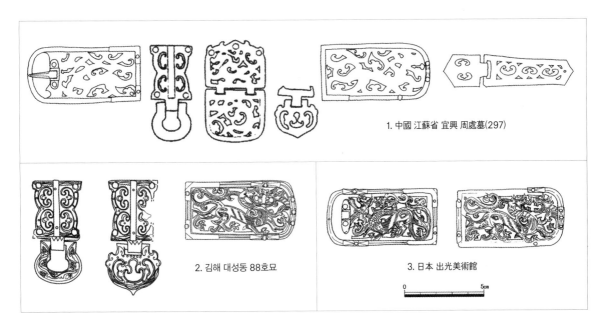

도 2.1-30 김해 대성동 88호묘 출토 晉式 대장식구와 관련 자료

가 있을 뿐 중국 남부에서와 똑같이 이루어졌음을 말해주는 것에 다름 아니다. 한편 중부지방에서도 쌍등자에 앞서 단등자가 출토되는 유적이 늘어나고 있다(권도희 2020).

한반도 남부지방의 이 단등자나 초기 쌍등자들도 단병등자로, 현수공이나 병부와 윤부의 경계부 등 목심의 취약부 극히 일부만 철판으로 보강하였던 것이며, 점차 철판 보강 부위를 늘려갔다. 이와 같이 중국 남부와 한반도 남부에서 일찍이 사용된 등자들은 短柄의 목(심)등자였으며, 그 후 북중국에서 4세기 중엽경에 출현한, 목심 전면에 금속판을 씌운 선비계의 장병등자가 4세기 후엽에 도입되었던 것으로 판단된다(최병현 2021a·b).

신라조기양식토기 2b기의 연대와 관련하여 김해 대성동 88호묘에서 출토된 晉式 대장식구(도 2.1-30의 2)에 대해서도 언급해 두겠다. 대성동 88호묘에서는 신라조기양식토기 2a기 형식의 무파수노형기대 소형도 함께 출토되었지만, 이와 공반된 노형기대의 대각부(대성동고분박물관 2015: 63)는 가야조기양식토기 2b기 형식의 파수부노형기대 대각부였을 것으로 판단된다. 대성동 88호묘에서 이 토기들과 함께 마제형 수하식과 심엽형 수하식이 달린 과판, 투조문 대단금구 등 晉式 과대의 대장식구가 출토된 것이다.

심재용은 藤井康隆(2002)의 晉式 대장식구 편년을 인용하여, 김해 대성동 88호묘의 진식 대장식구가 藤井康隆의 진식 대장식구 편년 2단계(4세기 중엽)에 해당한다고 보아 4세기 3/4분기이며 전세는 거의 없다고 하였다(심재용 2013: 115~117). 하지만 김해 대성동 88호묘 진식 대장식구의 대단금구 雙虎文은 藤井康隆이 문양구성 B1계열로 분류한 일본 出光美術館 소장 대장식구의 대단금구 투조문(도 2.1-30의 3)과 똑같다. 藤井康隆은 일본 出光美術館 소장 대장식구를 문양구성 A계열인 중국 江蘇省 宜興 周處墓(297) 대장식구(도 2.1-30의 1)와 함께 진식 대장식구 제1단계로 편년하고 있으며, 그 연대는 4세기 1/4분기이지만, 1단계의 最古期는 周處墓의 西晉 元康 7년보다 더 올라갈 것이라고 하였다(藤井康隆 2014: 109~110). 최근 김도영도 김해 대성동 88호묘의 진식 대장식구를 일본 出光美術館 대장식구와 함께 그의 중원식 대장식구 2단계에 배치하고, 그 연대는 300~320년이라고 하고 있다(김도영 2020: 47~50).

이상 신라조기양식토기의 연대 비정과 관련된 갑주와 마구 자료들을 살펴보았는데, 이를 종합해 보면 2a기에 해당하는 자료들의 연대는 앞서 경주 월성로 가-31호묘 출토 土師器系 토기로 비정한 연대와 거의 차이가 없다. 그러나 그 다음 단계인 2b기의 연대나 그와 관련된 자료들의 연대는 대개 4세기 중엽 이후로 내려삽고 있는 것을 알 수 있다. 여기에는 신라조기양식토기 2a기인 월성로 가-29호묘의 연대를 이 고분에서 출토되었다는 倭系 石釧으로 비정하거나, 또는 이른바 서기 415년의 북연 풍소불묘 등자가 세계 최고 등자라는 '풍소불묘 최고 등자설'과 이에 기반하여 제창된 광개토대왕의 서기 400년 '고구려군 남정영향설'(최병현 2014b)에 따라 경주 황남동 109호분-3·4곽과 동래 복천동 21·22호묘 등의 연대를 5세기 초로 고정시킨 신라·가야고분의 연대관에 맞추기 위해 그 앞 시기 4세기대 고분의 연대를 끌어내려 잡는 경향이 작용하고 있음을 알 수 있다.

그러나 월성로 가-29호묘에서 출토되었다는 유물들은 상하로 중복된 전후 두 시기 고분의 것으로, 倭系 石釧은 긴 대각의 대부양이호와 함께 늦은 시기의 것이며, 그것이 신라조기양식토기 2a기 형식인 노형기대 등 이 고분 출토 토기에 대한 연대 비정의 근거가 될 수 없음은 앞서 이미 살펴보았다. 그리고 서기 400년 '고구려군 남정영향설'과 그 바탕이 된 북연 '풍소불묘 최고등자설'은 당초부터 입론이 성립되지 않는 것임을 필자는 여러 차례 밝힌 바 있다(최병현 2014b: 2021a·b). 이에 필자는 앞서 土師器系 토기의 검토를 통해 제시한 신라조기양식토기 각 분기의 연대, 즉 1a기: 3세기 중엽, 1b기: 3세기 후엽, 2a기: 3세기 말~4세기 초, 2b기: 4세기 전엽이 타당하다고 본다.

신라조기양식토기의 전개

1. 경주지역의 신라조기양식토기와 김해지역의 가야조기양식토기 분립(도 2.1-31)

영남지방의 원삼국 전기 목관묘에는 조합우각형파수부호, 주머니호로 대표되는 고식와질토기가 부장되었고, 원삼국 후기의 목곽묘에는 대부장경호와 노형토기로 대표되는 신식와질토기가 부장되었다. 원삼국 전·후기의 목관묘·목곽묘에 와질토기가 부장된 지역은 영남지방 전체가 아니라 대체로 대구 이남, 진주-합천 삼가 이동에 해당한다. 이 지역은 원삼국시기 와질토기 문화권이다.

원삼국시기 영남지방의 고식·신식 와질토기는 지역적인 차이가 거의 없었다. 토기기종도 공통되고, 그 변화 과정에도 큰 차이가 없었다. 차이라면 경주지역에는 존재하지 않은 외반구연고배와 타날문직구호가 김해지역의 원삼국 후기 목곽묘에서부터 부장되기 시작하여 가야 조기로 이어진 정도일 것으로 판단된다(최병현 2018b: 125). 이와 같이 차이가 거의 없거나 있어도 아주 미미하였으므로, 고식·신식의 와질토기는 원삼국 전·후기 영남지방 공통의 토기양식이라고 할 수 있다.

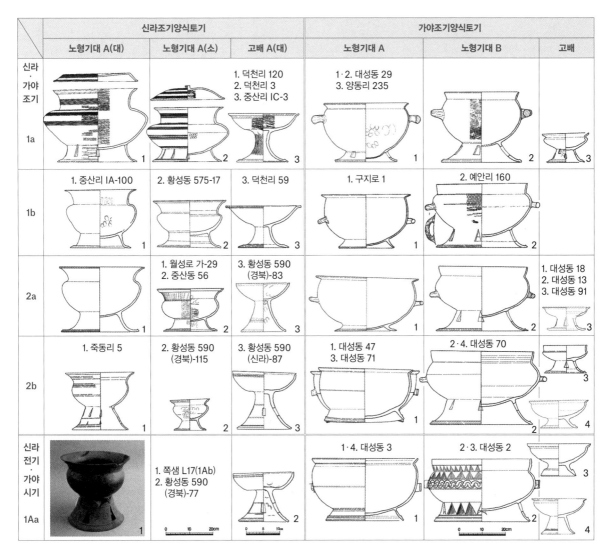

신라조기양식토기			가야조기양식토기		
노형기대 A(대)	노형기대 A(소)	고배 A(대)	노형기대 A	노형기대 B	고배

신라·가야 조기 1a

노형기대 A(대) 1

노형기대 A(소) 2

고배 A(대)
1. 덕천리 120
2. 덕천리 3
3. 중산리 IC-3
3

노형기대 A
1·2. 대성동 29
3. 양동리 235
1

노형기대 B
2

고배
3

신라·가야 조기 1b

1. 중산리 IA-100
1

2. 황성동 575-17
2

3. 덕천리 59
3

1. 구지로 1
1

2. 예안리 160
2

신라·가야 조기 2a

1

1. 월성로 가-29
2. 중산동 56
2

3. 황성동 590 (경북)-83
3

1

2

1. 대성동 18
2. 대성동 13
3. 대성동 91
3

신라·가야 조기 2b

1. 죽동리 5
1

2. 황성동 590 (경북)-115
2

3. 황성동 590 (신라)-87
3

1. 대성동 47
3. 대성동 71
1

2·4. 대성동 70
2

3

4

신라 전기·가야 시기 1Aa

1

1. 쪽샘 L17(1Ab)
2. 황성동 590 (경북)-77
2

1·4. 대성동 3
1

2·3. 대성동 2
2

3

4

도 2.1-31 신라조기양식토기와 가야조기양식토기의 전개

그런데 앞서 살펴온 바와 같이 서기 3세기 중엽경 경주지역의 토기는 원삼국 후기의 신식와질토기로부터 새로운 양식의 토기로 전환되었다. 필자는 이 새로운 양식의 토기를 신라조기양식토기로 규정하였다. 경주지역에서 신라조기양식토기가 성립할 무렵 김해지역에서도 새로운 토기양식이 성립하였다. 필자는 이를 가야조기양식토기라고 규정하였다. 신라조기양식토기와 가야조기양식토기의 성립은 거의 동시적이었을 것으로 판단된다(최병현 2012).

신라조기양식토기는 아직 원삼국 후기 이래의 대부장경호가 일부 잔존하고, 노형토기가 더욱 발달하고, 경주식의 고배가 사용되는 가운데, 원삼국 후기의 신식와질토기와는 차별화된 대부직구호와 편구형대부직구호가 여러 아기종으로 분화하여 번성하기 시작한 것이 특징이었다. 또 이와 함께 노형토기로부터 노형기대와 대부단경호가 파생되었으며, 목곽묘에 여러 종류의 경질토기 대형호류가 본격적으로 부장되기 시작하였다. 또 시기가 좀 지나면 각종의 경질 소문단경호류, 신라전기양식토기 장경호로 발전해가는 각종 구형호류가 출현하였고, 역시 신라전기양식토기로 이어지는 각종 컵형토기가 발생하였다. 특히 주목되는 것은 통형·발형의 기대와 복합토기, 오리형토기이다. 기대와 복합토기는 새로운 제의체계의 확립과 관련될 것이며, 오리형토기는 수장의 권위를 상징하는 유물로 평가되고 있다.

김해지역에서 가야조기양식토기 성립의 지표가 되는 것은 파수부노형기대의 출현이다. 김해지역에서 파수부노형기대는 경주지역의 신라조기양식토기 1a기 병행기인 대성동 29호묘, 양동리 15호묘에서부터 부장되었고, 그 형식의 변화가 다양하여 가야조기양식토기 편년의 기준이 된다. 가야조기양식토기에는 원삼국 후기 이래의 노형토기, 타날문 원저단경호, 타날문 원저직구호도 잔존하였지만, 양이부원저단경호를 비롯하여 무문의 각종 원저호가 다수 존재하였다(최병현 2018: 33~34).

이와 같이 원삼국 후기의 신식와질토기가 사용되고 있었던 영남지방 가운데 경주지역에서는 신라조기양식토기가, 김해지역에서는 가야조기양식토기가 거의 동시에 성립되었지만, 두 지역의 토기 사이에는 기종의 차이가 현저하였다. 원삼국 후기 이래의 노형토기, 타날문 원저단경호는 공통으로 존재하였고, 무문 또는 타날문의 대·소 원저호류와 컵형토기 중에도 두 지역 사이에 공통적인 기종들이 있었다. 그러나 경주지역 신라조기양식토기의 각종 대부직구호와 편구형대부직구호, 대부단경호는 김해지역의 가야조기양식토기에는 존재하지 않았다. 또한 경주지역의 통형·발형기대나 복합토기, 오리형토기와 같은 특수 용도의 토기는 김해지역의 가야조기양식토기에는 존재하지 않았다. 대성동 2호묘에서 통형기대, 3호묘에서 발형기대화 해가는 변형의 노형기대가 출토되었지만, 이들은 가야조기양식토기가 아니라 경주지역의 신라전기양식토기와 병행하는 김해지역의 가야양식토기 1Aa기의 토기들이다(최병현 2018: 33~37). 그러므로 김해지역의 가야조기양식토기는 노형기대와 각종 원저호류 중심이었다.

그런데 두 지역에 모두 존재하였지만 양식을 달리한 기종들이 있었다. 그 대표적인 것이 노형기대와 고배류이다. 경주지역의 신라조기양식토기 노형기대는 무파수노형기대로, 김해지역의 가야조기양식토기 노형기대는 파수부노형기대로 대비된다. 현재까지의 자료로 보아 경주지역에서 노형기대가 노형토기로부터 완전히 벗어나 형태를 갖춘 것은 신라조기양식토기 1b기였지만, 그 이후에도 출토 수가 미미하며, 형식 변화도 단조로웠다. 이에 비해 김해지역에서는 가야조기양식토기 1a기부터 노형토기와는 완전히 차별화된 노형기대들이 출현하였고, 대성동 70호묘에서 30개체 이상이 출토된 것에서 보듯이, 한 고분에도 다수가 부장되었으며, 이에 따라 아기종의 분화와 형식의 변화도 다양하였다.

경주지역과 김해지역의 이러한 노형기대 부장 양상의 차이는, 경주지역의 신라 조기 중심고분군이 아직 발굴조사되지 않아, 비교 대상이 김해지역은 최고 위계의 중심고분군, 경주지역은 하위 위계의 주변 고분군이기 때문일 수도 있다. 그러나 묘곽의 일부씩이 조사되기는 하였지만 월성로고분의 대형 목곽묘들에서도 노형기대는 가-29호묘의 1례밖에 출토되지 않은 점으로 보아 앞으로 경주 월성북고분군에서 신라 조기 목곽묘들이 본격적으로 조사되어도 노형기대의 다수 출토를 기대하기는 어려울 것으로 보인다. 그것은, 뒤에서 언급되겠지만, 신라 전기·가야시기에도 경주지역 고분의 발형기대 부장은 미미하지만, 김해지역 고분에서는 발형기대가 대거 부장되는 양상과도 관련이 있을 것이다.

경주지역과 김해지역 사이의 이와 같은 차이는 두 지역의 제의체계 차이에서 기인되었을 것으로 판단된다. 경주지역의 신라조기양식토기 중에서는 연질로 소성된 각종 대부직구호와 편구형 대부직구호도 실용적인 것은 아니며, 제의용이고 권위적인 복합토기와 통형·발형기대가 발달한 것이 김해지역의 노형기대 번성과 대비되기 때문이다.

고배도 경주지역의 신라조기양식토기와 김해지역의 가야조기양식토기에 모두 존재하였지만, 그 양식이 달랐다. 경주지역에서는 원삼국 후기의 신식와질토기에서 발생한 고배가 이어져 신라조기양식토기에서 다양한 기종으로 분화되었다. 앞서 언급한 것처럼 신라조기양식토기 2a기에 경주지역에서는 대·소 고배에 모종의 큰 변화가 있었던 것으로 보이는데, 현재까지의 자료는 모두 주변 고분군에서 출토된 것이어서. 그 변화의 실상이 무엇이었는지 잘 알 수 없다. 특히 중심고분군에 부장된 고배가 어떤 것이었으며, 그 변화 과정은 어떠하였는지 알 수 없다.

김해지역에서는 원삼국 후기에 출현한 것으로 보이는 외반구연고배가 가야조기양식토기에서도 이어졌다. 현재 가야조기양식토기 1b기의 것은 찾아지지 않지만, 대성동 91호묘의 묘곽 내 서쪽 유물군과 도굴갱에서는 그 대·소형이 나와(대성동고분군박물관 2015: 143~144), 외반구연고배가 가야조기양식토기 2a기까지 이어진 것을 알 수 있다. 그 후 2b기에는 구연부가 직립한 무개식고배와 구연부가 꺾여 외반하는 외절구연고배가 출현하여 신라전기양식토기 병행기의 가야양식토기로 이어졌다.

이와 같이 신라조기양식토기와 가야조기양식토기에는 각각의 고배가 존재하였는데, 이와 함께 신라·가야조기의 영남지방에서는 통형고배가 존재하였다. 앞서 살펴본 경주지역의 신라조기양식토기 고배와 김해지역의 가야조기양식토기 고배는 강한 지역성을 띠고 있는 데 비해, 통형고배는 영남지방의 거의 전체에 걸쳐 넓게 분포하였다. 여기서는 그 발생지 문제에 대해 언급해 두어야겠다.

종래 우리 학계에서는 통형고배의 중심지를 함안지역으로 보아, 일반적으로 통형고배를 이른바 '고식도질토기 함안양식'의 대표적인 기종 중의 하나로 보아왔다. 이에 통형고배가 함안지역으로부터 영남 각 지역으로 퍼져나간 것으로 이해되었다. 그러나 함안지역의 유적조사에서는 현재까지 발생기의 통형고배가 출토된 바 없고, 대체로 2b기 병행기 이후로 편년되는 통형고배가 출토되고 있을 뿐이다.

그런데 앞의 〈도 2.1-8〉에서 살펴본 신라조기양식토기 고배 B1, B2의 1a기 형식은 각각 배신과 대각의 형태가 발생기 통형고배의 모습을 보여준다. 〈도 2.1-32〉에서 보는 바와 같이 고배 B1은 마산 현동 67호묘의 통형고배와 같은 형식으로 발전해갔을 것이며, 고배 B2는 옥전 6호묘 고배를 거쳐 신라조기양식토기 2b기의 황성동 590(경북)-67호묘 고배, 신라 전기 1Aa기의 인왕동 C군 5호 통형고배로 발전해갔을 것이다. 이와 같이 발생기의 통형고배는 함안지역이 아니라 오히려 분명히 경주지역에 존재하였다.

그런데 경주지역에서 신라조기양식토기 B1, B2형 고배의 이후 형식은, 앞의 〈도 2.1-8〉과 〈도 2.1-24의 2a-4〉에서 보는 바와 같이, 그 대각이 통형을 유지해 간 것이 아니라 오히려 원삼국 후기 이래의 A형 고배를 닮아갔다. 그러면서도 경주지역에서는 여러 형식의 늦은 시기 통형고배들이 출토되고 있다(도 2.1-32). 대체로 신라조기양식토기 2b기 이후의 형식들이지만 무개식인 통형고배 A와 B1, B2,유개식인 통형고배 C가 모두 출토되었다. 그런데 발생기와 이들의 사이를 이어주는 중간 형식의 통형고배들이 경주지역에서는 아직 출토되지 않고 있는 것이다.

	통형고배 A	통형고배 B		통형고배 C
		조기 B1	조기 B2	
신라 조기 1a		1	2	1. 덕전리 56 2. 덕전리 45
1b				
2a	1. 옥전 25 1	2	2·3. 옥전 6 2	3
2b	1. 죽동리 1 2. 현동 67 3. 황오동 385 1	3	4·6. 옥전 54 5. 황성동 590(경북)-67 5	6
신라 전기 1Aa		4 1	1. 황성동 590(경북)-122 2. 인왕동 C군-5 3. 황성동 590(경북)-57 2	0 5 10cm 3

도 2.1-32 **신라 조기의 통형고배(각지 출토)**

그러면 왜 이런 현상이 일어났을까? 여기서 신라조기양식토기 1a기의 B1형, B2형 고배가 출토된 유적이 경주지역의 중심고분군인 월성북고분군이 아니라 주변지구 고분군인 덕천리고분군인 점, 그리고 그 이후 대각이 A형 고배를 닮아간 고배들이 출토된 유적도 주변지구 고분군들인 점이 유의된다. 즉 경주지역에서 통형고배의 중심은 주변지구 고분군이 아니라 중심고분군이었을 가능성이 점쳐진다. 중심고분군에서 발생한 통형고배가 일부 주변지구 고분군으로 전해졌지만, 통형고배가 선호되지 않은 주변지구 고분군에서는 그것이 더 이상 통형고배 자체로서 발전해간 것이 아니라 오히려 재래의 고배를 닮아가는 변화 과정을 거친 것이라 이해된다.

한편 합천 옥전고분군에서는 〈도 2.1-32〉에서 보듯이 신라조기양식토기 2a기에 해당하는 여러 형태의 통형고배 중간 형식이 출토된 바 있다. 또 합천 옥전고분군에서는 통형고배뿐만 아니라 경주지역에서는 아직 출토된 바 없는 신라전기양식토기 나팔각고배의 조형들도 함께 출토되었다. 이는 대단히 유의되는 현상이지만, 그것이 통형고배의 발생지나 그 중심지가 합천 옥전지역이라는 것, 신라전기양식토기 나팔각고배도 그 조형이 합천 옥전지역에서 경주지역으로 역류되어 왔다는 것을 의미하지는 않는다고 판단된다. 오히려 신라 조기에 경주지역에서 발생한 통형고배와 나팔각고배가 지방으로 퍼져나갔으나, 경주지역에서는 신라 조기의 중심고분군이 본격 조사되지 않아 그 실상이 아직 드러나지 않고 있는 것으로 이해되어야 한다고 생각된다.

이에 필자는 합천 옥전고분군의 신라조기양식토기 고배들을 통해 경주지역 중심고분군의 고배와 그 변화 과정을 이해할 수 있다고 한 바 있다(최병현 2012: 151~154). 합천 옥전고분군에서 유독 그와 같이 통형고배의 중간 형식과 신라전기양식토기 나팔각고배의 조형이 집중 출토되고 있는 데에는 신라 조기의 지방지배와 관련하여 경주의 신라 중심세력과 합천 옥전고분군 세력의 정치적 결속 관계가 내재되어 있었을 것이다.

늦은 형식의 통형고배는 이제 영남지방 전체에서 출토되는 양상으로 변화되고 있다. 그런데 그 발생기 형식은 경주지역에서만 볼 수 있을 뿐이고, 그 중간 형식은 합천 옥전고분군에 존재하였다. 영남지방의 통형고배 분포는, 그것이 경주지역에서 발생하여 영남 일원으로 퍼져나간 것으로 보아야 이해가 된다.

이상과 같이 경주지역의 신라조기양식토기와 김해지역의 가야조기양식토기 사이에는 기종의 차이가 있었고, 또 노형기대, 고배와 같이 양 지역에 모두 존재하였지만 양식을 달리한 기종들도 있었다. 이는 경주지역의 신라조기양식토기와 김해지역의 가야조기양식토기가 모두 원삼국 후기 영남지방의 신식와질토기라는 공통의 기반에서 성립하였지만, 처음부터 서로 방향을 달리하여 분화되었음을 의미한다. 이후의 전개 과정에서도 상호 교류는 있었지만, 신라와 가야의 조기 말까지 이들은 각자 따로 발전해 갔다.

김해 대성동고분군에서는 양이부원저단경호가 1a기의 29호묘에서부터 출토되고,

무문의 대소 원저호가 대개 경(도)질토기라는 점을 들어, 양이부원저단경호가 영남지방에서 경(도)질토기 발생의 지표이며, 김해지역이 경(도)질토기의 성립 중심지라는 주장이 있다(신경철 2012). 그러나 경주지역에서는 아직 신라 조기의 중심고분군이 본격 발굴조사되지 않았지만, 묘곽의 일부씩이 조사된 월성로고분에서는 신라조기양식토기 1b기부터 다수의 경(도)질토기들이 출토되었고, 그 하위 위계의 황성동고분군에서도 1a기부터 경(도)질 소성된 대호가 출토된 것을 앞서 살펴보았다(앞의 도 2.1-1 참조).

김해지역이 가야조기양식토기의 발상지이고, 대성동고분군은 김해지역의 중심고분군이므로, 이곳에서 경(도)질토기가 다수 출토되는 것은 당연하지만, 양이부원저단경호가 경(도)질토기 발생의 지표이고 김해지역이 경(도)질토기 성립의 중심지라는 주장은 사실이 아니다. 경(도)질토기 대호와 소형의 양이부원저단경호가 같은 차원에서 비교될 수는 없다. 앞으로 경주지역의 중심고분군인 월성북고분군의 신라 조기고분이 본격적으로 발굴되면 그 실상이 어떨지 짐작이 된다.

경주지역에서 성립한 신라조기양식토기와 김해지역에서 성립한 가야조기양식토기는 곧 주변 지역으로 퍼져 나갔다. 그런데 앞서 살펴본 두 지역 사이의 토기 기종과 양식의 차이는 신라와 가야 조기에 영남지방 각지에서 전개된 토기들의 계보를 확인할 수 있는 근거가 된다. 가야조기양식토기는 낙동강 건너편의 부산지역까지를 그 분포권으로 하였으나 그 밖으로 넓게 퍼져 나가지는 못하였다. 이에 비해 신라조기양식토기는 경주 인접 지역을 시작으로 낙동강 이동지방을 넘어 낙동강 이서지방으로까지 전개되어 나갔다. 그 전개 과정에는 지리적인 위치에 따라 시차가 있었다. 이에 아래에서는 신라조기양식토기의 대표적인 기종들을 중심으로 영남지방에서 신라조기양식토기가 전개되어 나가는 과정을 지리적인 위치에 따라 살펴보기로 하겠다.

2. 신라조기양식토기의 지방 전개

1) 지방의 신라조기양식토기

(1) 낙동강 이동 지방

① 경주 인접 지역(도 2.1-33)

경주에서 동해로 나가는 포항지역에서는 경주와 거의 동시에 신라조기양식토기가 전개되기 시작하였다(도 2.1-33의 1). 포항 옥성리 가-31호묘에서는 대부장경호와 함께 아직 납작한 뚜껑이 덮인 1a기의 유문 대부직구호가 출토되었다(국립경주박물관 2000). 옥성리 나-108호묘에서는 머리 부분만 남은 오리형토기가 원삼국 후기 2b기 형식에 가까운 고배와 함께 출토되었다(영남매장문화재연구원 1998). 이들은 경주와 거의 시차 없이 포항지역에서도 신라조기양식토기가 시작된 것을 말해순다.

남성리 II-23호묘에서는 1b기의 복합토기가 출토되었고, 1b기 형식의 옥성리 나-39호묘 무문 대부직구호(영남매장문화재연구원 1998), 남성리 II-2호묘의 편구형 대부직구호 소형(세종문화재연구원 2019)과 공반된 노형기대는 구경부가 짧아 아직 노형토기에서 완전히 이탈하지 못한 모습이다. 포항지역에서는 다음 단계인 2a기의 옥성리 나-45호묘, 마산리 4호묘(한국문화재보호재단 2013)에서 노형토기로부터 완전히 이탈된 무파수노형기대 A가 출토되었다. 마산리 석재충전목곽묘의 노형기대 동체는 경주지역 노형기대 B의 2a기 형식과 같은데, 학천리 36호묘의 노형기대 동체는 그보다 좀 더 깊어진 것이다. 포항지역의 노형기대 A는 2b기의 옥성리 나-17호묘 노형기대를 지나면서 대각의 형태가 경주지역과는 다른 모습으로 변해갔고, 학천리 36호묘의 노형기대 B도 대각과 동체가 경주지역과는 다른 모습으로 변한 것이다.

또 남성리 II-2호묘, 옥성리 49호묘(성림문화재연구원 2012), 옥성리 나-45호묘의 소형 대부호들은 편구형 대부직구호 소형이 지방 변형으로 성립되어 가는 과정을 보여준다. 고배도 신라 조기 말 또는 신라 전기 초에는 통형고배로 바뀌었지만(경상북도문화재

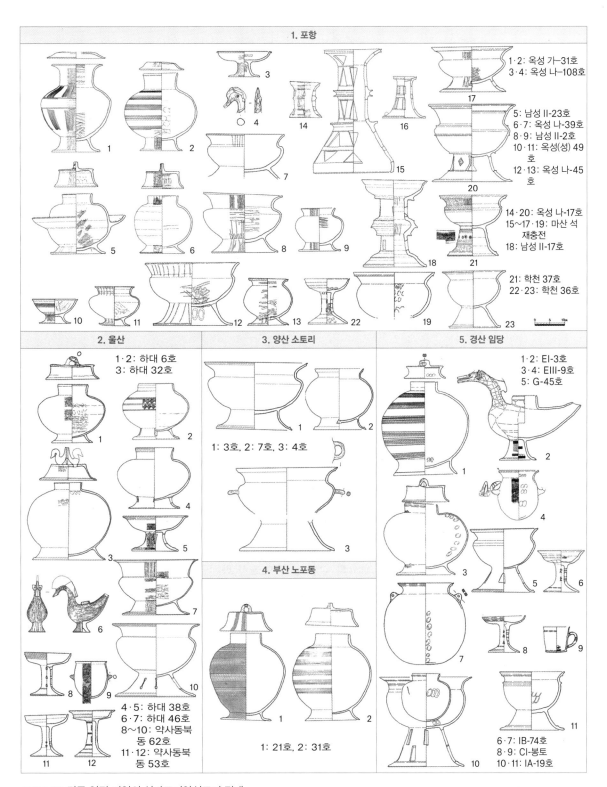

도 2.1-33 경주 인접 지역의 신라조기양식토기 전개

1. 포항

1·2: 옥성 가–31호
3·4: 옥성 나–108호

5: 남성 II-23호
6·7: 옥성 나-39호
8·9: 남성 II-2호
10·11: 옥성(성) 49호
12·13: 옥성 나-45호

14·20: 옥성 나-17호
15~17·19: 마산 석재충전
18: 남성 II-17호

21: 학천 37호
22·23: 학천 36호

2. 울산

1·2: 하대 6호
3: 하대 32호

4·5: 하대 38호
6·7: 하대 46호
8~10: 약사동북동 62호
11·12: 약사동북동 53호

3. 양산 소토리

1: 3호, 2: 7호, 3: 4호

4. 부산 노포동

1: 21호, 2: 31호

5. 경산 임당

1·2: EI-3호
3·4: EIII-9호
5: G-45호

6·7: IB-74호
8·9: CI-봉토
10·11: IA-19호

연구원 2002), 신라 조기의 이른 시기에는 원삼국 후기형의 고배가 존재하여 2a기에는 옥성리(성림) 49호묘의 고배와 같은 지방형으로 변화되었다.

마산리 석재충전목곽묘의 통형기대 대형은 아직 경주에서는 출토되지 않은 형식이지만, 남성리 II-17호묘 통형기대는 경주 황성동유적에서 출토된 것과 같다.

포항지역에서는 이와 같이 유문, 무문의 대부직구호, 편구형 대부직구호 소형, 오리형토기, 노형기대뿐만 아니라 복합토기, 대소 통형기대 등 경주 이외 지역에서 가장 다양하게 신라조기양식토기가 전개되었다. 그리고 시기가 내려오며 노형기대, 소형 대부호와 고배가 지역성을 띠어간 것이 확인된다.

다음은 울산지역으로, 태화강 이북의 중산리유적, 다운동유적, 하삼정유적 등은 현재 울산광역시에 속하지만 원삼국 전기부터 사로국의 범위 안에 들어 있었으므로(최병현 2018a), 이 유적들의 출토 토기는 앞의 경주지역 토기에 포함하였다. 이에 여기서 고찰의 대상은 태화강 이남 지역인데, 하대유적 등을 통해 울산지역의 신라조기양식토기 전개를 살필 수 있다(도 2.1-33의 2). 하대 6호묘에서 출토된 편구형 대부직구호 대·소형은 현재의 부산광역시 경계에 가까운 하대유적에서도 1a기부터 신라조기양식토기가 전개된 것을 보여준다(부산대학교박물관 1997). 유문 대부직구호와 복합토기의 출토는 아직 확인되지 않았지만, 1b기의 무문 대부직구호와 편구형 대부직구호 소형, 오리형토기는 이 토기들의 변화 과정이 경주와 같았음을 보여주며, 하대 46호묘의 1b기 노형기대와 약사동북동 62호묘의 2b기 노형기대(울산문화재연구원 2013)를 통해, 울산지역에서 무파수노형기대도 경주지역에서와 같은 방향으로 변화된 것을 알 수 있다. 또 하대 38호묘의 고배, 약사동북동 62호묘와 53호묘의 고배는 울산지역에서도 신라조기양식토기 이른 시기에는 원삼국 후기형의 고배가 존재하였으나 늦은 시기에는 통형고배로 바뀐 것을 보여준다. 울산 양동유적에서도 24호묘에서 2b기의 경질 단경호들이 출토되었다(부산대학교박물관 1985).

경주 남쪽 양산지역에서 신라조기양식토기의 전개(도 2.1-33의 3)는 소토리유적을 통해 알 수 있는데(경남문화재연구원 2005), 현재는 소토리 7호묘 출토 편구형대부직구호 소형, 3호묘 출토 무파수노형기대가 신라조기양식토기 2a기 형식으로 가장 빠르다. 소토리 4호묘에서는 반환형 파수가 붙은 노형기대가 출토되었는데, 그 동체 형태는 신라조기양식이다. 이와 같은 파수부노형기대는 신라조기양식토기 무파수노형기대에 김해지역 파수부노형기대의 파수가 채용된 것으로, 뒤에서 살펴볼 창원지역 노형기대의 특징이며, 경주 황성동고분군에서도 출토된 예가 있다.

한편 부산지역에서는 양산과 가까운 노포동유적 21호묘와 31호묘(부산대학교 박물관 1988)에서 신라조기양식토기 1a기의 대부직구호가 출토되었다(도 2.1-33의 4). 노포동 21호묘 출토 대부직구호는 신라조기양식토기 1a기, 31호묘 출토 대부직구호는 1b기로 편년된다. 노포동유적에서는 이 토기들이 부장되기 전과 후에 김해식의 외반구연고배가 다수 존재하여, 이 지역이 원래는 문화적으로 경주보다 김해지역과 가까웠던 것을 알 수 있는데, 경주지역에서 발생한 신라조기양식토기가 1a기에 이미 진출하고 있는 것이 유의된다. 이 점은 뒤에서 살펴볼 동래 복천동유적과 관련해서도 주목된다. 또한 양산지역에서 현재까지 확인된 유적은 신라조기양식토기 2a기부터이지만, 노포동 유적으로 보아 양산지역에도 신라조기양식토기 1a기의 유적이 존재하였을 것으로 짐작된다. 부산 노포동은 경주에서 양산지역을 통과하여 내려오는 곳이기 때문이다.

다음은 영남 내륙으로 들어가는 경산지역으로(도 2.1-33의 5), 현재로서는 신라조기양식토기 1b기로 편년되는 조영 EI-3호묘와 EIII-9호묘 출토 토기가 가장 빠르다(영남대학교박물관 1994). 경산지역에서는 유문, 무문의 대부직구호와 함께 오리형토기가 존재하였다. 이른 시기의 노형기대는 알 수 없지만, 신라조기양식토기 2b기의 임당 G-45호묘(영남문화재연구원 2001)와 신라전기양식토기 초의 조영 IA-19호묘 노형기대(영남대학교박물관 1991)를 통해 경산지역에서도 경주에서와 같이 무파수노형기대가 전개된 것을 알 수 있다. 그리고 신라조기양식토기 늦은 단계부터는 통형고배가 전개되어(영남대학교박물관 1998; 1999), 임당 저습지유적(영남문화재연구원 2008)에서는 많은 통형고배가 출토되었다(뒤의 도 2.1-37 참조).

한편 신라조기양식토기의 특징적인 기종들이 아직 발굴되지 않아 사례를 제시하지 않았지만, 원삼국 전기의 목관묘부터 존재한 영천 금노동유적에서도 신라조기양식토기가 부장된 이른 시기의 목곽묘도 축조된 것으로 보인다(계림문화재연구원 2015; 최병현 2018b: 101). 영천지역은 경주의 북쪽에 접해 있고, 포항과 경산의 사이에 위치하므로 일찍부터 신라조기양식토기가 전개되었을 것으로 판단된다.

이상에서 살펴본 바와 같이 경주 인근의 포항과 태화강 이남의 울산지역에서는 신라조기양식토기가 1a기부터, 경산지역에서는 그보다 한 단계 늦게 1b기부터 전개되었다. 이 지역들에서는 일찍부터 무파수노형기대, 늦은 시기에는 통형기대가 전개되었지만, 모두 유문, 무문의 대부직구호와 편구형 대부직구호, 그리고 오리형토기가 존재한 것이 뒤에 살펴볼 원거리 지역들과 관련하여 주목된다. 특히 포항지역에서는 복합토기와 대·소 통형기대가 부장된 것도 유의되는 점이다.

② 낙동강 연안 지역(도 2.1-34)

대구지역에서는 가천동유적(영남문화재연구원 2004), 서변동유적(영남문화재연구원 2001), 비산동유적(영남대학교박물관 2002; 경북대학교박물관 2003), 팔달동유적(영남문화재연구원 2015)에서 신라조기양식토기의 전개 과정을 살필 수 있다(도 2.1-34의 1). 그 중 비산동 4호 토광묘에서 출토된 동체 상부가 결실된 대부호는 직경이 좁고 낮은 대족으로 보아 1b기를 더 내려가지는 않는 무문 대부직구호 소형으로 판단되고, 2호 토광묘 출토 단경소호도 좁은 구경부와 넓은 어깨로 보아 경주지역의 1b기 형식과 같다. 서변동 21호묘에서 노형토기들과 공반된, 동체 상부가 결실된 대부호도 대족의 직경이 좁아 1b기 형식의 무문 대부직구호로 판단된다. 이들로 보아 대구지역에서 신라조기양식토기는 1b기부터 시작되었을 가능성이 있으나, 그 외는 대개 신라조기양식토기 2a기 이후로 편년되는 토기들이 출토되었다.

대구지역에서 유문 대부직구호는 찾을 수 없으나, 무문 대부직구호는 이상과 같이 확인되고, 구연부가 파손된 서변동 3호묘 무문 원저호도 원저직구호로 변한 무문 대부직구호의 2b기 형식이다. 편구형 대부직구호도 가천동 3-2호묘, 비산동 5호 토광묘의 2a기 형식에서 서변동 124호묘 형식을 거쳐 2b기의 서변동 65호묘 출토 대부직구호로 변화된 것을 볼 수 있다.

무파수노형기대는 대구지역에서 신라조기양식토기 2a기부터 전개된 것으로 보인다. 가천동유적에서는 두 유형의 노형기대가 존재하여, 가천동 3-20호묘의 노형기대는 얕은 동체에서 구경부가 길게 뻗고 긴 대각이 곡선적으로 벌어지는 형식이고, 가천동 3-2호묘의 노형기대는 깊은 동체에서 구경부가 짧게 뻗고 대각이 직선적으로 벌어지는 형식으로 차이가 있다. 하지만 두 노형기대 모두 동체의 형태는 경주지역의 2a기 형식을 벗어나지 않는 것이다. 가천동 3-20호묘 기대는 3-10호묘의 기대로, 3-2호묘 기대는

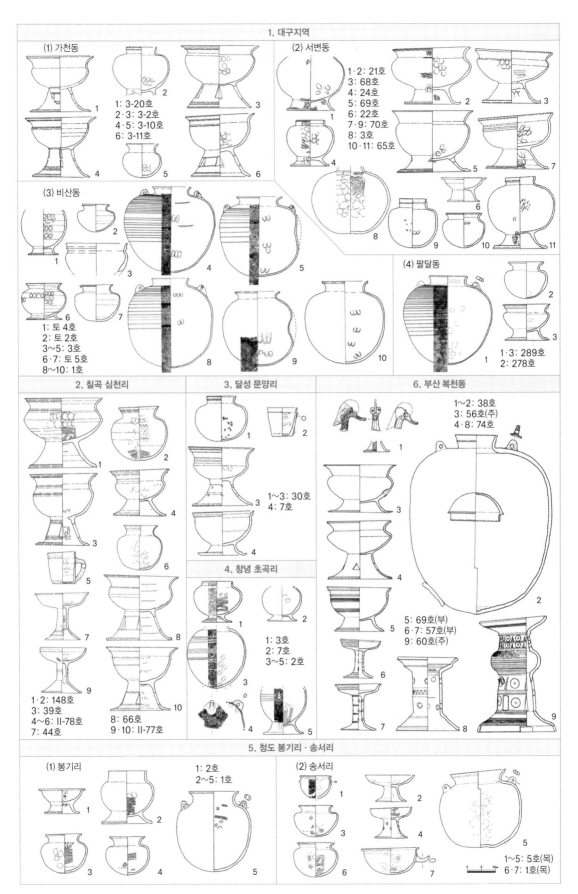

도 2.1-34 낙동강 이동 연안 지역의 신라조기양식토기 전개

3-11호묘 기대로 변화되었을 것이다. 서변동유적의 무파수노형기대는 노형토기에서 크게 달라지지 않은 형태로 2a기의 서변동 69호묘 노형기대가 가장 이른 형식이다. 구연부 밑에 돌대가 돌아간 비산동 3호 목곽묘의 노형기대 동체, 팔달동 289호묘의 노형기대 소형도 노형토기에서 크게 달라지지 않은 2a기 형식으로 분류된다.

　서변동 22호묘의 소형고배는 경주지역의 신라조기양식토기 고배 A 소형의 2a기 형식과 유사하다. 2a기의 비산동 5호 토광묘와 2b기의 서변동 65호묘 단경소호는 직경이 넓어진 구경부에서 변화된 모습을 보이고, 서변동 70호묘의 직구소호는 단면 사각형으로 변한 동체에서 시기가 내려오는 것을 알 수 있다. 비산동 1호묘와 3호묘의 대형 단경호들 중에서는 어깨가 넓은 편구형의 단경호가 포함되어 있지만 소문단경호가 포함되지 않은 3호묘가 상대적으로 이른 것으로 판단된다. 두 목곽묘에서 모두 동체 중단이 찌그러진 타날문단경호가 출토된 것이 유의된다. 대구지역에서는 이와 같이 각종의 대·소 호류와 함께 신라조기양식토기의 특징적인 기종들이 전개되었다.

　다음 대구와 접한 곳으로 칠곡 심천리유적(경상북도문화재연구원 2004; 2013)과 달성 문양리유적(영남문화재연구원 2003)에서 신라조기양식토기가 전개되었다. 심천리유적(도 2.1-34의 2)에서도 두 계열의 무파수노형기대가 존재하여 2a기의 148호묘 노형기대는 2b기의 39호묘 노형기대로, 2b기의 II-78호묘 노형기대는 66호묘 기대를 거쳐 신라 전기 초의 II-77호묘 기대로 변화되었을 것으로 판단된다. 148호묘 기대보다는 II-78호묘 기대의 동체 형태가 경주지역의 무파수노형기대 2a기 형식에 가깝지만, 공반한 구형호 중에는 경부가 길어지고 곡선적으로 외반한 II-78호묘 구형호가 늦은 형식이다. 심천리유적에서는 2b기부터 통형고배가 부장되기 시작하였다.

　달성 문양리유적의 신라조기양식토기도 2a기부터로 편년되는데(도 2.1-34의 3), 30호묘 출토 장각형의 무파수노형기대는 공반된 직구소호, 컵형토기로 보아 신라 조기 2b기를 더 내려오지는 않을 것으로 판단된다. 7호묘 출토 대부발형토기는 경주지역 노형기대 B에서 변화된 신라전기양식토기 초기의 형식이다.

　다음은 창녕지역으로 여초리 토기요지군에 대해서는 뒤에서 언급하기로 하고, 여기서는 초곡리유적(한국문화재재단 2019) 목곽묘 출토 토기들에 대해서 살펴보겠다(도 2.1-34의 4). 심하게 파괴된 목곽묘가 소수 발굴조사되었는데, 3호묘와 7호묘에서 출토된 대부호는 신라조기양식토기 편구형 대부직구호 소B와 같은 기종으로 판단된다. 낮고 좁은 대족으로 보아 2a기 이하로 내려오지는 않을 것으로 보인다. 2호묘에서는 구경부가 결실된 난형호, 이부토기편, 상부가 결실된 대부호 등 성격을 잘 알 수 없는 격자문 타날 토기들이 출토되었다.

하지만 신라조기양식토기 1b기 형식의 무문 대부직구호가 출토된 포항 옥성리 나-39호묘에서 격자문 타날 난형호 동체(영남매장문화재연구원 1998), 마산리 2호 목곽묘에서 격자문 타날 양이부호 동체편(한국문화재보호재단 2013)이 출토되었고, 양산 소토리 5호묘에서는 동체 상부에 횡침선이 조밀하게 돌아간 격자문 타날 양이부난형호가 신라조기양식토기 타날문단경호와 함께 출토된 바 있다(경남문화재연구원 2005). 기형이 똑같지는 않지만 초곡리 2호묘의 타날문난형호와 타날문 이부토기편도 이들과 유사한 신라조기양식토기의 소수 기종일 것으로 판단된다. 상부가 결실된 격자문 타날 대부호도 흔치 않은 기종이지만, 유사한 격자문 타날 대부호가 신라조기양식토기 2b기 병행기의 김해 대성동 88호묘에서 출토된 바 있어(대성동고분박물관 2015), 이 역시 신라 또는 가야조기양식토기의 소수 기종일 것으로 판단된다.

다음 청도지역에서는 봉기리유적의 주거지, 송서리유적의 목곽묘에서 신라조기양식토기가 출토되었다(도 2.1-34의 5). 노형기대는 출토되지 않았지만, 봉기리 2호 주거지 출토 고배는 앞의 대구 서변동 22호묘 고배와 똑같고, 봉기리 1호 주거지 출토 대부직구호도 대각의 형태로 보아 2a기 편구형 대부직구호의 변형으로 보인다. 송서리 5호 목곽묘의 고배 2점은 대각 직경에 차이가 있지만, 배신의 구연단이 꺾이지 않은 것으로 보아 경주지역 고배 A(소) 2b기 형식에 가깝다. 봉기리유적과 송서리유적에서 공반된 단경소호 중에는 어깨가 강조된 고식도 포함되어 있지만, 양이부구형호와 함께 대개 2a기 이후로 편년될 것이다.

앞서 보았듯이 부산 노포동유적에서는 신라조기양식토기 1a기부터 대부직구호가 부장되고 있었지만, 그 남쪽의 복천동유적(도 2.1-34의 6)에서는 38호묘에서 2a기 형식의 대형 직구호와 공반된 오리형토기편(복천박물관 2010), 56호묘에서 출토된 2a기 형식의 소형 무파수노형기대(부산대학교박물관 1996: 91)가 가장 이른 시기의 신라조기양식토기로 보인다. 이후 2b기 형식의 무파수노형기대, 신라전기양식토기 초로 내려와서는 노형기대 B의 변화형인 대부발형토기도 출토되었고, 57호묘 부곽에서는 다수의 통형고배가 출토되기도 하였다(부산대학교박물관 1996). 또 복천동유적에서는 통형기대의 출토례가 많은 편인데(복천박물관 2009), 통형기대가 경주지역에서는 신라조기양식토기 1b기부터 발달해간 반면 김해지역에서는 신라전기양식토기 병행기인 가야양식토기 1Aa기의 대성동 2호묘 출토 통형기대가 가장 이른 것이어서(최병현 2018b: 84), 복천동유적의 통형기대들도 신라조기양식토기에 속하는 것으로 판단된다. 복천동 60호묘의 원통부 중상단이 구형을 이룬 통형기대는 경주 황성동유적과 포항 남성리 II-17호묘에서 출토된 신라조기양식토기 2a기 형식에서 변화된 것이 분명하다.

그러나 복천동 38호묘에서도 가야조기양식토기 파수부노형기대가 공반되었으며, 복천동유적에서 신라조기양식토기는 가야조기양식토기에 비해 열세였다. 그와 같은 양상은 신라전기양식토기 초기까지도 이어졌다.

이상에서 살펴본 낙동강 연안지역의 신라조기양식토기 전개를 종합해 보면, 우선 신라조기양식토기의 개시가 포항, 울산, 경산 등 경주 인근 지역보다 늦은 것을 알 수 있다. 대구 비산동유적과 서변동유적에서는 경산지역에서와 같이 신라조기양식토기가 1b기부터 시작되었을 가능성이 있지만, 그 외 유적들에서는 대개 2a기부터 시작된 것으로 보인다. 다음으로 기종 또한 제한적이었음을 알 수 있다. 앞서는 신라조기양식토기의 기종 중 각종의 대·소 호류보다는 가야조기양식토기와 쉽게 변별되는 기종들을 중심으로 살펴보았지만, 무파수노형기대 외에는 유문 대부직구호, 복합토기가 출토되지 않고, 무문의 대부직구호도 대구 비산동유적과 서변동에서 출토되었을 뿐이다. 오리형토기도 부산 복천동 38호묘에서 1례뿐이다. 그러나 칠곡 심천리유적에서는 통형고배가 다수 부장된 것이 유의된다.

이와 같이 김해와 낙동강을 사이에 두고 있는 부산지역을 제외한 낙동강 이동의 연안 지역에서는 경주 인근 지역에 비해 시기가 늦고 기종이 제한적이었지만, 신라조기양식토기가 주류토기로 전개되었다.

(2) 낙동강 이서 지방(도 2.1-35)

신라조기양식토기는 낙동강 이서 지방에서도 전개되었다. 먼저 고령지역으로(도 2.1-35의 1), 반운리유적(동양대학교 박물관 2005)에서 단경소호, 양이부단경호 등과 함께 수집된 장각의 변형 노형토기들은 동체의 짧은 구경부가 노형토기에서 크게 벗어나지

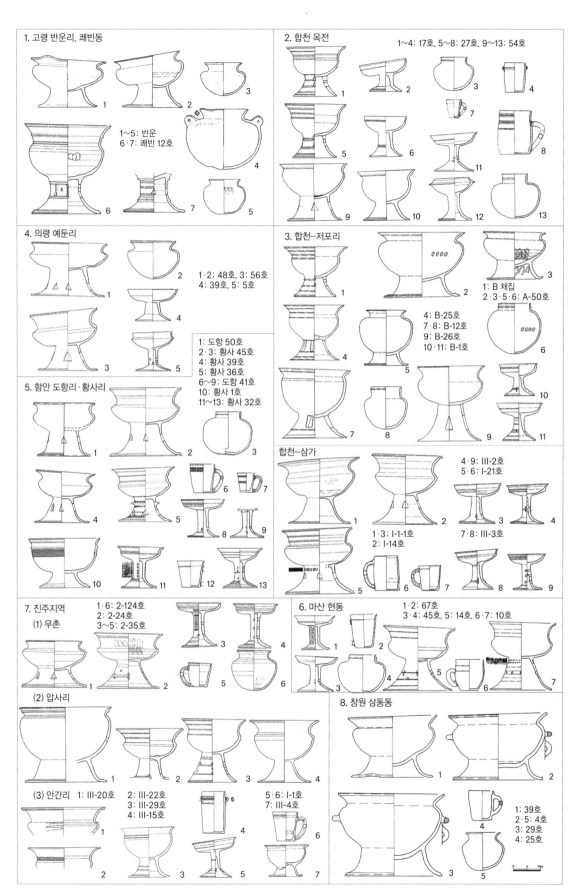

도 2.1-35 낙동강 이서 지방의 신라조기양식토기 전개

않은 모습이지만, 길어진 대각으로 보아 신라 조기 2a기보다 앞으로 올라가지는 않을 것이다. 신라 전기 초로 내려오는 쾌빈동 12호묘(영남매장문화재연구원 1996)의 노형기대는 고령지역에서도 무파수노형기대가 성립되었음을 말해준다.

합천의 옥전고분군(경상대학교박물관 1988)에서는 앞서 언급한 것처럼 아직 경주지역에서는 출토되지 않은 다양한 형태의 신라조기양식토기 통형각, 나팔각고배들이 출토되었다(도 2.1-35의 2). 그 중에는 6·25·27-A호묘 등에서 출토된, 대각이 아직 짧은 형식과 27·49·54호묘 등에서 출토된, 대각이 길어진 형식이 있다(뒤의 도 2.1-38 참조). 17호묘에서는 옥전형이라고 할 수 있는 소형의 무파수노형기대와 함께 짧은 대각의 통형고배, 직구소호, 컵형토기 등이 출토되었는데, 어깨가 내려간 직구소호의 형식, B류로 분류되는 컵형토기의 출토로 보아 경주지역의 신라조기양식토기 2a기 병행기로 편년된다. 옥전형 노형기대가 신라조기양식토기 2a기에 성립된 것을 알 수 있다. 27호묘에서 장각의 2b기 무개식고배와 공반된 옥전형 노형기대는 동체가 좀 깊어졌다. 장각의 통형고배들과 공반된 옥전 54호묘의 무파수노형기대들은 앞의 옥전형 노형기대들과는 다른 계열로, 구경부는 짧지만 동체에 경주지역 무파수노형기대의 형태가 좀 더 남아 있다. 27호묘의 대·소 B류 컵형토기, 54호묘의 직구소호에서도 17호묘의 깁형도기와 직구소호에서 변화된 모습이 확인된다.

옥전고분군의 서쪽 합천 저포리유적(영남대학교박물관 1987; 창원대학 박물관 1988)에서도 무파수노형기대를 비롯한 신라조기양식토기가 전개되었다(도 2.1-35의 3). 저포리 B지구 출토 노형기대는 옥전형에 포함되지만, B-25호묘와 B-12호묘의 노형기대는 저포리유적에서 노형기대가 옥전고분군과는 다른 방향으로 변화되어 간 것을 보여준다. 저포리 A-50호묘의 대·소 변형 노형토기들은 동체의 짧은 구경부가 노형토기에서 크게 벗어나지는 못한 모습이지만, 공반된 대부단경호, 직구소호로 보아 2b기보다 앞으로 올라가기는 어렵다. 저포리 B-26호묘에서 출토된 장각의 무파수노형기대는 동체가 신라조기양식토기 노형기대에서 벗어나지 않은 모습이다. 저포리유적에서는 이와 같이 일정하지 않은 여러 계열의 노형기대가 존재했지만 모두 무파수노형기대라는 공통점이 있으며, 늦은 시기에는 통형고배도 존재하였다.

다음은 함안지역을 중심으로 한 이른바 '고식도질토기 함안양식'의 분포권이다. 의령 예둔리유적(경상대학교박물관 1994), 함안 도항리유적(국립창원문화재연구소 1997;

1999; 경남고고학연구소 2000)과 황사리유적(경상대학교박물관 1994), 마산 현동유적(창원대학 박물관 1990) 등에서는 특징적인 노형기대가 공통적으로 분포하고, 이와 함께 장각의 통형고배가 출토되었다(도 2.1-35의 4~6).

함안지역의 신라조기양식토기 성립 과정에 대해서는 뒤에서 따로 살펴보겠지만, 목곽묘에 변형의 노형토기, 유개대부호, 경질의 타날문 원저직구호가 매납된 단계를 지나 노형기대와 통형고배가 출현한다(뒤의 도 2.1-37, 38 참조). 노형기대 중 가장 이른 것은 도항리(문) 50호묘, 예둔리 48호묘에서 출토된 것과 같이 구경부가 짧고 대각의 상·하부 직경이 넓은 형식이며, 그것이 구경부가 길게 뻗고 대각도 상부 직경이 좁아진 황사리 39호묘, 예둔리 56호묘의 형식으로 변화되었다. 이와 같은 '함안양식 노형기대'가 성립된 시기는 공반된 소형호들로 보아 신라조기양식토기 2b기보다 앞으로 올라가기는 어렵다. 구경부가 길고, 대각의 상단이 좁고 장식성이 강해진 노형기대들은 신라 전기 초로 내려오는 형식들이다.

다음 통형고배에 대해서는 과거의 연구에서 대개 마산 현동 67호묘와 함안 황사리 유적 출토 무투공의 장각 통형고배를 가장 고식으로 보았다(우지남 2000; 정주희 2009). 하지만 통형고배의 시원형은 경주지역에서 존재하였으며, 경주지역에서 신라조기양식 토기 2b기에 장각형의 통형고배가 출토되는 것을 앞서 보았다(앞의 도 2.1-32 참조). 합천 옥전고분군에서는 단각과 장각의 통형고배와 나팔각고배들이 출토되었는데(뒤의 도 2.1-38 참조), 단각의 통형고배가 경주지역에서 신라조기양식토기 2a기에 출현하는 B류 컵형토기와 공반하였다. 이로 보아 합천 옥전고분군에서 장각형의 통형고배는 2b기에 출현한 것이며, 현동 67호묘와 황사리유적의 고식 장각형 통형고배도 2b기보다 이르지는 않을 것으로 판단된다. 황사리 11호묘 고배처럼 대각에 소투공이 상하 일렬로 뚫린 장각형 통형고배들은 신라 전기 초로 내려오는 형식이다.

함안지역에서 신라조기양식토기가 시작된 것은 2a기이지만, 2b기에 특징적인 노형기대가 성립하고 장각형의 통형고배를 공반하여 서북쪽의 의령지역에서부터 동남쪽의 마산지역까지 그 분포권을 이루고 있었다.

합천 저포리 남쪽 삼가유적(경남발전연구원 역사문화센터 2013; 동서문물연구원 2014)은 현재의 행정구역상으로는 합천군에 속하지만, 신라 조기의 토기 양상(도 2.1-35의 3하)은 저포리와 다르고 오히려 함안양식에 가깝다. 삼가고분군 I지구 1-1호묘 출토 무파수노형기대의 좀 깊은 동체는 함안양식과 다르지만, I-14호묘와 I-21호묘의 노형기대는 함안양식에 포함될 수 있어, 이 지역의 토기가 함안양식화되어 간 것을 알 수 있다. 통형고배도 함안지역과 큰 차이가 없다. I-21호묘에서 노형기대와 공반한 컵형토기는 옥전고분군에서 출토되는 것과 가깝다.

함안의 서쪽 진주지역도 신라조기양식토기의 분포권에 포함된다(도 2.1-35의 7). 진주에서 함안으로 나가는 무촌유적(경남고고학연구소 2004: 2005)과 속사리, 압사리유적 출토 자료(조영제 1986), 합천 쪽으로 나가는 안간리유적(경남발전연구원 역사문화센터 2008)을 통해 진주지역의 신라조기양식토기 전개를 살펴볼 수 있다.

먼저 함안에 가까운 무촌유적으로 2-124호묘에서는 대각이 높아진 변형의 노형토기와 단경호가 출토되었는데, 단경호의 형식으로 보아 조기 2b기를 더 내려오지는 않을 것이다. 구경부가 길게 뻗은 2-24호묘 노형기대는 늦은 시기 함안양식과 차이가 없다. 이곳에서도 통형고배가 존재하였다. 앞의 합천 삼가고분군과 함께 진주 무촌유적까지 크게 보아 함안양식의 분포권에 속한다고 하겠다.

무촌 서북쪽의 압사리유적에서는 구경부가 짧은 변형의 노형토기도 존재하였고, 함안양식에 가까운 형태의 노형기대가 전개되었지만, 동체가 깊어진 무파수노형기대로 발전하여 함안양식과는 차별화된 모습을 보인다. 진주 시내에 가까운 속사리유적에서도 동체가 깊고 구경부가 길게 뻗은 무파수노형기대가 출토되었다. 진주지역에서는 이외에 사곡리유적에서도 늦은 시기 함안양식에 가까운 무파수노형기대와 통형고배가 출토되었다(정주희 2020b: 54)

다음 합천과 경계에 가까운 안간리유적으로, 이곳의 무파수노형기대는 Ⅲ지구 주거지 출토 자료들을 통해 동체에서 급하게 꺾인 어깨 위로 구경부가 길게 뻗은 형식에서 어깨가 둥글고 구경부가 짧아지는 방향으로 변화되는 것을 알 수 있다. 이른 형식의 노형기대 동체는 합천이나 함안 등 인접지역들보다도 오히려 더 경주지역의 이른 시기 노형기대와 가까운 형태인 것이 주목된다. 그러나 시기가 내려오면서 합천 저포리유적의 늦은 시기 노형기대 동체를 닮아간 것으로 보인다. 합천 옥전고분군에서 단각의 통형고배 단계에 공반되는 통형의 이부컵형토기도 출토되어, 이 유적에서 신라조기양식토기는 2a기에 시작된 것을 알 수 있다. 이 유적에서는 통형고배도 전개되었지만, Ⅲ-4호 주거지 매몰토에서는 완형고배의 늦은 형식으로 보이는 대부완형토기가 다수 출토되었다.

종합하면 진주지역에서는 안간리유적에서 경주식에 가까운 이른 형식의 무파수노형기대가 존재한 것이 주목되며, 그 외는 대체로 함안양식에 가까운 형태로 시작하였으나 동체가 깊어지면서 다른 방향으로 발전해 가는 지역성을 띤 것을 알 수 있다. 통형고배 외에 완형고배가 존재한 것도 지역적 성격이다.

마지막으로 창원 삼동동 옹관묘유적(부산여자대학교박물관 1984)의 노형기대들이다(도 2.1-35의 8). 구경부가 짧지만 동체는 신라조기양식토기의 무파수노형기대에 가까운데, 동체 어깨에 반환형의 파수가 달린 것이 많다. 동체의 형태는 분명히 김해지역의 가야조기양식토기 파수부노형기대들과 다르지만, 지리적인 위치상 그 영향을 받은 것으로 판단된다.

이상 살펴본 바와 같이 낙동강 이서 지방에서도 신라조기양식토기가 전개되었다. 대체로 합천 삼가-진주지역이 그 서쪽 한계였던 것으로 보이지만, 좀 더 서쪽으로 확장될 가능성도 있다. 낙동강 이서지방에서 신라조기양식토기의 출현은 대구지역보다 늦지만 그 인근 칠곡 심천리나 달성 문양리보다 더 늦지는 않아, 낙동강 연변지역들에서는 대체로 2a기부터 신라조기양식토기가 전개된 것으로 판단된다. 기종도 마찬가지로 제한적이어서 대구지역까지 출토되는 무문의 대부직구호도 낙동강 이서지역에서는 출토된 예가 없다. 낙동강 이서지역에서는 각종 호류와 함께 무파수노형기대, 통형고배, 컵형토기 등의 기종이 전개되었는데, 합천 옥전고분군에서는 통형고배뿐만 아니라 신라전기양식토기 고배로 연결되는 나팔각고배들이 존재하였다. 낙동강 이서지역의 무파수노형기대는 지역마다 형태에 차이가 많았고, 또 변형의 노형토기가 늦은 시기까지 존재하였는데, 가장 서쪽인 진주 안간리유적에서는 그 동쪽 지역들보다 오히려 더 경주지역의 노형기대에 가까운 이른 형식이 존재한 점이 유의된다.

(3) 동해안 지방(도 2.1-36)

신라조기양식토기는 동해안을 따라 북상하여 강원 영동지방의 유적에서도 출토된다. 포항 북쪽의 영덕 덕곡리유적(경상북도문화재연구원 2005)에서는 신라조기양식토기 대부직구호의 늦은 시기 변형인 원저직구호와 이에 대족이 붙은 직구호 등이 출토되었다(도 2.1-36의 1). 이들은 2b기 이후로 편년되지만, 출토 토기 중에는 기고가 높은 뚜껑도 포함되어 있는 것으로 보아 이 유적에서 신라조기양식토기의 개시 시기는 좀 더 소급될 것으로 판단된다.

강원 영동지방에서는 중도식의 평면 呂·凸자형 주거지에서 중도식무문토기들과 함께 신라조기양식토기가 출토된 예들이 있다. 동해 송정동유적(강원고고문화연구원 2011; 2012)의 양뉴부·양이부 난형호, A류 컵형토기들은 신라조기양식토기 1a기까지 올라갈 수 있고, 이보다 늦은 B류 컵형토기 저부와 완형 배신의 고배도 이 유적에서 출토된 바 있다(도 2.1-36의 2).

그 북쪽 강릉지역에서는 초당동(강릉원주대학교 2011)과 안현동 주거지(예맥문화재연구원 2011), 강문동 주거지(강원고고문화연구원 2011)와 토성유적 하층(국강고고학연구소 2015)에서 신라조기양식토기 노형기대, B류 컵형토기 등이 출토되었다(도 2.1-36의 3). 안현동 2호 주거지에서 출토된 통형기대와 B류 컵형토기는 신라조기양식토기 2a기로 편년된다.

강원 영동지방에서는 이와 같이 중도식 呂·凸자형 주거지에서 신라조기양식토기가 공반되다가 강릉 안현동유적에서 신라소기양식토기가 부장된 목곽묘 축조로 이어졌다. 신라조기양식토기는 동해안을 따라 강릉지역까지 북상하였는데, 1a기에는 동해지역, 2a기에는 강릉지역까지 진출한 것으로 판단된다.

2) 신라조기양식토기의 지역양식 성립

이상 몇몇 핵심적인 기종들을 중심으로 살펴보았지만, 경주지역에서 성립한 신라조기양식토기는 영남 각지로 확산되어 나갔다. 신라조기양식토기가 지방으로 확산되는 과정은 경주로부터의 거리에 따라 시차가 있었고, 기종구성에서도 차이가 있었다.

신라조기양식토기는 먼저 경주의 인접지역으로 확산되어, 동쪽의 포항지역에서는 경주와 거의 시차 없이 신라조기양식토기가 전개되었고, 각종의 호류와 함께 유문, 무문의 대부직구호, 노형기대, 오리형토기와 복합토기 등 많은 의기적인 기종이 존재하였다. 늦은 시기에는 통형고배도 추가되었다. 울산지역에서도 신라조기양식토기는 경주

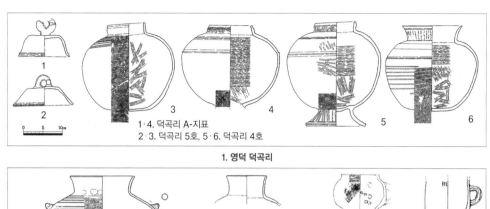

1·4. 덕곡리 A-지표
2·3. 덕곡리 5호, 5·6. 덕곡리 4호

1. 영덕 덕곡리

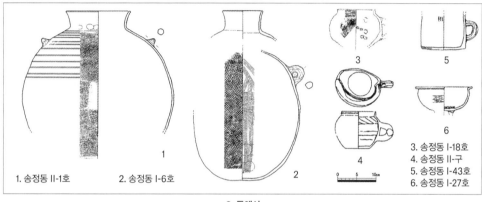

1. 송정동 II-1호   2. 송정동 I-6호

3. 송정동 I-18호
4. 송정동 II-구
5. 송정동 I-43호
6. 송정동 I-27호

2. 동해시

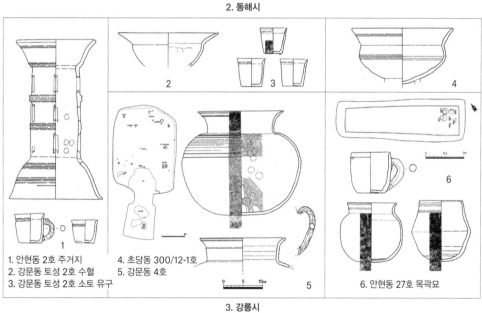

1. 안현동 2호 주거지
2. 강문동 토성 2호 수혈
3. 강문동 토성 2호 소토 유구

4. 초당동 300/12-1호
5. 강문동 4호

6. 안현동 27호 목곽묘

3. 강릉시

도 2.1-36 동해안 지방의 신라조기양식토기 전개

와 거의 동시에 출현한 것으로 보이고, 여러 기종이 존재하였다.

그러나 영남 내륙으로 들어가는 경산지역과 대구지역에서는 포항, 울산보다 늦어 신라 조기 1b기부터, 그 외 낙동강 이동지방에서는 2a기부터 신라조기양식토기가 출현 하였고, 기종도 경산, 대구, 그 밖의 원거리 지역으로 가면서 줄어 무파수노형기대와 각 종 호류 중심으로 전개되었으며, 늦은 시기에는 역시 통형고배가 추가되었다. 신라조기 양식토기는 낙동강을 넘어 그 이서 지방에서도 전개되었는데, 그 출현 시기는 대체로 낙동강 이동의 연안지역과 같았으며, 기종도 무파수노형기대와 각종 호류 중심이었으 나, 늦은 시기에는 다른 지방에 비해 통형고배가 좀 더 많았다. 신라조기양식토기는 동 해안지방으로도 침투하여 1a기에는 동해지역, 2a기에는 강릉지역의 주거지에서 중도 식무문토기와 함께 출토되기도 하였다. 이와 같이 신라조기양식토기는 그 성립지인 경 주지역을 중핵으로 하여 인접지역에서부터 시작하여 시차를 두고 원거리 지역으로 확 산되어 나갔으며, 기종도 원거리 지역으로 가면서 제한적이었다.

이에 비해 신라조기양식토기와 때를 같이 하여 김해지역에서 성립한 가야조기양 식토기는 낙동강을 건너 부산지역까지는 확산되었지만, 그 이상을 넘지는 못했다. 이 에 대해서는 전고에서 이미 살펴본 바 있다(최병현 2018b). 부산지역에서도 가야조기양 식토기가 우세한 편이기는 하였지만 일방적이지는 않았다. 동래 복천동유적에는 파수 부노형기대, 외절구연고배 등 가야조기양식토기의 핵심 기종들뿐만 아니라 통형기대를 비롯한 신라조기양식토기의 주요 기종들도 함께 분포한 것이다.

그런데 우리 학계에서는 이와 같은 신라조기양식토기와 가야조기양식토기를 고식 도질토기 '내륙양식'과 '낙동강 하구양식'이라고 하거나(안재호 2000; 이초롱 2013; 조성 원 2014), 3~4세기 영남지방의 토기를 '금관가야양식'과 '아라가야양식', 또는 김해양식 과 함안양식으로 나누어 경주지역의 토기까지를 아라가야양식(박천수 2000)이나 함안 양식(정주희 2009)에 포함하기도 한다. 이와 같은 주장들은 3~4세기 영남지방의 토기양 식, 즉 신라조기양식토기와 가야조기양식토기의 분포권이 가진 역사적 의미를 애써 외 면하거나, 또는 각 지역 토기의 편년이나 전개 과정에 대한 이해가 부족한 데서 나온 것 이다.

그 가장 큰 원인은 물론 영남지방에서 원삼국 후기의 신식와질토기에 이어 출현한 토기를 역사시대인 삼국시대의 토기라고 하면서도 이를 脫역사적인 '고식도질토기'라고 규정한 데에 있었다. '고식도질토기'는 원삼국시기의 '와질토기'에 대응하는 토기질을 나타내는 것일 뿐, 그 어의에 시대상이나 역사성이 함의되어 있지 않기 때문이다. 그런 상황에서 '고식도질토기'의 지역차가 인지되자 논의 구조는 공통양식론을 고수하거나, 공통양식토기 속의 지역색론이나 지역양식론으로 확대되었지만, 그 지역색이나 지역양식이 의미하는 바가 무엇인지는 논외로 하고, 도질토기의 기원론, 도질토기의 발생지론 등으로 빠져들었을 뿐이다(최병현 2012: 106~109). 그러다 보니 '고식도질토기'와 공반되는 연(와)질토기의 양식적 의미는 무시되고,[7] 지역 간의 균형잡힌 편년도 이루어지지 못하고, 이에 따라 새로운 토기양식의 발생지가 왜곡되고 있는 것이다.

잘 알려져 있는 바와 같이, 이른바 '고식도질토기'의 지역색은 안재호·송계현의 연구에서 구별되기 시작되었다(안재호·송계현 1986). 당초 와질토기론에서는 삼국시대 토기인 '고식도질토기'는 원삼국시기의 와질토기와 같이 지역차가 없는 영남지방의 공통양식 토기라고 하였지만(신경철 1982; 최종규 1982), 안재호·송계현 양인이 처음으로 영남지방의 고식도질토기가 부산·김해지역, 마산 이서의 서부경남지역, 경주를 중심으로 하는 지역으로 3구분된다고 한 것이다. 그 후 안재호는 고식도질토기의 지역상을 부산·김해지역과 경주·합천·서부경남으로 통합하여 전자를 부산·김해식, 후자를 경주·함안식으로 구분하고, 이러한 지역상은 양식차이가 아니라 공통양식인 고식도질토기하의 지역색(부산대학교박물관 1993: 248~253)이라고 하였다가 이를 다시 '고식도질토기 낙동강 하구양식'과 '고식도질토기 내륙양식'으로 개명하였다(안재호 2000: 82).

안재호의 이와 같은 구분은 물론 그가 와질토기론에서 벗어나지 못하여 이 시기의 토기를 역사적 실체인 신라와 가야의 토기양식으로 인정하는 데까지 나가지 못한 한계가 있지만, 그가 고식도질토기를 부산·김해의 낙동강 하구양식과 경주·합천·서부경남을 통합하여 내륙양식으로 구분한 것은 큰 의미가 있었다. 파수부노형기대와 외절구연고배를 핵심기종으로 한 김해·부산지역을 제외한 영남지방, 즉 경주에서 서부경남까지

....

7   예컨대 안재호는 고식도질토기 시기의 와(연)질토기를 '삼한 후기 와질토기'로 편년하였고(안재호 1994), 이성주는 자신이 발굴한 울산 중산리유적에서 IIa단계(AD 3세기 중엽)에 시작되는 동혈주부곽식 세장방형 목곽묘를 '新羅式木槨墓'라고 하였으면서도(이성주 1996), 신라식목곽묘에 부장된 3·4세기 경계까지의 와(연)질토기는 원삼국토기, 진·변한토기라고 하거나(이성주 1999), 원삼국 후기의 목곽묘시기 토기로 편년하였다(2014: 125~166).

무파수노형기대와 통형고배가 공통적으로 분포한 지역들을 하나의 양식권으로 보았기 때문이다. 이는 곧 앞서 살펴본 신라조기양식토기 분포권으로, 안재호는 그의 '내륙양식'의 진원지가 경주라는 것을 인지하지 못하였거나 아니면 애써 외면한 것으로 보이지만, 경주지역에서 성립한 신라조기양식토기가 퍼져나가 하나의 공통적인 토기양식권이 된 것이다. 안재호의 낙동강 하구양식은 곧 김해지역에서 성립하여 김해·부산지역에 분포한 가야조기양식토기이다.

그런데 박천수는 이와 달리 서기 3세기 후엽~4세기 전엽의 가야지역 토기양식이 '아라가야양식'과 '금관가야양식'으로 대별된다고 하고, 아라가야양식은 "낙동강의 兩岸 즉 합천 옥전, 창녕, 대구 비산동, 경산 임당, 대구 심천동, 구미 인동에 걸쳐서 넓은 분포권을 형성하고 있"으며, 경주지역을 비롯하여 청도, 울산지역까지 넓은 지역에서 반출되고 또 "이들 지역의 토기제작에 영향을 주고 있다"(박천수 2000: 98)고 하였다. '가야지역 토기양식'이라고 전제하였지만 사실상 서기 3세기 후엽~4세기 전엽의 영남지방 토기를 '아라가야양식'과 '금관가야양식'으로 대별한 것이었으며, 그와 같은 상태가 서기 4세기 중엽까지 이어진다고 하였다. 그는 함안 도항리(문) 35호묘와 김해 대성동 29호묘를 I단계, 함안 도항리(경) 33호묘와 김해 구지로 1호묘를 II단계 등으로 편년하여, 김해지역과 함안지역의 토기 변화가 동시에 진행된 것으로 보았다(박천수 2003: 191).

정주희도 영남지방에서 고식도질토기는 김해지역과 함안지역에서부터 전개되기 시작하였고, 경주지역에서는 그보다 늦은 III단계부터 시작되었다고 보았다. 그는 3세기 후반대부터 승문계타날호(승문타날 원저단경호)와 통형고배를 비롯한 함안양식토기의 유통이 개시되어 영남 각지로 퍼져나가, 4세기에는 경주지역을 포함한 낙동강 이동지방권과 낙동강 이서 남부지역권의 두 광역 유통권이 형성되었다고 하였다. 합천 옥전 고분군 등 영남 내륙의 노형기대나 통형고배 중에도 함안계나 함안산이 다수 분포하며, 경주지역의 통형고배도 함안지역에서 유입된 것으로 보았다. 박천수의 '아라가야양식'을 지역명으로 바꾸어 함안양식이라고 한 것일 뿐, 내용은 거의 같은 주장인데, 그는 특히 경주를 비롯하여 영남지방에서 출토되는 많은 승문타날 원저단경호(승문계타날호)를 함안산으로 규정하고, 가마에서 눕혀 놓고 소성하는 횡치소성 등을 그 근거로 들었다(정주희 2009).

박천수와 정주희의 이와 같은 주장은 영남지방에서 원삼국 후기, 곧 진·변한 단계를 지나 김해지역과 함안지역에서 금관가야와 아라가야가 성립한 것을 전제로 한 것이어서 그런 정치체의 성장을 상정하지 않은 앞의 안재호의 고식도질토기 양식구분과도 다른 것이지만, 특히 '아라가야양식' 또는 함안양식의 개시가 '금관가야양식' 또는 김해양식과 동시기이고, 이 '아라가야양식' 또는 함안양식 토기가 경주지역을 포함한 영남지방 전체로 확산되어 나갔다고 하는 것은 앞서 살펴온 신라조기양식토기의 전개와는 근본적으로 이해가 다르다. 정주희는 그 후 경주지역에서의 토기 변화를 김해, 함안지역과 같은 시기로 올리기도 하고(정주희 2013), 함안지역을 김해·부산과 경주보다 1단계 뒤로 내리기도 하였지만, 여전히 함안양식을 김해·부산, 경주양식과 동등한 고식도질토기의 3대양식으로 구분하고 있다(정주희 2019).

최근에 그는 함안지역의 토기 전개를 다시 김해, 경주지역과 같은 단계로 올리고, 마산만은 함안양식 분포권에 포함되지만 남강 수계는 또 다른 양식권으로 설정되어야 한다고 주장하였다(정주희 2020b). 경남지역의 고식도질토기 지역양식이 외절구연고배의 부산·김해권, 통형고배의 함안권, 완형무투창고배의 가야서부권으로 나누어진다고 한 하승철의 견해(하승철 2008)에 가까운 주장으로 보인다.

그러나 박천수와 정주희의 그와 같은 주장에는 우선 지역 간의 편년 문제가 있고, 토기양식의 분포권에서 중심과 주변, 즉 발생지에서 주변으로 확산되어 나가는 과정에 대한 이해에도 문제가 있다. 여기서 함안지역의 '고식도질토기', 즉 신라·가야조기양식토기의 출현 과정을 살펴보면, 잘 알려져 있듯이, 함안지역에서는 원삼국 전기의 고식 와질토기가 부장된 목관묘들은 조사되었지만(경남고고학연구소 2000), 원삼국 후기의 신식와질토기가 부장된 유적은 아직 조사되지 못하였다. 함안지역에서 신식와질토기로부터 고식도질토기, 즉 신라·가야조기양식토기로의 이행 과정이 아직 드러나지 않은 가운데, 신라·가야조기양식토기가 부장된 목곽묘들이 조사된 것이다.

먼저 함안지역에서 노형기대의 성립 과정에 대해 살펴보면(도 2.1-37), 함안 도항리(문) 35호묘와 32호묘에서는 장각화한 변형의 노형토기와 타날문 양이부원저직구호가, 도항리(경) 33호묘와 의령 예둔리 26호묘에서는 장각의 유개대부호가 어깨에 양이가 달리거나 달리지 않은 타날문 원저직구호와 공반되었다. 타날문 양이부원저직구호의 선행 형식은 신라·가야조기양식토기 1b기의 김해 대성동 59호묘 출토 편구형 동체의 타날문 양이부직구호에서 찾을 수 있는데(최병현 2018b: 84), 도항리와 예둔리유적의

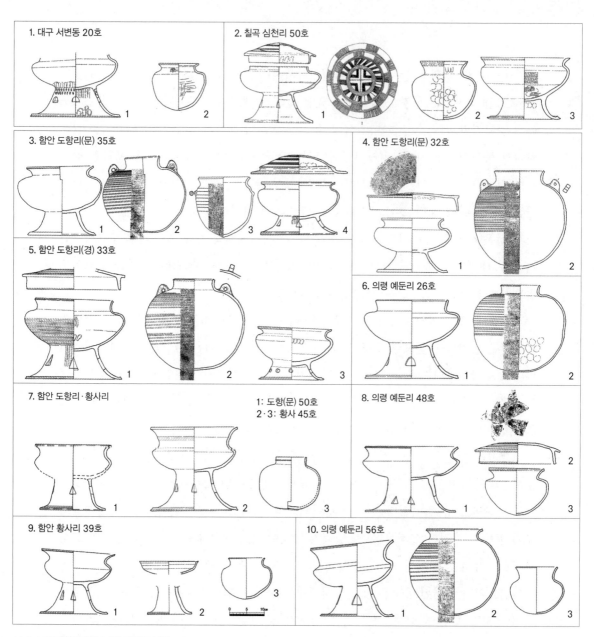

도 2.1-37 **함안지역 노형기대의 성립**

타날문 원저직구호 중에서는 동체가 아직 편구형이고 바닥이 납작한 도항리(문) 35호 묘와 (경)33호묘의 양이부원저직구호가 이에 가까워 가장 이른 형식에 속하지만 그 연 대가 1b기까지 올라가기는 어렵다.

장각의 유개대부호는 대구 서변동 20호묘, 칠곡 심천리 50호묘 등에서도 출토되어 낙동강을 따라 하나의 분포권을 이룬 것을 알 수 있다. 그런데 칠곡 심천리 50호묘와 함안 도항리(경) 33호묘에서는 거의 동형의 변형 노형토기가 출토되었다. 경주와 김해지역에서 노형토기는 신라·가야조기 1b기까지도 아직 정형성이 유지되고 있었으며(최병현 2018b: 83), 구경부가 동체 어깨에서 곧바로 급하게 C자형으로 꺾이는 변형 노형토기는 김해지역에서 가야조기양식토기 2a기에 존재하였고(최병현 2018b: 83), 대구·칠곡지역에서도 신라조기양식토기 2a기부터 존재한 것이다(최병현 2018b: 100~101). 고령, 합천지역에서도 마찬가지이다(앞의 도 2.1-35의 1 참조). 그러므로 도항리(경) 33호묘의 변형 노형토기는 심천리 50호묘의 변형 노형토기와 함께 1b기까지 올라가기 어렵다. 또 심천리 50호묘의 경부가 길어진 B형 구형호도 신라조기양식토기 1기로 올라가기는 어려운 형식이다. 도항리(문) 35호묘에서 출토된 양뉴부소호도 짧아진 구연부로 보아 신라조기양식토기(앞의 도 2.1-18 참조)나 가야조기양식토기(최병현 2018b: 84) 2a기보다 앞으로 올라갈 수 없는 형식이다.

도항리(문) 35호묘와 32호묘에서 출토된 장각형의 변형 노형토기는 그 대각이 유개대부호에서 채용되었을 것으로 판단되는데, 도항리(문) 32호묘에서 유개대부호의 뚜껑이 출토된 것도 이를 반증한다. 하여튼 함안지역에서 장각형의 변형 노형토기나 유개대부호가 타날문 (양이부)원저단경호와 공반하는 단계는 신라·가야양식토기 1(a, b)기까지 올라가기는 어렵고, 이 단계까지는 아직 '함안양식'의 노형기대가 출현하지 않은 것이다.

'함안양식' 노형기대는 유개대부호의 영향으로 장각화한 변형 노형토기에 이어서 성립한 것으로, 변형 노형토기 및 유개대부호와 타날문 양이부원저직구호 공반 단계를 지나 그 뒤에 출현한 것이 분명하다. '함안양식' 노형기대는 타날문 양이부원저직구호의 동체가 완전히 구형으로 변화된 직구단경호 단계에 성립한 것이다. 그리고 그 변화 과정으로 보아 구경부가 짧고 대각의 상·하부 직경이 넓은 도항리(문) 50호묘, 예둔리 48호묘의 형식에서 구경부가 길게 뻗고 대각도 상부 직경이 좁아진 황사리 39호묘, 예둔리 56호묘의 형식으로 변화된 것도 분명하다. 구경부가 길게 뻗었지만 대각의 상부 직경이 아직 넓은 편인 황사리 45호묘 노형기대는 구경부가 길고 대각 상부가 좁아진 의령 예둔리 56호묘 기대로 이행하는 중간 형식이었을 것이다.

그런데 이와 같은 '함안양식 노형기대'의 초기 형식들은 공반된 소형호들로 보아 신라조기양식토기 2b기보다 앞으로 올라가기는 어렵다고 판단되며, 따라서 유개대부

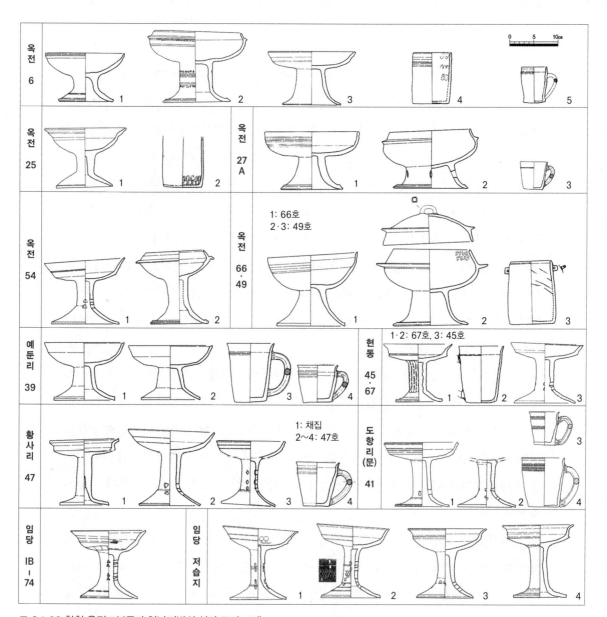

도 2.1-38 합천 옥전고분군과 영남지방의 신라 조기 고배

호와 변형 노형토기 공반 단계는 경주지역 신라조기양식토기 2a기, '함안양식 노형기대'의 초기 형식들은 2b기와 병행기로 편년된다. 이후의 함안양식 노형기대는 황사리 36호묘, 마산 현동 I-14호묘·10호묘 노형기대의 방향으로 변화되어(앞의 도 2.1-35의 4~6 참조), 어깨각은 둥글어지고 대각은 더 높아지거나 장식성이 강해져 갔다.

　　다음은 통형고배로(도 2.1-38), 기존의 연구에서는 대개 마산 현동 67호묘와 함안 황사리유적 출토 무투공의 장각 통형고배를 가장 고식으로 보았지만(우지남 2000; 정주희 2009), 앞서 보았듯이 통형고배의 시원형은 경주지역에 존재하였고, 또 경주지역에서는 장각형의 통형고배가 신라조기양식토기 2b기부터 출토되고 있다. 합천 옥전고분군에서는 단각과 장각의 통형고배와 나팔각고배들이 출토되었다(앞의 도 2.1-32 참조). 합천 옥전고분군에서는 단각의 통형고배부터 경주지역의 신라조기양식토기 2a기에 출현하는 B류 컵형토기를 공반하여, 단각의 통형고배 단계는 2a기, 장각의 통형고배 단계는 2b기로 편년되었다.

그러므로 현동 67호묘와 황사리유적의 고식 장각 통형고배도 2b기를 넘지는 않으며, 의령 예둔리 39호묘에서 출토된 단각의 통형고배들도 깊어진 배신과 공반된 컵형토기로 보아 2b기보다 앞으로 편년되기는 어렵다. 하지만 도항리(문) 41호묘, 마산 현동 45호묘 등의 통형고배들처럼 대각 하단이나 중단과 하단에 소투공이 모아져 뚫린 장각형의 통형고배들까지는 신라 전기로 내려가지 않을 것으로 판단된다.

이상에서 살펴본 바와 같이 함안지역에서는 장각형의 변형 노형토기와 타날문 양이부원저직구호 공반 단계에 이어서 무파수노형기대가 성립되었고, 통형고배가 전개되었다. 그 중 타날문 양이부원저직구호는 가야조기양식토기 1a기의 김해 양동리 235호묘, 1b기의 대성동 59호묘에서 출토된 어깨가 납작한 편구형 동체의 타날문 양이부원저직구호가 그 고식들이어서(최병현 2018b: 84), 신라·가야조기양식토기 1기로 올라가지 못한다. 그러므로 함안지역에서 신라·가야조기양식토기는 2a기부터 전개되었지만, '함안양식 노형기대'는 2b기에 들어와 성립하여 장각의 통형고배와 함께 존재한 것이 분명하다.

박천수와 정주희의 주장에는 이와 같이 지역 간의 토기편년 문제가 있고, 또 토기 기종의 동정에도 문제가 있다. 앞서 살펴본 유개대부호와 변형 노형토기를 노형기대에 포함하기도 하지만(정주희 2009: 13~14; 문재은 2015: 138~142), 유개대부호는 노형기대와는 분명히 다른 기종이고, 변형 노형토기도 신라·가야조기양식토기 발생 이후 노형토기의 정형성에서 벗어난 것으로 각지의 전형적인 노형기대와는 구분되는 것이다(여희진 2019).

또 정주희는 서변동 20호묘 출토 유개대부호를 함안산이라고 하고 있지만(정주희 2009: 32), 대구 서변동 20호묘와 칠곡 심천리 50호묘의 유개대부호보다 함안과 의령지역의 유개대부호의 동체가 깊어졌고, 뚜껑도 둥글게 솟은 상면이 편평해지고 드림이 구연 끝으로 이동하는 변화 과정으로 보아, 서변동 20호묘의 유개대부호가 함안지역 출토품들보다도 오히려 더 고식으로 판단된다.

박천수와 정주희는 함안지역의 목곽묘 중 도항리(문) 35호묘를 I단계, 도항리(경) 33호묘를 II단계로 단계를 늘려 김해지역의 같은 단계와 대응시키고 있지만, 앞서 본 바와 같이 타날문 양이부원저직구호와 유개대부호나 변형 노형토기가 공반된 함안지역의 목곽묘들 사이에 단계를 나눌 만큼의 큰 시차가 있다고 보기는 어렵다. 그리고 이들은 공반된 변형 노형토기나 타날문 양이부원저직구호나 원저단경호의 형식으로 보아도 경주지역이나 김해지역의 신라·가야조기양식토기 1a기, 1b기까지 올라갈 수 있는 것이 아니다.[8] 그러므로 함안지역에서 고식도질토기, 또는 신라·가야조기양식토기의 개시는 신라·가야 조기 2a기를 넘어서지는 못한다. 함안지역에서 노형기대와 장각형 통형고배의 출현이 그 뒤 2b기부터인 것은 앞서 살펴보았다.

다음으로 고식도질토기, 즉 신라조기양식토기와 가야조기양식토기는 선사시대 토기나 원삼국시기의 와질토기와 같이 그 발원지를 특정할 수 없는 토기양식이 아니다. 원삼국 후기, 즉 진·변한 단계의 신식와질토기를 지나 성립된 토기양식이다. 그런데 특정지역에서 토기양식이 성립하여 주변지역으로 확산되려면 토기양식이 성립한 중심지에 그럴 만한 정치체가 성장되어 있어야 하지만, 사실 고식도질토기 시기, 즉 신라·가야 조기에 김해지역에서 성립한 가야조기양식토기보다 광역으로 확산된 토기양식을 출현시킬 만한 정치체가 함안지역에서 성장하였다는 증거는 없다. 함안지역에서는 지금까지 신라·가야 조기에 정치체의 성장을 말해주는 수장층의 대형 목곽묘가 조사된 바 없기 때문이다. 그러한 대형 목곽묘는 지금까지 경주와 김해지역에서 조사되었을 뿐이다. 함안지역이 고식도질토기, 즉 신라·가야조기양식토기 중 한 양식의 발생지나 중심지가 될 수는 없는 것이다.

함안지역에서 '아라가야양식'이라고 이름붙일 수 있는 토기양식이 출현한 것은 신라·가야 조기를 지나 신라 전기·가야시기에 들어와 낙동강 이서양식이 성립하면서이다. 이때 함안지역에서 대형 목곽묘와 이어서 대형의 수혈식석곽분이 출현하였다.

....

8   신경철도 함안지역의 최고 도질토기는 그의 낙동강 하류역 III단계에 해당한다고 지적하였다(신경철 2012: 107~109).

신라조기양식토기는 분명히 경주지역에서 성립하였고, 가야조기양식토기는 김해지역에서 성립하였다. 이들은 곧 인접지역으로 퍼져나갔지만, 가야조기양식토기는 낙동강 건너편의 부산지역까지가 한계였고, 신라조기양식토기는 인접지역을 넘어 낙동강 이동으로 이서로 시차를 두고 확산된 것이다. 발생지인 중심(중앙)에서 주변으로 전개되어 나간 것이다.

토기양식은 발생지인 중앙에서 주변으로 확산되면 그 분포권인 각 지역에서는 지역양식이 성립한다. 신라조기양식토기가 부장된 목곽묘가 축조되기 이전 중도식 呂, 凸 자형 주거지에서 중도식무문토기와 함께 신라조기양식토기가 소수 출토되는 강원 영동지방을 제외하고, 앞서 살펴본 영남지방 각지의 신라조기양식토기는 대체로 해당 지역에서 자체 생산된 것이며, 이들은 기본적으로 신라조기양식토기의 범위 안에 있는 각지의 지역양식 토기들이다. 물론 신라조기양식토기의 지역적 범위는 앞서 자료를 취합해 본 대구-칠곡의 이북으로, 합천-진주의 이서로 더 확대될 가능성이 있다.

그동안 많은 연구가 이루어진 신라전기양식토기의 지역양식 성립 과정에 대해서는 이미 우리 학계에서 정리가 이루어졌다. 경주에서 성립한 신라전기양식토기가 지방으로 퍼져나가 낙동강 이동지방의 여러 지역양식이 성립되었다는 필자의 신라토기 일원발생론(최병현 1992a: 619~620; 1992b)에 대해 신경철은 신라토기의 다원발생설을 주장하였고(신경철 1994: 210~214), 이성주는 낙동강 동안양식 토기가 특정한 중심지 없이 지역 상호간에 '양식적 선택성'이 작용하여 성립되었다(이성주 1993: 34~37)고 주장한 바 있었다. 이에 대해 이희준은 신라전기양식토기인 낙동강 이동양식은 "원신라 양식이라 할 경주토기 양식이 먼저 성립하고 그것이 다른 지역으로 확산되면서 각 지역 기존 토기에 '양식적 선택압(selective pressure)'이 작용한 결과 범이동汎以東 양식이 성립한 것"으로 결론지었다(이희준 2007: 69). 바꾸어 말하면 낙동강 이동 신라토기의 지역양식은 경주로부터 새로운 토기양식의 선택압과 재지의 기존 토기 제작전통이 결합하여 성립하였다는 것이다.

필자는 신라조기양식토기도 마찬가지라고 본다. 앞서 보았듯이 신라조기양식토기는 분명히 경주지역에서 성립하여 먼저 인접지역으로, 이어서 낙동강 이동과 이서의 원거리 지역으로 확산되어 나갔다. 그 과정에 지방 각지에서는 지역양식이 성립한 것이다.

이희준은 신라 전기 낙동강 이동양식의 성립을 그와 같이 설명하면서도 당시까지의 고식도질토기 공통양식론을 의식해서인지 "물론 고식 도질토기 단계의 지역색은 이동 토기 단계의 지역색보다 강하지는 않다"(이희준 1996a: 7)고 하였지만, 사실은 그 반대였다고 필자는 판단한다. 신라전기양식토기에서는 지역양식 사이에 토기의 기종구성이나 각 기종 토기의 구조적인 차이가 크지 않았지만, 신라조기양식토기는 아직 기종구성에서도 지역마다 차이가 커서 경주에서 원거리 지역으로 가면서 부재한 기종이 늘어났고, 같은 기종 토기의 구조 차이도 컸다.[9]

신라조기양식토기의 지역에 따른 기종 구성 차이는 앞서 이미 언급하였으므로 여기서는 중심 기종 가운데 모든 지역에 공통적으로 존재한 노형기대에 대해서만 언급하겠다. 경주와 바로 인접한 포항지역에서도 노형기대는 특히 대각의 형태에서 경주지역과는 다른 모습으로 변화되어 지역성을 띠어간 것을 앞서 지적하였다. 포항지역만큼 자료가 많지는 않지만 울산지역과 경산지역의 노형기대도 점차 경주와는 차별화되어 갔다. 토기는 이와 같이 인접지역이라도 제작지가 달라지면 현지화하여 지역색을 띠고, 지역양식이 성립한다.

그러나 경주 인접 지역들의 노형기대는 대각의 형태에서 경주와 차이가 커져갔지만, 동체의 형태는 늦은 시기까지도 경주지역과 유사도가 높았다. 이에 반해 대구, 칠곡, 달성 등 낙동강 이동지역에서는 대각뿐만 아니라 동체의 형태도 경주지역과는 다른 모습으로 변해갔고, 낙동강 이서지방에서는 합천 옥전고분군과 함안지역의 노형기대가 보여주는 것처럼 경주지역의 노형기대와 연계성이 약해졌다. 신라조기양식토기 노형기대는 이와 같이 경주지역에서 원거리로 갈수록 구조와 형태상의 차이를 보인다. 그러나 이들은 모두 무파수노형기대라는 양식적 제일성을 갖고 있었으며, 원거리 지역에서도 B류 컵형토기, 직구소호와 단경소호, 통형고배 등 경주지역 신라조기양식토기의 특징적인 기종들을 동반하였다. 그러므로 이들은 지리적인 위치에 따른 기종구성의 차이, 토기의 구조·형태 차이에도 불구하고 범신라조기양식토기의 범위 안에 있는 것이다.

....

9   이는 통시적으로 볼 때 고대국가 성립 이후의 토기양식은 국가의 지배력이 확고해짐에 따라 양식의 통일성, 토기 구조의 제일성이 강해지기 때문이다. 이희준은 신라 전기 낙동강 이동양식 토기가 양식 성립 후 각 지역 토기 양식의 地域色이 脫色되는 쪽으로 변화의 정형성을 보인다고 지적한 바 있는데(이희준 1996: 7), 이 또한 같은 의미이다. 신라 조기는 전기에 비해 지방에 대한 지배력이 강하지는 못했고, 원거리지역일수록 지배력이 강하게 미치지는 못했을 것이다. 이 점에 대해서는 뒤에서 다시 언급하겠다.

다시 함안지역으로 돌아와 보면, 신라·가야 조기 함안지역의 토기도 범신라조기양식토기에 속하지만, 특징적인 노형기대가 다수의 통형고배를 동반하고 함안지역을 중심으로 하여 의령부터 마산까지 하나의 분포권을 이루었다. 그러므로 이 분포권의 토기를 '함안양식'으로 묶을 수는 있다. 하지만, 함안양식도 범신라조기양식토기 안의 지역양식일 뿐 신라조기양식토기나 가야조기양식토기와 대등한 토기양식이라고 할 수는 없다.

함안지역에서 신라조기양식토기는 2a기부터 시작되었으며, 함안양식 노형기대와 장각형 통형고배가 2b기에 출현한 것은 앞서 살펴보았다(앞의 도 2.1-37, 38 참조). 함안지역의 신라조기양식토기 성립기에는 타날문 양이부원저직구호 등으로 보아 김해지역으로부터 가야조기양식토기의 파급도 있었다고 판단된다. 그러나 함안양식의 노형기대는 가야조기양식토기의 파수부노형기대와는 달리 무파수라는 특징이 견지되었고, 영남지방의 신라조기양식토기 분포권에서 공유한 통형고배가 동반되었다. 이로 보아 신라조기의 함안지역 토기는 기본적으로 경주지역에서 시작하여 낙동강을 따라 내려온 신라조기양식토기의 양식적 선택압이 작용하여 성립한 것이다.

한편 정주희는 영남 내륙의 노형기대나 통형고배 중에도 함안계나 함안산이 다수 분포하고, 특히 경주를 포함한 영남지방에서 출토되는 승문계타날호, 즉 승문타날 원저단경호를 함안산으로 규정하여 함안지역으로부터 이입된 것이라고 하였지만(정주희 2009), 대개는 사실이 아니거나 과장된 것이다. 물론 영남지방 각지에서 출토된 신라조기양식토기들 가운데에는 지역 간의 교류로 다른 지역에서 이입된 것도 일부 존재하였을 것이다. 그러나 일부 구조적인 유사도만으로 특정 지역산 토기라고 단정하는 것은 성급한 판단이다.

영남지방 각지에서 출토되는 승문타날 원저단경호가 함안산이라는 주장은 함안 우거리요지 폐기장 출토 토기들을 근거로 한다. 우거리요지군에서는 먼저 3기의 토기 가마(국립김해박물관 2007)가 발굴되었다(도 2.1-39의 1). 그 중 2호요에서는 단각의 통형고배가 출토되어 상대적으로 이른 것으로 판단되고, 폐기장 출토 토기편 중에는 유개대부호의 뚜껑, 변형 노형토기도 포함되어 있어 우거리요지는 신라 조기 2a기에 개요되었을 것으로 판단된다. 그러나 폐기장 출토 토기들은 대개 조기 2b기 이후의 형식이다. 우거리요지군에서는 그 후 토기 가마 1기(산 139번지)가 더 발굴되었는데, 이곳의 출토 토

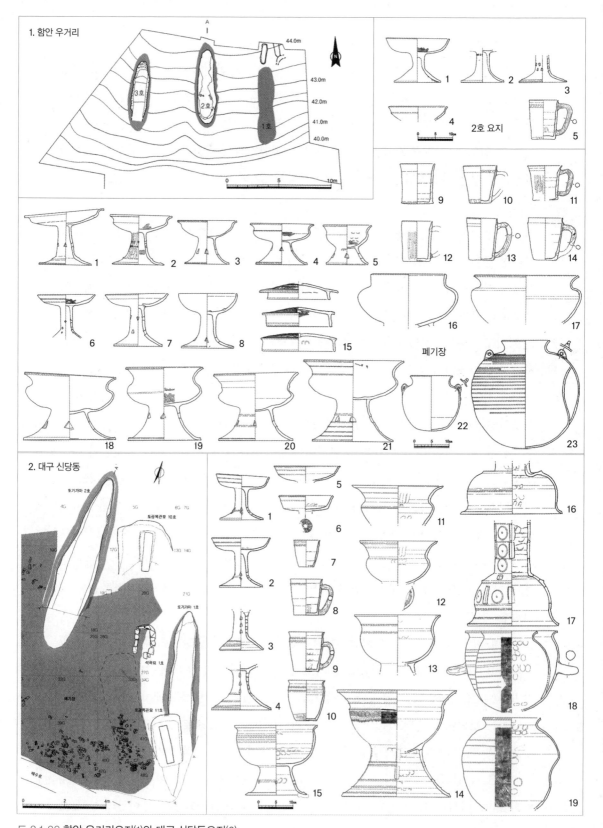

도 2.1-39 함안 우거리요지(1)와 대구 신당동요지(2)

기도 큰 차이가 없다(김지연 2019).

우거리요지군에서는 통형고배, 컵형토기, 함안양식의 노형기대, 승문타날 원저단경호와 함께 각종 호류가 생산되었는데, 그 중 승문타날 원저단경호에서 횡치소성과 중첩소성의 흔적이 확인되었다(국립김해박물관 2007; 이정근 2012). 정주희는 이를 들어 영남 각지에서 출토된 횡치소성 승문타날 원저단경호는 모두 함안에서 생산되어 이입된 것이며, 이를 확대하여 제작 기법이 유사한 승문타날 원저단경호도 함안산이거나 함안계라고 주장하였다(정주희 2009).

그러나 토기 가마에서 횡치소성은 대구 신당동요지에서도 확인된다. 대구 신당동유적에서는 신라조기양식토기부터 생산된 요지 2기가 조사되었다. 폐기장에서 출토된 토기편 가운데 대각 하부에 소투공이 뚫린 장각의 통형고배와 동체가 깊어진 노형기대로 보아, 이 요지에서 신라 조기 2b기에 토기가 생산된 것은 분명하고, 좁은 어깨에서 구경부가 길게 올라간 노형기대 동체편으로 보아 이 요지군의 개요 시기는 신라 조기 2a기로 올라갈 것으로 판단된다(도 2.1-39의 2). 신당동요지에서 생산된 토기는 통형고배, 컵형토기, 노형기대와 통형기대, 승문타날 원저단경호, 동이형토기와 각종 호류 등이다. 그런데 그 중 승문타날 원저단경호와 동이형토기에서 횡치소성이 확인된다.[10] 대구 신당동요지를 통해서도 신라 조기 통형고배를 함안양식이라고 규정할 수 없음이 확인되고, 또 타날문 원저단경호의 횡치소성도 반드시 함안지역의 토기생산 방식으로 특정할 수 없음을 알 수 있다.

그 외 신라조기양식토기부터 생산되기 시작한 요지로는 창녕 여초리요지군(국립진주박물관 1992; 1995)이 조사되었다(도 2.1-40의 1). 여초리요지에서는 대호가 주로 생산되었는데, A지구 요지에서 출토된 토기편 중에는 신라 조기 2a기의 노형기대와 변형의 노형토기편들이 포함되어 있어 그 개요 시기를 알 수 있다.[11] B지구 요지에서는 통형고

....

10 국립대구박물관에 수장된 대구 신당동요지 출토 토기들을 실견하였는데(2021. 1. 29), 그 중 타날문단경호 등 규모가 큰 토기들 중에는 중첩소성의 흔적으로 보이는 자국이 남은 것들도 있었다.

11 창녕 여초리요지와 최근 조사된 창녕 퇴천리요지(동아세아문화재연구원 2019)는 소성실이 세장한 등요여서 함안 우거리요지와 차이가 있다. 이와 같은 소성실이 세장한 토기요는 양산 산막동유적(우리문화재연구원 2013), 함양 신관리유적(우리문화재연구원 2011)에서도 조사되었고, 소백산맥 서쪽인 익산 사덕유적(호남문화재연구원 2007)에서도 확인된 바 있다. 폭이 좁고 대단히 길어 세장한 평면인 소성실이 진천 삼룡리·산수리요지군을 비롯한 중·서남부지방의 소성실 장타원형 요지와 달라 별개의 계통으로 판단된다. 세장한 소성실

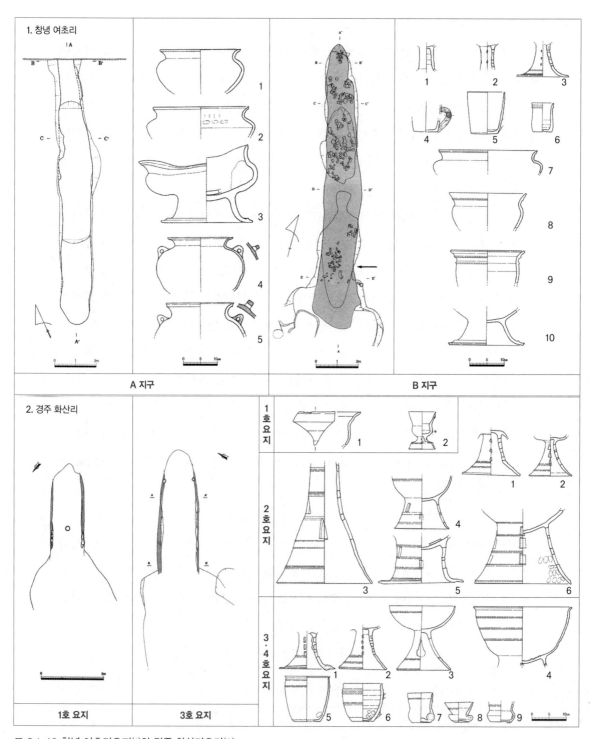

도 2.1-40 창녕 여초리요지(1)와 경주 화산리요리(2)

배의 대각, 컵형토기, 변형 노형토기와 노형기대의 동체 및 대각도 출토되었다. 노형기대의 동체편 중에는 합천 옥전 54호묘의 노형기대(앞의 도 2.1-35의 2 참조)와 같이 돌대가 돌아간 짧은 구경부가 포함되어 있어 주목된다.

경주 화산리요지도 1호 요지의 노형기대편으로 보아 그 개요 시기는 신라 조기 말까지 올라갈 가능성이 있다(중앙문화재연구원 2008). 2호와 3호요지에서 출토된 고배대각은 통형고배의 대각이 나팔형으로 바뀐 신라 전기 1Ab기 형식이다(도 2.1-40의 2).

함안 우거리요지군을 비롯하여 이상 살펴본 요지들은 시차가 있지만 모두 신라 조기에 개요되어 각 지역의 신라조기양식토기를 생산한 요지들이다. 이를 통해 통형고배가 각지에서 생산된 것이 확인되고, 각지 지역양식의 노형기대도 확인할 수 있다.

....

이 남중국의 평염원요와 유사하여 유의된다. 대구 신당리요지, 함안 우거리요지, 경주 화산리요지는 그러한 세장한 소성실의 길이가 짧아진 것으로 보여, 삼국시대 요지의 분류에서 유의되어야 할 것으로 판단된다.

제2장

신라전기양식토기

신라전기양식토기의 성립

I

신라전기양식토기는 신라의 중심지 경주에서 적석목곽분이 축조된 시기의 토기양식으로, 경주지역에서 신라조기양식토기로부터 발전하여 성립한 다음 영남지방으로 확산되었다. 신라토기는 서기 6세기 중엽 경주지역의 중심 묘제가 횡혈식석실분으로 교체되는 것과 함께 신라전기양식토기로부터 다시 신라후기양식토기로 전환된다. 과거부터 일반적으로 신라토기라 하면 이 신라전기양식토기를 가리키며, 과거의 고신라토기, 낙동강 이동(동안)양식 토기에 해당하지만 그 상하한에는 차이가 있다.

신라전기양식토기의 중심 기종은 대각에 상하로 장방형의 교차투창이 뚫린 고배와 장경호인데, 앞서도 언급한 바와 같이, 과거에는 경주 황남동 109호분-3·4곽에서 출토된 교차투창 3단각고배를 가장 고식의 신라고배로 인식하였고, 신라장경호도 이와 함께 출현한 것으로 판단하였다. 이에 3단각고배 단계부터를 삼국시대의 신라토기, 즉 고신라토기라고 하였다.

삼국시대의 영남지방은 3단각고배 출현 이후 낙동강을 경계로 상하 교차투창 고배로 대표되는 토기군이 전개된 낙동강 동쪽과 상하 일렬투창 고배로 대표되는 토기군이 전개된 가야산 이남의 낙동강 서쪽으로 나뉘었다. 이에 교차투창 고배로 대표되는 토기군은 낙동강 동안(이동)양식-(고)신라토기, 상하 일렬투창 고배로 대표되는 토기군은 낙동강 서안(이서)양식-가야토기로 규정되었다(김원룡 1960).[1]

한편 과거의 고신라토기와 통일신라토기의 구분에서는 막연히 인화문이 찍힌 유개합이나 골호 등을 통일신라토기라 하였을 뿐 그 경계가 분명하지는 않았다.

그런데 경주지역에서는 3단각고배에 앞서 대각에 상하로 장방형 투창이 뚫린 4단각고배 단계가 존재하였고, 장경호도 이 4단각고배와 함께 출현하였던 사실이 새롭게 밝혀졌다(최병현 2013). 4단각고배는 경주지역에서도 아직 출토된 예가 많지 않지만 포항 등 인근 지역으로 퍼져나간 것도 확인되고 있다(최병현 2021a: 792~793). 신라전기양식토기 고배는 4단각으로 시작하여 3단각으로, 이어서 2단각으로 변화되어 간 것이 분명해진 것이다. 장경호도 4단각고배의 출현과 동시에 성립하여 고배의 변화와 함께 발전되어 간 것이다(최병현 2013). 한편 김해지역에서는 경주지역보다 먼저 대성동 2호묘 등 경주지역의 4단각고배 단계에 대응되는 가야양식토기 단계가 이미 밝혀져 있었다.

과거에 신라토기를 고신라토기와 통일신라토기로 나눌 때는 경주에서 4단각고배 단계, 김해지역에서 이에 대응하는 단계가 드러나기 훨씬 이전이었고, 와질토기론이 처음 제창될 때도 마찬가지였다. 그러므로 와질토기론에서는 경수에서 황남동 109호분-3·4곽, 부산·김해지역에서 복천동 21·22호묘의 3단각고배 출현 이전까지를 고식도질토기로 규정하였다(신경철 1982; 최종규 1982). 그러나 그 후 경주지역에서 4단각고배 단계가 드러났고, 김해지역에서도 대성동 2호묘, 예안리 117호묘 등 경주의 4단각고배 단계에 대응하는 단계가 존재한 것으로 밝혀진 이상 신라전기양식토기, 가야양식토기의 상한은 재조정되어야 한다. 대각에 상하로 장방형 투창이 뚫린 4단각고배와 장경호의 출현은 분명히 새로운 토기양식의 출현을 의미한다. 이에 필자는 경주지역에서 4단각고배와 장경호의 출현부터를 신라전기양식토기로, 김해지역에서 이에 상응하는 대성동 2호묘의 장방형 투창고배 출현부터를 가야양식토기로 규정한다.

물론 경주지역에서도 4단각고배 단계는 신라조기양식토기 이래의 통형(각)고배가 남아 있고, 부산·김해지역에서는 가야조기양식토기 이래의 외절구연고배 등이 더 늦게

....

1   김원룡(1960)의 규정에 따라 낙동강 동안양식, 낙동강 서안양식으로 써 왔으나, 이희준(1996a)이 낙동강 이동양식과 이서양식으로 수정하였다.

까지 남아 있어, 신라전기양식토기와 가야양식토기의 초기 단계는 과도기적인 양상을 띤다. 이 과도기를 고식도질토기(단계)에 포함하면서 '형식난립기'(조영제 2008), '양식 복합기'(박승규 2010)라 하기도 하지만, 새로운 토기양식이 출현한 후 구 기종이 잔존하는 과도기적 현상은 토기양식의 전환기마다 존재한다. 신양식의 성립 기점은 구양식의 기종 소멸이 아니라 신양식의 기종 출현으로 보아야 한다(최병현 2012: 155~156).

한편 과거에는 신라의 중심지 경주에서 적석목곽분으로부터 횡혈식석실분으로의 묘제 교체는 신라의 삼국통일 이후에 이루어졌고, 이와 함께 신라토기도 고신라토기에서 통일신라토기로 변화되었다고 보았다. 또 신라토기 중 인화문토기는 통일신라토기라고 하였다(有光敎一 1937; 한병삼 1979).

그런데 서기 553년에 착공하여 569년에 1차가람이 완공된 신라 황룡사지의 발굴조사를 통해 경주에서 단각고배의 출현과 같은 토기양식의 전환이 6세기 중엽에 시작되었으며, 곧이어 신라토기의 무늬도 '그은 무늬'에서 '찍은 무늬'로 바뀌어나간 것을 알 수 있게 되었다(최병현 1984). 토기양식의 전환과 함께 경주지역에서는 또 중심 묘제도 적석목곽분에서 석실봉토분으로 교체되어 경주분지를 둘러싼 분지 주변 산지에 횡혈식석실분이 축조되기 시작한 것으로 밝혀졌다(최병현 1988). 이에 필자는 신라토기에서 단각고배의 출현, 이와 동시에 성립된 장골용의 대형 유개합의 출현을 신라후기양식토기로의 전환으로 보아 그 이전까지를 신라전기양식토기의 하한으로 규정하고 있다(최병현 1987).

신라전기양식토기에서는 경질토기가 일반화되어, 대부분의 기종이 회청색 경질토기이다. 신라조기양식토기에는 그 이전 신식와질토기에서 유래한 연(와)질 기종이 많이 남아 있었지만, 이들은 신라 조기에 모두 소멸되거나 신라 조기 말 또는 전기 초에 경질토기로 전환되었다. 신라전기양식토기에서는 시루와 같은 회색토기나 심발형토기와 같은 적갈색토기만이 용도에 따라 저화도로 소성되어 연질토기로 남아 있었을 뿐이다. 또 신라 조기에는 경주지역의 지구나 유적에 따라 경(도)질토기와 연(와)질토기의 부장에 차이가 컸지만, 신라 전기에는 지구나 유적에 따른 부장토기의 차이도 없어져, 모든 유적에서 회청색 경질토기가 일반적으로 부장되었다. 신라 전기는 회청색 경질토기의 전성기를 이룬 것이다.

신라전기양식토기의 중심 기종 가운데 하나인 고배는 상하로 교차투창이 뚫린 나팔각고배가 핵심 기종이지만, 신라전기양식토기 성립기에는 신라 조기 이래의 통형(각) 고배 외에도 여러 형태의 고배가 공존하였다(최병현 2013). 고배에는 무개식과 유개식이 있었으며, 교차투창이 뚫린 나팔각고배에도 여러 아기종이 동시 공존하였고, 이와 함께 대각에 장방형 투창이 1단으로 뚫린 1단각고배가 시종 존재하였다. 신라전기양식토기 고배는 여러 아기종으로 분화되어 번성한 것이다.

그런데 이와 같은 신라전기양식토기 고배가 현재까지 경주지역에서 조사된 신라 조기의 고배를 계승하여 발전된 것으로 보기는 어렵다. 경주 황성동고분군에서는 신라 조기양식토기 이래의 고배가 신라 전기 초까지 잔존하기도 하였지만, 그 역시 과도기적 현상일 뿐이며, 이는 오히려 신라전기양식토기 고배의 계통이 그와는 다름을 보여주는 것이기도 하다.

경주지역에서는 현재까지 신라전기양식토기 고배의 선행 형식이 조사되지 않고 있다. 그런데 앞 장에서도 언급하였듯이 형태상 신라전기양식토기 고배의 선행 형식으로 판단되는 무개식·유개식고배들은 멀리 합천 옥전고분군에서 다수 출토되었다(최병현 1992b; 1993; 2013: 9~12). 현재로서는 경주지역에서 조사되지 않고 있는 그러한 토기들이 왜 합천 옥전고분군에서 존재하게 되었는지 알 수 없다. 하지만 합천 옥전고분군의 이른 시기 고분들에서 출토된 이 토기들은 합천 옥전지역 자체에서 성립한 것이라기보다는 경주에서 성립한 신라조기양식토기가 지방으로 확산되는 과정에 수반되어 옥전지역에서 정착된 것이라 판단된다. 다만 그와 같은 토기들이 경주지역에서 출토되지 않고 있는 것은 경주지역의 중심고분군인 월성북고분군에서 신라 조기고분들이 발굴조사 되지 않고 있는 데 그 이유가 있을 것이다. 이 고배들이 옥전지역에서 출토되고 있는 것은 신라 중심부와 옥전지역의 특별한 관계를 시사하는 것이라 판단된다.

신라전기양식토기의 중심 기종 가운데 다른 하나인 장경호는 신라조기양식토기 가운데 경주지역에서 조사된 구형호들로부터 발전된 것이 분명하다. 구형호의 중간에 돌대가 있는 짧은 경부가 길어져 장경호로 발전된 것이다(최병현 2012: 120~121). 구형호의 경부 장경화는 신라 조기 말부터 이루어졌지만, 신라전기양식토기 4단각고배의 출현과 함께 완전한 장경호로 발전하고, 동시에 여러 아기종으로 분화되었다.

고배와 장경호 외에도 신라전기양식토기의 기종 가운데에는 신라조기양식토기로부터 발전되어 온 것이 많다. 통형과 발형의 기대도 신라조기양식토기부터 이어져 온 것이고, 파배와 각종 단경호, 대호도 선행 형식이 신라 조기부터 존재한 것이다. 이와 같이 신라전기양식토기 기종의 대부분은 신라조기양식토기에서 유래되었지만, 신라 전기의 늦은 시기에 오면 병과 유개합 등 신라후기양식토기로 이어지는 새로운 기종들이 더해졌다.

신라전기양식토기의 가장 큰 특징은 경질토기의 일반화라고 할 수 있으며, 경질토기를 생산한 요지군은 각지에서 조사되었다. 경주에서는 손곡동·물천리 요지군이 대표적이며(국립경주문화재연구소 2004), 대구 욱수동·경산 옥산동에서도 대규모의 신라토기 요지군이 조사되었다(영남문화재연구원 2003; 2011). 소성실은 대개 그다지 길지 않은 세장한 장타원형이며, 지하식도 존재하지만 반지하식 등요들이 다수이다. 토기 소성에는 각종의 이상재, 이기재가 사용되었다.

신라전기양식토기의 편년 II

1. 상대편년

1) 편년자료와 분기

신라전기양식토기는 단위 지구나 유적과 관계없이 경질토기가 일반화되었고, 신라조기양식토기에 비하면 유적에 따른 각 기종 토기의 구조 속성 차이도 크지 않다. 신라조기양식토기에 비해 토기질, 기종과 각 기종 토기 형식의 제일성이 한층 강해진 것이다. 하지만, 이미 경주분지 동북쪽의 천북면 일대와 남쪽의 내남면 망성리 일대에 자리한 대규모 요지군이 잘 알려져 있듯이, 신라전기양식토기도 경주지역에서 일원적으로 생산·공급이 이루어진 것이 아니다.

실제 유적에서 출토되는 토기들도 단위 지구나 고분군에 따라 여전히 크고작은 차이가 보인다. 예컨대 경주 중심부 분지지구에서 그다지 멀지 않은 곳임에도 북부지구의 동산리고분군에서는 경부가 단면 V자 형태로 크게 벌어지고 상하 2단으로 구분된 직선적인 대각의 상단에만 장방형 투창이 뚫린 특징적인 대부장경호가 집중 출토되었는데(최병현 2021a: 634), 이와 같은 대부장경호는 경주지역에서도 다른 유적에서는 출토된 예가 거의 없다. 또 동남부지구의 중산리고분군과 분지지구 황성동고분군의 신라 전기 이른 시기 고분에서는 경주지역의 중심고분군인 월성북고분군에서 출토되지 않는, 유난히 직경이 넓은 대각의 2단각 교차투창 고배들이 출토되었다. 이러한 예들은 유적에 따른 세부기종의 차이로 분류의 문제일 수도 있지만, 동일한 세부기종으로 분류될 수밖에 없는 각종 토기들에서도 유적에 따른 미세한 차이가 관찰된다. 이는 물론 토기의 공급원이 달라 각기 다른 조업장에서 제작된 데에 따른 것이다.

경주지역의 신라전기양식토기도 이와 같이 단위 지구나 유적에 따라 크고작은 차이가 있으므로 그 상대편년에서는 기준되는 표준유적이 필요하다. 신라전기양식토기의 상대편년에서 표준이 되어야 할 유적은 당연히 신라 전기 경주지역 나아가 신라 전체의 중심고분군으로 기능한 경주 월성북고분군이다. 그러므로 신라전기양식토기의 상대편년은 경주 월성북고분군 출토 토기가 기본이 된다.

월성북고분군에서는 일제강점기 이래 수많은 발굴이 이루어져 왔고, 막대한 양의 신라토기가 출토되었다. 월성북고분군에서 신라 전기고분의 발굴은 지금도 이루어지고 있고 각종의 신라토기들이 출토되고 있다. 이에 그동안 학계에서도 신라토기, 특히 경주지역의 신라토기 편년은 월성북고분군 출토 토기를 중심 자료로 하여 이루어져 왔다(김원룡 1960; 藤井和夫 1979)

하지만 그동안 월성북고분군에서 출토된 토기들이 모두 편년자료로 원활히 활용될 수 있도록 학계에 보고되지는 못하였다. 과거 1980년대까지의 발굴조사에서는 대개 출토된 토기들이 선별 보고되거나 실측도 없이 소형의 사진으로 보고되기도 하여, 발굴 보고를 활용한 토기 연구에는 여러 가지 제약이 많았다.

그런 가운데서 1990년에 제출된 경주 월성로고분의 발굴 보고(국립경주박물관 1990)는 그 자체로서 신라토기 연구의 한 전환점이 되었다. 월성로고분의 발굴은 도로변에 하수구를 매설하기 위해 판 좁은 폭의 도랑에서 이루어져 많은 제약이 있었지만, 단일 사업지구의 넓지 않은 공간에서 계기적 변화 과정을 보여주는 긴 시간대의 토기들이 집중 출토된 것도 전무후무한 일이었거니와, 무엇보다 신라고분 조사·연구에서 출토 토기 전체의 실측도와 그 크기 수치가 보고된 것도 처음이었다. 이에 월성로고분 발굴보고 이전과 이후의 신라토기 연구는 확연히 달라질 수밖에 없었다(이성주 1993). 필자도, 월성로고분 발굴 보고 이전, 과거에 월성북고분군에서 출토된 신라토기의 형식 분류를 통해 신라고분을 상대편년한 바 있으나(최병현 1981; 1992), 활용 자료에서 기인 하는 여러 가지 한계가 있었다. 이에 월성로고분 발굴 보고 이후 이를 중심자료로 활용 한 신라토기 편년의 수정안을 제시해 왔다(최병현 2000a; 2012: 2013: 2014a).

따라서 여기서도 신라전기양식토기 상대편년의 큰 줄기를 형성하는 주 자료는 월 성로고분 발굴자료들이다. 하지만 신라전기양식토기 성립기의 자료는 아직 월성로고분 을 포함한 월성북고분군에서도 태부족이다. 이는 아직 월성북고분군에서 신라 조기고 분뿐만 아니라 신라 전기의 이른 시기 고분들도 거의 조사되지 못하고 있기 때문이다. 이에 신라전기양식토기 성립기의 상대편년에서 분기와 단계 구분의 기준은 월성로고 분을 포함한 월성북고분군 출토 자료에서 도출하겠지만, 그 전체적인 상대편년은 범위 를 넓혀 경주지역 전체 유적의 출토 토기들을 대상으로 할 수밖에 없음을 밝혀둔다.

신라전기양식토기 고배가 2단각으로 정형화된 이후의 신라토기 상대편년은 월성 로고분 출토 토기를 기본으로 하고, 부족한 부분은 월성북고분군 출토 자료로 채우도록 하겠다. 월성북고분군을 벗어나 다른 유적 자료의 보완이 꼭 필요한 경우는 월성북고분 군과 함께 분지지구에 자리한 황성동고분군의 출토 토기를 우선적으로 활용하여 가능 한 한 분지지구를 벗어나지 않도록 하겠다.

이와 같이 신라전기양식토기의 상대편년은 그 대상 자료의 유적 범위를 제한하고 자 하는데, 그것은 앞서 말한 대로 경주지역의 신라전기양식토기도 지구 단위나 고분군 에 따라 세부기종이나 토기의 구조 속성에 차이가 있으므로, 세부 편년에서 가능한 한 토기의 공급원에 따른 차이나 변이를 극복해야 하기 때문이다. 또 그렇게 해서 이 상대 편년이 경주지역의 신라토기, 나아가 전체 신라토기 편년의 기준이 되는

가 될 수 있기를 바라기 때문이다.

신라전기양식토기도 기종에 따라 변화의 속도가 다르므로 토기의 변화 흐름을 주 도해나간 중심 기종의 변천에 따라 분기하고, 소수 기종이나 출몰 시점 및 존속 기간이 제한된 기종들은 중심 기종과의 공반 관계에 따라 그 형식을 배열하는 것이 일관성 있 는 상대편년이 될 수 있다. 신라전기양식토기의 중심 기종은 고배와 장경호이다. 그 중 에서도 계기적인 변화가 가장 민감하게 반영된 것은 고배류들이다. 이에 신라전기양식

토기의 상대편년에서는 고배와 장경호의 변화 과정이 분기의 기준이 되겠지만, 그 중에서도 우선되는 것은 고배류의 변화이다.

형식분류에서는 계측속성과 명목속성이 함께 고려되어야 하지만, 같은 기종이라도 개체에 따라 변이가 많을 수밖에 없는 부분보다는 제작자의 기획이나 의도가 반영된 것이 분명한 구조의 파악이 중요하다. 이에 신라전기양식토기의 분기는 가능한 한 고배류와 장경호의 세부기종 출몰에 중점을 둠으로써 객관성이 좀 더 확보될 수 있도록 하고, 각 기종 토기의 형식은 제작자의 의도가 반영된 구조적인 속성에 따라 분류하여 각 분기를 세분하겠다.

신라전기양식토기에는 칼끝이나 컴퍼스와 같은 시문구로 그어낸 각종 기하학적 무늬가 베풀어져 있고, 무늬는 시기에 따라 종류, 그 새김 형태와 위치가 변화되었다. 그러나 신라전기양식토기에서도 무늬는 토기의 구조적인 속성보다 장기지속적이어서, 토기의 세부편년에는 그 변화 과정이 크게 도움이 되지 않는다. 물론 신라전기양식토기의 무늬는 그 형태나 상징의미 등 따로 연구되어야 할 부분이기도 하다. 이에 각 기종 토기의 상대편년에서 무늬는 크게 고려하지 않음을 밝혀둔다.

이상과 같은 기준에서 신라전기양식토기의 상대편년은 고배의 대각이 2단각으로 정형화되기 이전의 1기와 정형화된 2기 이후로 크게 나누어진다. 장경호에서도 2기 이후 세부기종의 활발한 분화가 일어나는 변화를 볼 수 있다. 1기는 다시 신라전기양식토기 고배가 4단각으로 출현한 1A기와 3단각으로 변화된 1B기로 나누어 볼 수 있는데, 크게는 1기를 신라전기양식토기의 성립기라고 할 수 있지만, 통형(각)고배의 공존 등 경주지역에서 신라조기양식토기의 잔재가 남아 있는 것은 1A기까지이며, 1B기는 그러한 잔재들이 사실상 사라진 신라전기양식토기의 정착기라고 할 수 있다.

2기 이후의 변화 과정에서 고배는 대각의 하부에 여러 줄의 돌대가 돌아간 1단 투창 유개식 고배, 즉 1단투창 대각하부돌대 유개식고배의 출현이 늦은 시기의 한 분기점이 될 수 있다. 그 사이는 고배에서 2단각 유개식고배(소2)의 출현도 유의되지만, 그보다는 장경호에서 부가구연장경호의 성립이 가장 큰 변화이며, 그와 동시에 장경호의 여러 아기종들이 출현한다. 2단각 유개식고배(소2)가 출현하는 시기도 같다. 이에 부가구연장경호의 출현을 기준으로 그 이전을 2기, 그 이후를 3기, 대각하부돌대 유개식고배의 출현부터를 4기로 구분하고자 한다. 신라전기양식토기는 이와 같이 크게 4기로 구분되며, 각 분기는 토기의 형식 변화에 따라 세분된다.

이하에서는 신라전기양식토기 각 기종의 형식 변천에 대해 살펴보겠는데, 도면 작성과 이해의 편의를 위해 1기와 2기 이후로 나누어 설명하도록 하겠다.

2) 1기(성립기)

(1) 기종별 토기형식의 변천

① 고배류

고배류는 대각의 형태에 따라 대각이 원통형인 통형(각)고배, 대각이 나팔형으로 벌어져 내려온 나팔각고배, 대각이 나팔형이지만 직선적인 대각에 2단으로 투창을 뚫은 2단각고배, 짧은 대각에 1단의 투창을 뚫은 1단각고배로 분류되며, 유·무개식의 배신과 대각의 세부형태에 따라 세부기종을 나누어 볼 수 있다.

● 통형(각)고배(도 2.2-1)

일반적으로 통형고배라 하며, 유·무개식 배신에 원통형의 대각이 붙은 것으로 대각의 하단이 넓어져 접지부가 된다. 배신과 대각의 형태에 따라 세부기종이 A, B, C로 나누어진다.

◎ 통형고배 A: 경주에서는 신라 조기 2b기의 경주 죽동리 1호묘에서 출토된 것이 유일하나, 영남지방의 여러 곳에서 신라 전기로 편년되는 통형고배 A가 출토되고 있다 (최병현 2012; 2018b). 죽동리 1호묘의 통형고배는 배신이 굴절되어 기벽 상부가 외반하는 무개식 고배이다. 배신에 2줄의 돌대를 배치하여 기벽을 3단으로 구분하였고, 대각의 원통부 중앙과 하부에 3각형의 소투공을 위아래로 2개씩 모아 뚫었다.

신라 조기 2a기 병행기인 합천 옥전 25호묘 출토 고배와 같은 것이 이 통형고배 A의 선행 형식이라고 판단되며, 죽동리 1호묘 출토 고배는 그 선행 형식에서 대각이 길어지고 소투공을 뚫은 것임을 알 수 있다.

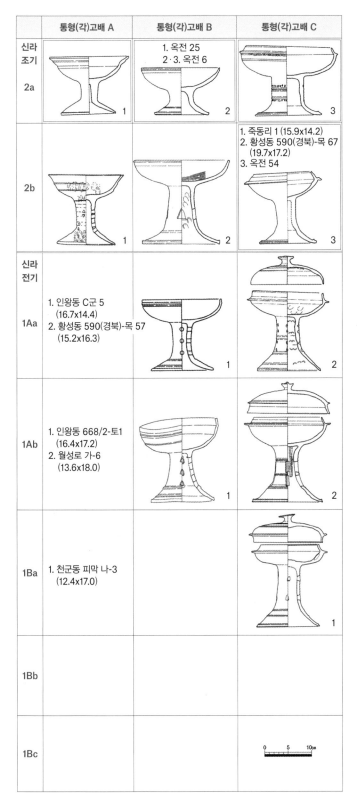

	통형(각)고배 A	통형(각)고배 B	통형(각)고배 C
신라 조기 2a	1	1. 옥전 25 2·3. 옥전 6 2	3
2b	1	2	1. 죽동리 1 (15.9x14.2) 2. 황성동 590(경북)-목 67 　(19.7x17.2) 3. 옥전 54 3
신라 전기 1Aa	1. 인왕동 C군 5 　(16.7x14.4) 2. 황성동 590(경북)-목 57 　(15.2x16.3)	1	2
1Ab	1. 인왕동 668/2-토1 　(16.4x17.2) 2. 월성로 가-6 　(13.6x18.0)	1	2
1Ba	1. 천군동 피막 나-3 　(12.4x17.0)		1
1Bb			
1Bc			0　　5　　10cm

도 2.2-1 통형각고배[( ) 안은 구경X기고cm]

◎ 통형고배 B: 신라 전기의 것으로는 인왕동고분 C군 5호묘에서 출토된 것이 대표적이며, 얕은 盌形의 배신에 통형 대각이 붙었다. 이 고배는 인왕동고분 C군 5호묘에서 장경호(구자봉 1997: 84)와 공반되어, 전기 1Aa기로 편년된다. 배신의 구연부 외면에 1줄의 돌대를 배치하였고, 대각 원통부에는 원형의 소투공을 위아래로 3개 뚫었다. 대각의 원통부에서 접지부로 꺾이는 부분과 접지부 하단 가까이에 돌대를 배치하였다.

이 통형고배 B는 황성동 590(경북)-67호묘의 신라 조기 2b기 통형고배에서 변화된 것이며, 신라 조기 2a기 병행기인 합천 옥전고분군 6호묘 출토 무개식 고배가 배신과 대각의 형태로 보아 그 선행 형식인 것이 분명하다고 판단된다. 이로 보아 통형고배 B도 대각이 길어지며 신라 조기 2b기부터 대각에 소투공을 뚫은 것을 알 수 있다.

1Ab기의 인왕동 668/2-1호묘(국립경주문화재연구소 2002) 출토 고배는 앞의 1Aa기 형식에서 배신이 깊어지고 대각도 나팔형으로 변해가는 것을 볼 수 있는데, 배신의 구연부 아래와 중간에 돌대를 배치하여 기벽을 2단으로 구분하였고, 대각의 소투공도 3각형으로 바뀌었다.

◎ 통형고배 C: 유개식 배신에 4단으로 구분된 긴 통형대각이 붙은 것으로, 신라 전기의 것으로는 경주 황성동 590(경북)-57호묘 출토 고배를 표지로 한다. 고배의 얕은 배신에서 구연부는 직립에 가깝고, 뚜껑받이 턱이 길게 뻗었다. 단추형 꼭지가 붙은 얕은 뚜껑에는 3줄의 침선을 배치하여 기면을 4단으로 구분하고 점선으로 이루어진 집선문을 중간의 두 단에 시문하였다. 대각에는 통형부 중간, 통형부에서 접지부로 꺾이는 부분, 접지부 하단 가까이에 돌대를 배치하여 대각을 4단으로 구분하였으며, 통형부 상하단에 타원형의 소투공 2개씩을 위아래로 모아 뚫었다.

이와 같은 형식의 통형고배는 월성 서편의 흑색재층에서도 출토된 바 있으며(문화재연구소 경주고적발굴조사단 1990: 252), 신라 조기 2b기의 병행기인 합천 옥전 54호묘, 그 앞의 2a기 병행기인 옥전 6호묘 출토 유개식 통형고배가 그 선행 형식들이라 판단된다. 신라 전기의 통형고배 C는 신라 조기의 형식에서 대각이 길어지면서 단을 나누고 소투공을 뚫은 것을 알 수 있다.

월성로 가-6호묘에서 출토된 장각의 고배들은 통형고배 C의 1Ab기 형식으로 판단되는데, 대각의 원통부 2곳과 원통부에서 접지부로 꺾이는 부분에 돌대를 배치하여 대각을 4단으로 구분하고, 중간 두 단에 소형의 장방형 투창, 또는 위 세 단에 원형의 소투공(뒤의 도 2.2-17의 1Ab-2 참조)을 상하 일렬로 뚫었다. 뚜껑은 드림부 위에 밖으로 뻗은 돌대가 있는 것으로 앞의 1Aa기 황성동 590(경북)-57호묘의 것과는 다른 계열이 며, 단추형 꼭지의 가운데에 돌출부가 있는 것과 없는 것이 있고, 파상문, 집선문 등을 시문하였다.

천북면 피막유적 나-3호묘는 공반토기로 보아 1Ba기로 편년되는데, 이 고분에서 출토된 유개식 통형고배는 대각의 형태가 앞의 1Ab기 월성로 가-6호묘 고배보다는 1Aa기의 황성동 590(경북)-57호묘 고배와 가까우나 그보다 직경이 넓어졌고 삼각형의 소투공을 상하로 뚫었다. 얕아진 배신에 덮인 뚜껑은 1Ab기의 월성로 가-6호묘 뚜껑과 같은 계열이나 상면이 편평해진 것을 볼 수 있다. 뚜껑에는 꼭지 아래와 중간에 동심원 문을 새겼다.

●나팔각고배(도 2.2-2)

유·무개식의 배신에 나팔형 곡선으로 벌어지는 대각이 붙은 것으로 배신과 대각 의 형태에 따라 세부기종을 A, B, C로 나누어 볼 수 있다.

◎ 나팔각고배 A: 무개식 배신에 나팔형 대각이 붙은 것으로, 황오동 100-18호묘에 서 출토된 고배가 가장 이른 1Aa기 형식으로 판단된다. 면을 이룬 배신의 구연부 끝은 얕은 凹면이고, 구연부 아래에는 2줄의 돌대를 배치하였다. 대각은 돌대와 침선을 배치 하여 4단으로 구분하였는데, 접지부 쪽 두 단의 너비가 위의 두 단들보다 좁다. 위의 두 단 사이는 3줄의 침선으로 구분하고 상하로 긴 장방형 투창을 교차하여 뚫었다.

이 고배의 선행 형식은 합천 옥전고분군 66호묘와 27-A호묘에서 출토된 무개식고 배 같은 것들이라고 판단되며, 선행 형식에서 구연부 아래에 두른 2줄의 돌대는 유지되 면서 배신이 깊어지고, 대각도 길어지며 투창을 뚫은 것을 알 수 있다.

황성동 590(신라)-105호묘 출토 고배는 1Ab기 형식으로 배신이 깊어졌으며, 대각 은 곡선적이지만 상하 직경의 차이가 줄었고, 4단으로 구분하여 상 2단에 장방형의 교 차투창을 뚫었으나, 최하단이 좁아져 3단각으로 이행하는 것을 알 수 있다.

월성로 가-5호묘의 화염형 투창 고배(뒤의 도 2.2-17의 1Ab-7 참조)도 나팔각고배 A 의 1Ab기 형식으로 간주된다. 이 고배는 배신의 상하 두 곳에 돌대를 1줄씩 배치하여 기벽을 3단으로 나누었으며, 대각은 돌대로 4단 구분하였는데, 아래 1·2단의 너비가 윗

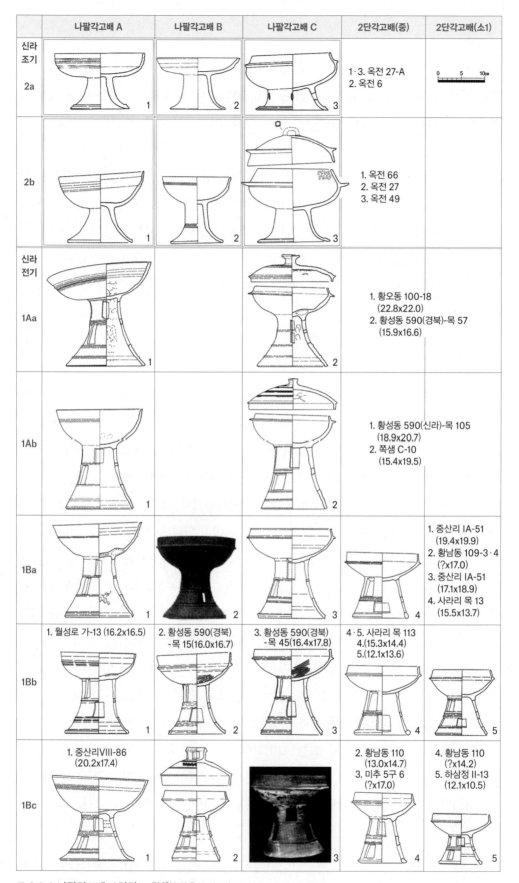

	나팔각고배 A	나팔각고배 B	나팔각고배 C	2단각고배(중)	2단각고배(소1)
신라 조기 2a	1	2	3	1·3. 옥전 27-A 2. 옥전 6	0 5 10cm
2b	1	2	3	1. 옥전 66 2. 옥전 27 3. 옥전 49	
신라 전기 1Aa	1		2	1. 황오동 100-18 (22.8x22.0) 2. 황성동 590(경북)-목 57 (15.9x16.6)	
1Ab	1		2	1. 황성동 590(신라)-목 105 (18,9x20.7) 2. 쪽샘 C-10 (15.4x19.5)	
1Ba	1	2	3	4	1. 중산리 IA-51 (19.4x19.9) 2. 황남동 109-3·4 (?x17.0) 3. 중산리 IA-51 (17.1x18.9) 4. 사라리 목 13 (15.5x13.7)
1Bb	1. 월성로 가-13 (16.2x16.5) 1	2. 황성동 590(경북) - 목 15(16.0x16.7) 2	3. 황성동 590(경북) - 목 45(16.4x17.8) 3	4·5. 사라리 목 113 4.(15.3x14.4) 5.(12.1x13.6) 4	5
1Bc	1. 중산리VIII-86 (20.2x17.4) 1	2	3	2. 황남동 110 (13.0x14.7) 3. 미추 5구 6 (?x17.0) 4	4. 황남동 110 (?x14.2) 5. 하삼정 II-13 (12.1x10.5) 5

도 2.2-2 나팔각고배·2단각고배(1)[( ) 안은 구경X기고cm]

단들보다 좁고 위에서 둘째 단에 화염형 투창을 뚫었다. 월성로 가-5호묘에서 이와 공반한 파손된 고배편들 가운데에는 배신부의 구연부 아래에 돌대가 한 줄만 돌아간 것, 투창이 삼각형인, 같은 형태의 대각이 포함되어 있다(뒤의 도 2.2-17의 1Ab-6 참조).

중산리 IA-51호묘 출토 무개식고배는 나팔각고배 A의 1Ba기 형식이다. 배신은 1Ab기 형식에 비해서 약간 얕아졌고, 등간격의 3단각으로 바뀐 대각은 상 2단에 장방형 투창을 교차로 뚫었으며, 나팔형의 곡선을 유지하고 있다.

월성로 가-13호묘 출토 무개식고배는 중산리 IA-51호묘 고배보다 배신이 얕고 기벽 상부가 직립하며, 3단 대각의 하단이 좁아진 것으로 이 고배의 1Bb기 형식이다.

중산리 VIII-86호묘 출토 무개식고배는 앞의 1Bb기 형식보다 3단 대각의 하단이 더욱 좁아진 것으로 나팔각고배 A의 1Bc기 형식이다.

◎ 나팔각고배 B: 황남동 109호분-3·4곽 출토 고배를 표지로 하며, 배신은 구연부가 외반하는 무개식이지만 구연부 아래에 유개식의 뚜껑받이 턱과 같은 돌대가 돌출되었고, 대각은 나팔형 3단각이다. 인왕동(문)-10호묘, 사라리 13호묘 등에서도 동형의 3단각고배가 출토되었다(뒤의 도 2.2-17의 1Ba-2, 3 참조). 이 형식의 고배는 신라전기양식토기 1Ba기로 편년되는데, 과거에는 이 3단각고배를 신라식 교차투창 고배의 출현으로 보았다.

현재로서는 이 고배의 1A기 선행 형식을 찾을 수 없고, 신라조기양식토기 2b기와 병행하는 합천 옥전 27호묘, 2a기와 병행하는 합천 옥전 6호묘의 무개식고배가 먼 선행형식들로 판단된다. 신라전기양식토기 1Ba기의 나팔각고배 B는 선행 형식에서 배신이 깊어지면서 구연부가 분리되어 가고, 대각의 직경이 넓어져가는 방향으로 변화되어 온 것이라 판단된다.

1Bb기 형식은 1Ba기 형식에 비해 배신에서 구연부가 직립하고, 곡선적인 3단 대각의 하단이 좁아진 것으로, 월성북고분군에서는 미추왕릉지구 5구역 1호묘 출토 고배(뒤의 도 2.2-17의 1Bb-1 참조)가 대표적이다.

1Bc기 형식은 배신의 구연부가 내경하여 유개식고배로 전환되었으며, 3단 대각은 직선적으로 바뀌었고 대각 하단도 더 좁아졌다. 월성북고분군에서는 황남동 110호분, 미추왕릉지구 5구역 6호묘 등에서 출토되었다. 이 단계에서 대각형 꼭지가 붙은 고배 뚜껑의 출현을 황남동 110호분 출토 고배에서 볼 수 있다. 뚜껑의 기면을 침선대로 3단

구분하고 중단에 파상문 또는 점선문을 시문하였다.[2]

◎ 나팔각고배 C: 유개식 배신에 나팔형의 곡선적인 4단 대각이 붙은 것으로, 신라전기양식토기 1Aa기로 편년되는 황성동 590(경북)-57호묘 출토 고배를 표지로 한다. 깊지 않은 배신의 구연부 끝은 면을 이루고 뚜껑받이 턱이 길고 날카롭게 뻗었으며, 드림부가 짧은 납작한 뚜껑에는 단추형 꼭지가 붙었다. 대각의 상 2단에 소형의 장방형 투창을 상하 일렬로 뚫었다. 봉길리유적 석곽묘에서 출토된 4단 나팔각고배도 대각의 형태가 이와 같지만 배신이 황성동 590(경북)-57호묘 고배보다 약간 깊다(뒤의 도 2.2-17의 1Aa-1 참조).

이 고배의 선행 형식도 경주지역에서는 아직 출토되지 않았고, 신라조기양식토기 2b기와 병행하는 합천 옥전 49호묘, 2a기와 병행하는 합천 옥전 27-A호묘 출토 유개식 고배가 그 선행 형식으로 판단된다. 신라전기양식토기 1Aa기 형식은 선행 형식에서 배신은 얕아지고 구연부도 짧아졌으며, 높아진 대각을 4단으로 구분하고 장방형 투창을 뚫은 것으로 판단된다.

쪽샘 C-10호묘 출토 4단각고배는 나팔각고배 C의 1Ab기 형식으로 판단된다. 짧은 구연부의 깊어진 배신, 기벽이 4단으로 나뉘고 단추형 꼭지가 붙은 뚜껑, 직선화 된 내각으로 보아 이 고배는 앞의 1Aa기 형식에서 변화되었다기보다는 그와는 계보를 달리하는 것으로 판단되지만, 4단으로 구분한 대각의 하 2단이 상 2단에 비해 좁아지고 상 2단에 장방형의 교차투창을 뚫은 것으로 보아 앞의 1Aa기 형식과 뒤의 1Ba기 형식의 사이에 들어가는 것은 분명하다고 판단된다.

월성로 가-5호묘에서 출토된 4단 구분 나팔형 대각도 배신은 결실되었지만 이 나팔각고배 C의 1Ab기 형식이었을 것으로 판단된다. 대각 상 1단과 3단에 장방형 투창을 교차로 뚫었는데, 상 1단의 투창은 상하로 긴 장방형이나 3단의 투창은 좌우로 긴 장방형으로 차이가 있다(뒤의 도 2.2-17의 1Ab-5 참조).

....

2 이하 황남동 110호분 출토 토기는 일부 실측도가 보고서(문화재관리국 경주사적관리사무소 1975)에 수록되어 있으나, 그 후 영남대학교 박물관에서 새로 실측한 것과 차이가 많아 이 책에서는 모두 새 실측도로 바꾸었지만, 뒤의 〈도 2.2-4〉의 1단각고배-유개식 A의 1Bc기 형식 뚜껑은 새 실측도에 맞는 것이 없어 보고서의 것을 그대로 두었다. 뒤에 밝히듯이 새 실측도는 영남대학교 박물관에서 작성한 것을 김용성으로부터 제공받았다.

중산리 IA-51호묘에서 출토된 1Ba기 형식은 얕은 배신, 곡선적인 대각으로 보아 1Aa기 형식의 계보를 잇는 1Ba기 형식으로 판단된다. 구연부 끝은 면을 이루었고 3등분한 나팔형 대각의 상 2단에 장방형의 교차투창을 뚫었다.

1Bb기 형식도 구연부 끝은 면을 이루었는데, 1Ba기 형식에 비해 3단으로 구분된 대각의 하단이 좁아졌다. 월성로 가-13호묘 출토 유개식 고배도 3단 대각의 하단이 좁아진 나팔각고배 C의 1Bb기 형식이지만(뒤의 도 2.2-17의 1Bb-2 참조), 짧아진 구연부의 끝이 뾰족한 배신의 형태나 드림부가 길게 내려오고 가운데가 솟은 단추형 꼭지가 붙은 뚜껑의 형태가 앞의 형식들과는 이질적이어서 계보를 달리한 것으로 판단된다. 이 고배의 뚜껑은 앞의 통형고배 C의 1Ab기 형식인 월성로 가-6호묘 고배 뚜껑에서 변화된 것이 분명하다.

1Bc기 형식은 미추왕릉지구 5구역 6호묘에서 출토된 것과 같이 배신의 구연부가 더 내경하고 3단 대각의 하단도 더 좁아진 것이다.

● 2단각고배 1(도 2.2-2)

유개식 배신에 장방형 투창이 상하 교차로 뚫린 2단 대각이 붙은 것이다. 대각은 나팔각이지만, 앞의 나팔각고배들에 비하면 직선적이다. 현재로서는 1Ba기에 중형, 1Bb기에 소1형이 발생한 것으로 판단되는데, 뒤의 3a기에 소2형이 더 추가된 것으로 보인다.

◎ 2단각고배(중): 사라리 13호묘에서 나팔각고배 B의 1Ba기 형식과 공반된 것이 가장 이른 형식으로 판단된다. 얕은 배신에 끝이 둥근 구연부는 직립에 가깝고, 상하 직경이 넓은 대각은 직선적인데, 장방형의 교차투창을 뚫었다. 대각은 2단각이지만 상단이 넓어 상단 투창은 상하로 긴 장방형이지만, 좁은 하단의 투창은 좌우로 긴 장방형이다. 대각 하단의 접지부도 앞의 고배들과는 달리 밖으로 반전되는 대상이다.

1Bb기 형식은 1Ba기 형식에 비해 배신의 기벽 단면이 둥글어졌고, 대각도 상하 직경이 줄면서 가볍게 곡선적으로 변화하였다. 그러나 대각의 상하 교차투창 중 상단의 장방형 투창은 아직 상하로 길다. 대각 하단의 접지부도 더 반전되었다.

1Bc기 형식은 배신이 좀 더 깊어지고 대각이 높아져 전체적으로 날씬해졌다. 배신의 구연부 끝은 뾰족하며, 대각은 상하단이 균분되어 교차로 뚫린 상하단의 장방형 투

창이 모두 상하로 길다. 대각 하단의 접지부는 끝이 뾰족해지며 반전되었다.

◎ 2단각고배(소1): 사라리 113호묘에서 앞의 2단각고배(중) 1Bb기 형식과 공반된 것이 가장 이른 것으로 판단되며, 이 고배들은 나팔각고배 B의 1Bb기 형식들과도 함께 출토하였다. 끝이 뾰족한 구연부가 내경한 배신이 깊은 편이며, 직선적인 대각은 2단각이라 하였지만 하단의 접지부가 넓어 3단각처럼 보인다.

1Bc기 형식은 배신이 얕아졌고, 대각 하단의 접지부가 둥근 대상이 되어 완전한 2단각이 되었다.

● 2단각고배 2(도 2.2-3)

앞의 2단각고배(중)과 (소1)은, 뒤에서 보듯이, 형식이 변화하며 신라전기양식토기는 물론 신라후기양식토기로까지 이어지는 것이지만, 경주지역에서는 그보다 출토지가 한정되고, 또 일찍 소멸되는 소수 기종의 고배들이 존재하였다. 이 소수 고배들은 A와 B로 나누어지는데, A는 배신에 비해 대각의 직경이 넓고 높이가 낮은 것으로, 그러한 형태가 소멸될 때까지 유지된 교차투창 2단각고배들이다. A는 다시 대각의 넓은 직경과 직선적인 형태가 유지된 A1형과 대각의 직경이 상대적으로 좁아지고 곡선적으로 변해간 A2로 분화되었다. B는 대각을 장방형의 투창 뚫린 긴 상단과 투창이 뚫리지 않은 짧은 하단으로 나눈 것이다.

A는 경주 동남부지구의 중산리고분군, 다운동고분군과 그 이남의 울산지역 고분군, 그리고 남부지구의 하삼정고분군에서 출토된 예가 많고, 분지지구에서는 황성동고분군에서 출토되었지만 월성북고분군에서는 아직 출토된 예를 찾지 못하였다. 월성 해자와 주변 조사에서도 출토된 바 있다(문화재연구소 경주고적발굴조사단 1990). B는 황성동고분군에서 소수 출토되었다.

◎ 2단각고배(소수A1): 중산리 VIII-43호묘 출토 고배가 가장 이른 시기인 1Ba기 형식으로 판단되며, 앞의 2단각고배 1에 소개한 2단각고배(중)의 1Ba기 형식인 사라리 13호묘 고배와 비교하면, 배신의 기벽이 둥글고, 배신 직경에 비해 직선적이고 짧은 대각의 직경이 넓은 것을 알 수 있다. 또 배신의 내경한 구연부 끝이 뾰족한 것도 차이점이다. 이 계열 고배들의 1Bc기 형식까지는 큰 변화가 보이지 않지만, 대체로 규모가 약간씩 커지고 대각 직경이 좁아면서 높아지는 것을 알 수 있다. 2a기 형식은 대각의 상하

직경 차이가 줄고 높아졌다. 경주지역 고분에서 2a기 형식까지 출토되었고, 2b기 이후 형식은 찾아지지 않았다.

◎ 2단각고배(소수A2): 앞의 2단각고배(소수A1)에서 분화된 것으로, 월성 서편의 재층에서 출토된 고배(문화재연구소 경주고적발굴조사단 1990: 252)가 가장 이른 형식으로 보인다. A1의 1Bb기 형식에 비하면 대각의 직경이 좀 더 좁고 곡선적인 것을 알 수 있다. 배신의 구연부 끝은 면을 이루었다. 중산리 VIII-44호묘 출토 고배가 1Bc기 형식, 중산리 VIII-80호묘 출토 고배가 2a기 형식인데, 대각의 직경이 점차 좁아지면서 높아지는 변화가 보인다. 구연부 끝은 2a기 형식까지 면을 이룬 상태가 유지되었다.

◎ 2단각고배(소수 B): 황성동 고분군에서 1Bb기 형식부터 출토

	2단각고배(소수A1)	2단각고배(소수A2)	2단각고배(소수B)
1Ba	1	1. 중산리VIII-43 (13.1×12.0)	0 5 10cm
1Bb	1. 중산리VIII-84 (14.4×13.8)	2. 월성 서편 재층 (14.8×14.2)	3. 황성동 590(경북) -목 28(14.8×14.8)
1Bc	1. 황성동 590(경북) -목 29(16.0×15.0)	2. 중산리VIII-44 (16.8×14.8)	3. 황성동 590(경북) -목 10(14.1×13.2)
2a	1. 황성동 590(경북) -목 43(14.4×17.9)	2. 중산리VIII-80 (14.2×14.4)	3. 황성동 590(경북) -목 27(13.4×12.8)
2b		1. 손곡동 B-6 (11.2×11.7)	1

도 2.2-3 2단각고배(2)[( ) 안은 구경X기고cm]

되었는데, 배신은 유개식 형태이지만, 구연부가 직립하거나 직립에 가깝고, 실제 뚜껑이 반출된 예는 없다. 1Bc기, 2a기 형식으로 오면서 대각의 하단이 좁아졌으며, 1Bc기의 황성동 590(경북)-10호묘에서는 배신에서 구연부가 직립한 것, 외반한 것, 내경한 것이 함께 출토되었다. 규모가 줄면서 배신이 깊어지고 뚜껑이 덮인 손곡동 B-6호 석곽묘 출토 고배가 2b기 형식으로 판단되는데, 대각이 직선적으로 변한 것을 알 수 있다.

● 1단각 유개식고배(도 2.2-4)

유개식 배신에 장방형 투창이 뚫린 1단 대각이 붙은 고배들이다. 규모와 대각의 변화에서 계열이 다른 A와 B로 나뉜다.

A는 B에 비해 규모가 약간 크고 시기가 내려오며 대각의 길이가 길어지고 곡선적이 되는 것이다. 황남동 95/6-13호묘 출토 고배가 가장 이른 시기 형식으로 1Ba기에 편년된다. 배신에서 끝이 뾰족한 구연부가 길게 뻗었고, 방형에 가까운 큰 투창이 뚫린 대각의 직경이 넓고 짧다. 단추형 꼭지가 달리고 상면이 둥근 뚜껑에서 드림부가 길게 뻗었다.

1Bb기 형식은 대각이 상대적으로 길어지고 직경이 좁아져 투창이 상하로 긴 장방형이 되었다.

1Bc기 형식부터는 규모가 축소되었고, 대각형 꼭지가 붙은 뚜껑이 덮였다.

B는 A에 비해 규모도 작지만 시기가 내려와도 짧고 직선적인 대각이 그대로 유지되어 앞의 A와 뚜렷한 차이를 보인다. 월성북고분군보다는 외곽지구에서 출토된 예가 많다.

황성동 590(경북)-26호묘 출토 고배가 가장 이른 시기 형식으로 1Bb기에 편년된다. 뚜껑 꼭지는 단추형이며, 단면이 둥근 배신에서 뚜껑받이 턱이 짧게 표시되었다.

1Bc기 형식은 대각형 꼭지가 붙은 뚜껑이 덮였고, 편평한 바닥에서 기벽이 직선적으로 올라간 배신의 뚜껑받이 턱이 분명해졌다.

● 1단각 무개식고배(도 2.2-4)

무개식 배신에 투창이 뚫린 1단 대각이 붙은 것으로 규모가 앞의 1단각 유개식 A와 같은 것, 이보다 소형으로 배신에 파수가 붙은 것, 배신에 파수가 붙지 않고 대각이 좀 길게 출현하여 늦은 시기에는 대각 하부에 돌대가 돌아간 것 등으로 분류된다.

◎ 1단각고배-무개식: 황남동 95/6-13호묘 출토 고배가 가장 이른 시기 형식으로 1Ba기에 편년된다. 배신의 구연부 아래에 뚜껑받이 턱이 돌출되고 단추형 꼭지의 뚜껑이 덮여 나왔지만, 배신에서 구연부가 외반한 무개식이다. 짧은 대각의 상하 직경이 거의 같고 직선적이다. 이와 같은 무개식 고배는 사라리 13호묘에서도 출토되었다.

1Bb기 형식은 얕아진 배신에서 구연부가 직립하였고, 구연부의 뚜껑받이 턱 대신 돌대가 배치되었다. 대각은 하단이 벌어지며 곡선적이 되었다.

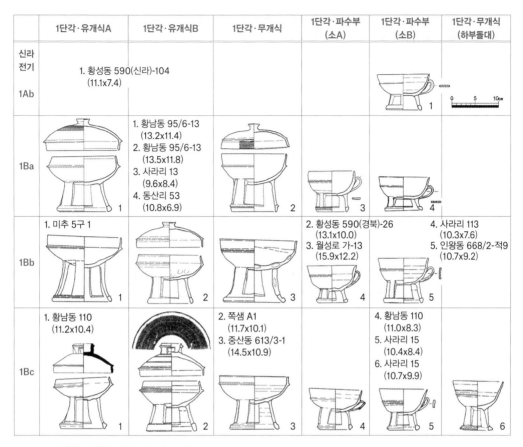

	1단각·유개식A	1단각·유개식B	1단각·무개식	1단각·파수부(소A)	1단각·파수부(소B)	1단각·무개식(하부돌대)
신라전기 1Ab	1. 황성동 590(신라)-104 (11.1x7.4)					1
1Ba	1	1. 황남동 95/6-13 (13.2x11.4) 2. 황남동 95/6-13 (13.5x11.8) 3. 사라리 13 (9.6x8.4) 4. 동산리 53 (10.8x6.9) 2		3	4	
1Bb	1. 미추 5구 1 1	2	3	2. 황성동 590(경북)-26 (13.1x10.0) 3. 월성로 가-13 (15.9x12.2) 4	4. 사라리 113 (10.3x7.6) 5. 인왕동 668/2-적9 (10.7x9.2) 5	
1Bc	1. 황남동 110 (11.2x10.4) 1	2	2. 쪽샘 A1 (11.7x10.1) 3. 중산동 613/3-1 (14.5x10.9) 3	4	4. 황남동 110 (11.0x8.3) 5. 사라리 15 (10.4x8.4) 6. 사라리 15 (10.7x9.9) 5	6

도 2.2-4 1단각고배[( ) 안은 구경X기고cm]

1Bc기 형식은 외반된 구연부 아래에 뚜껑받이 턱이 돌출된 것이 앞의 1Ba기 형식과 같으나 그보다 배신이 얕아진 것을 알 수 있다. 대각은 직선적이지만 아래 쪽이 약간 넓어졌다.

1단각고배–무개식은 이와 같이 배신이 얕아지고 대각이 짧아지는 변화를 보인다.

◎ 1단각고배– 파수부 소형: 대상의 파수가 붙은 무개식 배신에 1단 투창의 대각이 붙은 소형 고배들인데, 1기에는 큰 차이가 없으나 뒤의 2a기부터는 배신과 대각의 형태에서 분명히 차이가 있는 두 계열로 나누어진다. 이에 미세한 차이이지만 1기의 1단각 파수부 소형 고배들도 뒤의 2a기 이후의 계열로 연결될 것으로 판단되는 것들을 찾아 배치하였다

A는 배신에서 돌대로 구분된 구연부가 직립하는 것으로, 사라리 13호묘 출토 고배

가 가장 이른 시기의 1Ba기 형식으로 편년된다. 구연부가 직립하였고, 방형에 가까운 투창이 뚫린 대각은 상하 직경이 같고 직선적이다.

1Bb기 형식은 1Ba기 형식에 비해 배신이 깊어졌고 구연부가 외반하였지만, 짧은 대각은 아래쪽 직경이 미세하게 넓어졌다.

1Bc기 형식은 앞의 형식들에 비해 얕아진 배신에서 구연부가 더 외반하였고, 아래쪽 직경이 미세하게 넓어진 대각이 높아졌다.

B는 배신에서 돌대로 구분된 구연부가 처음부터 외반된 것으로 배신이 점점 깊어져가는 변화를 보인다. 앞의 A에 앞서 1Ab기 형식부터 찾아졌으며, 1Bb기 형식까지는 앞의 A와 큰 차이가 없지만, 대각에 비해 배신의 직경이 넓은 것을 여기에 배치하였다. 1Ba기 형식은 A에 비해 대각이 짧지만, 1Bb기 형식은 대각이 높아졌고, 1Bc기 형식부터는 깊어진 배신에서 기벽이 밖으로 벌어지며 뻗어 앞의 A와 확연히 구분된다.

◎ 1단각고배-무개식·하부돌대: 파수가 없는 깊은 배신에 1단 투창의 대각이 붙은 소형의 무개식 고배로 늦은 시기에는 높아진 대각 하단에 2줄의 돌대를 두른다. 사라리 15호묘 출토 고배가 가장 이른 시기 형식으로 1Bc기에 편년되는데, 배신의 형태는 규모가 약간 크지만 앞의 1단각고배-파수부 소형 B와 차이가 없으나, 대각이 그보다 높아 투창은 장방형이다.

② 3이부유대완(도 2.2-5)

고배보다 규모가 크고 일반적으로 동체에 3이가 붙은 것인데, 1Bc기까지는 유적에 따라 구조 형태에 차이가 커서 유적별로 나누어 살펴본다.

A는 황성동고분군의 출토 토기로, 돌대를 배치하여 3단으로 구분한 동체가 깊고 대각은 짧은 것이 특징이다. 황성동 590(신라)-104호묘에서 출토된 1Ab기 형식은 깊은 동체의 편평한 바닥에 1단 투창이 뚫린 짧은 대각이 붙었다. 대각의 상하 직경이 같고, 투창은 좌우로 긴 장방형이다. 1Ba기 형식은 황성동유적에서 찾아지지 않았으나 월성북고분군의 황남동 109호분-3·4곽 출토 3이부유대완이 같은 계열로 보인다. 대각이 낮아 투창은 좌우로 긴 장방형이다. 1Bb기 형식은 동체 바닥이 둥글어졌고, 대각은 아래 쪽이 약간 넓어졌지만 여전히 짧아 투창은 방형에 가깝다. 1Bc기 형식은 아래 쪽이

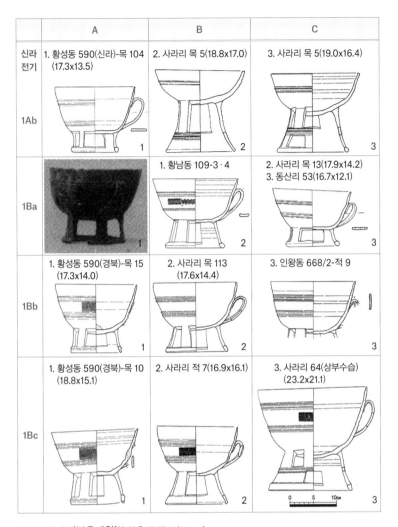

	A	B	C
신라 전기 1Ab	1. 황성동 590(신라)-목 104 (17.3x13.5)	2. 사라리 목 5(18.8x17.0)	3. 사라리 목 5(19.0x16.4)
1Ba		1. 황남동 109-3·4	2. 사라리 목 13(17.9x14.2) 3. 동산리 53(16.7x12.1)
1Bb	1. 황성동 590(경북)-목 15 (17.3x14.0)	2. 사라리 목 113 (17.6x14.4)	3. 인왕동 668/2-적 9
1Bc	1. 황성동 590(경북)-목 10 (18.8x15.1)	2. 사라리 적 7(16.9x16.1)	3. 사라리 64(상부수습) (23.2x21.1)

도 2.2-5 3이부유대완[( ) 안은 구경X기고cm]

넓어진 대각이 길어져 투창이 상하로 긴 장방형이 되었다.

B는 사라리고분군에서 출토된 토기들로 1Ba기 형식부터인데 A에 비해 동체가 얕고 대각이 긴 것이 특징이다.

이에 앞서 1Ab기로 편년되는 사라리 5호묘에서는 완형의 동체에 1단 투창 대각이 붙은 대부완과 2단 투창 대각이 붙은 대부완이 출토되었다. 1단 투창의 대부완도 대각 하단의 접지부가 높아 사실상 2단각에 가깝다. 모두 3이는 붙지 않았지만, 토기의 규모로 보아 이와 같은 대부완이 사라리유적에서 3이부유대완의 선행 형식이었을 것으로 판단된다. 모두 동체에서 자연스럽게 외반되어 뻗은 구연부의 끝은 면을 이루었고, 구연부 외면에 2줄의 돌대를 배치하여 동체에서 구연부를 구분하였다.

B의 1Ba기 형식부터는 완전한 1단각으로, 동체는 두 곳에 배치한 돌대로 3단 구분되었으며 1Ba기 형식과 1Bc기 형식의 중단에는 파상문을 시문하였다. 1Ba기 형식부터 대각의 아래 쪽이 넓어진 것이 앞의 A와 차이이고, 이에 따라 투창은 상하로 긴 장방형으로 뚫렸다. 동체가 점차 깊어져 오목해지고, 1Bc기 형식에서는 대각이 좀 더 높아진 것을 알 수 있다.

C는 각 유적 출토품을 배치한 것으로 각기 계보가 다른 것이다. 1Ab기에 배치한 사라리 5호묘의 대부완은, 앞의 B에서 설명한 바와 같이 3이가 붙지 않았지만, 뒤의 2단각 3이부유대완의 선행 형식이었을 것이다. 1Ba기에 배치한 동산리 53호묘 출토품은 대각이 낮아 황성동고분군의 A와 가깝지만 동체가 얕고 짧은 대각의 직경도 넓다. 1Bb기에 배치한 인왕동(문)-9호묘(적) 출토품은 동체의 형태가 1Ba기의 황남동 109호분-3·4곽 출토품과 같은데, 대각이 결실되었다. 1Bc기에 배치한 사라리 64호묘 출토품은 2단 대각의 3이부유대완 출현을 보여주는 것이다. 다른 것들에 비해 규모가 월등히 크지만, 동체의 형태는 같은 사라리유적 출토품인 B의 1Bc기 형식과 차이가 없다. 2난 대각이나, 대각이 아직 낮다.

월성북고분군에서 아직 3이부유대완의 출토가 적어 두 개의 예를 A와 C에 각각 배치하였지만, A의 1Ba기에 배치한 황남동 109호분-3·4곽과 C의 1Bb기에 배치한 인왕동(문)-9호묘(적)의 3이부유대완으로 보아 월성북고분군과 황성동고분군의 3이부유대완은 같은 계열이었을 것으로 판단된다.

③ 장경호류(도 2.2-6)

장경호는 형식의 변화가 고배만큼 민감하지는 않아 고배의 변화 단계와 장경호의 변화 단계가 반드시 일치하지는 않는다. 〈도 2.2-6〉은 장경호의 세부기종을 분류하여 앞의 고배를 기준으로 나눈 각 분기에 공반된 장경호들을 배치한 것이다. 도면에서 보듯이 앞 단계와 비교하여 변화가 뚜렷한 것도 있지만 거의 차이가 없는 것도 있다. 따라서 이들이 모두 동일한 기준으로 분류된 형식들이라고 하기는 어렵지만 이를 통해서 오히려 세부기종 간의 관계나 단계별 공반현황을 살필 수 있어 그대로 제시해 둔다.

● 장경호 A

신라조기양식토기의 구형호류 A에서 발전된 장경호이다. 신라 조기의 구형 동체가 신라 전기 1Aa기 형식부터 편구형으로 변해가는 것이 가장 큰 변화 과정이며, 외반된 경부도 점차 더 길어져 갔다. 1Aa기 형식과 1Ab기 형식은 경부가 돌대 아래는 직립하고 돌대 윗부분은 외반되었으나 1Ba기 형식부터는 경부 전체가 자연스럽게 외반되었다. 1Bb기 형식부터는 경부를 돌대로 3단 구분한 것이 있다. 이 장경호 A는 신라 전기 1Bc기 형식까지 찾아지고, 2a기 이후 고분에서는 찾아지지 않는다.

● 장경호 B

신라조기양식토기 구형호류 B에서 발전한 것이 분명한 B1과 이에서 파생된 아기종들이라 판단되는 장경호들이다.

◎ B1: 곡선적으로 외반하는 경부에 돌대를 배치하여 경부를 2단으로 구분한 것이다. 신라 전기 1Aa기 형식부터 조기양식보다 경부가 월등히 길어졌으며, 1Aa기 형식과 1Ab기 형식은 동체가 상하로 깊은 구형이지만, 1Ba기 형식부터는 편구형으로 변화해 간다. 경부의 돌대 위치도 1Aa기 형식과 1Ab기 형식은 중앙이 아니지만, 1Ba기 형식부터는 경부의 중앙으로 내려와 경부를 2등분한다. 1Ba기 형식부터는 동체 상부에도 돌대나 침선대를 배치하여 동체에서 평면적인 어깨를 구분하였고, 경부와 동체에 파상문을 시문하기 시작한다. 1Bb기 형식부터는 경부가 직선적으로 외반하는데, 이 단계의 월성로 가-13호묘 장경호는 경부 상단에 오히려 내경 기미가 있으며 동체에는 2곳에 돌대를 배치하여 기면을 3단 분할하였다. 1Bc기 형식부터는 경부가 직선적으로 외반하는 동체에 장방형 투창이 뚫린 대각이 붙어 대부장경호로 발전하였다.

◎ B2: 기본적으로 편구형인 동체에서 외반하는 경부를 돌대로 3단 구분한 장경호이다. 신라 전기에 들어와 앞의 장경호 B1에서 파생된 것이라 판단된다. 1Aa기 형식과 1Ab기 형식은 동체가 깊은 구형이지만, 1Ba기 형식부터 편구화하는 것은 앞의 장경호 B1과 같다. 곡선적으로 외반하는 경부가 1Bb기 형식부터 직선적으로 변화하는 것도 장경호 B1과 같다. 이 단계의 월성로 가-13호분 장경호 B2는 B1과 마찬가지로 경부의

	A	B1	B2	B3	C1	C2	D
신라 조기 **2a**			1. 월성로 가-29 2. 봉길리 사토장 가-7				
2b			1. 월성로 가-8 2. 사라리 목 52 3. 죽동리 2 4. 중산리 IA-26				
신라 전기 **1Aa**	1·4·6. 황성동 590(경북)-목57 2. 봉길리사토장 가-석곽묘		3. 황성동 590(경북)-목95		5. 구어리 3　7. 황성동 590(경북)-목71		
1Ab		1. 황성동 590(경북)-목105　2·7. 월성로 가-5　3·4. 월성로 가-6　5. 황성동 590(신라)-목104　6·8. 중산리 IB-1					
1Ba					1. 황성동 590(경북)-목 7 2. 사라리 목 13 3·5·6. 인왕동 668/2-적10 4. 중산리 IA-51		
1Bb		1. 황성동 590(경북)-목16		2·3. 월성로 가-13	4·6. 미추 5구 1	5. 사라리 목 113	7. 월성로 가
1Bc		1. 사라리 목 64 2·3. 황남동 110			4·6. 미추 5구 6 5. 사라리 적 7 7. 중산리 VIII-86		

도 2.2-6 장경호류

상부에 내경 기미가 있고, 동체 상부에도 돌대를 배치하여 어깨를 구분하였다. 1Bb기 형식까지는 동체에 비해 경부의 직경이 넓은 편이었으나, 1Bc기 형식부터는 경부의 직경이 상대적으로 좁아져 동체와 경부가 균형잡힌 형태가 되었다.

◎ B3: 편구형의 동체에서 경부가 직선적으로 벌어져 올라간 장경호이다. 경부의 한 곳에 돌대를 배치한 것으로 신라 전기에 장경호 B1에서 파생된 세부기종이라 판단된다. 황성동 590(경북)-57호묘에서 1Aa기에 이 기종의 장경호가 출현한 것을 볼 수 있으며, 1Ab기의 월성로 가-6호묘 출토 장경호는 이 고분에서 공반된 장경호 B1, B2와 거의 유사하지만, 이들에 비해 경부가 직선적이어서 여기에 배치하였다. 장경호 B3은 1Ba기 이후 정형화하여, 그 크기가 앞의 B1, B2보다 작아 차별화되고, 평면적인 어깨각이 분명해지고, 중앙에 돌대를 배치하여 2단으로 구분된 경부는 점점 더 길어져 갔다. 1Ba기 형식부터 경부 하단과 동체 어깨에 파상문을 시문하였다.

장경호 B3은 신라 전기 2b기까지 소수 존재하나 1기가 그 중심 시기이다.

● 장경호 C

신라조기양식토기 구형호류 C에서 발전된 것이 분명한 장경호 C1과 이에서 파생한 것으로 보이는 장경호 C2로 구분된다.

◎ C1: 신라조기양식토기 2b기에 출현한 구형호류 C인 구형직구호에서 발전한 것으로 경부가 직립하는 소형의 장경호들이다. 규모상 크고 작은 변이가 있지만 앞의 장경호류들에 비해서는 모두 소형이다. 돌대를 배치하여 2단으로 구분한 경부가 1Ab기 형식부터 길어지고 동체와 경부의 경계에도 돌대를 배치하였다. 길어진 경부를 돌대로 3단 구분한 예도 있다. 1Ba기 형식까지는 경부가 거의 직선적인데, 1Bb기 형식부터는 곡선화 기미가 있지만 앞의 장경호류들에 비하면 역시 직선적이고 짧다. 장경호 C1은 신라 전기 2b기까지 소수 존재하나 1기가 그 중심 시기이다.

◎ C2: 동체는 단면이 역삼각형에 가까워 어깨가 넓은 편구형이고, 앞의 C1에 비하면 규모가 크지만, 구연부 아래에 돌대를 배치한 직선적이고 짧은 경부는 장경호 C1과 유사하다. 1Aa기의 황성동 590-57호묘 출토 장경호는 돌대 윗부분이 단처럼 보이지만 외반하는 경부의 돌대 윗 부분이 약간 내경한 것으로 전체적인 기형상 이 기종의 출현을 말해주는 것이다. 1Ba기 형식은 찾아지지 않았으나, 1Bb기 형식부터는 외반하는 경

부의 돌대 윗부분이 내경하여 구연부가 형성되었다. 1Bc기 형식부터는 동체가 구형화하고 구연부 이하의 경부 중간에도 돌대를 배치하여 경부를 다시 2단으로 구분하였다.

뒤의 〈도 2.2-20〉에서 보듯이 황남동 110호분에서는 경부가 이보다 약간 길어 보이지만 동체와 경부의 형태가 대체로 이와 같은 원저장경호와 대부장경호가 출토되었는데, 장경호 C2가 1Bc기부터 대부장경호로 전환된 것으로 판단된다. 대부장경호 C2는 이후에 더욱 발전되어 갔다.

● 장경호 D

신라조기양식토기 구형호류 D에서 발전한 소형의 장경호들이다. 돌대를 배치하여 2단으로 구분한 경부의 상부가 밖으로 벌어지는 것이 특징인데, 신라 전기로 오면 경부가 좀 더 길어지고 그 외반도가 점차 더 심해져 구경이 동체의 최대경과 거의 같아지는 경향이 있다. 신라전기양식토기 1Bc까지 존재하였고, 2a기 이후 형식은 찾아지지 않았다.

④ 편구형 장경호(도 2.2-7)

어깨가 넓은 편구형 동체에서 경부가 심하게 외반하는 장경호들이다. 신라전기양식토기 1기에 소수 존재하였다. 경부의 구분에 따라 A와 B로 나뉜다.

A는 경부가 돌대로 3단 구분된 것이다. 1Aa기의 황성동 590(경북)-57호묘 출토 장경호는 동체가 구형에 가깝고 경부도 이후 형식들에 비해 길게 올라갔지만, 경부의 외반 각도로 보아 편구형 장경호의 출현기 형태였을 것으로 판단된다. 1Ab기, 1Ba기 형식으로 오면서 심해지는 동체의 편구화 진행을 볼 수 있다. 경부는 1Aa기

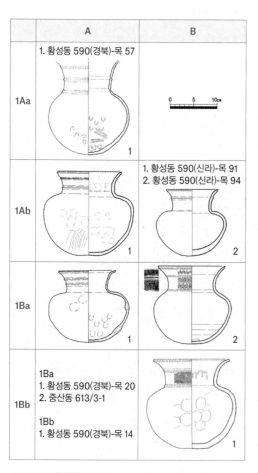

도 2.2-7 편구형 장경호

형식에 비해 짧아졌는데, 1Ba기 형식의 경부 상단은 1Ab기 형식에 비해 수평에 가깝게 벌어졌다.

　B는 경부를 2단 구분한 것으로 1Ab기 형식부터 찾아졌다. 1Ab기 형식은 어깨가 수평에 가깝게 꺾인 편구형 동체에서 약간 긴 편인 경부가 외반되어 올라갔다. 1Ba기, 1Bb기 형식으로 오면서 동체의 어깨는 점차 펴지고, 경부는 짧아지면서 더 심하게 벌어져 올라가는 변화를 보인다. 1Ba기 형식부터는 경부에 파상문을 배치하였다.

⑤ 대부직구호(도 2.2-8)

　구연부가 직립한 동체에 대각이 붙은 것이다. 대각의 형태에 따라 일단 A와 B로 구분된다. 신라조기양식토기 대부직구호나 편구형 대부직구호와 관련된 기종일 수도 있으나, 현재로서는 그 계기적인 연관성을 찾기 어렵다.

　A는 대각이 높은 것인데, 동체도 B에 비해 크고 구형이다. 1Aa기에 배치한 구어리 3호묘의 대부직구호는 소형으로 동체에 비해 높은 2단 대각이 붙었다. 동체가 깊고 짧

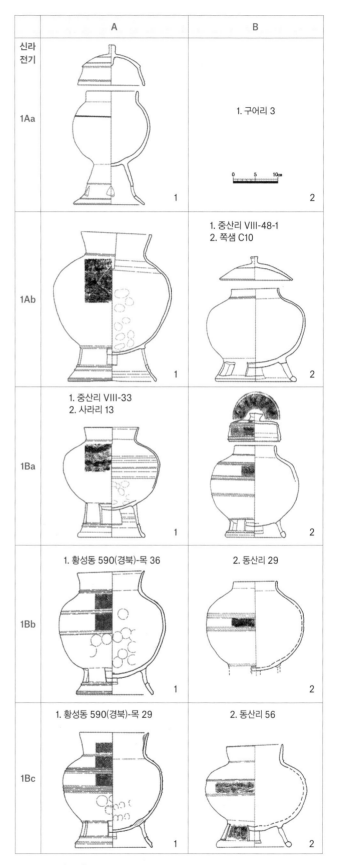

도 2.2-8 대부직구호

은 구연부 직경이 넓으며, 봉상꼭지가 붙고 기고가 높은 뚜껑이 덮였다. 아래로 내려가며 밖으로 벌어지는 대각은 2단으로 구분하여 하단에 삼각형의 투창을 뚫었다. 이와 같은 구어리 3호묘의 대부직구호는 이하 형식들과 차이가 많지만 신라전기양식토기 대부직구호의 가장 이른 시기 형식이어서 여기에 배치하였다.

1Ab기 이하의 형식들은 계기적인 변화를 보이는데, 대각에 돌대를 배치하여 상단에는 장방형 투창을 뚫고, 하단은 높은 접지부를 이루는 것이다. 1Ba기부터 동체의 편구화가 이루어지고, 1Bb기 형식부터는 동체를 돌대로 3단 구분하였다. 대각은 점차 짧아져 갔다. 동체에는 파상문을 시문하였다.

B는 낮은 대각에 장방형 투창을 뚫은 것인데, 동체가 1Ab기 형식부터 편구형이고 구경부가 짧아 A와 구분된다. 그러나 1Ba기에 배치한 사라리 13호묘의 대부직구호 동체는 중산리 VIII-33호묘의 대부직구호 A보다 구형이어서, A와 B의 동체 형태가 바뀌는 예도 있음을 알 수 있다. 1Bb기 형식부터는 B의 편구형 동체가 분명해졌다. 1Ba기 형식부터 동체에 돌대를 배치하여 기벽을 나누었는데, 1Bb기 형식부터는 기복부 상하에 돌대를 배치하고 그 사이를 파상문대로 하였다. 동체에 비해 대각의 직경이 좀 더 좁아졌다. 1Ab기와 1Ba기 형식에 덮인 뚜껑은 각기 다른 계통으로 계기성이 없다.

⑥ 편구형 대부중경호(도 2.2-9)

편구형의 동체에 투창 뚫린 대각이 붙고, 직립하는 짧은 경부 상단에 뚜껑받이 턱이 돌출되고, 그 위로 구연부가 형성된 소수의 대부호들이다. 1Ba기에 출현한 것으로 보이는데, 1Bc기까지는 전체의 구조 형태가 앞의 장경호류들과 차이가 커서 분명하게 구분되지만, 2a기 이후의 형식 중에는 1Bc기부터 대부장경호가 된 장경호 C2와 유사해진 것들도 있다. 그러나 동체와 구경부의 변화 과정을 면밀히 관찰하면, 장경호 C2의 계보를 이은 대부장경호와 대부중경호의 계보를 이은 것은 구분된다. 신라전기양식토기에 소수 존재한 이들의 구조 변화 과정에 대한 일관성 있는 흐름 파악이 중요하므로 2a기 이후의 형식도 여기서 모두 살펴보기로 하겠다. 그리고 신라전기양식토기 2a기 이후의 고배 변화에 대해서는 뒤에서 살펴볼 것이므로, 여기서는 상대편년의 객관성을 위해 대부중경호와 공반한 고배, 특히 나팔각고배 B를 함께 제시해 두기로 하겠다.

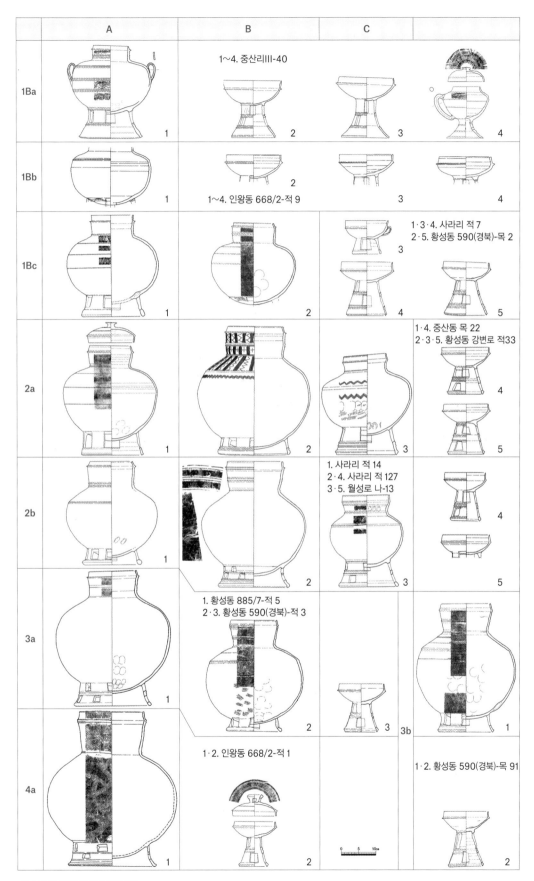

	A	B	C	
1Ba	1	1~4. 중산리III-40 2	3	4
1Bb	1	2 1~4. 인왕동 668/2-적 9	3	4
1Bc	1	2	3 1·3·4. 사라리 적 7 2·5. 황성동 590(경북)-목 2 4	5
2a	1	2	3	1·4. 중산동 목 22 2·3·5. 황성동 강변로 적33 4 5
2b	1	2	1. 사라리 적 14 2·4. 사라리 적 127 3·5. 월성로 나-13 3	4 5
3a	1	1. 황성동 885/7-적 5 2·3. 황성동 590(경북)-적 3 2	3 3b	1
4a	1	1·2. 인왕동 668/2-적 1 2	0 5 10cm	1·2. 황성동 590(경북)-목 91 2

도 2.2-9 편구형 대부중경호

대부중경호는 중산리 III-40호묘에서 출토된 것과 같은 형태로 출현한 것으로 보인다. 이와 똑같은 호는 황남동 109호분-3·4곽에서도 2점이 출토되었는데, 두 고분에서 모두 대각을 3단으로 균분한 3단각고배가 공반되었다. 두 고분에서 출토된 대부중경호 3점 모두 2단으로 구분하여 상단에만 장방형 투창을 뚫은 높은 대각 위의 동체는 편구형으로, 동체의 양쪽에 대상파수가 붙어 있다. 동체의 세 곳에 돌대를 배치하여 기벽을 4단 구분하였으며, 파상문을 시문하였다. 짧은 경부는 완전히 직립하였고, 구연부 끝은 뾰족하다. 황남동 109호분-3·4곽 출토 호에는 구경부가 완전히 덮이는 단추형 꼭지의 뚜껑이 덮였다.

1Bb기에 배치한 월성북고분군의 인왕동 668/2-9호묘(적) 출토 호는 경부와 대각이 결실되었지만, 편구형 동체의 형태로 보아 이 계열 호로 판단되는데, 공반한 고배들도 대각이 모두 결실되었으나 구연부의 끝이 면을 이루고 있는 것으로 보아 1Bb기보다 뒤로 내려오지는 않는 형식임을 알 수 있다.

1Bc기에는 구경부의 뚜껑받이 턱 아래에 돌대를 배치하지 않아 경부가 1단식인 것과 돌대를 배치하여 경부를 2단으로 나눈 2단식으로 분화되었다. 1단식을 A로 2단식을 B로 하면, A는 경부 형태에서 대부장경호로 전환된 장경호 C2와 명백히 구분되지만, B는 앞서도 지적한 바와 같이 장경호 C2와 유사성이 있다. 그러나 B도 동체와 경부 형태에서 장경호 C2와 차이가 있어, B의 구경부가 장경호 C2보다 짧고, 편구형의 동체가 상하로 길어져 가는 장경호 C2와 구분된다.

A와 B의 1Bc기 형식 모두 1Ba기 형식에 비해 구경부가 길어지면서 상부가 외반하는 기미가 있고, B의 대각은 결실되었지만, A의 대각은 완전한 1단각으로 변한 것을 알 수 있다. 돌대로 동체의 기벽을 구분하고 파상문을 배치한 것은 1Ba기 형식과 같다.

2a기에는 A와 B 외에 1단의 구경부가 A보다 더 짧아진 C도 분화되었다. 모두 동체가 편구형을 유지하였으나, B는 최대경이 동체의 중위로 내려왔고, A와 B는 1Bc기 형식의 1단각을 따랐으나, C는 돌대를 배치한 대각의 하단이 넓어졌다. A와 C의 동체에는 파상문, B의 동체와 경부에는 집선문과 삼각선문, +자선문, 파상문이 배치되었다.

2b기에도 A와 B, C가 존재하였는데, 편구형 동체의 최대경이 모두 중위로 내려온 것을 알 수 있다. A는 1단각이 그대로이지만, B와 C는 2단 교차투창 대각을 붙였다. A는 구경부가 직립하였으나, B와 C는 구경부가 위로 올라가며 벌어졌다. C는 A에, 특히

B에 비해 소형화한 것을 알 수 있다. B의 사라리 127호묘 호의 경부에는 집선문을 상하 2단으로 배치하였고, 동체에는 3중의 점선으로 귀갑문을 시문하였다. C의 월성로 나-13호묘의 호에는 경부와 동체에 파상문을 시문하였다.

3a기에는 C가 소멸하고 A와 B만 남았는데, A에 배치한 것도 경부가 2단으로 구분되어 B와 같이 파상문을 상하로 시문하였지만, A의 경부를 구분한 것은 돌대가 아닌 침선대이어서 B와 차이가 있다. 파상문의 상하 문양대 배치를 위해 B와는 다르게 구분한 것을 알 수 있다. 모두 편구형의 동체가 최대화 하여, 동체에 비하면 짧은 경부가 왜소하게 보인다. 경부가 모두 외반되었으며, A에는 2단 대각, B에는 1단 대각이 붙었다. A에는 경부에만 파상문을 상하로 배치하였고, B는 경부와 동체에 집선문을 시문하였다.

3b기의 형식으로는 B만 찾아졌는데, 3a기 형식과 경부 형태는 같으나 동체가 구형화 하고 짧아진 대각도 직선적이 된 것을 알 수 있다. 경부와 동체 상단에 집선문대를 배치하였다.

4a기의 형식으로는 A만 찾아졌는데, 최대경이 중위에 있는 편구형 동체 형태를 그대로 유지하였고, 경부는 3a기 형식에 비해 약간 길어진 모습이다. 2단 대각의 직경은 여전히 넓다. 경부에는 삼각문과 2중원문을 조합한 문양대, 동체부에는 짧은 선문대로 표시한 상형문을 시문하였다. 황남동 83호분에서도 4a기 형식 2점이 출토되었다.

편구형 대부중경호는 4a기 형식을 끝으로 그 이후의 형식은 찾아지지 않았다.

⑦ 기대(도 2.2-10)

신라토기에서 기대는 신라 조기에 노형기대가 먼저 출현하였고, 이어서 통형기대와 발형기대가 발생하였다. 노형기대는 신라 전기 1Ab기까지 이어지다가 소멸하고, 통형기대와 발형기대는 신라전기양식토기 말까지 이어졌다. 그러나 신라 전기의 1기 고분에서 통형기대는 찾기 어렵고, 발형기대도 극히 소수가 지구를 달리하여 출토되어 그 계기적인 발전 과정을 설명하기는 어렵다. 여기서는 현재까지 출토된 경주지역의 통형·발형기대를 설명하고, 신라 조기에서 전기로 전환되는 과정의 기대 변화에 대해서는 뒤의 분기 종합에서 살펴보는 것으로 하겠다.

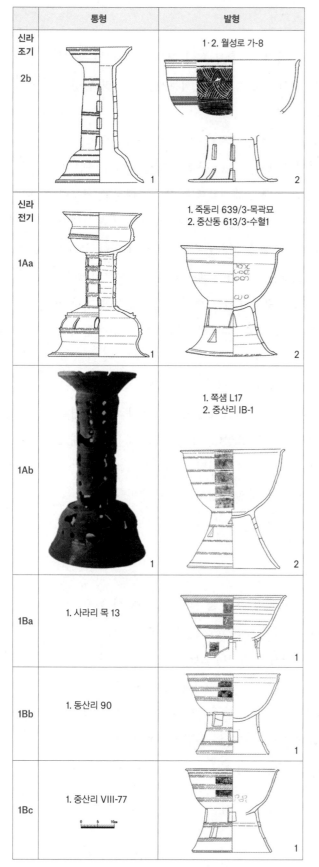

	통형	발형
신라 조기 2b		1·2. 월성로 가-8
신라 전기 1Aa		1. 죽동리 639/3-목곽묘 2. 중산동 613/3-수혈1
1Ab		1. 쪽샘 L17 2. 중산리 IB-1
1Ba	1. 사라리 목 13	
1Bb	1. 동산리 90	
1Bc	1. 중산리 VIII-77	

도 2.2-10 통형기대와 발형기대

● 통형기대

앞 장에서 신라조기양식토기 요로
소개한 경주 화산리요지군의 2호 요지
에서 원통부와 수발부는 결실되었으
나 원통부 하단이 길게 넓어진 통형기
대 하부편이 출토되었고(앞의 도 2.1-40
의 2 참조), 인왕동 790/2-32호묘에서
도 이와 유사한 통형기대의 원통부 하
단 편이 출토되었으나(계림문화재연구
원 2019), 이들이 신라전기양식토기 1
기의 전형적인 통형기대는 아니었다고
판단된다.

신라 전기의 1기 고분에서 신라조
기양식토기 통형기대 B의 계보를 이은
봉형기대는 1Aa기의 죽동리 639/3번
지 목곽묘와 1Ab기로 편년되는 쪽샘
L17호묘에서 출토되었다. 모두 직선적
인 통형 몸체 위에 수발부가 있고, 몸
체 아래에 장구통의 한쪽 모양으로 넓
어진 받침부가 있는 구조인데, 1Aa기
죽동리 639/3번지 목곽묘의 통형기대
는 수발부가 받침부의 축소형인 이형
이다.

신라 전기 1기의 통형기대는 신
라 조기 2b기의 월성로 가-8호묘 통형
기대에 비해 통형부도 길어졌지만, 특
히 받침부의 변화가 유의된다. 죽동리
639/3번지 목곽묘 기대는 신라 조기

2b기의 기대에서 받침부가 높아져 접지부로 내려가며 강한 굴절이 생겼고, 쪽샘 L17호묘의 기대는 받침부의 굴절이 완만해진 것을 알 수 있다. 굴절이 완전히 펴진 신라 전기 2a기 황남대총 남분 기대의 받침부로 이행해 가는 과정으로 판단된다(뒤의 도 2.2-29 참조).

● 발형기대

수혈유구에서 출토되어 다른 공반 유물로 편년적 위치를 뒷받침할 수 없는 약점이 있지만, 중산리 613/3-1호 수혈유구 출토 발형기대가 1Aa기 형식으로 판단된다. 반구형 동체에서 구연부가 꺾여 외반하였고, 상단이 좁지만 3단으로 구분된 대각은 아래로 내려가며 넓어졌으며 중·하단에 삼각형 투창을 교차로 뚫었다. 동체와 대각에 무늬는 새기지 않았다.

이 발형기대를 신라 조기 2b기의 월성로 가-8호묘 출토 발형기대와 비교하면, 수발부인 반구형 동체에서 구연부가 꺾여 외반한 것, 대각이 위가 좁고 아래가 넓어진 것이 달라진 점이다. 또 뒤의 1Ab기 이하의 발형기대와 비교하면, 구연부가 짧아져 간 점, 동체의 형태에서 1Ab기의 중산리 IB-1호묘의 발형기대는 좀 예외적이지만, 그 이하 형식들의 동체 깊이는 얕아지고 기벽이 직선적인 점, 대각의 상부 직경이 넓어지고 투창이 방형인 점이 이 기대에서 달라진 것이다. 이와 같은 전후 발형기대의 구조로 보아 이 발형기대의 편년적 위치는 중산리 IB-1호묘의 1Ab기 발형기대보다 앞으로 놓여야 된다고 판단되는데, 수혈에서는 이 발형기대와 함께 기벽에서 구연부가 자연스럽게 외반한 심발형토기 소형 1점이 출토되었다(한국문화재재단 2015). 이 심발형토기는 신라조기 양식토기 1a기 형식의 소형이다(최병현 2012: 127).

신라 전기 1Ab기의 중산리 IB-1호묘에서 출토된 발형기대는 동체가 앞의 1Aa기 기대보다 깊고, 돌대를 배치하여 5단으로 구분한 기벽은 밖으로 벌어지며 곡선적으로 올라갔다. 동체에서 구연부가 꺾여 외반하였는데, 앞의 것보다 짧아졌다. 동체의 각 단에는 직선적인 삼각집선문을 새겼는데, 앞의 신라 조기 2b기의 월성로 가-8호묘 기대의 곡선적인 삼각문에서 달라진 것이다. 대각은 1Aa기 형식보다 높아졌는데, 위가 좁고 아래가 넓어 절두원추형이며, 돌대를 배치하여 4단으로 구분하고 상 2단에 삼각형 투창을 교차로 뚫었다. 이와 같은 형태의 발형기대 대각은, 투창이 장방형이지만, 경주 화산리 2호요지에서 출토된 바 있다(앞의 도 2.1-40의 2 참조).

1Ba기의 사라리 13호묘에서 출토된 발형기대의 수발부는 3단으로 구분한 직선적인 기벽이 급격히 축약되어 깊이가 얕아졌고, 대각은 파손되었으나 투창이 장방형으로 바뀐 것을 알 수 있다. 동체와 대각에는 파상문을 시문하였다.

1Bb기의 동산리 90호묘에서 출토된 발형기대는 수발부 기벽을 역시 3단으로 구분하였으나 곡선적으로 외반되어 1Ab기 형식에서 축약된 것을 알 수 있고, 상하 직경 차이가 크지 않고 낮은 대각을 3단으로 구분하고 상 2단에 장방형 투창을 교차로 뚫었다. 동체에는 파상문을 시문하였다.

중산리 VIII-77호묘의 1Bc기 형식은 3단으로 구분된 동체가 중하단에서 굴절되어 직선적으로 벌어져 올라가 1Ba기 형식과 1Bb기 형식의 절충으로 보이고, 대각은 1Bb기 형식과 같이 상하 직경의 차이가 크지 않고 낮다.

⑧ 광구소호(도 2.2-11)

작은 구형의 동체 위로 동체보다 긴 구경부가 넓게 외반하여 뻗은 것으로 頸杯리 불리기도 한다. 파수가 붙지 않은 A와 파수가 붙은 B로 구분되는데, 경주지역에서는 신라조기양식토기 2a기부터 소수 출토되며, 신라 전기고분에서도 단기간 부장되었던 것으로 판단된다.

A의 조기형은 동체의 둥근 바닥이 특징이다. 2a기 형식은 둥근 바닥의 구형 동체에서 구경부가 짧게 올라섰다. 조기 2b기 형식은 동체가 약간 납작해지고 경부가 길게 외반하였다. 신라 전기 1Aa기부터는 평저화되었는데, 1Aa기 형식은 아직 동체가 둥글어 동체와 경부의 경계가 분명하다. 짧은 경부가 중간에서 굴절하는 것이 특징이다. 1Aa기에 배치한 것 중 동체가 아직 둥글고 경부가 짧은 사라리 19호묘 출토 광구소호들이 동체가 납작해지고 경부가 길어진 구어리 7호묘 광구소호보다 상대적으로 고식이라 판단된다.

1Ab기 형식은 월성로 가-6호묘에서 출토되었는데, 동체가 더욱 납작해지고 경부가 직선적으로 길게 뻗은 것을 알 수 있다. 경부에 돌대를 배치하여 기벽을 3단으로 구분하였다. 1Ba기 형식은 동체가 더욱 납작해진 것과 동체의 직경이 더 좁아진 것이 있

다. 전자는 1Ab기 형식과 같이 경부 두 곳에 돌대를 배치하여 기벽을 3단 구분하였으나, 후자는 동체와 경부의 경계에만 돌대를 배치하였다.

파수가 달린 B도 신라 조기 2a기에 출현하였는데, 기벽 중단에서 굴절된 것을 제외하면 컵형토기와 유사하다. 돌대를 배치하여 기벽을 3단으로 구분하였으며, 파수는 결실되었지만 단면 직사각형의 대상이었던 것으로 보인다. 조기 2b기 형식부터는 동체와 경부의 구분이 뚜렷해지면서 광구소호 A 형태를 따라 간 것으로 판단된다.

조기 2b기 형식은 동체와 경부의 크기가 거의 같으며 파수의 단면은 원형이다. 신라 전기 1Aa기 형식은 동체에 비해 경부가 길게 외반하였고, 파수는 단면 원형이다. 월성로 가-6호묘에서 출토된 1Ab기 형식은 파수가 달리지 않은 광구소호 A와 거의 같아 동체가

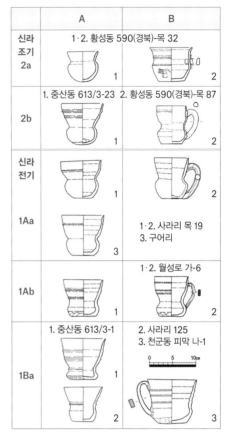

도 2.2-11 **광구소호**

납작하게 소형화하였고 상부에 내경 기미가 있는 경부가 길게 뻗었다. 파수 단면은 다시 직사각형이다. 천군동 피막유적의 1Ba기 형식은 규모가 커지면서 동체와 경부의 구분이 미약해져 다시 컵형토기의 형태가 되었다. 파수는 단면 직사각형이다.

A와 B 모두 1Ba기 형식은 광구소호로서의 정형성이 해체된 것을 알 수 있다.

⑨ 컵형토기(도 2.2-12)

신라조기양식토기의 컵형토기 B를 이어서 발전한 것들이다. 신라 조기 2a기의 컵형토기 B는 직선적인 기벽의 끝이 그대로 구연부가 되어 구연이 직립한 것, 위로 넓어져 올라간 기벽의 상단 끝이 살짝 외반하여 구연부가 된 것으로 분류되었다. 앞의 직립

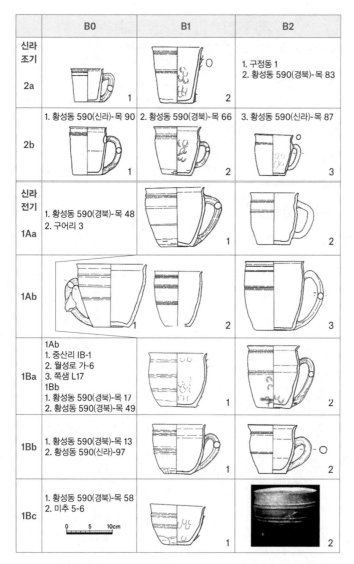

	B0	B1	B2
신라 조기 2a			1. 구정동 1 2. 황성동 590(경북)-목 83
2b	1. 황성동 590(신라)-목 90	2. 황성동 590(경북)-목 66	3. 황성동 590(신라)-목 87
신라 전기 1Aa	1. 황성동 590(경북)-목 48 2. 구어리 3		
1Ab			
1Ba	1Ab 1. 중산리 IB-1 2. 월성로 가-6 3. 쪽샘 L17 1Bb 1. 황성동 590(경북)-목 17 2. 황성동 590(경북)-목 49		
1Bb	1. 황성동 590(경북)-목 13 2. 황성동 590(신라)-97		
1Bc	1. 황성동 590(경북)-목 58 2. 미추 5-6		

도 2.2-12 컵형토기

구연 컵형토기는 신라 조기 2b기로 소멸되었고, 기벽이 넓어지며 위로 올라가고 구연부가 외반한 것은 신라 조기 2b기에 기벽 상부가 굴절하면서 구연부가 외반하는 것으로 변화되었는데, 기벽 상부의 굴절이 상대적으로 뚜렷한 것과 미약한 것이 있었다.

　B1은 그 중 기벽 상부 굴절이 상대적으로 뚜렷한 것을 이은 계보로 판단된다. 신라 전기로 내려오며 넓어진 구경에 비해 기벽의 높이가 낮아지는 변화 과정을 보인다. 1Aa 기 형식은 구경에 비해 아직 기벽이 높은 편이며, 도면으로 복원된 월성로 가-6호묘의

1Ab기 형식도 구경에 비해 기벽이 높은 것이지만, 중산리 IB-1호묘의 컵형토기는 이들에 비해 구경이 넓어졌다. 지구나 고분군에 따라 컵형토기에 변이가 있었던 것으로 보인다. 1Ba기 형식부터는 구경에 비해 기벽이 낮아지고 구연부의 외반이 좀 더 분명해졌다. 1Bc기 형식은 소형화하며 기벽의 아래가 급격히 좁아진 것을 알 수 있다. 1Aa기 형식부터 구연부 아래와 동체에 돌대를 배치하여 구연부를 제외한 기벽을 3단 구분하였으나, 1Bb기 형식부터는 2단 구분으로 줄었다. 파수는 모두 단면 원형이다.

B2는 B1에 비해 높은 동체가 유지되었으며, 동체 상단의 굴절이 미약하여 기벽에서 짧은 구연부 끝만 꺾여 외반하는 형태가 이어졌다. 1Aa기 형식은 동체와 구연부가 거의 구분되지 않으며 1Ab기와 1Ba기 형식에서 짧은 구연부 끝이 꺾이는 것을 볼 수 있다. 1Bb기 형식부터는 축약된 동체 상부에서 구연부가 길어졌다. 1Bc기 형식은 돌대 위의 구연부가 더 길어졌으며, 소형화하면서 구경에 비해 기벽이 낮아진 것을 알 수 있다. 1Aa기 형식은 구연부를 구분한 돌대의 아래에 다시 돌대를 배치하여 동체를 구분하였고, 1Ab기 형식부터는 동체의 돌대 위치가 기복부 쪽으로 내려온 것을 알 수 있다. 파수의 부착 위치도 구연부 직하에서 점차 아래로 내려오는 것을 볼 수 있다.

⑩ 파배(도 2.2-13)

신라전기양식토기에서 유행한 기종으로 성립기인 1기의 파배들에서부터 계열이 나뉜다. 동체에 파수만 붙는 A와 1Bc기 이후 동체에 파수와 함께 대각이 붙어 대부파배로 전환되는 B로 나눌 수 있다. A는 다시 동체에서 구연부가 경사로 올라가고 동체 직경에 비해 구경이 좁은 A1과 동체에서 구연부가 직립하고 동체 직경에 비해 구경이 넓은 A2로 구분된다.

A1로 분류되는 구어리 2호묘 출토 파배가 가장 이른 시기 형식으로, 1Aa기에 파배 중에서 먼저 출현한 것으로 보인다. 평저의 동체 기복부에서 기벽이 내경하며 직선적으로 올라가 동체보다 좁은 구연부가 되었다. 구연부 아래와 그 아래에 돌대를 배치하였고, 기복부에 결실된 파수가 부착된 흔적이 있다. 1Ab기 형식은 찾아지지 않았고, 1Ba기 형식부터는 기벽 상부가 축약되면서 구연부가 형성되지만, 기벽과 구연부가 돌대로 구분되었을 뿐 그 연결이 자연스럽다. 구연부 아래에 돌대를 배치하였고, 단면 직사

	A1	A2	B
신라 전기 1Aa		1. 구어리 2	0 5 10cm
1Ab			1. 중산리 IB-1
1Ba		1·2. 사라리 목 13	
1Bb	1. 중산리 VIII-58	2. 황성동 590(경북)-목 26 3. 황성동 590(신라)-목 99	
1Bc		1. 중산동 28 2. 사라리 목 20	3. 황성동 590(경북)-목 10 4. 사라리 적 7

도 2.2-13 파배

각형의 대상파수가 붙었다. 1Bb기 형식은 구연부 아래의 돌대 위치가 기복부로 내려왔고, 파수의 단면은 원형이다. 1Bc기 형식은 구연부 아래의 돌대를 한 곳에 배치한 것과 두 곳에 배치한 것이 있으며, 앞의 1Aa기의 구어리 2호묘 파배처럼 기벽이 굴절되지 않고 내경하여 구연부가 된 것과 1Bb기 형식처럼 기벽이 굴절하여 짧은 구연부가 된 것이 있다.

A2는 1Ab기의 중산리 IB-1호묘에서 출토된 평저배가 그 시원형으로 보인다. 평저인 동체에서 기벽이 곧게 올라가 구연부가 되었는데 구연부와 그 아래에 돌대를 배치하였고, 파수가 떨어져 나간 흔적이 있다. 1Ba기 형식은 찾아지지 않았고, 1Bb기 형식은 동체 상부가 약간 좁아지며 돌대로 구분된 구연부가 직립하였는데, 동체 직경과 구경의 차이가 크지 않다. 기복부에도 돌대를 배치하였으며, 파수의 단면은 직사각형이

다. 1Bc기 형식도 넓은 직경의 긴 구연부가 특징으로, 파수 단면은 직사각형이다.

B는 1Ba기의 사라리 13호묘 파배가 가장 이른 시기 형식으로 보이는데, 평저이지만 구형인 동체에 구연부가 직립하여 배보다는 호에 가깝다. 동체와 구연부의 경계, 동체의 어깨에 돌대를 배치하였고, 한쪽 어깨에 떨어져나간 파수의 흔적이 있다. 황성동 590(신라)-99호묘 출토 파배는 동체가 커지고 구연부는 좁아져 좀 더 호에 가깝지만 파수가 달려 이 기종으로 분류될 수 있다고 판단된다. 동체의 어깨와 기복부 아래 두 곳에 돌대를 배치하여 동체를 3단 구분하였다. 1Bc기의 사라리 7호묘 파배에는 대각이 붙어 대부파배로 전환되었다. 동체가 작아졌지만 어깨와 기복부 아래에 돌대를 배치하여 동체를 3단 구분하였고 단면 원형의 파수가 붙어 동체가 앞의 1Bb기 형식에서 이어진 것을 알 수 있다. 1단의 장방형 투창이 뚫린 대각의 하부에는 넓은 접지부가 있다.

⑪ 동이형토기(도 2.2-14)

타날문이 찍히고 규모가 큰 심발형의 동체 양쪽에 우각형의 파수가 붙은 연질토기들이며, 신라조기양식토기 2a기에 출현하여 신라전기양식토기에서 발전하였고, 신라전기양식토기 후반기에 변형된 형태가 신라 후기에도 이어진 것으로 판단된다. 신라 조기부터 대형과 소형이 있다.

대형의 조기 2a기 형식은 우각형 파수의 끝이 뭉툭하며 동체에 횡침선이 없으나, 2b기 형식부터는 우각형 파수의 끝이 뾰족하고 동체 상부의 타날문에 횡침선을 돌리기도 하였다. 조기 2a기 형식과 2b기 형식 모두 바닥이 평저에 가깝지만 약간 둥글어 원저의 기미가 남아 있다. 그러나 신라 전기 1Aa기부터 바닥이 완전한 평저로 전환하여, 조기 형식과 전기 형식이 구분된다. 전기 1Aa기 형식은 동체 상부가 결실되었고, 1Ab기와 1Ba기 형식은 찾아지지 않아 알 수 없지만, 1Bb기 형식은 동체의 기고가 높아지고 최대경인 기복부에서 상하로 좁아진 것으로 보아, 조기 형식에 비해 신라 전기로 들어와 기고가 높아진 것을 알 수 있다. 1Bc기 형식은 기고가 낮아지면서 최대경도 동체 아래로 내려왔다. 파수는 점차 짧아졌고, 1Bc기 형식에서는 파수의 위치가 기복부 중앙에서 약간 아래로 내려온 것을 알 수 있다.

소형은 신라조기양식토기 2b기 형식부터 찾아졌는데, 바닥이 대형보다 좀 더 둥글

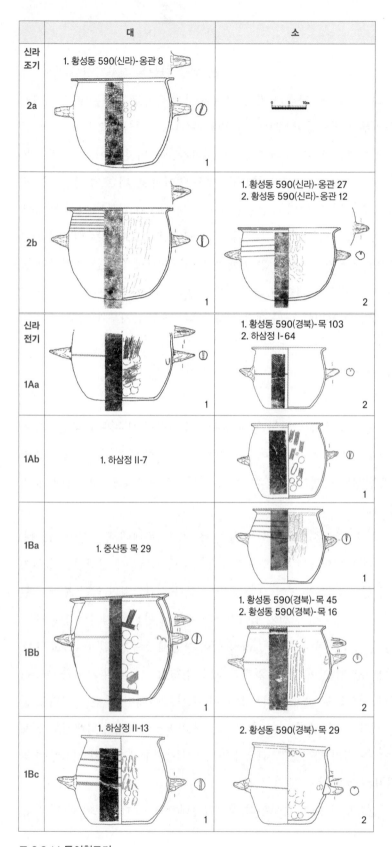

	대	소
신라 조기 2a	1. 황성동 590(신라)-옹관 8	
2b		1. 황성동 590(신라)-옹관 27 2. 황성동 590(신라)-옹관 12
신라 전기 1Aa		1. 황성동 590(경북)-목 103 2. 하삼정 I-64
1Ab	1. 하삼정 II-7	
1Ba	1. 중산동 목 29	
1Bb		1. 황성동 590(경북)-목 45 2. 황성동 590(경북)-목 16
1Bc	1. 하삼정 II-13	2. 황성동 590(경북)-목 29

도 2.2-14 동이형토기

어 원저에 가깝다. 신라 전기 1Aa기부터는 역시 평저로 전환되었으며, 최대경을 이룬 기복부 중앙에서 아래위로 좁아졌다. 1Ab기와 1Ba기 형식은 기고가 높아졌는데, 대형과 같은 형태였을 것으로 보인다. 1Bb기 형식은 기고에 비해 직경이 넓어져 납작한 형태가 되었으나, 1Bc기 형식은 다시 직경에 비해 기고가 높다. 파수의 변화는 대형과 같다.

　대·소형 모두 조기형에서 전기형으로의 가장 뚜렷한 변화는 둥근 바닥이 완전 평저로 바뀌고, 파수가 짧아지는 것이라고 할 수 있다.

　⑫ 대부발(도 2.2-15)

　구연부가 외반하는 발형의 동체에 대각이 붙은 것으로 신라 조기 2b기에 출현한 것으로 보인다. 신라전기양식토기 성립기까지 존재한 것으로 판단되지만 소수 기종이어서, 각 분기의 것이 다 찾아지지는 않았다. 동체가 깊어지며 구연부는 짧아지고, 대각도 짧아지는 변화를 보이는데, 신라 전기 1Ba기 형식에서는 동체에 파수가 달리고 대각도 직선적으로 변화된 것을 알 수 있다.

　⑬ 적갈색 심발형토기(도 2.2-16)

　산화염으로 소성된 적갈색의 심발형토기로 신라조기양식토기 심발형토기를 이어 제작된 것이다. 신라조기양식토기와 같이 대형과 중형 1·2, 소형으로 구분되지만, 색조는 조기와 달리 산화염 소성되어 적갈색 일색으로 통일되었고, 타날문도 시문되지 않았다. 아직 평저에 외반구연으로 분기에 따른 형식의 변화가 민감하지 않지만, 1Bc기의 중형 1에서는 내경 구연에 파수가 붙고 뚜껑이 덮인 것이 출현하였다.

도 2.2-15 대부발

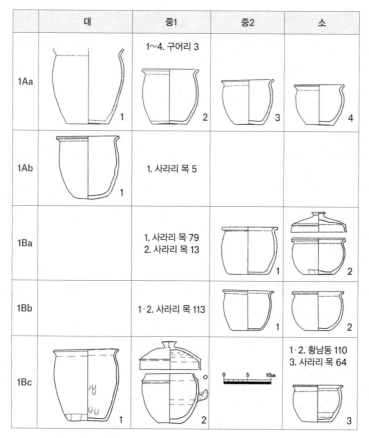

	대	중1	중2	소
1Aa	1	1~4. 구어리 3 2	3	4
1Ab	1	1. 사라리 목 5		
1Ba		1. 사라리 목 79 2. 사라리 목 13	1	2
1Bb		1·2. 사라리 목 113	1	2
1Bc	1	2	0 5 10cm	1·2. 황남동 110 3. 사라리 목 64 3

도 2.2-16 적갈색 심발형토기류

(2) 각 분기 종합(표 2.2-1, 2)

앞서 설명한 바와 같이 신라전기양식토기의 성립 지표는 대각에 장방형 투창이 뚫린 4단각고배와 각종 장경호의 출현이다. 4단각고배와 장경호가 출현한 이후에도 신라조기양식토기 이래의 기종이 공존한 과도기가 있었지만, 새로운 양식의 성립 기점은 구양식의 기종 소멸이 아니라 새로운 양식의 기종 출현이다. 그러므로 그 과도기는 신라전기양식토기의 성립기이며, 이를 1기로 하였다. 신라전기양식토기 1기는 다시 4단각고배 단계의 1A기와 3단각고배 단계의 1B기로 구분된다.

앞서는 각 단계를 다시 토기 형식의 변화에 따라 세분하여 기종별로 그 변화 과정을 살펴보았다. 〈표 2.2-1〉과 〈표 2.2-2〉는 1기 토기 각 기종의 형식 변화와 그 공반 관계를 정리한 것으로, 1기 토기의 분기를 나눈 근거가 된다.[3] 이제 각 단계별 토기형식을 종합해 볼 차례인데, 이미 주요 기종의 형식변천을 도표로 묶어 제시하였으므로 여기서는 기종 간의 공반현황을 중심으로 단계별 중요 변화의 요점만 정리하겠다.

① 1A기

● 1Aa기

황성동 590(경북)-57호묘 출토 고배와 장경호가 이 단계를 대표한다. 4단각고배와 각종 장경호가 출현하여 신라전기양식토기가 성립되는 단계이다.

이 단계부터 통형고배, 나팔각고배 모두 대각이 장각화하고, 나팔각고배들의 대각에 장방형 투창을 뚫어 고배의 양식이 전환된 것을 알 수 있다. 그러나 장각화 한 통형고배의 대각에는 원형 또는 삼각형의 소투공을 뚫었을 뿐이고, 나팔각고배 대각의 장방형 투창도 상하 일렬식과 상하 교차식이 공존하여 정형화 이후의 신라고배와는 아직 차이가 있다.

4단 나팔각의 유개식고배는 경주지역에서도 출토된 예가 희소하여 황성동 590(경북)-57호묘 외에는 동해안지구의 봉길리유적 석곽묘에서 1례가 있을 뿐이다(도 2.2-17의 1Aa-1). 두 고분의 4단 나팔각고배는 대각과 배신부의 구조 형태에 미세한 차이가 있어 계보를 달리한 것으로 보인다.

신라 전기 1Aa기에 황성동유적에서는 이외에도 조기 이래의 고배가 잔존한 것을 앞서 언급하였는데, 동산리 34호묘와 35호묘에서는 장각화 한 대각에 원형 또는 삼각형 투창을 뚫은, 경주지역에서는 이질적인 외절구연식 고배가 출토되었다(도 2.2-17의 1Aa-2, 3). 이들도 조기 이래의 기종이라 판단된다

장경호류는 신라조기양식토기에서 계보가 직접 이어진 것과 함께 이들에서 파생

---

3   〈표 2.2-1〉과 〈표 2.2-2〉는 이 글의 모본이 된 전고(2013)에서 전재한 것이다. 앞의 형식 변천에서 설명한 신라전기양식토기 1기 토기는 전고보다 기종이 늘어났고 기종 분류에서 달라진 부분도 있으며, 전고에서는 제시하지 못한 형식을 새로 발표된 보고서에서 찾아 넣거나 좀 더 적합한 것으로 바꾸어 놓은 것도 있다. 그렇지만 전고에서 제시한 분기가 달라진 고분이나 토기는 없다. 이 〈표 2.2-1〉과 〈표 2.2-2〉는 토기 형식의 변화와 분기의 객관성을 담보하는 방법론적 의미를 가지는 것이므로, 이에 여기에 수정 없이 전재해 둔다.

표2.2-1. 신라전기양식토기 1(1Aa~1Bc)기 토기형식의 공반현황과 분기(1)

고분 \ 토기형식	통형고배B 1Aa	통형고배B 1Ab	통형고배c 1Aa	통형고배c 1Ab	통형고배c 1Ba	나팔각고배A 1Aa	나팔각고배A 1Ab	나팔각고배A 1Ba	나팔각고배A 1Bb	나팔각고배B 1Ba	나팔각고배B 1Bb	나팔각고배B 1Bc	나팔각고배C 1Aa	나팔각고배C 1Ab	나팔각고배C 1Ba	나팔각고배C 1Bb	나팔각고배C 1Bc	2단각고배 1Ba	2단각고배 1Bb	2단각고배 1Bc	1무개식각식고·배대 1Ab	1무개식각식고·배대 1Ba	1무개식각식고·배대 1Bb
인왕동 C군5	1																						
황성동 590-57			1										1										
황오동 100-18					1																		
구어리 7																							
구어리 3																							
구어리 2																							
사라리 19																							
사리리 66																							
인왕동 668/2-1		1																					
월성로 가-6				10																			
월성로 가-5						2								1									
사라리 5																							
사리리 65																							
중산리 IB-1																							
천군동 피막 나-3				1																			
중산리 IA-51							2									3							
황남동 109-3·4								2															
사라리 13								1										1				5	
구어리 5																						1	
인왕동 668/2-10								6															
사라리 125																							
천군동 피막 나-1																							
월성로 가-13								3								11							28
미추왕릉 5구1																4							
사라리 113										2									1				
사라리 106																1			1				
동산리 54																			1				
월성로 가-14																							
동산리 90																			1				1
천군동 피막 나-7																			2				
미추왕릉 5구 6									3									3					
황남동 110									0									0				15	
사라리 64																		8					
사라리 54																		4				2	
월성로 나-13																							
동산리 56																			1			3	
사라리 20																			5			1	

무개식고배대	무단각식고배소	무단각식고배소	무단각식고배소	유단각식고배	유단각식고배	유단각식고배	대부완	대부완	대부완	대부완	장경호A	장경호A	장경호A	장경호B1	장경호B1	장경호B1	장경호B1	장경호B1	장경호B2	장경호B2	장경호B2	장경호B2	장경호B2	분기
1Bc	1Ba	1Bb	1Bc	1Ba	1Bb	1Bc	1Ab	1Ba	1Bb	1Bc	1Aa	1Ab	1Bc	1Aa	1Ab	1Ba	1Bb	1Bc	1Aa	1Ab	1Ba	1Bb	1Bc	
											1													
											1								1					
														1										1Aa
											1													
												1			1					1				
															1									
							2																	1Ab
												1			1									
												1			1									
					1											1					1			
2					1											2								
1			2																		1			1Ba
																1					1			
																1								
																1					2			
																1	1						1	
	2				1												1						1	
	1				1				1															
																	1							1Bb
	1				1												1							
																	1							
					1																			
					1																			
1					1	15																	5	
										1		1						5					1	
		2			1																1		2	1Bc
		1																						
		2																			1		2	

표2.2-2. 신라전기양식토기 1(1Aa~1Bc)기 토기형식의 공반현황과 분기(2)

	장경호 B3·1Aa	장경호 B3·1Ab	장경호 B3·1Ba	장경호 B3·1Bb	장경호 B3·1Bc	장경호 C1·1Aa	장경호 C1·1Ab	장경호 C1·1Ba	장경호 C1·1Bb	장경호 C1·1Bc	장경호 C2·1Aa	장경호 C2·1Ab	장경호 C2·1Ba	장경호 C2·1Bb	장경호 C2·1Bc	장경호 D·1Aa	장경호 D·1Ab	장경호 D·1Ba
인왕동 C군5																		
황성동 590-57	1										1							
황오동 100-18																		
구어리 7																		
구어리 3						1												
구어리 2																		
사라리 19																		
사리리 66																		
인왕동 668/2-1																		
월성로 가-6		1																
월성로 가-5																	2	
사라리 5							1											
사리리 65																		
중산리 IB-1												2					1	
천군동 피막 나-3													1					1
중산리 IA-51			2															
황남동 109-3·4			1															
시리리 13																		
구어리 5			1															
인왕동 668/2-10								1										1
사라리 125																		
천군동 피막 나-1																		1
월성로 가-13																		
미추왕릉 5구1				1										1				
사라리 113									2									
사라리 106																		
동산리 54				1														
월성로 가-14									1									
동산리 90																		
천군동 피막 나-7																		
미추왕릉 5구 6					1										1			
황남동 110																		
사라리 64																		
사라리 54																		
월성로 나-13										1					1			
동산리 56					1													
사라리 20										1								

장경호D·1Bb	발형기대·1Ab	발형기대·1Ba	발형기대·1Bb	대부직구호·1Aa	대부직구호·1Ba	대부직구호·1Bb	대부직구호·1Bc	컵형토기·1Aa	컵형토기·1Ab	컵형토기·1Ba	컵형토기·1Bb	컵형토기·1Bc	파배·1Aa	파배·1Ab	파배·1Ba	파배·1Bc	광구소호·1Aa	광구소호·1Ab	광구소호·1Ba	분기
								1												
																	1			1Aa
				1				1									2			
													1				2			
																	3			
																	2			
									2									3		
																		1		1Ab
									1											
	1								2					1						
										1										
		1			1										2					
																			1	1Ba
										1									1	
											1									
						1														
1											1									1Bb
			1								1									
												1								
							1													1Bc
																1				

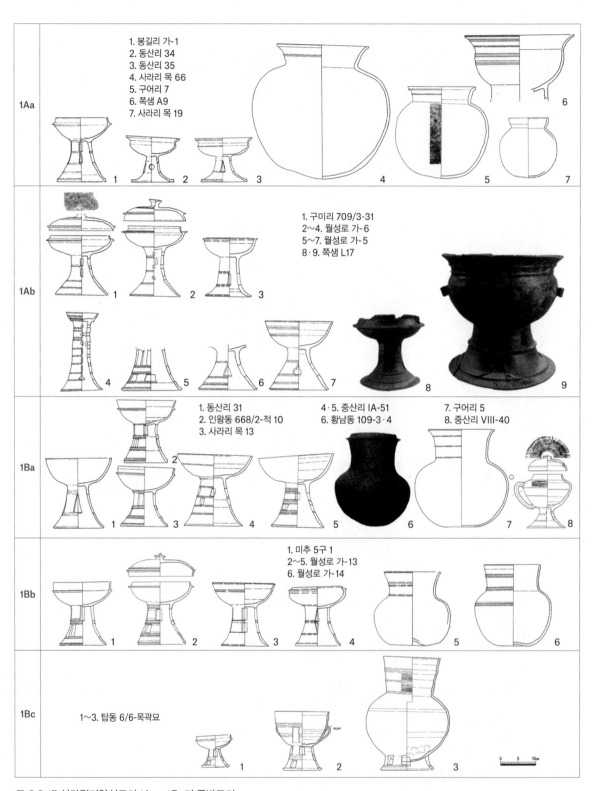

1. 봉길리 가-1
2. 동산리 34
3. 동산리 35
4. 사라리 목 66
5. 구어리 7
6. 쪽샘 A9
7. 사라리 목 19

1Ab

1. 구미리 709/3-31
2〜4. 월성로 가-6
5〜7. 월성로 가-5
8·9. 쪽샘 L17

1Ba

1. 동산리 31
2. 인왕동 668/2-적 10
3. 사라리 목 13

4·5. 중산리 IA-51
6. 황남동 109-3·4

7. 구어리 5
8. 중산리 VIII-40

1Bb

1. 미추 5구 1
2〜5. 월성로 가-13
6. 월성로 가-14

1Bc

1〜3. 탑동 6/6-목곽묘

0 5 10㎝

도 2.2-17 신라전기양식토기 1Aa〜1Bc기 공반토기된 아기종들이 존재하여 세부기종이 많아졌으며, 계보가 직접 이어진 것도 조기의 구형 동체가 편구화하고 짧은 경부도 장경화하여 양식의 전환을 볼 수 있다.

편구형 장경호와 대부직구호가 새로 출현하였다. 통형기대는 전형적인 예를 찾기 어려우나, 발형기대는 구연이 꺾여 외반하는 반구형 동체에 아래가 넓어지는 대각이 붙어 전기양식이 성립되었다.

노형기대는 동체의 어깨가 퍼져 발형화하였다(도 2.2-17의 1Aa-6). 구연부가 두툼해진 土師器系 옹이 출토된 예가 있다(도 2.2-17의 1Aa-7).

광구소호는 신라조기양식토기 2b기에 둥근 바닥의 원저 동체로 출현하여 신라전기양식토기 1Aa기에 평저 동체로 발전하였으며, 컵형토기도 신라조기양식토기 2b기에 출현한 것이 신라전기양식토기에서 발전해 갔다. 파배의 시원형이 출현하였다.

신라 조기 2b기에 출현한 동이형토기도 바닥이 평저화하여 조기양식과 차별화되었다.

이 글에서는 단경호와 대호를 따로 다루지 않았지만, 이 단계에 들어와 경부가 장경호보다는 짧고 일반 단경호보다는 긴 편이며, 외반하며 올라간 경부의 가운데에 돌대가 한 줄 돌아간 구형호가 출현한 것을 볼 수 있다(도 2.2-17의 1Aa-4, 5). 이 경부돌대 단경호는 원래는 장경호 A의 아기종으로 발생한 것으로 판단되며, 경부가 좀 더 짧아지면서 신라전기양식토기 1기 말까지 존재하였고, 규모가 작은 중·소형도 1기의 이른 단계에 존재하였다. 이와 같은 경부돌대 단경호는 2기 이후 고분에서는 찾아지지 않아 1기에만 존재한 특징적인 기종이었다고 판단된다.

● 1Ab기

쪽샘 C10호묘 출토 4단각고배, 월성로 가-5호묘와 6호묘 출토 장경호가 이 단계의 표지적인 토기들이다.

통형고배 B와 C는 경주고분 출토품 자체에서 형식의 변화가 확인된다. 월성로 가-6호묘의 통형고배 중에서는 앞에 제시한 장방형 투창을 뚫은 것 외에 원형투공을 뚫은 것도 있다(도 2.2-17의 1Ab-2).

나팔각고배는 앞 단계에 이어 4단각 고배가 중심이나 대각의 하단이 좁아져 1Ba기의 3단각으로 이행해 가는 것을 알 수 있다.

나팔각고배 C의 4단각 유개식고배는 태화강 이북이어서 경주지역에 포함될 수 있는 울산 구미리 31호묘(도 2.2-17의 1Ab-1)와 쪽샘 L17호묘(도 2.2-17의 1Ab-8)에서 출토되었는데, 구미리 31호묘 고배는 1Aa기 황성동 590(경북)-57호묘 계열의 고배이나 쪽샘 C10호묘와 L17호묘의 4단각고배는 이들과 다르다. 유개식인 나팔각고배 C에도 여러 계보가 존재하였던 것을 알 수 있다.

유개식 4단각고배의 대각 투창은 일렬식, 교차식이 모두 존재하나, 무개식인 4단 나팔각고배는 이 단계부터 교차투창으로 통일되었다. 그러나 월성로 가-5호묘에서는 장방형 교차투창을 뚫은 고배 대각과 함께 삼각형 투창을 뚫은 4단 대각, 화염형 투창의 4단각 무개식고배가 출토되었다(도 2.2-17의 1Ab-5~7). 대각과 배신의 형태에 차이가 있어 계보가 다른 것으로 보이지만, 화염형 투창의 무개식고배는 앞 장에서 살펴본 화산리요지에서도 생산되어 경주에서도 여러 계보의 화염형 투창 고배가 존재하였던 것으로 보인다. 또, 월성로 가-6호묘에서는 통형에 가까운 대각을 3단으로 분할하고 중단에 장방형 투공을 뚫고, 배신 상부의 짧은 구연부와 뚜껑받이 턱이 수평으로 갈라진 고배도 출토되었다(도 2.2-17의 1Ab-3). 이와 같은 예들은 정형화되어 간 무개식의 나팔각고배 A와 유개식의 나팔각고배 C 외에도 경주지역에 여러 계보의 고배가 1Ab기까지 존재한 것을 말해준다.

1단각의 무개식 파수부 소형고배가 출현하고, 황성동고분군에서는 3이부유대완이 부장되기 시작하였다. 1Ba기의 황남동 109호분-3·4곽, 1Bb기의 인왕동 668/2-적9호묘 출토 3이부유대완으로 보아 월성북고분군에서도 황성동고분군에서와 같은 형태의 3이부유대완이 부장되기 시작하였을 것으로 판단된다.

이 단계의 장경호들은 소형 기종인 C1과 D의 경부가 길어지거나 상부 외반도가 심해진 것 외에 앞 단계와 비교하여 큰 변화가 읽히지는 않는다. 1Aa기에 출현한 편구형 장경호는 A와 B로 분화되었고, 대부직구호도 A와 B로 분화되면서 정형화되었다.

쪽샘 L17호묘에서 출토된 2점의 노형기대(도 2.2-17의 1Ab-9, 도 2.2-19의 1Ab-1) 중 1점에는 파수가 달렸지만 동체의 전체 형태는 신라 조기양식에서 내려온 것이다. 월성로 가-6호묘에서는 소형의 통형기대가 반출되었다(도 2.2-17의 1Ab-4).

여기서 신라조기양식토기 기대와 신라전기양식토기 기대의 연계성을 위해 전환기의 기대 양상에 대해서 살펴두겠다. 경주지역에서는 전환기의 기대 출토가 미미하므로

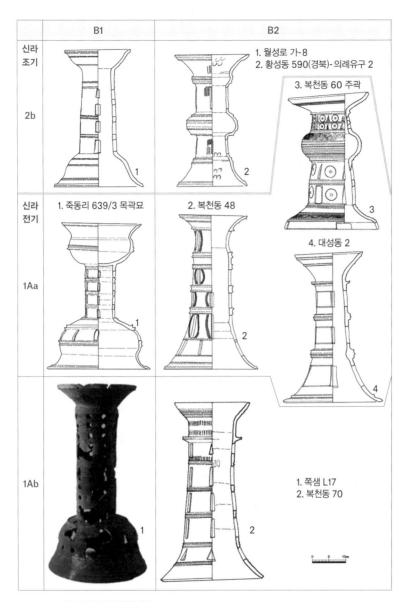

	B1	B2
신라 조기 2b	1	2 / 1. 월성로 가-8 / 2. 황성동 590(경북)-의례유구 2 / 3. 복천동 60 주곽 / 3
신라 전기 1Aa	1. 죽동리 639/3 목곽묘 / 1	2. 복천동 48 / 2 / 4. 대성동 2 / 4
1Ab	1	2 / 1. 쪽샘 L17 / 2. 복천동 70

도 2.2-18 **영남지방의 통형기대**

지역을 경주로 한정하지 않고 영남 일원으로 넓혀서 살펴보도록 하겠다.

◎ 통형기대(도 2.2-18): 신라조기양식토기 통형기대는 A와 B로 분류되었는데, A는
조기 말로 소멸된 것으로 보이고 신라전기양식토기로 이어진 것은 B계열의 통형기대
들이다. B계열의 통형기대는 통형 몸체에서 받침부가 단을 이루어 넓어져 장구통의 한
쪽처럼 된 것과 통형 몸체에서 받침부가 자연스럽게 넓어진 것으로 구분되었다.

전자를 B1, 후자를 B2라 하면, 신라 전기의 1기 고분에서는 1Aa기의 죽동리 639/3번지 목곽묘와 1Ab기의 쪽샘 L17호묘에서 통형기대 B1이 출토되었다. 죽동리 목곽묘 출토품은 받침부의 축소형인 수발부가 이형이지만, 모두 신라 조기 2b기 월성로 가-8호묘의 통형기대에서 통형부가 상하 직경이 같은 직선적인 원통형이 되었다. 그보다 받침부의 변화가 현저하여, 1Aa기 죽동리 목곽묘의 통형기대에서 완전 장구통으로 변한 받침부가 쪽샘 L17호묘 통형기대에서는 중간 받침부의 굴절이 약화된 것을 알 수 있다. 죽동리 목곽묘의 통형기대와 같은 받침부는 대구 신당동요지에서도 볼 수 있다(삼한문화재연구원 2015).

신라 조기의 통형기대 B2는 통형부 중간이 편구체로 부풀어 있고 받침부가 수발부처럼 자연스럽게 넓어진 것이다. 이와 같은 통형기대 B2의 조기형은 복천동 60호묘 주곽에서도 출토되었는데, 편구체가 위로 올라가 있고 접지부도 차이가 있어서 그 시기는 신라 전기 초로 내려올 것이다.

경주지역의 신라 전기 1기 고분에서는 통형기대 B2가 출토된 예를 찾기 어렵다. 그러나 경주지역의 신라 전기 1Aa기와 병행하는 동래 복천동 48호묘와 김해 대성동 2호묘, 1Ab기와 병행하는 동래 복천동 70호묘에서 통형기대 B2가 출토되었는데, 모두 통형부 몸체 중간의 편구체가 없어지고 넓은 접지부에서 좁아지며 올라가 통형 몸체가 되고 그 위에 수발부가 형성되었다. 신라 조기의 통형기대 B2에 비해 수발부가 접지부보다 작아진 것이 특징이다. 경주지역의 신라 전기 1Aa기와 1Ab기 통형기대 B2도 대개 이와 같은 모습이었을 것이다.

◎ 노형기대와 발형기대(도 2.2-19) :

○ 노형기대 A: 경주지역의 신라조기양식토기 노형기대는 A와 B로 구분되었는데, A의 계보를 이은 신라 전기 1Aa기의 노형기대 동체가 쪽샘 A지구 9호묘 묘광 주변에서 수습되었다(앞의 도 2.2-17의 1Aa-6 참조). 이 노형기대 동체는 신라 조기 2b기의 죽동리 5호묘 노형기대에 비해 어깨가 펴졌지만 구연부 아래와 동체의 돌대 배치는 그대로 이은 것을 알 수 있다. 1Ab기의 노형기대도 쪽샘 L17호묘에서 출토되었는데, 신라 조기 2b기 노형기대에 비해 동체가 좀 더 깊어지고, 삼각형 투창이 뚫린 대각이 높아진 것을 알 수 있다. 이와 같은 형식의 1Aa기, 1Ab기 형식의 노형기대 동체들은 대구 신당동요지에서도 출토되었다(삼한문화재연구원 2015: 51~53).

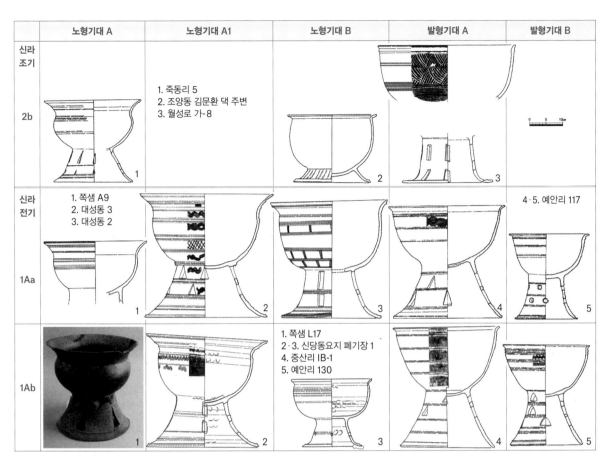

	노형기대 A	노형기대 A1	노형기대 B	발형기대 A	발형기대 B
신라 조기 2b		1. 죽동리 5 2. 조양동 김문환 댁 주변 3. 월성로 가-8	2	3	0 5 10㎝
신라 전기 1Aa	1. 쪽샘 A9 2. 대성동 3 3. 대성동 2	2	3	4	4·5. 예안리 117 5
1Ab	1	2	1. 쪽샘 L17 2·3. 신당동요지 폐기장 1 4. 중산리 IB-1 5. 예안리 130 3	4	5

도 2.2-19 영남지방의 노형기대와 발형기대

한편, 쪽샘 L17호묘에서는 2단으로 구분된 대각의 형태가 좀 다르지만, 앞의 노형기대와 거의 같은 형태의 동체 양쪽에 대상파수가 붙은 노형기대가 공반되었다(앞의 도 2.2-17의 1Ab의 9 참조). 동체에 붙은 파수는 김해지역 가야조기양식토기 노형기대의 영향이겠지만, 동체나 대각의 형태가 가야조기양식토기 노형기대와는 전혀 달라 신라조기양식토기 노형기대로 분류되어야 한다.

신라조기양식토기 노형기대 A를 충실히 이은 이와 같은 노형기대 외에, 경주지역에서는 아직 출토된 예가 없지만, 대구 신당동요지에서는 노형기대 A에 비해 어깨가 완전히 퍼진 동체에서 외반된 구경부가 길게 이어지고, 여러 단으로 구분된 대각이 발형기대와 같은 기대가 생산되었다. 이와 같은 기대가 신라 전기 1Aa기와 병행하는 김해 대성동 3호묘에서도 출토된 바 있다(최병현 2018b: 84).

이를 노형기대 A1이라 하고, 영남지방 고분에서 토기들의 공반관계를 무시하고 토기의 형식으로만 보면, 노형기대 A가 A1을 거쳐 발형기대로 발전한 것처럼 보인다. 그러나 경주지역에서 발형기대는 신라조기양식토기에서 성립하여 발전되어 오고 있었고, 〈도 2.2-19〉에서 보듯이 신라 전기 1Aa기와 병행하는 김해 예안리 117호묘, 1Ab기와 병행하는 예안리 130호묘에서도 출토되었다. 이와 같은 병행 관계로 보아 노형기대 A1은 노형기대 A가 발형기대와 결합되어 신라 전기 1Aa기에 성립한 것이며 1Ab기까지 이어지다가 소멸된 것으로 판단된다.

○ 노형기대 B: 영남지방의 여러 지역에서는 동이 형태의 발형 동체에 높고 낮은 대각이 붙은 기대가 출토된다. 이 기대는 경주지역의 신라조기양식토기 노형기대 B에서 유래된 것이라 판단된다. 경주지역에서는 높은 대각이 붙은 것을 찾기 어렵지만, 다른 영남지방에서는 신라 조기의 노형기대 B에 높은 대각이 붙은 기대로 발전한 것으로 보인다.

○ 발형기대: 경주지역 이외에 김해 예안리 117호묘에서는 1Aa기, 김해 예안리 130호묘에서는 1Ab기의 발형기대가 출토되었다. 예안리 117호묘의 발형기대 A와 B는 반구형 동체와 동체에서 꺾여 약간 길게 올라간 구연부가 경주지역의 1Aa기 발형기대와 공통되고, A의 삼각형 투창 뚫린 대각도 공통적이다. 1Ab기의 예안리 130호묘 발형기대와 경주지역의 1Ab기 기대는 동체의 형태에 차이가 있지만, 모두 동체에서 꺾인 구연부가 짧아졌고, 삼각형 투창이 뚫린 4단으로 나눈 긴 대각도 공통점이 있다.

② 1B기

● 1Ba기

황남동 109호분-3·4곽, 중산리 IA-51호묘, 사라리 13호묘의 출토 토기가 이 단계의 것이며, 황남동 109호분-3·4곽의 3단 나팔각고배로 상징된다.

이 단계까지 경주지역에 삼각형 소투공이 뚫린 통형고배가 잔존하고, 대각에 장방형 또는 삼각형 투창을 일렬로 뚫은 이질적인 고배가 다음 단계까지도 일부 남아 있지만(도 2.2-17의 1Ba의 1), 나팔각고배는 교차투창의 3단각고배가 사실상 주류가 되었고, 또 이 단계부터 2단각고배도 출현하였다.

천군동 피막유적 나-3호 출토 통형고배는, 대각에 뚫린 삼각형 소투공이 고식 수법이지만 공반된 장경호 C2와 D, 컵형토기의 형식으로 보아 이 단계로 편년되는데, 경주에서 마지막 남은 통형고배의 모습이라 판단된다.

울산 중산리 IA-51호묘에서는 장방형 교차투창이 뚫린 3단각의 주류 고배들과 함께 5단각과 4단각의 장각형 무개식 고배가 출토되었다(도 2.2-17의 1Ba-4, 5). 경주지역에서도 지구에 따라 이질적인 고배가 남아 있었음을 말해준다.

황남동 109호분-3·4곽 출토 고배와 같은 나팔각고배 B의 1Ba기 형식은 인왕동 668/2-적10호묘, 사라리 13호묘에서도 출토되었는데(도 2.2-17의 1Ba-2, 3), 무개식인 나팔각고배 A와 유개식인 나팔각고배 C의 1Ba기 형식은 중산리 IA-51호묘에서 공반되었고, 나팔각고배 B와 C는 포항 옥성리 63호묘(국립경주박물관 2000)에서 공반되어 나팔각고배 A·B·C의 동시 공존이 확인된다.

한편, 인왕동 668/2-적10호묘에서는 나팔각고배 B와 이 단계의 장경호들이 공반되었고, 사라리 13호묘에서는 나팔각고배와 장방형 교차투창 2단각고배(중)이 공반되어, 2단각고배가 이 단계부터 출현하였음을 분명히 하고 있다. 이 고분에서는 그 외에도 이 단계의 1단각 무개식고배, 1단각 파수부 무개식고배 소형, 3이부유대완, 장경호 B1, 발형기대, 대부직구호, 파배가 공반되어 이 단계의 토기상을 대변하고 있다.

또 이 단계에는 대각의 직경이 넓은 소수형 2단각고배가 발생하였고, 1단각의 유개식·무개식고배가 출현하였으며 1단각의 파수부 소형 고배는 A와 B로 분화되었다. 월성북고분군과 사라리고분군에서 형태가 다른 3이부유대완이 부장되었다.

장경호는 이 단계까지도 앞서 제시한 기종들에서는 큰 형식의 변화가 없다.[4] 황남동 109호분-3·4곽에서는 긴 경부에 뚜껑받이 돌대가 날카롭게 뻗은 유개식의 장경호(도 2.2-17의 1Ba-6), 구어리 5호묘에서는 상부가 외반하는 긴 경부를 3단으로 구분한 장경호(도 2.2-17의 1Ba의 7)가 공반되었다. 이 장경호들은 가야양식으로 경주지역의 신라토기와 부산·김해지역 가야토기의 병행기 편년에 근거가 된다. 또 중산리 VIII-40호

....

4   황남동 109호분 보고서 도판에는 이 고분 3곽에서 직선적으로 뻗은 긴 경부 중앙에 2줄의 돌대가 돌아간 원저장경호가 공반된 것으로 되어 있다(조선총독부 1937: 도판 二五 (二) 우에서 2번째). 형태상 장경호 B1로 분류되는 것으로 만일 이 장경호가 황남동 109호분 3곽 출토품이 맞다면 장경호의 그와 같은 변화는 1Ba기부터 시작한 것이 된다. 그러나 이 단계의 다른 고분에서 이와 같이 경부가 길고 직선적인 장경호의 출토례가 전무하고, 같은 도판에 실려 있는 이 고분 2곽 출토 대부장경호 가운데 경부 형태가 거의 같은 것들이 있어 공반관계가 의심된다.

묘에서는 유대파수부호가 이 단계의 3단각고배들과 공반되었는데(도 2.2-17의 1Ba-8), 이 유대파수부호 역시 부산·김해지역 고분 출토 토기들과 병행기 편년에 중요한 자료이다.

동체 양쪽에 파수가 붙은 대부중경호가 출현하였다. 그 외 각 기종의 형식 변화는 앞서 설명하였으므로 생략한다.

● 1Bb기

월성북고분군에서는 황남동 미추왕릉지구 5구역 1호묘(도 2.2-17의 1Bb-1), 월성로 가-13호묘, 황성동고분군에서는 황성동 590(경북)-45호묘, 그리고 사라리고분군의 113호묘 출토 토기가 이 단계의 표지적인 형식이다.

월성로 가-13호묘의 장방형 교차투창 3단각고배는 배신의 구연부 형태가 앞의 나팔각고배 C들과 다르고 뚜껑도 가운데가 솟은 꼭지가 달린 이질적인 것인데(도 2.2-17의 1Bb-2), 이를 황남동 109호분-3·4곽의 나팔각고배 B의 1Ba기 형식과 같은 단계로 편년하는 견해들이 있으나(이희준 1997), 대각 하단이 좁아져 1Bb기에 속하는 것이 분명하다. 이 고분에서는 균분된 3단 대각에 장방형 또는 삼각형 투창이 일렬로 뚫린 무개식, 유개식의 고배가 공반되었다(도 2.2-17의 1Bb-3, 4). 이 단계까지 남아 있는 이질적인 고배의 존재들이다. 그러나 이들을 제외하면 유·무개식의 3단각고배 모두 대각의 하단이 좁아진 공통점이 있다.

나팔각고배 B는 1Ba기에 외반되었던 구연부가 직립하여 유개식으로 전환되는 과정을 보여준다. 사라리 113호묘에서는 이 단계의 나팔각고배 B·C, 2단각고배(중)과 함께 경부가 직선화된 장경호 B1의 이 단계 형식들이 공반되어(영남문화재연구원 2007) 역시 2단각고배의 발생이 늦지 않음을 증명하고 있다. 사라리 106호묘, 동산리 54호묘와 90호묘(신라문화유산연구원 2010), 천군동 피막유적 나-3호묘(국립경주박물관 1999) 출토 2단각고배(중)도 이 단계의 것들로 편년되는데, 이들은 대개 대각 하단의 장방형 투창이 좌우로 넓은 형태를 보이고 있다.

한편 사라리 113호묘에서는 2단각고배(소)도 함께 공반되어 이 단계부터 2단각고배도 중·소로 분화된 것을 알려준다. 2단각 소수 고배는 A1과 A2, B로 분화되었다.

장경호는 이 단계에서 큰 변화가 있는데, 장경호 B1과 B2의 경부 직선화가 그것이다. 그러나 월성로고분에서는 경부가 곡선적으로 외반하는 장경호 B1도 아직 공반하고 있어서(도 2.2-17의 1Bb-5, 6), 고배와 마찬가지로 계보에 따른 이질성이 완전히 극복되지는 않은 것을 알 수 있다. 장경호 C2에서 구연부가 분리되어 내경하기 시작하는 것도 이 단계부터이다.

대부중경호는 이 단계부터 동체 좌우의 파수가 생략되어 대부호로 정형화된 것으로 보인다.

● 1Bc기

황남동 110호분, 미추왕릉지구 5구역 6호묘의 출토 토기가 이 단계의 표지적인 것이다. 황남동 110호분에서는 나팔각고배 B와 C, 2단각고배(중)이 함께 출토되었고, 미추왕릉지구 5구역 6호묘에서도 나팔각고배 B와 C가 함께 출토되었다. 황남동 110호분의 고배들과 쪽샘 A1호묘의 1단각 유개식고배 B에서는 대각형 꼭지가 붙은 신라식 고배 뚜껑이 이 단계부터 출현한 것을 볼 수 있다. 2단대각의 3이부유대완은 2a기 이후 주류가 되었지만 사라리 64호묘에서 1Bc기에 그 출현을 볼 수 있다.

각종 원저장경호가 여전히 다수이지만, 장경호 B1, B2, C2 중에는 대각이 붙어 대부장경호가 출현하는 것이 큰 변화이다. 장경호 A류를 제외한 다른 기종의 장경호들은 모두 경부가 직선적이 되며, 원저 또는 대부장경호 B2에도 구연부가 분리되어 내경하는 것이 발생한다.

〈도 2.2-20〉은 앞의 각 기종 토기 형식에서 예시한 것들을 제외한 황남동 110호분 출토 토기들의 실측도이다. 영남대학교 박물관에서 황남동 110호분 출토 토기들을 새로 실측하였는데,[5] 황남동 110호분의 공식 보고서(영남대학교 박물관 1975; 문화재관리국 경주사적관리사무소 1975)에는 토기들이 선별 보고되었고, 실측도도 새 실측도와는 차이나는 것이 많았다. 여기서 이 토기들에 대해 일일이 설명하지는 않겠으나, 뒤의 논리 전개상 필요한 부분들에서 개별적으로 그 특징들을 지적해 나가기로 하겠다. 다만 앞서 예시하지 않은 것으로 황남동 110호분에 2단각으로 변화된 나팔각고배 B가 존재한

....

5   이 황남동 110호분 출토 토기들의 실측도는 수년 전 한빛문화재연구원의 김용성으로부터 제공 받아 보관하고 있던 것인데, 그의 동의하에 여기에 공개한다.

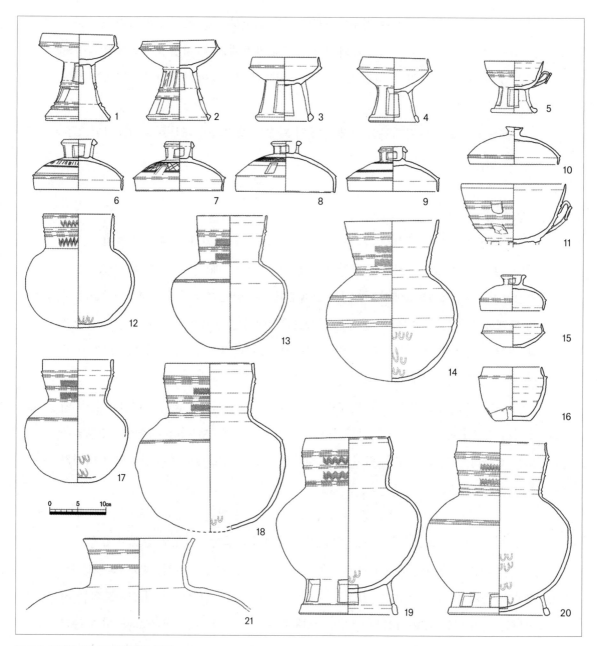

도 2.2-20 황남동 110호분 출토 토기

것, 유개식 1단각고배에도 구조 차이가 있는 여러 형태의 것이 존재한 것, 장경호에 여러 아기종이 존재한 것이 유의되며, 이들에 대해서는 뒤에서 좀 더 자세하게 언급될 것이다.

3) 2~4기(정형화 이후)

(1) 기종별 토기형식의 변천

① 고배류

앞서 살펴본 바와 같이 신라토기에서 통형(각)고배는 신라전기양식토기 1A기에 사실상 소멸되고, 그 이후에는 나팔각고배만 존재하였다. 나팔각고배는 신라전기양식토기 1Aa기에 대각을 4단으로 나눈 4단각고배로 출현하여 1Ba기에는 3단각고배로 변화되고, 아울러 대각을 2단으로 나눈

(중)도 출현하여 공존하였다. 이어 1Bb기에는 2단각고배(소1)이 출현하였다. 한편 낮은 대각의 1단각고배도 1Ba기에 출현하였다.

이와 같은 신라 고배 가운데 3단각고배는 1기 말, 즉 1Bc기를 끝으로 소멸하고, 2기 이후에는 출토되는 예가 거의 없다. 이에 따라 2기 이후의 고배류는 크게 높은 대각을 2단으로 나누고 장방형 투창을 상하로 엇갈리게 뚫은 교차투창 2단각고배와 낮은 1단 대각에 방형 또는 장방형 투창을 뚫은 1단각고배로 분류된다. 2단각고배와 1단각고배는 또 각각의 배신 형태에 따라 유개식과 무개식으로 나누어진다.

2기 이후의 고배들은 대개 1기의 고배를 이어 제작된 것이지만, 그 중에서는 2기 이후에 세부 기종으로 더 분화된 것도 있고, 늦은 시기에는 새로 출현한 고배들도 있다. 아래에서는 이들을 구분하여, 1기 고배에서 이어진 것은 그 변화 과정의 연속성을 파악하여 설명을 이어나가고, 2기 이후에 분화되거나 새로 출현한 것들은 따로 분류하여 그 형식의 변화를 설명하겠다.

신라전기양식토기 고배류는 세부 기종을 불문하고 모두 규모가 왜소해지는 방향으로 변해가는 것이 형식 변화의 큰 방향임을 미리 밝혀둔다.

● 2단각 유개식고배(표 2.2-3·4, 도 2.2-21)
유개식 배신에 상하로 교차투창이 뚫린 2단 대각이 붙은 고배들이다. 신라전기양식토기 2기 이후의 2단각 유개식고배는, 소형을 제외하고 대각의 형태를 기준으로 구

분하면, 대각이 아래로 내려오면서 직선적으로 넓어지는 것과 곡선적으로 넓어지는 것으로 나누어볼 수 있다. 이 중 규모가 중형으로, 대각이 직선적이고 대각 하단의 접지부 단면이 삼각형으로 끝이 뾰족한 2단각고배는 비교적 쉽게 구분되는데, 이들은 신라전기양식토기 1B기의 나팔각고배 B를 이은 것이 분명하다. 이에 아래에서는 이 고배들을 1B기와 같이 나팔각고배 B로 분류하여 그 형식의 변화 과정을 살펴보겠다.

나팔각고배 B를 제외한 2단각 유개식고배들은, 2a기에 존재한 일부 직선적인 것을 제외하면, 대각이 대체로 곡선적이며, 대각이 직선적인 것도 대각 하단의 접지부 구조에서 나팔각고배 B와 구분된다. 그런데 이 곡선적인 대각의 고배들은 우선 그 크기에서 대형과 중형의 차이가 있어, 앞서 언급한 소형과 함께 대·중·소형이 구분된다. 신라전기양식토기 2기 이후의 2단각 유개식고배들은, 나팔각고배 B를 제외하고도, 한 고분에서 출토된 것도 대·중·소의 셋이나 또는 그 중 둘로 나누어지며, 그러한 현상은 시기가 내려오면서도 계속 이어지는 것이다. 즉 2기 이후의 2단각 유개식고배는 직선적인 대각의 나팔각고배 B 이외에 곡선적인 대각의 나팔각고배 대·중·소형이 공존하고 있었던 것이다.

그런데 2단각 유개식고배의 대·중·소형은 신라선기양식토기 2기에 들어와서 생겨난 것이 아니고 1기부터 이어진 것이다. 〈표 2.2-3〉은 1Aa기부터 1Bc기까지 고배의 분류에 따른 규모의 차이와 그 변화 과정을 보여준다.[6] 이 중 나팔각고배 A는 2a기 이후의 2단각 무개식고배로 이어진 것이므로 뒤에서 언급하기로 하고, 나팔각고배 B도 2a기 이후의 2단각 유개식인 나팔각고배 B로 이어진 것이어서 여기서 따로 언급하지 않겠다. 그런데 1기의 나팔각고배 C와 1Ba기에 출현한 2단각고배(중), 1Bb기부터 출현한 2단각고배(소1)은 처음부터 규모의 차이가 있었다. 이 흐름에서 보면 2기 이후의 2단각 유개식 고배 가운데 대형은 1기의 나팔각고배 C가 3단각에서 2단각으로 전환되어 이어진 것이고, 2단각고배(중)과 2단각고배(소1)은 1B기에서 그대로 이어진 것을 알 수 있다. 이와 같이 신라전기양식토기 2기 이후의 2단각 유개식 고배 중에는 원래 3단각이었으나 2단각으로 전환되었지만 큰 규모의 계열을 이은 대형, 출현기부터 중형과 소형으

....

6   〈표 2.2-3〉은 전고(최병현 2014a)에 게재하였던 것으로 새로 보고된 황성동고분군(경북문화재연구원 2015; 신라문화유산연구원 2017)과 탑동고분군(한국문화재재단 2020) 자료를 추가하여 보완하였다.

표2.2-3. 신라전기양식토기 고배류(1Aa~1Bc) 규모 변화

분기	고분명	나팔각고배 A		나팔각고배 B		나팔각고배 C		2단각고배(중)		2단각고배(소1)	
		점수	기고	점수	기고	점수	기고	점수	기고	점수	기고
1Aa	황오동 100-18	1	20.0								
	황성동 590(경북)-57					1	16.6				
	봉길리(사) 석곽묘					1	17.6				
1Ab	황성동 590(신라)-105	2	19.5~20.7								
	월성로 가-5	1	18.7								
	황성동 590(신라)-104	7	20.6~22.7								
	황성동 590(경북)-18	2	19.0~22.9								
	쪽샘 C10					8	18.9~20.0				
	구미리 31					1	16.3				
1Ba	중산리 IA-51	1	19.9			4	18.5~18.9				
	황성동 590(경북)-17	3	17.1~18.6								
	탑동 6/1-목 2					2	17.6~18.4				
	인왕동 668/2-10			6	16.6~17.6						
	황남동 109-3·4			14	17.0						
	사라리 13			1	16.2			1	13.7		
1Bb	미추왕릉 5-1			4	17.0~18.0						
	월성로 가-13	5	16.6~17.4			11	16.1~17.5				
	사라리 113			1	15.0	1	17.0	1	14.4	1	13.6
	황성동 590(신라)-99	1	18.4			2	19.6~20.1				
	황성동 590(신라)-98	1	17.6	2	16.0~17.0						
	황성동 590(경북)-45	3	15.0~16.9			3	16.0~17.9				
	황성동 590(신라)-107			3	16.9~18.6						
	황성동 590(경북)-15			2	16.7~17.2						
	황성동 590(경북)-36			8	15.9~17.6						
1Bc	미추왕릉 5-6			3	15.0~	3	~17.3				
	황남동 110			?	13.8~14.7	다수	14.9	?	14.7		
	탑동 20·20/6-적 17					6	15.2~16.2				
	황성동 590(경북)-117					5	14.7~15.5	1	14.3		
	황성동 590(경북)-10					1	16.0	3	13.0~14.6		
	하삼정 II-13							4	13.6~15.5	1	10.5
	중산리 VIII-86	1	17.4			1	18.0				

	나팔각고배 B	나팔각고배 C (2단각 대)	2단각고배(중)	2단각고배(소1)	2단각고배(소2)
2a		1~3. 황남대총 남분 1. (12.5x15.3) 2. (11.9x13.8) 3. (11.3x10.7)			0 5 10cm
2b					1·3. 월성로 나-9 1. (11.3x12.8) 3. (11.8x13.9) 2. 월성로 가-11-1 (13.9x17.3) 4. 쪽샘 C5 (10.6x9.4)
3a				1. 황성동 885/7-5 (11.4x13.0) 2~4. 월성로 나-12 2. (11.8x15.6) 3. (11.8x13.0) 4. (9.15x8.72) 5. 황오동 100-14 (10.7x11.1)	
3b				1·3. 월성로 가-4 1. (11.4x12.2) 3. (11.4x11.5) 2·5. 쪽샘 B1 2. (12.1x13.9) 5. (9.1x8.1) 4. 계림로 50 (10.3x9.6)	
4a			1. 인왕동 668/2-적 1 (11.8x12.7) 2~4. 월성로 가-1 2. (12.0x12.9) 3. (10.3x10.3) 4. (9.4x8.1)		5. 황남동 106/3-3 (9.2x7.0)
4b	1. 황남동 106/3-6 (11.2x12.7) 2·3. 월성로 가-18 2.(10.5x9.1) 3.(9.8x7.4) 4. 월성로 가-9 (8.4x6.3)				

도 2.2-21 2단각 유개식고배[( ) 안은 구경X기고cm]

로 그 계열을 이어간 것이 공존하였다. 그리고 3a기에는 또다른 소형이 출현하여, 소형이 다시 소1과 소2로 분화되었다.

신라전기양식토기 1기의 고배들은 대각이나 구연부의 형태와 세부 구조에 차이가 커서 계열이나 같은 계열 내의 계보를 찾아 분류하기가 그다지 어렵지 않다. 그러나 2기 이후 정형화된 2단각 유개식고배들은 양식적 유사도가 높아 묘사적인 특징만으로 계열이나 계열에 따른 선·후 형식을 구분하기가 쉽지 않다. 물론 토기는 같은 기종이라도 규모의 차이가 크면 구조 속성에서 차이가 생긴다. 그리고 앞서 미리 지적해 둔 대로 신라토기 고배는 모든 기종이 시기가 내려가며 규모가 축소되는 방향으로 변화되어 갔으므로 각각의 계열부터 구분해 놓지 않으면 계열을 교차하여 선·후 형식의 혼동이 생기기 쉽다.

이에 신라전기양식토기 2기 이후 정형화된 2단각 유개식고배의 형식 분류를 위해서는 먼저 분류 대상의 고배가 대·중·소의 어느 계열에 속하는지부터 파악되어야 한다. 그리하여 대형은 대형대로, 중형은 중형대로 세부적인 변화 방향을 찾아 각각의 형식 조열을 찾아야 한다. 〈표 2.2-4〉는 신라전기양식토기 2기 이후 2단각 유개식고배의 계열 구분과 이에 따른 각 계열 고배의 형식 분류를 좀 더 객관화하기 위해 상대편년의 대상으로 삼은 유적에서 출토된 고배들을 계측속성과 명목속성의 유사도에 따라 대·중·소형으로 구분하고, 각 계열 고배의 규모 변화를 집계한 것이다.[7]

앞서는 신라전기양식토기의 분기 기준에 대해서 밝혀둔 바 있다. 이에 아래에서는 분기 구분의 기준을 존중하고, 각 분기 내에서 토기 속성의 변화를 살펴 분기를 세분하여 2단각 유개식고배의 형식 변화 과정을 살펴보도록 하겠다.

◎ 나팔각고배 B: 유개식 배신에 직선적인 2단투창 대각이 붙은 것이다. 1기의 나팔각고배 B의 계보를 이은 것으로, 앞의 〈표 2.2-3〉의 1Bc기 나팔각고배 B와 〈표 2.2-4〉의 2a기 나팔각고배 B의 규모에서 큰 차이가 없는 것을 알 수 있다. 1기의 나팔각고배 B의 3단 대각은 원래 곡선형이었으나 1Bc기 황남동 110호분의 3단각고배, 그리고 거의 2단각에 가까워진 미추왕릉지구 5구역 6호묘의 이 유형 고배부터 대각이 직선화

---

7   〈표 2.2-4〉는 전고(최병현 2014a)에 게재하였던 것으로 4a기와 4b기에 고배 도면이 교체된 것만 보완하였다. 그 중 1단각 무개식고배 중 4a기 이후는 대각이 1단각이 아니라 2단으로 나누어 상단이나 하단에만 투창을 뚫은 것이었으나, 본고에서는 이를 2단각·무개식B로 재분류하였다.

표2.2-4. 신라전기양식토기 고배류(2a~4b) 규모 변화

분기	고분명	나팔각A		나팔각 B		2단각 (대:나팔각C)	
		점수	기고	점수	기고	점수	기고
2a	황남대총 남분			(33)	13.3~15.3		
2b	월성로 가-11-1	2	10.0~11.5	1	14.8	6	16.2~18.3
	황남대총 북분						
	월성로 나-9			5	12.8~13.1		
3a	인왕동 668/2-적 6B	2	8.3~9.8				
	인왕동 668/2-적 6A	2	8.6~8.7			1	17.0
	월성로 나-12					3	15.4~15.6
	월성로 나-14	3	10.1~12.2			1	15.0
	월성로 다-6					1	15.0
3b	인왕동 668/2-적 7						
	월성로 나-8	1	9.4			1	15.0
	월성로 다-8					1	14.1
	월성로 다-5	1	8.7			4	13.3~14.25
	월성로 가-4			1	12.2	1	13.5
	월성로 다-2						
	인왕동 729/3-1					16	12.7~14.0
	인왕동 729/3-5	1	11.0			4	12.8~14.6
	월성로 나-4						
	인왕동 729/3-2						
4a	인왕동 668/2-적 1			3	12.7~13.2	3	12.5~13.0
	월성로 가-15						
	황남동 106/3-6	2	8.5~9.0			2	12.0~12.7
	월성로 가-1	1	8.3			5	12.2~12.9
	사라리 525-10						
	인왕동 729/3-10					2	11.8~12.4
	방내리 27-A	4	8.3~9.1			3	11.5~12.3
	인왕동 729/3-21						
	인왕동 729/3-11					1	11.9
	황남동 106/3-8						
	사라리 90	1	7.0				
	인왕동 729/3-19-1					2	11.8~11.9
	천마총	1	10.0				
4b	미추 9구 A-3	1	8.5			12	10.0~11.5
	방내리 25	2	6.2~7.1				
	방내리 20						
	월성로 가-18						
	방내리 61					1	10.7
	인왕동 729/3-19						
	방내리 19	1	7.0				
	월성로 나-6						
	방내리 48						
	사라리 88						
	황남동 106/3-6					2	12.0~12.7

2단각(중)		2단각(소1)		1단각 무개식		1단각 유개식		유개식 대각하부돌대		비고
점수	기고	점수	기고	점수	기고	점수	기고	점수	기고	
77 (나팔각 B포함)	12.6~15.5	70	10.1~10.7	1	?	463	8.7~11.3			
				1	8.8	5	11.0~11.9			
				1	9.8	22	9.5~10.4			
2	13.1, 13.9					5	9.3~9.9			
				1	8.4	4	9.0~10.1			
6	12.1~13.1			1	7.9					
18	12.25~14.4	2	8.72~9.25			15	9.7~11.5			
8	13.0~14.5					4	8.7~9.6			
9	11.3~12.6			1	9.9	7	8.5~10.3			
		1	7.8			5	9.9~10.6			
		1	9.3							
		7	7.9~10.5							
5	11.5~12.2					4	9.1~9.4			
2	10.75~12.1	6	9.25~9.9	1	9.8	8	9.2~10.1			
5	11.0~11.4					6	9.1~11.0			
4	10.4~11.7									
1	10.9					12	9.2~11.5			
				4	9.3~9.8	21	9.6~11.1			
				4	10.0~10.3					
4	10.7~11.2	3	9.8	2	7.6~7.7	4	8.9~9.2			
		4	8.5~9.4							
2	10.3~11.2	7	7.5~8.8							
4	10.3~10.9	3	8.3~8.4					3	배신결실	
3	10.9~11.3									
8	9.6~10.4	4	7.2~7.6							
4	9.8~10.3									
4	9.5~10.0									
1	10.2					1	10.0			
3	9.2~9.3	3	8.2~8.6	1	7.0			2	9.4~9.5	
		2	8.1~8.5							
3	?~9.5			2	?	4	8.5~?			
?	?	6	6.0	1	7.3					
7	9.1~9.7			1	6.9					
7	8.9~9.7			2	7.6			1	8.3	
4	9.1~9.5	5	7.4~8.9	4	7.4~7.8			1	8.9	
1	9.4									
						1	8.9			
1	9.1							7	8.0~8.7	
				5	6.6~8.6			5	8.5~9.3	
1	8.6			1	6.6			6	7.9~8.8	
						1	7.7			
4	8.5~9.3			1	8.5					

되었다.

한편 황남동 110호분의 보고서(영남대학교 박물관 1975; 문화재관리국 경주사적관리사무소 1975)에서는 3단각의 나팔각고배 B만 보고되었지만, 앞에 제시한 새 실측도에 의하면 황남동 110호분에서는 3단각과 함께 2단각으로 바뀐 나팔각고배 B도 출토되었다(앞의 도 2.2-20의 2 참조). 나팔각고배 B의 3단각에서 2단각으로의 전환이 2a기가 아니라 1Bc기에 이미 있은 것이다. 2a기의 황남대총 남분, 2b기 월성로 나-9호묘의 직선적인 2단각고배는 대각 전체의 형태나 단면 삼각형의 끝이 뾰족한 각단부 형태로 보아 황남동 110호분의 2단 나팔각고배 B의 계보를 이은 것이 분명하다.

이 고배들의 2단 대각은 대개 균분되어 상하 교차로 뚫린 투창은 상하 장방형이 유지되었다. 2a기 황남대총 남분의 이 유형 고배에는 대각 중앙에 2줄의 돌대가 약간의 간격을 두고 배치된 것과 간격 없이 붙어 있는 것이 있다(뒤의 도 2.2-35 참조). 2b기 월성로 나-9호묘 고배는 그 중 후자를 이은 것이나 규모가 더 축소되었다.

2a기까지 납작한 배신이 2b기부터 깊어져 기벽이 둥글어지고, 3a기 형식부터는 배신에 비해 대각의 직경, 특히 대각 상부 직경이 줄면서, 대각이 곡선적으로 내려오는 것이 가장 큰 변화이지만, 단면 3각형의 각단부 형태는 그대로 이어섰다.

1Bc기부터 투창 뚫린 대각 도치형 꼭지가 붙은 뚜껑이 덮였다. 2기 이후의 뚜껑 꼭지도 대각 도치형이지만 단추형으로 바뀐 것도 있으며, 3a기 이후 배신의 형태에는 큰 변화가 없으나 뚜껑은 높아져 기벽이 둥글어졌다.

◎ 나팔각고배 C(2단각고배 대): 대각이 곡선적인 2단각 유개식고배 대형은 2a기의 황남대총 남분에서는 출토되지 않았고, 2b기의 월성로 가-11-1호묘부터 출토되었다. 월성로 가-11-1호묘의 대형 고배 기고는 16.2~18.3cm로, 〈표 2.2-4〉에서 보는 바와 같이 2b기의 중형 고배는 물론 그 앞 단계인 2a기 황남대총 남분의 중형 고배들과도 분명히 차별화된다. 이 고배들의 규모에 상응하는 것은 〈표 2.2-3〉에서 보는 바와 같이 1Bc기의 3단 나팔각고배 C이다. 나팔각고배 B와 C는 원래 규모에 차이가 있어, 3단각일 때도 나팔각고배 C의 규모가 B보다 컸다.[8] 이로 보아, 2a기의 출토례는 없으나, 2b기의 2

....

8   다만 1Bb기의 미추왕릉지구 5구역 1호묘 출토 나팔각고배 B는 그 크기가 다른 유형 고배들보다 월등하다. 이로 보아 고배 유형 상호간에 규모의 영향도 있었지 않았을까 판단된다.

단각고배 대형은 1기의 3단 나팔각고배 C가 2단각으로 바뀐 것이 분명하다.

이 고배들은 배신이 깊어지고 대각의 길이는 점차 짧아져 전체의 기고에서 배신의 비율이 늘어나고, 배신의 직경에 비해 대각의 직경이 점차 좁아지는 것이 그 기본적인 변화 과정이다. 배신의 구연부는 점차 짧아지며 내경각이 심해진다. 2단 대각은 대개 상하로 균분되어, 상하 교차로 뚫린 투창이 상하로 긴 장방형을 유지하였으나, 대각의 길이가 짧아짐에 따라 점차 너비에 비해 길이가 축소되어 4b기 형식에 오면 상하 투창 모두 방형화하였다.

뚜껑도 3b기 형식부터는 높이가 전체적으로 높아지면서 기벽이 둥글어지고 드림부도 외반하거나 수직으로 내려오다가 점차 내경한다.

◎ 2단각고배(중): 1Ba기에 출현한 교차투창 2단각고배를 이은 것이다. 2단각고배(중)은 나팔각고배 C 계열인 2단각고배(대)보다 전체 규모도 작지만, 배신이 좀 더 얕다는 특징을 갖고 있는데, 시기가 내려와도 그 전통은 계속 유지되었다.

2a기의 황남대총 남분 고배 중에는 1Bc기의 황남동 110호분 고배와 형식의 차이가 없어 얕은 배신에 직선적인 대각이 거의 똑같은 것도 있으나, 그보다는 배신이 좀 깊고 대각이 곡선적인 것 등 변이가 있다(뒤의 도 2.2-35 참조). 그러나 2a기 황남대총 남분의 이 유형 고배는 배신에 비해 대각의 직경이 모두 넓은 편인 데 비해, 2b기 형식부터는 대각의 직경, 특히 상부 직경이 점차 좁아지면서 대각의 전체 형태가 모두 유연한 곡선형으로 바뀌었다.

2단 대각은 균분되어 대각 상하에 모두 상하로 긴 장방형 투창이 뚫린 것이 일반적이지만, 2a기의 황남대총 남분부터 대각 상하단의 높이에 차이가 있어 상단에는 장방형 투창, 하단에는 방형에 가까운 투창을 뚫은 예가 3b기 형식까지 이어졌다. 그러나 4a기 이후 기형이 전체적으로 소형으로 왜소해지면서 대각은 균분되어 상하에 모두 작은 방형 투창을 뚫었다.

뚜껑은 대형과 마찬가지로 3b기 형식부터 기고가 높아지며 기벽이 둥글어진다. 배신의 구연부나 뚜껑의 드림부 변화는 대형과 같다.

◎ 2단각고배(소1): 2단각고배 소형은 1Bb기에 깊은 배신에 높고 직선적인 대각으로 출현하여, 1Bc기에는 얕은 배신에 낮은 대각으로 바뀌었다. 2a기 황남대총 남분의 소형 고배부터는 배신이 조금씩 깊어지면서 3a기 형식부터는 배신의 기벽이 둥글어졌

다. 대각도 상대적으로 높아지면서 상하 직경 차이가 커져 절두원추형으로 바뀌고, 3b기 형식부터는 상하 직경 차이가 더욱 커졌다. 배신의 직경에 비해 대각의 직경, 특히 상부 직경이 더욱 좁아지는 것이 이 고배의 기본적인 변화 과정인데, 4a기부터는 대각이 급격히 낮아졌다. 짧은 2단 대각은 상하로 균분되어 상하 모두 방형에 가까운 투창을 뚫었다.

뚜껑은 2a기 황남대총 남분 고배부터 덮였던 것으로 보이는데(뒤의 도 2.2-36의 2a-2 참조), 배신의 구연부와 뚜껑 드림부의 변화는 앞의 대형 및 중형의 변화에 상응하였다.

◎ 2단각고배(소2): 3a기 형식부터 출현한 것으로 보인다. 얕은 배신에 비하면 대각이 높은 편으로, 전체적으로 규모가 더욱 축소되면서, 그와 같은 형태가 4b기까지 유지되었다. 대각은 상하가 균분되어 장방형 또는 방형에 가까운 교차투창이 뚫렸다.

◎ 고배 뚜껑

신라전기양식토기 고배에서 1A기의 4단각고배에는 단추형 꼭지가 달린 뚜껑이 덮였고, 1Bc기부터는 투창이 뚫린 대각 도치형 꼭지가 붙은 뚜껑이 덮이기 시작하였다. 3a기까지는 뚜껑에 대개 투창 뚫린 대가 도치형 꼭지가 붙었으나, 고배는 배신과 함께 뚜껑의 규모도 축소되어 갔으므로 꼭지의 규모도 점차 작아지고 꼭지에 뚫린 투창도 작아져, 방형투창이 소형의 방형 투공이나 원형 투공으로 바뀌어 갔다. 고배 뚜껑의 그와 같은 퇴화된 대각 도치형 꼭지는 4b기까지도 일부 잔존하였다.

그러나 3a기의 월성로 나-14호묘 출토 중형 고배부터는 뚜껑 꼭지가 이미 대각 도치형에서 투창이나 투공이 없어져 속이 빈 접시형으로 바뀐 것이 있고, 3b기의 월성로 가-4호묘 출토 중형 고배에는 속이 찬 단추형 꼭지가 붙은 뚜껑도 덮이기 시작하여, 여러 가지 형태의 뚜껑 꼭지가 공존하였다. 또 4a기 형식부터 접시형 꼭지 중에는 상부 외연이 밖으로 말려 내려와 감싼 말린형이 출현하여 신라후기양식토기 고배 뚜껑으로 이어졌다.

고배의 뚜껑에 무늬가 새겨지기 시작하는 것은 1Bc기부터인데, 2a기 황남대총 남분부터는 고배의 뚜껑과 배신은 물론 뚜껑과 배신의 구연부, 대각에까지도 각종 기하문을 새겼다. 이후 신라토기에서 기하문은 크게 성행하여 일부는 신라후기양식토기로도 이어졌지만, 대체로 4기 이후부터는 무늬를 새기지 않은 토기가 많고, 무늬를 새긴 것도 시문 면적이 줄어들거나 무늬의 내용도 단순화하여 무문화 경향을 뚜렷이 한다.

● 2단각 무개식고배

무개식배신에 2단 대각이 붙은 고배들이다. 상하로 교차투창을 뚫은 2단 대각의 A와 2단으로 구분된 대각의 하단에만 방형 투창을 뚫은 B로 나누어진다. A는 신라전기양식토기 1기의 나팔각고배 A를 이은 것이고, B는 3기에 들어와 파생된 것이다.

◎ A(나팔각고배 A)(도 2.2-22): 2a기의 황남대총 남분에서는 소형으로 배신에 파수가 붙은 것만 출토되어 1기와의 연결이 매끄럽지 않지만, 2b기의 월성로 가-11-1호묘 출토 2단각 무개식고배는 규모나 형태로 보아 신라전기양식토기 1기의 나팔각고배 A를 이은 것임을 분명히 한다. 3a기의 월성로 나-14호묘에서는 대소 규모의 차이가 있는 2단각 무개식고배가 공반되었는데, 규모에 차이가 있는 만큼 그 구조적인 속성에서도 다름이 있다. 그러한 차이는 월성북고분군 내에서도 지속성이 있어 일시적인 변이가 아니었던 것으로 판단된다. 이에 규모가 좀 큰 것을 A1, 좀 작은 것을 A2로 나누어 구조 속성의 변화를 설명해 두겠다. 2기 이후의 2단각 무개식고배도 시기가 내려오며 전체적으로 규모가 축소되는 것이 기본적인 변화 과정이다.

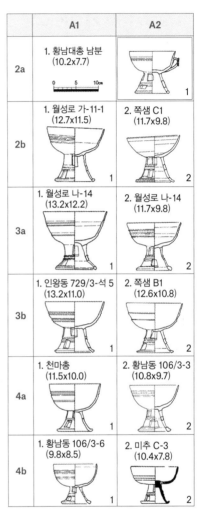

도 2.2-22 2단각 무개식고배 A[( ) 안은 구경 X기고cm]

A1은 2b기 형식까지는 구연부 아래에만 돌대를 배치하여 배신의 기벽에서 구연부를 분리하였는데, 이는 1기의 구조를 이은 것이다. 그러나 3a기부터는 구연부 아래의 돌대와 간격을 두고 그 아래에 다시 돌대를 배치하여 구연부를 포함한 기벽을 3단으로

구분하였다. 4a기 형식부터는 배신의 기벽이 직립에 가깝게 올라와 배신이 깊어 보인다. 곡선적인 대각은 배신에 비해 급격히 낮아지면서, 3a기 형식부터는 대각에 뚫린 투창이 장방형에서 방형으로 변화되었다.

A1보다 규모가 작은 A2는 변이가 있지만, 배신의 구연부 아래에만 돌대를 배치하여 기벽을 2단 구분하는 구조가 이어진 것이 A1과의 큰 차이이다. A1에 비해 대각의 직선화가 진행되었고, 배신 기벽의 직립화는 A1보다 한 단계 늦은 4b기 형식에서 볼 수 있다.

◎ B(도 2.2-23): 2단 대각의 하단에만 방형 투창을 뚫은 2단각 무개식고배 B는 3b 기 형식부터 찾아졌는데, 배신의 기벽을 돌대로 구분하지 않은 것이 일반적이나 4a기 형식 중에는 배신 아래에 여러 줄의 돌대를 두른 것이 있다. 이는 배신이 앞의 무개식고배 A와 같아진 것이다. 3b기 형식에 비해 4a기 형식은 대각이 좁아졌고, 4b기 형식은 전체적인 규모가 급격히 축소되었다.

● 1단각 유개식고배(도 2.2-23)

유개식 배신에 장방형 투창이 뚫린 1단 대각이 붙은 고배들이다. 1단각 유개식고배 A와 B는 신라전기양식토기 1기의 1단각 고배들을 이은 것이며, 늦은 시기인 4a기에 대각하부돌대 유개식고배가 새로 파생되었다.

◎ 1단각 유개식고배: 신라전기양식토기 1기의 A와 B의 계보를 이은 1단각 유개식고배들이다. 모두 규모가 작아지고 배신에 비해 대각의 직경, 특히 대각 상단의 직경이 좁아져 가는 것이 기본적인 변화 방향이지만 변이가 많다.

먼저 A로, 앞의 〈도 2.2-4〉의 1Bc기 황남동 110호분과 〈도 2.2-23〉의 2a기 황남대총 남분의 1단각 유개식고배에는 전후 형식 변화의 방향을 이해하기 위해 대각의 상하 직경이 넓고 약간 곡선적인 것들을 배치하였다. 그러나 황남동 110호분에서는 그 외에도 대각이 직선적인 것, 대각의 직경이 현저히 좁아진 것도 공반되었고(앞의 도 2.2-20의 3, 4 참조), 황남대총 남분에서도 마찬가지이다(뒤의 도 2.2-35 참조).

1단각 유개식고배 A는 배신도 2b기부터는 깊어지고 기벽도 곡선적으로 둥글어지지만, 대각의 변화가 현저하다. 2a기의 황남대총 남분까지는 대각이 직선적이고 상하 직경이 거의 같은 1단각 고배가 포함되어 있으나, 2b기 형식부터는 대각의 직경이 넓어

	1단각·유개식 A	1단각·유개식 B 하부돌대·유개식	1단각·무개식	1단각·파수부(소A) 2단각·무개식 B	1단각·파수부(소B)	1단각·무개식 (하부돌대)
2a	1. 황남대총 남분 (10.9x11.0) 2. 쪽샘 C9 (11.9x12.1)		3. 황남대총 남분 (10.4x?)	4. 사리리 목 20 (11.7x9.5)	5. 쪽샘 C9 (10.6x8.6)	6. 황성동 590 (경북)-목 24 (13.1x10.9)
2b	1. 월성로 가-11-1 (11.9x11.8)	2. 탑동 20-목 2 (10.2x10.8)	3. 황남대총 북분 (10.9x9.8)	4. 월성로 나-13 (11.5x9.45)	5. 황성동 34 (10.8x9.6)	6. 월성로 가-11-1 (11.4x10.3)
3a			1. 월성로 나-12 (10.5x11.2) 2. 탑동 20/6-적 8 (10.9x9.0)	3. 황오동 100-14 (10.7x10.2) 4. 사리리 적 17 (11.1x9.1)	5. 쪽샘 A16 (10.0x10.1)	6. 황오동 100-14 (10.9x10.7)
3b			1. 월성로 나-8 (10.3x9.9) 2. 하삼정 나-234 (11.0x9.2)	3. 인왕동 668/2-적 2 (11.3x9.9) 4. 황성동 강변로 적 15 (11.4x9.4)	5. 황성동 강변로 적 15 (11.9x11.4)	6. 계림로 50 (11.0x9.4)
4a					1. 월성로 가-15 (9.6x9.1) 2. 사리리 90 (11.4x9.4)	3. 황성동 강변로 적 7 (10.7x8.3) 4. 천마총 (11.5x?)
4b					1. 쪽샘 A6 (9.8x8.9) 2. 월성로 가-18 (10.6x8.9)	3. 황성동 590(신라) - 적 1(11.1x8.15) 4. 월성로 가-18 (9.6x7.7)

도 2.2-23 1단각 고배류[( ) 안은 구경X기고cm]

도 상하 직경이 같은 것은 없으며, 3a기 형식부터는 대각의 하부 직경도 모두 좁아져 대각이 전체적으로 세장해진다.

배신의 구연부는 짧아지고 내경 각도가 심해지지만, 배신부 전체의 형태와 함께 변이가 많아 일관성 있는 설명은 어렵다. 뚜껑은 2a기의 황남대총 남분까지 모두 투창 뚫린 대각 도치형 꼭지가 붙은 것이나, 2b기 형식부터는 접시형 꼭지가 붙은 뚜껑이 출현하여 앞의 2단각고배와 차별성이 있다.

B는 짧고 직선적인 대각이 A와 크게 다른 점인데, 그러한 특징이 늦은 시기까지 이어졌다. A는 2b기부터 배신이 깊어지지만, B는 얕은 배신이 그대로 이어져 내려왔다. 3b기 형식까지 찾아졌는데, 점차 좁아져 온 대각의 직경이 3a기에 더 급격하게 좁아진 것을 볼 수 있다. 뚜껑으로는 대각 도치형 꼭지가 붙은 것이 주로 덮였다. 4a기 이후의 형식이 찾아지지 않아 3b기를 끝으로 소멸된 것으로 보인다.

◎ 대각하부돌대 유개식고배: 4a기에 처음 출현한 것으로 보이는 유개식고배로, 앞의 1단각 유개식고배 A와 거의 같은 규모의 대각 상부에는 작은 장방형의 투창을 뚫고, 하부는 돌대를 배치한 것이다. 4a기 형식은 대각 하부에 3줄의 돌대를 배치하였고, 전체 규모가 축소된 4b기 형식에서 대각 하부의 돌대가 2줄로 줄어든 것이 기본적인 변화이다. 뚜껑은 앞의 2단각 유개식고배들과 같아 직경에 비해 기고가 높아져 기벽이 둥글다.

● 1단각 무개식고배(도 2.2-23)

1단각 무개식고배들은 신라전기양식토기 1기를 이은 것이다. 1기와 같이 분류된다.

◎ 1단각 무개식고배: 신라전기양식토기 1기의 1단각 무개식고배는 1Ba기의 출현기 형식부터 배신의 구연부 아래에 유개식의 뚜껑받이와 같은 돌대를 배치하였다. 그러나 2a기 형식부터는 소형화가 진행되면서 배신의 돌대 배치가 없어지고, 3a기 형식부터는 배신의 기벽 두께가 현저하게 얇아졌다.

그러나 2a기 이후는 배신보다 대각의 형태에서 그 변화 과정이 뚜렷한데, 2a기와 2b기 형식은 대각이 투창 뚫린 원통부와 그 아래 밖으로 벌어진 접지부로 구분되지만, 3a기 형식부터는 대각이 상하단의 구분 없이 위가 좁고 아래가 넓은 직선형으로 바뀐다. 4a기부터 대각이 급격히 축소되고, 4b기 형식은 작아진 대각의 하단이 곡선적으로 넓어진 변화를 보여준다.

◎ 1단각 무개식고배(파수부 소형): 1기에는 A와 B의 차이가 크지 않았으나, 2a기부터는 배신과 대각, 특히 배신의 형태가 달라져 변별된다.

A는 배신에서 구연부가 직립하고, 직선적인 짧은 대각은 앞의 1단각 유개식고배 B와 같다. 3a기 형식까지 찾아졌다. 대각부보다 배신부에서 형태의 변화를 볼 수 있는데, 2a기의 사라리 20호묘 고배는 1Bc기의 황남동 110호분 고배에 비해 약간 깊어진 배신에서 구연부가 직립으로 올라선 것을 알 수 있다. 월성로 나-13호묘의 2b기 형식은 2a기 형식보다 배신이 좀 더 깊어졌다. 3a기 형식은 얕아진 배신에서 구연부도 굴절되었지만 대각이 좁아져, 이 고배들의 대각은 전체적으로 1단각 유개식고배 B와 변화를 같이 한 것을 알 수 있다. 2b기까지 단면 장방형의 파수가 붙었으나 3a기 형식에서는 파수가 붙지 않았다.

B는 배신에서 돌대로 구분된 구연부가 1기와 같이 외반된 것으로, 배신이 점차 깊어져 갔다. 대각도 점차 길어지면서 2b기 형식부터는 곡선적으로 변화되었다. 3b기 형식까지만 찾아졌는데, 2b기 형식부터는 파수가 붙지 않았다.

◎ 1단각 무개식고배(대각하부돌대): 신라전기양식토기 1Bc기에 출현하여 2a기 형식까지는 짧은 대각이었으나, 2b기 형식부터 대각이 길어져 장방형 투창 아래에 두 줄의 돌대를 배치하였다. 1Bc기와 2a기 형식은 기벽이 외반하는 배신 중간에 여러 줄의 돌대를 배치하여 기벽을 2단으로 구분하였는데, 2b기 형식에서는 배신의 구연부 아래와 그보다 아래에 돌대를 배치하여 기벽을 3단 구분하였고, 3a기 형식부터는 배신에서 구연부가 직립하면서 돌대 배치가 없어졌다. 3b기 형식은 배신부가 얕아지고 기벽에서 구연부가 꺾여 올라갔다. 2b기 형식부터 길어진 대각은 곡선적으로 벌어져 내려갔다.

② 3이부유대완(도 2.2-24)

신라전기양식토기 1기의 3이부유대완을 이은 것이다. 동체에 耳形 파수 3개가 붙은 것이 일반적이지만, 간혹 2개만 붙거나 파수가 붙지 않은 예들도 있다. 1기에는 주로 1단각의 3이부유대완이었으며, 유적에 따라 형태의 차이가 컸다. 1Bc기에 사라리고분군에서 교차투창이 뚫린 2단각의 3이부유대완 대형이 출토되었는데, 2a기부터는 2단각이지만 규모에 차이가 있는 대·소형으로 분화된 것으로 보인다. 그러나 1단각 유대완도 늦은 시기까지 존재하였다(뒤의 도 2.2-36의 3b 참조).

여기서는 2단각 중심으로 살펴보면, 대·소형 모두 시기가 내려오면서 전체적으로

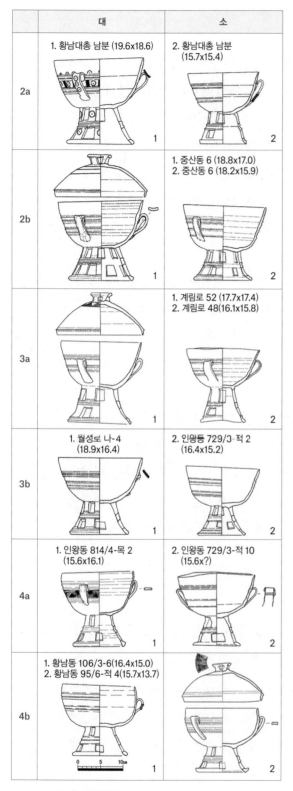

	대	소
2a	1. 황남대총 남분 (19.6x18.6)	2. 황남대총 남분 (15.7x15.4)
2b		1. 중산동 6 (18.8x17.0) 2. 중산동 6 (18.2x15.9)
3a		1. 계림로 52 (17.7x17.4) 2. 계림로 48(16.1x15.8)
3b	1. 월성로 나-4 (18.9x16.4)	2. 인왕동 729/3-적 2 (16.4x15.2)
4a	1. 인왕동 814/4-목 2 (15.6x16.1)	2. 인왕동 729/3-적 10 (15.6x?)
4b	1. 황남 106/3-6(16.4x15.0) 2. 황남 95/6-적 4(15.7x13.7)	

도 2.2-24 3이부유대완[( ) 안은 구경X기고cm]

규모가 축소되고, 동체에 비해 대각이 상대적으로 높아지며 곡선형 나팔각으로 변화되었다. 그러나 소형에서는 직선적인 대각이 이어지기도 하였다. 동체에 두른 상하의 돌대 간격이 점차 좁아지고, 밖으로 벌어지며 외반되어 올라가던 기벽이 4a기 형식부터 외반 각도가 줄어 4b기 형식에서는 직립하였다. 이러한 동체 형태는 신라 후기양식토기 대부완으로 이어졌다.

③ 장경호류(도 2.2-25)

신라전기양식토기 1기에 존재한 여러 형태의 장경호들 가운데 장경호 A와 D는 1기 말로 소멸되고 더 이상 출토되지 않는다. 장경호 B3과 C1도 2b기까지만 출토된다. 신라전기양식토기 2기 이후의 장경호는 1Bc기에 대부장경호로 전환된 B1과 C2, 2a기에 대부장경호로 전환되는 B2가 중심인데, 그 중에서도 대부장경호 B2와 C2가 주류를 이루었다. 이 후 3a기에는 부가구연장경호가 발생하여 주류 중 하나가 되었고, 그 외 여러 아기종이 새로 발생되었다.

2기 이후에도 대각이 붙지 않은 원저장경호가 일부 존재하지만, 신라전기양식토기 장경호는 2기부터 1단 또는 2단의 대각이 붙은 대부장경호가 일반적이 되었다.

그러나 대각의 유무나 단수에 따라 세부기종이 나누어지는 것은 아니므로, 여기서는 동체와 경부, 특히 경부의 형태에 따라 세부기종을 분류하였다.

장경호는 2기 이후에도 앞의 고배류만큼 분기에 따른 형식의 변화가 민감하게 드러나지는 않고 같은 단계에도 변이가 많지만, 여기서는 그런 중에도 분기에 따른 구조적 특징이 비교적 잘 나타나는 것을 중심으로 살펴보겠다.

신라전기양식토기 장경호는 동체가 편구형에서 구형으로, 이어서 좌우 직경보다 상하로 깊어진 형태로 변화되고, 경부가 길어지며 외반 각도가 늘어나 심하게 벌어져 가는 것이 기본적인 변화 방향이지만, 세부 기종에 따라 변화 단계에 차이가 있다.

● 장경호 B

신라전기양식토기 1기의 장경호 B1, B2, B3 계열을 이은 것들이다. 2b기까지는 대부장경호로 전환된 1기의 B1과 B2가 이어지다가 3a기부터 B2의 아기종들이 출현하였다.

◎ B1: 외반하는 경부에 돌대를 배치하여 경부를 2단으로 나눈 것이다. 2a기 이후 분기에 따른 뚜렷한 변화는 찾기 어렵지만, 1기 장경호와는 차별성이 분명하다. 1Bb기 형식부터 직선적으로 외반한 경부는 2a기 형식부터 직선적인 형태가 그대로 유지되면서 길이가 좀 더 길어지고 외반 각도도 좀 더 심해졌다. 1기부터 경부와 동체의 접합부에 배치한 1줄의 돌대는 그대로 유지되었고, 2a기 형식부터는 동체에서 어깨가 꺾이는 각도가 분명해지고, 동체에서 어깨와 그 이하를 구분하는 돌대나 침선대가 배치되었다. 3b기 형식부터는 동체가 납작해져 동체 단면이 능형에 가까워졌다. 대각은 장방형 투창이 뚫린 1단 대각이 일반적이다. 2a기 형식부터 좁아진 대각은 하단 직경이 약간 넓어진 형태가 유지되었다.

◎ B2: 외반하는 경부의 상하 2곳에 돌대를 배치하여 경부를 3단으로 나눈 것으로 신라전기양식토기 1기의 장경호 B2에서 이어진 것이다. 2기 이후의 신라 장경호 가운데 가장 많이 출토된다. 앞의 B1과 함께 신라전기양식토기 1Bc기에 대부장경호로 전환되었을 것으로 판단되지만, 현재 B2 계열의 대부장경호는 2a기 형식부터 찾아졌다.

앞의 B1과 마찬가지로 함께 1Bb기부터 직선적으로 외반한 경부는 2a기 형식부터 외반 각이 좀 더 심해지다가, 4a기 형식부터는 동체에 비해 직경이 줄어든 경부의 외반

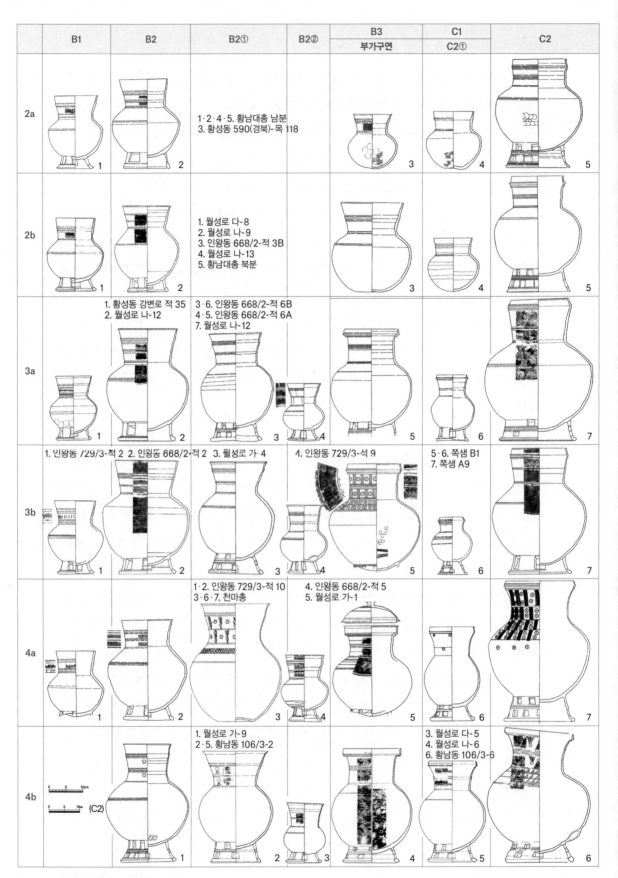

도 2.2-25 장경호류

각이 줄어 직립에 가까워진다. 1Bb기 이후 경부와 동체의 접합부에 돌리기 시작한 돌대는 그대로 유지되었다. 2a기 형식까지 편구형이었던 동체는 2b기 형식부터 상하 깊이가 직경보다 깊어지고, 동체의 바닥이 대각의 중간까지 내려왔다. 2b기, 3a기 형식은 어깨각이 완만해지고 최대경이 동체 중앙으로 이동하였지만, 3b기와 4a기 형식에서는 동체 최대경이 어깨 쪽으로 이동하고 어깨의 기벽이 꺾여 내경하였다. 4b기 형식은 직립하는 긴 경부에 동체도 다시 편구형을 이루었다. 대각은 직선적인 1단각이 일반적이지만, 늦은 시기에는 곡선적인 2단각도 있다.

◎ B2①: 3a기부터 출현한 것으로 보이며, 앞의 B2와 같이 외반하는 긴 경부를 3단으로 나눈 장경호이나, 경부와 동체 형태에서 차이가 있다. 앞의 B2와 비교하여 돌대가 배치된 위치마다 굴곡이 있는 경부가 더 심하게 외반되어 올라가고, 동체도 좌우 직경보다 상하로 깊은 형태로 출현하였다. 동체의 어깨에 침선대를 배치하기도 하지만 동체 전체가 둥글어 하부와 구분되는 어깨각은 나타나지 않는다.

경부의 외반 각도가 더 심해지고, 동체는 상하 깊이가 줄어 구형화해 가는 것이 변화 방향인데, 출현기인 3a기 형식부터 3단으로 구분된 경부의 상단 끝이 면을 이루어 구연부가 되었다. 3b기 형식부터 경부의 외반이 더 심해지고, 경부 상단에서 꺾인 구연부는 경사진 면을 이룬다. 4b기 형식은 구경이 동체 직경과 차이가 없을 정도로 경부가 외반되었고, 동체는 완전 구형으로 변화되었다. 대각은 교차투창 2단각이 일반적이나, 대각이 붙지 않은 원저장경호도 있다.

◎ B2②: 3a기부터 출현한 것으로 보이며, 앞의 B2와 같이 외반하는 긴 경부를 3단으로 나눈 소형의 장경호이다. 편구형 동체에 V자 모양으로 벌어지는 긴 경부가 붙은 것이 특징이며, 대각은 장방형 투창이 뚫린 1단각이다.

앞의 장경호 B2·B2①보다 규모가 월등히 작으며, 동체가 납작한 편구형으로 출현하여 약간 깊어지는 경향이 있으나 편구형이 유지되었고, 경부도 V자형으로 벌어지는 형태가 이어졌다. 4b기 형식에 오면 구연부 직경이 동체의 최대경과 거의 같아지는 것을 볼 수 있다. 이 특징적인 소형 장경호는 신라후기양식토기로도 이어져 후기의 이른 시기까지 존재하였다.

◎ B3: 신라전기양식토기 1기의 장경호 B3을 이은 것으로, 편구형 동체에서 2단으로 나눈 긴 경부가 직선적으로 벌어져 올라간 것이다. 2b기까지 존속하였으며 1Ba기에

정형화된 형태에서 큰 변화를 찾기 어려우나, 2b기 것은 규모가 확대되었다.

● 장경호 C

신라전기양식토기 1기의 장경호 C1, C2 계열을 이은 것들이다. 1기의 장경호 C1, C2는 장경호 B들에 비해 모두 경부가 짧았으나, 2기 이후에는 1기의 형태를 그대로 이은 C1을 제외하고 모두 경부가 길어지는 공통점이 있다. 3a기 이후 C2에서 소형의 아기종이 파생되었다.

◎ C1: 신라전기양식토기 장경호 C1을 그대로 이은 것이다. 소형 장경호이며 편구형 동체에서 직립하는 짧은 경부를 돌대로 2단 구분한 것이다. 2b기까지 존속하였지만, 정형화된 1Ba기 형식 이후 큰 변화는 찾기 어렵다.

◎ C2: 신라전기양식토기 1기의 장경호 C2 계열을 이은 것으로 판단된다. 1기의 장경호 C2는 어깨가 넓어 단면 역삼각형을 이루는 동체에서 올라선 짧은 경부의 상단이 돌대로 구분되었는데, 1Bb기 형식부터는 돌대로 구분된 경부 상단이 내경하여 구연부를 이루었고, 1Bc기 형식부터는 동체가 구형화하고 구연부 아래의 경부에도 다시 돌대를 배치하였다.

이와 같은 형태의 장경호 C2는 1Bc기에 원저장경호와 대부장경호로 분화된 것으로 보인다. 그 점은 앞의 〈도 2.2-20〉의 황남동 110호분 출토 장경호에서 확인되는데, 황남동 110호분에서는 경부 상단이 꺾여 내경 기미가 있는 원저장경호와 대부장경호가 함께 출토되었다. 황남동 110호분의 원저장경호와 대부장경호는 모두 경부가 앞의 1Bc 기에 제시한 미추왕릉지구 5구역 6호묘 출토 장경호보다 길지만, 같은 계열의 장경호들이었을 것으로 판단된다. C2의 원저장경호와 대부장경호는 1Bc기에 분화된 이후 계속 이어졌지만, 대부장경호가 주류여서 여기서는 대부장경호를 중심으로 살펴보고, 소수 출토되는 원저장경호는 뒤의 〈도 2.2-36〉에 분기별로 제시해 두겠다.

황남대총 남분의 2a기 형식은 1Bc기인 황남동 110호분의 대부장경호 C2와 큰 차이가 없어 편구형 동체에서 올라선 경부가 아직 짧은 편이다. 동체의 어깨에 1줄의 침선대를 배치하였으나 동체는 구형으로 둥글어 어깨각은 분명하지 않고, 최대경은 동체의 중앙에 있다. 황남동 110호분의 대부장경호 C2는 1단 대각이었으나 황남대총 남분의 대부장경호 C2부터는 2단 대각이 붙기 시작하였다.

2b기 형식부터 상부가 넓어져 올라간 경부가 점차 길어지고, 구연부의 내경이 좀 더 분명해져 갔으며, 4a기와 4b기 형식은 곡선적으로 심하게 벌어진 경부 끝에서 짧고 끝이 뾰족한 구연부가 꺾여 내경하였다. 편구형이던 동체가 3b기 형식부터는 상하로 깊어지고 어깨각도 분명해졌으나, 4b기 형식에서는 다시 둥근 편구형 동체가 되었다. 3a기 형식부터 경부와 동체의 어깨부에 각종의 기하문을 시문하였다.

대부장경호 C2는 구연부를 제외한 경부를 2단 구분한 것이 일반적이지만, 경부 길이가 최대화한 3b기 장경호 중에는 3단으로 구분한 것도 있다. 뒤의 〈도 2.2-36〉에 첨부해 둔다.

◎ C2①: 3a기부터 출현한 것으로 보이며, 앞의 C2와 같이 긴 경부 상단에서 구연부가 내경하는 소형의 장경호이다. 대각은 1단각도 있고 2단각도 있다. 3a기 형식과 3b기 형식은 동체가 구형에 가깝지만, 4a기 형식과 4b기 형식은 동체가 직경보다 깊어 상하로 길어졌고, 경부 형태는 앞의 C2와 같아져 심하게 외반한 경부 상단에서 끝이 뾰족한 구연부가 꺾여 내경하였다.

● 부가구연장경호

긴 경부에서 구연부가 반구형을 이루는 장경호이다. 3a기 형식부터 출현하여 신라후기양식토기로 이어졌다. 전기의 늦은 시기 형식 중에는 동체가 상하로 길어진 예도 있지만, 동체 형태는 대체로 최대경이 중앙에 있는 편구형을 유지하였다. 경부도 상부가 넓어진 예들이 일부 존재하지만(뒤의 도 2.2-36의 4b-1 참조) 대개는 상하 직경이 거의 같은 원통형이다.

부가구연장경호는 경부 상단과 구연부가 단을 이루어 반구형이 되는 것으로, 3a기와 3b기 형식은 경부 상단에서 경사를 이루어 넓어진 구연부로 올라가지만, 4a기 형식부터는 경부 상단과 구연부 사이가 평탄면을 이룬 것이 큰 차이이다. 신라전기양식토기 부가구연장경호의 구연부는 직립하거나 약간 내경 기미가 있지만, 신라후기양식토기 부가구연장경호는 경부 상단에서 평탄면을 두고 올라간 구연부가 외반하는 것이 큰 차이이다.

④ 대부직구호(도 2.2-26)

신라전기양식토기 1기의 대부직구호를 이은 것이다. 1기의 대부직구호는 모두 1단
각이지만, 동체가 구형이고 대각의 투창과 접지부 사이에 면이 있어 대각이 높고 규모
가 큰 A와 동체가 편구형이고 1단의 낮은 대각에 규모가 작은 B로 구분하였다. 2기 이
후의 대부직구호를 동체를 기준으로 분류하면, A는 규모가 크고 구형의 동체를 이어갔
지만, 대각은 낮아져 투창 아래가 바로 접지부인 1단각으로 바뀌었으며, B는 편구형 동
체를 이어가는 가운데, 대각은 2단각으로 바뀌었다.

◎ A: 동체가 점차 깊어지며 3b기에 동체의 규모와 깊이가 최대화하였다가 4a기부
터는 왜소해지며 다시 구형으로 변화되었다. 길게 직립한 구연부는 4b기 형식까지 유
지되었다.

◎ B: 편구형의 동체에서 2b기와 3a기 형식은 어깨가 구분되었으나, 3b기 형식부
터는 상하 깊이보다 좌우 직경이 월등히 넓어 납작하고, 어깨 구분 없이 기벽이 둥근 편
구형이 되었다. 3a기 형식은 전체 규모가 커졌으나 A에 비해 규모가 작고, 1기부터 A에
비해 짧은 편이었던 구연부는 4a기까지 길고 짧은 변이기 있었으나 4b기 형식에서 급
격히 짧아졌다. 2a기 형식의 대각 형태는 알 수 없으나, 2b기부터 장방형의 교차투창이
뚫린 직선적인 2단 대각이 붙었고, 4a기 형식부터는 대각이 곡선적으로 벌어져 내려왔
다. 4b기에는 대각이 1단인 것도 있다(뒤의 도 2.2-36의 4b-2 참조). 뚜껑이 덮여 나오기
도 하나 대부직구호의 고유 뚜껑이 아니어서 각기 형태가 다르다.

A, B 모두 4a기 형식부터 동체 어깨에 사격자문대를 배치하기도 하였는데, 동체를
기준으로 하면 A는 신라 전기 말로 소멸되고, 어깨에 여러 가지 기하문을 배치한 대부
직구호 B가 신라후기양식토기로 이어졌다. 신라 후기의 대부직구호는 편구형 동체에 1
단 대각이 붙었다.

⑤ 원저중경호류(도 2.2-27)

바닥이 둥근 구형에 가까운 동체에서 짧은 경부가 외반되어 올라가 구연부가 수평
으로 벌어진 원저호들이다. 돌대를 배치하여 구분한 경부 형태에 따라 A, B, C로 구분

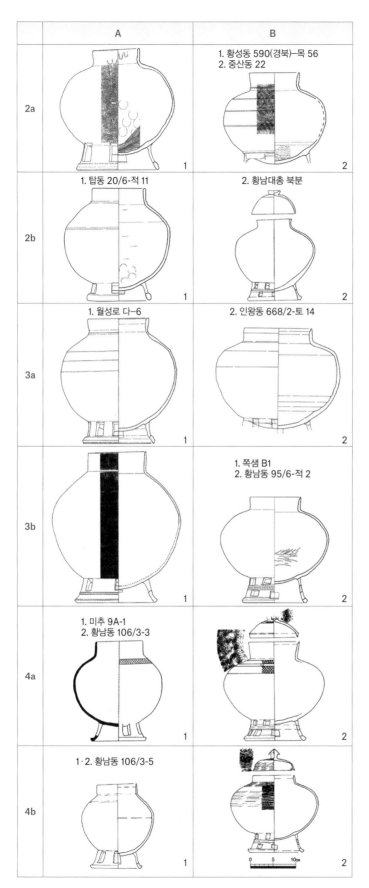

도 2.2-26 대부직구호

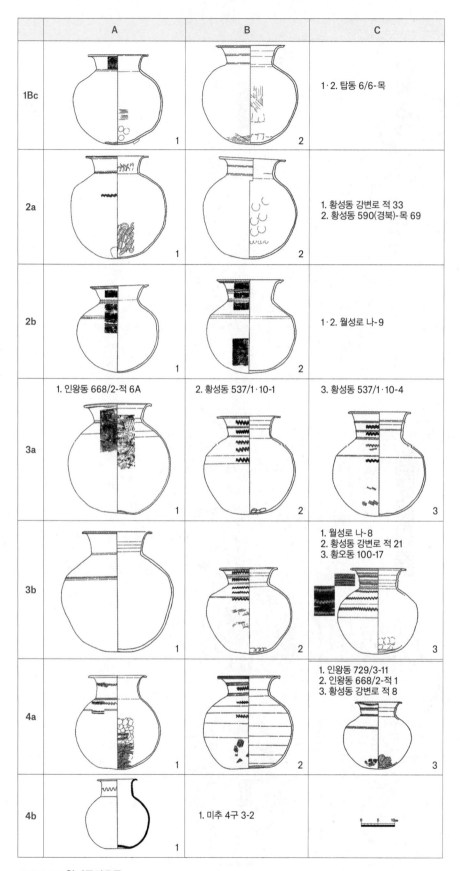

도 2.2-27 원저중경호류

	A	B	C
1Bc	1	2	1·2. 탑동 6/6-목
2a	1	2	1. 황성동 강변로 적 33 2. 황성동 590(경북)-목 69
2b	1	2	1·2. 월성로 나-9
3a	1. 인왕동 668/2-적 6A 1	2. 황성동 537/1·10-1 2	3. 황성동 537/1·10-4 3
3b	1	2	1. 월성로 나-8 2. 황성동 강변로 적 21 3. 황오동 100-17 3
4a	1	2	1. 인왕동 729/3-11 2. 인왕동 668/2-적 1 3. 황성동 강변로 적 8 3
4b	1	1. 미추 4구 3-2	0 5 10㎝

된다. B와 C는 경부 형태가 1기의 편구형 장경호와 연계될 수도 있으나, 전체의 규모가 다르고 동체와 경부의 형태도 차이가 커서 별도의 기종으로 판단된다.

◎ A: 경부에 돌대가 배치되지 않은 1단 경부의 원저중경호로 1Bc기 형식부터인데, 동체의 규모와 형태에 변이가 많지만, 3b기 형식까지는 동체가 점차 깊어지는 경향이 있다. 4a기 형식부터 규모가 급격히 축소되며, 동체 형태가 편구형으로 정형화한다. 4b기 형식의 바닥은 들린 평저를 이루었다. 1Bc기 형식부터 외반하여 올라간 경부의 외반 각도가 3b기 형식까지 심해지다가, 4a기 형식부터는 경부가 직립하거나 내경한다. 경부와 동체의 어깨부에 파상문을 시문한 예들이 있다.

◎ B: 경부 중간에 돌대를 배치한 2단 경부 원저중경호로, 1Bc기 형식부터이다. A에 비하면 동체 형태가 균형이 잡혀, 1Bc기 형식에서 구형 동체의 중앙에 있던 최대경이 점차 상부로 이동하여 어깨가 구분되는 편구형 동체로 변화되었다. 4a기 형식에서는 최대경이 다시 동체의 중앙으로 내려왔는데, 대·소형이 있으며, 대형은 바닥이 납작해졌고, 소형은 동체가 납작한 편구형이 되었다.

1Bc기 형식에서는 경부가 완만하게 외반되며 올라가다가 상부에서 급격히 벌어져 수평을 이루는 구연부로 이어졌는데, 경부의 외반이 점차 심해졌다. 경부의 길이가 2b기에 최대화하였다가 3b기부터 축소되어 갔다. 원저중경호 B는 4a기 형식까지만 찾아졌다.

◎ C: 경부의 상·하에 돌대를 배치한 3단 경부의 원저호로, 앞의 A·B와 연계하여 원저중경호로 분류하였지만, 경부가 길어 사실상 장경호에 가깝다. 3a기, 3b기 형식만 찾아졌는데, 동체는 모두 편구형에 가깝다. 3a기 형식은 외반되어 올라간 경부에서 구연부가 꺾여 수평으로 짧게 뻗었으나, 3b기 형식은 경부가 곡선적이고 구연부가 수평으로 길게 뻗었다. 경부와 동체 상부에 파상문대를 배치하였다.

⑥ 원저단경호류(도 2.2-28)

바닥이 둥근 구형에 가까운 동체에서 짧은 경부가 대개 직립하여 올라가고 구연부가 외반한 원저호들이다. 앞의 원저중경호에 비해 모두 규모가 작은데, 다시 대·중·소로 구분해 볼 수 있다. 경부에 간혹 파상문을 시문한 예가 있지만 대개 소문이다.

	대	중	소
1Bc		1. 황남동 110	
2a			1. 황성동 강변로 적 33 2. 황성동 590(경북)-목 24 3. 황성동 590(경북)-목 69
2b			1. 월성로 가-11-1 2. 황남대총 북분
3a			1·2. 황오동 100-14 3. 인왕동 668/2-적 6A
3b			1. 월성로 나-8 2. 인왕동 729/3-적 3 3. 인왕동 729/3-석 9
4a			1. 쪽샘 A12 2. 천마총 3. 인왕동 729/3-석 12-1
4b			1. 황성동 590(신라)-석 74 2. 방내리 20 3. 황남동 106/3-5

도 2.2-28 원저단경호류

◎ 대: 1Bc기의 황남동 110호분에서부터 찾아졌는데, 바닥이 납작한 구형의 동체에서 직립한 짧은 경부의 상단에서 밖으로 벌어져 외반한 구연부가 되었다. 2a기 형식부터는 바닥이 둥근 동체가 깊어지다가, 3b기 형식부터 다시 바닥이 납작해지고 동체가 구형화하는 변화가 보인다. 4b기 형식에서 규모가 급격히 축소되고 동체의 바닥이 들린 평저가 되었다.

2b기 형식부터 외반하여 올라간 경부가 3a기 형식에서는 외반도가 더 심해졌는데, 규모의 차이가 있지만 앞의 중경호 A의 동체와 경부 형태를 닮아간 것으로 보인다. 그러나 3b기 형식부터는 경부가 다시 직립에 가까워졌다.

◎ 중: 2a기 형식부터 찾아졌는데, 어깨가 분명한 2a기의 구형 동체에서 2b기부터는 최대경이 중위로 내려왔으나, 소형화된 4a기 형식부터는 다시 최대경이 위로 올라가 어깨각이 분명해졌다. 동체의 바닥이 둥글거나 들린 평저를 이루다가 3b기 형식부터는 대개 들린 평저가 되었다. 2a기 형식부터 경부는 약간 외반되어 올라갔으나, 소형화된 4a기 형식부터는 직립하였다.

◎ 소: 2a기 형식부터 찾아졌는데 바닥이 납작한 편구형 동체에서 구경부가 짧게 올라간 소형호들이다. 동체와 경부에서 구조적인 변화를 찾기 어렵고, 구연단의 형태도 변이가 많아 시기에 따른 형식별 구분은 잘 되지 않는다.

⑦ 기대

신라조기양식토기 이래의 통형기대와 발형기대가 이어졌지만, 2기 이후에도 경주 지역의 신라 전기고분에서 통형기대와 발형기대가 출토되는 예는 드물어 계기적인 형식의 변화 과정을 설명하기는 어렵다.

● 통형기대(도 2.2-29)

2a기의 황남대총 남분에서는 통형 몸체 아래의 받침부 형태가 다른 대형 통형기대 2종과 소형이 출토되었다. 대형 통형기대 2종은 받침부가 장구통의 한쪽처럼 넓어진 것과 자연스럽게 넓어진 것으로, 앞의 1기에서 분류한 통형기대 B1과 B2가 이어진 것을 알 수 있다. B1과 B2 모두 수발부가 접지부보다 작고 여러 단으로 나눈 몸체와 받침

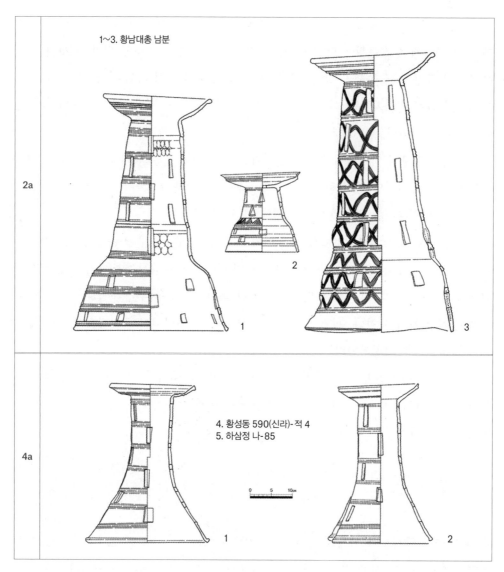

도 2.2-29 통형기대

부에는 장방형 투창을 뚫었다.

B1을 앞서 살펴본 1Ab기의 쪽샘 L17호묘 통형기대(앞의 도 2.2-18 참조)와 비교하면, 수발부 아래에서부터 통형 몸체의 직경이 점점 넓어지며 내려가고 받침부의 중간 굴절이 미미해진 변화를 볼 수 있다. 통형기대 소형도 규모는 월등히 작지만 통형기대 B1과 같이 받침부가 넓어진 것이다. 통형 몸체의 직경이 넓어지며 내려가고 받침부 중

간의 굴절이 없는 것도 대형과 같다.

B2는 B1에 비해 높지만, 수발부와 접지부의 직경 차이가 B1보다 크지 않다. 앞서 살펴본 경주지역의 신라 조기 통형기대 B2와 신라 전기 1기 병행기의 부산 복천동고분 군 출토 통형기대 B2가 통형 몸체의 하단부에서 급격히 넓어져 접지부가 된 것(앞의 도 2.2-18 참조)과 비교하면, 공반한 B1과 같이 몸체가 수발부 아래에서부터 점점 넓어져 자연스럽게 접지부로 이어진 변화를 볼 수 있다.

4a기의 황성동 590(신라)-4호묘에서 출토된 통형기대는 수발부 아래에서 원통형 몸체가 내려가다가 중간에서부터 급격하게 벌어져 내려가 넓은 접지부가 되었다. 4a기 의 하삼정 나-85호묘에서도 그와 같으나, 접지부 직경이 약간 작은 통형기대가 출토되 었다. 앞의 통형기대 B1의 받침부가 펴져서 이와 같은 넓은 접지부가 된 것인지, 통형 기대 B2의 하단부가 더 넓어져 내려온 것인지 알 수 없으나, 신라전기양식토기 늦은 단 계의 통형기대는 B1과 B2 계열이 따로따로 이어지지 않고 이와 같은 형태로 통합되었 을 가능성이 있다.

● 발형기대(도 2.2-30)

경주지역의 신라 전기고분에서는 일반적으로 대각을 제거하고 동체인 수발부를 철솥의 뚜껑으로 쓴 발형기대가 출토되지만, 대각을 갖춘 발형기대는 1기에 이어 2기 이후에도 출토된 예가 드물다. 〈도 2.2-30〉의 발형기대는 경주지역의 여러 지구 고분군 에서 출토된 것을 모아 놓은 것이므로 이들에서 그 계기적인 발전 과정을 찾아 일관성 있게 설명하기는 어렵다.

2a기의 황남대총 남분에서는 대·소 발형기대가 출토되었는데, 모두 대각이 낮은 편이다. 대형은 1기의 발형기대에 비해 직선적으로 넓어져 내려온 대각의 하단이 급격 이 벌어져 접지부를 이루었다. 소형 2점은 연질토기로 수발부가 깊고 대각은 더 낮다. 소형은 대각에 투창을 2단으로 뚫은 것과 1단으로 뚫은 것이 있다.

2b기의 손곡동 B-6호묘 출토 발형기대는 수발부의 기벽이 2a기 발형기대보다 더 밖으로 벌어지면서 깊이가 얕아졌는데, 직선적으로 벌어져 내려온 대각은 4단으로 구 분되었다.

3a기부터는 대형과 소형의 발형기대가 출토되었다. 황성동 885/7-5호묘에서 출토

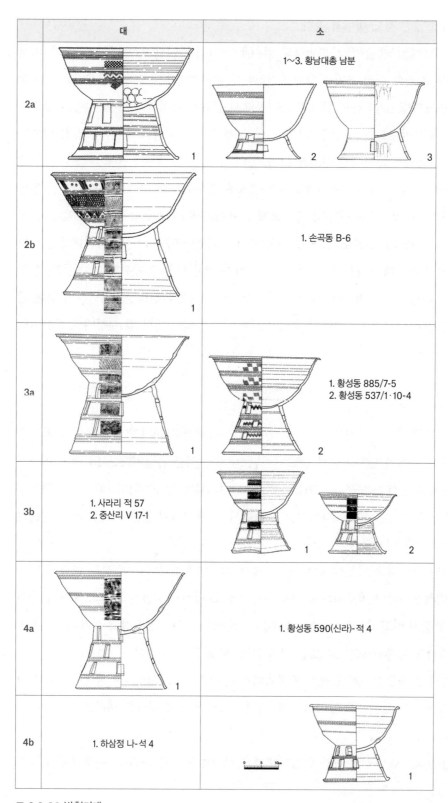

	대	소
2a	1	1~3. 황남대총 남분 2 3
2b	1	1. 손곡동 B-6
3a	1	1. 황성동 885/7-5 2. 황성동 537/1·10-4 2
3b	1. 사라리 적 57 2. 중산리 V 17-1	1 2
4a	1	1. 황성동 590(신라)-적 4
4b	1. 하삼정 나-석 4	0 5 10cm 1

도 2.2-30 발형기대

된 3a기의 대형 발형기대는 4단의 직선적인 대각이 2b기의 손곡동 B-6호묘 기대와 같지만 수발부는 2a기 황남대총 남분의 발형기대에서부터 점차로 얕아져 온 것을 알 수 있다.

3a기의 황성동 537/1·10-4호묘에서는 대각의 기벽 단면이 직선적인 3단각과 곡선적인 3단각의 발형기대 2점이 출토되었는데(뒤의 도 2.2-36의 3a-6, 7), 전자의 수발부 기벽은 저부에서 꺾여 직선적으로 벌어져 올라갔고, 후자의 수발부 기벽은 저부에서 자연스럽게 벌어져 곡선적으로 올라가 확연한 차이를 보인다. 기벽이 곡선적인 것은 앞서 살펴온 것이지만, 기벽이 저부에서 꺾여 올라간 것은 그에 앞서 1Ba기의 사라리 13호묘 기대에서 볼 수 있다.

여기서 앞서 살펴본 1기의 발형기대를 돌이켜 보면, 1Ab기의 중산리 IB-1호묘 발형기대는 1Aa기의 중산동 613/3번지 발형기대보다 대각도 4단으로 높아졌지만 동체인 수발부도 깊어진 것이다. 그런데 1Ba기 사라리 13호묘의 발형기대는 대각의 형태를 알 수 없지만 동체인 수발부는 저부에서 기벽이 꺾여 단면이 직선적으로 올라가 그 형태가 중산리유적의 1Aa기, 1Ab기 기대와는 확연하게 달라 그로부터 변화된 것이라고 보기는 어려웠다. 1Ba기 사라리 13호묘 발형기대는 중산리유적의 1Aa기, 1Ab기 기대와는 계보를 달리한 것으로 판단된다.

이와 같이 신라 전기의 경주지역에는 계보를 달리한 발형기대가 존재하였던 것으로 보이며, 1Bb기 동산리 90호묘 발형기대와 1Bc기의 중산리 VIII-77호묘 발형기대는 대각이 3단으로 낮아졌으나 동체인 수발부는 기벽 단면이 곡선적인 1Ab기 중산리 IB-1호묘의 발형기대에서 변화된 것이고, 앞서 살펴온 2a기 이후의 발형기대도 대개 그 계보를 이은 것으로 판단된다. 그러나 3a기 황성동 537/1·10-4호묘의 수발부 기벽 단면이 직선적인 발형기대는 1Ba기 사라리 13호묘 발형기대의 계열도 한편으로 이어져 내려온 것을 보여주는 것으로 판단된다.

3a기 이후의 발형기대는 4a기 것만 찾아졌는데, 규모가 약간 작아졌지만 수발부는 좀 더 얕아졌고 대각부의 직경도 좁아진 것을 알 수 있다.

3a기 이후의 발형기대 소형은 황남대총의 발형기대 소형과는 계보가 다른 것으로 대형기대의 축소형이다. 대개 수발부의 기벽 단면이 곡선적으로 넓어지며 올라갔고, 대각은 4단으로 높은 것과 3단으로 낮은 것이 있는데, 대각의 기벽 단면은 곡선적으로 넓

어지며 내려왔다. 그러나 4b기 하삼정 나-4호묘의 소형 발형기대는 동체인 수발부가 오목하고 대각도 직선적인 3단각이다.

이와 같이 신라전기양식토기 발형기대는 동체부 기벽의 외반이 심해지면서 수발부가 얕아지는 변화 과정을 보여주는데, 1기의 발형기대는 수발부인 동체의 기벽에서 꺾여 외반된 구연부가 점차 짧아져 갔다. 구연부 구조 변화의 그러한 흐름은 2b기까지 이어져 2a기와 2b기의 발형기대는 구연부가 따로 형성되지 않고 동체의 기벽 끝이 그대로 구연부가 된 것을 알 수 있다. 그러나 3a기 형식부터는 다시 동체의 기벽 상부에서 구연부가 꺾여 외반하였다.

⑧ 파배류·대부소호(도 2.2-31)

신라전기양식토기 1기의 파배를 이은 A1과 A2 외에 그 소형이 발생하였고, 1Bc기에 대부파배로 전환된 B도 계속되었다. 이와 함께 기형이 대부파배와 같으나 파수가 붙지 않은 대부소호가 출현하였는데, 기형이 같으므로 연관성을 위해 함께 살펴본다.

● 파배
◎ A1: 신라전기양식토기 1기의 파배 A1을 이은 것으로 동체의 상부에서 구연부가 완만하게 반전되어 올라간 것인데, 2a기부터는 구연부가 직립하지만 동체와 구연부의 경계부에 각이 생기지는 않았다. 3a기를 지나 규모가 점차 축소되었고, 동체와 구연부의 경계부 돌대 외에 그 아래 두 곳에 돌대를 배치하여 3단 구분한 기벽이 1Bc기 형식부터 3a기 형식까지 이어졌으나, 3b기 형식부터는 돌대를 배치하지 않아 기벽의 단 구분과 장식성이 없어졌다. 그러나 3a기에도 기벽에 돌대를 배치하지 않은 것이 있다(뒤의 도 2.2-36 참조). 소형화된 4b기 형식에서는 기벽이 동체의 중간부부터 내경하여 올라가 긴 구연부를 이루었다. 1Bb기에 단면 장방형에서 원형으로 바뀐 파수는 변동이 없으나, 3a기부터 파수가 작아지면서 동체의 기벽과 파수 사이의 공간이 작아졌다.

◎ A2: 신라전기양식토기 파배 A2를 이은 것으로 동체 상단에서 구연부가 꺾여 직립하여, 동체와 구연부의 경계 각이 분명한 것이다. 그러한 동체와 구연부의 경계 각 상태는 4a기 형식까지 이어졌으나, A1과 함께 소형화된 4b기 형식에서는 경계 각이 없어

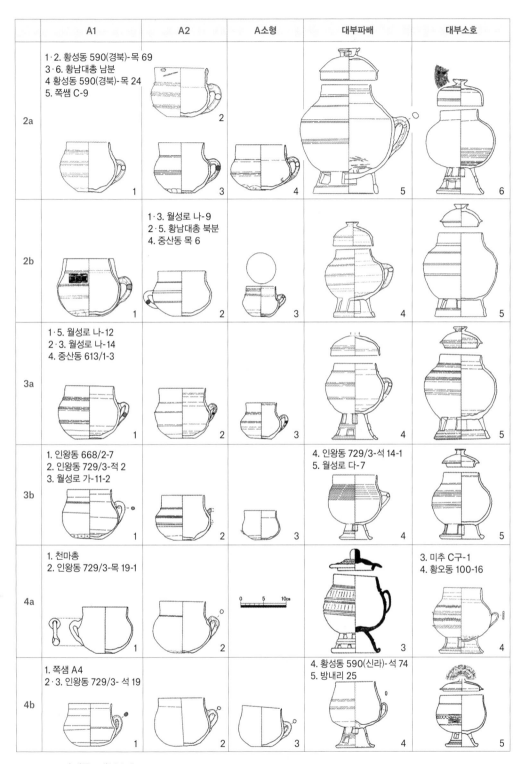

	A1	A2	A소형	대부파배	대부소호
2a	1·2. 황성동 590(경북)-목 69 3·6. 황남대총 남분 4 황성동 590(경북)-목 24 5. 쪽샘 C-9	2	4	5	6
2b		1·3. 월성로 나-9 2·5. 황남대총 북분 4. 중산동 목 6	3	4	5
3a	1·5. 월성로 나-12 2·3. 월성로 나-14 4. 중산동 613/1-3	2	3	4	5
3b	1. 인왕동 668/2-7 2. 인왕동 729/3-적 2 3. 월성로 가-11-2	2	3	4. 인왕동 729/3-석 14-1 5. 월성로 다-7	5
4a	1. 천마총 2. 인왕동 729/3-목 19-1	2	0 5 10cm	3	3. 미추 C구-1 4. 황오동 100-16
4b	1. 쪽샘 A4 2·3. 인왕동 729/3- 석 19	2	3	4. 황성동 590(신라)-석 74 5. 방내리 25	5

도 2.2-31 파배류 · 대부소호

져 동체에서 구연부가 자연스럽게 이어졌다. 동체가 납작하고 구연부 직경이 동체 직경과 거의 같은 것이 2a기까지 이어진 것도 있으나, 2a기부터는 앞의 A1과 같이 구연부가 좁아져 편구형의 동체와 동체에서 분리된 직립한 구연부가 분명해졌다.

2b기 황남대총 북분의 파배 A2는 동체가 납작하고 구경이 넓어 이 계열에서는 조금 벗어난 것으로 A소형 2a기에 배치한 것을 이은 것으로 판단된다.

동체와 구연부의 경계부 돌대 외에 그 아래 배치한 돌대는 3b기 형식까지 이어졌으나 4a기 형식부터는 동체의 기벽에 돌대를 두르지 않았다.

◎ A소형: 2b기부터 앞의 A1, A2와는 구분되는 규모가 작은 파배가 발생한 것으로 보이는데, 동체와 구연부의 연결 상태는 A1과 같은 것이 일반적이지만, 3a기에서 보는 바와 같이 A2의 축소형도 있다. 4b기 형식은 규모만 다를 뿐 A2의 4b기 형식과 거의 같다.

◎ 대부파배: 동체 한쪽에 파수가 붙었으나 구형의 동체에서 구연부가 직립하여 직구소호에 가까운 파배 B가 신라전기양식토기 1Ba기에 출현하여 1Bc기에 대각도 붙어 대부파배로 전환된 것이다. 1Bc기의 대부파배는 동체가 납작한 편구형이어서 앞의 파배 A1·A2와는 다른 모습이었으나, 2a기 형식부터는 전체적으로 파배 A1의 형태가 되었으며, 규모가 확대된 것도 출현하였다. 그러나 2b기부터 파배 A1과 같은 규모가 된 것으로 보아 대·소형으로 분화된 것으로 보이며, 3b기부터는 규모가 현저하게 축소되었다. 4b기 형식은 동체에서 구연부가 꺾이지 않고 자연스럽게 올라가 동체의 형태가 앞의 A2와 같은 모습이 되었다. 동체 규모의 축소와 함께 돌대의 배치 위치도 줄어 기벽이 4단에서 3단으로 변화되었다.

대각은 1단각이었으나 소형화된 3a기부터는 2단각이 되었는데, 동체와 함께 모두 축소되어 갔다. 뚜껑은 계열이 다른 것들이어서 계기적인 변화를 설명하기 어렵지만, 2b기 형식과 3a기 형식에서는 기고가 낮아지고 드림부가 짧아지는 뚜껑의 모습을 볼 수 있다.

● 대부소호

황남대총 남분의 2a기 대부소호는 편구형인 동체에 돌대가 배치되지 않았고, 대각이 2단각인 점이 다르지만, 구연부가 직립한 동체의 형태는 1Bc기의 파배 B, 즉 대부파배와 같다.

그러나 2b기부터는 파수가 붙지 않았지만 동체가 대부파배와 같은 형태로 변화된 것으로 보인다. 이에 따라 그 변화도 대개 대부파배와 같이 하였던 것으로 판단되는데, 3b기부터 대부파배와 함께 그 규모가 현저히 축소되었다. 4a기에는 대부파배를 배치하였지만, 파수를 제외한 동체는 이와 같은 모습이었을 것으로 판단된다. 4b기 형식은 동체와 구연부의 경계가 없어진 모습이 앞의 파배들과 같다.

대각은 2a기의 대부소호 외에는 1Bc기부터 1단각이었는데, 전체 규모가 축소된 3b기 형식부터 투창 아래의 면적인 대가 반전된 접지부로 바뀌었다. 2b기 형식부터 덮인 동일 계열의 뚜껑에서는 전체 높이가 낮아지고 동체의 구연부 안으로 드림부가 짧아져 가는 모습이 관찰된다.

이상 살펴본 파배와 대부소호는 4b기에는 모두 규모가 축소된 동체의 형태가 유사해진 것을 알 수 있다.

⑨ 편구형병 (도 2.2-32)

신라후기양식토기에서 크게 유행하는 기종으로 그 선행 형식이 신라전기양식토기에서부터 소수 출토된다. 〈도 2.2-32〉의 2b기~4a기 편구형병은 신라후기양식토기 편구형병류 A의 선행 형식으로, 편평한 바닥의 편구형 동체에 짧은 나팔형의 구경부가 붙은 것이다. 3a기 형식은 찾아지지 않았지만, 동체가 깊어지고, 동체에서 일단 직립하여 올라가다 벌어지는 짧은 구경부가 4a기 형식에서는 아래에서부터 바로 벌어지며 올라가는 변화를 볼 수 있다. 4b기에 배치한 것은 이와 다른 계열로 신라후기양식토기 편구형병류 B의 선행 형식으로 판단된다. 앞의 것들에 비해 동체가 구형이고, 구경부도 경부와 구연부가 구분되며, 구순이 돌출된 것이 다르다.

뒤의 〈도 2.2-36의 4b-3〉에 배치하였지만, 경주 손곡동 경마장부지 C지구 1-21호묘에서 동체와 구경부의 형태가 이들과 조금 다른 구형병이 출토되었는데, 완전 평저이고 앞의 4a기 편구형병보다 구경부가 크다. 신라후기양식토기 편구형병류 C의 선행 형식으로 판단된다.

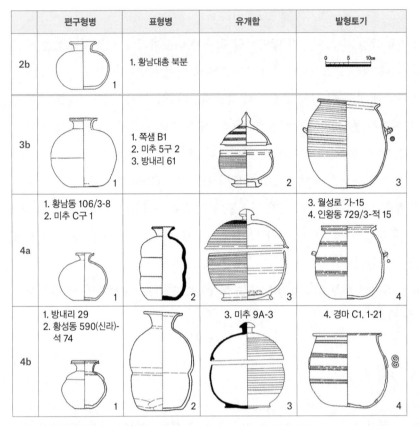

	편구형병	표형병	유개합	발형토기
2b	1	1. 황남대총 북분		0 5 10cm
3b	1	1. 쪽샘 B1 2. 미추 5구 2 3. 방내리 61	2	3
4a	1. 황남동 106/3-8 2. 미추 C구 1 1	2	3	3. 월성로 가-15 4. 인왕동 729/3-적 15 4
4b	1. 방내리 29 2. 황성동 590(신라)- 석 74 1	2	3. 미추 9A-3 3	4. 경마 C1, 1-21 4

도 2.2-32 병·유개합·발형토기

⑩ 표형병(도 2.2-32)

동체가 상하로 표형을 이루는 것으로, 4a기의 미추왕릉 전지역 C지구 1호묘에서는 긴 3단 동체에서 구경부가 외반한 표형병이 출토되었다. 금령총에서도 이와 같이 긴 동체의 표형병이 출토되었는데, 2단으로 구분된 동체의 하단은 원통형이고 상단은 구형으로 이루어졌다(뒤의 도 2.2-36의 4a-4 참조).

4b기의 황성동 590(신라)-74호 석곽묘와 월산리 A-49호묘(뒤의 도 2.2-36의 4b-4 참조)에서는 2단 표형병이 출토되었는데, 동체의 형태는 같으나 구연부 형태가 달라, 월산리 A-49호묘 표형병의 구연부는 앞의 4b기 방내리고분 편구형과 같다.

구연부에 차이가 있지만 4a기에 긴 동체가 2단 또는 3단을 이룬 표형병이 출현하여 4b기에 동체 높이가 축소된 2단 표형병으로 변화된 것으로 보인다.

⑪ 유개합(도 2.2-32)

기벽이 수직으로 올라간 깊은 동체에 환형의 낮은 대족이 붙고, 안턱식 구연부의 뚜껑이 덮인 것이다. 미추왕릉지구 5구역 2호묘에서 출토된 소형의 유개합이 가장 고식인데, 이 고분에서 공반된 토기들의 실측도가 거의 제시되지 않아 정확한 판단은 어렵지만 공반 토기들의 특징으로 보아 3b기에 속할 것으로 판단된다.

4a기의 월성로 가-15호묘, 4b기의 미추왕릉지구 9구역 A호분 3곽에서 출토된 유개합은 이보다 규모가 큰 것이지만 상호 연속성이 있는 것으로 판단된다. 동체의 상반부는 3b기 형식부터 돌선대로 덮였고, 뚜껑도 3b기 형식은 3곳에 침선대를 배치하여 기면을 나누었으나, 4a기 형식부터는 동체와 같이 돌선대로 덮였다. 동체의 구연부 내측 경사면도 짧아져 갔고, 환형 대족도 점차 더 낮아져 접지부의 반전이 약화된 것을 볼 수 있다. 그러나 대족이 높은 것도 남아 있어 4b기의 율동고분에서는 투창 뚫린 대족이 붙은 유개합이 출토되었다(뒤의 도 2.2-36의 4b-5 참조).

뚜껑 구연부의 안턱도 3b기 형식은 동체의 구연부에 맞추어 길게 내려왔으나 점차 위로 올라붙고, 꼭지도 상부가 둥근 형태로 바뀌어 갔다.

유개합은 편구형병류와 함께 신라후기양식토기에서 크게 유행한 기종으로 신라 전기 유개합의 속성을 일부 계승하면서 규모가 확대되어 화장의 장골용기로 발전하였다.

⑫ 발형토기(도 2.2-32)

평저 바닥에 상하로 긴 동체 상단에서 구연부가 밖으로 꺾인 것으로, 신라전기양식토기에서는 발이라기보다는 배가 부른 호에 가까우나, 신라후기양식토기에서는 소형화하면서 발형으로 변화되었다. 방내리 61호분 출토품과 같은 것이 이른 시기의 형식으로 판단되는데, 외반된 구연부를 가진 동체가 상하로 길고 동체 중앙부에서 상하로 축약되었다. 동체 하부를 제외하고 전면에 침선이 조밀하게 돌아가고 중앙부 양쪽에 유두형의 꼭지를 붙였다. 4a기 형식부터는 조밀한 침선대 대신 기면을 분할하는 침선을 배치하였다. 4b기 형식부터는 동체 상부의 축약이 완만해지고 구연부도 넓어져 전체 형태가 발형화된다. 동체의 양쪽에 유두형 대신 S자형의 꼭지를 붙인 것도 있다.

⑬ 동이형토기(도 2.2-33)

신라 조기 2a기에 발생하여 신라전기양식토기 1기에 이어 2기 이후로 이어진 것이다. 월성북고분군보다는 황성동고분군과 외곽지구 고분군에서 주로 출토되었다.

대·소형 모두 2b기까지는 상하로 높은 동체가 유지되다가 3a기부터는 높이가 줄어 동체 전체가 둥글어졌다. 신라 조기의 둥근 바닥에서 신라 전기 1Aa기에 바뀐 편평한 바닥은 3a기까지 이어졌다. 그러나 3b기부터는 평저의 기미가 남아 있지만, 동체의 기형 전체가 구형으로 변화되어 구연부가 넓은 구형호로 전환되어 갔고, 4a기부터는 완전히 원저의 구형호가 되었다. 전체의 규모도 축소되어 갔고, 대·소형의 차이도 없어졌다.

〈도 2.2-33〉의 늦은 시기에는 황성동고분군 출토 토기를 배치하였는데, 변화의 방향은 같지만 유적에 따라서는 부장 토기의 단계에 차이가 있기도 하였다. 경주 중심부에서 남쪽으로 멀리 떨어진 하삼정고분군의 경우 고배의 형식을 기준으로 하면 동이형토기는 같은 형식이 황성동고분군보다 한 단계씩 늦게 부장되는 경향이 있었다.

⑭ 적갈색 심발형토기(도 2.2-34)

신라조기양식토기에서부터 이어진 것이다. 신라전기양식토기 1기의 심발형토기는 모두 외반 구연으로 규모에 따라 4종으로 구분되었지만, 1Bc기의 황남동 110호분에서 중형 크기의 내경구연 심발형토기가 출토되었다.

신라전기양식토기 2기 이후는 내경구연의 유개식 적갈색 심발형토기가 일반적이 되고, 이들은 대·중·소형으로 구분된다. 대형과 중형에는 환형파수 또는 소형의 우각형 파수가 붙은 것이 많다. 적갈색 심발형토기는 1기 이래로 그 제작상의 형태가 정형화되었지만, 시기에 따른 형식의 변화는 뚜렷하지 않다. 그러나 중형의 경우 시기가 내려오며 동체의 높이가 낮아지고, 대·중·소형 모두 4b기에 오면 동체 최대경이 구연부 가까이로 올라오는 것을 볼 수 있다. 전체적으로 규모가 축소되면서 구연부의 길이도 짧아져 갔는데, 특히 내경구연(소)에서 구연부 길이의 축소 경향이 뚜렷하다. 3b기에는 1단이지만 높은 대각이 붙은 것도 발생하였다(뒤의 도 2.2-36의 3b-4 참조)

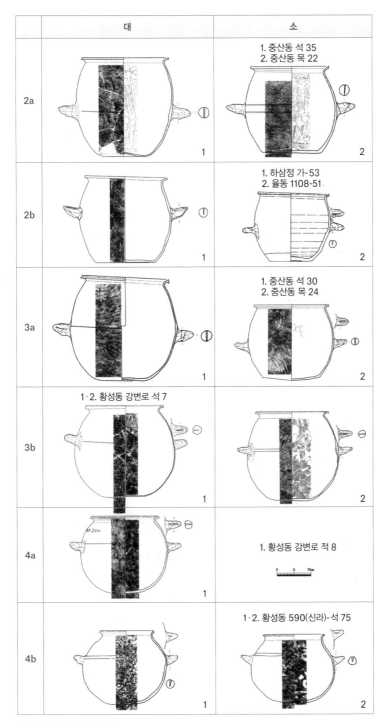

	대	소
2a		1. 중산동 석 35 2. 중산동 목 22
2b		1. 하삼정 가-53 2. 율동 1108-51
3a		1. 중산동 석 30 2. 중산동 목 24
3b	1·2. 황성동 강변로 석 7	
4a		1. 황성동 강변로 적 8
4b		1·2. 황성동 590(신라)-석 75

도 2.2-33 동이형토기

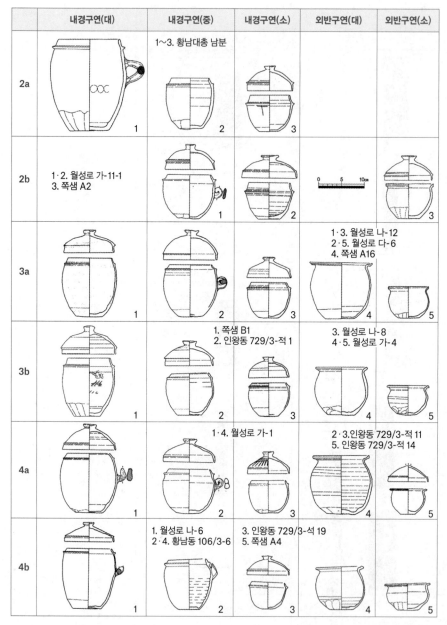

	내경구연(대)	내경구연(중)	내경구연(소)	외반구연(대)	외반구연(소)
2a	1	1~3. 황남대총 남분 2	3		
2b	1·2. 월성로 가-11-1 3. 쪽샘 A2	1	2	0 5 10cm	3
3a	1	2	3	1·3. 월성로 나-12 2·5. 월성로 다-6 4. 쪽샘 A16 4	5
3b	1	1. 쪽샘 B1 2. 인왕동 729/3-적 1 2	3	3. 월성로 나-8 4·5. 월성로 가-4 4	5
4a	1	1·4. 월성로 가-1 2	3	2·3.인왕동 729/3-적 11 5. 인왕동 729/3-적 14 4	5
4b	1	1. 월성로 나-6 2·4. 황남동 106/3-6 2	3. 인왕동 729/3-석 19 5. 쪽샘 A4 3	4	5

도 2.2-34 적갈색 심발형토기

외반구연 심발형토기도 2기 이후에 일부 잔존하여 출토되는데, 대형과 소형으로 구분된다. 외반구연 심발형토기는 신라후기양식토기에서 다시 일반화되며, 전기 것은 동체 직경에 비해 높이가 높은 것이 후기와 다른 점이다.

(2) 각 분기 종합

이상으로 신라전기양식토기 2~4기 각 기종 토기의 형식 변화 과정을 살펴보았다. 이제 여기서는 가능한 한 앞서 살펴본 내용과 중복을 피하여 분기와 소기 구분의 요점을 간략히 정리해 두겠다.

토기란 지역성이 강하여 각 시기 신라토기의 원신라양식 발생지인 경주지역 내에서도 지구나 고분군에 따라 구조 형태에 세부적으로 변이가 많은 토기들이 부장되었다. 이에 따라 대상 자료의 공간을 넓히면 서로 이질적인 것들이 섞이게 되어 형식분류에 혼란이 생긴다. 그것은 신라전기양식토기도 마찬가지이다.

앞서 살펴본 신라조기양식토기와 신라전기양식토기 1기 토기는 발굴자료의 한계상 불가피하여 신라 6부 지역 전체의 토기를 대상으로 할 수밖에 없었다. 그러나 경주지역의 중심고분군인 월성북고분군에서는 신라전기양식토기 2~4기의 발굴 자료가 많이 축적되었고, 특히 그 중에서도 월성로고분 발굴에서는 좁은 공간에서 장기간의 편년자료가 출토되었다. 이에 앞서는 월성로고분 발굴자료를 최대한 활용하고자 하였다. 월성로고분 발굴자료도 물론 발굴상황으로 인한 한계가 있다.[9] 하지만 월성로고분 발굴 자료는 장기간에 걸친 집약된 자료이면서도 일정한 좁은 공간에서 출토된 것이므로, 이를 잘 분석하면 가깝고 먼 여러 유적의 자료들을 포함하여 형식분류할 때와 같은, 공급원의 다양성에 따른 형식의 변이를 최소화할 수 있다고 본 것이다. 이에 신라전기양식토기 2~4기 상대편년, 특히 상대편년의 첫 번째 기준이 되는 고배의 상대편년에서는 월성로고분 출토 토기를 중심자료로 하였으며, 월성로고분에서 결여된 것도 가능한 한 월성북고분군을 벗어나지 않고자 하였다.

앞서는 신라전기양식토기 2~4기 2단각고배 분류의 객관화를 위해 먼저 〈표 2.2-

....

9   발굴 구역이 도로변 하수구 설치공사 구간의 폭을 따라 좁게 제한되어 각 유구의 전체 공반 자료가 확인되지 못한 한계가 있다. 또 그와 같은 발굴 상황으로 인해 유구의 중복이나 인접관계의 정확한 파악이 어려웠기 때문인지 보고서에는 유구에 따라서 분명히 시기가 다른 유물들이 섞여 있는 예들이 있다. 필자가 전고(2012: 137~138)부터 지적한 가-29호묘 유물 외에도 가-1호묘의 직선형 2단각고배, 가-4호묘의 유개식 1단각고배 중 1점, 가-11-1호묘의 무개식 1단각고배, 가-11-2호묘의 파배와 장경호, 나-9호묘의 컵형토기, 다-2호묘의 직선형 2단각고배, 다-5호묘의 장경호, 다-6호묘의 장경호와 대부직구호 등이 각 유구의 다수 유물과는 시기 차이가 있는 것들이다.

3)과 〈표 2.2-4〉를 작성하여, 각 유적에서 출토된 고배들의 대·중·소를 구분한 다음 그 각각을 형식분류하였다. 그리고 다른 기종의 토기들은 〈표 2.2-4〉의 유적에서 고배와 공반된 것들을 우선적으로 배치하였다. 이 토기들은 물론 추가장 등으로 선·후 유물이 섞일 염려가 없는 수혈식 고분에서 출토된 것들이다.

경주지역의 신라전기양식토기는 신라토기 가운데에서도 그동안 학계에서 가장 많은 연구가 이루어진 부분으로, 그 형식 변화의 큰 흐름에 대해서는 이미 학계의 공감대가 형성되어 있다. 또 앞에 제시한 〈표 2.2-3〉과 〈표 2.2-4〉의 고배 세부기종의 공반 현황과 그 규모 변화에서도 상대편년의 객관성은 어느 정도 확보된다고 본다. 수혈식 고분에서 고배들과 공반된 토기들은 폐기동시성을 가진다. 이에 고배 이외 다른 기종 토기들의 공반 현황이나 분기에 따른 형식의 변화 과정을 보여주는 별도의 표 작성은 생략함을 밝혀둔다.

① 2기

3단 나팔각고배는 1기 말로 소멸되어 사실상 존재하지 않으며, 유개식 2단각고배 중 1Bc기에 대각이 직선화된 나팔각고배 B가 공반되는 시기이다. 무개식 배신의 구연부 아래에 여러 줄의 돌대가 모아져 있는 2단각 무개식고배(나팔각고배 A), 투창 뚫린 원통부와 밖으로 벌어진 접지부가 구분되는 1단각의 무개식고배도 이 시기의 특징적인 존재이다.

장경호 C1이 경주고분에서는 이 시기까지만 출토된다. 1Bc기에 A, B로 분화된 대부중경호에서 다시 경부가 짧은 1단인 C가 출현하고, 원저중경호류 A, B가 출현하였으며, 1Bc기에 출현한 단경호류도 대·중·소로 분화되었다. 1기에 출현한 파배류의 정형화가 이루어졌고, 적갈색 연질의 심발형토기는 구연부가 형성된 유개식이 중심이 되었다.

● 2a기

경주 월성북고분군의 황남대총 남분 출토 토기가 이 단계 신라토기의 표지이다. 〈표 2.2-4〉에서 보는 바와 같이 황남대총 남분에서는 수많은 고배류가 출토되었지만, 3단각고배는 단 1점도 포함되어 있지 않았다.

그런데 3단각고배와 2단각고배가 공존한 1Bc기의 황남동 110호분과 2단각고배만 출토된 황남대총 남분의 고배들 중 두 고분의 유개식 2단 나팔각고배 B, 유개식 2단각고배(중)은 형식의 차이가 거의 없고, 두 고분의 유개식 1단각고배들도 형식의 차이가 거의 없는 것이 포함되어 있다. 이로 보아 경주에서 3단각고배는 황남동 110호분 단계와 황남대총 남분 단계 사이에서 소멸된 것으로 판단되며, 황남대총 남분은 경주에서 3단각고배가 소멸된 직후에 해당함을 알 수 있다.

　　황남대총 남분에서는 묘곽부에서만 3,100여 점의 토기가 출토되었다. 본고에서는 그 가운데 가능한 한 많은 기종의 형식을 살펴보고자 하였지만, 다른 고분에서 출토 사례가 없거나 출토 빈도가 극히 적어 형식이 앞뒤로 연결되지 않는 기종들까지 제시할 수는 없었다. 또한 앞서 형식을 제시한 기종들 가운데에서도 출토 수량이 많은 것은 여러 가지 구조 형태의 변이가 있으나 이를 모두 다룰 수는 없었다. 이에 여기서는 가능한 한 중복을 피하여 이를 보완해두기로 하겠다.

　　황남대총 남분의 보고서에 도면이 수록된 고배들 가운데 나팔각고배 B로 분류될 수 있는 것은 33점으로 그 기고는 13.3cm~15.3cm이고, 세부 형태에도 변이가 있다. 앞의 〈도 2.2-21〉에는 1Bc기의 황남동 110호분 출토 고배와 연계성을 고려하여 선정한 것을 배치하였지만, 황남대총 남분의 나팔각고배 B는 대각 중앙에 배치된 2줄의 돌대 사이에 간격이 있는 것과 간격이 없는 것으로 나누어지고, 각각의 기고에서도 차이가 있다. 즉 전자는 기고가 높아 대개 14cm 이상인 반면, 후자는 기고가 낮아 13cm대가 일반적이다. 그러나 모두 배신이 얕고 대각이 직선적이라는 공통점을 갖고 있다(도 2.2-35의 상).

　　황남대총 남분에서는 유개식 2단각고배(중)이 700점 이상 출토되었는데, 그 중 보고서에 도면이 수록된 것은 기고 12.6~15.5cm까지이다. 앞의 〈도 2.2-21〉에는 1Bc기의 황남동 110호분의 2단각고배(중)과 연계성을 가지면서 다음 단계의 변화와도 차별화되는 것을 찾아 배치하였지만, 이 기종 고배의 세부 형태에도 변이가 많다(도 2.2-35의 중). 우선 각단의 형태에 따라 분류할 수 있는데, 〈도 2.2-35의 중〉 1~3은 하단 투창과 반전된 각단부 사이에 1줄의 돌대가 돌아간 것이고, 〈도 2.2-35의 중〉 4~6은 반전된 각단부가 2줄의 돌대상인 것, 〈도 2.2-35의 중〉 7~9는 반전된 각단부 단면이 삼각형인 것들이다. 이들은 얕은 배신부의 형태에는 큰 차이가 없으나, 대각은 전체 형태에서도 차이가 있다. 각단부의 단면이 삼각형인 것은 상대적으로 대각이 높고 직경이 좁은 데 비해, 대각이 낮거나 대각 직경, 특히 대각 상부의 직경이 넓은 것들은 앞의 각단부 위에 돌대가 돌아간 것, 각단부가 2줄의 돌대상인 것들에 많이 포함되어 있다. 이로 보아 대각의 직경이 좁아진 각단부 단면 삼각형의 고배는 황남대총 남분 직전의 황남동 110호분 단계 고배의 계보를 이은 것이라면, 대각의 직경, 특히 대각 상부의 직경이 넓은 앞의 고배들은 그보다 먼 앞 단계 고배들의 계보를 계승한 것이라 판단된다.

〈도 2.2-35의 중〉 10~12는 배신과 각단부의 형태가 앞의 것들과 또 차이가 있는 것들인데, 배신이 깊어진 것, 약간 소형으로 얕은 배신에 상하 직경이 넓은 대각이 달린 것 등으로 2단각고배(중) 중 계열에 소수 존재한다.

이와 같이 황남대총 남분의 2단각고배(중)은 여러 계보로 형태의 차이가 있고, 단순히 규모로만 보면 다음의 2b기와 3a기의 2단각고배(중)보다 작은 것들도 포함되어 있다. 그러나 이들은 모두 배신에 비해 아직 대각의 직경이 상대적으로 넓고, 특히 대각 상단 직경이 넓어 대각의 상하 직경 차이가 크지 않아 다음 단계의 대각 직경, 특히 대각 상단 직경이 좁아진 고배들과 구별된다. 대각이 약간 곡선적으로 넓어지며 내려오는 예들도 있지만, 다음 단계의 곡선적인 고배 대각들에 비하면 전체적으로 직선적이고, 특히 〈도 2.2-35의 중〉 7~9에서 보는 바와 같이 반전된 각단부 단면이 삼각형인 고배들의 대각은 모두 직선적이다.

2단각고배(소) 계열은 변이가 크지 않은데, 1Bb기 사라리 113호묘의 소형고배와 비교해보면 전체 규모가 축소되고 대각이 완전히 2단각으로 바뀌었으며, 1Bc기의 하삼정 II-13호묘 고배와 비교하면 납작하고 기벽이 직선적인 배신의 형태는 유사하나 대각의 상하 직경이 좁아진 것을 알 수 있다.

유개식 1단각고배도 앞의 〈도 2.2-23〉에는 다음 단계의 변화와 구분을 고려하여 1Bc기의 황남동 110호분 고배와 가까운 형태의 것을 배치하였지만, 500점에 달하는 이 기종 고배의 구조 형태에도 변이가 많다(도 2.2-35의 하). 그 변이는 배신보다는 대각의 형태에서 심한데, 대각의 상하 직경이 거의 같은 것에서 대각 하부 직경이 상부직경에 비해 넓어진 정도의 차이라고 할 수 있다. 앞서는 유개식 1단각고배의 변화 과정이 배신에 비해 대각이 높아지면서 그 상부 직경이 점차 좁아지는 것임을 살펴보았다. 황남대총 남분의 이 기종 고배에서 대각의 상부 직경이 좁은 것은 전체적으로 배신도 얕고

도 2.2-35 황남대총 남분 출토 고배류

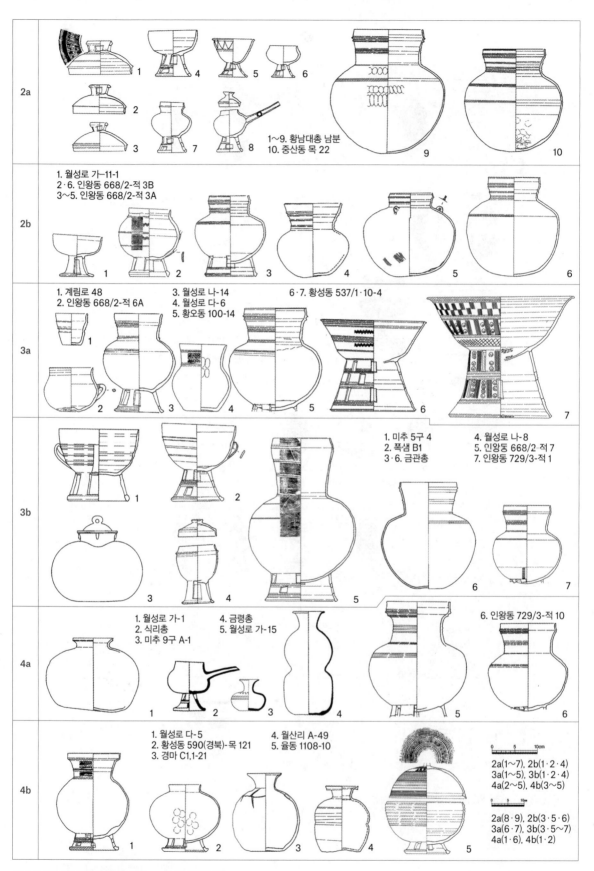

도 2.2-36 신라전기양식토기 2a~4b기 공반토기

대각도 낮아 다음 단계의 고배들과 차별성이 있다. 또 상부가 좁은 대각도 직선적이라는 공통점을 갖고 있어 늦은 시기 고배들과 차이가 있다.

황남대총 남분에서 유개식고배는 대부분 배신과 뚜껑이 분리된 상태로 출토되어 앞의 〈도 2.2-21〉에는 뚜껑을 따로 제시하지 않았지만, 대·소형 고배의 뚜껑은 모두 대각 도치형 꼭지가 붙은 것이고(도 2.2-36의 2a-1~3), 또 각종 기하문이 시문되었는데 뚜껑의 구연부까지 기하문을 시문한 것이 많다.

고배 가운데 배신은 돌대가 돌아가지 않은 무개식 1단각고배와 같고 대각은 나팔각고배 A와 같은 곡선형 2단 대각이 붙은 무개식고배 1점이 출토되었다(도 2.2-36의 2a-4). 이 고배를 나팔각고배 A 계열의 2단각 무개식고배(앞의 도 2.2-22) 2b기 형식과 비교해 보면 배신에 비해 대각이 낮고 직경이 넓은 것을 알 수 있다. 황남대총 남분에서 나팔각고배 A 계열의 전형적인 2단각 무개식고배는 출토되지 않았지만, 이 무개식고배는 2b기 형식 이전 나팔각고배 A 계열 2단각 무개식고배의 대각 형태를 보여준다.

황남대총 남분에서는 이외에도 고배나 대부완으로 분류될 2단대각의 소형토기들, 짧은 목에 구연부가 형성된 유개식 대부소호, 긴 주구가 붙은 소형의 대부직구호도 다수 출토되었다(도 2.2-36의 2a-5~8). 이와 같은 기종들은 다른 유적에서 출토 사례가 없거나 극소수여서 현재로서는 형식분류가 불가능하지만 시기적 특징을 나타내는 기종들일 것이므로 제시해 둔다.

〈도 2.2-36〉의 2a-9의 장경호는 경부를 2단으로 나누고 구연부가 형성된 점이 1Bc기에 대부장경호로 전환된 장경호 C2와 유사한 원저장경호이다. 그러나 장경호 C2보다 규모가 좀 더 크고 어깨가 분명하게 구분되는 편구형 동체에서 짧은 경부의 상부가 좀 더 외반하는 것이 그와 다른 점이다. 이러한 원저장경호는 사례가 많지는 않지만 4a기까지 대·소형이 이어지는데, 늦은 시기까지도 짧은 목에 어깨가 분명한 편구형 동체를 유지하고 있는 것이 또한 앞서 살펴본 대부장경호 C2의 변화 과정과 다른 점이다.

〈도 2.2-36〉의 2a-10의 원저장경호도 경부 형태가 앞의 것과 유사하지만, 그보다 대단히 짧고 동체부가 좀 더 구형에 가까워진 것도 다른 점이다.

이와 같은 원저장경호들은 앞서 언급한 바와 같이 1기의 장경호 C2가 1Bc기에 원저장경호와 대부장경호로 분화되면서, 원저장경호 C2에도 여러 변이가 생긴 것을 말해준다.

● 2b기

월성로 가-11-1호묘와 나-9호묘 출토 토기가 표지적이다. 황남대총 북분 출토 토기도 이 단계에 속한다. 황남대총 북분의 묘곽부에서는 2단각고배가 전혀 출토되지 않았지만, 1단각의 무개식·유개식고배, 장경호는 물론 다른 기종의 토기들도 황남대총 남분 토기와는 분명히 구별되는 형식의 차이를 보인다.

나팔각고배 B는 월성로 나-9호묘에서만 5점이 출토되었다. 이들의 형태는 모두 2a기 황남대총 남분 출토 나팔각고배 B 가운데 대각 중앙의 돌대가 간격 없이 붙어 있는 것과 같은데, 기고가 12.8~13.1cm 사이로 그 규모도 축소된 것을 알 수 있다. 대각이 직선적인 나팔각고배 B는 2b기까지 존재하고, 그 이후 형식은 대각이 곡선적으로 넓어져 내려온다.

2a기인 황남대총 남분에서는 출토되지 않았지만, 2단각고배 대형은 다른 고배들보다 월등한 규모로 보아 1기의 나팔각고배 C가 2단각화 한 것임은 앞서 설명하였다. 2단각고배 대·중·소 모두 이 단계부터 대각이 아래로 내려오며 곡선적으로 넓어진다. A1과 A2로 분화된 2단각 무개식고배가 출토되고, 1단각 유개식고배는 대각의 상하 직경 차이가 커졌으며, 1단각의 소형 무개식고배는 대각 하부에 돌내가 돌아가 대각하부돌대 무개식고배로 전환되었다.

정형성을 가진 장경호 B3과 C1은 사실상 이 단계를 끝으로 소멸된 것으로 보인다 (앞의 도 2.2-25의 2b기 3, 4 참조).

앞의 〈도 2.2-23〉에서 1단각 무개식고배의 2a기와 2b기의 형식으로는 대각의 투창과 접지부 사이에 면이 있는 것을 배치하여 황남대총 남분과 북분 토기가 비교될 수 있게 하였지만, 〈도 2.2-36〉의 2b-1의 월성로 가-11-1호묘 무개식 고배는 2b기에 이미 대각의 투창이 접지부까지 내려간 무개식고배가 존재하고 있었음을 보여준다. 〈도 2.2-36〉의 2b-2의 대부파배는 구연부가 짧아 앞에 제시한 2b기 형식과 다른 변이를 보인다.

〈도 2.2-36〉의 2b-3~5는 한 고분의 공반토기로, 그 중 〈도 2.2-36〉의 2b-3은 앞의 〈도 2.2-9〉에서 살펴본 대부중경호 C의 2b기 형식과 같은 것이다. 대부·원저장경호에 여러 변이가 있음을 보여준다. 〈도 2.2-36〉의 2b-6은 〈도 2.2-36〉의 2a-10 계보 장경호의 2b기 형식으로 판단되는데, 이 계보의 장경호는 2b기까지만 출토된다.

② 3기

고배류에서는 2단각 유개식고배 소2가 출현하고 그 외 새로운 기종의 출현은 볼 수 없지만, 장경호류에서 여러 아기종이 출현하였다. 장경호 B2에서 B2①, B2②가 분화되고, 장경호 C2에서도 C2①이 분화되었으며, 부가구연장경호가 형성되기 시작하였다. 원저중경호에서도 C가 분화되었고, 신라후기양식토기로 이어지는 유개합과 발형토기가 출현하였고, 동이형토기가 호형으로 변화되기 시작하였다.

● 3a기

월성로 나-12호묘와 나-14호묘 출토 토기를 표지로 한다. 인왕동(문)-6A·6B호묘 (적목) 출토 토기도 이에 해당한다.

새로 출현한 2단각 유개식고배(소2)는 소1에 비해 배신도 얕고 대각의 직경도 좁다. 2단각 무개식고배의 A1은 배신에 돌대를 2단으로 배치하여 기벽을 3단으로 나누기 시작하였다.

장경호 B2①과 B2②는 경부를 3단 구분한 것이어서 B2 계열로 분류하였지만, 동체와 경부 형태 모두 B2 계보를 이은 것과는 차이가 커서 다른 공급원이었을 것으로 판단된다. 이에 비해 출현기의 장경호 C2①과 부가구연장경호는 동체와 경부 형태가 장경호 C2와 친연성이 있다.

경주지역의 신라전기양식토기 대부장경호는 세부기종을 불문하고 대각이 낮은 편이다. 그러나 월성로 나-14호묘에서 출토된 장경호 B1(도 2.2-36의 3a-3)은 완전 구형화된 동체와 특히 높은 대각이 경주지역의 대부장경호와 다르다. 경주 이외의 지역에서 유입된 것일 가능성이 있다.

월성로 다-6호묘의 장경호(도 2.2-36의 3a-4)는 경부의 형태로 보아 장경호 B3 계열로 보이지만 완전 평저인 동체의 형태가 변형된 것이다.

〈도 2.2-36〉의 3a-5 장경호는 대부장경호이지만 경부 형태가 장경호 C2의 3a기 형식이 아니라 앞의 2a기 황남대총 남분의 원저장경호(도 2.2-36의 2a-9)를 이은 것이어서 여기에 배치하였다.

신라 전기고분에서 광구소호는 사실상 1Ba기에 소멸되었지만(앞의 도 2.2-11 참조)

계림로 48호묘에서 출토된 평저배(도 2.2-36의 3a-1)는 경배가 정형성을 상실하여 평저배로 변한 상태로 늦게까지 존속하였을 가능성을 보여준다.

● 3b기

월성로 가-4호묘와 다-5호묘 출토 토기를 표지로 하며, 인왕동(문)-7호묘와 인왕동(협)- 5호묘, 그리고 금관총 출토 토기도 이 단계에 속한다.

고배류에서는 파수부 1단각 무개식고배(소A)가 소멸하고, 2단각 무개식고배 B가 출현하였고, 파수부 1단각 무개식고배(소B)와 1단각 하부돌대 무개식고배가 이 단계를 끝으로 소멸한다. 그 외의 고배류와 장경호, 단경호 등의 세부기종은 3a기와 같고, 그 형식의 차이에 대해서는 앞서 설명하였으므로 생략하지만, 미추왕릉지구 5구역 4호묘의 3이부유대완(도 2.2-36의 3b-1)은 동체 바닥이 납작하고 1단각인 점이, 쪽샘 B1호의 3이부유대완(도 2.2-36의 3b-2)은 동체가 유난히 깊은 점이 앞서 살펴본 3b기 대부완과 이질적이다. 다른 지역에서 유입되었을 가능성이 있다.

〈도 2.2-36〉의 3b-5의 장경호는 대부장경호 C2 계보이지만 경부의 길이가 극대화된 것이다. 금관총에서 출토된 대형의 원저장경호(도 2.2-36의 3b-6)는 경부가 길어지고 상부가 좀 더 외반한 점이 앞의 2a기 황남대총 남분의 원저장경호, 3b기의 황오동 100-14호묘의 대부장경호에서 변화된 것을 알 수 있고, 인왕동 729/3-적1호묘에서 출토된 대부장경호(도 36-3b의 7)도 규모는 작지만 그와 같은 유형의 것이라 판단된다.

유개합과 발형토기가 이 단계부터 출현하였다.

한편 이 단계의 금관총에서는 장군형토기가 출토되었는데(도 2.2-36의 3b-3), 다음의 4a기에 출토되는 장군형토기(도 2.2-37의 5, 6)에 비해 규모가 월등히 크고 좌우 측면이 둥근 점이 특징이며,[10] 구연부 아래에 여러 개의 갈고리가 부착되었다.

....

10   이와 같은 금관총의 장군형토기는 신라고분에서 유례가 없는 것인데, 형태와 크기가 그와 유사한 장군형토기가 서울 석촌동 5호분 남쪽에서 출토되었다(서울대학교박물관 2014: 44). 금관총의 장군형토기가 그와 관련이 있을지도 모르겠다.

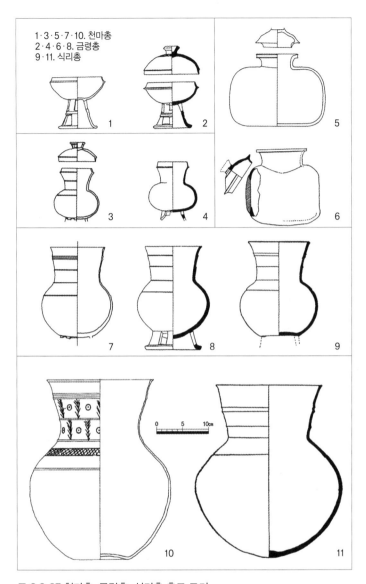

도 2.2-37 천마총·금령총·식리총 출토 토기

③ 4기

　　고배류에서 대각 하부에 돌대를 배치하고 그 위에 소형의 장방형 투창을 1단으로 뚫은 대각하부돌대 유개식고배가 출현한 시기이다. 1단각 파수부 무개식고배(소 B)와 1단각 하부돌대 무개식고배가 소멸하였다. 원저중경호 C도 3b기로 소멸하여 출토되지 않는다. 표형병이 출현하였다.

● 4a기

월성로 가-1호묘, 인왕동(문)-1호묘(적목), 천마총, 금령총과 식리총 출토 토기가 이 단계에 속한다. 월성북고분군에서 출토된 이 단계의 대각하부돌대 유개식고배를 찾을 수 없지만, 사라리 90호묘와 525-10호묘에서 대각 하부에 3줄의 돌대를 배치한 고배가 출토되었다.

고배류의 전체적인 소형화가 진행되는 가운데 2단각 유개식고배 중·소1·소2의 규모가 급격히 축소되었다. 1단각 무개식고배는 대각의 길이가 반으로 줄었고, 3이부유대완은 동체의 외반각이 줄어 직립화되어 간다.

장경호 C2와 C2①의 경부 상단이 급격히 외반되고, 3b기까지 경부 상단과 구연부 사이가 경사면이던 부가구연장경호는 경부 상단과 구연부 사이가 평탄면을 이룬다. 〈도 2.2-36〉의 4a-5의 월성로 가-15호묘 출토 부가구연장경호는 경부가 가볍게 내경하여 올라간 것, 경부 상단과 구연부 사이가 경사면인 것이 고식 속성이지만, 경부 상단과 구연부 사이의 넓은 경사면은 시기성을 반영한다. 앞의 2a기 황남대총 남분의 원저장경호 계보로 경부의 상부가 외반하는 편구형 동체의 장경호가 이 단계까지 출토된다(도 2.2-36의 4a-6).

월성로 가-1호묘에는 편구형으로 납작한 동체에 구경부가 짧게 외반한 평저단경호가 출토되었는데(도 2.2-36의 4a-1), 신라고분에서 유례가 없다. 식리총에서 출토된 긴 주구가 붙은 소형의 대부직구호(도 2.2-36의 4a-2)는 2a기의 황남대총 남분에서 출토된 것과 같은 기종이지만 변화된 동체와 대각의 형태가 그 시차를 말해준다.

한편 천마총, 금령총과 식리총에서는 앞서 살펴본 것들 외에도 형식이 같은 토기들이 출토되었다(도 2.2-37). 천마총과 금령총에서 출토된 2단각 유개식고배와 소형 장경호는 세부 속성은 물론 규모까지 똑같으며, 장군형토기도 동체부 길이와 구경부 직경은 다르지만, 측면이 직선적인 점과 함께 뚜껑의 형태가 같다. 같은 형식의 장경호가 세 고분에서 모두, 또는 천마총과 식리총 두 고분에서 출토되기도 하였다. 이로 보아 세 고분은 같은 단계로 편년되는 것을 알 수 있다.

● 4b기

월성로 가-18호묘와 나-6호묘, 황남동 106/3-6호묘 출토 토기를 표지로 한다. 돌대가 2줄로 줄어든 대각하부돌대 유개식 고배가 일반적으로 출토된다.

고배류 전체가 왜소해졌고, 꼭지의 상부 외연이 밖으로 말려 내려와 감싼 말린형 꼭지가 붙은 뚜껑이 덮이기 시작한다. 3이부유대완의 동체는 기벽이 직립한 것으로 변화되어 신라후기양식토기로 이어진다. 장경호 B2①·C2·C2①의 경부 외반이 더욱 심해지고, 부가구연장경호의 구연부는 이 단계까지 직립하였다. 월성로 다-5호묘의 부가구연장경호(도 2.2-36의 4b-1)는 경부가 심하게 외반한 것이 특징이지만, 구연부는 직립하여 다른 유구의 이 단계 부가구연장경호와 같다

대부중경호가 더 이상 출토되지 않고, 원저중경호는 B와 C가 소멸되어 소형화한 A만 출토된다. 4b기 율동 1108-10호묘에서 출토된 유개합은 대족이 길어져 방형 투창을 뚫었고, 뚜껑 꼭지 밑에는 삼각문을 새겼는데(도 2.2-36의 4b-5), 신라후기양식토기 유개합 가운데 투창 뚫린 환형 대족이 붙고 기면에 삼각문을 시문한 이른 시기 대형 유개합은 이와 연결되는 것으로 판단된다. 신라전기양식토기 유개합의 형식 변화가 단선적이지 않았던 것을 알 수 있다.

4) 신라전기양식토기 분기의 적합성 검토

형식분류를 통한 신라토기의 편년은 우리 학계의 끊임없는 연구를 통해 많은 진전을 이루어 왔다. 특히 경주지역의 신라전기양식토기 편년은 월성로고분 발굴보고서(국립경주박물관 1990)가 나온 이후 이를 활용한 연구(이성주 1993; 이희준 1997)를 거치면서 더욱 정교해졌다. 앞으로도 미세한 부분에 대한 논의는 계속되겠지만, 이제 경주지역 신라전기양식토기의 상대편년에 대한 연구자들 사이의 큰 견해 차이는 해소되었다고 할 수 있다. 그러나 이러한 대세적인 연구의 흐름과는 동떨어진 독특한 주장을 아직도 굽히지 않거나 새로 제기하는 연구자들도 있는데, 특히 필자의 신라전기양식토기 상대편년 1B기~2기에 심하다.

고고학자료의 상대편년에서는 대개 분기를 나누어 고고학자료를 시간적 선후로

배열하게 되는데, 분기는 연구 주제나 목적에 따라 크게 나눌 수도 있고 좀 더 세분할 수도 있다. 그 과정에 어느 정도 연구자의 주관이 개입되는 것은 불가피할 수도 있다고 본다. 그러나 그렇다고 해서 유물의 상대순서나 형식조열에 오류가 있어서는 안 되며, 만일 연구자에 따라 동일한 고고학자료의 상대순서가 바뀌거나 형식조열이 다르다면, 이는 어느 쪽인가에 오류가 있는 것이다. 더욱이 어떤 특정한 목적을 가지고 특정 고고학자료의 상대위치를 작위적으로 배열하였다면, 그것은 자료의 왜곡에 불과하다. 그러한 상대편년 결과에 내려진 절대연대의 설정은 사상의 누각일 수밖에 없다.

신라고분과 신라토기의 편년은 표리관계여서, 필자는 과거에 경주지역 신라 전기 고분의 편년에 중점을 둔 연구에서는 신라전기양식토기를 모두 6기로 나누기도 하였지만(최병현 1981; 1992a), 신라토기만을 전론한 연구에서부터는 경주지역의 신라전기양식토기를 모두 4기로 분기하였다(최병현 1992b). 당시는 물론 경주지역에서 4단각고배의 존재가 밝혀지기 이전이었으므로, 1기는 황남동 109호분-3·4곽 출토 고배로 상징되는 3단각고배의 존재기로, 이 1기를 신라전기양식토기의 성립기라고 보았다. 2기부터는 신라전기양식토기 고배가 2단각으로 정형화된 시기로, 새로운 기종들의 출현과 각 기종 토기의 형식 변화를 통해 3분기 할 수 있다고 판단하였다. 즉 신라전기양식토기의 획기적인 변화 과정은 크게 4기로 나누어진다고 본 것이다.

필자의 신라전기양식토기 4기 구분은 근래의 연구로 이어졌다(최병현 2013; 2014a). 그러나 1기의 내용에는 큰 변화가 있었다. 경주지역에서 3단각고배 이전 4단각고배의 존재가 새로 밝혀진 것이다. 이에 필자는 신라전기양식토기가 성립하여 정형화되기 이전인 1기를 크게 4단각고배 단계의 1A기와 3단각고배 단계의 1B기로 나누었다. 1A기는 경주지역에서 신라전기양식토기의 출현기로 통형고배와 4단 나팔각고배가 공존한 시기, 1B기는 경주지역에서 통형고배가 사실상 소멸되고, 4단에서 3단으로 바뀐 나팔각고배가 존재한 시기로 하였다(최병현 2013).

2~3기의 구분도 근거를 좀 더 명확히 하여 분기의 기준은 새로운 기종의 출현으로 하였다. 이와 같이 분기의 기준을 명확히 하고, 한 분기 내에서는 각 기종 토기의 구조적 속성 변화에 중점을 두고 형식을 분류하여 세분하고, 폐기동시성을 가진 수혈식고분에서 공반 관계가 분명한 토기들의 형식을 세분된 분기에 배치하였다(최병현 2014a). 신라전기양식토기의 상대편년에서 가능한 한 자의적 판단을 줄이고 객관성을 확보하고

	통형각C 나팔각B	나팔각C (2단각 대)	2단각 (중)	2단각 (소)	B1	B2	B3 B2①	C1 부가구연	C2
1Aa			1·2. 황성동 590(북)-57 3. 봉길리사토장 가- 석곽묘 4. 황성동 590(북)-95 5·7. 황성동 590(북)-57 6. 구어리 3						
1Ab			1Ab 1·4·5. 월성로 가-6 2. 쪽샘 C-10 3. 월성로 가-5 6. 황성동 590(신)-104 7. 중산리 IB-1					
1Ba			1Ba 1. 황남동 109-3·4 2·6. 중산리 IA-51 3·4. 사리리 13 5·7. 인왕동(2002) 10				1Bb 1. 황성동 590(북)-15 2. 황성동 590(북)-45 3·4·8. 사리리 113 5·6. 월성로 가-13 7·9. 미추 5구 1		
1Bb									
1Bc							1·3·5. 황남동 110 2·6·8. 미추 5구 6 4. 사리리 64 7. 사리리 7		
2a		1~7. 황남대총 남분							
2b			1·3·6. 월성로 나-9 2. 월성로 가-11-1 4. 쪽샘 C-5 5. 월성로 다-8			7. 월성로 나-13 8. 황남대총 북분			
3a			1. 황성동 885/7-5 2~4. 월성로 나-12 5. 황성동 강변로 35 6·9. 월성로 나-12 7. 인왕동(문) 6B 8. 인왕동(문) 6A						
3b			1·3·7. 월성로 가-4 2·8. 쪽샘 B1 4. 계림로 50 5. 인왕동(박) 2			6. 인왕동(문) 적2	9. 쪽샘 A9		
4a			1~3·8. 월성로 가-1 4·5. 인왕동(박) 적10 6·7. 천마총						
4b	1·7. 황남동 106/3-6 2·3. 월성로 가-18 4. 월성로 가-9 5. 황남동 106/3-2 6. 월성로 나-6								

도 2.2-38 경주지역의 신라전기양식토기 편년

자 한 것이다. 〈도 2.2-38〉은 앞서 살펴본 신라전기양식토기의 기종 중 고배와 장경호로 좁혀 작성한 신라전기양식토기 종합편년표이다.

이상에서 살펴본 신라전기양식토기의 분기와 상대편년은 전고(최병현 2013; 2014a)의 그러한 기준을 그대로 따른 것이다. 다만, 그 사이 발굴 결과가 보고되어 늘어난 자료를 반영하여 분기마다 출현한 신기종을 더 추가하고, 또 각 기종 토기 편년표의 해당 형식에 좀 더 적합한 것이 있으면 이를 교체하였을 뿐이다. 그 과정에서 분기가 달라지거나 형식의 순서가 바뀐 예는 없다.

그 중 1A기는 통형고배와 4단 나팔각고배의 형식변화, 그리고 몇몇 신출 기종과 그 변화에 따라 1Aa기와 1Ab기로 세분되었다. 월성로 가-5호묘와 6호묘 출토 토기는 그 중 1Ab기에 속하는데, 과거부터 학계의 일각에서는 이 고분들의 토기까지를 고식도질토기에 포함하여 왔으므로 지금도 이를 그대로 따르는 연구자들이 있지만(정주희 2019; 2020a), 필자의 1A기 상대 편년 자체를 부정하거나 수정한 다른 편년안이 제시되지는 않은 것으로 보인다.

다음 3단각고배 단계인 1B기는 3소기로 세분하였다. 각 소기에 속한 토기가 출토된 대표적인 고분은 1Ba기: 황남동 109호분-3·4곽, 중산리 IA-51호묘, 사라리 13호묘, 1Bb기: 월성로 가-13호묘, 미추왕릉지구 5구역 1호묘, 황성동 590(경북)-15호묘, 사라리 113호묘, 1Bc기: 황남동 110호분, 미추왕릉지구 5구역 6호묘, 월성로 나-13호묘, 중산리 VIII-86호묘이다. 신라전기양식토기의 상대편년에서 과거의 1기, 4단각고배 단계의 1A기가 설정된 이후는 3단각고배 단계인 1B기가 3소기로 나누어진다는 것은 필자의 과거부터의 지론이며(최병현 1992a), 예전의 연구에서도 고분의 소속 소기에는 약간씩 변동이 있었지만 주요고분의 상대순서에는 변함이 없었다(최병현 2000a).

그런데 이희준은 그의 신라고분 편년에서 필자의 1B기에 해당하는 토기들을 2소기로 나누고 Ia기: 월성로 가-13호, 황남동 109호-3·4곽, Ib기: 미추왕릉지구 5구역 1·6호, 황남동 110호, 월성로 나-13호를 소속시켰다(이희준 1997). 필자 안과 이희준의 안에서 소기를 셋으로 나누느냐, 둘로 나누느냐에 따라 소속 고분의 차이가 생기는 것은 어쩔 수 없는 부분이고, 고분의 상대순서에서도 큰 차이는 없다. 하지만 필자가 1Ba기의 황남동 109호분-3·4곽보다 뒤인 1Bb기로 편년한 월성로 가-13호묘를 이희준의 안에서는 황남동 109호분-3·4곽보다 오히려 앞으로 놓은 것이 문제이다. 그러나 앞서도 지적하였듯이 월성로 가-13호묘의 출토 토기는, 이질적인 배신에 붙은 교차투창 대각이 3단각이지만 하단이 좁아진 고배로 보나, 경부가 직선적으로 벌어진 장경호의 형식으로 보나, 황남동 109호분-3·4곽보다 늦은 것이 분명하다.

김용성은 이와는 또 다른 견해를 제시하였다. 그는 이희준의 황남대총 남분-내물왕릉설(이희준 1995)을 따르면 낙동강 동안양식토기의 발현, 즉 황남동 109호분-3·4곽 토기에서 황남대총 남분 토기까지가 50년, 황남대총 남분 토기에서 단각고배를 위시한 '후기신라토기'의 출발까지가 100년이 되는데, 이는 "임당유적으로 볼 때 상식에 어긋난다"고 전제하고(김용성 1996: 119), 경산지역의 토기편년에 맞추어 경주지역의 고배를 편년하면서 그의 (III단계) 2a기: 월성로 가-13호묘와 2c기: 황남동 110호분 사이에 월성 해자조사에서 나온 2단각고배를 넣어 2b기를 설정하였다(김용성 2000; 2003).

여기서 문제는 세 가지로 정리된다. 첫째는 그가 전제로 삼은 그의 임당유적 토기편년에 문제가 없는가, 둘째는 황남대총 남분을 기준으로 이전 50년, 이후 100년이라는 신라토기의 기간이 과연 그의 말대로 상식에 어긋나는 것인가, 셋째는 월성 해자조사에서 나온 2단각고배가 과연 월성로 가-13호묘와 황남동 110호분 사이의 형식인가 하는 점이다. 그 중 첫 번째와 관련하여, 김용성을 비롯한 그동안의 임당유적 토기 편년에는 많은 문제가 있음을 지적한 바 있지만(최병현 2014c), 이 문제는 여기서 간단히 다룰 수 있는 것이 아니어서 뒤로 미루고, 여기서는 두 번째 문제부터 언급하겠다.

유물의 형식분류는 속성의 결집상태에 따라 형식을 추출하여 유물을 군으로 나누는 과정이지만 유물군을 어느 정도로 세분하느냐는 유물의 성격에 따라, 또는 연구자나 연구 목적에 따라 다를 수 있어 일률적이지 않을 수는 있다. 그러나 토기의 형식변화 속도는 먼저 기종 사이에도 차이가 있다. 신라전기양식토기 성립기인 1기는 다단각고배의 형식변화가 빨라 이를 기준으로 분기하고 소기를 나누었지만, 그에 비해 장경호는 형식변화가 느렸던 점은 이미 언급한 바 있다(최병현 2013). 신라후기양식토기에서는 반대로 고배의 변화는 대단히 느렸지만, 이에 비해 유개합과 편구형병의 형식변화는 빨라 이를 주기종으로 하여 분기하고 소기를 나누었다(최병현 2011). 각 시기양식마다 주기종과 그 외 기종의 형식 변화 속도에는 차이가 있는 것이다.

또 토기는 양식이 전환되어 정형화되기까지의 전환 초기와 정형화 이후의 형식 변화 속도가 달랐다. 신라전기양식토기 고배가 2단각고배로 정형화되기 이전이 5소기, 정형화된 이후가 6소기로 나누어지지만, 뒤에서 보듯이, 연대상으로는 정형화 이전이 이후보다 훨씬 짧게 편년되는 것, 신라후기양식토기에서 단각고배와 부가구연장경호가 다수를 점하고 인화문도 아직 단위문양이 개별 시문되는 시기가 7소기, 그 이후 유개합과 편구형병 등 주기종이 다수를 점하고 종장연속문이 문양대를 구성하는 등 인화문이 본격적으로 발전하는 시기가 6소기로 나누어지지만 연대상으로는 전반부 7소기가 후반부 6소기보다 더 짧게 편년되는 것은 그 때문이다.

이 점은 뒤에서 살펴볼 일본 고분시대의 初期須惠器에서도 확인된다. 일본 고분시대의 初期須惠器는 일반적으로 TG232형식 다음에 TK73형식을 설정하고 있지만, 일본 학계에서는 大庭寺 TG232호 요지와 TG231호 요지 토기를 각각의 형식으로 나누기도 하고, ON231호 요지 토기를 TG232형식과 TK73형식의 사이에 넣어 TK73형식 고단계로 구분하는 의견도 있다(최병현 2000a). 과거에 박천수도 大庭寺 요지 토기를 3단계로 구분한 바 있다(박천수 1993). 그런데 京都 宇治市街유적 SD302에서는 TG232형식의 연륜연대가 389년, 奈良 佐紀유적 SD6030에서는 TK73형식의 연륜연대가 412년으로 나온 것이다. 즉, 初期須惠器는 형식으로 설정되었건 아니건 불과 20여 넌에 4~5단계가 구분될 수 있을 정도의 빠른 변화가 있었다는 것이 된다.

필자는 그동안의 신라토기 연구에서 가능한 한 자의적 판단을 피하고자 기종의 출몰을 기준으로 분기를 나누고, 분기 안에서는 어느 한 기종의 형식 변화가 아니라 복수의 기종, 가능한 한 다수의 기종에서 변화가 인지될 때 소기를 나누었지만, 이와 같이 토기 형식의 변화 속도는 양식의 전환 초기와 정형화 이후가 달랐던 것으로 형식 간의 시간적 간격이 반드시 등간격은 아니라는 것을 알 수 있다. 그러므로 고고학자료의 편년은 어느 특정 지역, 특정 유적의 편년 결과가 상식이 될 수도 없고, 그런 '상식'에 맞추어 판단할 문제는 더욱 아니다.

다음은 세 번째로, 그가 경주지역 신라토기 상대편년에서 III단계-2b기 토기로 지목한 월성 해자조사의 2단각고배(도 2.2-39의 1)의 문제이다.[11] 그의 신라토기 III단계-2

---

11   김용성이 지목한 고배가 출토된 곳은 월성의 서편 성벽 기저부 가까운 곳에서 노출된 흑색재층으로(문화재연구소 경주고적발굴조사단 1990: 251~254), 엄밀히 말하면 해자 내부에서 출토된 것이 아니다. 하지만 〈도 2.2-39의 2〉와 함께 이 고배들은 월성 해자조사 때 해자 주변에서 출토된 것들이어서 월성 해자조사 고배로 통칭하겠다.

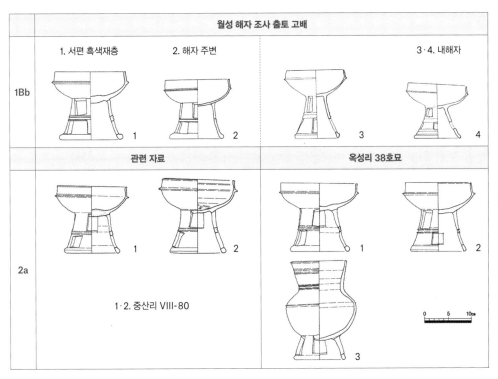

도 2.2-39 **월성해자와 포항 옥성리 38호분 출토토기**

기는 곧 필자의 경주지역 신라전기양식토기 1B기이므로, 그가 Ⅲ단계-2기를 3소기
로 나눈 것은 필자의 1B기-3소기 구분과 같다. 그런데 그는 월성로 가-13호묘를 2a
기, 황남동 110호분을 2c기로 하고 월성 해자조사의 2단각고배를 그 중간의 2b기에 배
치한 것이다(김용성 2000; 2003). 월성로 가-13호묘를 Ⅲ단계-2기의 가장 앞인 2a기에
둔 것은 이희준의 안을 따른 것이겠지만, 월성 해자조사 2단각고배를 황남동 110분의
앞으로 둔 것은 외형적으로 필자의 1Bb기에 둔 것과 같아, 그의 Ⅲ단계-2기를 필자의
1B(a~c)기와 같이 3소기로 편년한 것과 같아 보인다.

　　그런데 월성 해자조사의 2단각고배는 배신도 크고 깊은 편이지만, 짧은 대각의 상
하 직경이 모두 넓고 하단 투창이 좌우로 넓은 장방형인 것은 물론 상단 투창도 좌우가
넓은 편이어서 투창의 형태가 방형에 가까운 것이 특징이다. 이 고배는 배신의 형태도
주류 고배와 차이가 있지만, 특히 대각의 형태에서 주류 고배와 큰 차이가 있다. 이러한
고배들은 경주지역에서도 월성북고분군에서는 출토 사례를 찾기 어렵고, 황성동고분군

과 외곽 지구의 중산리고분군 등에서 소수 출토되었다. 이에 앞서는 이 계열의 고배들을 2단각고배(소수 A)로 따로 분류하여 그 형식의 변화 과정을 살펴보았는데, 월성 해자 조사의 2단각고배는 그 중 소수 A2 계열의 1Bb기 형식으로 편년되었다.

필자는 과거에 이 고배를 포항 옥성리 38호묘(도 2.2-39)와 같은 단계로 보아 2b기로 편년한 바 있는데(최병현 2014a: 192~193), 경주지역 출토 이 계열의 소수 고배 자료들을 모아 따로 분류해 본 바 월성 해자 고배는 1Bb기로 편년되었고, 옥성리 38호묘 출토 고배는 중산리 Ⅷ-80호묘의 2a기 형식에 더 가까운 것을 알 수 있었다. 그러나 옥성리 38호묘에서 고배와 공반된 높은 1단 대각의 대부장경호는 2a기 이전으로 올라가기는 어려워, 이 계열의 고배가 주변 지역에서는 좀 더 늦게까지 존재하였던 것인지도 모르겠다.

하여튼 김용성이 일찍이 월성 해자조사 고배를 그의 Ⅲ단계-2b기에 둔 것은 그의 혜안이었지만, 월성로 가-13호묘 고배를 Ⅲ단계-2a기로 밀어올리고 황남동 110호분의 Ⅲ-2c기 사이에 이를 둔 것은 동의하기 어렵다. 앞서 보았듯이 월성로 가-13호묘 출토 토기는 3단각고배뿐만 아니라 장경호의 형식도 황남동 109호분-3·4곽 토기를 비롯한 1Ba기 토기보다 1단계 늦고, 황남동 110호분의 1Bc기보다는 앞이어서 1Bb기로 상대편년된다.

그러므로 월성 해자조사 고배를 월성로 가-13호묘와 황남동 110호분 토기 사이에 두게 되면, 필자의 1B기, 그의 Ⅲ단계-2기는 소기가 하나 더 늘어나게 된다. 그러나 여기에 소기를 더 늘리는 것은 불필요하고 가능하지도 않다는 것이 필자의 판단이다. 필자의 1B기, 그의 Ⅲ단계-2기를 3소기로 구분하면 그 중 가장 앞은 황남동 109호분-3·4곽 출토 토기가 대표적이고, 그 다음이 월성로 가-13호묘 출토 토기와 월성해자의 소수계열 고배, 그 뒤가 황남동 110호분이 되어야 한다.

한편, 김용성은 또 과거의 월성 해자조사에서 출토된 토기들 가운데 가장 고식으로 지목된 고배들(김낙중 1998)(도 2-39의 3, 4)이 황남대총 남분 출토 고배와 극히 유사하여 그 사이에 큰 시차를 둘 수는 없다고 주장한 바 있다(김용성 2003; 2009: 68). 월성과 해자 출토 토기들의 연대에 대해서는 뒤에서 따로 살펴보겠지만, 그러나 그 고배들은 2a기인 황남대총 남분이 아니라 그보다 2단계 뒤인 3a기의 월성로 나-12호묘 출토 고배들과 같은 형식이어서 황남대총 남분의 연대가 그보다 오히려 소급됨을 증명한다는 것은 이미 전고에서 밝힌 바 있으므로(최병현 2014c), 여기서는 재론하지 않겠다.

다음으로 박천수가 그의 애초 연구와는 달리 경주의 신라고분에 대해서만큼은 단계를 늘려오고 있는 것이다(최병현 2013: 36). 이 문제도 뒤에서 다시 언급될 것이므로 여기서는 그가 최종적으로 늘려놓은 경주고분의 상대 순서에 대해서만 언급해 두겠다. 그는 그의 '加耶 新羅古墳 編年表(朴天秀案)'에서 VIII기: 월성로 가-13호, 황남동 109호-3·4곽, IX기: 월성로 나-13호, X기: 황남동 110호, XI기: 황남대총 남분 순으로 상대편년하고 있다(박천수 2010: 136).

월성로 가-13호묘와 황남동 109호분-3·4곽을 이 순서로 같은 분기에 소속시키고 있는 것은 앞의 이희준의 견해와 같지만, 그의 상대편년에서 특이한 점은 월성로 나-13호묘를 황남동 110호분보다 한 분기 앞으로 설정하고 있는 것이다. 그가 경주고분을 이와 같이 편년하고 있는 것 역시 그의 임당고분 편년 때문으로, 월성로 나-13호묘에서 출토된 대부중경호가 임당 7B호분에서 출토된 것과 같은 형식이므로, 두 고분이 함께 그의 가야 신라고분 IX기에 속한다는 것이다(박천수 2010: 122).

그러나 대부중경호를 비롯한 월성로 나-13호묘 출토 토기는 2b기 형식으로 1Bc기인 황남동 110호분 출토 토기보다 앞으로 편년될 수 없는 형식들이다. 이는 앞의 〈도 2.2-9〉에서 보는 바와 같다. 문제는 그의 임당고분 편년으로 그 자체에 큰 오류가 있어, 그가 기준으로 삼은 임당 7B호분의 상대순서가 잘못 설정되어 있다는 데에 있다(최병현 2014c). 임당 7B호분 출토 대부중경호와 고배도 뒤에서 보듯이 필자의 경주지역 신라전기양식토기 2b기 병행기의 토기들이다.

다음은 김두철이 경주, 부산, 포항, 울산, 경산, 합천 옥전 출토 3단각고배 및 그와 공반된 2단각고배들로 대단히 복잡한 고배 계보(편년)도를 만든 것이다(김두철 2011). 신라토기의 지역양식은 하나의 모델에서 시작된 기종이라도 지역양식마다 형식의 변화 속도에 차이가 있고, 이에 따라 토기의 속성에도 차별성을 갖게 된다. 그러므로 각 지역양식은 따로따로 형식분류되어야 하며, 교류 토기나 영향 관계, 또는 다른 유물을 통해 병행기를 찾아 지역 간의 상대편년이 이루어져야 한다. 지역양식 간의 상대편년에도 일종의 교차편년이 필요한 것이다. 그렇지 않고 신라전기양식토기 지역양식들을 한데 섞어 형식분류하여 계보도를 만들거나 편년표를 작성하는 것은 徒勞일 뿐이다(최병현 2014a).

여기서 그가 여러 지역에서 출토된 3단각고배들을 섞어 모두 6단으로 나눈 편년표에는 필자가 3소기로 나눈 경주지역 출토 3단각고배들이 1단부터 6단까지 분산 배치되어 있는 것을 지적해두지 않을 수 없다. 그가 경주지역의 3단각고배들을 그의 3단각고배 6단 속에 나누어넣기 위해 얼마나 고심하였을지 짐작은 되지만, 경주에서와 달리 지방의 지역양식에서는 3단각고배가 장기지속한 현상을 파악하지 못하고, 이들을 두루 섞어 그와 같이 하는 작업이 과연 자신이 미리 염두에 둔 연대나 시간폭에 맞추기 위한 의도 외에 무슨 의미를 가질지 돌아볼 일이다.

또 특이하게도 그가 그 계보도에서 황남동 110호분 출토 3단각고배를 황남대총 남분 출토 2단각고배보다 아랫 단에 배열하고 있는 점도 지적해 두겠다. 이는 지금까지 학계에서 일치된 견해인 황남동 110호분과 황남대총 남분의 선후관계까지도 뒤집은 것이다. 그러나 앞서 이미 다 살펴보았듯이, 두 고분에서 형식의 차이가 거의 없는 2단각고배가 출토되어 두 고분 사이의 시차가 그다지 크지는 않았다고 할지라도 그 선후관계만큼은 분명하다. 그럼에도 불구하고 학계에서 이미 일치된 부분까지도 뒤집는 의도는 분명하다. 뒤에서 언급하겠지만, 일본 고분시대 初期須惠器의 연륜연대에 의해 '고구려군 남정 영향설'에 따른 자신들의 신라·가야고분 편년의 문제점이 극명하게 드러나자 이를 어떻게든 부정하고 자신들의 연대관을 고수하려는 데서 나오는 무리수일 뿐이다.

이상에서 신라전기양식토기 1Aa기부터 2b기까지의 분기와 각 분기 소속 토기(고분)의 이설에 대해 살펴보았다. 뒤에서 보듯이 이 부분은 신라전기양식토기 각 분기의 절대연대 비정과도 관련한 것이므로 필자의 견해를 좀 더 분명히 해두기 위해 이설들을 좀 구체적으로 분석해 보았다.

이 외에도 신라전기양식토기의 상대편년에 대해서는 여러 이견들이 있다. 그러나 여기서 이를 일일이 살펴볼 필요는 없겠지만, 신라고배가 2단각고배로 정형화된 2기 이후의 3기 구분에 대해서는 간단히 언급해 두겠다. 앞서 밝힌 바와 같이 필자는 신라전기양식토기 상대편년에서 2기 이후는 월성북고분군의 월성로고분 출토 토기를 중심 자료로 하여 3기-6소기로 구분하였다. 분기는 새로운 기종 출현, 소기는 분기 내에서 기종들의 형식 변화를 근거로 하였다.

월성로고분 자료를 활용하여 처음 경주지역의 신라토기를 종합 편년한 이성주의 연구에서도 필자의 2기 이후에 해당되는 신라전기양식토기를 Ⅲ~Ⅴ기로 3기 구분하고, 이를 다시 각각 1, 2소기로 나누어 모두 3기-6소기로 상대편년하였다(이성주 1993). 그러나 그의 Ⅴ-2기는 필자의 신라후기양식토기 1a기에 해당되므로, 필자의 신라전기양식토기에 해당되는 부분은 3기-5소기로 나눈 셈이다.

그 뒤 이희준도 필자의 신라전기양식토기 2기 이후에 해당되는 부분을 Ⅱ~Ⅳ기로 3기 구분하고, Ⅱ기와 Ⅲ기는 a, b소기로 세분하였으나 Ⅳ기는 세분하지 않았다(이희준 1997; 2007: 132~135). 이성주의 Ⅴ-2기를 제외하여 3기-5소기로 구분한 것이다.

앞서 살펴본 필자의 3기-6소기 구분은 구분 근거를 좀 더 명확히 하여, 이 연구들을 이은 것이기도 하다. 물론 각 분기의 소속 토기(고분)에는 차이가 있기도 한다. 그러나 신라전기양식토기의 정형화 이후 획기적인 변화 대해서는 인식을 같이하였다는 것을 지적해둔다.

2. 절대연대

우리 학계에서 고분을 비롯한 이른 시기 신라·가야 고고학자료의 연대는 일본열도나 중국 동북지방 출토 고고학자료와 교차편년하여 비정하고 있다. 필자도 앞서 일본 고분시대 土師器의 편년에 의한 경주 월성로 가-31호묘 출토 왜계토기의 연대관을 수용하여 신라조기양식토기의 연대를 비정하고, 신라와 가야의 조기고분에서 출토된 마구들을 중국의 마구들과 함께 검토하여 그 연대를 검증하였다. 그 결과 신라조기양식토기 2a기인 월성로 가-31호묘에서 출토된 왜계토기는 3세기 말~4세기 초로 비정되므로(井上主稅 2006), 신라조기양식토기 마지막 단계인 2b기는 4세기 전엽으로 편년되었다.

일본 고분시대의 土師器系 토기는 한반도 남해안지방을 중심으로 신라 전기와 가야시기의 유적에서도 다수 출토되고 있고, 경주지역에서도 그 출토례(도 2.2-17의 1Aa-7)가 있다. 하지만 이 시기의 한반도 출토 土師器系 토기는 일본열도에서 이입된 것이 아니라 대부분 재지화가 진행된 것이어서 실제 편년에는 별로 도움이 되지 않는다고 한다(井上主稅 2006; 최병현 2012).

이에 비해 일본 고분시대의 初期須惠器는, 연륜연대에 의한 절대연대가 제시되어 있고, 또 初期須惠器와 직결되는 한반도의 자료들도 특정되어 성립기를 비롯한 이른 시기 신라전기양식토기와 가야양식토기의 연대를 비정할 수 있는 근거가 된다. 마구를 비롯하여 고구려 고분 출토 유물을 포함한 중국 동북지방의 고고학 자료들도 신라·가야 고고학 자료와 교차편년에 활용된다.

하지만 우리 학계의 신라 전기와 가야 시기의 고고학 자료 편년에서는 연구자에 따라 약 50년, 또는 그 이상의 차이가 있어 왔고, 현재도 그 차이는 좁혀지지 않고 있다. 이는 일본 고분시대 初期須惠器의 연륜연대가 알려지기 이전에 제창된 서기 415년의 北燕 '馮素弗墓 최고 등자설'(穴澤咊光·馬目順一 1973)과 이에 바탕한 서기 400년 광개토대왕의 '고구려군 남정 영향설'(최종규 1983; 신경철 1985; 1989), 그리고 그 결과로 나온 '황남대총 남분 눌지왕릉설'(藤井和夫 1979; 毛利光俊彦 1983; 김용성 2000; 2003)을 아직도 학계의 일각에서 고수하고 있기 때문이다. 그러한 연대관을 고수하는 연구자들은 일본 고분시대 初期須惠器의 연륜연대가 공표되자 이를 인정하기보다는 오히려 자신들의 연대관을 내세워 이를 부정하고 있다.

필자는 서기 415년 '馮素弗墓 최고 등자설'에 대해 줄곧 비판적인 입장을 견지해오고 있거니와, 최근에는 고대 중국과 신라·가야의 등자 발전 과정을 통해 '馮素弗墓 최고 등자설'이 허구였음을 다시 입증하였고(최병현 2014b: 2021a, b), 서기 400년의 '고구려군 남정 영향설'도 과장된 것이며, 이에 따라 '황남대총 남분 눌지왕릉설'도 이를 뒷받침할 만한 편년자료가 존재하지 않음을 분명히 한 바 있다(최병현 2019; 2021a).

이에 아래에서는 성립기를 비롯한 이른 시기 신라전기양식토기와 가야토기 연대 비정의 근거가 되는 일본 고분시대의 初期須惠器와 그 연륜연대에 대한 논의를 간략히 살펴, 이를 통해 이른 시기 신라전기양식토기의 절대연대를 확인해 보고자 한다. 앞서 말한 바와 같이 고구려 고분을 포함한 중국 동북지방 출토 마구들도 신라와 가야 고고학 자료의 연대를 비정할 수 있는 교차편년 자료이다. 하지만 마구와 같은 금속유물은 장기지속적인 유물의 성격상 이를 통해 연대의 개연성을 설명할 수는 있어도 연대 자체를 특정하기에는 한계가 있다. 이에 여기서는 먼저 일본 고분시대 初期須惠器에 의해 성립기를 비롯한 이른 시기 신라전기양식토기의 연대를 확인해 본 다음 마구 편년을 통해 이를 검증해 보는 순서로 하겠다.

한편 2014년 말부터 경주 월성의 장기 기획발굴이 실시되고 있는데, 그 일환으로 1-1호 해자의 발굴이 완료되었다. 이 1-1호 해자 발굴 자료에서는 신뢰도가 대단히 높은 방사성탄소연대가 나와 최근 공표되었다. 그 연대는 신라전기양식토기의 연대와도 직결된다. 이에 그 중요성을 감안하여 뒤에서 따로 독립적으로 살펴보도록 하겠다.

신라전기양식토기의 하한 연대는 신라후기양식토기의 성립기 연대에 의해 정해진다. 경주 황룡사지 출토 신라토기의 연대, 그리고 신라토기와 공반된 중국 도자기의 연대 등에 의해 뒷받침되는 신라후기양식토기 성립기의 연대는 안정적이다. 이에 신라전기양식토기의 중간 단계 각 분기에 대해서는 해당 분기의 관련 자료들을 간략히 살펴 그 연대를 비정하도록 하겠다.

1) 1Aa기~2a기의 연대

(1) 경주와 부산·김해지역 고분의 병행관계(도 2.2-40, 41)

지금까지 신라전기양식토기 성립기의 연대는 일본 고분시대의 初期須惠器, 중국 동북지방 및 백제의 마구자료 등과 교차편년을 통해 비정되었다. 그것도 학계에서는 경주지역 고분 출토 유물과 이들의 관계보다는 주로 낙동강 하류역 부산·김해지역 고분 출토 유물과 이들의 관계가 주로 논의되어 왔다. 따라서 경주지역의 신라전기양식토기 성립기 연대 비정을 위해서는 경주고분과 부산·김해지역 고분 사이의 병행관계 파악이 우선되어야 한다.

필자는 이 문제에 대해 이미 전고들에서 상론한 바 있다(최병현 1992; 1993; 2000). 그 중 후고(최병현 2000)에서는 그동안 학계에서 논의된 김해 예안리고분군의 상대편년, 그리고 필자도 초안(최병현 1992)과 수정안(최병현 1993)을 제시한 바 있는 동래 복천동고분군의 북쪽 구릉 대형분 축조순서에 대해 살펴보고 이를 다시 정리한 바 있다. 김해 예안리고분군의 상대편년은 안재호의 안(부산대학교박물관 1993)을 따랐으며, 동래 복천동고분군의 북쪽 구릉 대형분 축조순서는 필자의 안에 다른 연구자들의 견해(김용성 1996; 이희준 1997)를 받아들여 25·26호묘, 35·36호묘, 31·32호묘, 21·22호묘, 39호묘, 10·11호묘의 순으로 다시 정리한 다음 이들과 경주고분의 병행기를 살펴보았다.

김해 예안리고분군의 상대편년과 동래 복천동고분군의 북쪽 구릉 대형분 축조 순서에 대한 필자의 입장은 지금도 거기서 변함이 없다. 그러나 이들과 경주고분의 관계는 경주지역 신라조기양식토기와 신라전기양식토기 성립기의 새로운 상대편년에 따라 수정하거나 보완해야 할 부분이 도출되었다. 이에 경주지역 신라조기양식토기와 병행관계 부분은 전고(최병현 2012)에 이어 앞서 재차 정리하였다. 신라전기양식토기 성립기 부분도 전고들(최병현 2013; 2014)에서 논의하였지만, 여기서는 이를 종합하여 그 요점을 다시 정리해 두기로 하겠다.

경주지역의 신라전기양식토기 성립기와 김해지역의 가야양식토기 성립기의 병행관계를 살필 수 있는 자료는 많지 않다. 두 지역의 성립기 토기는 각각의 지역에서도 확보된 자료가 아직 미미하고, 또 각각 아직 다른 지역으로 크게 확산되어 나가지는 못하였기 때문이다. 그런데 부산지역의 고분에서는 일정한 시기까지 김해와 경주 양쪽과 관계가 있는 토기들이 부장되고 있어서 이와 연계하여 그 관계를 살펴볼 수 있다. 이에 대해서는 뒤에서도 더 언급될 것이므로 여기서는 중복 설명을 피하여 〈도 2.2-40〉과 〈도 2.2-41〉을 중심으로 간략히 살펴보기로 한다.

김해 대성동 2호묘에서는 대각에 상하 장방형 투창이 일렬로 뚫린 가야양식 유개식고배가 가야조기양식토기 이래의 단각의 외절구연고배와 함께 출토되었다. 대성동 2호묘의 유개식고배는 가야양식토기 고배 중 가장 이른 형식이다. 그런데 경주 인왕동고분 C군 5호묘와 김해 대성동 2호묘에서는 대각에 뚫린 소투공이 원형과 삼각형으로 다르지만, 거의 같은 형식의 통형고배가 출토되었다(도 2.2-40의 1Aa-1, 2). 또 대성동 2호묘에서는 환형파수가 달린 土師器系 甕이 공반되었는데, 파수는 달리지 않았지만 구연부 형태가 같은 것이 경주 사라리 19호묘에서 출토되었다(도 2.2-40의 1Aa-3, 4).

경주 인왕동고분 C군 5호묘와 사라리 19호묘 출토 토기는 신라전기양식토기 1Aa기에 속하므로, 이에 의해 대성동 2호묘 출토 토기는 그 병행기인 것을 알 수 있다. 대성동 2호묘에서는 또 B2형 통형기대가 공반되었는데, 복천동 48호묘 출토 통형기대가 그와 유사하다(앞의 도 2.2-18 참조).

대성동 2호묘보다 늦은 대성동 1호묘에서는 단각의 외절구연고배가 출토되지 않고 장각의 외절구연고배와 가야양식 일렬투창 유개식고배가 공반되었다. 이와 함께 경

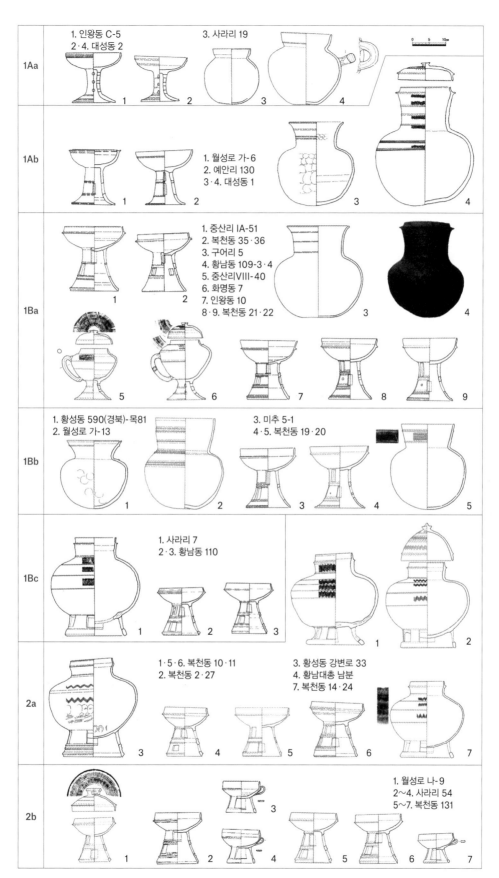

도 2.2-40 경주와 부산·김해지역 고분의 병행기 편년자료

부가 약하게 외반되고 뚜껑받이 턱과 내경한 구연부가 형성된 유개식장경호 2점, 이들보다 경부가 짧고 구연부가 내경한 유개식장경호 1점, 경부가 심하게 외반한 무개식장경호 등 가야양식 장경호가 출토되었다. 경부가 약하게 외반한 유개식장경호는 긴 경부를 6단으로 나눈 것과 3단으로 나눈 것인데, 〈도 2.2-40의 1Ab-3, 4〉에는 그 중 무개식장경호와 경부가 상대적으로 짧은 3단의 유개식장경호를 배치하였다. 이 장경호들은 경주지역의 신라전기양식토기 1Ba기의 구어리 5호묘 출토 무개식 장경호, 황남동 109호분-3·4곽 출토 유개식 장경호(도 2.2-40의 1Ba-3, 4)보다는 이른 형식이다. 그러므로 대성동 1호묘 출토 토기는 경주지역 1Ba기보다 한 단계 이른 신라전기양식토기 1Ab기의 병행기이다. 또 대성동 1호묘에서는 10점 이상의 발형기대가 출토되었는데, 수발부 기벽도 곡선적이고 대각도 모두 4단 이상으로 높고 아래로 내려오면서 곡선적으로 벌어졌다.

김해 예안리 130호묘도 대성동 1호묘에서와 같은 형식의 발형기대, 경부 상단이 수평으로 벌어지는 장경호의 출토로 보아 같은 시기로 편년되는데, 장방형 투창이 상하 일렬로 뚫린 3단대각의 무개식고배 3점이 공반되었다. 대각의 길이가 2점은 길고, 1점은 그보다 짧다. 경주 월성로 가-6호묘에서 출토된 3단각고배와 예안리 130호묘의 대각이 짧은 무개식고배는 배신의 형태가 다르지만, 대각의 형태는 거의 같아(도 2.2-40의 1Ab-1, 2), 상호 관련이 있을 것으로 판단된다.

동래 복천동고분군의 부장토기가 신라전기양식토기의 영향을 본격적으로 받기 시작하는 것은 1Ba기 병행기의 대형묘들부터이다. 그 이전은 아직 김해지역의 가야조기양식토기와 관련된 토기들이 주류를 이루고 있었다. 복천동 60호묘 주곽에서는 통형부 중간에 편구체가 있는 신라 조기형 통형기대 B2가 출토되었지만(앞의 도 2.2-18 참조), 공반토기는 단각의 외절구연고배와 파수부노형기대 등이 주류였다. 변형의 노형기대가 포함되어 있고, 통형기대의 편구체도 신라 조기 2b기 형식보다는 위로 올라가 있는 점 등으로 보아, 그 연대는 신라 전기 초로 내려올 것으로 판단된다. 복천동 48호묘에서는 신라 전기 1Aa기 병행기인 김해 대성동 2호묘의 통형기대와 거의 같은 형식의 신라 전기형 통형기대 B2가 출토되었지만(앞의 도 2.2-18 참조), 공반된 토기는 단각과 장각의 외절구연고배와 변형의 파수부노형기대 등이었다. 역시 신라 전기형 통형기대 B2가 출토된 복천동 70호묘에서도 장각의 외절구연고배, 변형 파수부노형기대와 대각에 일렬식 투창이 뚫린 가야양식 유개식고배가 공반되었다. 복천동 70호묘 출토 가야양식 유개식고배는 대각에 뚫린 화염형 투창이 특징적이지만, 뚜껑은 김해지역 1Aa기의 예안리 117호묘 출토 고배 뚜껑보다 늦은 형식으로 1Ab기로 편년된다(뒤의 도 2.2-58 참조).

복천동고분군의 북쪽 구릉 대형묘들은 이들보다 늦게 축조되었다. 이 대형묘들에서는 가야조기양식토기 외절구연고배나 통형고배에서 변형된 것으로 판단되는 각종의 외반구연 고배들과 함께 신라전기양식토기나 그 영향을 받은 토기들이 공반되었다. 앞서 밝힌 바와 같이 필자는 그 대형묘들의 축조 순서를 25·26호묘, 35·36호묘, 31·32호묘, 21·22호묘, 39호묘, 10·11호묘의 순으로 정리하고, 그 중 25·26호묘부터 21·22호묘까지를 신라전기양식토기 1Ba기의 병행기로 보았다(최병현 2000a; 2013). 이 점은 복천동 35·36호묘에서 신라전기양식토기 나팔각고배 C의 1Ba기 형식과 같이 대각을 균분한 3단각고배가 출토된 것, 중산동 Ⅷ-40호묘와 부산 화명동 7호묘에서 동일 형식의 유대파수부호가 출토된 것, 복천동 21·22호묘에서 신라전기양식토기 나팔각고배 B의 1Ba기 형식이 출토된 것에서 확인된다(도 2.2-40의 1Ba-1, 2, 5~9. 도 2.2-41의 1Ba).

그런데 그 중 25·26호묘에서는 발형기대가 출토되었지만, 신라전기양식토기 고배와 직접 관련 있는 고배류는 공반되지 않았다. 하지만 25·26호묘 출토 대부직구호는 대각의 형태가 다르지만 〈도 2.2-41〉의 1Ab기와 1Ba기 형식 사이에 들어가는 형식이고, 유대파수부호는 1Ba기 형식과 같다(뒤의 도 2.2-58의 1Ba 참조). 복천동 31·32호묘에서는 신라식의 유개식고배가 출토되지 않았지만, 외반구연고배의 대각 중에는 교차투창이 뚫린 4단각과 3단각이 있는데, 3단각 중에는 대각 하단이 좁아진 것들이 포함되어 있다(뒤의 도 2.2-59의 1Ba 참조).

한편 복천동 21·22호묘에서 출토된 신라전기양식토기 나팔각고배 B는 3단대각이 균분된 것과 대각 하단이 좁아진 것이 있고(도 2.2-40의 1Ba-8, 9), 이와 함께 2단각고배도 출토되었다. 이에 필자는 대각 하단이 좁아진 고배가 포함된 것에 유의하여 복천동 21·22호묘를 경주 황남동 109호분-3·4곽보다 늦은 미추왕릉지구 5구역 1호묘와 같은 단계로 본 바도 있다(최병현 2000a: 93). 즉 신라전기양식토기 1Ba기가 아니라 1Bb기로 본 것이다. 하지만 복천동 21·22호묘의 3단각고배 배신은 아직 황남동 109호분-3·4곽 고배에 가깝고, 앞서 보았듯이 경주지역에서도 신라전기양식토기 1Ba기부터 2단각고배가 공반되고 있음이 밝혀졌으므로, 이제 두 고분을 선후의 분기로 나눌 필요까지

대부직구호	유대파수부호	단경호
1Aa	1 / 2 / 4	1. 대성동 2 2. 예안리 133 3. 예안리 111 4·5. 예안리 117	3 / 5
1Ab	1	1. 화명동 2 / 3	2·3. 대성동 1 / 3
1Ba	1·2. 화명동 7 / 1	2	3. 복천동 31·32 / 3
1Bb	1. 복천동 19·20 / 1	2·3. 대성동 93 / 2	3
1Bc ~ 2a	1	2 / 4	3 / 5
	1. 복천동 39 2. 두곡 39 3. 복천동 2·27 4·5. 복천동 53		
2b	1	1. 대성동 73 2. 복천동 131	2

도 2.2-41 부산·김해지역 고분 출토 각종 호류

는 없다고 판단된다. 다만 복천동 21·22호묘가 앞의 25·26호묘는 물론 35·36호묘보다 늦어 경주지역의 신라전기양식토기 1Bb기에 좀 더 가까울 것이라는 생각에는 변함이 없다.

　이상과 같이 복천동고분군 북쪽 구릉 대형묘들의 출토 토기에는 선후관계가 있으므로 필자는 25·26호묘와 35·36호묘를 1Ba기 고단계, 31·32호묘와 21·22호묘를 1Ba기 신단계로 편년하고 있다(최병현 2013: 29~31). 그런데 이에 대해서는 약간의 이견이 있다. 이희준은 25·26호묘와 35·36호묘를 경주 월성로 5호묘·6호묘와, 31·32호묘와 21·22호묘를 경주 월성로 가-13호묘·황남동 109호분-3·4곽과 같은 단계로 편년하였다(이희준 1997; 2007: 159~160). 즉 25·26호묘와 35·36호묘를 신라전기양식토기 4단각 고배 단계인 1Ab기로 올려보고 있는 것이다. 하지만 복천동 35·36호묘와 21·22호묘에서 출토된 신라전기양식토기 고배는 모두 3단각이고, 25·26호묘와 31·32호묘를 포함한 네 고분에서 출토된 외절구연고배와 외반구연고배들의 형식 차이도 미미한 것으로 보아(뒤의 도 2.2-58, 59 참조), 이 고분들 중 일부가 신라전기양식토기 1Ab기까지 올라갈 것으로 생각되지는 않는다.

　이외에 복천동 35·36호묘와 31·32호묘의 선후를 바꾸어 보는 주장들이 있다(신경철 1986; 홍보식 2014). 복천동 31·32호묘에서 앞에 말한 4단각의 무개식고배, 대성동 1호묘 출토 유개식장경호와 같은 고식의 가야식 장경호가 공반되었기 때문일 것이다(뒤의 도 2.2-56의 1Ba-3 참조). 그러나 31·32호묘 출토 외반구연고배의 하단이 좁아진 3단대각이 35·36호묘의 외반구연고배에서 더 변형되었고, 배신부의 형태도 21·22호묘 고배와 더 가깝다는 필자의 판단(최병현 2000: 108)에는 변함이 없다(뒤의 도 2.2-59의 1Ba 참조).

　다음 복천동 19·20호묘는 앞의 대형묘 순서에서 빠져 있지만, 출토 3단각고배는 구연부가 아직 외반하였지만 얕아진 배신과 하단이 좁아진 대각은 복천동 21·22호묘 고배보다 늦고, 신라전기양식토기 1Bb기인 경주 황남동 미추왕릉지구 5구역 1호묘 고배 단계에 속한다(도 2.2-40의 1Bb-3, 4). 복천동고분군에서는 이 고분 단계부터 신라전기양식토기 장경호가 출토되는데, 경부가 직선화된 형식으로 경주에서도 이와 같은 형식은 1Bb기 고분부터 출토된다(도 2.2-40의 1Bb-2, 5). 황성동 590(경북)-81호묘의 단경호(도 2.2-40의 1Bb-1)는 신라 전기 1Bb기 고분에서 출토되었지만, 김해·부산지역의

1Aa기나 1Ab기 가야양식토기로 판단된다(도 2.2-41).

복천동 8·9호묘에서는 대각 하단이 좁아진 곡선형과 직선형의 3단대각 고배가 부산식 2단각고배들과 함께 출토되어 1Bb기의 복천동 19·20호묘 다음으로 축조되었을 것으로 판단되었다(최병현 2000: 93). 이 고분에서는 19·20호묘에서 출토된 것과 같은, 경부가 직선적으로 외반된 신라식 장경호와 함께 경부가 내경한 유개식장경호가 공반되었다(뒤의 도 2.2-56의 1Bc-3 참조). 경부가 내경한 유개식장경호는 1Ab기 김해 대성동 1호묘에서 출토된 바 있어 가야식 장경호의 또 다른 유형으로 판단된다.[12]

복천동 39호묘에서도 일렬투창의 가야양식 고배와 함께 곡선적인 3단대각에 교차투창이 뚫린 신라전기양식토기 고배와 부산식 2단각고배, 복천동 10·11호묘에서는 직선적인 3단 대각의 교차투창 고배와 부산식 2단각고배가 공반되었다. 또 복천동 53호묘에서도 39호묘와 10·11호묘에서 출토된 것과 같은 형식의 교차투창 3단각고배들이 출토되었다(뒤의 도 2.2-59, 65 참조).

이와 같이 곡선적인 3단대각 고배와 직선적인 3단대각 고배가 공반하거나 또는 직선적인 3단대각의 고배가 출토된 복천동 8·9호묘, 39호묘, 10·11호묘, 53호묘는 크게 보아 같은 단계로 판단되는데, 이 고배들은 모두 신라전기양식토기 1Bc기인 경주 황남동 110호분 단계의 토기를 모델로 한 것이 분명하다. 복천동 10·11호묘에서 출토된 대부중경호 A도 경주지역의 신라 전기 1Bc기 토기를 모델로 한 것이 분명하다(도 2.2-40의 1Bc-1·2a-1). 이에 필자는 그 중 53호묘를 제외한 이 복천동고분들을 경주 황남대총 남분 이전으로 편년한 바 있다(최병현 2000; 2013).

하지만 복천동 39호묘와 10·11호묘의 고배들 중에는 〈도 2.2-42〉에서 보듯이 황남대총 남분에서 출토된 경주지역 신라전기양식토기 2a기 형식을 모델로 한 것이 분명한 고배들이 포함되어 있다. 이 고배들의 특징은 배신보다도 대각의 상하단 투창 사이에 돌아간 두 줄의 돌대 사이에 간격을 둔 것, 반전된 각단부의 중간에 한 줄의 홈이 돌

---

12 부산대학교박물관, 2014 보고서(복천동고분군 VI-2·27, 8·9, 14·24) 고찰에서는 8·9호묘를 2·27, 14·24호묘보다 늦고 복천동 53호묘 직전으로 상대편년하고 있으나, 필자는 그 중에서 8·9호묘가 가장 이르고 39호묘보다 선축일 것으로 판단한다(최병현 2000: 93). 8·9호묘의 구연부가 직립하거나 외반 기미가 있는 3단각고배(뒤의 도 2.2-59의 2a-4 참조)는 부산식이 아니라 1Bb기의 김해 대성동 93호묘의 동종 고배(뒤의 도 2.2-57의 1Bb-4 참조) 계열로 판단된다. 이에 대해서는 뒤에서 더 언급될 것이다.

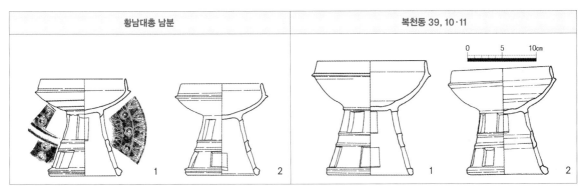

| 황남대총 남분 | 복천동 39, 10·11 |

도 2.2-42 황남대총 남분과 복천동 고분 출토 고배

아가 단면상으로는 돌대가 튀어나온 것처럼 만든 것이다. 경주지역에서 이러한 특징을 가진 고배는 현재까지 황남대총 남분에서 출토되었을 뿐 황남동 110호분이나 그 이전 단계에는 존재하지 않았다. 그러므로 복천동고분의 이 고배들은 황남대총 남분의 동종 고배들을 모델로 하여 제작된 것이 분명하다. 필자는 이 점을 뒤늦게 발견하여 전고에서 밝힌 바 있다(최병현 2014a: 196~197). 또 복천동 39호묘와 10·11호묘에서 출토된, 대각 하단의 접지부가 단변 삼각형인 2단각고배도 황남동 110호분의 나팔각고배 B보다는 황남대총 남분의 나팔각고배 B와 더 가깝다(도 2.2-40의 2a-4, 5).

이와 같이 경주지역의 신라전기양식토기는 1Bc기와 2a기가 구분되지만, 복천동고분군에서는 경주지역 2a기 병행기에 1Bc기 토기를 모델로 제작된 토기들이 포함되고 있는 것이다. 복천동 2·27호묘에서는 경주지역 1Bc기 형식의 대부중경호 A가, 14·24호묘에서는 경주 지역 2a기 형식과 같은 대부중경호 C가 복천동 10·11호묘에서와 같은 형식의 부산식 고배와 공반한 것도 같은 현상이다(도 2.2-40의 2a-2, 3, 7).

하긴 앞서 설명한 것처럼 경주 황남동 110호분과 황남대총 남분에서 출토된 고배들 중에는 상호 형식을 구별하기 어려울 정도로 닮은 2단각고배가 포함되어 있다. 두 고분의 출토 토기, 즉 신라전기양식토기 1Bc기 형식과 2a기 형식은 선후 관계가 있지만, 그 시차는 그다지 크지 않았다는 것을 의미한다. 따라서 경주에서는 선후 관계가 있는 토기들이지만, 부산지역에서는 이들을 각각의 모델로 하여 생산된 토기들이 한 고분에 부장된 것이다. 그러므로 복천동 8·9호묘, 39호묘, 10·11호묘, 53호묘의 병행기는 경주지역의 신라전기양식토기 1Bc기가 아니라 2a기가 되어야 한다. 그 중에서도 상대적으로 늦은 53호묘는 2a기 신단계로 편년된다(최병현 2013).

복천동 131호묘에서 출토된 접지부 단면 삼각형의 2단각고배는 신라전기양식토기

2b기인 경주 월성로 나-9호묘 출토 고배와 가깝다. 또 이와 공반된 3단각고배와 1단각 파수부고배(소A)는 경주 사라리 54호묘에서 출토된 고배들과 같은 형식이다(도 2.2-40 의 2b). 경주 사라리 20호묘와 54호묘에서는 부산식 3단각고배들이 출토되었는데, 20호 묘 고배에는 54호묘에는 없는 곡선적인 3단대각의 고배가 포함되어 있고, 이와 공반한 1단각 파수부고배(소A) 2점은 모두 배신이 깊은 2a기 형식이다. 54호묘에서는 배신이 깊어 2a기 형식에 가까운 것과 배신이 얕아져 3a기 형식에 가까워진 1단각 파수부고배 (소A)가 공반되었다. 이상으로 보아 복천동 131호묘 출토 토기는 경주지역 신라전기양 식토기 2b기 병행기로 편년된다. 단경호도 동체와 구경부가 복천동 31·32호묘, 2·27 호묘 단경호 계열을 이은 것으로 보인다(도 2.2-41의 2b)

　　다시 김해지역으로 돌아가, 대성동 93호묘에서는 가야양식의 일렬투창 고배와 교 차투창이 뚫린 3단각고배가 함께 출토되었는데(뒤의 도 2.2-57의 1Bb 참조), 공반된 유대 파수부호는 동체가 찌그러졌지만 동체의 어깨가 죽은 것으로 보아 1Ba기 부산 화명동 7호묘의 유대파수부호보다 늦은 형식이다. 대성동 93호묘 출토 단경호는 1Ba기의 복 천동 31·32호묘 단경호와 다른 계열이지만 그보다 늦은 형식으로 판단된다(도 2.2-41의 1Bb-2, 3).

　　김해 두곡 39호묘에서는 대성동 93호묘 출토 고배보다 늦은 형식의 일렬투창 고배 들과 유대파수부호가 출토되어 1Bc기 형식으로 판단된다(도 2.2-41의 1Bc 및 뒤의 도 2.2- 57의 1Bc 참조). 대성동 73호묘의 대부직구호는 김해·부산지역 고분 출토 대부직구호와 는 크게 달라진 것으로(도 2.2-41의 2b-1), 유사한 것은 진주 무촌유적에서 출토된 바 있 다(경남고고학연구소 2005). 공반된 일렬투창 유개식고배(뒤의 도 2.2-71의 2b 참조)는 예 안리 36호묘 고배(뒤의 도 2.2-70의 2b 참조)와 함께 2b기로 편년된다.

　　이상에서 살펴본 경주와 부산·김해지역 고분들의 병행 관계는 〈표 2.2-5〉와 같이 정리된다. 한편 경주 월성로 가-29호묘에서 출토된 倭系 石釧과 대부양이호에 대해서 는 앞 장에서 살펴보았지만, 그 중 대부양이호는 양이를 제외하면 그 기형이 〈도 2.2- 41〉의 대부직구호와 같은 것으로 동체나 곡선적으로 벌어진 대각으로 보아 2a기의 동 래 복천동 39호묘 대부직구호보다 늦은 형식임이 확인된다.

표 2.2-5. 신라 전기 경주·김해·부산지역 고분의 병행관계

	경주	김해 대성동	김해 예안리	부산 화명동	부산 복천동
1Aa	인왕동 C군 5호 황성동 590(경북)-목 57 황오동 100-18	대성동 2 대성동 3	III단계: 111,117,133		III단계: 60주곽 V단계: 48
1Ab	월성로 가-5·6 쪽샘 L17 쪽샘 C10 중산리 IB-1 사라리 5	대성동 1 대성동 51	III단계: 87 IV단계: 130	화명동 2	V단계: 70
1Ba	황남동 109-3·4 중산리 IA-51 중산리 VIII-40 사라리 13			화명동 7	VI단계: 25·26, 35·36 31·32, 21·22
1Bb	월성로 가-13 미추 5구-1 사라리 113	대성동 93			19·20
1Bc	미추 5구-6 황남동 110	두곡 22, 39			
2a	황남대총 남분 사라리 20	두곡 38			복천동 8·9, 39, 10·11, 2·27, 14·24 53
2b	황남대총 북분 월성로 가-11-1 월성로 나-9, 13 월성로 다-8 사라리 54	대성동 73	V단계: 36		복천동 131·166

(2) 연대고찰

① 初期須惠器의 연륜연대와 신라전기양식토기의 편년

일본 고분시대의 須惠器는 삼국시대 한반도 남부지방의 토기 제작기술이 일본열도에 전해져 생산되기 시작한 토기이다. 그 初期須惠器는 한반도에서 일본열도로 이주한 도공들에 의해서 제작된 것으로 판단되고 있다(최병현 2000b).

잘 알려져 있는 바와 같이 지난 1980년대까지 初期須惠器의 최고 형식은 TK73형식이었다. 그 후 1987~1993년에 그보다 앞서는 陶邑 大庭寺 유적의 TG231호 요지와 TG232호 요지가 조사되었다. 이 요지들은 선후 관계가 있으나 그 출토 토기들은 TG232형식으로 설정되었다.

또 1993년에는 大阪府 岸和田市 久米田古墳群의 方墳 주구에서 일단의 初期須惠器들이 출토되었다. 태토분석 결과 그 중 일부는 都邑窯에서 생산된 것으로(三辻利一·虎間英喜 1994) TK232형식에 속하며(植野浩三 1996), 공반된 발형기대는 동래 복천동 31·32호묘 출토품과 똑같은 한반도산으로 판정되었다(虎間英喜, 1993).

TG232형식이 발굴되기 이전, 과거에는 初期須惠器의 생산 개시 연대를 TK73형식을 기준으로 설정하여 5세기 중엽설, 5세기 전반설, 4세기 말설이 있었다(中村浩 1993: 36). 田邊昭三은 1981년에 간행한『須惠器大成』의 須惠器年表에서 TK73형식을 450년경에 두었다(田邊昭三 1981: 43). 崎玉縣 稻荷山古墳에서 MT15형식 須惠器와 공반한 철검의 명문「辛亥年」은 471년 또는 531년으로 비정되고 있는데, 白石太一郎은 이를 471년으로 보아 그로부터 역산하여 TK73형식의 연대가 5세기 전반이라고 하였다(白石太一郎 1979). 그 후 그는 須惠器의 생산 개시가 4세기 말~5세기 초두까지 올라갈 수 있다고 수정하였다(白石太一郎 1985). 都出比呂志도 須惠器의 생산 개시 연대를 稻荷山古墳의 철검 연대에서 역산하여 400년 전후 혹은 5세기 전엽의 시간폭에 두었다(都出比呂志 1982). 이와 같이 初期須惠器의 개시 연대가 소급되어 가는 흐름 속에 橋口達也는 九州 朝倉窯蹟群의 初期須惠器 생산을 4세기 후반으로 올려잡기노 하였으나(橋口達也 1983), 小田富士雄의 강한 비판을 받기도 하였다(小田富士雄 1991).

TK73형식을 기준으로 한 初期須惠器의 생산 개시 연대가 이와 같이 논의되는 가운데 陶邑古窯群에서 大庭寺 TG232·231호 요지가 조사된 것이다. 이 두 요지 토기를 포함한 TG232형식이 TK73형식보다 이른 최고의 初期須惠器라는 데에는 한일 학계에서 이견이 없다. 다만 TG232형식과 한반도 유적과의 관계에 대해서는 TG232형식의 중심 시기를 동래 복천동 21·22호묘 단계로 보기도 하고 10·11호묘 단계로 보기도 하는 차이가 있다.

박천수는 大庭寺窯의 須惠器에서 단계의 차이를 구분한 바 있는데(박천수 1993), 그는 大廷寺窯 출토 발형기대들의 문양조합을 분석하여[13] 그 대부분은 복천동 21·22호묘 출토 발형기대와 일치하나 복천동 10·11호묘에서 출토되는 특징적인 山자형 파상

....

13   박천수 1998의 p.116의 설명에서는 TG231 폐기장 출토 고배형(=발형)기대 29점이라고 하고 있으나, 그 아래 연대고찰에서는 'TG232 폐기장 출토 須惠器'라고 하여 표기가 일치되지 않고 있으나 TG231은 TG232의 오기로 보인다. 여기서는 이를 합친 표현으로 大庭寺窯라 하였다.

문을 가진 것도 있다고 하였다(박천수 1998). 즉, 大庭寺窯 須惠器의 중심 시기는 복천동 21·22호묘 단계이지만, 이 요지에서 須惠器 생산이 복천동 10·11호묘 단계까지 이어졌다고 본 것이다. 하승철도 결론적으로는 TG232·231호요의 연대가 복천동 21·22호묘 단계에 집중하는 것으로 본다고 하면서, TG232호요 출토 기대는 복천동 21·22호묘에서 복천동 10호묘 단계로 진행하는 과정에 해당된다고 하였다(하승철 2007).

이들과는 달리 신경철은, TG232호요의 발형기대 가운데에는 복천동 21·22호묘 발형기대와 같은, 鉢身-受部-이 깊고 곡선적인 고식도 있으나 연대 설정에 양호한 것은 발신이 직선적으로 벌어지는 것이며, 이와 같은 기대는 복천동 10·11호묘에서 주류를 이루고 있으므로, "복천동 10·11호묘와 TG232호요는 동일단계로 설정해도 좋을 것이다"고 하였다(신경철 1997). 김두철도 중심보다 주변에 오랜 요소가 남는 문양보다는 기형의 변화에 주목해 보아야 한다고 하면서 TG232·231호요의 폐기장 유물은 복천동 10·11호묘 단계를 중심으로 하면서 복천동 21·22호묘의 후반에서 53호묘 단계까지 미치는 것으로 보고 싶다고 하고, 편년표에서는 복천동 21·22호묘, 10·11호묘, 39호묘를 TG232와, 옥전 23호분과 복천동 53호묘를 TG231과 TK73 사이의 ON231과, 지산동 35호분과 옥전 M1호분을 TK73 형식과 병행한 것으로 도표화하였다(김두철 2006). 홍보식도 동일 단계의 선후관계이나 문양과 기형 모두 복천동 21·22호묘 출토 토기가 빠르고 TG232호 요지 출토품이 늦으므로 TG232호 요지는 복천동 21·22호묘보다는 복천동 10·11호묘 단계로 편년하는 것이 타당하다고 하였다(홍보식 2012).

이와 같이 TG232 형식의 중심 시기에 대해서는 복천동 21·22호묘 단계와 10·11 호묘 단계로 나뉘고 있지만, 이들의 견해를 종합하면 大庭寺窯의 조업 시기는 동래 복천동 21·22호묘 단계에서 시작하여 10·11호묘 단계까지 미쳤다는 것이 된다. 이와 관련하여 신경철은 또 久米田古墳群의 方墳(持ノ木古墳) 주구 출토 토기는 TG232형식 이전으로 복천동 25·26호묘 단계의 토기라고 주장하고 있다(신경철 1997).

이상과 같이 한반도 유적과의 관계가 특정되는 일본 初期須惠器와 관련하여 2개의 연륜연대가 나왔다. 먼저 일본 奈良 平城京 제2차 朝堂院 아래의 자연유로 (佐紀遺蹟) SD6030 상층에서 벌목연대가 412년인 미완성 목제품과 初期須惠器가 출토되었는데, 그 형식은 TK73형식으로 발표되었다(光谷拓實·次山淳 1999). 다음은 京都府 宇治市街 유적의 溝 SD302에서 벌목연대 389년인 목제품과 初期須惠器(도 2.2-43의 중)가 공반되었

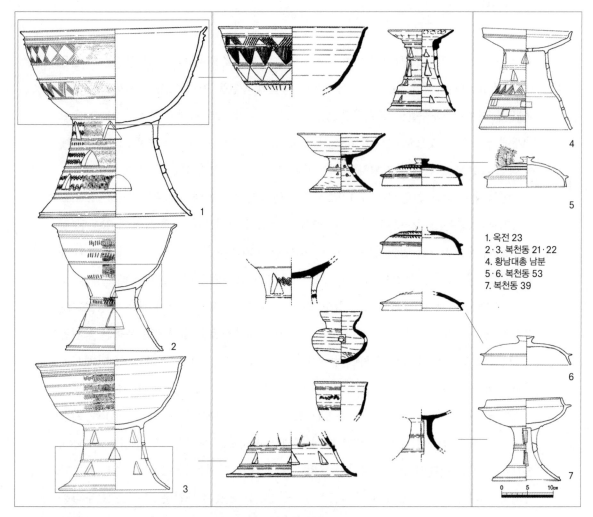

도 2.2-43 京都 宇治市街유적 SD302 출토 初期須惠器(중)와 관련 자료

1. 옥전 23
2·3. 복천동 21·22
4. 황남대총 남분
5·6. 복천동 53
7. 복천동 39

는데(光谷拓實 2006), 목제품의 벌목연대는 방사성탄소연대와도 모순이 없으며, 공반된 須惠器는 TG232형식으로 판정되었다(田中淸美 2006).

이와 같은 연륜연대가 발표되자 일본 학계에서는 목제품의 연륜연대와 공반된 初期須惠器 연대의 일치 여부에 대해 일부 신중론도 있지만(木下 亘 2006; 和田晴吾 2009), TK73형식-412년, TG232형식-389년의 연륜연대를 그대로 인정하여 TG232형식의 初期須惠器가 서기 4세기 4/4분기부터 생산되기 시작하였다는 인식이 학계의 대세로 자리잡았다(田中淸美 2007; 廣瀨和雄 2009). 그것은 앞서 언급한 바와 같이 白石太一郎(1985)이 埼玉縣 稻荷山古墳 출토 辛亥年(471)銘 철검과 공반한 MT15형식 단계의 유물군에서 역산하여 TK73형식의 연대가 4세기 말엽~5세기 초두까지 올라간다고 본 것 등 그동안 일본 학계에서 논의되어 온 初期須惠器 생산 개시 연대와 연륜연대가 정합성을 갖기 때문이다(신경철 2009: 179).

연륜연대가 발표된 이후 일본 학계에서는 오히려 TK73형식의 연대를 더 올려 보기도 한다. 田中淸美는 奈良 佐紀유적 SD6030에서 출토된 須惠器를 TK73형식이 아니라 그보다 늦은 TK216형식으로 판정하여, TK216형식의 출현 시기를 412년으로 보고 있는가 하면(田中淸美 2006), 和田晴吾는 稻荷山古墳에서 辛亥年(471)銘 철검과 공반한 礫槨 유물군이 MT15형식이 아니라 그보다 이른 TK47형식 단계라고 하며, 佐紀유적 SD6030에서 함께 출토된 土師器도 TK73형식 단계의 土師器부터 TK216형식 다음의 ON46형식 단계의 土師器까지 포함되어 있다고 지적하고 있다(和田晴吾 2009). 이는 곧 TK73형식의 연대가 412년에서 조금 더 소급될 수 있다는 데 여지를 두는 주장들이다.

이제 이와 같은 일본 初期須惠器의 연륜연대에 따라 동래 복천동 21·22호묘부터 10·11호묘까지, 그리고 그 사이에 들어가는 한국 삼국시대 고고학자료들은 4세기 4/4분기라는 절대연대를 갖게 된 것이다. 이렇게 되자 그동안 일본 학계와 입장을 같이 하여 신라·가야 고분을 편년해왔던 일단의 한국 학계 연구자들의 태도는 돌변하였다. 이 절대연대는 지금까지 서기 415년의 '풍소불묘 최고 등자설'과 서기 400년 '고구려군 남정 영향설'에 따라 단병등자가 출토된 동래 복천동 21·22호묘부터, 경주고분은 황남동 109호분-3·4곽부터를 5세기 이후로 고정시켜 놓은 그들의 신라·가야 고고학자료 연대관과 배치되기 때문이었다. 그래서 그들은 일본 初期須惠器의 연륜연대를 부정할 구실을 찾았다.

初期須惠器의 연륜연대를 부정하는 한국 연구자들 사이에도 주장의 차이는 있다. 먼저 두 개의 연륜연대를 모두 인정할 수 없다는 연구자들이 있다(신경철 2009; 김두철 2006; 홍보식 2012). 이들은 初期須惠器의 연륜연대 자료가 나온 두 유구, 즉 奈良 平城京 SD6030과 京都 宇治市街 SD302가 流路이어서 출토된 목제품과 須惠器의 폐기동시성을 고고학적으로 증명할 수 없는 약점이 있다고 하면서 목제품의 연륜연대를 공반된 初期須惠器에 적용하는 것을 강력히 반대하고 있다. 이들은 당초 '풍소불묘 최고 등자설'을 비롯한 일본 학계의 한·일 고분 연대관으로 김해 예안리고분군과 동래 복천동고분군을 편년하여 자신들의 신라·가야 고분 연대관을 정립하여 왔던 터였다.

이와는 달리 연륜연대 389년인 京都 宇治市街 유적 SD302의 목제품과 須惠器의 공반은 인정되지만, 奈良 佐紀遺蹟 SD6030의 목제품과 須惠器의 공반은 인정할 수 없다는 주장도 있다(하승철 2007). 그러나 이 주장에서도 연륜연대 389년의 목제품과 같이 나온 須惠器는 TG232 형식보다 이르고 5세기 1/4분기 전반 단계에 해당하는 동래 복천동 31·32호묘, 大阪府 岸和田市 久米田古墳群의 持ノ木古墳 출토 須惠器보다도 이른 형식이라고 한다. '풍소불묘 최고 등자설'에 따라 5세기 이후로 내려놓은 복천동 31·32호묘와 21·22호묘부터의 연대를 여전히 고수하려는 셈법이다.

그러나, 앞서 언급하였듯이, 일본 학계에서 이 2개의 初期須惠器 연륜연대가 인정받고 있는 것은 그동안 일본 학계가 기울여 온 初期須惠器의 연구 결과와 이 2개의 연륜연대가 정합성을 갖기 때문이라는 점을 유의해야 한다.

한편 2개의 初期須惠器 연륜연대를 모두 인정하면서도 이와 한국 유적과의 관계 일부를 달리 주장하는 연구자도 있다. 박천수는 TG232형식의 연륜연대 389년에 따라 복천동 21·22호묘의 연대는 4세기 4/4분기라고 한다. 그러나 그 자신이 大庭寺窯의 須惠器 중에는 복천동 10·11호묘 단계의 것이 포함되어 있다고 하였으면서도(박천수 1998), 복천동 10·11호묘의 연대는 고령 지산동 35호분과 함께 TK73형식 단계로 내려 5세기 1/4분기로 편년하고 있다(박천수 2006).

이에 더해 그는 일본의 初期須惠器 TG232형식과 복천동 21·22호묘, TK73형식과 복천동 10·11호묘의 병행은 그대로 두고, 경주 황남동 110호분과 황남대총 남분의 상대연대는 계속 하향시키고 있다(박천수 2010: 136). 이는, 그 자신이 연대를 표시하여 놓았듯이, 김용성의 황남대총 남분=서기 458년의 눌지왕릉설을 따른 것이지만(김용성 2000; 2003), 황남대총 남분=눌지왕릉설은 藤井和夫가 서기 415년의 '풍소불묘 최고 등자설'에 따른 신라토기 연대 설정에서 비정해 놓은(藤井和夫, 1979) 이후 일본 학계에서 이어져 온 주장이었다(毛利光俊彦 1983). 또 김용성은 미보고된 황남동 110호분 출토 고배 중 황남대총 남분 고배와 거의 같은 형식의 고배 실측도를 공개하여 두 고분의 연대차가 크지 않음을 밝힌 바 있었다(김용성 2000). 박천수의 편년은 일본 初期須惠器와 신라·가야고분의 병행기에 대한 자신의 원래 견해와는 관계없이 황남대총 남분=눌지왕릉설에 맞추기 위하여 황남동 110호분과 황남대총 남분을 작위적으로 편년하고 있는 것이다(표 2.2-6).

한편 久米田 方墳(持ノ木古墳)의 주구 출토 토기가 복천동 25·26호묘 단계로 TG232

표 2.2-6. 박천수와 신경철의 연대관 변화

	박천수(1998)	박천수(2006)	박천수(2010)
TG 232·231	복천동 21·22 옥전 23 황남동 109-3·4 복천동 10·11 지산동 35	복천동 21·22 옥전 23 월성로 가-13 황남동 109-3·4	복천동 21·22 옥전 23 월성로 가-13 황남동 109-3·4
TK 73		복천동 10·11, 53 지산동 35 월성로 나-13 황남동 110	복천동 10·11, 53 지산동 35 월성로 나-13
TK(208)·216		복천동 15 지산동 32 황남대총 남분(458)	복천동 1 지산동 30 황남동 110
TK 208			복천동 4, 15 지산동 32 황남대총 남분(458)

	신경철(1997)	신경철(2006)	신경철(2009)
持ノ木古墳	복천동 25·26	복천동 25·26	복천동 25·26
	복천동 21·22	복천동 21·22	복천동 21·22 복천동 10·11
TG 232	복천동 10·11	복천동 10·11	황남대총 남분

형식 이전이라고 하는 신경철은 이 주장에 대해서는 견지하고 있지만, 복천동 10·11호 묘와 TG232형식이 병행기라고 하였던 과거의 주장을 바꾸어 TG232형식과 황남대총 남분이 병행하고, 복천동 10·11호묘는 그 이전이라고 하고 있다(신경철 2009)(표 2.2-6 참조). 이 또한 TG232형식의 연륜연대를 인정하지 않고 서기 415년의 '풍소불묘 최고 등자설'과 서기 400년 '고구려군 남정 영향설'에 따라 서기 5세기 이후로 내려놓은 복천 동 35·36호묘와 21·22호묘 등 등자 출토 고분들의 연대를 고수하려는 고육지책이다.[14]

하지만 앞서 언급하였듯이 서기 415년의 북연 '풍소불묘 최고 등자설'은 처음부터 성립될 수 없는 허구였으며, 이에 바탕을 둔 서기 400년 '고구려군 남정 영향설'도 과장 된 것이었다. 이에 대해서는 전고들에 이미 자세히 밝혔지만(최병현 2014b; 2021a), 뒤에

....

14   최근 신경철은 TG232형식을 5세기 2/4분기의 늦은 시기, TK73형식을 5세기 3/4분기의 늦은 시기, 埼玉縣
     稻荷山古墳의 須惠器를 MT15형식이 아니라 TK47형식이라 보아 6세기 1/4분기의 늦은 시기라고 하고 있다
     (신경철 2019). 그러나 일본 학계에서 과연 이에 대해 수긍하는 연구자가 있을지 의문이다.

서 마구를 검토하는 중에도 일부 언급될 것이다. 황남대총 남분=서기 458년의 눌지왕
릉설도 서기 415년의 북연 '풍소불묘 최고 등자설'에 따른 연대 설정에서 나온 것이지
만, 이 또한 전고에서 밝혔듯이 서기 415년의 북연 '풍소불묘 최고 등자설'이 성립하지
않으면 아무런 근거가 없는 것이다(최병현 2019: 2021a·b).

필자는 앞서 경주지역의 신라전기양식토기 1Ba기는 황남동 109호분-3·4곽 등에
서 출토된 3단각고배 단계이며, 동래 복천동고분군에서는 북쪽 구릉의 대형묘 25·26호
묘에서부터 21·22호묘까지의 부장 토기에 경주지역의 1Ba기 3단각고배의 영향이 반
영되어 있음을 지적하였다. 따라서 복천동의 북쪽 구릉 대형묘들은 경주지역 신라전기
양식토기 1Ba기의 병행기 고분들이지만, 그 중에서 상대적인 선후관계에 따라 25·26
호묘와 35·36호묘가 고단계, 31·32호묘와 21·22호묘가 신단계로 나누어진다고 보았
다. 복천동 39호묘와 10·11호묘는 과거에 경주 황남대총 남분보다 상대적으로 이른
1Bc기의 황남동 110호분과 같은 단계로 편년했으나(최병현 2013), 두 고분의 출토 고배
중에는 분명히 황남대총 남분 출토 고배를 모델로 한 것이 포함되어 있음을 발견하고
(앞의 도 2.2-42) 황남대총 남분과 같은 2a기로 조정하였다. 복천동 53호묘도 같은 단계
로 보았다(최병현 2014a).

그런데 앞의 논의들에 따르면, 일본 陶邑 大庭寺 TG232·231호 요지의 중심 시기에
대해서는 이견이 있지만, 이 요지들에서 출토된 토기들로 설정된 TG232형식의 初期須
惠器는 한국의 동래 복천동 21·22호묘 단계부터 10·11호묘와 53호묘 단계까지의 토기
변화가 반영되어 있는 형식이다(도 2.2-43의 좌·우). 이 TG232형식이 서기 389년, 그 다
음 단계의 TK73형식이 서기 412년의 연륜연대를 갖게 된 것이다.

이제 이 연륜연대에 의하면 경주 황남동 109호분-3·4곽의 신라전기양식토기 1Ba
기와 동래 복천동고분군의 1Ba기 병행기 대형묘들부터 경주 황남대총 남분의 신라전
기양식토기 2a기와 동래 복천동고분군의 2a기 병행기 대형묘들까지는 4세기 후엽의
범위 안에 들어가는 것을 알 수 있다. 이를 좀 더 세분하면 경주 황남동 109호분-3·4곽
과 복천동의 1Ba기 고단계 대형묘들은 4세기 후엽의 이른 시기, 복천동고분군의 1Ba
기 신단계~1Bb기 대형묘들과 경주지역의 1Bb기~1Bc기 고분은 4세기 후엽의 늦은 시
기, 경주 황남대총 남분과 복천동 8·9호묘, 39호묘, 10·11호묘·53호묘 등 2a기 고분은
4세기 말·5세기 초가 된다(최병현 2019: 62). 이에 따라 신라전기양식토기 1A(a, b)기는

신라조기양식토기 2b기의 4세기 전엽에 이어 4세기 중엽으로 비정된다.

② 마구의 검토(도 2.2-44)

앞 장의 신라조기양식토기 편년에서는 조기 2b기부터 등자가 도입된 사실을 언급
하였다. 김해 대성동 68호묘에서 목등자의 병부 상단 현수공으로 판단되는 고리쇠가
출토된 것, 47호묘에서 목등자의 병부와 윤부 경계부를 보강한 철판과 현수공 고리쇠
가 출토된 것이다(앞의 도 2.1-29 참조). 그런데 이들은 모두 외짝으로 출토되었다. 이들
은 신라조기양식토기 2b기부터 영남지방에서도 목제 또는 목심을 철판으로 보강한 單
鐙子가 사용되기 시작한 것을 의미한다고 보았다.

신라와 가야 고분에서 단등자 자료는 신라전기양식토기 성립기 초까지 이어진다.
신라전기양식토기 1Aa기 병행기인 동래 복천동 48호묘와 60호묘 봉토부에서는 목심등
자의 병부와 윤부의 경계부 및 윤부 일부를 보강한 철판 한 짝씩이 출토되었다. 1Ab기
의 중산리 IB-1호묘에서도 목등자의 병부와 윤부의 경계부 보강 철판 한 짝이 출토되었
다. 이들도 단등자 자료들로 판단된다.

이들에 이어 신라전기양식토기 1Ab기부터는 쌍등자도 출토된다. 경주 사라리 65
호묘에서는 등자의 병부 상단 현수공 부분 목심을 보강한 철판 1쌍이 출토되었다. 경
주 월성북고분군의 쪽샘 C10호묘에서는 앞의 단등자와 쌍등자들보다 철판 보강 부위
가 훨씬 늘어나 병부의 현수공 부분은 물론 병부와 윤부의 내외 측면을 철판으로 보강
한 타원형 윤부의 목심등자 1쌍이 출토되었다. 이와 같은 타원형 윤부의 목심등자는 김
해 대성동 57호묘에서도 출토되었고, 대성동 1호묘에서는 병부와 윤부 상단을 모두 철
판으로 보강한 목심등자 1쌍이 출토되었다(최병현 2021a·b).

이와 같이 신라와 가야 고분에서는 이제 쌍등자 출현 이전의 단등자 자료들이 무
시할 수 없는 수로 늘어나고 있고, 단등자와 쌍등자가 신라조기양식토기 2b기와 신라
전기양식토기 1Ab기로 시차를 두고 등장한 사실을 보여주고 있다. 한편 중부지방에
서도 쌍등자에 앞서 단등자가 출토되는 유적들이 증가하고 있다(권도희 2020; 최병현
2021b).

중국에서도 등자는 처음에 중국 남부에서 單鐙子로 발생하여 雙鐙子로 발전하였다.

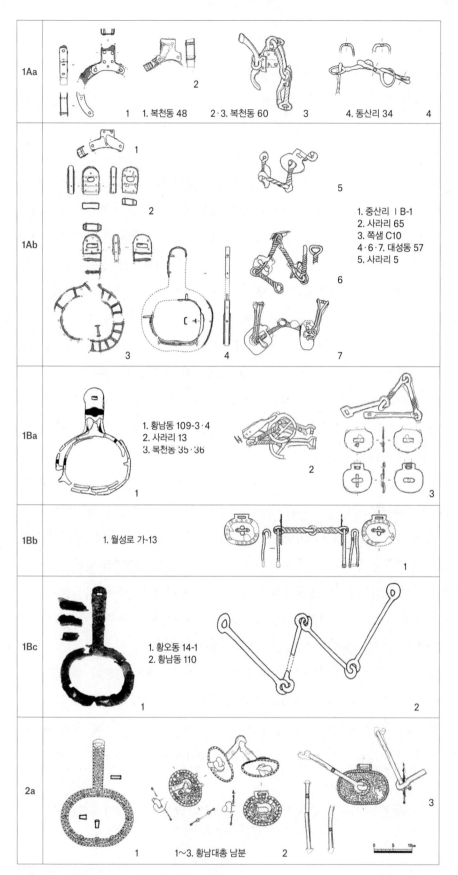

도 2.2-44 신라 전기 1Aa～2a기의 등자와 재갈

텍스트 라벨:

1Aa
1. 복천동 48 2·3. 복천동 60 4. 동산리 34

1Ab
1. 중산리 ⅠB-1
2. 사라리 65
3. 쪽샘 C10
4·6·7. 대성동 57
5. 사라리 5

1Ba
1. 황남동 109-3·4
2. 사라리 13
3. 복천동 35·36

1Bb
1. 월성로 가-13

1Bc
1. 황오동 14-1
2. 황남동 110

2a
1～3. 황남대총 남분

서기 302년의 長沙 金盆嶺 21호 西晉墓 陶俑의 單鐙子, 322년의 南京 象山 7호 東晉墓 陶俑의 雙鐙子가 이를 말해준다. 이 도용등자들은 윤부 삼각형의 단병등자들을 표현하고 있어, 중국 남부에서 사용된 초기 등자들은 그러한 목등자 또는 목심등자였을 것으로 추정되고 있다(최병현 1983; 1992a; 2014b; 2021b).

신라와 가야 고분에서 신라조기양식토기 2b기부터 단등자 자료가, 신라전기양식토기 1Ab기부터 쌍등자 자료가 출토되고 있는 것은 중국 남부와 한반도 남부지방에서 등자의 진행이 약간의 시차를 두고 똑같이 이루어지고 있었음을 말해준다. 중국 남부의 고분에서는 당시의 장법에 따라 실물 등자가 부장되지 않아 더 이상은 알 수 없지만, 신라와 가야 고분의 초기 등자 자료들은 목(심)등자의 표면을 보강한 철판을 점차 늘려갔던 과정, 그리고 윤부 삼각형과 타원형의 단병등자 출현 과정도 함께 말해주고 있다(최병현 2021b).

다음 신라전기양식토기 1Ba기의 경주 황남동 109호분-3·4곽 출토 목심등자는 타원형 윤부의 전후면에 철대를 박아 앞의 1Ab기의 쪽샘 C10호묘 등자보다 보강 부위를 늘린 단병등자인데, 이와 같은 목심 단병등자는 동래 복천동 35·36호묘와 21·22호묘에서도 출토되었다. 복천동 21·22호묘에서는 그와 함께 삼각형과 원형 윤부의 목심 단병등자도 공반되었다. 신라와 가야에서는 여러 계보의 단병등자가 사용된 것이다. 복천동고분군에서 윤부 타원형과 삼각형의 목심 단병등자 출토는 신라전기양식토기 2a기 병행기인 복천동 10·11호묘로 이어졌는데, 병부의 보강 철판이 2단식에서 1단식으로 변화되었다(최병현 2014b; 2021b).

여기서 서기 415년의 북연 '풍소불묘 최고 등자설'의 문제를 언급해 두어야겠다. 1973년 중국에서 풍소불묘의 발굴 내용이 공표되고(黎瑤渤 1973), 이어서 일본에서 '북연 풍소불묘 최고 등자설'이 제기될 때, 그때까지 신라·가야 고분에서 발굴된 최고의 등자는 경주 황남동 109호분-3·4곽 출토 목심 단병등자였고, 일본 열도에서는 七觀古墳과 新開古墳의 목심등자가 최고의 등자들이었다. 풍소불묘 등자는 중국의 유적에서 출토된 최초의 등자 실물이고 단병등자였으므로, 穴澤咊光·馬目順一가 등자는 단병등자에서 장병등자로 발전하였으며, 한국과 일본의 등자는 모두 풍소불묘 이후라고 주장한 것이다(穴澤咊光·馬目順一 1973).

이에 필자는 單鐙子가 표현된 서기 302년의 중국 長沙 金盆嶺 21호 西晉墓 陶俑과 雙

鐙子가 표현된 서기 322년의 南京 象山 7호 東晉墓 陶俑으로 보아 동아시아에서 등자 출현은 4세기 전반기이며, 단병등자와 장병등자는 공존하였고, 풍소불묘 등자는 그 중 5세기 초의 발전된 단병등자일 뿐이라고 반론을 제기하였다(최병현 1983; 1992a). 이어서 중국에서는 북연 풍소불묘 이전의 전연시기 효민둔묘(中國社會科學院考古硏究所安養工作隊 1983)와 원대자벽화묘(遼寧省博物館文物隊 外 1984) 출토 장병등자가 연달아 보고되어 '풍소불묘 최고 등자설'의 허구가 드러났다.

하지만 신경철은 앞의 복천동고분군 출토 단병등자들을 들어 '풍소불묘 최고 등자설'을 근거로 주장된 서기 400년 광개토대왕의 '고구려군 남정 영향설'(최종규 1983)을 굳히고(신경철 1985; 1989), 경주 황남동 109호분-3·4곽, 동래 복천동 35·36호묘와 21·22호묘 등 단병등자 출토 고분들의 연대를 5세기 이후로 고정시킨 것이다. 이후에도 중국 동북지방의 선비계 유적에서는 4세기 중엽 전연시기 장병등자의 출토가 잇달았지만(최병현 2014b), 일본과 한국 학계 일부에서는 '풍소불묘 최고 등자설'과 '고구려군 남정 영향설'로 고정시켜 놓은 경주와 부산 복천동고분들의 연대를 고수하였다. 장병등자가 출토된 경주 황남대총 남분이 458년 몰 눌지왕릉이라는 주장도 변함이 없다.

하지만 그 뒤 신라와 가야 고분에서는 경주 황남동 109호분-3·4곽이나 동래 복천동 35·36호묘와 21·22호묘 이전으로 올라가는 등자를 비롯한 마구 자료, 즉 필자의 신라조기양식토기나 신라전기양식토기 1A(a, b)기의 마구자료 출토가 잇달았다. 이에 '풍소불묘 최고 등자설'과 '고구려군 남정 영향설'에 따라 설정된 고분들의 연대는 그대로 두고, 그보다 이른 새 자료들의 연대를 4세기 말로 끌어내려 이에 맞추면서, 일본 初期須惠器 TG232형식-389년과 TK73형식-412년의 연륜연대를 부정하고 있는 것이다.

그러나 初期須惠器의 연륜연대를 부정하든 않든, 동래 복천동 21·22호묘에서 10·11호묘까지는 일본의 初期須惠器 TG232형식기이고, 뒤에 다시 설명되겠지만 일본의 新開古墳과 七觀古墳은 TK73형식기이다. 바꾸어 말하면 일본의 初期須惠器 TG232형식기에 한국의 영남지방 고분에는 복천동 21·22호묘에서 10·11호묘 단계까지의 단병등자가 부장된 것이고, 그 뒷 단계인 TK73형식기에 일본에서는 新開古墳과 七觀古墳의 단병등자가 부장된 것이다(최병현 2021b). 이와 같이 중국·한국·일본의 목심 단병등자 전개, 한국과 일본에서 신라토기와 初期須惠器의 전개, 그리고 이들과 初期須惠器 연륜연대는 정합성을 갖고 있는 것이다.

한편 중국 동북지방의 선비계 유적에서는 그 후에도 朝陽 袁台子 M4호묘와 三合成墓, 北票 北溝 M8호묘 등에서 장병등자의 출토가 이어졌고, 孝民屯墓: 352년 하한 370년, 袁台子壁畵墓: 356년 또는 366년으로 연대가 고정되어(田立坤 1999; 2002), 장병등자는 중국 동북지방에서 4세기 중엽에 출현한 것이 분명해졌다. 가장 최근에는 산동성 청주시의 체육장 건설부지에 포함된 전연시기 묘지에서 1쌍의 장병등자가 출토되었다(劉允泉 외 2018).

'풍소불묘 최고 등자설'에 따른 이설이 제기되기도 하였지만(小田富士雄 1979), 집안 칠성산 96호분 등자로 보아 4세기 후엽에는 고구려에서 장병등자가 사용되기 시작하였다. 신라고분에서는 장병등자가 신라전기양식토기 1Bc기인 경주 황오동 14호분 1곽에 이어 2a기인 황남대총 남분에서 부장되었다. 중국 동북지방에서 발생한 장병등자도 고구려와 신라로 시차를 두고 이어져 고구려에서는 4세기 후엽부터 신라에서는 4세기 말부터 고분에 부장되기 시작한 것이다.

다음으로 신라전기양식토기 1Aa기~2a기의 고분에서 출토된 재갈들인데, 재갈쇠의 3줄꼬기는 원삼국기에, 삽자루형 인수와 경판은 신라조기양식토기 2a기 이후에 등장한 것을 앞서 이미 살펴보았으므로(앞의 도 2.1-29 참조) 여기서 다시 이들을 일일이 설명할 필요는 없다. 다만 큰 흐름을 살펴보면, 신라조기양식토기 말에는 타원형 경판과 사다리꼴 경판이 모두 출현하였으나, 신라전기양식토기 1Ab기 이후 사다리꼴 경판은 더 이상 찾아지지 않아, 타원형 경판이 중심이 되어간 것을 알 수 있다. 경판에 종방향의 구멍이 뚫린 재갈은 신라전기양식토기 1Bb기인 월성로 가-13호묘에서도 출토되었으나, 횡방향의 구멍이 뚫린 것이 그 이전인 신라전기양식토기 1Ba기의 동래 복천동 35·36호묘 출토 타원형 경판부재갈에서 확인된다. 삽자루 인수는 길어진 두 줄의 철봉이 나란히 붙어 내려와 외환 부분만 벌어진 것이 신라전기양식토기 1Ba기의 사라리 13호묘부터 확인되는 데 비해, 월성로 가-13호묘의 재갈 인수는 철봉 사이가 벌어져 있어, 이 재갈 자체가 고식 전통을 가진 것임을 알 수 있다.

영남지방과 일본의 마구 연구자들은 대개 이 중 신라전기양식토기 1Ba기 이후 것을 5세기 초 이후로, 그 앞의 1A(a, b)기 것은 4세기 4/4분기나 말로 편년하고 있다(류창환 2012; 諫早直人 2012; 이현정 2019). 사라리 13호묘의 재갈은 ⊥자형 환판부 재갈이어서 환판과 경판의 차이는 있지만, 그와 같은 형태의 삽자루 인수가 달린 타원형 경판부

재갈은 集安 七星山 96호분에서 출토되었다. 集安 七星山 96호분을 이희준은 4세기 후엽 (이희준 1995), 강현숙은 4세기 중기에 가까운 후반(강현숙 2012)으로 편년하고 있어, '풍소불묘 최고 등자설' 및 '고구려군 남정 영향설'에 경도된 편년과는 차이를 보여준다. 월성로 가-13호묘의 삽자루형 인수의 타원형 경판부재갈은 이희준이 중국 동북지방의 北票 北溝 M8호묘, 孝民屯墓, 袁台子壁畵墓 등의 재갈과 비교·고찰을 통해 4세기 후반 초로 편년하였지만(이희준 1996), 신라전기양식토기 1Bb기인 월성로 가-13호묘의 연대 는 그보다 약간 내려잡아야 한다고 판단된다.

다음 신라전기양식토기 1Bc기의 황남동 110호분 출토 재갈인데, 재갈쇠 외환이 작은 것으로 보아 원래 경판부재갈이었을 것으로 판단된다. 이 재갈의 특징은 재갈쇠와 인수가 꼬지 않은 1줄식이고, 인수 외환이 꺾인 것이다.

1줄식의 꼬지 않은 재갈쇠는 아산 명암리 박지므레유적 3지점 마한 1호와 5호 토광묘에서 출토되고 있어서(충청남도역사문화원 2011) 그 출현 시기는 3세기대까지도 소급될 수 있지만, 재갈쇠와 인수가 모두 꼬지 않은 1줄식이고 인수외환이 꺾인 재갈은 청주 신봉동유적을 비롯하여 중부지방의 백제유적에서 많이 볼 수 있는 것이다. 성정용은 꼬지 않은 1줄식에 외환이 꺾인 긴 인수 형태는 5세기대 백제 재갈의 중요한 특징이라고 하면서, 그와 같은 긴 인수가 달린 화성 백곡리 1호묘의 표비를 그의 백제 표비 II단계에 두고 화성 마하리 백제고분군 토기와 비교하여 4세기 후반~말경으로 편년하였다. 그리고 그의 백제 표비 III단계는 재갈쇠와 인수 모두 1줄식이지만 그 사이에 遊環이 있는 것으로 4세기 말~5세기 전엽대에 해당한다고 하였다(성정용 2003). 鈴木一有도 신봉동유적의 재갈 가운데 재갈쇠와 인수 사이에 유환이 있는 것은 5세기 초 이후이지만, 유환 발생 이전의 외환이 꺾인 1줄식 인수가 달린 표비는 4세기대로 편년하고 있다(鈴木一有 2012). 경주 황남동 110호분 출토 재갈은 재갈쇠와 인수 사이에 유환이 없는 것이다.

마지막으로 신라전기양식토기 2a기의 연대와 관련하여 이희준의 황남대총 남분 연대 비정에 대해 언급해두겠다. 그는 중국의 동북지방에서 선비계 장병등자의 잇단 출토에 따라 등자의 다원계보를 재확인하고, 孝民屯墓와 袁台子壁畵墓의 연대가 4세기 중기~후반 초로 고정된 것에 힘입어 먼저 등자, 행엽, 경판부재갈, 보요부운주 등 선비와 고구려의 마구, 고구려 고분의 구조형식을 비교 검토하여 袁台子壁畵墓·孝民屯墓: 4세기 중기~후반 초, 칠성산 96호분: 4세기 후엽, 마선구 1호분: 4세기 말, 만보정 78호분:

5세기 전반으로 그 상대순서와 연대를 비정하였다. 그는 여기에 황남대총 남분의 등자, 남북분의 보요부운주, 북분의 고구려계 태환식귀걸이와 Y자형 장식구 등을 앞의 고분 출토품들과 비교하여, 황남대총은 칠성산 96호분보다 약간 늦은 5세기 전엽에 들어가고, 그 중 남분은 5세기 전엽의 이른 시기, 북분은 전엽의 늦은 시기라고 하였다. 이에 따라 황남대총 남분은 몰년 402년의 내물왕릉이라고 하였다(이희준 1995).

　이희준의 황남대총 남분 연대 비정은 이와 같이 중국 동북지방과 황남대총의 고고학자료를 교차편년한 결과였고, 그에 따른 왕릉 비정이었다. 다만 그의 연대 추론 과정으로 보아 황남대총 남분-내물왕릉을 미리 염두에 두지 않으면, 황남대총 남분의 연대는 굳이 5세기 전엽의 이른시기가 아니라 4세기 말~5세기 초라 해야 된다고 본다(최병현 2000a: 98~99). 이희준의 황남대총 남분 연대 비정은 결과적으로 앞서 살펴본 일본 初期須惠器의 연륜연대와도 정합성을 가지는 것을 알 수 있다.

　이상에서 살펴본 바와 같이 신라전기양식토기 1Aa기~2a기의 연대는 일본 고분시대 初期須惠器 TG232형식과 TK73형식의 연륜연대, 그리고 동아시아 마구의 연대에 의해 1A(a, b)기: 4세기 중엽, 1B(a~c)기: 4세기 후엽, 2a기: 4세기 말·5세기 초로 비정된다.

2) 2b기의 연대

　신라전기양식토기 2b기는 월성로 가-11-1호묘와 나-9호묘, 그리고 황남대총 북분 토기가 해당된다. 앞서 살펴본 바와 같이 황남대총 남분 토기와 북분 토기는 분명히 형식의 차이가 있다. 황남대총 북분에서는 기형이 서기 360년대로 편년되는 중국 東晉代 자기와 근사한 흑갈유소병(毛利光俊彦, 1983), 4세기 후엽으로 편년되는 마선구 1호 고구려 고분에서 출토된 것과 동형의 태환식귀걸이가 공반되어(뒤의 도 2.2-48의 1~3) 그 상한을 말해주는데, 앞서 언급한 바와 같이 이희준은 황남대총 북분의 연대를 5세기 전엽의 늦은 시기로 비정한 바 있다.

　한편 경산 임당 7B호분에서는 월성로 나-9호묘에서 출토된 것과 세부속성은 물론 규모까지도 같은 본고의 2단 나팔각고배 B 2점이 출토되었다(도 2.2-45의 임당고분-3).

김대환은 임당 7B호분에서 출토된 다른 토기들은 경산 옥산동 요지에서 생산된 것이지만, 이 2점의 고배는 그와 다른 제작기법, 소성 시 다른 이상재의 사용 등으로 보아 경주에서 이입된 것으로 판정하면서, 그 원류가 되는 경주의 동형 고배로 황남대총 남분 출토 고배, 황성동 601-2번지 1호분 출토 고배 등을 들었다(김대환 2006).

그런데 김용성과 박천수는 임당 7B호분을 경주 황남대총 남·북분은 물론 황남동 110호분보다도 이른 시기로 보아, 김용성은 그의 임당고분 편년 III-2c기로(김용성 1996), 박천수는 그의 가야 신라고분 IX기로 편년하고 있다(박천수 2010). 이들의 영향 때문인지 임당 7B호분 고배의 원류가 되는 고배를 그와 같이 동정한 김대환도 황남대총 남분을 임당 7B호분보다 뒤로 상대편년하였다. 그가 판정한 대로 경주에서 생산된 같은 형식의 토기가 경주 황남대총 남분과 경산 임당 7B호분에서 출토되었으면, 두 고분의 상대순서는 경주의 황남대총 남분을 선, 경산의 임당 7B호분을 후로 하거나, 아니면 최소한 같은 분기에 두기라도 해야 하는 것이 아닐까? 바로 이 점이 그들의 임당고분 편년에 오류가 있음을 반증하고 있는 것이다.

대각이 직선적인 2단 나팔각고배 B는 경주지역에서 신라전기양식토기 1Bc기부터 2b기까지 출토된다. 그중 2a기의 황남대총 남분 출토 나팔각고배 B는 대각 중간외 돌대 두 줄이 서로 간격을 두고 배치되어 기고가 높고 규모가 큰 것과 두 줄의 돌대가 간격 없이 붙어 있어 상대적으로 기고가 낮아지고 규모가 축소된 것으로 나누어진다. 2b기의 월성로 나-9호묘에서 출토된 것은 그 중 후자를 계승하여 규모가 더 작아진 것이다. 〈도 2.2-45〉의 황남대총 남분과 월성로 나-9호묘 출토 고배에서 그 점을 확인할 수 있는데, 〈도 2.2-45〉의 황남대총 남분 출토 고배 2는 김대환이 인용한 경주 황성동 601-2번지 1호 고배와 세부속성까지 똑같은 것이고, 3과 4는 바로 그가 황남대총 남분 고배 중에서 뽑아 인용한 것이다.

황남대총 남분 보고서에 수록된 나팔각고배 B 33점의 기고는 13.3~15.3cm이고, 월성로 나-9호묘 출토 5점의 기고는 12.8~13.1cm인데, 임당 7B호분 보고서에는 2점 중 1점(도 2.2-45의 임당고분 3)의 기고만 13.1cm라고 밝히고 있다. 세부속성은 물론 규모로 보아도 임당 7B호분의 나팔각고배 B는 황남대총 남분이 아니라 월성로 나-9호묘에서 출토된 것과 같은 2b기 형식이다.

그런데 경산 임당고분에서 황남대총 남분에서와 같이 나팔각고배 B 두 가지가 모

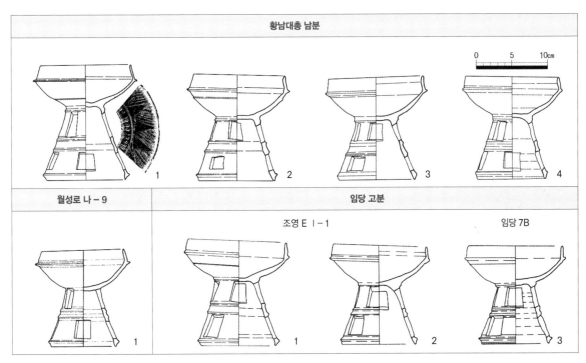

도 2.2-45 경주와 임당고분의 나팔각고배 B

두 출토된 고분은 조영동 EI-1호분이다. 김대환의 관찰에 의하면 조영 EI-1호분의 나팔각고배 B(도 2.2-45의 임당고분 1, 2)는 '각단에 무질서한 짚흔'이 확인되어 임당 7B호분의 다른 고배들처럼 경산 옥산동 요지에서 생산된 것일 가능성이 높다고 한다(김대환 2006: 93). 김대환의 관찰과 판단이 옳다면 조영동 EI-1호분의 나팔각고배 B는 경주 황남대총 남분 단계의 고배 두 가지 모두를 모델로 하여 경산에서 제작된 것이고, 임당 7B호분의 나팔각고배 B는 그 뒤 월성로 나-9호묘 단계의 것이 이입된 것이라 하겠다. 그렇다면 두 고분의 나팔각고배 B의 시차는 크지 않을 수 있지만, 이들 중 어느 것도 황남대총 남분보다 앞으로 편년될 수는 없는 것이다. 그러므로 경주와 경산 임당고분의 고배 형식으로 보아 조영 EI-1호분은 경주의 신라전기양식토기 2a기, 임당 7B호분은 2b기의 병행기로 편년되어야 한다.

한편 임당 7B호분에서 출토된 목심 단병등자(도 2.2-46의 3)는 신라전기양식토기 2a기인 동래 복천동 10·11호묘의 등자(도 2.2-46의 1, 2)에 비해 왜소해진 것이다. 특히 병부가 가늘어진 것을 알 수 있는데, 일본 新開古墳의 등자도 이와 같이 전체 규모가 왜소하고 병부가 가늘어져 서로 관계가 있는 것을 알 수 있다. 일본 七觀古墳 등자는 이보다는 규모가 크고 철판의 보강 방식에도 차이가 있지만, 일본 학계에서는 七觀古墳과 新

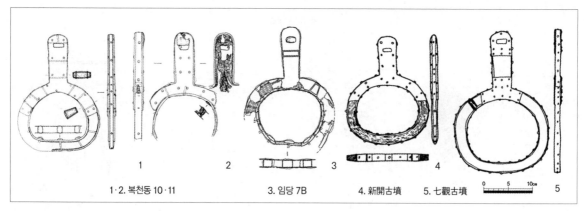

1·2. 복천동 10·11   3. 임당 7B   4. 新開古墳   5. 七觀古墳

도 2.2-46 임당 7B호분과 일본 TK73형식기 등자

開古墳이 모두 初期須惠器 TK73형식기로 편년되고 있다(鈴木一有 2014).[15]

　　한국의 경주 황남대총 남분과 경산 임당 7B호분, 강릉 초당동 A-1호분, 그리고 일본의 七觀古墳에서는 용문이 투조된 대장식구가 출토되었는데, 그 형식조열은 한·일 학계에서 대단히 혼란스럽다. 문제는 황남대총 남분과 임당 7B호분의 상대 순서를 거꾸로 놓은 박천수의 일련의 논문에서 비롯된 것으로 보인다(박천수 2006; 2010b; 2012). 이에 따라 일본 학계에서는 용문투조 대장식구의 순서를 七觀古墳→임당 7B호분·황남대총 남분의 순이라 하거나(早乙女雅博 2007), 초당농 A-1→七觀古墳·임당 7B호분→황남대총 남분이라 하기도 하고(高田貫太 2013), 七觀古墳·초당동 A-1호분·임당 7B호분→황남대총 남분으로 상대편년하기도 한다(鈴木一有 2014). 일본 학계의 이런 혼란은 다시 돌아 한국 학계에도 영향을 미치고 있다(이한상 2017; 김도영 2018).

　　하지만 출토 토기의 형식이 황남대총 남분-선(2a기), 임당 7B호분-후(2b기)인 것

....

15　新開古墳과 七觀古墳은 TK73형식기이므로 일본의 등자 출현 연대는 서기 415년의 북연 '풍소불묘 최고 등자설'이 문제가 되지 않고, 오히려 初期須惠器 TG232형식-389년, TK73형식-412년의 연륜연대와도 부합되는 면이 있다. 하지만 풍소불묘 등자가 세계 최고의 등자라는 일본의 穴澤咊光의 주장(穴澤咊光·馬目順一 1973)을 그대로 받아들임으로써 TG232형식 병행기인 복천동 21·22호묘~10·11호묘, 그보다 고단계인 경주 황남동 109호분-3·4곽과 복천동 35·36호묘 등의 연대를 등자가 출토되었다 하여 모두 5세기 이후로 고정시켜 놓은 한국 학계의 신라·가야고분 연대관에 문제가 생긴 것이다.
　한편, 小野山節가 新開古墳 등자를 고식-단병등자, 七觀古墳 등자를 신식-장병등자로 분류한 것(小野山節 1966)이 穴澤咊光가 '풍소불묘 최고 등자설'을 주장한 근거 중 하나가 되었지만, 두 등자 모두 단병등자이며 오히려 칠관고분 등자가 신개고분 등자보다 고식으로 분류되어야 함은 필자의 전고에서 지적한 바 있다(최병현 2014b: 22~23). 일본 학계에서도 최근 칠관고분 등자를 선, 신개고분 등자를 후로 본 견해가 있다(鈴木一有 2014: 363).

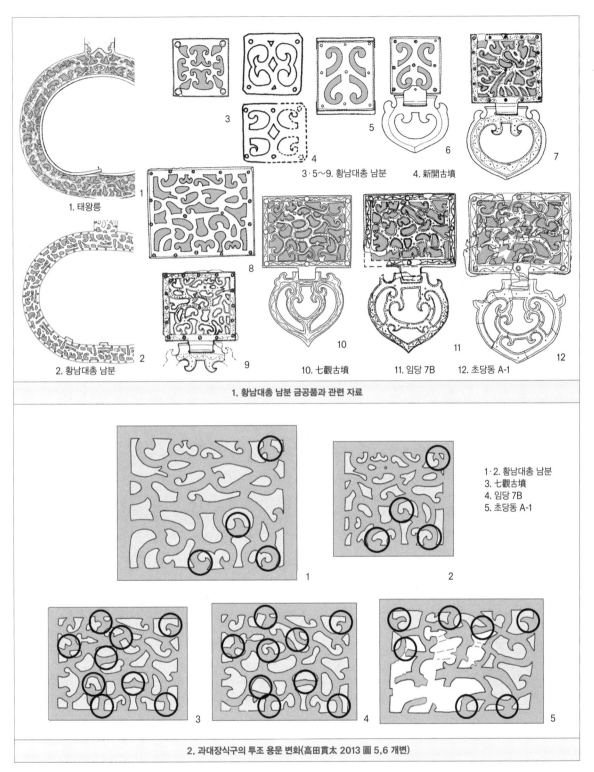

1. 황남대총 남분 금공품과 관련 자료

1. 태왕릉
2. 황남대총 남분
3. 5～9. 황남대총 남분
4. 新開古墳
5. 황남대총 남분
6. 황남대총 남분
7. 황남대총 남분
8. 황남대총 남분
9. 황남대총 남분
10. 七觀古墳
11. 임당 7B
12. 초당동 A-1

2. 과대장식구의 투조 용문 변화(高田貫太 2013 圖 5,6 개변)

1·2. 황남대총 남분
3. 七觀古墳
4. 임당 7B
5. 초당동 A-1

도 2.2-47 황남대총 남분의 금공품과 과대장식구의 투조 용문 변화은 앞서 본 대로이고, 강릉 초당동 A-1호분의 출토 토기는 임당 7B호분보다 늦은 형식으로 신라전기양식토기 3b기 이전으로 올라가기 어렵다(최병현 2019: 52~53). 그리고 전고에서 이미 자세하게 살펴보았으므로(최병현 2019: 54~55) 중복되는 설명은 생략하지만, 대장식구의 투조 용문도 〈도 2.2-47의 2〉의 ○표시 부분에서 보듯이 황남대총 남분→칠관고분→임당 7B호분→초당동 A-1호분 순으로 퇴화된 것이다.[16]

하여튼 이상의 논의에서 알 수 있는 것은 임당 7B호분의 상대연대는 황남대총 남분보다 늦어 경주의 신라전기양식토기 2b기와 병행하고, 新開古墳, 七觀古墳과 함께 일본의 初期須惠器 TK73형식기 속한다는 것이다. TK73형식의 연륜연대는 412년이다. 이에 신라전기양식토기 2b기는 5세기 전엽으로 비정된다.

3) 3a기~4b기의 연대(도 2.2-48)

현재는 신라전기양식토기 3a기로 편년되는 대형분이 확실하지 않아, 3a기 고분유물에서 그 연대를 비정하기는 어렵다. 3a기의 연대는 경주 월성 해자 출토 목재들의 C[14] 연대와 관련하여 뒤에서 다시 언급하겠다.

신라전기양식토기 3b기는 금관총 출토 유물을 통해 고찰할 수 있다. 금관총에서는 청동제 초호와 사이호가 출토되었다(도 2.2-48의 6, 7). 금관총 청동초호의 뚜껑에는 연화문이 부조되었고, 원주 법천리 4호분(국립중앙박물관 2000)에서는 연화문이 부조된 뚜껑만 출토되었는데(도 2.2-48의 5), 같은 형태의 초호가 부장되어 있었을 것으로 추정된다. 법천리 4호분 초호 뚜껑의 연화문은 긴 연판이 단판으로 배치된 데 비해 금관총 초호 뚜껑의 연화문은 그보다 길이는 짧고 폭은 넓은 것이 중판으로 배치되어 금관총 초호가 늦은 형식이다. 법천리 4호분은 5세기 전반기 이전으로 편년되는 백제 한성기 석실분이어서(국립중앙박물관 2002) 금관총의 연대 비정에 직접적인 도움은 되지 않지만, 금관총 출토 일부 유물의 계보와 관련하여 의미를 가진다. 청동사이호는 고구려에서 이

....

16 七觀古墳의 등자와 용문 투조 대장식구는 모두 외부에서 移入된 것으로 그 자체의 연대는 七觀古墳보다 이른 것이다.

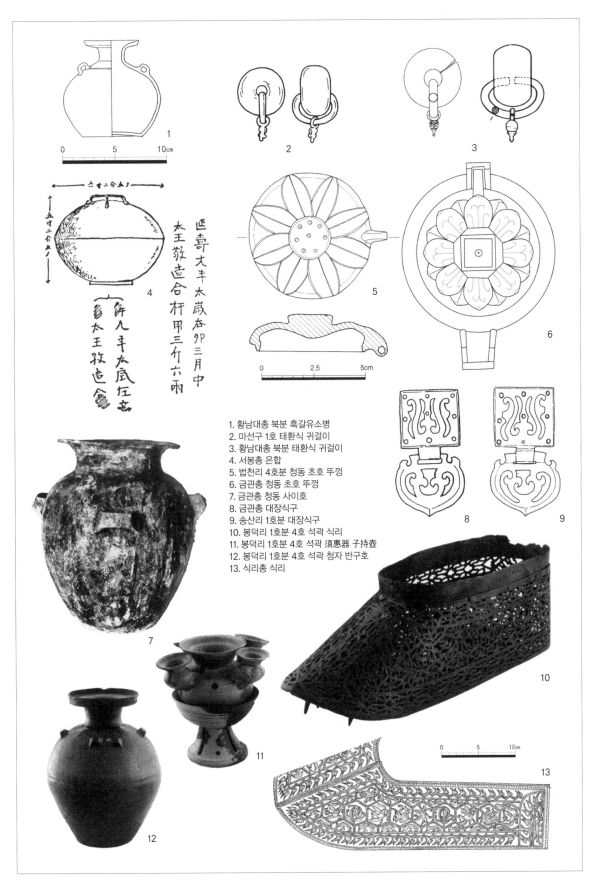

延壽元年太歲在卯三月中
太王敎造合杅三斤六兩

杅三斤太殿在卯
三太王敎造合

1. 황남대총 북분 흑갈유소병
2. 마선구 1호 태환식 귀걸이
3. 황남대총 북분 태환식 귀걸이
4. 서봉총 은합
5. 법천리 4호분 청동 초호 뚜껑
6. 금관총 청동 초호 뚜껑
7. 금관총 청동 사이호
8. 금관총 대장식구
9. 송산리 1호분 대장식구
10. 봉덕리 1호분 4호 석곽 식리
11. 봉덕리 1호분 4호 석곽 須惠器 子持壺
12. 봉덕리 1호분 4호 석곽 청자 반구호
13. 식리총 식리

도 2.2-48 신라토기 편년자료

입된 것으로 토기 사이호로는 5세기 중엽으로 편년되고 있는 장천 2호분 출토 사이호 (緒方 泉 1985; 최종택 2013)와 가장 가깝다.

한편 백제 석실분인 공주 송산리 1호분에서는 금관총 출토 대장식구와 같은 형식의 신라 대장식구가 출토되었다(도 2.2-48의 8, 9). 공주 송산리고분군은 475년 백제가 한성에서 웅진으로 천도한 이후 523년 사비로 천도하기까지의 왕릉군으로, 송산리고분군의 횡혈식석실분 중 송산리 6호분과 무령왕릉 등 전실분보다 높은 곳에 위치한 1~4호분은 전실분에 앞서 5세기 후엽에 축조된 것이다. 이를 통해 금관총과 신라전기양식토기 3b기의 연대는 5세기 후엽으로 비정된다.

신라전기양식토기 4a기에 속하는 대형분과 주요고분으로는 천마총, 금령총, 식리총이 있다. 그 중 식리총에서는 동진대 용수병초두와 함께 금동판의 접합 방식이 신라 식리와는 달라서 좌우의 측판을 전후에서 접합한 비신라적인 식리가 출토되었다(도 2.2-48의 13). 초두는 근년 박순발에 의해 자료집성이 이루어졌는데, 식리총 용수병초두는 B3류로 5세기 전엽으로 편년되었다(박순발 2005).

식리총 식리는 측판과 바닥판의 가장자리에 C자형 화염문을, 그 내부에는 구갑형 구획 안에 쌍금괴수를 투조한 것이다. 그런데 식리총 식리와 제작 방법이 같고, 투조문의 내용도 거의 유사하지만 투조문의 수법으로 보아 식리총 식리보다 1단계 이른 것이 분명한 금동식리가 고창 봉덕리 1호분 4호 수혈식석곽(마한·백제문화연구소 2012)에서 출토되었다(도 2.2-48의 10). 이 석곽에서는 또 TK216형식이나 208형식에 속하는 일본 고분시대 須惠器 子持壺와 중국의 청자반구호가 공반되었는데(도 2.2-48의 11, 12), 청자반구호는「孝建二年」(455)銘 전이 수습된 湖北省 武漢地區 206호묘, 劉宋 중후기(465~479)인 江蘇省 南京市 隱龍山 1호묘 출토 반구호와 형태가 같아(土田純子 2013; 임혜빈 2020), 봉덕리 1호분 4호 석실의 조성연대는 5세기 후엽, 또는 4/4분기로 편년되고 있다(김낙중 2014). 이에 따라 식리총이 속한 신라전기양식토기 4a기는 5세기 말·6세기 초로 비정하는 것이 안정적이라 판단된다.

여기서 서봉총의 토기와 상대연대에 대해 언급해 두겠다. 필자는 과거에 국립중앙박물관에 소장되어 있는 서봉총의 태환식·세환식 귀걸이들에 대해 고찰하여, 그 상대연대가 3b기의 금관총보다 이르다고 본 바 있다(최병현 1981: 223; 1992: 280). 이에 따라 서봉총 출토 십자뉴은합(도 2.2-48의 4)의 명문「延壽元年辛卯」도 경주 적석목곽분의 하한과 서봉총의 상대연대로 보아 511년이 될 수 없으므로 451년, 또는 한 갑자 올려 391년으로 추정될 수 있다고 하였다(최병현 1992a: 374~377). 그러나 그 후 국립중앙박물관에서 서봉총보고서 유물편이 간행되었고, 이 보고서에는 상당수의 서봉총 출토 토기가 수록되었다. 서봉총 출토 토기 형식, 특히 장경호들의 형식(국립중앙박물관 2014: 67)은 4a기로 편년된다.[17]

마지막으로 4b기는 4a기의 연대와 다음 장에서 살펴볼 신라후기양식토기 1a기의 연대에 의해 6세기 전엽으로 편년된다.

이상에서 살펴본 신라전기양식토기 각 분기의 연대를 정리하면 다음과 같다.

1기; 1A(1Aa~1Ab)기: 4세기 중엽, 1B(1Ba~1Bc)기: 4세기 후엽

2기; 2a기: 4세기 말·5세기 초, 2b기: 5세기 전엽

3기; 3a기: 5세기 중엽, 3b기: 5세기 후엽

4기; 4a기: 5세기 말·6세기 초, 4b기: 6세기 전엽

3. 월성 해자의 C¹⁴연대와 신라전기양식토기의 연대

1) 월성지구의 고고학적 조사 개요

신라의 왕성 월성은 왕도 경주의 중앙분지 남쪽, 남천에 접하여 자리하고 있다. 『삼국사기』에 의하면 성을 쌓기 전 월성의 원래 모습은 초승달 모양의 한 산봉우리(一峯如三日月)였으며, 파사이사금 11년(A.D. 101) 이곳에 성을 쌓고 月城이라 하였다고 한다.

---

17 서봉총은 북분(서봉총)과 남분(데이비드총)으로 이루어진 연접분이고, 이 서봉총 보고서 유물편은 유물의 세밀한 출토상태를 알 수 없는 상태에서 보고되었으므로, 보고된 토기들이 모두 북분(서봉총)의 것인지, 북분의 것이라 하여도 모두 묘곽 내부에서 출토된 것인지 확신할 수 없다. 예컨대 보고서에 수록된 소형 고배(국립중앙박물관 2014: 65)들은 4b기보다 앞으로 올라가기 어려운 형식이어서 의심된다. 그러나 대부장경호 3점(국립중앙박물관 2014: 67)은 4a기 형식이 분명하고, 그 외 단경호와 뚜껑들도 대개 4a기 형식이어서 서봉총의 상대연대는 신라전기양식토기 4a기로 편년될 수 있다고 본다.

이 같은 기록으로 보아 월성이 자리한 곳은 원래 주변보다 약간 높은 남천변의 자연구릉이었으며, 사로국에서 고대국가 신라로 발전하는 과정에 이곳에 토성을 쌓아 신라의 왕성이 되었던 것으로 판단된다. 월성에는 서기 935년 신라가 멸망할 때까지 신라의 왕궁이 자리했다.

월성에 대한 고고학적 조사는 일제강점기부터 간헐적으로 이루어져 오다가, 1984~1985년에 월성 성벽의 북쪽지역에 대한 시굴조사가 본격적으로 이루어졌다. 이 시굴조사를 통해 성벽 북쪽에 접한 해자의 범위가 파악되고, 해자 북쪽에 위치한 월성지구 건물지들의 존재도 드러났다(도 2.2-49). 이에 1985년부터는 해자에 대한 시굴, 해자 북쪽의 건물지들에 대한 발굴이 이루어져 왔다(최병현 2016; 박정재·최문정 2017). 앞서 소개된 〈도 2.2-39〉의 월성 해자 고배는 이때의 해자 시굴에서 출토된 것이다.

이와 같은 시·발굴조사를 통해 월성지구에서는 선사시대부터 사람들이 살아왔으나, 신라의 성장과 관련된 취락은 원삼국 후기, 즉 사로국 후기부터 형성되기 시작한 것으로 밝혀지고 있다. 월성과 그 주변을 포함한 월성지구에서 아직까지 원삼국 전기의 고식와질토기가 출토되는 유구는 발견된 바 없으나, 월성 북쪽의 해자와 인접한 곳에서는 신식와질토기나 신라조기양식토기가 출토되는 주거지, 수혈 등이 발굴되었다(최병현 2016). 또 원삼국 후기의 신식와질토기와 신라조기양식토기는 그 후 발굴조사가 본격화된 월성 내부 C지구의 Test Pit 성토층 조사에서도 다량으로 출토되고 있으나, 원삼국 전기의 고식와질토기는 월성 내부 조사에서도 전혀 찾아지지 않고 있다(박정재·최문정 2017; 최문정 2021).

지금까지의 조사에서 드러난 자료들로 보아 자연구릉 상태였던 현재의 월성과 그 주변 일대에는 원삼국 후기, 즉 사로국 후기부터 취락이 형성되어, 이 월성 취락이 사로국의 중심취락으로 기능하였던 것으로 판단된다. 사로국이 고대국가 신라로 발전하면서 이곳에는 토성이 축조되고 성벽에 접하여 해자가 설치되었으며, 성 안팎에 궁궐과 관아시설이 들어서 신라의 왕성으로서 위용을 갖추어간 것이다(최병현 2016: 62~72).

월성취락의 형성과 함께 그 북쪽에는 고분군도 조영되기 시작하였다. 월성북고분군이 그것으로, 그 동단부에서부터 원삼국 후기, 즉 사로국 후기의 목곽묘가 축조되기 시작하여, 고분군이 형성되어 간 것이다(최병현 2014c; 2021a: 522~534). 월성북고분군은 사로국 후기 이후 신라의 중심고분군이 되어, 이곳에는 마립간시기 신라의 왕릉들이 거

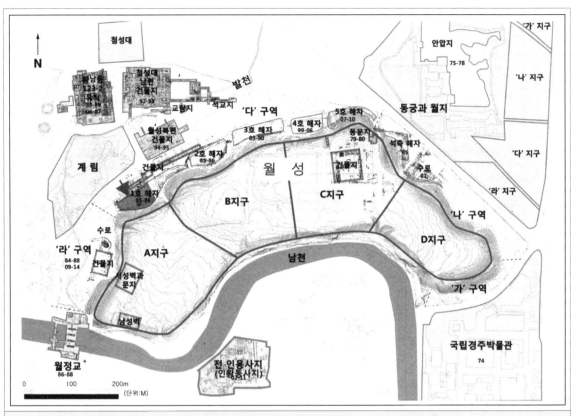

1. 월성 및 그 주변 일대의 발굴조사

기관	조사 기간	조사 구역	조사 내용
경주고적 발굴조사단	1979~1980	동문지 발굴조사	· 동문지 발굴조사 · 해자 '나'구역 석축해자 일부 확인
	1984~1985	외곽지역 시굴조사	· 해자의 대략적 규모 및 성격 파악 · 월성 북편, 계림 및 첨성대 일대 조사
	1985~1995	외곽지역 발굴조사	· '해자 나'구역 석축해자, '다'구역 1~3호 해자 및 건물지, '라'구역 해자 및 건물지 · 월성 동편, 계림 남편, 계림 북편, 첨성대 남편, 월성 북서편
국립경주 문화재연구소	1999~2014	외곽지역 발굴조사	· '해자 다'구역 4~5호, '라'구역 건물지 · 계림 북편 추가 조사(황남동 123-2번지 유적)
	2003~2007	월성 기초조사	· 월성 내부 지표조사, 월성 기초학술조사 (정밀지표조사 및 측량, 지하레이더 탐사, 지형, 식생 연구 등)
	2014~2020	월성 및 해자 발굴조사	· A지구 서성벽·서문지 · C지구 중앙건물지, · 해자 '다'구역 1~3호 해자, 1호 해자 사이 도로유구

2. 월성 및 그 주변 일대의 시·발굴조사 경과

도 2.2-49 월성지구 조사현황(장기명 2021)

대한 고총으로 축조되었다.

이상과 같은 조사와 연구 성과가 이루어진 끝에 월성에 대한 고고학적 조사는 2014년 말부터 연차적인 장기 기획발굴로 전환되었다. 기획발굴에서는 성 내부를 A~D 지구로 나누어, 그 중 C지구의 건물지에 대한 발굴조사가 실시되고 있다. 그 과정에서 성 내부의 성토 과정 확인을 위해 3곳의 Test Pit 조사가 이루어져 월성 내부의 성토층 층위가 확인되었으며, 성토 과정을 밝혀주는 많은 토기편이 수집되었다. 이에 대해서는 뒤에서 다시 언급하겠다.

다음 A지구의 서성벽 문지조사와 문지 북쪽의 성벽 절개조사가 이루어졌다. 서성벽 문지 부분에서는 기저부 조성층과 성벽 성토층의 경계면에서 人身供犧의 인골 2구와 그 발치 쪽에 놓인 4점의 토기가 출토되었다. 문지 북쪽의 성벽 절개조사에서도 토성의 축조 과정과 관련된 다수의 토기편이 출토되었지만, 기저부 조성층 및 인신공희 인골과 함께 출토된 토기들은 월성 성벽 축조의 상한연대를 알려주는 주요 증거가 된다.

다음은 성벽 북쪽에 접한 해자 조사로, 특히 그중 계림 남쪽에 위치한 1-1호 해자가 전면 발굴되었다. 월성 성벽의 북쪽 해자는 축조기법에 따라 수혈해자와 석축해자로 구분되며, 원래 수혈해자가 조성되어 존재하였으나 뒤에 석축해자로 개조된 것임은 시굴조사를 통해 이미 밝혀져 있었다. 월성의 기획발굴에서는 그 일환으로 1-1호 해자 내부를 전면 발굴하여 해자의 구조 변화 과정을 밝히고, 내부에서 많은 인공유물과 자연유물을 수습하여 다방면으로 분석을 진행하고 있다. 그에 대한 성과물은 이미 상당 부분 학계에 제공되었다(국립경주문화재연구소·국립경주박물관 2018; 국립경주문화재연구소 2019; 2020; 2021).

2) 월성 1-1호 해자 출토 신라토기의 연대

(1) 월성 수혈해자의 판자벽 시설과 C^{14}연대

월성의 성벽 북쪽에 접하여 처음 축조된 해자는 경주분지의 원지반인 선상지 역석층을 남-북 25~45m 너비로 파낸 수혈해자였다. 그 후 수혈해자가 메워지고, 그 위에

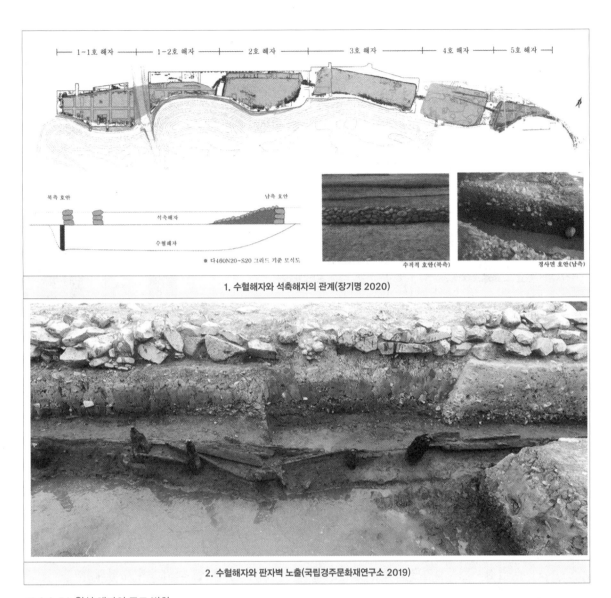

1. 수혈해자와 석축해자의 관계(장기명 2020)

2. 수혈해자와 판자벽 노출(국립경주문화재연구소 2019)

도 2.2-50 월성 해자의 구조 변화

규모를 축소하여 석축해자가 축조되었다(도 2.2-50의 1). 석축해자가 축조된 시기는 해자 내부의 출토 유물로 보아 통일 이후로 판단되고 있다(장기명 2020: 157).

그런데 수혈해자의 내부에는 목제 판자벽이 시설된 것으로 밝혀졌다(도 2.2-50의 2). 판자벽은 수혈해자의 북쪽 수혈벽을 따라 설치되었는데 약 1.5~2m 간격으로 목주를 세운 후 목주 뒷면에 1.2~1.5m 높이로 판자를 결합한 구조였다. 목주의 남은 높이는 평균 40~60cm였으나 최대 3.12m에 이르는 것도 있었다. 판재는 잔존 폭 5~30cm, 잔존 길이 1.80m로, 40cm씩 겹쳐서 최대 7단으로 결합하였다(장기명 2020: 156).

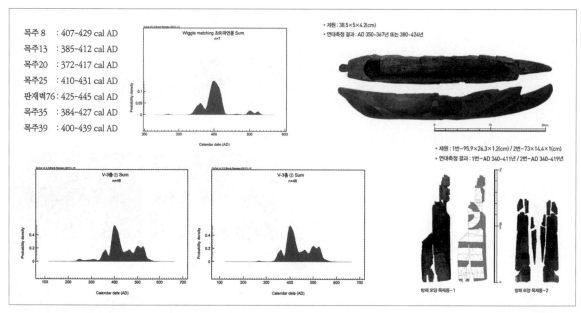

도 2.2-51 목제 판자벽 시설과 수혈해자의 연대 측정치

1-1호 수혈해자를 기준으로 보면, 판자벽은 수혈해자가 설치되고 나서 기존 해자의 굴착면을 따라 목주와 판자벽을 설치할 수 있도록 재굴착하여 세워졌다. 재굴착하여 판자벽이 설치된 수혈해자는 수심이 더욱 깊어져 기존의 수혈해자와는 2단 굴광의 형태가 되었다(장기명 2020: 159~160). 최초의 수혈해자 설치와 그 안의 판자벽 설치 사이에는 시간적 간격이 있었다는 것을 의미한다. 이 점은 뒤의 수혈해자 내부 출토물의 연대 분석에서도 드러난다.

국립경주문화재연구소에서는 부산대학교 이창희 교수팀에 의뢰하여 수혈해자의 목주, 판자벽과 그 내부 출토물에 대한 연대측정을 실시하였다. 이창희 교수팀은 총 7건 29점의 목재에 대해 '위글매치법을 이용한 C^{14}연대 측정'을 실시하였고, 그 외 수혈해자 내부에서 출토된 원목, 목탄, 목기와 종자 등 단독시료에 대한 C^{14}연대도 측정하였다(국립경주문화재연구소 2019; 이창희 2021).

그 결과 수혈해자 판자벽 시설의 목주와 판자의 벌목 연대는 모두 5세기 전반으로 나왔고, 해자 내부 퇴적층에서 나온 방패모양 목제품에서도 같은 연대가 나왔다(도 2.2-51). 이 연대는 다른 연대측정법과 교차 검증하여 보정 연대를 추출하였기 때문에 대단히 신뢰도가 높다고 한다. 또 해자 내부에서 나온 다른 목재품이나 종자들의 연대 분포도 이와 부합된다고 한다(장기명 2020: 160; 이창희 2021).

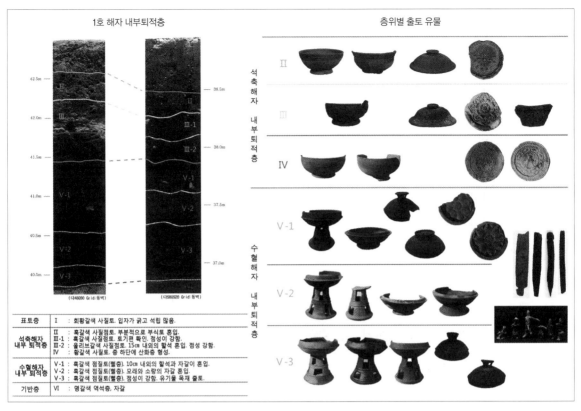

도 2.2-52 1호 해자의 표준 토층과 층위별 유물(국립경주문화재연구소·국립경주박물관 2017)

(2) 월성 1-1호 해자 출토 신라토기의 연대

1-1호 해자의 내부 퇴적층은 표토층과 기반층을 제외하고 모두 4개의 층위로 구분되었다(도 2.2-52). 그 중 II~IV층은 석축해자 내부의 퇴적층이고, V층이 수혈해자 내부의 퇴적층인데, V층은 다시 3개의 층으로 세분되었다. 수혈해자의 각 층에서 출토된 유물로 보아 층위의 역전 현상은 없었고, 밑에서부터 V-3층, V-2층, V-1층의 순차적인 퇴적상태가 그대로 유지되었던 것으로 판단되었다(박정재·최문정 2017: 14~16; 장기명 2020: 156). 다만 〈도 2.2-52〉에서 보듯이 V-2층에서 이른 시기의 신라전기양식토기 2단 각고배와 함께 신라후기양식토기 단각고배가 출토되고, V-1층에서는 2단각고배와 함께 단각고배, 연화문와당이 함께 나온 것은 저습지 상태인 해자 내부의 특성상 늦은 시기의 유물이 침전되어 가라앉게 된 것이라 판단된다.

해자 내부의 각 퇴적층에서는 토기를 비롯한 각종 유물이 출토되었는데, 수혈해자의 판자벽 설치 연대와 관련해서는 가장 아래 퇴적층인 V-3층에서 출토된 토기들을 분석해 보아야 한다. 당초 V-3층 출토 토기로는 〈도 2.2-52〉에서 고배 3점과 뚜껑 2점이 공개되었다(박정재·최문정 2017: 15; 국립문화재연구소·국립경주박물관 2018: 51). 그러나 그 후 수혈해자 출토 유물에 대한 전수조사가 이루어져(장기명 2020: 160), 약간의 변동이 있었다. 〈도 2.2-52〉의 V-3층의 사격자문 고배 뚜껑이 제외되고,[18] 파배 1점(국립경주문화재연구소 2019: 189)과 소형 고배 1점(장기명 2020: 161)이 V-3층 출토 토기로 추가 공개되었고, 그 외 다른 파배 1점의 사진도 학술대회에서 발표되었다. 필자는 국립경주문화재연구소 월성조사단에서 해자 출토 유물들을 실견하고 지금까지 공개된 수혈해자 V-3층 출토 토기들의 사진을 제공받았다. 그것이 〈도 2.2-53의 1〉이다. 그리고 실견한 바에 의하면 V-3층 출토 토기는 이외에 몇 점이 더 있었다. 이하에서는 이 토기들에 대해 간단히 고찰해 두겠다.

수혈해자 V-3층 출토 토기 1은 앞서 분류한 신라전기양식토기 나팔각고배 B 또는 C계열의 3단각고배로(앞의 도 2.2-2 참조), 대각 하단이 아직 넓은 편이지만 대각의 전체 형태가 거의 직선각에 가까운 점, 내경한 긴 구연부의 끝이 뾰족한 점 등으로 보아 나팔각고배 B 계열의 1Bc기 황남동 110호분 출토 고배(도 2.2-53의 2-1)에 가장 가깝다.

토기 2는 신라전기양식토기 창녕양식의 고배 뚜껑으로, 현재로서는 창녕 교동 3호분 출토 뚜껑이 그에 가장 가깝다(도 2.2-53의 2-2). 필자는 창녕 교동 3호분 출토 등자를 신라전기양식토기 2b기 병행기로 편년한 바 있다(최병현 2014b: 47; 2021a: 854).

토기 3은 대각 하단 접지부가 단면 역삼각형인 것이 특징인 나팔각고배 B 계열의 2단각고배이다(앞의 도 2.2-21 참조). 일반적으로 대각 중간에 2줄의 돌대를 배치하여 대각을 상하단으로 구분하지만, 이 고배의 대각 중간에는 돌대가 아니라 여러 줄의 침선을 돌린 것이 다르다. 이를 제외하면 대각의 상단 투창은 장방형, 하단 투창이 방형인 점은 2b기의 월성로 나-9호묘 고배와도 같으나, 그보다 배신에 비해 대각이 높고 배신의 깊이도 얕은 것으로 보아 3a기 형식인 황성동 885/7-5호묘 고배(도 2.2-53의 2-3)에 더 가깝다. 실견한 바로는 나팔각고배 B 3a기 형식이 3점 더 나왔는데, 모두 대각 중간에는 2줄의 돌대가 돌아갔다.

....

18 이 고배 뚜껑은 V-3층 유물에서 제외되었지만, 월성로 나-14호묘 출토 고배 뚜껑(국립경주박물관 1990: 346 도면 181-①)과 같은 신라전기양식토기 3a기 형식이다. 뚜껑에 새겨진 사격자문은, 꼭지 형태는 다르지만, 같은 3a기 형식인 월성로 나-7호묘 고배 뚜껑(국립경주박물관 1990: 279 도면 147-③)과 똑같다.

1. 월성 I-1호 해자 V-3층 출토 토기

2. 월성 I-1호 해자 V-3층 출토 토기 관련 자료

1. 황남동 110
2. 창녕 교동 3
3. 황성동 885/7-5
4·6. 월성로 나-12
5. 황오동 100-14
7. 월성로 나-14

0   5   10cm

도 2.2-53 월성 I-1호 해자 V-3층 출토 토기와 관련 자료

토기 4는 2단각고배(중) 계열의 3a기 형식이다. 월성로 나-12호묘 출토 동형 고배(도 2.2-53의 2-4)는 동일인이 제작한 것이라고 해도 좋을 만큼 세부적인 속성이 같다. 실견한 바로는 이 형식의 고배도 1점 더 출토되었다.

토기 5는 2단각고배(소2)의 3a기 형식으로, 같은 형식의 고배는 황오동 100-14호묘에서 출토되었다(도 2.2-53의 2-5). 실견한 바로는 이 형식의 고배도 1점 더 출토되었다.

토기 6은 파배 A1의 3a기 형식이다. 같은 형식의 파배는 월성로 나-12호묘에서 앞의 고배와 함께 출토되었다(도 2.2-53의 2-6).

토기 7은 파배 A2의 3a기 형식이다. 같은 형식의 파배는 월성로 나-14호묘에서 3a기 형식의 고배들과 함께 출토되었다(도 2.2-53의 2-7).

이외에 아직 공개되지 않은 것 중에는 2단각 무개식고배 A1의 3a기 형식 1점이 포함되어 있는 것을 확인하였다(앞의 도 2.2-22 참조).

이상 살펴본 바와 같이 수혈해자의 최하부 퇴적층인 V-3층에서 출토된 토기는 신라전기양식토기 1Bc기 형식 고배 1점, 2b기 병행기 창녕양식 고배 뚜껑 1점 외에는 모두 3a기 형식의 고배와 파배들이다. 실견한 것까지를 포함하면 13점의 토기 중 2점만 2b기 이전 형식이고 나머지는 모두 3a기 형식으로 상대편년된다.

그러면 이 토기들의 연대는 어떻게 비정될까. 앞서 살펴보았듯이 수혈해자의 판자벽은 기존의 수혈해자를 재굴착하여 세워진 것으로, 기존의 수혈해자와 판자벽 설치 사이에는 시차가 있었다. 그러나 판자벽을 설치한 수혈해자의 바닥은 기존의 수혈해자보다 깊어 2단 굴광의 형태였다고 한다. 이는 판자벽 축조 시 기존 해자의 내부 퇴적층을 모두 파낸 것을 의미한다. 그러므로 수혈해자 내부의 퇴적층 유물은 기본적으로 최하층부터 판자벽 설치 이후 해자에 들어간 것으로 보는 것이 옳다.

그런데 기존의 수혈해자 굴광선과 판자벽 사이의 바닥층에서 채취한 목재에서는 판자벽 시설보다 이른 C^{14}연대가 나왔다(안소현 2020: 83). 이는 판자벽 뒤에 기존 수혈해자의 퇴적층 일부가 남아 있었다는 것을 의미한다. 또 소수이기는 하지만 수혈해자 내부에서 나온 원목 중에도 C^{14}연대가 서기 400년 이전으로 나온 예들도 있었다(국립경주문화재연구소 2019; 국립경주문화재연구소·영남고고학회 2021: 171~174). 이와 같은 사실은 수혈해자 내에 판자벽을 설치할 때 기존 수혈해자 내의 퇴적물을 제거하였지만, 그 제거가 완벽하지는 않았음을 의미한다. 즉 판자벽 안팎에 판자벽 설치 이전의 수혈해자 내부 퇴적물 일부가 부분적으로 남아 있었다는 것이다.

여기서 수혈해자 퇴적층 V-3층 출토 토기 13점 가운데 단 2점은 신라전기양식토기 2b기 이전의 형식이고, 나머지 11점은 모두 3a기 형식인 점이 유의된다. 더 말할 것 없이 이 3a기 형식 11점은 판자벽 설치 이후에 들어간 것이다. 토기 형식상 그와 시차가 있는 나머지 2점은 판자벽 설치 이전의 퇴적 유물로 보는 것이 자연스럽다. 좀 더 엄밀히 말하면 그 중 신라전기양식토기 2b기 병행기의 창녕양식 고배 뚜껑은 판자벽을 설치할 때와 연대가 같다. 앞서 신라전기양식토기 2b기는 5세기 전엽으로 편년되었다. 따라서 완전히 판자벽 설치 이전으로 올라가는 토기는 3단각고배 1점뿐이다.

또 여기서 유의되는 것은 V-3층 출토 3a기 형식의 토기들이 소파편 상태가 아니라 거의 모두가 완형에 가깝게 복원된다는 사실이다. 이는 이 토기들이 판자벽 설치에 따른 의식 등 어떤 행위 후 일괄로 폐기되었을 것임을 강력하게 시사한다. 이상과 같은 상황으로 보아 이제 V-3층 출토 3a기 형식의 토기들은 판자벽 설치 직후에 폐기된 것으로 그 연대는 늦어도 5세기 중엽임이 분명하다. 2b기 이전 형식 토기의 연대에 대해서는 여기서 더 이상 언급할 것이 없다.

3) 월성 해자 출토 신라전기양식토기 연대의 의의

경주 월성 수혈해자의 판자벽 C^{14}연대에 의해 이제 신라전기양식토기 3a기는 5세기 중엽이라는 절대연대를 갖게 되었다. 그런데 이 절대연대는 일본 고분시대 初期須惠器의 연륜연대와도 정합성을 가진다.

앞서는 일본 고분시대의 初期須惠器 TG232형식이 신라전기양식토기 1Ba기 신단계~2a기, TK73형식이 신라전기양식토기 2b기 형식과 병행하는 것을 살펴보았다. 그런데 TG232형식의 연륜연대가 서기 389년, TK73형식의 연륜연대가 서기 412년으로 나온 것이다. 이제 그에 이어 신라전기양식토기 3a기 형식이 월성 수혈해자의 판자벽 C^{14}연대 5세기 전엽에 의해 5세기 중엽이라는 절대연대를 갖게 되었고, 일본 고분시대의 初期須惠器 연륜연대부터 월성 수혈해자의 판자벽 C^{14}연대, 그에 따른 신라전기양식토기 3a기 형식의 절대연대가 모두 정합성을 갖게 된 것이다.

필자는 앞서 신라전기양식토기 1A(a, b)기-4세기 중엽, 1B(a~c)기-4세기 후엽, 2a기-4세기 말·5세기 초, 2b기-5세기 전엽, 3a기-5세기 중엽으로 비정하였다. 이제 이 연대는 더 이상 비판의 대상이 되지 않는다.

신라전기양식토기의 연대는 이상과 같이 정합성을 가지게 되었으므로, 월성의 축조연대와 관련한 토기들의 연대에 대해서도 안정적으로 살펴볼 수 있다. 앞으로의 조사에서 출토되는 월성 축조와 관련된 토기들은 말할 것도 없지만, 지금까지의 월성지구 조사를 통해 이미 월성 안팎에서 출토된 토기들에 대해서도 여기서 간단히 언급할 수는 없다. 이들은 치밀하게 분석되어야 하므로, 이들에 대한 종합적인 고찰은 후일 별도의 기회를 갖도록 하겠다. 여기서는 다만 이미 자료가 공개된 C지구 Test Pit와 서문지 성벽 기저부 조성층에서 인골과 함께 나온 토기에 대해서만 간단히 살펴두도록 하겠다.

앞서 언급하였듯이 2014년 말부터 시작된 연차적인 장기 기획발굴에 따라 월성 내부 C지구의 건물지가 발굴되고 있고, 그 일환으로 성 내부의 성토 과정 확인을 위해 C지구의 3곳에서 Test Pit 조사가 있었다. 〈도 2.2-54〉는 3곳의 Test Pit 층위와 출토 토기, 그리고 각 층 시료에 대한 C¹⁴연대이다(최문정 2021).

그 중 VII층의 연대는 26-210년으로 나왔고, VII층 이하의 출토 토기들은 신식와질토기편들로 보이지만 소편들이어서 실물 확인 이전에 언급하기는 주저된다.

VI층에서 나온 토기편들은 신라조기양식토기 1a기(14)에서 2b기(15) 형식까지 보인다. 15번 노형기대에는 파수가 붙었지만, 구경부의 형태로 보아 가야조기양식토기 파수부노형기대가 아니라 신라조기양식토기 노형기대에 파수가 붙은 것으로 판단된다(앞의 도 2.1-24 참조). VI층의 연대는 20-248년까지 나와 하한이 앞서 살펴본 신라조기양식토기 2b기 연대 4세기 전엽보다 약간 내려오지만, 그것이 문제될 것은 없다.

V층의 출토 토기는 신라조기양식토기 2a기(44)에서부터 신라전기양토기 1Bc기(11)까지 보인다. V층의 연대는 234-402년으로 나왔는데, 앞의 편년에 따르면 출토 토기들의 연대는 모두 그 안에 들어간다.

IV층의 출토 토기는 신라조기양식토기 2b기(9)부터 신라전기양식토기 2a기(25, 27)까지 보인다. IV층의 연대는 234-423년으로 출토 토기의 연대는 모두 그 안에 들어간다.

III층 출토 토기는 대개 신라전기양식토기로 보인다. III층의 연대는 336-440으로,

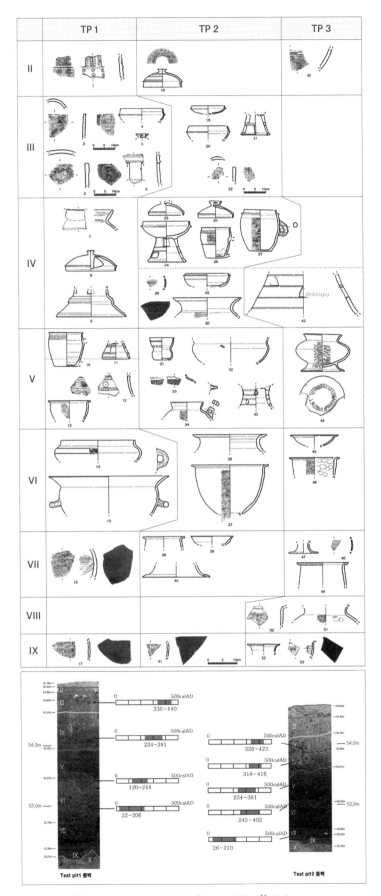

도 2.2-54 월성 C지구 Test Pit 층위와 출토 토기 및 C¹⁴ 연대

토기 연대와 부합되는 것으로 판단된다.

이상과 같이 C지구 Test Pit의 층위는 안정적이고, 각 층위의 C14연대도 안정적인 층위의 퇴적 과정 또는 성토 과정을 보여준다. 그리고 각 층위의 측정연대와 각 층에서 출토된 토기 연대는 정합성을 가져, 앞서 비정된 신라조기양식토기와 신라전기양식토기의 연대가 또한 안정적임을 입증한다.

서문지 성벽 기저부 조성층의 人身供犧 인골 발치 쪽에서 나온 토기 4점은 컵형토기 1점, 광구소호 1점, 단경호 1점, 적갈색연질의 발형토기 1점이다(도 2.2-55의 3~5). 이 중 컵형토기는 앞의 컵형토기 편년(앞의 도 2.2-12 참조) 중 신라전기양식토기 1Aa기의 황성동 590(경북)-48호 목곽묘, 동 57호 목곽묘 출토 컵형토기와 가장 가깝다. 광구소호는 앞의 편년(앞의 도 2.2-11 참조) 중 신라전기양식토기 1Aa기의 구어리 7호묘 출토 광구소호 또는 1Ab기의 월성로 가-6호묘 광구소호와 가까우나 하부 동체의 아직 둥근 형태와 구경부 중간의 굴곡으로 보아 구어리 7호묘의 광구소호에 좀 더 가까운 것을 알 수 있다. 따라서 이 토기들은 신라전기양식토기 1Aa기로 편년되는데, 앞서는 신라전기양식토기 1A(a, b)기의 연대를 4세기 중엽으로 비정하였다. 1Aa기이므로 4세기 중엽의 전반에 속할 것이다.

월성 A지구 서성벽의 절개조사 지점은 인신공희 인골이 출토된 곳에서 약간 북쪽으로, 서성벽 1의 1Tr.이다(도 2.2-55의 1, 2). 실견한 바에 의하면 안정된 토층의 1차 성벽 위로 후대의 보축 성벽이 덮여 있었고, 1차 성벽과 보축 성벽에서 많은 토기편이 나왔다. 성벽 출토 토기편들은 아직 공개되지 않아 여기에 소개할 수는 없지만, 필자가 실견한 것 중에는 황남동 110호분 단계의 직선적인 3단각고배의 대각, 황남대총 남분 단계의 대각 도치형 꼭지가 붙은 고배 뚜껑이 가장 늦은 것이었다. 대각도치형 뚜껑꼭지는 1Bc기의 황남동 110분에서부터 나오지만, 월성 성벽에서 출토된 것은 단면 3각형인 상단 테두리 아래에 큼직큼직한 투창이 뚫린 것으로, 황남동 110호분 다음 단계인 2a기의 황남대총 남분에서 출토된 것과 같다. 신라전기양식토기 1Bc기인 황남동 110호분은 서기 4세기 말, 2a기인 황남대총 남분은 서기 4세기 말·5세기 초이다.

이상 살펴본 것을 종합하면 자연구릉 상태의 월성 안팎, 즉 월성지구에는 신식와질토기 단계인 원삼국 후기, 즉 사로국 후기부터 취락이 형성되기 시작하였으며, C지구 Test Pit의 층위로 보아 토성을 축조하기 이전부터 월성 내부에는 자연적인 퇴적 또는

1. 월성 서성벽 단면조사

2. 월성 서성벽 층위조사

3. 월성 서성벽(A지구) 인골 출토지 토층

5. 인골 곁에서 출토된 토기

1. 황성동 590
   (경북)-48
2. 황성동 590
   (경북)-57
3. 구어리 7
4. 월성로 가-6

6. 관련자료

0   5   10cm

4. 월성 서성벽(A지구) 출토 인골(좌:인골①, 우:인골②)

도 2.2-55 월성 서성벽 발굴과 출토 토기

인공적인 성토가 이루어지고 있었다. 서문지 성벽 기저부에서 인골과 함께 출토된 컵형 토기 등은 늦어도 서기 4세기 중엽부터는 성벽 기저부가 조성되기 시작하였음을 말해 준다. 그 위로 4세기 말·5세기 초에 1차 성벽이 완성되었다.[19] 1-1호 해자 V-3층의 3단 각고배로 보아 1차 성벽이 완성되었을 때는 수혈해자도 조성되었을 것으로 판단된다. 수혈해자에는 그 이후 5세기 전엽에 판자벽이 설치되고 신라전기양식토기 3a기 이후의 토기들이 퇴적되었다.

지금까지 월성의 발굴자료에서 측정된 연대와 앞서 비정한 각 단계 신라토기의 연대는 이와 같이 정합성을 갖고, 월성의 단계적인 축조과정을 설명할 수 있게 해주는 것이다.

....

19   물론 이 연대는 앞으로 1차 성벽에서 더 늦은 형식의 토기가 확인되면 달라질 수 있다.

신라전기양식토기의 전개

1. 신라·가야조기양식토기에서 신라전기·가야양식토기로의 전환(도 2.2-56)

신라전기양식토기 성립의 지표는 대각에 상하로 장방형의 투창이 뚫린 4단각고배와 장경호의 출현이다. 앞서 살펴본 편년에 의하면 신라전기양식토기는 신라의 중심지 경주에서 서기 4세기 중엽에 성립하였다. 신라전기양식토기는 경주지역의 중심고분군인 월성북고분군에서부터 부장되기 시작하였겠지만, 지금까지 월성북고분군에서 신라전기양식토기 성립기의 고분 조사는 거의 이루어지지 않았고, 경주지역 전체에서도 신라전기양식토기 성립기 토기가 부장된 고분의 조사는 미미하다. 그러나 이미 조사된 유적을 통해 보아도 신라전기양식토기는 서기 4세기 중엽에 성립하여, 경주지역에서부터 신라조기양식토기를 대체해 나가기 시작한 것이 분명하다.

하지만 신라전기양식토기 1A(a, b)기는 경주지역의 중심고분군인 월성북고분군에서도 신라조기양식토기 이래의 통형고배가 부장되고 있는 등 아직 전환기적인 성격을 띠고 있었다. 경주지역에서 통형고배의 부장은 1Ba기에도 예가 있다(앞의 도 2.2-1 참조). 월성북고분군과 함께 분지지구에 자리한 황성동고분군에서도 부장토기는 조기형 고배나 각종 호류 등으로 신라조기양식토기의 연장선에 있었을 뿐, 신기종의 신라전기 양식토기를 부장한 고분은 극소수에 지나지 않았다. 외곽 지구의 고분군들은 더 말할 것도 없다.

또, 신라전기양식토기의 성립은 고배와 장경호 등 신기종의 출현을 의미하지만, 신 기종의 구조·형태는 齊一的이지 않았다. 특히 고배에는 여러 형태가 존재하였다. 신라 토기 고배는 대각의 상하 교차투창이 표지적인 특징이지만, 1Aa기에 처음 등장한 유개 식고배는 상하 일렬투창 대각으로 출현하였다. 그러나 무개식고배는 1Aa기부터 교차 투창 대각으로 출현하였다. 1A(a, b)기의 장경호들도 전체의 크기나 경부 형태에서 변 이가 많았다.

1Ab기의 월성로 가-5호묘 등에서는 대각에 삼각형 투창이나 화염형 투창이 뚫린 고배도 존재하였다. 1Ab기 월성로 가-6호묘의 통형고배에 덮인 뚜껑도 1Aa기 유개식 고배의 뚜껑과는 다른 가야양식토기 고배와 가까운 것이다(앞의 도 2.2-1, 17 참조).

토기의 대각에 삼각형 투창을 뚫은 것은 경주지역의 신라조기양식토기 노형기대 나 고배에서도 볼 수 있지만, 화염형 투창은 함안지역 가야토기 고배의 표지적 특징으 로 되어 있다. 그러나 앞서 보았듯이 경주 천북면 화산리요지에서 화염형 투창 무개식 고배가 생산된 것이 확인되므로(앞의 도 2.1-40의 2 참조), 경주지역의 고분에 부장된 화 염형 투창 고배가 반드시 함안지역에서 이입된 것으로 볼 필요는 없다. 그보다는 오히 려 함안지역이 신라조기양식토기의 분포권이었다는 데서 의미를 찾아야 할 것으로 판 단된다.

이와 같이 신라전기양식토기 1A(a, b)기는 경주지역에서도 대개의 유적에서는 신 라조기양식토기 이래의 기종들이 부장되고 있었고, 소수 존재한 신라전기양식토기의 신기종들도 아직 제일적이지 않았다. 경주지역의 토기가 신라조기양식토기로부터 신라 전기양식토기로 바뀌어가기 시작한 전환기로, 아직 신라전기양식토기의 정형성이 확립 되지는 못한 것이다.

그러나 유개식고배도 1Ab기부터는 교차투창 대각으로 전환되었다. 과거에는 1Ba 기의 경주 황남동 109호분-3·4곽 출토 3단각고배가 대각에 교차투창이 뚫린 최고식의 신라토기 고배로 인식되었지만, 이와 같이 신라토기 유·무개식고배 대각의 교차투창은 이미 신라전기양식토기 1Ab기에 확립된 것이다. 신라토기 유·무개식고배는 그 연장선에서 1B(a~c)기에 교차투창 3단대각으로 정립된 것이다. 1B(a~c)기에는 고배에서 3단각고배와 함께 2단각고배도 새로 출현하였고, 2단각고배와 1단각고배가 많은 세부기종으로 분화되었으며, 장경호도 세부 기종별로 제일성이 뚜렷해졌다. 신라전기양식토기는 1B(a~c)기에 들어와 그 양상이 크게 달라진 것이다.

물론 1B(a~c)기에도 부장토기의 이질성이 완전히 없어진 것은 아니었다. 1Ba기의 동산리 31호묘에서는 삼각형 투창고배가 출토되었고, 중산리 IA-51호묘에서는 유·무개식 3단각고배들과 함께 4단각, 5단각의 무개식고배가 공반되었다. 1Bb기의 월성로 가-13호묘 출토 교차투창 3단각고배는 배신도 이질적이지만, 그 뚜껑은 1Ab기의 월성로 가-6호묘 출토 통형고배 뚜껑의 계보를 이은 것이다. 월성로 가-13호묘에서는 그와 함께 장방형 투창이나 삼각형 투창이 일렬로 뚫린 고배들도 공반되었다(앞의 도 2.2-17 참조).

이와 같이 1Ba기와 1Bb기에도 경주지역 고분의 부장토기 중에는 아직 이질적이거나 제일성에서 벗어난 속성을 가진 토기들이 일부 존재하였다. 그러나 이제 이들은 예외적인 존재들이었을 뿐으로, 1B(a~c)기는 신라토기 고배가 교차투창 3단각으로 정립되고, 장경호도 제일성이 갖추어진 신라전기양식토기의 정립기라고 할 수 있다.

신라전기양식토기는 전환기와 정립기로 나누어지는 성립기를 지나면, 고배는 교차투창의 2단각고배로 정형화되었고, 장경호도 1Bc기에 대부장경호가 성립되어 주류로 되어갔다. 이와 함께 신라조기양식토기 후반에 출현한 광구소호와 컵형토기, 신라전기양식토기 1기에 분화된 고배류의 소수 기종이나 장경호의 소수 기종 등 과도기적인 기종들이 대개 1기 말 이전에 소멸되었다. 신라전기양식토기는 2(a, b)기부터 정형화가 이루진 것이다.

〈도 2.2-56〉에서는 신라전기양식토기의 성립에서부터 정형화까지의 주류적인 고배와 장경호의 형식 변화 과정을 확인할 수 있다. 그 변화 과정에 대해서는 앞서 기종별로 살펴보았으므로 더 이상의 설명은 생략한다.

경주에서 신라전기양식토기가 성립할 무렵 김해지역에서도 새로운 토기양식으로 가야양식토기가 성립되기 시작하였다. 가야양식토기의 성립 지표도 대각에 장방형 투창이 뚫린 유개식고배와 장경호의 출현이다. 가야양식토기 고배는 통형에 가까운 대각에 상하로 뚫린 일렬투창이 표지적인 특징인데, 신라전기양식토기 1Aa기 병행기의 김해 대성동 2호묘와 3호묘에서 그러한 특징의 유개식고배가 출현한 것이다(경성대학교박물관 2000a; 2010). 가야양식토기 장경호는 긴 경부에 뚜껑받이 턱을 갖춘 유개식장경호 A, 경부가 위로 올라가며 내경한 유개식장경호 B, 경부가 심하게 외반된 가야조기형 장경호(최병현 2018b: 83)에서 경부가 길어지고 외반각도가 줄어든 장경호 C가 표지적인데, 이와 같은 가야양식 장경호들은 고배보다 1단계 뒤인 1Ab기의 대성동 1호묘에서부터 출토되었다. 그러나 1Aa기의 대성동 3호묘에서는 뚜껑받이 턱이 형성된 장경호와 가야조기형 장경호가 공반되었다. 대성동 3호묘의 뚜껑받이 턱이 형성된 장경호에서 1Ab기 대성동 1호묘의 유개식장경호로 바로 이어진 것인지는 알 수 없지만, 김해지역에서도 유개식고배의 출현과 함께 가야양식토기 장경호가 성립되어 간 것이다.

이와 같이 경주지역에서 토기양식의 전환과 동시에 김해지역에서도 가야양식토기가 성립하여 가야조기양식토기로부터 가야양식토기로 전환되기 시작하였다. 서기 4세기 중엽에 성립된 가야양식토기는 김해지역의 중심고분군인 대성동고분군에서부터 부장되기 시작하였다. 그러나 김해 대성동유적에서도 가야양식토기 성립기 고분의 조사는 아직 부족하다. 다만 대성동유적과 함께 해반천 수계에 자리한 화정유적(복천박물관 2009)과 두곡유적(부경대학교박물관 2020)을 통해 김해지역에서 이른 시기 가야양식토기의 전개 과정을 살펴볼 수 있다. 〈도 2.2-56〉의 가야양식토기 전개 중 고배는 해반천 수계의 유적을 중심으로 하였지만, 장경호 중에는 동래 복천동고분군에서 출토된 것을 일부 포함하였다.

1Aa기의 대성동 2, 3호묘 출토 일렬투창 유개식고배는 모두 대각을 3단으로 구분하였고, 배신에 반환형 꼭지가 달린 뚜껑이 덮였지만, 고배와 뚜껑의 형태 모두 차이가 있다. 그런데 김해 예안리 117호묘에서는 대각 하단이 비교적 넓은 3단각고배와 좁아진 대각 하단에 돌대를 배치한 4단각고배가 단각, 장각의 외절구연고배와 공반되었다. 4단각고배에는 대성동 2호묘의 고배와 같이 기고가 높은 뚜껑이 덮였는데(뒤의 도 2.2-69의 1Aa 참조), 꼭지가 단추형과 반환형으로 다르지만, 뚜껑의 형태나 공반된 외절구연고배로 보아 예안리 117호묘 고배도 1Aa기로 편년된다.

일렬투창의 유개식고배는 이와 같이 1Aa기에 4단각과 3단각이 공존하기 시작하여 김해 해반천 수계의 유적에서는 1Bc기까지 이어졌다. 가야양식토기 성립기의 고배는

신라전기양식토기				가야식토기				
나팔각 C	나팔각 A	장경호 B2		고배		장경호 A	장경호 B	장경호 C
	나팔각 B	장경호 C2						
1Aa	1. 황성동 590(경북)-57 2. 황오동 100-18 3. 황성동 590(경북)-95						1·3·4. 대성동 3 2. 대성동 2	
1Ab	1. 쪽샘 C10 2. 황성동 590(신라)-105 3. 월성로 가-6							1·3~5. 대성동 1 2. 대성동 V-28
1Ba	1. 중산리 IA-51 2. 인왕동 10 3. 사라리 13						1. 두곡 33 2. 화정동 II-12 3. 복천동 31·32 4. 두곡 9	
1Bb	1. 황성동 590(경북)-45 2. 미추 5-2 3. 월성로 가-13						1·2·4. 대성동 93 3. 복천동 19·20	
1Bc	1. 미추 5-6 2·3. 황남동 110						1·2·4. 두곡 22 3. 복천동 8·9	
2a	1·2. 황남대총 남분						1·2. 두곡 38 3. 복천동 10·11 4. 복천동 2·27	
2b	1. 월성로 가-11-1 2. 월성로 나-9 3. 황남대총 북분						1·2. 대성동 73 3. 예안리 36 4. 복천동 166	

도 2.2-56 신라전기양식토기와 가야양식토기의 전개

이외에도 여러 형태의 것이 존재하였는데, 이에 대해서는 뒤에서 살펴보기로 하겠다(뒤의 도 2.2-57 참조). 가야양식토기 성립기의 고배도 제일적이지는 않았던 것이다.

장경호는 1Ab기의 대성동 1호묘에서 A, B, C가 모두 출토되었는데, A는 경부가 긴 것과 그보다 좀 짧은 것이 있다. 1Ba기의 동래 복천동 31·32호묘 출토 장경호 A는 그 중 경부가 짧은 것에 가깝다. 김해지역에서 장경호 A와 B는 그 뒤로 거의 이어지지 않고, 장경호 C가 주로 부장된 것으로 보인다. 그러나 동래 복천동고분군 출토 장경호 B와 C는 김해지역의 장경호를 이은 것이 분명하다.[20]

그런데 김해지역에서도 1Aa기의 고배는 앞의 예안리 117호묘 외에는 대성동유적에서만 존재하였고, 1Ab기의 고배도 대성동유적과 화정유적 외에는 예안리 130호묘에서 1례가 출토되었을 뿐이다. 신출한 장경호도 1A(a, b)기에는 대성동유적에서만 부장되었다. 김해지역에서도 대성동유적 이외의 고분군에서 가야전기양식토기 1A(a, b)기까지의 부장토기는 장각화한 외절구연고배와 변형의 파수부노형기대 등 가야조기양식토기 이래의 기종들이 주류였다. 경주지역의 신라전기양식토기와 마찬가지로 김해지역에서도 가야양식토기 1A(a, b)기는 가야조기양식토기로부터 가야양식토기로의 전환기였다.

한편 경주지역에서는 1B(a~c)기로 들어가면 양상이 달라져 신라전기양식토기의 정립기가 되었지만, 김해지역은 그와 달랐다. 좀 더 자세한 것은 뒤에서 살펴보겠지만, 김해지역에서는 1B(a~c)기에 들어와서도 가야양식토기의 신기종이 크게 확산된 것 같지는 않다. 다만 대성동유적과 함께 해반천 수계에 자리한 유적에서 일렬투창 유개식고배들의 변화 과정을 살펴볼 수 있을 뿐이다.

김해지역의 가야양식토기 유개식고배는 〈도 2.2-56〉에서 보는 바와 같이 시기가 내려오면서 규모가 왜소해져, 기고가 짧아지는 방향으로 변화되었다. 1A(a, b)기 고배는 기고 17~18cm이던 것이 1Bb기의 대성동 93호묘 고배는 16.4cm와 17.2cm로 짧아졌고, 이와 함께 3단각 12.8cm와 4단각 14.1cm의 고배가 공존하였다. 이후에는 그 중 기고가 짧은 계열의 고배만 존재하였는데, 2b기의 대성동 73호묘 고배의 기고는

....

20 복천동 8·9호묘의 상대편년이 2a기인 것은 앞서 살펴보았지만, 그 출토 토기 중에는 1Bc기로 편년될 수 있는 것들이 있다. 가야양식 장경호 B도 미세하지만 짧은 경부로 보아 복천동 10·11호묘 장경호보다 앞으로 편년될 수 있다.

12.7cm로 짧아졌다. 대각이 짧아짐에 따라 배신과 대각의 구조·형태도 변화하여, 배신의 뚜껑받이 턱은 형식적으로 남고, 대각도 긴 통형이거나 중간쯤부터 넓어져 내려가던 것이 배신 바로 아래에서부터 넓어지는 나팔형으로 변해갔다. 그러한 변화는 2a기 고배부터 현저해진 것을 알 수 있다.

가야양식토기는 신라전기양식토기에 비하면 기종의 수도 적고, 그 변화 과정도 대단히 단조로웠다. 다만 가야양식토기 이른 단계에 광구소호와 이를 받친 소형기대가 크게 발달하였는데, 이는 경주지역과 다른 점이다. 또 가야조기의 목곽묘에서 많은 수의 노형기대가 부장되었듯이, 가야시기의 고분에서 발형기대가 다수 부장된 것도 경주지역과 다르다. 1Aa기의 대성동 2호묘와 3호묘에는 아직 노형기대가 다수 부장되었지만, 1Ab기의 대성동 1호묘에는 1점의 통형기대와 함께 발형기대가 12개체 이상 부장된 것이다. 이 점은 앞서 살펴본 바와 같이 경주지역의 신라 전기고분에서 형식분류가 어려울 정도로 통형·발형기대의 출토가 적었던 것과 대조적이다. 두 지역 사이의 이와 같은 현상은 각각의 제의체계 차이에서 비롯되었을 것으로 판단된다. 발형기대의 다수 부장은 김해 대성동고분군 외에 동래 복천동고분군에서도 공통적인 현상이다. 이에 대해서는 뒤에서 다시 언급하겠다.

2. 낙동강 이서·이동의 토기양식 분립

1) 낙동강 이동의 가야양식토기와 낙동강 이서양식 가야토기의 성립

(1) 낙동강 이동의 가야양식토기

① 김해지역의 가야양식토기와 부산지역의 토기양식 전환(도 57~59)

앞서는 일렬투창 유개식고배를 중심으로 김해지역의 가야양식토기 성립과 그 초기 전개 과정을 살펴보았다. 김해지역에서는 이 외에도 여러 형태의 무개식고배가 전개되었다. 여기서는 먼저, 뒤에 살펴볼 동래 복천동고분군의 토기양식과 관련하여, 이에 대해 간단히 언급해 두겠다.

그런데 미리 밝혀 둘 것은 김해지역 고분군의 부장토기 변화이다. 김해지역에서는 가야조기양식토기에 이어 가야시기의 가야양식토기가 성립되었지만, 가야시기 내내 고분에 가야양식토기가 부장된 것은 아니었다. 김해지역 고분의 부장토기가 유적에 따라 시차를 두고 신라전기양식토기로 교체되어 간 것이다.

김해지역에서 가장 늦게까지 가야양식토기가 부장된 곳은 해반천 수계의 고분군들이었다. 이곳에는 김해지역의 중심고분군인 대성동고분군이 그 북쪽의 화정유적, 두곡유적과 함께 자리하였다. 그러므로 해반천유역은 구야국시기부터 하나의 읍락을 이루고 있었을 것이며, 가야시기에는 중심세력의 근거지였을 것이므로, 가야의 정체성이 가장 늦게까지 유지되었을 것으로 판단된다. 이에 여기서는 해반천 수계의 세 고분군 출토 토기로 작성한 〈도 2.2-57〉을 중심으로 살펴보기로 하겠다.

김해지역에서 가야양식토기가 성립한 가야시기 1Aa기와 1Ab기의 부장토기는 장각화한 외절구연고배와 변형 노형기대가 중심이었다. 대성동고분군에서는 이와 함께 일렬투창 유개식고배가 출현하였는데, 대성동 2호묘에서는 앞서 살펴본 장각의 일렬투창 유개식고배 외에도 그보다 기고가 좀 짧은 여러 형태의 일렬투창 유개식고배들이 공반되었다. 또 대각에 삼각형 투공이 뚫린 무개식의 통형고배도 출토되었다.

1Ab기의 대성동 V-28호묘에서 장각형의 외절구연고배, 일렬투창의 유개식고배와 함께 출토된, 대각에 원형투공이 뚫린 무개식 통형고배는 대성동 2호묘의 통형고배에서 이어진 것으로 보인다. 2점으로 배신의 형태에 약간의 차이가 있는데, 1점은 1Aa기 대성동 2호묘 통형고배의 배신보다 좀 깊어졌으나 구조는 그대로이지만, 다른 1점은 배신에서 구연부가 굴절하여 외반하였다. 아직 대각에 장방형 투창이 뚫리지 않았지만, 이들은 가야양식토기 무개식고배의 성립을 보여주는 것으로, 유의되는 것은 통형에 가까운 대각의 형태이다.

두곡 28호 옹관묘와 33호 목곽묘에서는 배신의 형태가 외절구연고배를 이었으나, 대각부가 직경이 넓은 나팔형인 고배들이 출토되었다. 외절구연의 배신으로 보아 1Ab기의 외절구연고배를 이은 1Ba기의 고배들로 보이는데, 김해지역에서 외절구연고배는

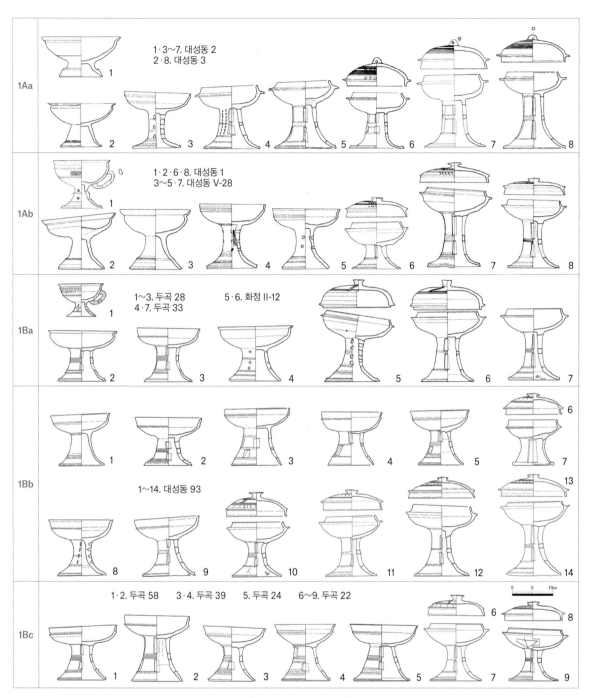

도 2.2-57 김해지역의 가야·신라전기양식토기 전개(1) (※도 2.2-72로 이어짐)

이를 끝으로 더 이상 이어지지 않은 것으로 보인다. 두곡 28호 옹관묘에서는 구연부 아래에 짧은 턱이 있는 무개식고배가, 두곡 33호묘에서는 장각의 일렬투창 유개식고배가 공반되었다.

그런데 이 1Ba기의 외절구연 또는 무개식고배들은 대각의 직경이 갑자기 넓어진 것이 유의된다. 뒤에서 보듯이 전형적인 가야양식 무개식고배의 대각은 짧지만 일렬투창의 유개식고배와 같이 직경이 좁았으며, 1Bb기에는 짧은 대각의 일렬투창 유개식고배도 출현하여 대각에서 유개식과 무개식의 차이가 없어졌다.

1Ba기의 외절구연 또는 무개식 고배들의 대각은 직경이 넓어져 통형이 아니라 나팔각 형태가 되어, 가야양식 유개식, 무개식고배의 그러한 흐름과는 괴리가 있다. 이 점은, 뒤에서 보겠지만, 1Ba기 전후 신라전기양식토기가 김해지역 외곽으로 진출한 상황과 관련이 있을 것이라 판단된다. 1Bb기 이후의 무개식고배에도 일렬투창이지만 나팔각에 가까운 형태의 대각이 존재하는 것은 그 때문이라 판단된다.

다음 1Bb기의 대성동 93호묘에서는 여러 형태의 무개식고배들이 다수 출토되었는데, 대각이 무투공·무투창식인 것과 투공식인 것도 있지만, 3단각에 일렬투창인 것과 교차투창인 것이 거의 같은 수로 부장되었다. 일렬투창 무개식고배들의 대각 직경은 앞의 1Ba기의 무개식고배들보다 좁고, 공반된 일렬투창 유개식고배의 소형과 거의 차이가 없다. 그런데 이들과 함께 출토된, 대각의 직경이 넓고 교차투창이 뚫린 4단각, 3단각의 무개식고배가 주목된다(도 57-1Bb의 3~5). 대성동고분군에서는 돌출적이어서 이입품으로 보인다.[21] 하여튼 1Bb기의 대성동 93호묘 단계부터 대각에 교차투창이 뚫린 무개식고배가 공반되고 있는 것이 유의된다. 또 대성동고분군에서는 93호묘부터 1단각 유개식고배도 부장되기 시작하였다. 1Bb기 대성동 93호묘 부장토기에서 보이는 이러한 변화도 뒤에서 보는 김해지역 외곽의 변화와 관련이 있을 것으로 판단된다.

모두 한 고분에서 확인된 것은 아니지만 토기 형식의 변화로 보아 해반천 수계의

....

21 이 중 〈도 2.2-57의 1Bb-4〉의 3단각 무개식고배와 같은 계열의 고배가 동래 복천동 8·9호묘에서 다수 출토되었다(뒤의 도 2.2-59의 2a-4 참조). 복천동 8·9호묘는 신라전기양식토기 1Bc~2a기로 편년되지만 그 중 이른 단계이며, 대성동 93호묘의 교차투창 3단각 무개식고배의 대각은 곡선적인 데 비해 복천동 8·9호묘의 교차투창 3단각 무개식고배 대각은 직선화되어 후자 쪽이 늦은 것으로 판단된다. 대성동 93호묘에서는 이와 함께 곡선적인 4단각 무개식고배도 공반되어 복천동 8·9호묘보다 이른 것을 알 수 있다.

고분에서 일렬투창과 교차투창의 무개식고배, 그리고 일렬투창의 유개식고배의 공존은 1Bc기까지 이어진 것으로 보인다. 이와 같이 김해지역에서는 외절구연고배에 이어 무개식고배가 일렬투창 유개식고배들과 공존하였는데, 뒤에서 보듯이 해반천 수계의 고분군에서 일렬투창 유개식고배는 2b기까지 부장되었지만 일렬투창 무개식고배는 3b기까지 이어졌다(뒤의 도 2.2-72 참조).

그런데 2a기로 들어와 해반천 수계 고분군의 부장토기는 그 양상이 크게 달라졌다. 가야양식인 일렬투창의 유개식·무개식고배가 일부 잔존하기는 하였지만, 부장토기 특히 고배의 중심은 신라전기양식토기로 교체된 것이다. 이에 대해서는 뒤에서 살펴보기로 하겠다.

다음은 부산지역으로(도 2.2-58·59), 김해에 근접한 화명동고분군과 그 동쪽의 복천동고분군에서도 신라전기·가야양식토기 1A(a, b)기까지는 김해지역에서와 마찬가지로 단각·장각의 외절구연고배와 변형의 파수부노형기대가 부장토기의 중심이었다. 화명동 2호묘 출토 통형고배와 단각의 유개식고배, 복천동 70호묘 출토 유개식고배도 부산지역 고분의 부장토기가 이 단계까지 김해지역과 관계가 깊었던 것을 말해준다. 다만 복천동 57호묘의 부곽에서 서부경남식 통형고배 다수와 1단투창의 유개식고배 2점이 출토된 것은 이례적이고, 화명동 2호묘 출토 통형고배의 장방형 일렬투창, 복천동 70호묘 출토 유개식고배의 화염형 투창도 지역성을 반영하는 것으로 보인다.

그런데 신라전기·가야양식토기 1Ba기부터 복천동고분군의 부장토기는 이전과 확연히 달라졌다. 복천동고분군의 북쪽 구릉 대형분들의 고배 부장양상을 살펴보면, 가야양식의 일렬투창 유개식고배는 소수 부장되었을 뿐, 각종의 외반구연고배가 부장토기 고배의 중심을 이루다가 점차 신라전기양식토기 고배로 교체되어 간 것이다.

가야양식 일렬투창 유개식고배는 1Ab기의 복천동 70호묘에 이어 1Ba기의 복천동 25·26호묘에서 1점, 35·36호묘에서 4점, 그 외 2a기의 39호묘와 2·27호묘, 14·24호묘에서 소수가 공반되었을 뿐이다. 김해와 부산 동래는 가깝기는 하지만, 역시 지역이 달라서인지 그 구조·형태나 부장 양상도 김해지역과는 차이가 있었다. 앞의 복천동 70호묘 고배의 화염형 투창도 그렇지만, 복천동 25호묘 출토 일렬투창 유개식고배도 배신과 대각이 모두 이질적이다. 복천동 35·36호묘의 일렬투창 유개식고배 4점 가운데 2점은 김해지역과 차이가 없으나 대각 직경이 넓은 3단각고배(도 2.2-58의 1Ba-13) 2점은

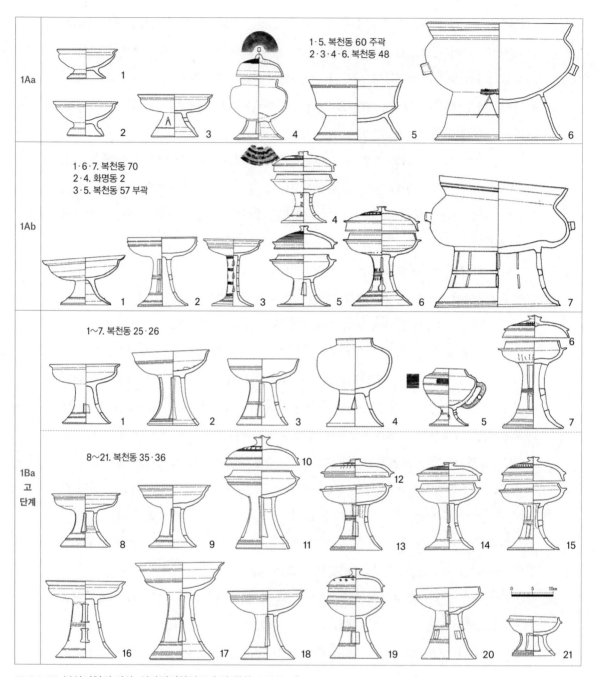

도 2.2-58 부산지역의 가야·신라전기양식토기 전개(1)(1Aa-1Ba기)

역시 이질적이다. 다음 2a기의 복천동 39호묘 출토 일렬투창 유개식고배는 2종 모두 김해지역의 고배와 가깝지만, 김해지역에서는 1Bb기 이후 부장되지 않는 장각형인 점이 유의된다. 2a기의 복천동 2·27호묘와 14·24호묘의 일렬투창 유개식고배도 마찬가지로, 배신과 대각의 형태로 보아 김해지역의 1Bc기 이전 형식이다.

이와 같이 소수 부장된 복천동고분군의 일렬투창 유개식고배도 김해지역과는 차이가 있지만, 그보다 더 유의되는 것은 1Ba기 고분부터 부장되기 시작하는 각종의 외반구연고배들이다. 외반구연고배들 중에는 배신부의 형태로 보아 가야조기양식토기 이래의 외절구연고배를 이은 것도 소수 존재하여 2a기의 복천동 39호묘까지 남아 있지만, 그보다는 배신의 형태가 통형고배에서 유래한 것으로 보이는 외반구연고배들이 더욱 번창하였다. 이들은 배신도 여러 형태로 발전하였지만, 대각이 나팔각으로 변화되어 1단각·2단각·3단각·4단각으로, 투창도 무투창식·1단 세장형 투창식·일렬투창식·교차투창식 등으로 다양해졌다.

이와 같이 다양한 형태의 외반구연고배들이 1Ba기 고단계의 복천동 25·26호묘부터 부장되기 시작하여, 1Ba기 신단계의 31·32호묘까지는 이들이 부장토기 고배의 중심을 이루었다. 그 후 신라전기양식토기 고배가 본격적으로 부장되기 시작하는 1Ba기 신단계의 21·22호묘부터는 줄었지만, 2a기 신단계의 복천동 53호묘까지 적지 않은 수가 부장되었다.

그런데 복천동고분군의 이 외반구연고배들에서 유의되는 것은 이들이 김해지역의 무개식고배들과는 다른 계열의 고배들이라는 점이다. 배신과 대각의 형태 모두에서 김해지역 무개식고배들과의 공통점을 찾기 어렵다. 이는 1Ba기부터 복천동고분군의 이 외반구연고배들이 김해지역의 가야양식토기 유개식·무개식 고배들과는 무관하게 발전되어 간 것을 의미한다. 신라전기·가야양식토기 1Ba기에 들어와 김해와 부산지역 토기의 연계성에 변화가 온 것이다.

그런 가운데 동래 복천동고분군의 부장토기는 신라전기양식토기로 교체되어 갔다. 복천동고분군의 1Ba기 고분 중 가장 이른 25·26호묘에는 아직 신라토기 고배가 부장되지 않았지만, 그 뒤 35·36호묘에서 신라전기양식토기 나팔각고배 C와 관련이 있는 3단각고배가 소수 부장되었고, 복천동고분군에 1단각 유개식고배도 부장되기 시작하였다(도 2.2-58의 1Ba-19~21). 이어 1Ba기 신단계인 21·22호묘부터 신라전기양식토기 고

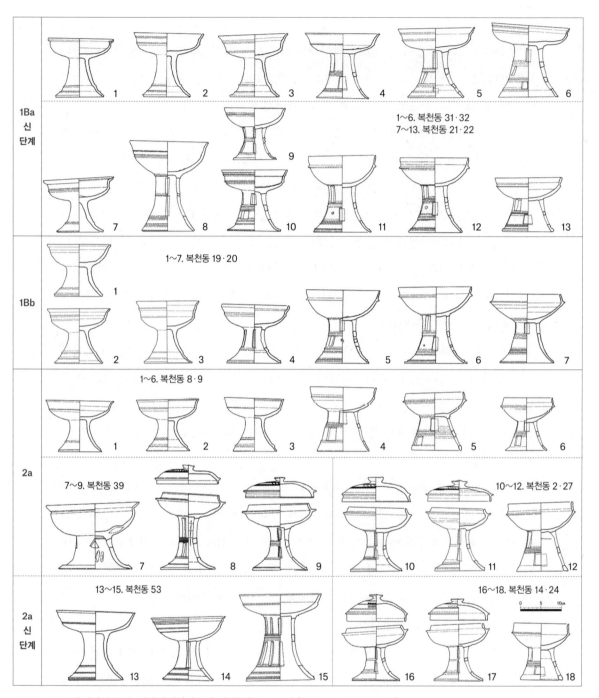

도 2.2-59 부산지역의 가야·신라전기양식토기 전개(2)(1Ba-2a기) (※도 2.2-65로 이어짐)

배가 부장토기 고배의 주류로 되어갔다(도 2.2-59의 1Ba-11~13). 고배뿐만 아니라 장경호도 1Bb기의 19·20호묘부터 신라식이 부장되기 시작하여, 2a기의 10·11호묘부터는 부장 장경호의 주류로 되어갔다(앞의 도 2.2-40 참조).

신라·가야조기 부산지역 고분의 부장토기는 가야조기양식토기가 중심이었다. 신라조기양식토기도 일부 존재하였지만, 그것은 가야조기양식토기에 비하면 소수에 불과하였다. 부산지역 고분 부장토기의 그러한 흐름은 신라전기·가야양식토기 1A(a, b)기까지 이어졌다. 그러나 1Ba기 들어가면 이상과 같이 큰 변화가 있었다. 소수 부장된 일렬투창 유개식고배나 김해지역과는 관계없이 오히려 차별화된 각종 외반구연고배는 부산지역 고분의 부장토기가 김해지역의 가야양식토기와 연계성이 단절된 모습을 보여준다. 그런 상태에서 부산지역 고분의 부장토기가 신라전기양식토기로 교체되어 간 것이다.

그런데 동래 복천동고분군의 1Ba기 대형묘에서 유의되는 것은 발형기대의 다수 부장이다. 복천동 25·26호묘에 13점, 35·36호묘에 12점, 31·32호묘에 7점, 21·22호묘에 14점이 부장되었다. 복천동고분군에서 발형기대의 다수 부장은 2a기의 10·11호묘의 10여 점 등 그 뒤로도 이어졌다. 이는 앞서 언급해듯이 김해 대성동고분군과 공통적인 현상이다. 부장토기가 신라전기양식토기 중심으로 교체된 이후에도, 김해지역과 공통적이었던 제의체계와 관련된 기대의 다수 부장 전통이 오래까지 남아 있었던 것을 보여준다.

② 창녕·청도지역의 가야양식토기 전개(도 2.2-60)

신라 조기에 창녕과 청도지역은 신라조기양식토기의 분포권이었다. 앞서는 창녕 초곡리유적과 청도 송서리·봉기리유적의 신라조기양식토기에 대해서 살펴보았다(앞의 도 2.1-34 참조). 그리고 창녕 여초리 요지의 신라조기양식토기 생산에 대해서도 간단히 언급하였다(앞의 도 2.1-40의 1 참조). 아직 충분하지는 않지만 이 유적 출토 토기들을 통해 창녕과 청도지역이 신라조기양식토기의 분포권이었음은 알 수 있다.

다 아는 바와 같이 신라 전기에 창녕지역은 신라전기양식토기 창녕양식이 성립한 곳이고, 그 동쪽에 접한 청도지역도 창녕양식의 분포권이었다. 그런데 창녕과 그 인접 청도지역 고분에서는 신라전기양식토기 창녕양식의 성립에 앞서 일정 기간 가야양식 토기가 부장되어 주목된다. 가야양식토기가 부장된 유적은 청도 봉기리유적(경상북도문화재연구원 2006)·송서리유적(경상북도문화재연구원 2019)·성곡리유적(경상북도문화재연구원 2010; 2011)과 창녕 동리유적(한겨레문화재연구원 2014)이다.

가야양식토기는 먼저 청도 봉기리유적에서부터 부장되기 시작한 것으로, 〈도 2.2-60〉에서 보는 바와 같이 봉기리 2호묘에서는 대각에 소투공이 뚫린 무개식 통형고배들과 함께 일렬투창의 유개식고배, 장경호, 컵형토기 등이 출토되었다. 무개식 통형고배는 대각이 높은 편이지만 앞서 살펴본 1Ab기의 김해 대성동 V-28호묘 출토 무개식고배와 비교되며, 일렬투창 유개식고배도 높이 19.9cm로 높고, 뚜껑받이 턱이 길게 뻗은 배신의 형태는 1Aa기의 대성동 3호묘 고배에 가깝다. 그러므로 봉기리 2호묘 출토 가야양식토기는 1Ab기를 더 내려오지는 않을 것이다. 봉기리 1호묘에서 출토된 무개식고배는 장각형 외절구연고배의 변형으로 보이며, 공반된 일렬투창 유개식고배는 높이 18.3cm로 높은데, 그 뚜껑의 형식도 1Ab기의 대성동 1호묘 고배 뚜껑과 똑같다.

다음은 봉기리 3호묘와 5호묘 출토 토기로, 3호묘에서 높이 21.1cm의 일렬투창 유개식고배가 공반되었지만, 그 외의 고배들은 대개 14.5~16.7cm로 낮아졌고, 배신과 뚜껑의 형식도 동래 복천동 35·36호묘 고배나 뚜껑과 같다. 함께 부장된 장경호, 광구소호들도 대개 동래 복천동고분군의 1Ba기 고분 출토 토기 형식과 같고, 경주지역의 1Ba기 고분 출토 토기 중에도 이와 비교될 수 있는 것들이 포함되어 있다.

다음 봉기리 4호묘 출토 고배와 파수부완은 김해 대성동 93호묘의 장각형고배 및 파수부완과 같은 형식이어서 1Bb기로 편년된다.

청도 송서리 710-2호묘의 무개식고배들은 김해 두곡 58호묘의 고배와 형식이 같고, 창녕 동리 7호묘 출토 일렬투창 유개식고배는 대체로 김해 두곡 22호묘 출토 고배와 같은 형식이다. 동리 7호묘의 대부장경호와 파수부완은 동래 복천동 39호묘 출토 토기와 비교되지만, 송서리 710-2호묘와 동리 7호묘 토기는 1Bc기의 가야양식토기들이다. 이외 청도 송서리 710-4호 목곽묘, 송서리 710-11·21·25·27호 석곽묘, 성곡리 가-8·47호묘, 나-1호묘에도 1Bc기의 가야양식토기가 부장되었다.

신라전기양식토기 창녕양식의 성립과 전개에 대해서는 뒤에서 살펴보겠지만, 1Bc기의 창녕 동리 3호묘와 2a기의 청도 성곡리 가-5·25·40호묘에서는 가야양식 일렬투

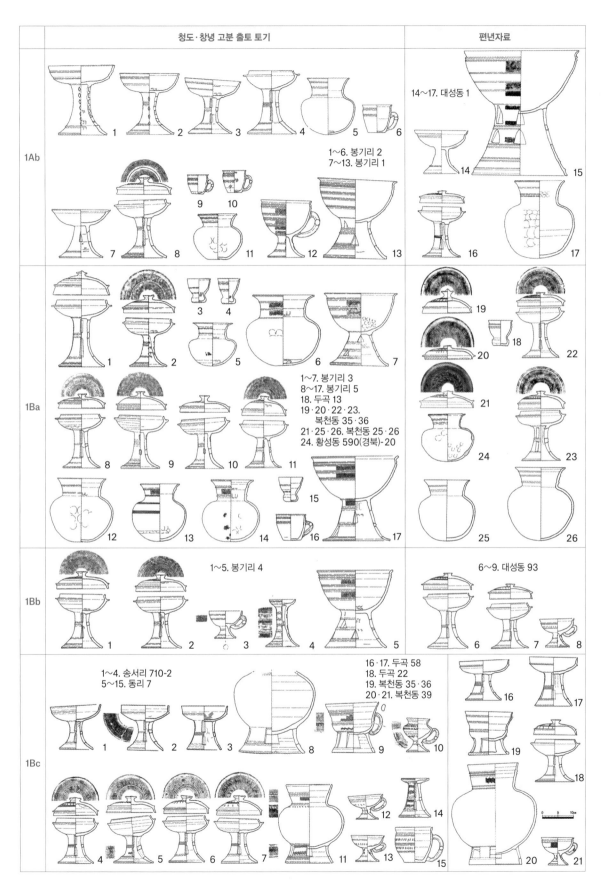

도 2.2-60 청도·창녕지역의 가야양식토기 전개

창 유개식고배와 신라전기양식 교차투창 고배가 공반되었다.

신라조기양식토기의 분포권이었던 창녕과 그 인접 청도지역은 이상에서와 같이 신라전기·가야양식토기 1Ab기에서 1Bc기까지 가야양식토기의 분포권이 되었으며,[22] 그 이후 2a기까지 가야양식토기와 신라전기양식토기가 공존하는 과도기를 거쳐 2b기부터는 완전히 신라전기양식토기의 분포권으로 전환되었다. 낙동강 이동지방에서 이와 같이 일정 기간 온전히 가야양식토기 분포권이었던 지역은 현재로서는 이 창녕과 인접 청도지역뿐이다. 이곳의 가야양식토기 전개는 1Ba기부터 김해지역의 가야양식토기와 연계성이 단절된 가운데 신라전기양식토기로 전환되어 간 부산지역의 양상과도 다른 점이 유의된다.

③ 그 외의 낙동강 이동 가야양식토기

청도와 창녕지역처럼 지속적이지는 않지만, 청도·창녕지역에서 가야양식토기가 전개될 무렵 그 외의 낙동강 이동지역에서도 가야양식토기가 일부 부장되는 현상이 있었다. 예컨대 칠곡 심천리유적에서도 신라식의 교차투창 고배에 앞서 가야양식의 일렬투창 유개식고배부터 부장되기 시작하였다(최병현 2018b: 149). 경산 임당고분군에서도 신라전기양식토기 고배의 부장에 앞서 G-5호묘에서 가야양식 일렬투창 유개식고배와 유대파수부호가 부장되었다(영남문화재연구원 2001). 이른 시기 가야양식토기 유개식고배의 단발성 부장은 이에 그치지 않고 울산 약사동북동 18호묘(울산문화재연구원 2013), 경주 안계리 3호분(문화재연구소 1981) 등 낙동강 이동 원거리지역에서도 볼 수 있다. 이러한 사례들은 앞으로 유적조사에 따라 더욱 늘어날 것이다.

....

22　청도 고철동 송서리 출토 일렬투창 가야양식 고배들을 '창녕지역의 특징적인 양식'이라고 하고 옥전 68호묘와 23호묘, 부산 가달 5호묘 등의 일렬투창고배들을 창녕산 '창녕양식토기'(박천수 2001: 59~68)라고 한 바 있는 박천수는 청도 봉기리·성곡리 석곽묘, 창녕 동리 목곽묘 출토 가야양식 고배들은 '상하 일렬투창 창녕양식'이라고 하면서 고 김해만 쪽의 부산 가달고분군, 미음동고분군, 김해 서쪽 창원 도계동유적의 가야양식토기는 광개토대왕의 고구려군 남정으로 창녕양식토기가 확산된 것이라고 하였다(박천수 2019). 이와 같은 주장으로 보아 그가 고고학자료의 중심과 주변, 토기 양식의 발생 중심지와 그 확산 과정에 대해 이해하고 있는지 의문이며, 아울러 그러한 주장은 서기 400년 '고구려군 남정 영향설'에 의한 잘못된 편년이 고고학자료의 해석을 어떻게 왜곡시킬 수 있는지를 보여준다.

물론 울산이나 경주 등 낙동강에서 멀리 떨어진 원거리 지역에서 가야양식토기의 단발성 부장에 큰 의미를 부여할 필요는 없다. 그러나 낙동강 이동의 연안지역에서 신라전기·가야양식토기 초기 단계의 전개양상은 대단히 주목되는 현상이다. 김해지역의 가야양식토기와 연계성이 단절된 상태를 보여주는 부산지역의 토기양식 전환 과정, 분명히 신라조기양식토기 분포권이었던 청도·창녕지역에서 일정 기간 가야양식토기가 전개된 현상, 그리고 낙동강 이동 연안지역에서 초기 가야양식토기의 부장은 모두 연관성이 있는 것이라 판단된다.

(2) 낙동강 이서양식 가야토기의 성립(도 2.2-61)

신라·가야조기 김해지역을 제외한 낙동강 이서지방은 합천-진주지역까지 신라조기양식토기의 분포권이었다. 그러나 신라 전기·가야시기에 가야산 이남의 낙동강 이서지방은 가야토기의 분포권으로 전환되었다. 이 낙동강 이서지방의 가야토기를 김원룡은 낙동강 서안양식이라고 하였고(김원룡 1960), 이희준이 이를 낙동강 이서양식으로 수정하였다(이희준 1996a). 잘 알려져 있는 바와 같이, 낙동강 이서양식 가야토기는 고령, 함안, 서부경남의 지역양식 토기로 분립되어 강한 지역성을 띠고 전개되었다.

그런데 학계에서는 일반적으로 낙동강 이서양식 가야토기가 김해지역의 가야양식토기와 동시에 성립한 것으로 편년하고 있다(박천수 2010a: 136; 박승규 2010: 217; 이희준 2017: 37). 그러나 이는 사실과 다르다. 앞서 살펴본 낙동강 이동의 청도·창녕지역 외에는 낙동강 이서지방에서 가야양식토기 성립기인 1A(a, b)기 일렬투창 유개식고배나 장경호, 즉 대성동 2호묘·3호묘와 1호묘 단계의 가야양식토기가 정착된 유적을 찾기는 어렵다. 사실 김해지역에서도 대성동유적과 예안리유적의 몇몇 고분을 제외한 1A(a, b)기 고분의 부장토기는 장각형 외절구연고배와 변형의 파수부노형기대가 중심이었다. 김해 이외 낙동강 이서지방의 토기는 1A(a, b)기까지 신라조기양식토기의 연장선에 있었다. 앞의 〈도 2.1-35〉에서 살펴본 낙동강 이서지방의 신라조기양식토기 중 조기 2b기 이후의 늦은 시기 형식들이 이에 해당한다.

김해지역에서 성립한 가야양식토기가 낙동강 이서지방으로 퍼져나가, 각지의 낙동강 이서양식 토기가 성립하는 것은 1Ba기 이후라고 판단된다. 그러므로 김해지역의

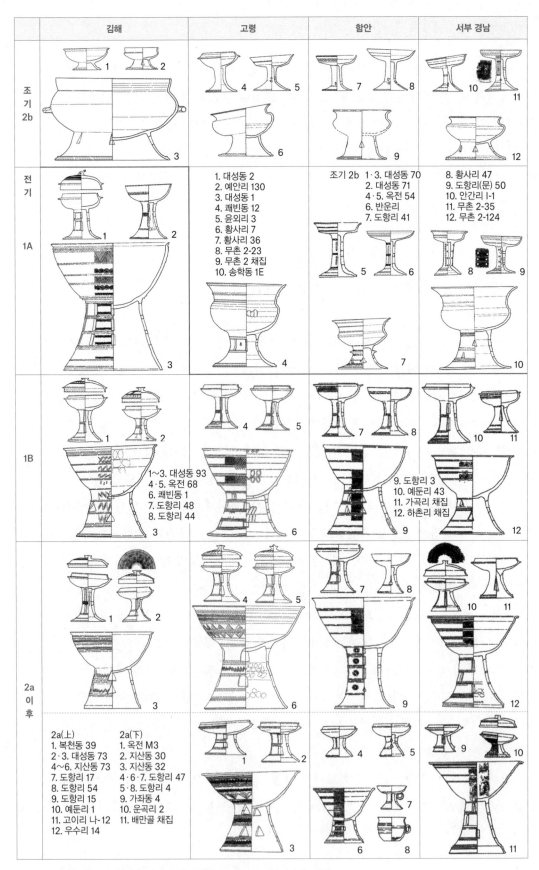

도 2.2-61 낙동강 이서양식 가야토기의 성립(박승규 2010, 〈도 46〉을 개작)

1A(a, b)기 가야양식토기는 낙동강 이서양식의 모태나 시원형이라고 할 수 있다.

〈도 2.2-61〉은 김해지역의 가야양식토기를 모체로 하여 낙동강 이서양식이 성립하는 과정을 보여준다. 여기서 주목되는 것은 고배와 발형기대 등 고령, 함안, 서부경남 지역의 이른 단계 낙동강 이서양식은 김해지역의 가야양식토기와 크게 다르지 않았다는 점이다.[23] 그러나 시기가 지나며 이질화되어, 각 지역의 토기는 양식이 달라졌다고 평가될 수 있을 정도로 지역화되었다. 그 원인은, 뒤에서 보듯이, 2a기가 지나며 김해지역이 사실상 신라전기양식토기의 분포권이 된 데에 있었던 것으로 보인다. 김해지역이 가야토기 중심지로서의 기능을 잃은 것이다. 토기양식의 중심지로부터 선택압이 상실된 낙동강 이서의 각지 가야토기는 각자의 방향으로 진행되어 간 것이다.

이상에서 살펴본 바와 같이 신라전기·가야양식토기 초기 단계에 원래 신라조기양식토기 분포권이었던 낙동강 동쪽의 창녕과 인접 청도지역에서는 가야양식토기가 전개되고, 가야조기양식토기가 중심이었던 부산지역은 김해지역의 가야양식토기와 연계성이 단절된 상태에서 신라전기양식토기로 전환되어 갔으며, 그 외 낙동강 이동 연안지역의 고분에도 가야양식토기가 부장되는 현상이 있었다. 이어서 신라조기양식토기의 분포권이었던 가야산 이남의 낙동강 이서지방도 가야토기의 분포권으로 전환되어 각지에서 낙동강 이서양식 가야토기가 성립되었다.

영남지방의 토기양식이 신라·가야조기양식토기로부터 신라전기·가야양식토기로 전환하는 초기 단계에 낙동강 양안에서 일어난 이와 같은 현상을 단순한 문화변동이라고 할 수만은 없다. 그것은 당시 낙동강 연안에서 있는 정치적 대격변이 작용한 결과였을 것이다. 이에 대해서는 뒤에서 살펴보기로 하겠다.

....

23 〈도 2.2-61〉은 박승규(2010)의 〈도 46〉을 개작한 것이다. 그는 김해, 고령, 함안, 서부경남 지역의 토기를 금관가야, 대가야, 아라가야, 소가야토기로 하여, 각 지역의 장방형 일렬투창 고배와 발형기대가 김해지역에서와 동시에 출현하였다고 보았다. 이를 필자의 견해에 따라 개작하고 예시 토기들도 바꾸었는데, 그가 김해와 같은 단계에 둔 고령, 함안, 서부경남지역 토기는 그대로 1B기 이하로 낮추었을 뿐이다. 따라서 이 지역 토기들의 편년은 일치하지 않을 수도 있다. 그러나 〈도 2.2-61〉을 통해 김해와 다른 지역 토기의 병행관계, 각지 가야토기의 변화 방향 등을 이해할 수 있다고 본다.

2) 낙동강 이동·이서의 신라전기양식토기 전개

(1) 신라전기양식토기 1A(a, b)기 토기의 분포(도 2.2-62·63)

지금까지의 발굴조사에서 신라전기양식토기 1Aa기의 신기종, 즉 4단각고배와 장경호가 출토된 유적은 경주지역에서도 극소수에 불과하다. 분지지구의 황성동 590(경북)-57호 목곽묘에서 4단각 유개식고배와 장경호, 월성북고분군의 황오동 100-18호 목곽묘에서 4단각 무개식고배와 장경호가 출토되었고, 멀리 동해안지구의 봉길리 석곽묘에서 4단각 유개식고배와 장경호가 출토되었을 뿐이다. 이와 같이 1Aa기 고배 출토 유적은 경주지역에서도 아직 세 곳에 불과하다. 그 외 1Aa기로 편년되는 고분 유적에는 대개 신라조기양식토기 이래의 토기들이 부장되었다. 장경호도 신라 전기에 들어와 새로 출현한 기종이 아니라 신라조기양식토기부터 존재하여 신라 전기에 들어와 경부가 길어진 형식으로 변화된 것들이 부장되었다.

울산 구미리유적(울산발전연구원 문화재센터 2014)은 태화강 북쪽에 위치하여 신라 6부에 속하였을 것인데, 31호 목곽묘에서 출토된 고배는 1Aa기 형식에 가깝지만 공반된 광구소호들로 보아 1Ab기로 편년된다. 월성북고분군의 월성로 가-5호묘와 6호묘에서는 신라전기양식토기 1Ab기의 장경호들이 출토되었지만, 4단각의 유개식고배는 출토되지 않았다. 월성북고분군에서 1Ab기의 4단각 유개식고배는 쪽샘 L17호와 C10호 목곽묘에서 출토되었는데, 고배의 세부 형태가 다르다. L17호묘 출토 고배는 통형에 가까운 대각에 뚫린 장방형 투창이 상하 일렬식이고, 장경호들이 공반된 C10호묘의 고배는 직선적이 된 대각에 장방형의 교차투창이 뚫렸다. 그 외 북부지구의 동산리 33호묘에서는 1Ab기의 교차투창 4단각 유개식고배와 장경호가 출토되었다(신라문화유산연구원 2010).

그런데 1Aa기와 1Ab기의 유개식고배들을 살펴보면 황성동 590(경북)-57호묘와 울산 구미리 31호묘 고배, 봉길리 석곽묘와 동산리 33호묘 고배는 각각 같은 계열이지만, 쪽샘 L17호묘 고배와 C10호묘 고배는 이들과도 다른 계열이다. 신라전기양식토기 출현기의 유개식고배에 여러 계보가 존재한 것을 알 수 있다.

경주지역에서 1Ab기의 4단각 무개식고배와 장경호가 부장된 유적도 유개식고배

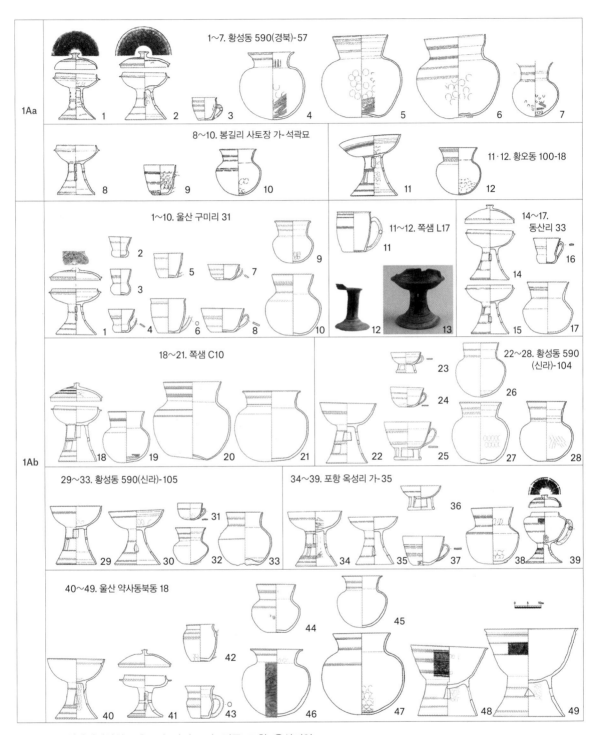

도 2.2-62 신라전기양식토기—1A(a,b)기 토기: 경주·포항·울산지역

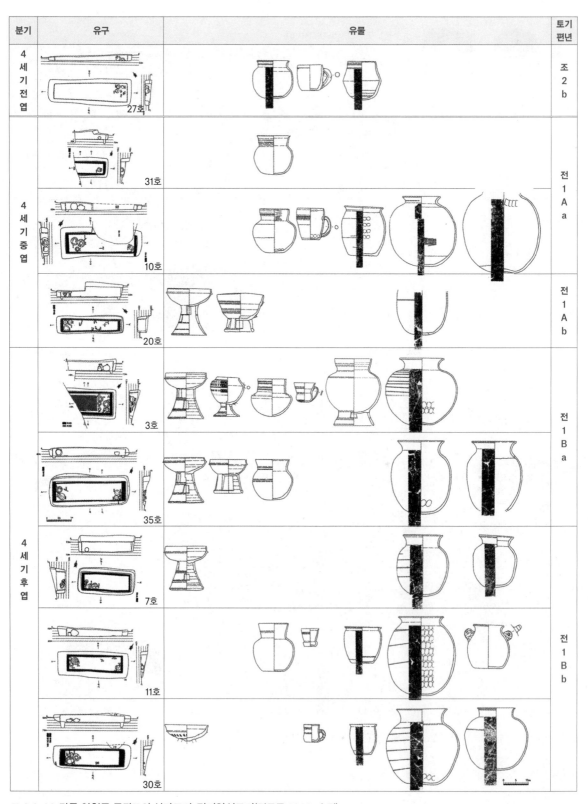

도 2.2-63 강릉 안현동 목곽묘의 신라조기·전기양식토기(김무중 2020, 수정)

출토 유적보다는 많지만 아직 소수이다. 황성동유적의 일부 목곽묘(신라문화유산연구원 2017)와 울산 중산리 VIII-85호 목곽묘(창원대학교박물관 2014)에서 출토되었을 뿐이다. 새 양식의 장경호가 부장된 유적은 늘어났지만 아직 제한적이었으며, 대개는 신라조기양식토기부터 내려온 기종의 토기들이 함께 부장되었다.

이와 같이 경주지역에서도 신라전기양식토기 1A(a, b)기에 새로 출현한 기종들이 부장된 유적은 아직 일반적이지 않았다. 즉, 경주지역에서도 신라조기양식토기로부터 신라전기양식토기로의 양식 전환 과정은 대단히 점진적이었던 것처럼 보인다. 그러나 경주지역의 모든 유적에서 그와 같이 점진적이었을 것으로 생각되지는 않는다.

경주지역에서 토기 양식의 전환을 주도한 변화의 중심은 최고 위계 고분군인 분지지구의 월성북고분군이었을 것이다. 월성북고분군에서는 아직 신라 조기와 전기 초의 고분 발굴이 거의 이루어지지 않았다. 그러나 지금까지 쪽샘지구와 월성로에서 조사된 극소수의 신라 전기 1A(a, b)기 고분들의 부장토기로 보아도, 월성북고분군에서 부장토기의 양식 전환은 다른 고분군처럼 그와 같이 점진적이지는 않았던 것으로 판단된다. 월성북고분군에서 토기 양식의 변화는 함께 분지지구에 위치한 황성동고분군으로, 이어서 주변 지구의 고분군으로 반영되어 나갔을 것이다. 지금은 경주지역에서 토기 양식의 전환 과정이 주로 황성동고분군을 통해 인지되고 있지만, 월성북고분군에서의 변화가 시차와 수준의 차이 없이 황성동고분군에 그대로 반영되었다고 보기는 어렵다.

경주 이외의 지역에서 신라전기양식토기 1Aa기의 4단각고배와 장경호가 출토된 예를 찾기는 어렵다. 신라조기양식토기가 경주에서와 거의 시차 없이 전개된 포항 옥성리고분군에서도 신라 전기 1Aa기에는 신라조기양식토기 이래의 노형기대와 각종 호류 중심으로 부장되고 있었을 뿐이다. 그러나 1Ab기에 들어가면 양상이 달라져 4단각의 무개식고배와 장경호가 부장되기 시작하고, 3이부유대완 등 기타 기종의 신라전기양식토기들도 부장되기 시작하였다. 대체로 경주지역의 황성동고분군에서와 같은 변화가 반영된 것이다.

울산지역에서도 약사동북동유적에서 신라전기양식토기 1Ab기부터 4단각의 무개식고배와 장경호가 부장되기 시작하였다. 그 18호 목곽묘에서는 1Ab기의 무개식고배, 장경호와 함께 발형기대 2점이 출토되었는데, 기벽이 곡선적인 수발부 형태와 기벽에서 꺾여 외반한 구연부로 보아 경주지역에서는 찾아지지 않은 1Ab기 형식의 발형기대로 보인다. 포항지역과 마찬가지로 울산지역에서는 하대유적 등 태화강 이남의 유적에서도 신라조기양식토기가 경주와 거의 시차 없이 전개되었다. 현재 태화강 이남의 신라전기 초 상황은 알 수 없지만, 태화강 하구의 약사동북동유적으로 미루어 보아 경주지역의 토기 양식 변화는 울산지역에도 반영되기 시작하여 1Ab기부터는 신라전기양식토기가 부장되기 시작하였을 것으로 판단된다.

그 외에는 멀리 구미 황상동유적과 강릉지역에서 신라전기양식토기 초기 토기가 부장된 목곽묘가 조사되었다. 구미 황상동유적에서는 1Ab기의 유개식, 무개식 고배가 출토되었는데(대구대학교 중앙박물관 2009), 그 구조·형태가 경주지역의 신라전기양식토기 신출 기종과는 차이가 있어 이에 대해서는 뒤에서 따로 살펴보기로 하겠다. 강릉 안현동유적에서는 신라조기양식토기 2b기 토기가 부장된 목곽묘부터 축조되기 시작하였는데(예맥문화재연구원 2011), 그 20호 목곽묘에서 4단각 유개식고배가 출토되었다. 경주지역에서 1Ab기에 출현한 3이부유대완이 공반되었다(도 2.2-63). 안현동유적에서는 신라전기양식토기를 부장한 목곽묘가 그 이후로 이어졌다(김무중 2020: 38).

이상과 같이 4세기 중엽 경주지역에서 성립한 신라전기양식토기는 1Aa기에는 사실상 경주지역에만 존재하였고, 1Ab기에는 인근 포항과 울산 등 경주 인접지역까지 확산되었다. 그 외에는 멀리 강릉지역의 목곽묘에서 부장되었다. 경주에서 원거리인 강릉지역에서 조기 말부터 신라조기양식토기가 부장된 목곽묘가 축조된 것도 주목되지만, 동해안의 봉길리유적과 함께 경주지역에서도 희소한 4단각의 유개식고배가 멀리 강릉 안현동유적에서 부장된 것은 특별히 유의되는 사실이다.

(2) 낙동강 이동의 신라전기양식토기 지역양식 전개(도 64~68)

유개식고배가 교차투창 3단각고배로 정립되는 1B(a~c)기로 들어오면 신기종을 포함한 신라전기양식토기는 경주지역 전체로 확산되었다. 분지지구의 월성북고분군과 황성동고분군을 넘어 동남부지구의 중산리고분군, 서남부지구의 사라리고분군 등에서도 1Ba기 형식의 교차투창 3단각고배가 부장되기 시작한 것이다. 경주 인근의 포항지역과 울산지역, 그리고 멀리 동해안의 강릉지역에서도 3단각고배는 1Ba기 형식부터 고분에 부장되었다.

부산 복천동고분군에서도 1Ba기 고단계인 복천동 35·36호묘에서 신라전기양식토기 나팔각고배 C 계보의 3단각고배가 부장되었고, 신단계인 21·22호묘에서는 나팔각고배 B 계보의 3단각고배와 함께 2단각고배가 부장된 것을 앞서 언급하였다. 1Bb기인 19·20호묘부터는 신라전기양식의 장경호도 부장되기 시작하였다.

이와 같이 경주 인근지역과 강릉지역, 그리고 부산지역에서는 1Ba기 형식의 3단각고배가 부장되었지만, 그 외 영남지방의 다른 지역에서 1Ba기 형식의 3단각고배는 찾아지지 않는다. 신라전기양식토기 고배는 1Ba기까지도 아직 널리 퍼져나가지는 못한 것이다. 그러나 경산 임당고분에서는 신라전기양식토기 고배의 부장에 앞서 신라 장경호가 1Ba기 형식의 가야양식토기들과 함께 부장되었다(뒤의 도 2.2-67의 1Ba 참조). 구미 황상동고분군에서도 1Ba기부터는 신라 장경호가 부장되기 시작하였다(대구대학교 중앙박물관 2009: 334). 멀리 소백산맥 아래의 상주 신흥리유적에서는 중부지방에서와 같이 타날문단경호와 적갈색 심발형토기 세트가 부장되고 있었지만, 그 가-4호묘, 가-33호묘, 라-132호묘 등에서 고배 없이 1Ba기 형식의 신라 장경호부터 부장되기 시작하였다(중앙문화재연구원 1998; 홍지윤 2003). 고배에 비해 장경호는 일찍부터 지방으로 퍼져 나간 것이다. 이와 같이 기종에 따라 차이가 있었지만 신라전기양식토기는 1B기에 들어와 빠른 속도로 낙동강 이동지방으로 파급되었던 것으로 보인다.

그런데 토기는 지역성이 강하여, 신라전기양식토기가 성립한 경주지역 안에서도 지구나 고분군에 따라 같은 기종이면서도 구조 속성에 차이가 있는 것들이 존재하였다. 예컨데 2단각고배 중 앞서 따로 분류한 소수 기종(앞의 도 2.2-3 참조)은 경주지역 전체에서 일반적인 것은 아니었다. 황성동고분군과 사라리고분군의 3이부유대완도 구조 속성에 차이가 있었고(앞의 도 2.2-5 참조), 파배도 사라리고분군(영남문화재연구원 2007) 등과 분지지구의 고분군 사이에는 구조적 차이가 있었다.

그런데 경주지역 내에서도 그보다 더 뚜렷한 차이를 나타내는 것은 북부지구 동산리고분군의 장경호들이다. 동산리고분군 부장 고배류는 경주지역의 다른 유적들과 크게 다르지 않았지만, 장경호 중에는 〈도 2.2-64〉에서 보는 바와 같이 경부가 직선적인 V자형으로, 대각도 직선적인 역V자형으로 벌어지는 특징적인 것들이 존재하였다. 그 중에는 동체의 어깨부가 급격히 꺾이는 장경호 B도 있다. 앞의 〈도 2.2-6〉과 〈도 2.2-25〉에서 분류한, 다른 유적의 일반적인 장경호들과는 구조적인 차이가 크다.

	장경호 A	장경호 B	고배 A	고배 B
1Bc	1	2	3	1·3. 동산리 89 2·4. 동산리 46 4
2a	1	2	3	1. 황남대총 남분 2·4. 동산리 9 3. 동산리 52 4
2b	1	2	3	1·3. 동산리 43 2·4. 동산리 51 4
3a	1	2	3	1·3·4. 동산리 93 2. 동산리 8 4
3b	1	1~3. 동산리 16	2	3

도 2.2-64 경주 동산리유적의 장경호와 편년자료

경주지역의 다른 유적에서는 이와 같은 이질적인 장경호를 찾기 어려운데, 월성북 고분군의 2a기 황남대총 남분에서 1점이 출토된 바 있다(도 2.2-64의 2a-1). 그러나 동산 리고분군에서는 이 특징적인 장경호가 1Bc기에 성립하여 2a기 이후 부장 장경호의 주류가 되었다. 형태가 분명한 것이 3a기까지 부장되었지만, 3b기까지도 그 잔영이 남은 장경호가 존재하였다. 신라전기양식토기는 경주지역 내에서도 이와 같이 토기의 공급원에 따른 이질성이 아직 완전히 극복되지는 않았던 것이다.

잘 알려져 있는 바와 같이 신라 전기에는 가야산 이북의 낙동강 동서 양쪽을 포함하여 가야산 이남의 낙동강 동쪽에서 신라토기가 전개되었다. 이 낙동강 동쪽의 신라토기를 김원룡은 낙동강 동안양식이라고 하였고(김원룡 1960), 이희준이 낙동강 이동양식으로 수정하였다(이희준 1996a). 경주지역에서 성립한 신라전기양식토기가 원신라양식으로서 '양식적 선택압(seletive pressure)'으로 작용하여(이희준 2007: 69) 낙동강 이동지방으로 퍼져나가 범낙동강 이동양식에 포함되는 각 지역의 신라전기양식토기 지역양식이 성립한 것이다.

앞서 살펴본 바와 같이 경주지역에서 성립한 신라전기양식토기가 지방으로 널리 확산되기 시작한 것은 1Ba기 이후이며, 1A(a, b)기 토기는 그 분포가 극히 한정적이었다. 뒤에서 보듯이 낙동강 이동 각 지역양식의 직접적인 모델이 된 것은 경주지역의 1B(a~c)기 토기였다. 또 과거에 낙동강 동안양식, 또는 이동양식이라고 한 것도 경주 황남동 109호분-3·4곽 출토 3단각고배 단계부터였다. 그러므로 낙동강 이동 지역양식 신라토기의 모체는 물론 원신라양식인 경주지역의 신라전기양식토기이지만, 분포가 한정된 1A(a, b)기 토기가 아니라 1B(a~c)기 이후의 토기이다. 경주지역의 1A(a, b)기 신라전기양식토기는 낙동강 이동양식의 시원형이라고 할 수 있지만, 그 직접적인 모델은 아니었다.

각지의 신라전기양식토기 지역양식은 저마다의 특징적인 구조를 가진 토기군으로 성립되고 자체적인 형식의 변화를 이루어갔다. 그러나 낙동강 이서양식의 가야토기에 비해 낙동강 이동양식의 신라토기는 양식적 제일성이 강하였다. 경주지역 신라전기양식토기가 구심력을 잃지 않았기 때문이다.

이하에서는 낙동강 이동지방이면서도 신라·가야조기에 가야조기양식토기가 중심이었던 부산지역, 신라 전기·가야시기 초에 가야양식토기가 전개되었던 창녕지역, 그리고 경주 인근의 경산지역과 원거리인 구미지역에서 신라전기양식토기 지역양식이 성립되어 간 과정을 살펴보고, 이어서 낙동강 이동양식에 대해 종합해 보기로 하겠다.

① 부산양식(도 2.2-65)

신라·가야조기에 부산지역에는 신라조기양식토기도 일부 존재하였지만(앞의 도 2.1-33의 4 및 2.1-34의 6 참조), 동래 복천동고분군의 부장토기는 가야조기양식토기 중심이었다. 복천동고분군의 신라 전기·가야시기 1A(a, b)기 고분에서도 신라조기양식토기에서 유래된 통형기대가 부장되고 있었지만(앞의 도 2.2-18 참조), 부장토기의 중심은 장각화한 외절구연고배와 변형 파수부노형기대 등 아직 가야조기양식토기의 연장선에 있었다. 그러나 1Ba기에 들어가면 동래 복천동고분군의 부장토기는 일변하여 김해지역의 가야양식토기와 연계성이 단절된 가운데 신라전기양식토기로 교체되어 간 사실을 앞서 언급하였다.

신라전기양식토기 고배를 중심으로 살펴보았는데, 복천동 35·36호묘에서는 신라전기양식토기 1Ba기의 나팔각고배 C와 관련이 있는 3단각고배가 출토되었고, 1Ba기의 21·22호묘와 1Bb기의 19·20호묘에서는 나팔각고배 B에 해당하는 3단각고배와 2단각고배가 출토되었다(이상 앞의 도 2.2-58·59 참조). 이외에 복천동 19·20호묘에서는 앞서 김해 대성동 93호묘의 무개식고배와 관련하여 언급한 3단각 교차투창 무개식고배와 함께 나팔각고배 B와는 다른 계열의 3단각 유개식고배도 공반되었는데, 이와 같은 계열이면서 2단각으로 변화된 고배가 복천동 8·9호묘에서 출토되었다(앞의 도 2.2-59의 1Bb-7·2a-6 참조). 그러나 이 토기들은 신라전기양식토기 고배를 모델로 하여 제작된 부산식 고배라고 할 수 있지만, 대개 경주지역의 토기와 거의 차이가 없거나 단발성인 것, 계기적 발전이 길게 이어지지는 않은 것들이어서 이들로써 신라전기양식토기 부산양식의 성립을 말하기는 어렵다. 그런데 복천동 8·9호묘, 39호묘, 10·11호묘에 오면 그 양상이 달라진다. 〈도 2.2-65〉에서 보듯이 자체적인 형식변화가 이어지는 분명한 지역양식이 성립된 것이다. 그 중 고배 I~III은 경주 황남동 110호분 단계의 신라전기양식토기 나팔각고배 B를 모델로 한 것이 분명하다. 경주 황남동 110호분에서는 대각이 곡선적인 3단각, 직선적인 3단각과 2단각의 나팔각고배 B가 모두 출토되었다(앞의 도 2.2-

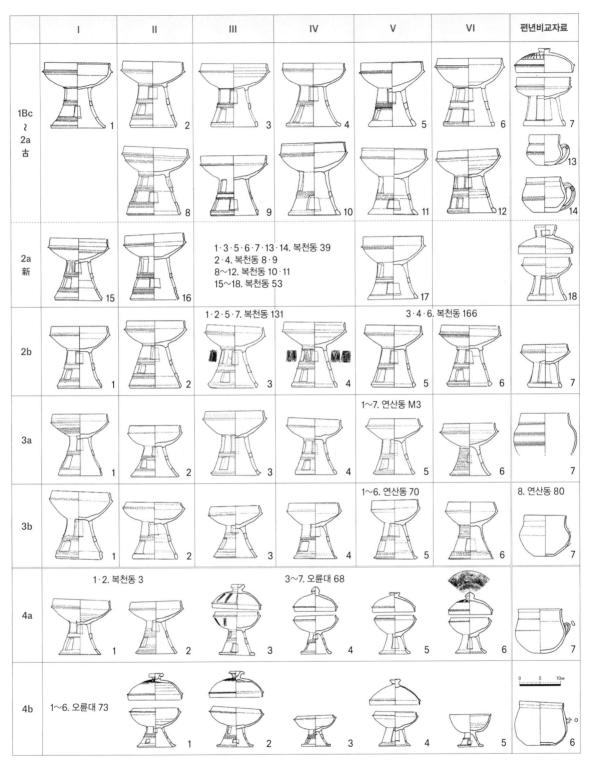

	I	II	III	IV	V	VI	편년비교자료
1Bc ~ 2a 古	1	2	3	4	5	6	7
		8	9	10	11	12	13 / 14
2a 新	15	16	1·3·5·6·7·13·14. 복천동 39 2·4. 복천동 8·9 8~12. 복천동 10·11 15~18. 복천동 53		17		18
2b	1	2	1·2·5·7. 복천동 131 3	3·4·6. 복천동 166 4	5	6	7
3a	1	2		4	1~7. 연산동 M3 5	6	7
3b	1	2		4	1~6. 연산동 70 5	6	8. 연산동 80 7
4a	1·2. 복천동 3 1	2	3~7. 오륜대 68 3	4	5	6	7
4b	1~6. 오륜대 73	1	2	3	4	5	6

도 2.2-65 신라전기양식토기 부산양식의 성립과 전개 (※도 2.2-59에서 이어짐)

2·20 참조). 다음의 고배 Ⅳ~Ⅵ은 경주지역의 2단각고배(중)를 모델로 하여 성립된 부산 양식 2단각고배들인데, 그 중 Ⅳ의 복천동 8·9호묘 고배는 곡선적인 대각과 각단 접지 부의 형태로 보아 경주지역의 1Bb기 형식이 모델이었을 가능성이 있으나, Ⅵ의 복천동 39호묘와 10·11호묘 고배는 경주 황남대총 남분 고배가 모델인 것을 앞서 살펴보았다 (앞의 도 2.2-42 참조).

이와 같이 신라전기양식토기 부산양식은 경주지역의 1Bb기~2a기 토기를 모델로 하여 성립된 것으로 보이는데, Ⅰ~Ⅴ 고배들의 자체적인 형식 변화가 3b기까지 이어진 것을 알 수 있고, 3a기에는 고배 Ⅵ의 하부에 배치한, 대각이 돌대로 덮인 특징적인 고 배도 성립되어 3b기로 이어졌다.[24] 고배 Ⅰ과 Ⅱ는 3단각고배를 모델로 하여 성립한 것으 로, 대각 하단이 좁아졌지만 3단각의 잔영이 3a기까지 이어진 것을 알 수 있다.

4a기부터는 부산지역 고분 부장토기의 양상이 다시 달라진 것으로 보인다. 토기의 구조·형태가 경주지역과 별다른 차이가 없다. 부산 지역양식이 소멸되고, 고분 부장토 기가 중앙양식으로 바뀐 것을 알 수 있다.

② 창녕양식(도 2·2-66)

신라·가야조기에는 신라조기양식토기의 분포권이었던 청도와 창녕지역은 낙동강 이동이면서도 신라 전기·가야시기 초에 특이하게 가야양식토기가 전개된 것을 앞서 살 펴보았다. 1Bb기까지 이 지역의 부장토기는 가야양식토기가 중심이었다(앞의 도 2.2-60 참조). 그러나 1Bc기에 오면 부장토기가 신라전기양식토기로 전환되면서 고분에 따라 아직 가야양식토기 중심인 고분과 이미 신라전기양식토기 중심으로 바뀐 고분이 공존 한 것으로 보인다.

예컨대 창녕 동리 7호묘의 부장토기는 일렬투창 유개식고배 등 가야양식토기 중 심이지만, 장경호는 신라전기양식이고, 동리 5호묘의 부장토기는 교차투창 유개식고배

---

24 필자의 전고(최병현 2021a: 874)에서는 복천동 166호묘와 연산동 70호묘 출토 고배를 3a기로 표시하였으나, 부산지역 신라토기의 종합 편년 결과 복천동 166호묘는 2b기, 연산동 70호묘는 3b기로 수정되었다. 이외에 도 필자가 그동안에 밝혀온 영남 각지의 고분이나 토기 편년 중 본고와 차이가 있는 것은 본고의 편년으로 수정한다.

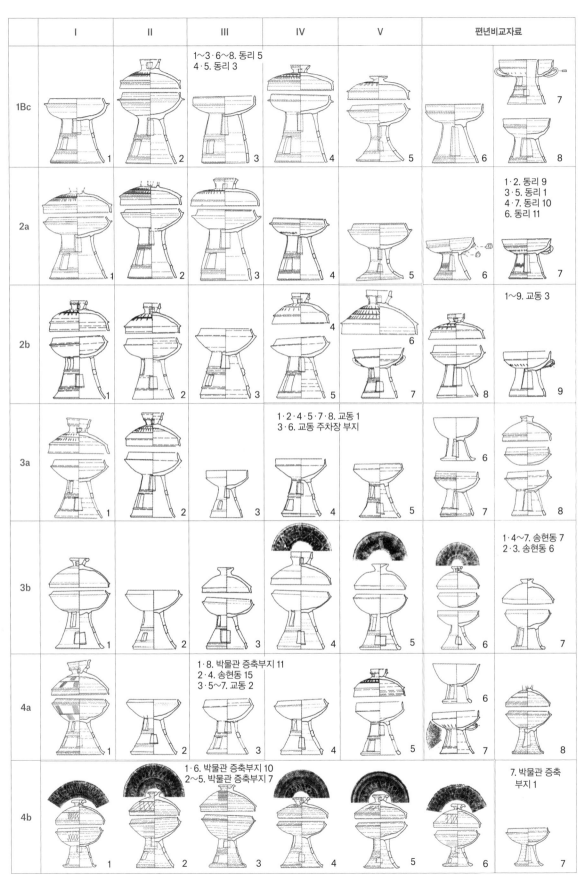

	I	II	III	IV	V		편년비교자료
1Bc	1	2	1~3·6~8. 동리 5 4·5. 동리 3 3	4	5	6	7 8
2a	1	2	3	4	5	6	1·2. 동리 9 3·5. 동리 1 4·7. 동리 10 6. 동리 11 7
2b	1	2	3	4 6 5	7	8	1~9. 교동 3 9
3a	1	2	1·2·4·5·7·8. 교동 1 3·6. 교동 주차장 부지 3	4	5	6 7	8
3b	1	2	3	4	5	6	1·4~7. 송현동 7 2·3. 송현동 6 7
4a	1	2	1·8. 박물관 증축부지 11 2·4. 송현동 15 3·5~7. 교동 2 3	4	5	6 7	8
4b	1	1·6. 박물관 증축부지 10 2~5. 박물관 증축부지 7 2	3	4	5	6	7. 박물관 증축 부지 1 7

도 2.2-66 신라전기양식토기 창녕양식의 성립과 전개

등 신라전기양식토기 중심이지만, 장경호는 가야양식이었다(한겨레문화재연구원 2014). 이와 같이 신라 전기·가야시기 1Bc기는 창녕지역에서 고분의 부장토기가 가야양식토기에서 신라전기양식토기로 바뀌면서 한편으로 낙동강 이동양식 토기 중 창녕양식이 성립되기 시작한 시기로 판단된다.

〈도 2.2-66〉에서는 창녕양식 고배의 성립과 그 변화 과정을 볼 수 있는데, 가야양식의 일렬투창 유개식고배는 1Bc기, 2a기의 고분에도 부장된 예가 있다. 그런데 고배 I은 대각이 곡선적인 경주지역의 나팔각고배 C를 모델로 하여 성립된 것이 분명하고, 고배 II와 III은 대각이 직선적인 경주지역의 1Bc기 나팔각고배 B가 모델이었을 것이며, IV는 2단각고배(중)가 모델이었을 것이나 대각 직경이 전체적으로 넓은 것으로 보아 경주지역의 1Bb기 이전 형식에서 유래된 것으로 보인다. 이들 중 I~III은 4a기까지 자체적인 형식의 변화가 확인되며, IV는 2b기 형식까지만 찾아볼 수 있다. 고배 IV와 V의 줄 3a기 이하는 새로 도입된 중앙양식의 고배들이다.

이와 같이 신라전기양식토기 창녕양식은 경주지역의 1Bb기~1Bc기 토기를 모델로 하여 성립된 것으로 보이는데, 고배 I~III은 모델이 3단각고배로, I과 II는 3단각의 잔영이 4a기까지 이어졌으나, III은 3b기부터 2단각으로 변화된 것으로 보인다. 창녕양식 고배의 특징적인 구조 중 하나는 상부에 넓은 면의 대가 형성된 뚜껑꼭지인데 경주지역의 대각 도치형 꼭지에서 변화되어 늦어도 2b기에는 출현한 것으로 판단되며, 4a기까지 창녕형 꼭지의 뚜껑이 잔존하였다.

창녕지역에서는 지역양식과 중앙양식이 일찍부터 혼재하였지만, 부산지역에 비해 지역양식의 존재 기간이 길었다. 창녕지역 고분의 부장토기가 완전히 중앙양식으로 바뀌는 것은 4b기에 들어와서였다고 판단된다.

③ 경산양식(도 2.2-67)

신라·가야 조기에 경주의 서쪽 인근에 위치한 경산지역에서 신라조기양식토기가 1b기부터 전개된 것은 자연스러운 현상으로(앞의 도 2.1-33의 5 참조), 신라 전기·가야시기 1A(a, b)기도 신라조기양식토기의 연장선에 있었다. 임당 CI호분 봉토에서는 선행 목곽묘가 파괴되어 들어간 것으로 보이는 통형고배와 컵형토기가 나왔는데, 컵형토기는 신라 조기의 것이지만 통형고배는 대각의 소투공과 접지부의 돌대 배치로 보아 신라 전기 1Aa기로 편년된다. 임당 G-65호묘의 무파수노형기대, 1A-19호묘의 무파수노형기대와 공반토기는 1Ab기로 편년된다. 임당유적에서 무파수노형기대는 G-45호묘에서도 나왔는데, 깊어진 동체에서 구경부가 꺾임 없이 자연스럽게 S자형으로 외반한 것이다. 공반된 광구소호는 1Ba기 형식이다(영남문화재연구원 2001).

그런데 1Ab기의 임당 G-65호묘에서는 가야양식의 일렬투창 유개식고배가 공반되었다. 이 고배는 짧고 직경이 넓은 대각과 뚜껑받이 턱이 길게 뻗은 배신의 형태로 보아 김해 대성동 2호묘의 1Aa기 일렬투창 유개식고배와 같은 시기로 보이지만, 공반된 무파수노형기대에 따라 임당 G-65호묘는 1Ab기로 편년된다.

신라 전기·가야시기 1Ab기에 경산지역 고분에서 가야양식 고배의 부장은 유의되는 현상인데, 1Ba기에는 가야양식토기와 신라전기양식토기의 공반이 더욱 뚜렷하다. 임당 G-5호묘에서는 가야양식의 일렬투창 유개식고배와 유대파수부호가 신라전기양식토기 장경호와 함께 부장되었고, G-6호묘에서는 신라전기양식토기 장경호와 가야양식 유대파수부호, 유개식장경호가 함께 부장되었다. G-5호묘의 유대파수부호 중에는 1Ab기 형식에 가까운 것이 포함되어 있고, G-6호묘의 장경호도 신라전기양식토기 장경호 B2의 1Ab기 형식에 가깝지만, G-5호묘의 높이 17cm 이상인 일렬투창 유개식고배들은 배신과 뚜껑의 형태로 보아 김해지역 1Ba기 형식으로 판단되고, 가야양식인 G-6호묘의 유개식장경호는 다른 유사한 예를 알 수 없지만 공반된 광구소호 중 늦은 것은 1Ba기 형식이다. 따라서 임당 G-5, 6호묘는 신라 전기·가야시기 1Ba기로 편년되는데, 이와 같이 경산지역에서 신라 전기·가야시기 초에는 분명히 신라토기와 가야토기가 공반되는 현상이 있었다.

그러나 그 이후 경산지역의 토기는 신라토기 일색이 되어 신라전기양식토기 경산양식이 성립된 것으로 보인다. 경산양식 토기가 출토된 고분으로는 현재 조영 CII-2호분이 가장 이른 시기로 편년되는데, 고배 I난에 배치한 1단각 무개식 파수부고배(소 A)는 경주지역의 1Bc기 형식에 가깝다. 고배 III~VI은 경주지역의 2단각고배(중)을 모델로 하여 제작된 것으로 보이는데, 그중 고배 III의 구연부가 짧은 배신은 경주지역의 1Bb기 월성로 가-13호묘 고배의 배신(앞의 도 2.2-17의 1Bb-2 참조)과 가깝고, 곡선적인 대각도 경주지역의 2단각고배(중) 1Bb기 형식과 같다. 고배 IV~VI은 경주지역의 1Bc

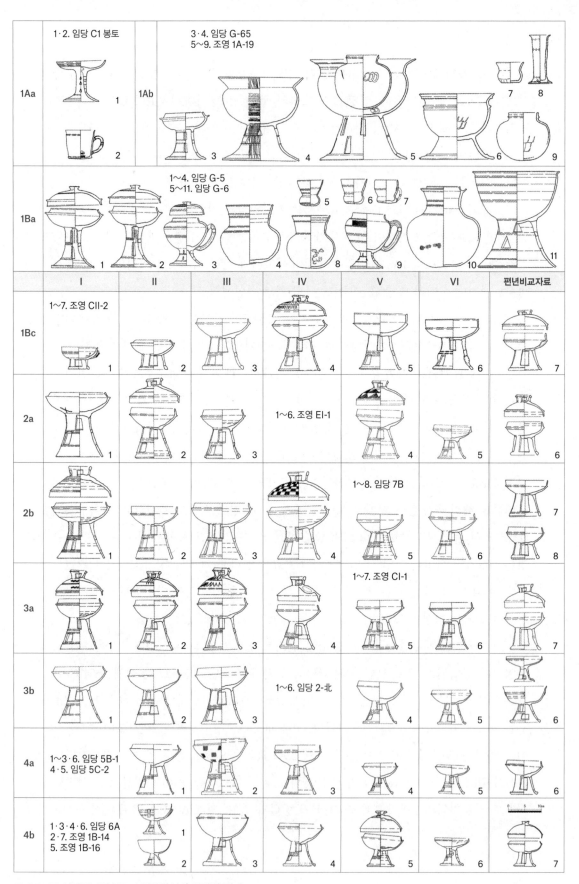

도 2.2-67 신라전기양식토기 경산양식의 성립과 전개

기 2단각고배가 모델이었을 것으로 판단된다. 고배 Ⅳ의 배신도 경주토기와는 이질적이지만, 특히 그 뚜껑은 경산 지역양식이 늦어도 1Bc기에는 성립된 것을 보여준다.

이와 같이 경산지역에서도 경주지역의 1Bb기와 1Bc기 토기를 모델로 한 지역양식이 성립되었으나, 3단각고배는 아직 1Bc기 이전 것을 알 수 없고, 현재로써는 2a기 조영동 EⅠ-1호분 출토 3단각고배가 가장 이르다. 3단각인 경산지역 고배 Ⅰ은 경주지역 나팔각고배 C, Ⅱ는 경주지역 직선각의 나팔각고배 B를 모델로 하여 성립한 것이 분명하다. Ⅴ의 줄 2a기 이하에 배치한 고배는 경주지역의 나팔각고배 B 계열로, 조영 EⅠ-1호분과 그 아래 임당 7B호분 고배의 관계는 앞서 언급한 바 있다(앞의 도 2.2-45 참조). Ⅵ의 줄 2a기에 배치한 고배는 2단각고배(소) 계열인데, 경주지역의 2a기 형식보다는 2b기 형식에 가까워 조영 EⅠ-1호분이 경주 황남대총 남분보다 상대적으로 늦은 것을 알 수 있다.

경산지역에서 3단각고배는 3b기까지 잔존하였고, 고배 Ⅲ과 Ⅳ는 2b기까지 경산 지역양식의 특징을 유지하였으나 그 외는 중앙양식과 차이가 없어졌다. 2b기의 임당 7호분에서 출토된 1단각 유개식고배 중에는 경주지역 1단각 유개식고배 B의 2b기 형식과 같은 것이 있다. 고배 Ⅰ과 Ⅲ 중에는 대각에 세장방형 투창이 조밀하게 뚫린 다투창 고배가 존재하여, 지역양식이 극대화된 것을 알 수 있다.

경산 지역양식은 3b기를 끝으로 모두 소멸된 것으로 보인다. 4a기 이후의 경산지역 고분 부장토기는 경주지역과 양식적 차이가 없다.

④ 구미양식 (도 2.2-68)

구미지역에서는 선산 낙산동고분군(효성여자대학교박물관 1988)과 구미 황상동고분군(대구대학교 중앙박물관 2009)에서 신라조기양식토기와 관계가 있는 토기가 출토되었다. 낙산동 2-5호 목곽묘, 3-11호 목곽묘, 3-13호 목곽묘에서는 신라 조기 말로 올라갈 수 있는 경질의 소문단경소호, 직구호, 구형호 B가 출토되었다. 그러나 모두 신라전기양식토기 1Aa기로 편년되는 단경호나 컵형토기가 공반되어 그 실제 연대는 내려온다. 3-13호 목곽묘에서는 유일하게 무파수노형기대 동체편이 1Aa기 형식의 컵형토기 C와 함께 출토되었는데, 그 구조·형태가 뒤에 언급할 구미 황상동 116호묘 출토 무파수노

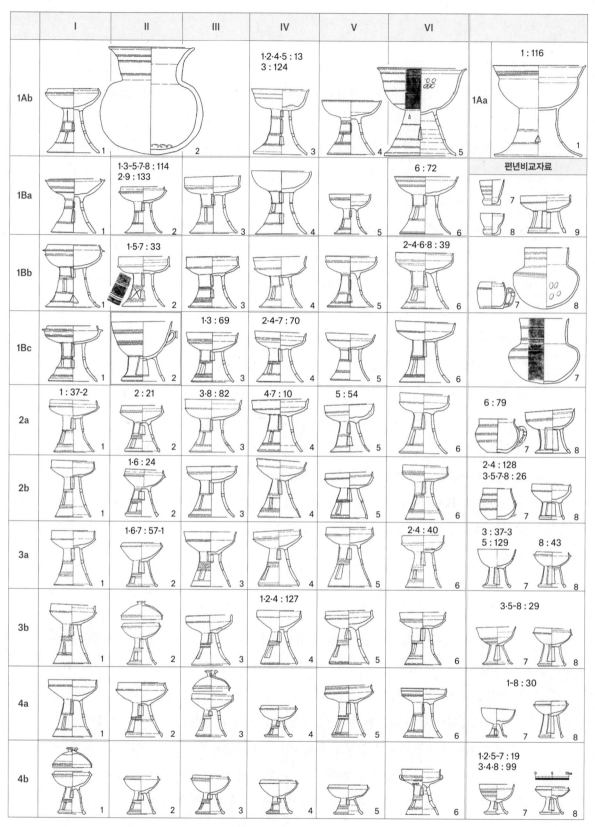

	I	II	III	IV	V	VI	
1Ab				1·2·4·5 : 13 3 : 124			1Aa 1 : 116
1Ba		1·3-5·7·8 : 114 2·9 : 133				6 : 72	편년비교자료
1Bb		1·5·7 : 33				2-4·6·8 : 39	
1Bc			1·3 : 69	2·4-7 : 70			
2a	1 : 37-2	2 : 21	3·8 : 82	4·7 : 10	5 : 54		6 : 79
2b		1·6 : 24					2·4 : 128 3·5·7·8 : 26
3a		1·6·7 : 57-1				2·4 : 40	3 : 37-3 5 : 129 8 : 43
3b				1·2·4 : 127			3·5-8 : 29
4a							1-8 : 30
4b							1·2·5-7 : 19 3·4·8 : 99

도 2.2-68 신라전기양식토기 구미양식(황산동고분군)의 성립과 전개

형기대와 거의 같다.

구미 황상동고분군에서는 많은 고분이 발굴조사되어 신라전기양식토기 전 기간의 편년이 가능하다. 여기서는 황상동고분군 출토 토기를 통해 구미지역에서 신라전기양식토기와 지역양식의 전개 과정을 살펴보기로 하겠다.

가장 이른 시기 고분은 116호 목곽묘로, 무파수노형기대와 타날문단경호가 출토되었다. 장각화한 대각으로 보아 신라 조기로는 올라가지 못하지만 동체가 아직 깊어지지 않은 것으로 보아 신라 전기 1Aa기로 편년된다.

다음은 13호 목곽묘에서 출토된 고배와 장경호, 발형기대이다. 고배 I란에 배치한 4단각고배는 좀 특이하여, 대각의 형태가 신라전기양식토기 신출 기종의 4단각고배보다는 신라조기양식토기 고배 A(대)의 신라 전기 1Aa기 형식(앞의 도 2.1-24의 1Aa 참조)에 가까운데, 배신은 구연부가 꺾여 내경하여 그와 다르다. V란에 배치한 무개식고배는 반대로 배신은 조기형이지만, 대각은 전기형이다. 아마도 신라 조기형 고배와 신라 전기 신출 고배의 구조가 결합되어 이런 구조·형태의 고배들이 만들어진 것이 아닐까 생각된다. 공반된 장경호는 1Ab기 형식의 가야양식이고(앞의 도 2.2-56의 1Ab 참조), 발형기대도 위가 좁아진 대각 형태로 보아 1Ab기보다 더 올라가기는 어렵다. IV란에 배치한 124호 목곽묘 출토 무개식고배도 배신과 대각 모두 특이한 형태인데, 1렬투창이 뚫린 4단대각의 전체적인 형태는 가야양식 고배의 대각에 더 가깝다.

1Ba기에는 앞의 1Ab기 고배들이 자체적으로 형식이 변화한 것에 II, III, VI란의 유개식, 무개식 고배들이 추가되었다. 1Ab기 고배에서 변화된 것 중에는 4단각의 형태가 남기도 하였지만, 추가된 고배들은 모두 대각이 균분된 3단각이이어서 신라전기양식토기 1Ba기의 고배들을 모델로 하여 제작된 것을 알 수 있는데, 1Ba기 형식의 광구소호나 1단각고배가 공반되기도 하였다. 그런데 1Ba기 고배들 대부분은 그 뒤로 형식이 이어지지 않지만, III란의 고배는 그 뒤로 계속 이어지고 있어 주목된다. 이 고배도 대각이 균분된 3단각이어서 신라전기양식토기 1Ba기의 3단각고배가 모델이었겠지만, 납작하고 얕은 배신이 특징적인 구조로, 거의 편평한 바닥에서 구연부가 길게 직립하였다. 구미 지역양식의 출현을 보여주는 것이다.

다음 1Bb기에 오면 모든 고배들이 대각 하단부가 좁아지는 형식의 변화를 보여준다. I란의 유개식고배는 그 위의 고배와는 관계없이 경주지역의 나팔각고배 C를 모델로 하여 성립되었겠지만, 납작한 배신에서 날카롭게 뻗은 뚜껑받이 턱, 4단각의 잔영이 남은 직경이 넓은 대각은 이 고배가 지역양식으로 성립된 것을 말해준다. 그외 구연부가 직립한 고배들은 대각의 직경이 넓은 것과 좀 좁아진 것, 투창이 일렬식이거나 교차식인 것이 있지만, 배신부 형태는 모두 앞의 1Ba기 III난의 지역양식 고배와 같이 납작하다. 그것을 잇거나 또는 거기서 파생된 것들로 판단된다. 다만 V난의 무개식고배는 대각의 투창이 일렬식이지만 배신과 상단이 좁은 대각의 형태가 이들과 달라 앞의 1Ba기 무개식고배를 이은 것으로 판단된다.

1Bc기 이후는 배신과 대각의 형태가 조금씩 바뀌거나 상호 교환되면서 대개 1Bb기의 지역양식이 이어져 내려갔다. 그 중 II난의 지역양식은 1Bb기로 끝나고 이어지지 않아, II난의 1Bc기에는 편년 비교자료로 3이부유대완을 두었고, 2a기 이후에는 중앙양식의 고배들을 배치하였다. 1Bc기 고분까지는 대개 지역양식이 부장되었으나, 2a기 이후에는 중앙양식 고배의 부장도 늘어났다. 그러나 3b기까지는 지역양식이 우세하였고, 4a기부터는 지역양식이 소멸되었으나 4b기에도 남은 예가 있다.

지역양식 중에는 2b기부터 배신이 단면 역삼각형으로 깊어지거나, 대각이 3단각에서 2단각으로 전환된 것도 있지만, I난과 VI난의 고배는 늦게까지 3단각의 형태가 유지되었고, 납작하고 얕은 형태의 배신이 남기도 하였다.

요약하면, 구미지역에서는 1Ab기부터 현지에서 모방 생산된 신라전기양식토기 고배가 전개되기 시작하였고, 1Ba기에 이미 지역양식이 성립되어 1Bb기 이후 각종의 지역양식 고배가 크게 번성하였다. 구미 지역양식 고배는 유개식, 무개식 모두 배신이 납작한 것이 특징인데, 특히 편평한 바닥에서 구연부가 길게 직립하여 배신이 거의 구연부로 이루어진 것이 특징적인 구조이다. 다른 지역에 비해 지역양식이 오래까지 남은 것도 유의된다.

⑤ 낙동강 이동 신라전기양식토기 지역양식의 성립과 소멸(도 2.2-69)

신라전기양식토기 지역양식인 범낙동강 이동양식은 앞서 본 바와 같이 경주에서 성립한 신라전기양식토기가 지방으로 확산되면서 각 지역에서 각각의 특징적인 구조를 가진 토기군으로 성립한 것이다. 각 지역양식 토기는 자체적인 형식의 변화를 이루어 갔다.

그런데 부산지역에서는 부산양식의 성립에 앞서 신라전기양식토기의 모방 단계가 있었다. 동래 복천동 35·36호묘와 21·22호묘에는 신라전기양식토기 1Ba기 고배가, 19·20호묘에는 1Bb기 고배가 부장되었지만, 이들은 부산양식 성립 이전으로 경주지역 토기가 이입되었거나 또는 경주지역 토기를 모델로 한 모방 단계의 신라토기라고 할 수 있다. 부산양식 신라토기는 경주지역의 1Bb기~2a기 토기를 모델로 하여 성립되었으며, 실질적으로 이들의 부장이 이루어진 것은 2a기로 편년되는 고분에서부터였다.

구미지역에서는 부산지역보다 이르게 1Ba기에 지역양식의 성립을 볼 수 있지만, 1Ab기와 1Ba기에는 실질적으로 신라전기양식토기를 모방 생산한 토기들이 부장되었다. 구미지역에서 지역양식이 본격적으로 부장되기 시작한 것은 1Bb기부터였다. 다른 지역에서는 아직 부산과 구미지역에서와 같은 모방 단계가 확인되지 않지만, 길든 짧든 그와 같은 모방 단계를 거쳐 지역양식이 성립되었을 것으로 판단된다.

각지의 지역양식 고배 중에는 하단이 좁아진 3단각고배들이 포함되어 있다. 이는 앞서 본 바와 같이 각지 지역양식의 모델에 경주지역 1Bb기나 1Bc기의 3단각고배가 포함되어 있음을 의미한다. 그런데 경주지역에서는 3단각고배가 1Bc기로 소멸되고, 2a기에는 모든 고배가 2단각으로 정형화되었다. 그러나 각지의 지역양식에서는 3단각고배의 존속 기간이 길었다. 앞서 본 바와 같이 부산양식에서는 3a기까지, 창녕양식에서는 4a기까지, 경산양식에서는 3b기까지 3단각고배의 존재가 확인된다. 구미지역에서는 4b기까지도 그 잔영이 남은 것이 있었다. 원신라양식인 경주의 중앙양식 토기와 이를 모델로 하여 성립한 낙동강 이동의 각 지역 토기 사이에는 이와 같은 낙차가 있었으므로, 이 점 토기 편년에서 각별히 유의되어야 된다(최병현 2014c: 141).

한편 신라전기양식토기 지역양식은 지역에 따라 토기의 구조 속성에 차이가 있었는데, 그 중에는 중앙양식인 경주토기와 상대적으로 가까운 구조 속성이 유지된 지역양식도 있었지만, 그보다 멀어져 이질화가 심하게 진행된 지역양식도 있었다. 예컨대 부산양식은 경주토기와 비교적 가까운 구조·형태가 유지되었지만, 경산양식에는 다투창고배 등 이질화가 더 심하게 진행된 것이 포함되어 있었다. 성주양식의 장각고배나 완형배신의 1단각 유개식고배도 경주토기에서 멀어진 것이다(계명대학교행소박물관 2006). 구미양식 고배의 납작한 배신은 경주토기와 아주 달라진 모습이다. 의성양식 고배는 대

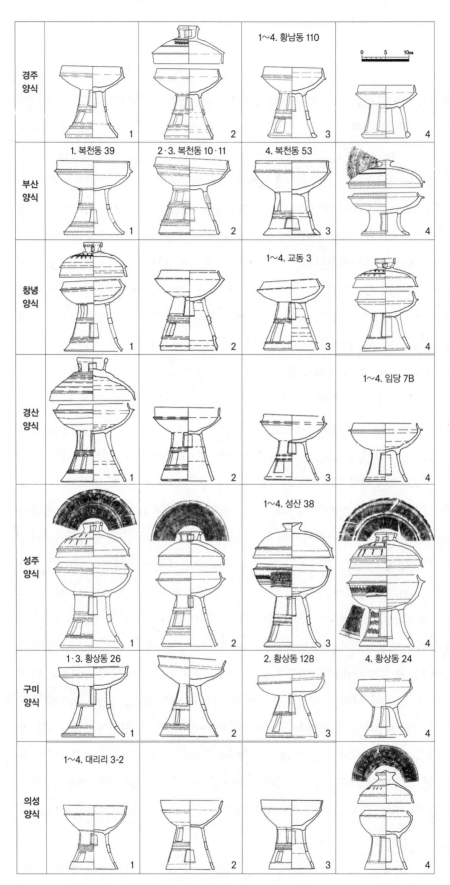

경주 양식			1~4. 황남동 110
부산 양식	1. 복천동 39	2·3. 복천동 10·11	4. 복천동 53
창녕 양식			1~4. 교동 3
경산 양식			1~4. 임당 7B
성주 양식			1~4. 성산 38
구미 양식	1·3. 황상동 26		2. 황상동 128 · 4. 황상동 24
의성 양식	1~4. 대리리 3-2		

도 2.2-69 낙동강 이동 신라전기양식토기 지역양식 비교

각과 배신의 구조·형태가 모두 경주토기와 크게 다르다(성림문화재연구원 2016).

그런데 경주에서 멀리 떨어진 강릉지역 고배와 장경호의 구조·형태는 경주토기와 크게 다르지 않았다(이창현 2005; 한국문화재조사연구기관협회 2009). 다만 경주지역의 장경호가 회청색 경질토기 일색인 것과 달리, 강릉지역의 장경호 중에는 적갈색 연질로 소성된 것이 상당히 존재하여 지역색을 나타내기도 한다.

이와 같이 신라전기양식토기 지역양식은 각기 이질화의 정도가 달랐고, 그것이 꼭 지리적인 위치의 원근에 따른 것만은 아니었다. 이에는 다른 의미가 있었다고 판단된다.

앞서 부산과 경산에서 지역양식은 3b기까지 존재한 것을 확인하였다. 이에 비해, 창녕지역에서는 중앙양식이 일찍부터 공존하고 있었지만, 창녕양식의 존재는 4a기까지 확인되었고 구미지역에서도 4a기부터는 지역양식이 소멸되었으나 4b기에도 그 흔적이 남은 것이 있었다. 각지의 지역양식 소멸 시기는 이와 같이 지역에 따라 약간의 차이가 있었지만, 대체로는 3b기를 끝으로 지역양식이 소멸되고, 신라토기 분포권이 모두 중앙양식으로 통일되어 간 것으로 판단된다.

(3) 낙동강 이서 김해·창원지역의 신라전기양식토기

신라전기양식토기는 낙동강 이동지방이 주 분포지였지만 낙동강 이서의 일부 지역에서도 비교적 이른 시기부터 분포되기 시작하였다. 김해와 창원지역이 신라전기양식토기의 분포권으로 전환되어 간 것이다. 아래에서는 시기가 아니라 지리적인 위치에 따라 김해 예안리유적, 대성동유적을 비롯한 김해 해반천유적군, 창원 도계동유적의 순으로 낙동강 이서 지역에서 신라전기양식토기의 전개 과정을 살펴보기로 하겠다.

① 김해 예안리유적의 신라전기양식토기 전개(도 2.2-70·71)

고 김해만의 북안으로 낙동강 하구에 근접하여 위치한 김해 예안리유적(부산대학교박물관 1985; 1993)의 가야조기 목곽묘에도 가야조기양식토기와 함께 신라조기양식토기가 일부 부장되었다(최병현 2018b: 127). 예안리 117호묘와 130호묘 등 가야시기 초의 예안리고분에 부장된 발형기대(앞의 도 2.2-19 참조)도 기본적으로는 신라조기양식토기

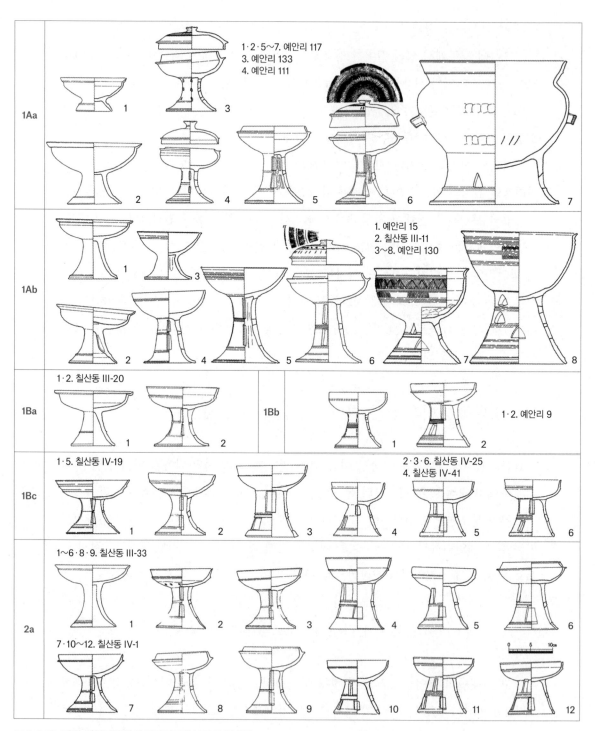

도 2.2-70 김해 예안리유적의 신라전기양식토기 전개(1)

에서 유래된 기종의 토기들이다. 그러나 〈도 2.2-70〉에서 보듯이 신라 전기·가야시기 1Ab기까지 예안리고분군 부장토기의 중심은 가야조기양식토기와 가야양식토기로, 이 시기까지 예안리고분군은 가야의 정체성을 가지고 있었다.

하지만 신라 전기·가야시기 1B(a~c)기에 들어오면서 큰 변화가 있었던 것으로 보인다. 이 시기에 해당하는 예안리고분군의 발굴자료가 이어지지 않아 예안리고분군 자체만으로는 파악이 어렵지만, 그 서남쪽에 위치한 칠산동유적 출토 자료가 이를 보완한다(경성대학교박물관 1989; 2015). 칠산동유적은 고 김해만 안의 섬에 위치한 고분군이다.

칠산동 Ⅲ-11호묘는 장각의 외절구연고배와 파수부노형기대가 부장된 가야시기 1Ab기의 고분이다. 칠산동 Ⅲ-20호묘에서는 장각의 외절구연고배와 함께 일렬투창 대각의 무개식고배가 공반되었다. 앞서 살펴본 김해 대성동고분군 등의 해반천유적군과 부산 복천동고분군의 토기 변화(앞의 〈도 2.2-57·58〉 참조)를 참고하면, 칠산동 Ⅲ-20호묘 부장토기는 1Ba기의 가야양식토기이다.

그런데 1Bc기로 편년되는 칠산동 Ⅳ-19·25·41호묘에서는 일렬투창 대각의 가야양식 무개식고배나 대부직구호와 함께 교차투창 대각의 무개식고배들이 출토되었다. 이 교차투창 대각의 무개식고배들은 2단각이지만, 대각이 직선화된 다음의 칠산동 Ⅳ-1 호묘 교차투창 대각의 무개식고배들보다 앞서는 형식으로 판단된다. 1Bb기의 김해 대성동 93호묘와 2a기의 동래 복천동 8·9호묘에서 배신과 대각의 형태가 유사한 교차투창 3단각의 무개식고배가 출토된 바 있는데(앞의 도 2.2-57·59 참조), 3단각과 2단각이 공존한 것으로 판단된다. 한편 칠산동 Ⅲ-33호묘에서는 가야양식토기와 교차투창 3단각의 유개식·무개식고배들이 함께 출토되었다. 배신 구조가 2b기 이전인 가야양식 일렬투창 유개식고배로 보아(앞의 도 2.2-56 및 뒤의 도 2.2-72 참조), 이들은 2a기로 편년된다.

여기서 유의되는 것은 예안리고분군의 서남쪽 고 김해만의 섬에 위치한 칠산동고분군의 1Bc기 부장토기에서 확인되는 변화이다. 1Bc기 이후 칠산동고분군에 부장된 교차투창 대각의 고배들은 경주지역의 토기와는 구조·형태에 차이가 있지만, 양식적으로 분명히 신라전기양식토기로 분류되는 것들이다.

다시 예안리유적으로 돌아가 보면 9호묘에서 대각에 소투공이 뚫린 무개식고배와 교차투창 대각의 무개식고배가 공반된 것이 유의된다. 교차투창 무개식고배의 곡선적

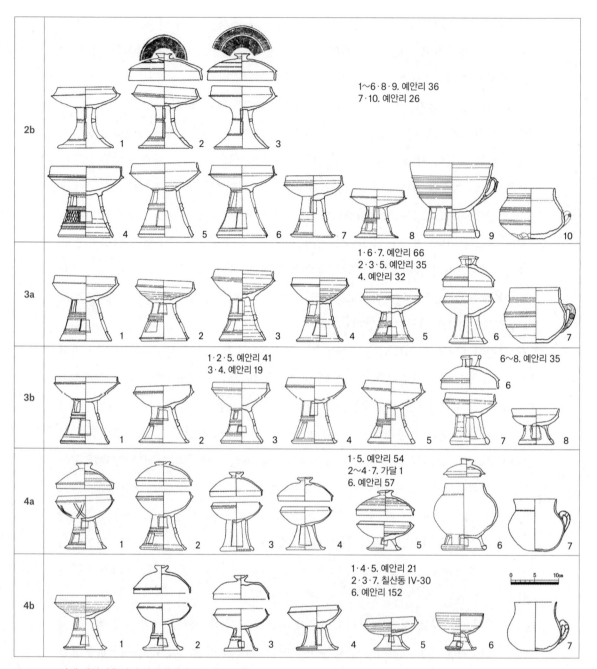

도 2.2-71 김해 예안리유적의 신라전기양식토기 전개(2)

인 대각은 하단이 좁아져 흔적만 남은 3단각이지만, 외반하는 구연부 아래에 뚜껑받이

돌대가 있는 얕은 배신과 대각은 1Bb기의 경주 월성로 가-13호묘 고배(앞의 도 2.2-17

의 1Bb-2 참조), 또는 부산 복천동 19·20호묘 고배(앞의 도 2.2-59의 1Bb-6 참조)와 유사한 것으로 1Bc기의 칠산동 IV-19호묘의 무개식고배보다 앞선 형식으로 판단되고, 3단각에 소투공이 뚫린 무개식고배는 1Bb기의 대성동 93호묘에서도 출토되었으므로, 그보다 대각의 직경이 좀 넓은 편인 예안리 9호묘 소투공 대각의 무개식고배 연대도 그보다 더 내려가지는 않을 것이다.

현재 1Ba기 이전 자료는 확보되지 않았지만, 예안리고분군보다 더 고 김해만 안쪽으로 내려가 위치한 칠산동고분군의 부장토기 변화, 그리고 예안리 9호묘의 부장토기로 보아 예안리고분군의 부장토기는 1B(a~c)기에 들어와 신라전기양식토기가 부장되기 시작하는 큰 변화가 있었음을 알 수 있다. 이 점, 앞서 보았듯이, 부산지역 고분의 부장토기가 1Ba기부터 김해지역 가야양식토기와의 연계성이 단절된 모습을 보여주는 것과 관련하여 특별히 유의되는 점이다.

다음 〈도 2.2-71〉에서 보듯이 2b기로 편년되는 예안리 36호묘에서는 20점의 출토토기 중 일렬투창 대각의 유개식고배 3점과 유개식대부장경호 1점 등 가야양식토기도 포함되었지만, 부장토기의 중심은 신라전기양식토기 고배와 장경호였다. 이어서 3a기 고분부터는 부장토기가 완전히 신라전기양식토기로 바뀌었다.

예안리유적의 발굴 자료에는 신라전기양식토기 4(a, b)기 토기도 결여되었으므로 칠산동유적보다 남쪽 고 김해만 입구쪽에 위치한 가달고분군 자료(부산직할시립박물관 1993; 2001)로 도면을 보완해 두었지만, 이로 보아 예안리고분군과 칠산동고분군의 부장토기는 1B(a~c)기부터 신라전기양식토기가 부장되기 시작한 이후 가야양식토기 부장으로 다시 돌아간 시기는 없었던 것이 분명하다.

② 김해 해반천 유적군의 신라전기양식토기 전개(도 2.2-72)

가야 조기와 가야시기 김해지역의 중심고분군인 대성동고분군의 1Bb기 93호묘에서 교차투창 대각의 무개식고배 3점과 1단각고배 1점 등 신라전기양식토기와 관련 있는 토기들이 공반되었지만, 거의 전체가 가야양식토기인 부장토기 가운데 미미한 것이어서, 그것은 크게 의미를 부여할 것이 아니었다. 1Bc기의 두곡 39호묘와 58호묘에서 교차투창 대각의 무개식고배 소수가 가야양식토기와 함께 부장되었지만, 22호묘에는

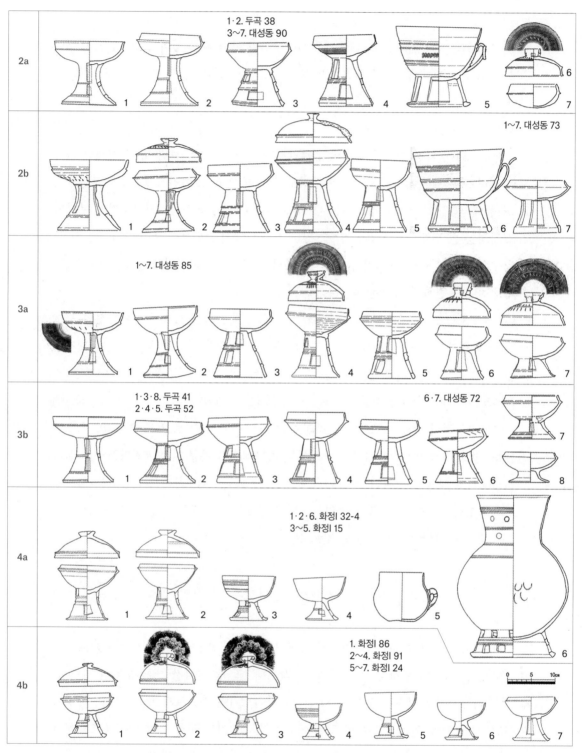

도 2.2-72 김해 해반천 유적군의 신라전기양식토기 전개 (※도 2.2-57에서 이어짐)

가야양식토기만 부장되는 등 큰 변화가 있지는 않았다(이상 앞의 도 2.2-57 참조).

그러나 신라 전기·가야시기 2a기에 들어오면 김해 대성동고분군의 부장토기는 90호묘의 출토 토기로 보아 큰 변화가 있었던 것으로 보인다. 대성동 90호묘에서는 도굴로 인하여 많은 유물은 출토되지 않았지만 가야양식으로 판단되는 발형기대의 대각 외에 분명한 가야양식토기는 출토되지 않았으며, 고배는 모두 신라식 교차투창 고배만 출토되었다. 〈도 2.2-72의 2a-4〉의 고배는 앞의 김해 예안리고분군의 2b기 36호묘 고배와 거의 같은 형식이지만, 공반된 나팔각고배 B와 3이부유대완(도 2.2-72의 2a-3과 5)은 그보다 앞으로 편년되는 신라전기양식토기 2a기 형식이다. 대성동 90호묘에서는 이와 같은 고배류가 역시 신라계로 판단되는 장방형 교차투창 대각의 발형기대 1점(대성동고분박물관 2015: 128 유물번호 830)과 함께 부장되었다. 두곡 38호묘에서도 고배는 가양양식만 출토되었지만 신라전기양식토기 장경호가 공반되었다(부경대학교박물관 2020: 224)

다음 대성동 73호묘는 가야양식 일렬투창 대각의 유개식고배 형식이나 대성동 90호묘 출토품보다 동체의 깊이가 얕아진 3이부유대완으로 보아 2b기로 편년되는데, 가야양식토기와 신라전기양식토기가 함께 부장되었지만, 고배는 교차투창 2단각과 1단각고배를 포함하여 신라고배가 다수였다. 해반천 수계의 대성동고분군과 두곡고분군에서 가야양식토기와 신라전기양식토기의 공반은 3b기까지 이어졌는데, 3a기의 대성동 85호묘에서는 신라전기양식토기 중심에 소수의 가야양식토기가 포함되었다.

대성동고분군을 비롯한 해반천 수계의 고분군은 가야 핵심부의 유적들이므로 3b기까지 가야양식토기가 일부 남아 있었던 것으로 판단되지만, 이상과 같은 부장토기 흐름으로 보아 신라 전기·가야시기 2a기에 들어오면 대성동고분군에서부터 큰 변화가 있었음을 알 수 있다. 1Bc기 이전과는 달리 신라전기양식토기의 부장이 2a기부터 급격히 늘어나, 부장토기의 중심이 되어 간 것이다.

김해 해반천 유적군에서 출토되는 신라전기양식토기는 여러 지역의 것이 섞여 있는 것으로 보인다. 앞서 언급한 2a기 대성동 90호묘의 나팔각고배 B와 그 외 몇몇은 경주계일 가능성이 높지만, 〈도 2.2-72의 2a-4〉와 그 아래 줄의 3a기 고배는 김해 예안리고분군에 다수 보이는 것이고, 3a기 고배 중에는 창녕양식도 포함되어 있다. 이로 보아 특별히 김해 중심부 양식으로 규정될 수 있는 지역양식은 성립되지 않은 것을 알 수 있다.

4a기와 4b기는 화정유적 출토 토기들인데, 김해지역의 신라전기양식토기도 낙동강 이동에서와 마찬가지로 중앙양식으로 통일된 것을 알 수 있다.

③ 창원지역의 신라전기양식토기 전개(도 2·2-73)

김해의 서쪽 창원과 마산지역에서도 신라전기양식토기가 전개되었다. 여기서는 창원 도계동유적(창원대학 박물관 1987; 경남발전연구원 역사문화센터 2004)을 중심으로 창원지역의 신라전기양식토기를 살펴보겠다.

도계동 86-3호묘에서 장각형의 외절구연고배들과 공반된 단경호는 구연부의 구조 등 가야양식토기 1Aa기의 김해 예안리 111호묘에서 출토된 것과 똑같은 형식이다. 그러나 외절구연고배 중에는 그 아래 도계동 40호묘에서 출토된 것과 같이 배신 바닥이 편평해진 것들이 포함되어 있어 함께 1Ab기로 편년된다. 도계동 17호묘 출토 대부직구호는 1Ba기의 부산 화명동 7호묘 출토 대부직구호보다 앞서는 형식이며(앞의 도 2.2-41 참조), 변형 기대의 대각도 1Ab기 부산 복천동 70호묘의 변형 파수부노형기대 대각과 유사하다(앞의 도 2.2-58의 1Ab 참조).

다음 도계동 15호묘에서는 장각의 외절구연고배, 장각의 무투창 무개식고배와 함께 일렬투창 대각의 무개식고배가 출토되었다. 일렬투창 무개식고배는 대각의 직경이 넓은 편인데, 김해지역의 대각 직경이 넓은 1Ba기 고배(앞의 도 2.2-57의 1Ba 참조)와 관련이 있을 것으로 판단된다. 도계동 24호묘에서는 대각에 3각형 투창을 상하 일렬로 뚫은 무개식고배, 장방형 투창을 일렬로 뚫은 무개식고배가 출토되었는데, 삼각형 투창고배는 투창의 형태만 다를 뿐 그 구조·형태가 앞의 도계동 15호묘 출토 무개식고배와 거의 같다. 또 두 고분에서는 모두 같은 형식의 광구소호가 출토되어 함께 1Ba기 고분으로 편년된다.

그런데 도계동 24호묘에서는 신라전기양식토기 1Ab기 형식의 장경호 A와 B 1점씩이 공반되어 변화가 감지된다. 1Bb기에 가면 그 변화가 좀 더 뚜렷해진다. 도계동 38호묘에서는 대각의 직경이 대단히 넓은 일렬투창의 3단각 유개식고배와 〈도 2.2-73의 1Bb-6과 7〉의 신라전기양식토기 장경호 2점이 가야양식 일렬투창 대각의 무개식고배 및 장경호와 함께 출토되었다. 그 중 3단각 유개식고배는 대각의 투창이 일렬식이지만,

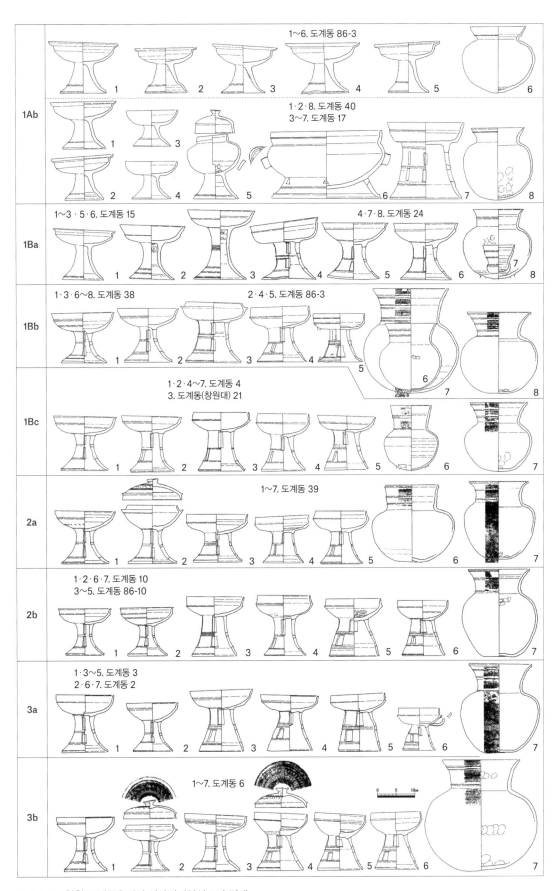

도 2.2-73 창원 도계동유적의 신라전기양식토기 전개

그 전체적인 구조·형태가 앞서 살펴본 범낙동강 이동양식에 속하는 구미양식에 속하고, 신라전기양식토기 장경호는 경주지역의 장경호 B3의 1Ab기 형식과 장경호 B2의 1Ba기 형식에 가깝다. 함께 1Bb기로 편년한 도계동 86-3호묘에서도 가야양식의 무개식고배들과 함께 교차투창 고배 2점과 장경호가 출토되었는데, 교차투창 고배 2점 역시 배신이 납작한 구미양식에 속하고, 장경호도 신라 장경호의 지방형으로 판단된다. 이와 같이 1Bb기 고분들에서는 가야양식토기도 함께 부장되고 있지만, 신라전기양식토기 고배와 장경호의 부장이 본격화되고 있는 것이다.

다음 1Bc기의 도계동 4호묘에서는 일렬투창 무개식고배 2점과 교차투창 고배 4점이 함께 부장되었고, 장경호 4점은 가야양식 2점과 신라전기양식 2점인데, 신라전기양식은 1Bc기 경주 황남동 110호분에서 출토된 장경호 B2와 똑같다. 그 외 도계동(창원대) 21호묘에서 교차투창 대각의 고배 2점과 신라계 대부장경호가 공반되었는데, 납작한 배신의 고배는 대각 하단이 넓어 구미양식 1Bb기 형식이다. 이와 같이 1Bc기에는 부장토기의 수가 가야양식토기보다 신라전기양식토기가 더 많은 고분들이 있다.

2a기의 도계동 39호묘에서도 가야양식토기와 신라전기양식토기의 공반이 계속되었는데, 고배는 가야양식이 약간 많았지만, 장경호는 가야양식 1점에 신라전기양식이 4점이었다. 대각에 일렬투창이나 교차투창이 뚫렸지만 배신이 납작한 고배들은 역시 구미양식에 가깝고, 편구형 동체에 경부가 직립한 장경호는 경주지역의 1Bc기 황남동 110호분 출토 장경호(앞의 도 2.2-20의 12 참조)의 계열로 판단된다.

도계동 86-10호묘에서는 가야양식 일렬투창 무개식고배 1점과 함께 교차투창고배 6점이 신라식 장경호와 공반되었다. 1단투창고배 중에는 2b기의 경산 임당 7B호분 것과 거의 같은 형식이 포함되어 있다(경남발전연구원 역사문화센터 2004: 211). 도계동 10호묘 출토 교차투창 3단각고배의 직선적인 대각도 임당 7B호분 출토 고배와 같다.

도계동유적에서 가야양식토기와 신라전기양식토기의 공반은 3b기까지 이어졌는데, 그 이후의 상황은 발굴자료가 이어지지 않아 알 수 없다. 3a기까지는 구미양식에서 유래된 납작한 배신의 3단각고배가 이어진 것을 알 수 있고, 3b기 교차투창 고배들의 배신은 깊어져 구미양식에서 탈피하고 있는 것으로 보인다.

요약하면 창원 도계동유적에서 부장토기는 1Ab기까지 가야양식토기였으나, 1Ba기부터는 신라전기양식토기가 가야양식토기와 함께 부장되기 시작하였으며, 그 이후 신라전기양식토기의 부장이 점차 확대되었다. 신라전기양식토기 진출 이후 가야양식토기와 신라전기양식토기가 함께 부장되는 양상은 김해 예안리유적과는 다르며 대성동유적 등 김해 중심부 해반천 수계의 고분군과 유사하다고 할 수 있다. 그리고 1Bb기부터 범낙동강 이동양식에 속하는 구미양식 고배가 도계동유적 교차투창 고배의 주류를 이루고 있는 것도 유의되는 현상이다.

한편 도계동유적 서쪽의 마산 합성동유적에서도 신라전기양식토기가 가야양식토기와 함께 부장되는 현상이 있었다(경남고고학연구소 2007). 여기서 자세히 살피지는 않겠지만, 대체로 신라 전기·가야시기 1Bc기부터 그러한 양상이 있었던 것으로 보이며, 이 유적에서 늦은 시기 고분의 부장토기는 함안양식이나 서부경남양식의 가야토기로 전환되어 간 것으로 보인다.

이상에서 살펴본 바와 같이 낙동강 이서인 김해와 창원지역에는 이른 시기부터 신라전기양식토기가 진출해 있었다. 이는 앞서 본 바와 같이 창녕과 인접 청도지역, 그리고 부산지역 등 신라 전기·가야시기 초에 낙동강 연안에서 있은 토기 양식의 변동과도 관련된 것으로 당시의 정치적 격변과 연동된 것이라 판단된다.

3) 중부지방의 신라전기양식토기(도 2.2-74)

신라전기양식토기는 일정한 시기가 되면 소백산맥을 넘어 중부지방으로도 확산되어 나갔다. 태백산맥 이서의 중부지방에서 신라전기양식토기가 가장 먼저 정착된 곳은 보은 삼년산성 고분군으로 보인다. 삼년산성을 중간에 두고 그 남북으로 수백 기의 신라고분이 분포하였다(중원문화재연구원 2012). 356호묘와 435호분의 지표조사에서 수집된 고배와 장경호는 신라전기양식토기 2b기의 경주 월성로 나-9호묘, 794호묘에서 수집된 고배는 3b기의 경주 월성로 가-4호묘 토기와 같은 형식이다. 발굴조사가 이루어진 172호 횡구식석곽분에서는 4b기로 편년되는 신라전기양식토기가 출토되었다(충청북도문화재연구원 2015).

그 서쪽으로는 금강 수계를 따라 전북 무주 대차리고분군, 충북 옥천 금구리고분군과 청원 미천리고분군이 분포하여 신라전기양식토기 분포권의 서쪽 경계를 이루었

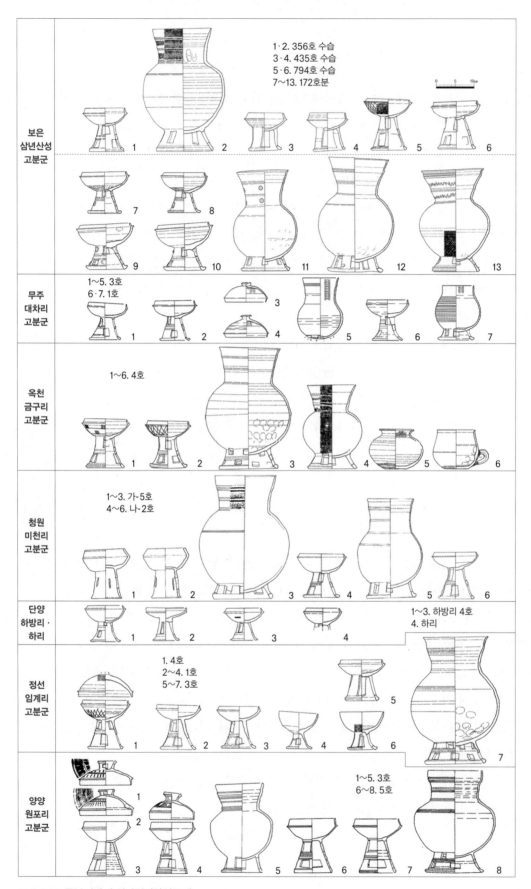

도 2.2-74 중부지방의 신라전기양식토기

다. 전북 무주는 경북 김천, 충북 영동과 경계를 맞대고 있는데, 대차리의 신라고분군에서는 3b기로 편년되는 신라전기양식토기부터 출토되었다(군산대학교 가야문화연구소 2020). 그 북쪽 옥천 금구리 신라고분군에서 발굴된 신라토기도 3b기부터 편년될 수 있다(중원문화재연구원 2011). 청원 미천리고분군에서는 가-5호분에서 범경북북부양식이 된 의성양식의 고배들과 장경호, 나-2호분에서 경주양식에 가까운 고배와 장경호 등이 출토되었다(국립문화재연구소 1995). 가-5호분 출토 토기는 3b기, 횡구식석곽분인 나-2호분 출토 토기는 4a기와 4b기로 편년될 수 있다.

동쪽으로 한강 상류권에서는 단양 하방리고분군, 정선 임계리고분군이 신라전기양식토기 분포권의 북쪽 경계를 이루었다. 단양 하방리 4호분에서는 말기의 신라전기양식토기가 출토되었으며(충주박물관 1997), 단양 하리에서 수집된 고배(김홍주 1992) 가운데에도 신라전기양식토기로 분류될 수 있는 고배 배신이 포함되어 있다. 태백산맥의 정상 가까이에 위치한 정선 임계리고분군에서도 1호분, 3호분, 4호분에서 출토된 고배와 장경호는 신라전기양식토기 3b기로 편년된다(강원문화재연구소 2007).

한편 동해안의 강릉지역에서는 앞서 언급한 바와 같이 안현동유적에서 신라조기양식토기 2b기부터 신라고분군이 형성되기 시작하였고(예맥문화재연구원 2011), 이 후 강릉 초당동고분군으로 이어져, 동해안지역에서는 단절 없이 신라전기양식토기가 전개되었다. 강릉 북쪽의 경계를 넘어 양양 원포리에도 신라고분군이 분포하였는데, 이곳에서도 2b기까지 소급될 수 있는 신라전기양식토기부터 출토되었다(강릉대학교박물관 2004). 강릉과 양양의 경계선 너머가 신라전기양식토기 분포의 동해안지역 북쪽 한계가 된 것으로 보인다. 최근 원포리 인근의 후포매리고분군에서 발굴된 횡구식석곽분에서 4b기의 신라전기양식토기와 1a기의 신라후기양식토기가 출토되었다(강원고고문화연구원 2020).

신라가 죽령을 넘어 중부지방으로 진출한 것은 6세기 중엽 이후라는 것이 근래까지의 일반적인 인식이었지만, 이상 살펴본 바와 같이 신라고분군은 신라 전기부터 이미 금강 상류와 한강 상류 지역에서 축조되고 있었고, 이에 따라 중부지방에서도 신라전기양식토기가 전개되고 있었던 것이 확인된다.

제3장

신라후기양식토기

신라후기양식토기의 성립　Ⅰ

　　신라후기양식토기는 경주지역에서 횡혈식의 석실봉토분이 중심 묘제로 축조된 시기의 토기이다. 신라에서는 서기 520년 율령이 반포되고 527년 이차돈의 순교로 불교가 공인되는 등 6세기 전반기에 국가체제를 일신하는 정치적 변혁이 이루어져 왕권이 강화되고 중앙집권체제가 정비되었다. 이어서 서기 6세기 중엽부터는 최고 지배세력의 묘제가 적석목곽분에서 석실봉토분으로 교체되었는데, 이와 함께 신라토기도 신라전기양식토기에서 신라후기양식토기로 전환되었다. 신라후기양식토기는 삼국시대 후기에 성립되어 통일신라로 이어진 신라토기이다.

　　과거에는 경주에서 신라 최고 지배세력의 묘제 교체가 신라의 삼국통일과 함께 이루어졌고, 신라토기도 통일 이후 인화문토기가 되었다고 보았다(有光敎一 1937). 이에 신라토기는 고신라토기와 통일신라토기, 즉 인화문토기로 구분되었다(김원룡 1979; 한병삼 1979). 그러나 1976년부터 시작된 경주 황룡사지의 발굴조사에서는 황룡사의 창건기 전후에 이미 신라토기의 양식 전환이 일어났음을 알려주는 자료들이 출토되었다. 서기 553년에 착공되어 569년에 1차가람이 완공된 황룡사 대지 축토층과 1차가람 유구에서 그러한 자료들이 출토된 것이다(최병현 1984). 이는 적석목곽분에서 석실봉토분으로 신라 최고 지배세력의 묘제 교체도 신라의 삼국통일과 관계없이 그보다 100년 이상 앞서 6세기 전반기에 일어났음을 의미하는 것이기도 하였다(최병현 1981). 이에 신라의 고분문화와 신라토기의 양식은 신라의 삼국통일이라는 정치적 기점과는 관계없이 구분되어야 한다고 보아, 적석목곽분은 신라 전기고분, 횡혈식의 석실봉토분은 신라 후기고분으로, 고신라토기는 신라전기양식토기, 통일신라토기는 신라후기양식토기로 재규정되었다(최병현 1987).

과거에 신라토기를 고신라토기와 통일신라토기로 구분할 때는 막연히 인화문이 찍힌 유개합이나 골호 등을 통일신라토기라 하였을 뿐 그 경계가 불분명하였다. 그러나 신라전기양식토기에서 신라후기양식토기로의 전환에서는 그 기점을 분명히 할 수 있다. 신라전기양식토기의 중심 기종인 고배와 장경호는 신라 후기로도 이어졌지만, 신라후기양식토기에서는 점차 유개합과 각종 병류가 중심 기종으로 되어갔다. 그 중에서 신라전기양식토기로부터 신라후기양식토기로의 전환의 분기점은 고배류에서 단각고배의 성립과 대형 유개합의 출현이다(최병현 2011).

신라전기양식토기 고배는 시기가 내려오면서 전체적인 규모의 축소와 함께 대각의 단각화가 진행되었다. 그러나 2단투창고배는 신라 후기에도 대각의 2단 구소가 유지되면서 단각화가 가속되었지만, 1단투창고배는 일정 시점에서 갑자기 대각의 높이가 반으로 줄고, 이어서 배신에 환형대족이 붙은 단각고배로 전환되었다. 신라 후기의 특징적인 단각고배가 성립한 것이다. 한편 신라전기양식토기 후기에 출현한 유개합은 그 규모가 크지 않았으나, 고배에서 단각고배의 성립과 함께 규모가 확대된 대형 유개합으로 전환되었다.

이와 같은 단각고배와 대형 유개합의 출현은 신라에서 불교의 공인과 관계가 있었을 것으로 보인다. 불교의 공인에 따라 건설된 사찰에서는 굽이 낮은 금속제 佛器가 사용되었을 것이며, 그것이 고배와 장경호 등 대부토기의 단각화를 촉진하여, 고배에서 단각고배가 성립하고, 이와 함께 환형대족이 붙은 후기형 장경호가 출현하게 되었을 것으로 판단된다. 또 불교식 장법인 화장이 도입됨에 따라 장골용기로 사용 가능한 대형 유개합이 출현하게 된 것이라 판단된다.

토기의 기형 변화와 토기에 새긴 무늬의 시문방법의 변화에는 시차가 있었다. 신라토기의 무늬가 '그은 무늬'에서 '찍은 무늬'로 바뀌기 시작한 것은 단각고배와 대형 유개합의 출현보다 조금 뒤였다. 토기의 속성에서 무늬는 구조 속성보다 장기지속성을 가져, 형식의 설정과 그 변천 과정에서 무늬보다 기형을 우선해야 됨은 앞서 언급한 바 있다. 토기 양식의 전환에 있어서도 토기 무늬의 시문 방법보다는 새로운 중심 기종의 성립이나 출현이 우선되어야 한다. 따라서 신라후기양식토기의 성립 기점은 '찍은 무늬'의 출현이 아니라 단각고배와 대형 유개합의 출현이라고 본다.

6세기 전반 신라에서 불교의 공인은 이와 같이 신라토기의 양식을 신라전기양식토기로부터 신라후기양식토기로 전환하는 배경이 되었다고 판단된다. 그 영향으로 먼저 토기 기형의 변화가 일어났고, 이어서 토기 무늬의 시문방법 변화가 뒤따랐다고 판단된다. 여기에는 중국 도자기로부터의 자극도 작용하였을 것으로 보인다. 신라에서 불교 공인 직후 유학승이 중국 남조 梁에 건너갔고, 그 후 신라와 중국 남조의 梁·陳 사이에는 승려가 왕래하고 외교 교섭이 빈번해져(이기동 2021), 신라가 중국 도자기를 본격적으로 접할 수 있게 되었을 것이기 때문이다

다음 신라후기양식토기의 하한은 나말여초양식토기로의 전환과 관련지어 설정되어야 하지만, 지금까지 경주지역에서 출토된 토기만으로 이를 살펴보기는 어렵다. 경주지역에서는 대체로 7세기 전반기까지 석실봉토분을 비롯한 신라 후기고분이 활발하게 축조되었으나 7세기 중엽부터는 고분 축조가 급감하였고, 7세기 후반 이후의 고분은 조사된 예가 거의 없다(최병현 2012a: 686~687). 이에 따라 경주지역에서는 폐기동시성을 가진, 편년 가능한 통일 이후의 토기 자료를 찾기 어렵다. 물론 경주 안압지나 황룡사지, 왕경유적 등에서는 통일신라기 전기간에 걸친 막대한 양의 토기들이 출토되었다. 그러나 이들은 모두 폐기동시성을 알 수 없는 야외유적의 출토품들이어서 편년자료로 활용하기에는 적합하지 않다. 따라서 현재로써는 경주지역 출토 토기들로 신라후기양식토기의 하한을 명확히 해 두기는 어렵다.

하지만 통일신라 토기요지군이 조사된 보령 진죽리유적 출토 토기를 통해 신라후기양식토기의 하한과 나말여초양식토기의 시작을 살펴볼 수 있다. 보령 진죽리유적에서는 2지구에서 9기의 토기 가마와 많은 폐기장이 조사되었는데, 그 출토 토기들은 대개 비교적 이른 단계의 나말여초양식토기라고 판단된다(변영환 2007; 보령박물관 2016). 그 중 2지구 1폐기장 출토 토기가 가장 이른 시기로, 아직 인화문이 일부 잔존하였지만 전체적으로 무문화 경향이 뚜렷하고 주름무늬 소병 등 새로운 기종도 출현하여, 신라후

기양식토기와는 다른 새로운 양상을 보여준다. 이에 신라후기양식토기의 하한은 보령 진죽리유적 2지구 1폐기장 직전 단계로 기면이 아직 인화문으로 채워진 토기들까지로 설정해 둔다.

신라후기양식토기의 상한과 하한은 이상과 같이 설정되는데, 그 사이의 토기 변화는 점진적이고 단계적이었다. 고배와 장경호를 비롯하여 3이부유대완, 직구호, 컵형토기 등 신라전기양식토기 이래의 기종들이 형식의 변화를 이루며 일정기간 존속하였다. 유개합은 대·중·소형으로 분화되고, 편구형병은 대부병으로 전환되어 통일기 이후로 이어졌다. 그런 가운데 후기형 장경호 등 새로운 기종들도 추가되어 갔으며, 연결고리 파수가 붙은 전용골호는 통일 이후 출현하였다. 신라후기양식토기에서 새로 출현한 기종 중에는 佛器를 비롯한 금속기명과 중국자기의 영향으로 출현한 것으로 보이는 기종들도 있다.

토기 무늬도 단계적으로 변화되어 갔다. 신라전기양식토기의 그어낸 기하문의 단위문양이 시차를 두고 하나씩 '찍은 무늬'로 바뀌어 갔고, 무늬의 배치나 찍기수법도 단계적으로 변화되었다. 신라후기양식토기는 이와 같이 단계적인 발전을 이루어, 통일기에는 기면 전체가 문양대로 덮인 인화문토기가 번성하게 되었다.

신라후기양식토기도 기본적으로 경질토기가 주류이지만 신라전기양식토기에 비하면 전체적으로 화도가 낮은 편이다. 통일기의 늦은 시기로 내려오면 대부완, 유개합과 같은, 원래 경질이었던 토기들의 연질화가 뚜렷하다.

경주 손곡동·물천리 요지군에서는 토기 생산이 신라전기양식토기에서 신라후기양식토기 초까지 이어졌다(국립경주문화재연구소 2004). 경주 천북면 화산리 일대와 내남면 화곡리에 통일신라기의 인화문토기를 소성한 요지군의 분포가 알려져 있으나 본격적인 발굴조사는 이루어지지 않아 요의 구조는 밝혀지지 않았다. 하지만 내남면 화곡리요의 폐기장 발굴에서 막대한 양의 신라후기양식토기 편이 출토되어(성림문화재연구원 2012) 토기생산과 수급관계 연구에 활용되고 있다.

신라후기양식토기의 편년 II

1. 상대편년

1) 편년자료와 분기

경주지역에서 신라후기양식토기의 생산과 공급도 한 곳에서 이루어진 것은 아니다. 현재까지 알려진 경주지역의 신라후기양식토기 생산 요지군 중 손곡동·물천리요지군과 화산리요지군은 경주 중심부의 북쪽에, 망성리요지군과 화곡리요지는 경주 중심부의 남쪽에 위치해 있다. 그런데 북쪽 손곡동·물천리 요지군 인근의 고분(한국문화재보호재단 1999)들과 서남쪽 방내리고분군(국립경주문화재연구소 1996·97)에서 출토된 신라후기양식토기를 비교해 보면 같은 기종의 같은 형식으로 묶이는 토기들 사이에도 세부적으로는 미세한 차이점들이 찾아진다. 각각의 공급원이 달랐기 때문이다. 그러나 신라조기양식토기는 물론 신라전기양식토기에 비하면 그 차이는 미미하여 상대편년을 위한 형식분류에 장애가 될 정도까지는 아니다. 그만큼 토기 제작이 균일해졌음을 의미한다.

신라후기양식토기의 편년에서 봉착하는 1차적인 문제는 그러한 공급원의 차이에 의한 것이 아니라, 편년에 활용할 수 있는 공반관계와 폐기동시성을 가진 자료의 확보와 선별이다. 신라후기양식토기는 일제강점기부터 석실고분과 절터에서 출토되었지만 대개 전후 맥락을 알 수 없는 단편적인 자료들뿐이었다. 1970년대 이후 발굴조사가 이루어진 경주 안압지(문화공보부 문화재관리국 1984), 황룡사지(문화재관리국 문화재연구소 1984), 왕경유적(국립경주문화재연구소 2001) 등의 대규모 유적에서는 막대한 양의 신라후기양식토기가 출토되었지만, 이들도 모두 야외유적 출토품들이어서 편년자료로 활용하기에는 한계가 있다.

그 이후 경주분지 주변과 배후 산지의 신라 후기고분 조사가 활발해지면서 고분에 매납된 신라후기양식토기들이 출토되었다. 고분 출토 토기들은 야외유적 출토 토기보다 편년자료로 활용할 수 있는 여러 이점을 갖고 있다. 그러나 신라 후기고분은 수혈식인 신라 조기고분이나 전기고분과 달리 대개 묘제상 추가장이 가능한 횡혈식석실분과 횡구식석곽분이어서, 한 고분에서 출토된 유물이라도 모두 동시 매납품, 즉 폐기동시성을 가진 유물인지 알 수 없다. 따라서 추가장 여부가 파악되어야 하고, 추가장이 이루어진 고분의 경우 매납의 순서에 따라 동시 매납품이 파악되어야 하시만, 그것이 쉽지 않다. 또 경주지역에서 조사되는 신라 후기고분은 시기적으로 한정되어 있어 고분 출토 신라후기양식토기도 전기간의 자료가 확보되어 있지 않다. 신라후기양식토기의 편년은 이와 같이 자료상의 문제가 있으므로 과거에는 고분자료로 연구가 가능한 데까지로 한정되거나, 아니면 무늬의 변천 과정 연구에 집중되었다.

그러나 이 연구는 그러한 자료상의 한계에도 불구하고 신라후기양식토기 전기간의 편년틀 구성을 목표로 한다. 그러기 위해서는 앞의 신라조기양식토기나 신라전기양식토기와는 편년 방법을 달리하거나 서술의 순서를 바꾸는 것이 불가피한 부분이 있다. 이에 여기서는 먼저 신라후기양식토기의 분기 설정에 대해 밝히고, 해당 편년 자료를 제시해 두겠다.

신라후기양식토기는 기종·기형과 무늬의 변화에 따라 모두 4기로 구분된다. 1기는 단각고배와 대형 유개합의 출현으로 시작되며, 토기 무늬는 아직 인화문 출현 이전으로 신라전기양식토기 이래의 기하문의 단위문양을 그어낸 단계이다. 2기는 인화문의 출현기로 신라전기양식토기 이래의 기하문의 각종 단위문양이 차례로 찍은 무늬로 바뀌어

가는 단계이며, 평저의 편구형병이 대부병으로 전환되는 등의 토기 기형의 변화도 이루어졌다. 3기는 유개합에서 침선대에 의한 기면 분할이 없어지고 기면 전체를 문양대로 채우면서 종장연속문이 발생하는 등 인화문의 시문 방법에 큰 변화가 이루어진 단계이다. 4기는 유개합 가운데 외반구연합이 출현한 시기이다.

　　신라후기양식토기는 이와 같이 모두 4기로 구분되는데, 분기에 따라 대상 자료의 차이가 있다. 1기와 2기의 편년자료는 경주지역의 신라 후기고분 출토 토기들이다. 경주지역의 남부에서는 방내리고분군을 비롯하여 사라리고분군(영남문화재연구원 2005), 월산리고분군(국립경주문화재연구소 2003) 등의 신라 후기고분 발굴조사가 이루어졌다. 특히 방내리고분군에서는 여러 차례의 발굴조사가 이루어져 단일고분군으로는 시기적으로 가장 긴 기간의 자료가 확보되었다(국립경주문화재연구소 1995; 1996·97; 1998; 영남문화재연구원 2009; 한빛문화재연구원 2018). 1기와 2기의 상대편년은 이 방내리고분군 출토 토기들을 중심자료로 하였으며, 특히 1960년대 경부고속도로 건설에 따른 발굴조사 (국립경주문화재연구소 1996·97)에서 나온 방내리고분군 출토 토기도 적극 활용하고자 하였다. 물론 이 발굴조사는 오래전에 이루어진 것이어서 발굴의 정밀도에 문제가 있고, 유물의 매납원상도 대부분 알 수 없으며, 또 유물의 장기간 보관과 이동에 따라 발생한 문제로 인하여 유물에 따라서는 그 소속 유구를 보고서에 수록되어 있는 그대로 믿기 어려운 예들도 있는 등 자료 자체에 여러 가지 결함이 있었다. 그러나 극심한 도굴의 피해를 입기 전의 발굴이어서 근래의 발굴조사에서는 찾기 어려운 가장 다양하고 풍부한 신라후기양식토기 자료를 포함하고 있다. 가능한 한 결함을 극복할 수 있는 방법을 적용하여 최대한 활용함으로써 좀 더 많은 토기 기종의 변천 과정을 구명해 볼 수 있을 것으로 판단하였다. 이외에 일부 경주분지 내 평지고분군과 그 북쪽 손곡동·물천리일대 경주 경마장 예정부지 고분군 출토자료를 포함하였다.

　　그런데 앞서 말한 대로 신라후기양식토기의 편년은 고분 출토품이라도 동시 매납품, 즉 폐기동시성을 가진 토기들의 공반관계 파악이 관건이다. 이에 이 연구에서는 추가장이 불가능한 수혈식고분, 그리고 횡구식석곽분과 횡혈식석실분이라 하더라도 추가장이 이루어지지 않았거나 추가장이 이루어졌지만 시차가 거의 없어 토기 형식상 차이가 없는 고분들을 먼저 추출하여, 이 고분들에서 먼저 폐기(매납)동시성이 확보된 토기들의 공반관계를 파악하였다. 그 다음 추가장이 이루어진 고분 출토 토기들은 이들과 비교하여 매납의 선후를 가려, 구분 가능한 것은 활용하고 구분이 불가능한 것은 일단 활용을 보류하였다. 이렇게 해서 확보된 토기 자료들을 각 기종의 공반관계와 형식 선후에 따라 배치하여 상대편년 1, 2기와 각각의 소기를 나누었다. 그러나 이 토기들만으로는 각 소기에 해당하는 형식이 모두 찾아지지는 않아 남은 자료들에서 가능한 한 해당 형식을 찾고자 하였으나, 찾아지지 않는 것은 편년표 상에 빈칸으로 남겨두었다.

3~4기는 고분 출토 토기만으로는 선후 연결이 불가능하여 야외유적인 경주 황룡사지와 왕경유적에서 출토된 토기, 그리고 황남대총 봉토 표면에 화장묘로 매납되어 개별적으로 출토된 토기(문화재관리국 문화재연구소 1985; 1994)들을 포함할 수밖에 없었다. 또 경주지역 밖이지만 인근지역으로 필자(최병현 1987)가 과거에도 활용한 바 있는 울주 화산리유적(부산대학교박물관 1983) 출토 토기를 일부 포함하였다. 그러나 형식분류에만 의존하면서 전후맥락이나 공반관계를 알 수 없는 기종들을 다수 포함할 경우 자의적 판단으로 흐를 수밖에 없으므로 고분 출토 토기 이외에는 이 시기의 중심 기종인 유개합만으로 제한하였다. 이에 따라 3~4기는 기종별 형식변천은 생략하고 해당 분기별로 묶어 설명하는 방식으로 하였다.

이와 같은 방법으로 신라후기양식토기를 상대편년하였는데, 고분 출토 토기가 중심인 1~2기와, 개별 출토 토기를 일부 포함하였지만 고분 토기로 소기를 나누어 선후 관계를 알 수 있는 3기까지는 기종과 기형의 변화 과정을 기준으로 상대편년하였으며, 문양은 그 결과에 따라 각 분기에 존재하였거나 새로 출현한 것을 파악하였다. 그러나 4기는 공반관계를 알 수 없는 것이 대부분이어서 기형과 문양을 함께 참고하여 해당 소기의 토기형식들을 선별하였음을 밝혀둔다.

신라후기양식토기 가운데 변화의 흐름을 주도해 나간 중심 기종은 유개합과 편구형병이었고, 고배와 장경호 등 신라전기양식 이래의 기종들은 시기가 내려올수록 그 변화가 느려졌다. 이에 각 분기 내 소기는 유개합과 편구형병의 변화를 중심으로 구분하였고, 다른 기종의 토기들은 이들과 공반 관계에 따라 형식을 배열하였다. 신라후기양식토기의 형식분류에서도 계측속성과 명목속성을 함께 고려하였지만 역시 제작자의 기획이나 제작 의도가 반영된 구조적 속성 파악에 집중하였으며, 고분 출토 토기로 이루어진 1기와 2기는 각 소기별로 토기 공반표를 제시하여 상대편년의 객관성을 보완하고자 하였음을 밝혀둔다.

2) 문양분류(도 2.3-1)

　1~2기 토기에 새겨진 무늬는 '그은' 것과 '찍은' 것이 있다. 이 시기에는 삼각문, 수적형문, 원문류, 능형문이 시문되었다. 삼각문과 원문류, 수적형문과 원문류가 침선대를 사이에 두고 상하로 시문되는 것이 일반적이지만 원문류만 시문되는 경우도 있다. 두 무늬가 상하로 시문된 것도 각 무늬는 하나씩 하나씩 긋거나 찍은 것이어서, 각각이 단위문양들이다. 단위문양은 〈도 2.3-1〉과 같이 분류되는데, 이 중 수적형문 2와 3은 형태상 원문류의 변형일 수 있지만, 삼각문이나 수적형문 위치에 시문된 예가 있어 여기에 두었다. 능형문 4는 3기 이후에 나오는 것이다. 형식변천 도표의 개별 토기에 새겨진 무늬는 단위문양의 종류를 출토유적 뒤 괄호 안에 기호로 표기하고, 1~2기 토기 무늬의 변화 과정에 대해서는 뒤의 분기에서 종합하기로 하겠다.

　3기 이후는 개별적인 단위문양도 있지만 단위문양을 종으로 또는 횡으로 연결한 연속문이 문양대를 형성하였는데, 3~4기의 문양에 대해서는 宮川禎一(1988 외), 이동헌(2008) 등의 전문적인 연구가 있으므로, 여기서는 본고의 논리 전개에 꼭 필요한 부분만 제시하였다.

　필자는 구고(최병현 1987)에서 문양의 명칭을 필자 나름대로 작명하여 사용한 부분이 있었다. 그러나 이후 한·일 학계에서 함께 사용하는 한자명이 일반화되어 있으므로 본고에서는 이를 따르기로 하겠다.

3) 1~2기

(1) 기종별 토기형식의 변천

① 유개식고배류(도 2.3-2)

　유개식고배에는 대각 중앙에 돌대가 배치되고 그 위 아래에 2단으로 교차투창이 뚫린 2단투창고배 대·중·소형, 대각 하부에 돌대가 배치되고 돌대 윗부분에 1단으로

1. 단위문양

	그은 무늬	찍은 무늬			
삼각문류 (삼)	1	2	3	4	5
수적형문류 (수)		2 3	4 5	6 7	8 9
원문류 (원)	0 1	2 3 4 5 6 7 8 9 10 11 12 13 14 15 16			
능형문류 (능)		2 3 4			

2. 종장연속문

| 연속마제형문 A (마A) | 연속마제형문 B (마B) | 연속마제형문 C (마C) | 연속마제형문 D (마D) | 종장연주문 (연주) | 종장점선문 (점선) | 종장파상문 (파상) | ㅅ자형 실선문 |

3. 문양찍기

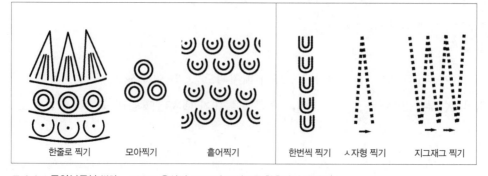

한줄로 찍기　모아찍기　흩어찍기　한번씩 찍기　ㅅ자형 찍기　지그재그 찍기

도 2.3-1 문양분류(宮川禎一 1988; 윤상덕 2010의 모식도를 활용하여 재작도)

투창이 뚫린 대각하부돌대고배, 그리고 단각고배가 있다. 단각고배 이외의 유개식고배들은 신라전기양식토기로부터 내려온 것이다. 단각고배는 신라전기양식토기 1단투창고배가 단각화한 것으로 판단되며, 대각의 몸체와 그 아래 반전하는 접지부가 구분되는 A와 고배 동체에 환형의 굽이 바로 붙은 B, 그리고 일시적으로 존재한 대형이 있다.

단각고배 발생 이후 2단투창고배와 대각하부돌대고배의 부장은 급격히 줄어들고 단각고배가 주로 부장되었지만, 3기로 들어가 단각고배는 곧 소멸된 반면 2단투창고배는 잔존하여 그 전통이 오래 지속된 것을 볼 수 있다. 2단투창고배 대형은 1a기까지만 존재하고, 단각고배 B는 1b기에 파생되어 출현한 것으로 보인다. 대각하부돌대고배는 2c기까지, 단각고배 A는 2b까지 존재하나, 그 이후 것은 찾아지지 않는다.

신라토기 고배는 시기가 내려오면서 전체적으로 기고가 낮아지고 소형화하는 방향으로 변화되었는데, 그 진행방향은 신라후기양식토기에 와서도 마찬가지이다. 연구자에 따라서는 높이가 낮아진 신라후기양식토기 고배들을 모두 단각고배로 취급하기도 하고, 또 대각의 형태에 따른 세부기종을 나누지 않고 합쳐서 형식분류하기도 하는데, 이는 실상을 왜곡한다.

신라후기양식토기 고배의 시간적 변화 과정을 가장 잘 보여주는 것은 대각(족)의 형태로 2단투창고배 중형, 대각하부돌대고배, 1단투창고배의 대각이 1a기에 와서 급격히 단각화하고, 이후로 모든 고배의 대각은 점점 더 짧아져 갔으며, 또한 1b기 형식부터는 대각(족)의 상단 직경이 넓어져 대각(족) 전체의 모양이 수직화하는 것을 볼 수 있다. 대각이 짧아짐에 따라 투창의 크기도 급격히 작아졌으며, 늦은 시기의 중형과 소형에서는 부분적으로 또는 전체적으로 투창을 생략하기도 하였다. 2단투창고배의 대각 중앙에는 원래 2줄의 돌대를 배치하여 상하를 구분하였으나 대각이 짧아진 늦은 시기의 것 중에는 1줄의 돌대만 두르기도 하였다. 대각하부돌대고배도 전기 말에는 2줄의 돌대를 배치하였으나 대각이 짧아진 후기 1a기 형식부터는 돌대가 1줄로 줄었다.

유개식고배의 배신 구연부는 시기가 내려오면서 입술이 짧아지고 심하게 내경하며 뚜껑받이 턱이 길어져, 구연부 전체 모양이 V자형으로 되어 간 것은 이미 지적한 바 있으나(최병현 1984), 변이가 심하므로 이를 계량화하여 형식을 세분하는 것은 문제가 있다. 단각고배도 구연부의 변화는 다른 고배들과 같으나 A가 소멸된 2c기 형식 이후 단각고배 B는 다른 고배들에 비해 배신이 넓어지면서 높이는 낮아져 납작한 모양으로 변화되었다. 단각고배 A의 대족도 점점 더 짧아져 갔으나 대족에 작은 투창을 뚫는 전통은 오래 계속되어 2a기까지 투창을 뚫은 것이 있다. 단각고배 대형이 2a기에 출현하여 2b기에는 기고가 높아지고 전체 규모가 좀 더 커졌으나, 2c기 이후로는 계속되지 않아 단각고배 대형은 일시적으로 존재한 것 같다. 단각고배 대형에는 2b기까지 대족에 투공을 뚫은 것이 있다.

고배의 뚜껑은 윤상덕(2001) 분류 ㅏ자형으로 입술이 점차 짧아지고 안으로 기울어 뭉툭해지는 방향으로 변천되는 것도 이미 지적한 바 있다(최병현 1984). 1c기의 대각하부돌대고배와 단각고배 A에서 보듯이 뚜껑의 높이가 높아지고 뚜껑 전체의 형태가 둥글어지기 시작하여 2b기 이후(뒤의 뚜껑 설명 참조) ㅏ자형 뚜껑 가운데에는 완전 반구형으로 된 것이 많다.

뚜껑의 꼭지는 전기 이래로 내부가 찬 단추형, 접시형, 접시형이지만 상부가 밖으로 말려 내려와 감싼 말린형이 있으나, 단추형은 1a기 형식까지만 볼 수 있고, 말린형은 늦게까지도 남아 있어 3기 이후로도 잔존하였다. 그러나 단각고배 B의 출현 이후 뚜껑에도 굽과 같은 넓은 환형꼭지가 발생하여, 환형꼭지가 붙은 뚜껑이 모든 단각고배의 뚜껑으로 덮였는데, 점차 다른 유형의 고배 뚜껑으로도 쓰였다. 신라후기양식토기에서 환형꼭지는 다른 기종의 뚜껑 꼭지로도 넓게 쓰였는데, 2c기부터는 직경이 좁아진 소환형으로 바뀌어 갔다.

고배 중에는 2단투창고배 중형의 2a기 형식, 대각하부돌대고배 2a기 형식과 2b기 형식처럼 필자(1984)의 안턱식, 윤상덕(2001) 분류 ㅅ자형 뚜껑이 덮여 보고된 예들이 있다. 고분 부장 시 이들을 덮어 매납하였던 모양이나, 고배의 원래 뚜껑은 아니었을 것이다. 그러나 이들도 함께 전재함으로써 같은 시기 이 뚜껑들의 형식 변화 상태도 비교해 볼 수 있도록 하였다.

〈도 2.3-2〉에는 가능한 한 유개식고배류의 배신과 뚜껑을 함께 배치하여 이상에서 설명한 형식의 변천 과정을 알아볼 수 있게 하였다. 배신과 뚜껑이 짝을 맞추어 보고된 것은 그대로 옮겼으며, 같은 유구에서 배신과 뚜껑이 출토되었으나 따로따로 보고된 것은 크기로 보아 제짝 가능성이 있는 것을 찾아 함께 배치하였는데, 이 경우는 뚜껑과 배신의 번호를 따로 붙였다.

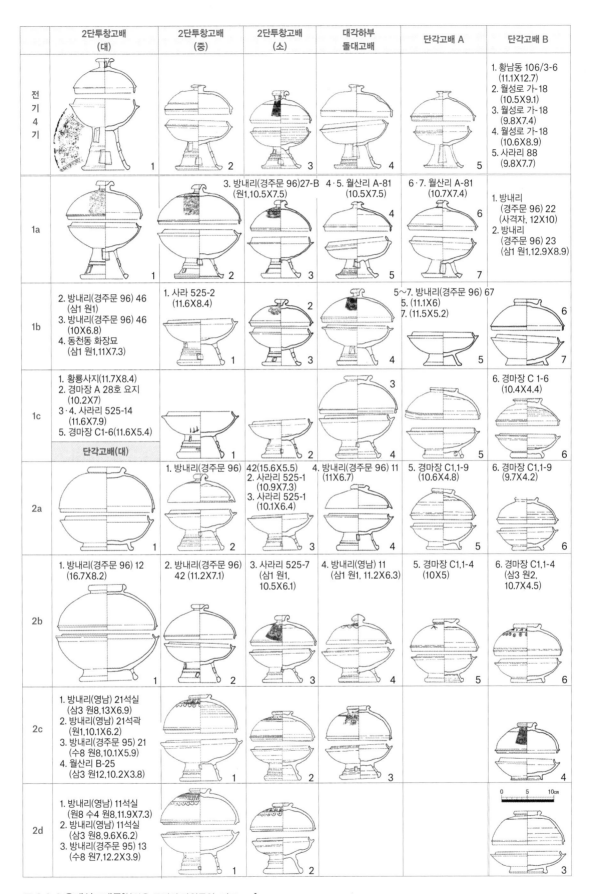

도 2.3-2 유개식고배류[( )안은 뚜껑의 단위문양, 기고 cm]

② 무개식고배류와 대부평명(도 2.3-3)

무개식고배 1a기, 1b기 형식은 신라전기양식토기 2단각 무개식고배 B를 이은 것으로, 배신에 여러 줄의 침선대를 돌리고 대각을 2단으로 구분하여 하단에 투창을 뚫는 등 별다른 변화가 없으나, 다만 크기가 작아졌다.

그러나 1c기에는 이와는 다른 새로운 무개식고배가 발생하였는데, 배신에 여러 줄의 침선대가 있는 것은 앞의 것들과 같으나 규모가 현저하게 커졌고, 대각은 중하부에 1줄의 돌대를 두고 돌대 윗부분에만 투창을 뚫은 것이 다르다. 이 무개식고배는 유개식고배 중 대각하부돌대고배의 대각을 채용하여 새로 발생한 것이 분명하며, 이후 전기형 무개식고배는 자취를 감추고 이 새로운 무개식고배만 남아 점차 왜소해지는 방향으로 변천하였다.

한편, 2a기에는 형태상의 특징이 무개식고배와 유사하나 규모가 월등히 커 대부완에 가까운 기종이 출현하였다. 그러나 이것은 뒤에서 살펴볼 3이부유대완과 달리 동체에 3이가 붙지 않았고, 그 형식 변화 과정도 규모만 다를 뿐 무개식고배와 유사하므로 무개식고배 대형으로 분류해 둔다. 이 무개식고배 대형도 시기가 내려오며 규모가 작아지는 방향으로 변천되었는데, 배신 바닥에서 한번 꺾여 올라간 기벽이 2d기 형식에 오면 직립에 가깝게 올라가 배신이 깊어진다. 대각은 새로운 무개식고배와 같이 하부에 돌대를 두고 윗부분에만 투창을 뚫었으며, 시기가 내려오며 작고 낮아진 대각은 상단과 하단의 너비차가 없어져 수직화하였다.

한편 고배처럼 대각이 달렸으나 그 위에 놓인 동체는 납작한 기종이 있어 구고에서는 이를 대부평명이라 하였는데(최병현 1984), 1b기에는 판상의 동체에 직립하는 구연이 있는 것, 1c기에는 구연 없이 판상의 동체만 있는 것이 출현한 것을 볼 수 있다. 전자를 A, 후자를 B로 하면, 출토된 예는 많지 않으나 이들은 공존하여 간 것을 알 수 있다. A와 B 모두 동체가 점차 깊어졌고, B는 대각이 낮아지는 방향으로 변천되었다.

③ 3이부유대완(도 2.3-4)

3이부유대완은 대·소형이 있는데, 대형은 대체로 높이 11cm 이상이고 소형은

	무개식고배	무개식고배(대)	대부평명A	대부평명 B
전기 4기	1			1. 월성로 가-18(7.7)
1a	1			1. 방내리(경주문 96) 27-B(7.0)
1b	1		2	1. 율동 74(7.5) 2. 방내리(경주문 96) 39 (4.9)
1c	1		1. 황룡사지(8.2) 2. 황룡사지	2
2a	1	2	1. 사라리 525-19(7.0) 2. 방내리(경주문 96) 16(10.2) 3. 사라리 525-6(4.5)	3
2b	1. 방내리(경주문 96) 12(6.2) 2. 방내리(영남) 7석곽(9.2) 1	2	3. 용강동 II-38 3	4. 용강동 II-38 4
2c	1. 방내리(경주문 96) 36(6.1) 1	2	3	2. 방내리(경주문 95) 43(8.4) 3. 방내리(경주문 96) 36(5.6)
2d	1	2	1. 방내리(경주문 95) 45(5.4) 2. 방내리(경주문 95) 41(7.9)	0　5　10cm

도 2.3-3 무개식고배류와 대부평명[( )안은 기고 cm]

11cm 이하이다. 동체부의 전체 형태와 구연부, 그리고 대각의 형태에서 시간적 변화를 볼 수 있다. 동체는 구경이 넓어지면서 전체적으로 얕아져 가는 변화를 보인다. 구연부는 3이부유대완의 형식변화를 가장 잘 보여주는 부분이다(윤상덕 2010: 127). 전기의 이른 시기 것은 밖으로 벌어진 기벽과 함께 구연부도 자연스럽게 외반되었으며, 전기 말에 오면 기벽이 직립하고 구연부는 내경 기미가 있는데, 이와 같은 것이 후기의 1a기 형식까

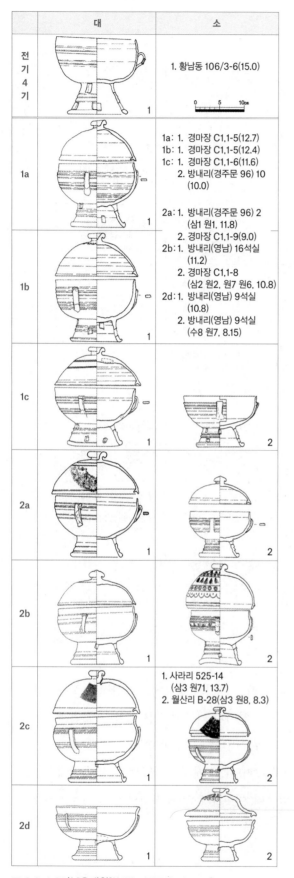

대	소
전기4기	1. 황남동 106/3-6(15.0) 0 5 10cm

1a	1a: 1. 경마장 C1,1-5(12.7)
	1b: 1. 경마장 C1,1-5(12.4)
	1c: 1. 경마장 C1,1-6(11.6)
	    2. 방내리(경주문 96) 10 (10.0)
	
	2a: 1. 방내리(경주문 96) 2 (삼1 원1, 11.8)
	    2. 경마장 C1,1-9(9.0)
	2b: 1. 방내리(영남) 16석실 (11.2)
	    2. 경마장 C1,1-8 (삼2 원2, 원7 원6, 10.8)
	2d: 1. 방내리(영남) 9석실 (10.8)
	    2. 방내리(영남) 9석실 (수8 원7, 8.15)

1b	
1c	
2a	
2b	
2c	1. 사라리 525-14 (삼3 원71, 13.7) 2. 월산리 B-28(삼3 원8, 8.3)
2d	

도 2.3-4 **3이부유대완**[( )안은 단위문양, 기고 cm]

지 계속된다. 1b기 형식에서는 기벽 상부와 구연부가 다시 밖으로 벌어지고, 2a기 형식부터는 구연부가 기벽에서 분리되어 꺾여 올라갔으며, 2b기 형식부터는 기벽에서 분리된 구연부가 외반하는 것을 볼 수 있다.

대각은 1a기 형식부터 급격히 짧아지고 상단이 넓어졌다. 대형의 경우 1c기에는 대각 하부에 2줄의 돌대를 두르고 그 상부만 투창을 뚫은 것이 발생하여, 2단투창 대각이 붙은 것과 공존하였는데, 2b기부터는 대각 중앙에 돌대를 두른 것도 투창은 상단에만 뚫었다. 이에 비해 소형에는 중앙에 돌대를 배치한 전통적인 2단대각이 늦게까지 존재하였다.

후기의 3이부유대완에는 원래부터 짝으로 제작된 것인지는 알 수 없으나 뚜껑이 덮인 예가 많은데, 대형에 덮인 뚜껑은 말린형 또는 보주형 꼭지가 붙은 入자형, 즉 안턱식으로 바깥 구연과 안턱이 수평을 이루는 것에서, 변이가 있지만 점차 안턱이 위로 올라붙은 것으로 변화된 것을 알 수 있다. 소형에 덮인 뚜껑에는 안턱식과 卜자형이 모두 있는데, 2b기 형식에 덮인 卜자형 뚜껑은 완전 반구형으로 둥글어진 것이며, 〈도 2.3-4의 2d〉의 2에 덮인 뚜껑은 동체 하반부가 꺾여 반전된, 유개합의 굴절형 뚜껑으로 아직 안턱이 바깥 구연보다 더 아래로 내려온 특징을 갖고 있다.

④ 대부완(도 2.3-5)

발형의 동체에 1단의 대각이 붙은 것으로, 동체의 형태가 이른 시기 것은 뒤에 살펴볼 유개합과 유사하나 늦은 시기 것은 오히려 앞에 살펴본 3이부유대완과 비슷해지고, 대각의 변화도 유개합과는 방향이 다르고 3이부유대완과도 달라 별개의 기종으로 판단된다. 대·소형이 있는데, 대형 1a기 형식은 깊은 동체의 형태가 뒤의 유개합 1a기 형식과 유사하나 그보다 깊고 보주형 꼭지가 달린 뚜껑도 높다. 1b기 형식의 동체는 1a기 형식과 거의 같지만 뚜껑은 높이가 낮아졌다. 1c기 형식부터는 동체의 높이가 급격히 낮아지는 변화를 보이며, 2b기, 2c기 형식에서는 구연부가 굴절하여 3이부유대완의 동체를 닮아갔는데, 2a기 형식부터 동체에 耳가 붙기도 하였다. 1c기 이후 동체의 높이가 낮아져 간 반면 대각은 높아져 갔는데, 대각에 뚫은 작은 투창이 상부로 이동하여 이어졌다.

2a기에는 이상의 대부완과는 형태상 미세하게 차이가 있는 대부완이 생겨나 대형과는 다른 방향으로 변해 간 것 같은데, 2a기 형식은 앞의 대형과 크기 차이가 없으니 동체가 깊고 2b기

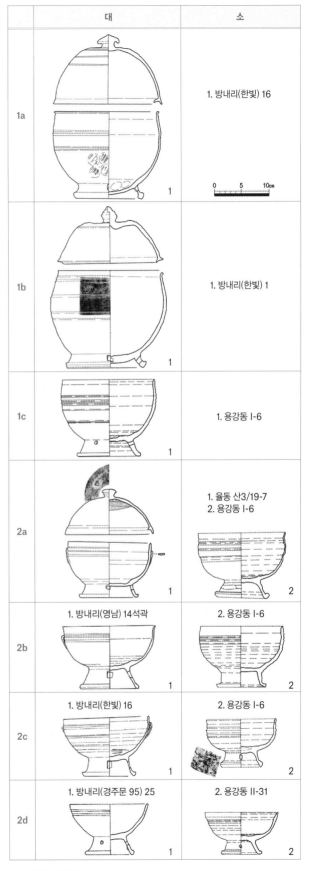

도 2.3-5 대부완

형식부터는 규모가 작아져 갔다. 2b기에는 대각이 직립하였고, 2c기 형식은 동체의 기벽이 직립하였다. 2d기 형식은 형태가 대형과 같으나 그 축소형이다.

⑤ 대부장경호(도 2.3-6)

장경호는 고배와 함께 신라전기양식토기를 대표하는 기종으로, 신라 후기에도 1b기까지는 고분에서 여러 종류가 출토되지만, 1c기 이후에는 신라전기양식토기 장경호 C2계열의 부가구연 대부장경호만 출토된다. 여기서는 부가구연 대부장경호와 신라전기양식토기 장경호 B2②계열로 후기 초까지 비교적 출토례가 많은, 동체에서 경부가 V자형으로 길게 벌어지는 특징을 가진 장경호만 다루어 보기로 하겠다.

부가구연 대부장경호도 대각의 형태와 함께 대소를 구분하면 2단투창 대각이 붙은 것 대·소형, 1단투창 대각이 붙은 것 대·소형이 있다. 부가구연 대부장경호의 형식 변화를 가장 잘 보여주는 부분은 구연부로 전기 것은 구연부가 내경하다가 직립하며, 후기에 와서는 밖으로 벌어져 외반한다. 그러나 후기형은 모두 외반하여 사실상 구연부에서 변별력을 찾기는 어렵다. 동체부는 구형에서 편구형으로 바뀌어 갔는데, 동체부 형태도 1b기 이후에는 큰 차이가 없다.

그래서 후기 부가구연 대부장경호의 변화는 대각을 주목해보아야 하는데, 모두 시기가 내려오면서 대각이 짧아지고 따라서 투공도 작아져 형식화한다. 2단투창 대각의 경우 1c기 형식에서 상단의 직경이 넓어져 대각이 직선화하고, 이후 중앙의 돌대로 덮인 대각에는 형식화한 소형의 투창이 생략되거나 상단에만 뚫리는 것을 볼 수 있다. 1단투창 대각도 시기가 내려오면서 짧아지지만 돌대를 하부에 두고 2c기 형식까지 투창을 뚫었다. 2d기 형식의 대·소 부가구연장경호는 경부와 대각에서 형식화가 극대화한 것을 보여주는데, 아마도 신라 전기형 장경호의 마지막 모습이라 판단된다.

V자형 경부 장경호로서 전형적인 것은 1a기까지만 나오는데, 전기 것에 비하면 경부의 길이가 짧아지고 대각도 짧아져 전체적으로 규모가 작아지는 것을 볼 수 있다. 1b기 형식은 경부 상부가 약간 안으로 숙여지는 기미가 있고 구연단이 면을 이루고 있는데, 이것은 1a기까지 V자형 경부 장경호와 함께 나오는, 구연부가 경부에서 구분되어 반전하고 구연단이 면을 이루는 장경호와 결합되어 나온 것으로 판단된다.

	부가구연(2단투창)	부가구연(1단투창)	V형 경부
전기4기	1	1. 월성로 나-6(원0) 2. 월성로 가-18(원1) 3. 월성로 다-5 2	3
1a	1	2	3
1b	1a 1. 방내리(경주문 96) 23 2. 방내리(경주문 96) 22 3. 방내리(경주문 96) 27-B 1b 1. 월산리 B-12 2. 방내리(경주문 96) 67	1	2
1c	1	2	1. 경마장 C1,1-20 2. 방내리 (경주문 96) 14
2a	1	2	1. 사라리 525-6 2. 방내리 (경주문 96) 2
2b		1	1. 방내리 (경주문 95) 34
2c	1	1·2. 사라리 525-14 2	
2d	1	2	1. 사라리 525-4 2. 사라리 525-4 (원4 수7 삼3) 0 5 10cm

도 2.3-6 대부장경호[( )안은 단위문양]

⑥ 후기형 장경호류(도 2.3-7)

후기형 장경호는 신라 전기에는 존재하지 않았던 기종들이다. 후기형 장경호는 동체의 구연부와 뚜껑에 미세한 차이가 있으나 거의 똑같은 형태인 방내리 42호분 출토 2점의 유개장경호 같은 것이 선진기형이었을 것이며, 이 방내리 42호분 장경호는 같은 형태인 금속기를 토기로 번안한 것이 아니었을까 판단된다.

2a기에는 대형이 발생하였고, 중형은 구연부와 대족에 약간의 차이가 있는 두 가지가 있다. 2b기에는 소형이 발생하여 대·중·소형이 공존하였으나, 2c기에는 대형이 소멸한 것으로 판단된다.

모두 시기가 내려오며 동체부의 편구화가 심해져 납작해졌으며, 대형과 2a기 형식의 중형 대족에 뚫리던 투공이 대족이 짧아지면서 생략된 것을 볼 수 있다. 소형은 이외에도 경부가 길어지며 상부의 외반도가 더욱 심해지는 변화를 볼 수 있다. 대개 2d기 형식까지 존재하였지만, 소형화된 것은 3b기까지도 잔존하였던 것으로 보인다.

후기형 장경호의 뚜껑은 보주형 꼭지가 붙고 구연부가 동체에서 ㄱ자형으로 꺾여 내려오는 것이 원래 것으로 판단되는데, 시기가 내려오며 굴절부가 넓어지고 중앙부가 높게 솟는 것으로 보인다.

⑦ 대부직구호(도 2.3-8)

신라 전기부터 내려오는 기종으로 대형은 신라전기양식토기 대부직구호 B를 이은 것이며, 소A는 신라 전기 4b기부터 새로 출현한 것이다. 대·소 모두 시간적인 변화 과정을 가장 잘 보여주는 것은 규모의 소형화이다. 이와 함께 동체 최대경이 상부에 있어 어깨각이 분명한 편구형에서 최대경이 중앙으로 내려와 동체가 상하로 납작해진 형태로 변화하며, 구연부의 길이도 짧아져 갔다. 대각도 전기의 2단투창 대각에서 1단투창 대족으로 변화되어 점차 짧아져 갔지만, 방형 투창은 계속 이어졌다. 동체 상부에 돌린 여러 줄의 침선대가 점차 간결해지면서 침선과 침선 사이에 원문류를 새긴 문양대로 바뀌어 갔으나, 2a기 형식처럼 무문양인 것도 있다.

한편 2a기부터는 구연부가 극히 짧아지거나 돌대처럼 되고 동체에 환형대족이 붙

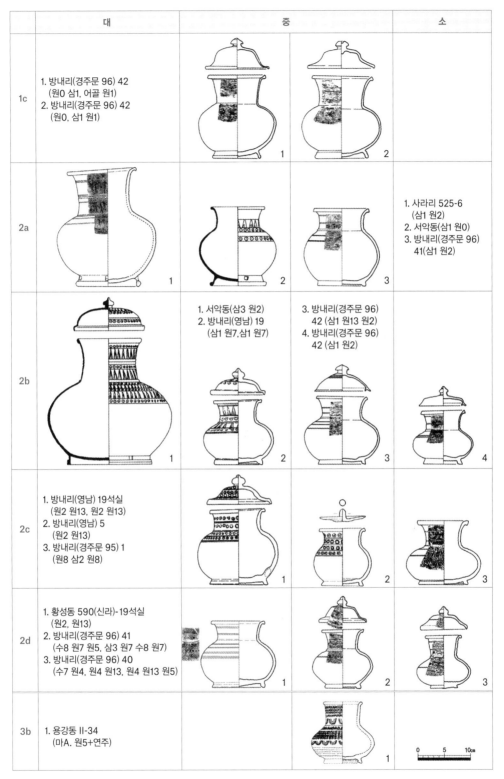

	대	중		소
1c	1. 방내리(경주문 96) 42 　(원0 삼1, 어골 원1) 2. 방내리(경주문 96) 42 　(원0, 삼1 원1)	1	2	
2a	1	2	3	1. 사라리 525-6 　(삼1 원2) 2. 서악동(삼1 원0) 3. 방내리(경주문 96) 　41(삼1 원2)
2b	1	1. 서악동(삼3 원2) 2. 방내리(영남) 19 　(삼1 원7,삼1 원7) 2	3. 방내리(경주문 96) 　42 (삼1 13 원2) 4. 방내리(경주문 96) 　42 (삼1 원2) 3	4
2c	1. 방내리(영남) 19석실 　(원2 원13, 원2 원13) 2. 방내리(영남) 5 　(원2 원13) 3. 방내리(경주문 95) 1 　(원8 삼2 원8)	1	2	3
2d	1. 황성동 590(신라)-19석실 　(원2, 원13) 2. 방내리(경주문 96) 41 　(수8 원7 원5, 삼3 원7 수8 원7) 3. 방내리(경주문 96) 40 　(수7 원4, 원4 원13, 원4 원13 원5)	1	2	3
3b	1. 용강동 II-34 　(마A. 원5+연주)		1	0　　5　　10cm

도 2.3-7 **후기형 장경호**[( )안은 단위문양]

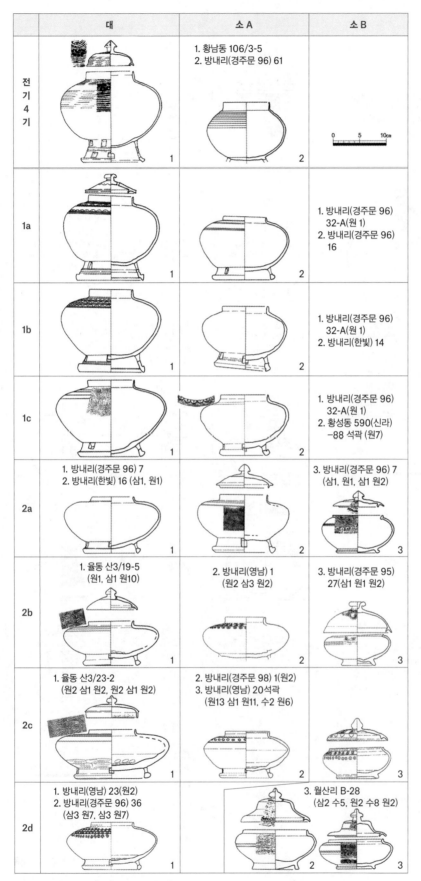

	대	소 A	소 B
전기4기	1	1. 황남동 106/3-5 2. 방내리(경주문 96) 61 2	(축척: 0 5 10cm)
1a	1	2	1. 방내리(경주문 96) 32-A(원 1) 2. 방내리(경주문 96) 16
1b	1	2	1. 방내리(경주문 96) 32-A(원 1) 2. 방내리(한빛) 14
1c	1	2	1. 방내리(경주문 96) 32-A(원 1) 2. 황성동 590(신라) −88 석곽 (원7)
2a	1. 방내리(경주문 96) 7 2. 방내리(한빛) 16 (삼1, 원1) 1	2	3. 방내리(경주문 96) 7 (삼1, 원1, 삼1 원2) 3
2b	1. 율동 산3/19-5 (원1, 삼1 원10) 1	2. 방내리(영남) 1 (원2 삼3 원2) 2	3. 방내리(경주문 95) 27(삼1 원1 원2) 3
2c	1. 율동 산3/23-2 (원2 삼1 원2, 원2 삼1 원2) 1	2. 방내리(경주문 98) 1(원2) 3. 방내리(영남) 20석곽 (원13 삼1 원11, 수2 원6) 2	3
2d	1. 방내리(영남) 23(원2) 2. 방내리(경주문 96) 36 (삼3 원7, 삼3 원7) 1	2	3. 월산리 B-28 (삼2 수5, 원2 수8 원2) 3

도 2.3-8 대부직구호[( )안은 단위문양]

은 소형의 변종 직구호 소B가 출현하였다. 이들의 구연부 모양은 변이가 심하여 일관성이 없으나 동체는 미세하지만 점차 좀 더 납작해지는 방향으로 변천된 것 같다. 이들은 대부분 어깨부에 침선을 두르고 문양을 새겨 문양대를 두었다. 뚜껑은 여러 종류의 것이 덮여 나왔으나 2a기와 2c기 형식에 덮인 것이 원래의 것으로 보이며, 보주형 꼭지의 모양과 구연부 안턱의 위치에서 형식의 변화를 볼 수 있다. 2개의 2d기 형식(도 2.3-8의 2d-2, 3)에는 각각 하반부가 꺾여 반전된 굴절형 뚜껑이 덮였는데, 보주형 꼭지의 상부 솟음부가 길어졌고, 구연부의 안턱과 바깥구연이 수평을 이룬다.

⑧ 단경호(도 2.3-9)

단경호는 실용성이 강한 것이어서 전기 이래로 다양한 형태의 단경호들이 만들어졌다. 여기서는 크기와 구경부의 형태상 뒤의 3기에서 살펴볼 안압지 출토 평저단경호와 연결된다고 판단되는 것, 그리고 특징적인 대부단경호만 간단히 살펴보기로 하겠다.

평저단경호에서 동체의 형태는 변이가 심하여 일관된 변화 과정을 말하기는 어렵지만, 전기의 구형에 가까운 것에서 최대경이 중앙으로 내려오며 편구화하여 2d기 형식에 오면 동 중앙에서 각이 지며, 2a기 형식부터는 어깨부에 침선이 배치되는 것을 볼수 있다. 구경부도 점차 길어지는데, 구순부도 위아래로 부푼 형태에서 2a기 형식부터 상면이 평면화한다.

대부단경호는 극히 소수가 발견되는데 동체 상부에 침선대가 여러 줄 돌아가고, 투공 뚫린 대족이 짧아져 투공이 생략되는 변화를 볼 수 있다.

⑨ 컵형토기(도 2.3-10)

컵형토기는 전기의 파배로부터 변천되어 온 것으로 대형은 전기의 파배 A1계열을 이은 것이다. 1a기까지는 모두 파수가 붙어 있으나 1b기부터는 파수가 있는 것과 함께 파수가 없는 것도 나와 공존하였으며, 2a기부터는 파수가 없는 것만 존재하였다. 동체에서 축약된 구연부가 있는 형식에서 구연부가 점차 넓어져가는 방향으로 변화하여, 2a기 형식부터는 구경이 동부 최대경과 거의 같아지고, 2d기 형식에 오면 구경이 동부 최

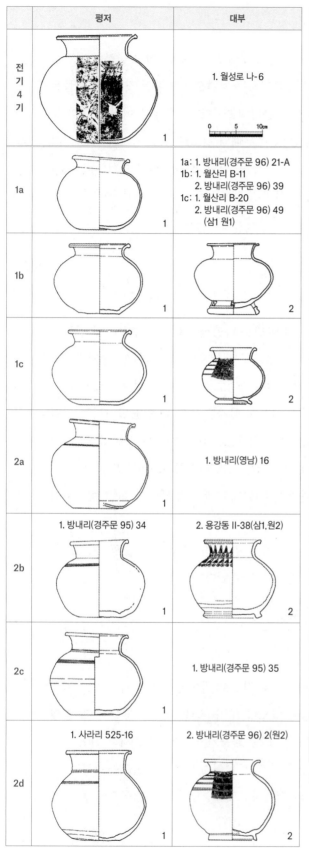

도 2.3-9 단경호[( )안은 단위문양]

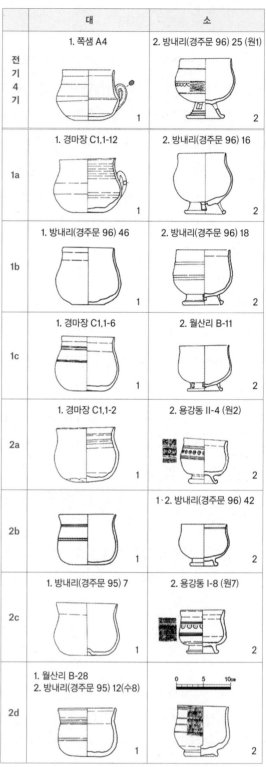

도 2.3-10 컵형토기[( )안은 단위문양]

대경보다 오히려 더 넓어지는 현상을 볼 수 있다. 동체 높이도 점차 낮아져 전체적으로 납작해져 갔다.

소형은 대부컵인데 전체적으로 소형화하면서 구경이 넓어지고, 대족은 짧아져 가서 2a기 형식 이후에는 투공이 생략되는 것을 알 수 있다.

대·소형 모두 구연과 동체 사이, 동체의 중앙부에 침선을 돌린 예들이 있으나, 침선이 없는 것들도 많아 일관성은 없다. 대형은 무문이나 전기부터 소형 중에는 문양대가 배치된 것도 있다.

⑩ 발형토기(도 2.3-11)

편의상 묶어 A와 B로 구분하였으나, A와 B는 별개의 기종으로 A는 호에 가깝다. 먼저 A를 살펴보면 A1은 신라전기양식토기 3b기부터 출현한 것으로 전기 4기에는 동체 중상부 표면에 수많은 선을 그어 기면이 일종의 평행선문으로 덮인 것, 동체 표면에 침선대를 배치하여 기면을 3~4단으로 분할한 것이 있으며, 동체 양쪽에 고사리 모양의 S자형 꼭지나 유두형 꼭지를 붙였다. 그 중 침선대로 동체의 기면을 분할한 것이 신라후기양식토기로 이어졌는데, 1c기 형식에서 동체 상부가 축약되고 소형화가 시작된 것을 볼 수 있다. 2a기 형식에서는 규모가 급격히 축소되었으나, 동체의 기면 분할이나 유두형 꼭지로 보아 동일 기종으로 보이며, 2b기 형식부터는 대족이 붙고 동체에 문양대가 배치되었다.

A2는 2b기 형식부터 찾아졌는데, 대족이 붙은 동체의 형태와 2b기 형식의 동체에 붙은 유두형 꼭지가 A1과 유사하지만, 동체에서 어깨가 없이 바로 꺾인 구연부의 모습이 A1과는 다르다. 2b기 형식에서 하부에 있던 동체 최대경이 점차 상부로 이동하고, 2c기 형식부터 유두형 꼭지가 생략되었다.

B도 신라전기양식토기에서 이어진 것으로 전기양식 토기 중에는 후기 1a기 형식보다 동체가 좀 더 깊고 원저인 것과 긴 대각이 달린 것이 있는데, 후기 1a기 형식은 이들로부터 내려온 것으로 판단된다. 1c기 형식에서는 침선대로 기면을 분할하는 것을, 2a기 형식부터는 환형대족이 붙는 것을 볼 수 있다. 2b기부터는 높아진 동체에 구연부가 길어지고 기면을 3~4단으로 분할하여 문양대를 배치하는 등 발달된 상태를 보여주

	A1	A2	B
전기4기	1		1. 경마장 C1, 1-21
1a	1		1. 인왕동 729/3 14-2 (원1) 2. 방내리(경주문 96) 30 2
1b	1		1. 방내리(경주문 96) 7
1c	1	1. 방내리(한빛) 12-1 2. 방내리(영남) 16실 (삼1 원1)	2
2a	1	1. 경마장 C1, 1-9 (원2)	2. 방내리(경주문 96) 7 2
2b	1. 율동 산3/19-7(원13,원8) 1	2. 방내리(영남) 4 (원2 삼1 원2 원1) 2	3. 경마장 C1, 1-16 (원2 삼1) 3
2c	1. 율동 산3/19-9 (수8 원8,수8 원8) 1	2. 방내리(경주문 96) 36(수7 삼3) 2	3. 방내리(경주문 95) 6(원7, 원6 수2) 3
2d	1. 방내리(경주문 96) 36 (수7 삼3) 2. 방내리(영남) 9석곽	1	2

도 2.3-11 발형토기[( )안은 단위문양]

나, 2c기부터 다시 하부의 축약이 급해지면서 문양대가 줄어들고 있다. A1과 A2, B 모두 2b기부터 인화문이 활발하게 시문되는 공통점이 있다.

⑪ 연질토기류(도 2.3-12)

신라 후기에도 실용성이 강한 여러 기종의 연질토기들이 제작되었으나 여기서는 고분에서 비교적 많이 출토되는 소호와 완만 살펴보기로 하겠다.

소호는 적갈색으로 산화염 소성된 것이 일반적이지만, 간혹 회색 연질로 환원소성된 것도 있다. 전기 말까지는 구연부가 내경한 것과 외반한 것이 공존하였으나, 후기로 들어와 구연부가 내경한 것은 소멸되고 외반한 것만 출토된다. 기종의 속성상 형식의 변화 과정을 살펴보기가 어려운데, 2c기에 오면 파수가 붙은 것이 출현한다. 2c기 형식은 파수가 동 중앙에서 약간 위에 붙고, 끝이 말린 파수도 위로 향하는 각도가 심하나, 2d기 형식은 파수의 붙는 위치가 동부 중앙으로 내려오고 파수의 각도도 좀 낮아지는 것을 볼 수 있다.

완은 적갈색으로 소성된 것도 있으나 대부분 회색 연질로 소성되었다. 신라 전기 4b기에 동체에서 구연부가 꺾

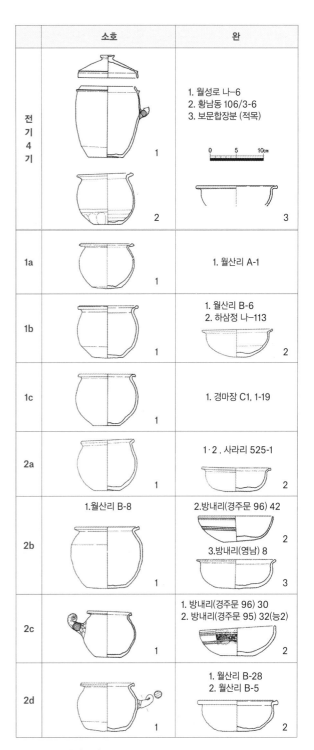

도 2.3-12 연질토기[( )안은 단위문양]

여 외반하는 외반구연 완이 출현하였고, 신라 후기 2b기에는 동체의 직립한 기벽의 끝이 그대로 구연부가 되는 직립구연 완이 출현하여 공존한 것으로 보인다. 모두 형식의 변화가 미미하여 토기들 자체만으로 형식의 변화를 살피기는 쉽지 않다. 외반구연 완은 납작한 바닥이 넓어져 간 것으로 보이며, 직립구연 완은 구연부 외면과 그 아래에 침선을 돌렸고, 침선대 사이에 단위문양을 찍어 배치한 예들이 있다.

⑫ 뚜껑(도 2.3-13)

신라후기양식토기 뚜껑을 구연부 형태로 분류하면 둥근 기벽 하단에 돌대를 두고 그 아래로 구연부가 꺾여 내려오는 ㅏ자형, 둥글거나 좀 편평한 동체에서 돌대 없이 구연부가 바로 꺾여 내려온 ㄱ자형, 구연부가 바깥구연과 안턱으로 구성된 안턱식(ㅅ자형), 그리고 둥근 원판상에 꼭지가 수직으로 붙은 단면 ⊥자형이 있다(윤상덕 2001). ㄱ자형과 안턱식 구연부를 가진 뚜껑은 기벽이 자연스럽게 둥근 것과 하부가 꺾여 반전하는 굴절형이 있다. 이외에 鐘形이 있으나, 전기와 후기에는 존재하지 않고 나말여초양식토기에서 발생하였다. 뚜껑의 꼭지는 대족형, 단추형, 접시형이지만 상부가 밖으로 말려내려와 감싼 말린형, 환형, 소환형, 보주형, 호형 등으로 분류될 수 있다.

뚜껑은 구연부, 기벽, 꼭지의 형태에 따라 이상과 같이 분류할 수 있으나 뚜껑과 짝을 이루는 토기 동체에 따라, 같은 기종이라도 크기에 따라 다양한 형태로 만들어지고 변이가 많아 일관된 형식분류와 설명은 쉽지 않다.

본고에서는 뚜껑이 있는 기종이나 뚜껑이 많이 덮여 출토된 기종, 원래의 뚜껑은 아니더라도 출토 시 덮여 나와 동체와 함께 시기 판단에 도움이 되는 것들은 이미 앞서 동체부와 함께 살펴보았으므로 여기서는 뚜껑 변화의 추이를 살필 수 있는 자료만으로 한정하였다. 그리고 가능하면 동체부와 함께 출토되었으나 앞의 기종별 형식변천표에 넣지 못한 것을 분리하여 선택하였다.

요점만 살펴보기로 하겠는데, 1b기에는 단각고배 B의 출현과 함께 환형꼭지가 붙은 ㅏ자형 뚜껑이 발생하였으며, 초기 환형꼭지 가운데에는 꼭지가 높아 꼭지의 기벽과 그 상부 외연부가 구분되는 것이 있다. 앞서 언급한 것처럼 고배 뚜껑으로 쓰인 ㅏ자형 뚜껑 가운데에는 1c기부터 높이가 높아져 반구형으로 둥글어지기 시작하는 것이 있는데, 늦어도 2b기에는 완전 반구형으로 둥글어진 것이 출현하였다.

　　ㄱ자형 뚜껑 가운데에는 2a기에도 구연부가 약간 굴절된 것이 있으나 기벽 하부가 완전 굴절된 것은 안턱식에서 굴절형이 나오는 2b기 이후 출현한 것으로 판단된다.

　　안턱식 뚜껑은 뚜껑이 덮이는 동체에 따라 크기와 높이가 다른 여러 가지 형태의 것이 만들어졌고, 꼭지도 보주형, 말린형, 환형, 소환형 등 여러 가지가 붙어 어느 하나로 설명할 수 없다. 안턱은 전체적으로 보아 바깥 구연보다 길게 내려온 것에서 길이가 짧아지고 위로 올라붙는 방향으로 변천되지만, 뚜껑의 크기나 형태에 따라 변이가 심하여 소형의 납작한 뚜껑에는 바깥구연보다 길게 내려오는 안턱이 늦은 시기까지 만들어졌다. 안턱식 뚜껑 중 하부 굴절형은 2b기부터 출현한 것으로 보이며 2기까지는 안턱이 바깥구연보다 길게 내려오거나 수평을 이룬다.

　　뚜껑꼭지 가운데 보주형 꼭지는 안턱식에 가장 많이 붙지만 ㅏ자형, ㄱ자형 등 모든 형태의 뚜껑에도 붙었는데, 2c기 이후 상부의 솟

	ㅏ자·ㄱ자뚜껑	入자뚜껑
전기4기	1. 월성로 나-6	2. 방내리(경주문 96) 25(삼1 원1) 3. 월성로 가-11-2
1a	1. 사라리 83 2. 월산리 B-9	
1b	1. 방내리(경주문 96) 46 2. 월산리 B-6 3. 방내리(경주문 96) 8	
1c	1. 경마장 C1, 1-6 2·3. 경마장 C1, 1-20	4. 방내리(경주문 96) 14 (삼1 원1)
2a	1. 방내리(영남) 4석곽(삼1 원1)	2. 방내리(경주문 98) 7 3·4. 방내리(경주문 95) 15(삼1)
2b	1. 사라리 525-6(삼1 원7) 2. 방내리(경주문 96) 12 (삼3 원7)	3. 사라리 525-6 4. 방내리(경주문 96) 42(삼3 원7) 5. 서악동(삼3 원7)
2c	1. 방내리(경주문 95) 6(원8 수2)	2. 방내리(경주문 95) 24(삼3 원4) 3. 방내리(경주문 96) 38(삼3 수5) 4. 방내리(경주문 95) 33(삼3 원7)
2d		1. 방내리(영남) 9석곽(삼1 원1) 2. 방내리(영남) 9석실(삼3 원7) 3. 방내리(경주문 95) 41 (수4 원8)

0　5　10cm

도 2.3-13 **뚜껑**[( )안은 단위문양]

음부가 길어져 2단보주화 하는 것을 볼 수 있다.

주로 편구형병에 덮인 단면 ⏌자형 뚜껑은 2a기에는 발생한 것으로 판단된다.

⑬ 유개합(도 2.3-14)

신라후기양식토기를 대표하는 기종으로 연구자에 따라서는 대부완 또는 유개완으로 부르기도 하나, 필자는 유개합으로 불러왔다. 신라 전기에는 청동합을 모방한 것으로 판단되는(山本孝文 2007), 기면이 돌선대로 덮인 유개합이 있다.

신라 후기에는 전기 유개합을 계승하여 기면 상하부가 돌선대로 덮였으나 규모가 확대된 것도 있지만, 전기양식에서 벗어난 새로운 형식의 유개합이 발생하여 발전되어 갔다. 후기양식 유개합은 각 소기의 형식이 모두 찾아지지는 않았지만 대·중·소형으로 나뉘어 변천되어 간 것으로 판단된다.

후기 유개합에서 시간적 변화를 가장 잘 나타내주는 것은 침선대에 의한 동체부의 기면 분할이다. 기면을 여러 단으로 구분하다가 점차 단수가 줄어드는데, 이는 시기가 내려오면서 동체부의 깊이가 얕아지는 데 따른 것이지만, 한편으로는 문양대의 구성과도 밀접한 관련이 있다. 그 외 뚜껑의 구연부와 꼭지, 동체부의 대족에서도 시간적 추이를 살필 수 있다.

대형은 1a·1b·2b·2d기의 형식이 찾아졌는데, 1b기의 壺형꼭지가 붙은 것은 1a기 유개합보다 규모가 커졌지만 전체적으로는 구연부 직경에 비해 동체부의 높이가 낮아졌다. 2b기 형식은 규모가 축소되고 침선대에 의한 기면분할이 이전의 3단에서 2단으로 바뀐 것을 알 수 있다. 대족이 짧아지면서 투창도 점차 작아졌고, 중형으로 보아 2a기까지는 대족에 투창을 뚫었으나 2b기 형식부터는 투창이 생략된 것으로 판단된다.

유개합의 뚜껑은 원래 반구형의 안턱식, 즉 入자형으로 시기가 내려오며 전체 높이가 낮아지고, 구연부의 안턱도 바깥 구연보다 더 길게 내려오거나 수평을 이루다가 짧아져 위로 올라붙는 경향이 있다. 뚜껑 꼭지로는 1a기 형식에 투공이 뚫리거나 뚫리지 않은 말린형이, 1b기 형식에는 투공이 뚫리지 않은 말린형, 또는 호형이 붙었으나, 중형과 대형 2b기 형식의 흔적으로 보아 1c기에서 2b기까지는 보주형이 붙었을 것으로 판단된다. 그러나 소형으로 보아 2c기 형식부터는 유개합의 뚜껑이 하부가 꺾여 반전하는

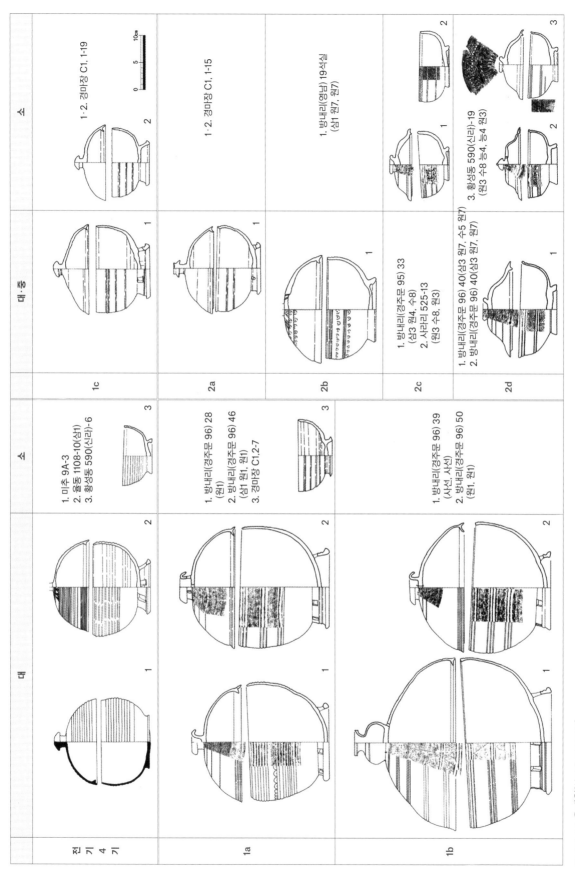

도 2.3-14 유개합(蓋)의 단위문양

전기기기기	대		소		대·중		소	
			1. 미추 9A-3 2. 울릉 1108-10(심1) 3. 황성동 590(신라)-6	3		1c	1·2. 경마장 C1. 1-19	2
1a			1. 방내리(경주문 96) 28 (원1) 2. 방내리(경주문 96) 46 (심1. 원1, 원1) 3. 경마장 C1.2-7	3		2a	1·2. 경마장 C1. 1-15	
					1. 방내리(경주문 95) 33 (심3 원4, 수8) 2. 사라리 525-13 (원3 수8, 원3)	2b	1. 방내리(영남) 19석실 (심 원7, 원7)	
						2c		
1b			1. 방내리(경주문 96) 39 (사선, 사선) 2. 방내리(경주문 96) 50 (원1, 원1)	2	1. 방내리(경주문 96) 40(심3 원7, 수5 원7) 2. 방내리(경주문 96) 40(심3 원7, 원7)	2d	3. 황성동 590(신라)-19 (원3 수8 능4, 능4 원3)	3

굴절형 안턱식 뚜껑으로 바뀌고, 뚜껑 꼭지도 보주형이 존재하지만 주류는 소환형으로 바뀌었다고 판단된다. 굴절형 뚜껑의 안턱도 2d기까지는 바깥구연보다 길게 내려오거나 수평을 이루는 형태였을 것으로 보인다.

중형은 1c·2a기 형식만 찾아졌는데, 대족에 투창이 뚫린 것이 투창이 없는 소형과 다른 점이지만, 그 외의 변화 과정은 소형과 같았던 것으로 보인다.

소형 1a기 형식은 침선대로 기면을 5단 분할한 것을 볼 수 있는데, 중·소형 1c기 형식에서는 4단 분할로, 중형 2a기 형식에서는 3단 분할로 줄었으며, 기면의 3단 분할은 소형 2c기 형식까지 계속되다가 2d기 형식에서는 대형과 같이 2단 분할로 줄어들고 있는 것을 알 수 있다.

신라 후기 유개합은 이와 같이 시기가 내려오며 정형화되어 3~4기에 본격적으로 발전한다. 유개합의 동체와 뚜껑에는 인화문이 활발하게 새겨져, 신라 인화문의 발전과정은 이를 통해 파악되고 있다. 이에 대한 자세한 것은 뒤에서 살펴보기로 하겠다.

⑭ 편구형병류(도 2.3-15)

편구형병은 유개합과 함께 신라후기양식토기에서 크게 유행한 주 기종 중 하나로, 전기 말쯤부터 동체와 구경부 형태가 각각 달라 별개의 계보로 판단되는 A·B·C가 공존하였으며, 후기 편구형병들은 이들로부터 발전되어 온 것으로 판단된다. A는 전기의 황남대총 북분, 미추왕릉지구 제9구역 A호 파괴고분 1곽에서 출토된 것과 같은 편구형병 계열로서 가장 먼저 출현한 기종인데, 동체에서 자연스럽게 벌어지는 짧은 나팔형 구경부가 솟아 있는 것이다. B와 C는 전기 4기부터 볼 수 있는데, A와 달리 B는 동체가 구형이고 경부와 구분되는 구연부에 구순이 솟아 있는 것이다. C는 A·B보다 큰 구형 동체에 넓은 평저 바닥을 갖고 있고, 자연스럽게 벌어지는 나팔형 구경부가 길게 뻗은 것이다.

이와 같이 3종의 병은 원래는 분명히 다른 형태의 것들이었으나 점차 같은 형태로 변화되어 갔는데, 그 변화 방향은 동체부의 편구형화, 구경부의 반구화와 장경화, 그리고 대부병으로의 전환으로 요약할 수 있다. 먼저 동체부를 살펴보면 B는 1a기 형식에서, C는 1b기 형식에서 편구화하기 시작하여 이후 3종 모두 동체가 편구형으로 동질화

	A	B	C
전기4기	1. 황남동 106/3-8	2. 방내리(경주문 96) 29 3. 경마장 C1, 1-20	
1a	1·3. 경마장 C1, 1-15	2. 방내리(경주문 96) 56	2. 월산리 B-11
1b	1. 경마장 C1, 1-14	2. 경마장 C1, 2-9	3. 방내리(경주문 96) 8
1c	1. 방내리(경주문 98) 10	2. 경마장 C1, 1-20	3. 경마장 C1, 1-19
2a	1. 방내리(경주문 95) 14	2. 방내리(경주문 98) 7 (삼1 원2)	3. 방내리(경주문 96) 7 (원7 삼3 원7)
2b	1. 방내리(경주문 96) 12	2. 방내리(경주문 95) 10 (원7 삼3 원5)	3. 방내리(경주문 95) 39 (원2)
2c		1. 방내리(경주문 95) 7(삼1 원8) 2. 방내리(영문) 21(삼3 원4)	3. 방내리(경주문 95) 6 (원8 삼2 원8)
2d			1. 방내리(경주문 95) 25 (수4 원8) 2. 예안리 30(수8 원7)

0   5   10cm

도 2.3-15 **편구형병류**[( )안은 단위문양]

되어 가는 것을 볼 수 있다. 편구형 동체는 점차 더 납작해져 갔는데, 이에 대해서는 필자의 전고에서도 언급한 바 있고(최병현 1987), 윤상덕은 이를 편구도로 수치화하여 좀더 구체적으로 설명한 바 있다(윤상덕 2010).

다음으로 구경부에서 구연부 형태도 전체적으로 반구화하여 동질화하여 갔으나, 그 변화 과정은 동체에 비해 점진적이어서 동체가 편구화한 병들의 원래 계보를 나누어 볼 수 있는 근거가 된다. A는 1a기 형식까지 구경부가 경부와 구연부 구분이 없는 나팔형이지만, 1b기 형식에서는 경부가 생겨 구분되고, 1c기 형식에서는 구연부가 수평으로 벌어진다. 2a기 형식에 오면 구연부가 넓어지고 끝이 위로 향하여 반구화가 시작되었는데, A의 반구화는 그보다 일찍부터 반구화가 진행된 B의 영향이었을 것으로 판단된다. 2b기 형식에서는 반구화한 구연부의 구순 외면 가운데에 침선을 돌려 기면을 나누고 있다.

B는 1a기 형식부터 바로 구순이 길어지며 반구화하여, 1c기 형식에서는 구경이 넓어지고, 2a기 형식에서는 구순부가 길어지고, 2b기 형식부터는 구순부가 밖으로 벌어지면서 외면 가운데에 침선을 돌렸다. 이와 같이 B는 일찍부터 구연부가 반구화하여 다른 병의 반구화를 선도한 것으로 판단된다.

C는 1a기 형식에서 동체의 규모가 축소되고 나팔형 구경부의 가운데가 굴절되었으며, 1b기 형식에서는 경부가 구분되기 시작하여 1c기 형식에서는 경부가 좀 더 길어져 분명해졌다. 2a기 형식부터 구순부가 분리되면서 반전하여 반구화하지만, 그 각도가 A·B와는 달라 경부 위에 깔대기를 올려놓은 모양이 2c식까지 계속되었다. C는 동체의 원래 형태가 구형이어서인지 편구화도 더디게 진행되었으며, 외반된 구순 외면의 침선 배치도 A·B보다는 1단계 늦은 2c기 형식에 와서 볼 수 있다.

A·B·C 모두 2a기 형식부터 경부가 현저하게 길어지기 시작하였는데, 2b기 형식에서는 동체와 경부의 경계부에 돌선대가 생기고, 2c식부터는 길어진 경부 가운데에 침선대를 배치하는 변화를 볼 수 있다.

B·C는 2a기부터 굽 모양의 대족이 붙어 대부병으로 전환되었다. 그러나 C에는 대족이 붙지 않은 것이 2b기까지 공존하여 방내리 16호분에서 출토되었다. 편구병 A는 2b기까지, 대부병 C는 2c기까지 존재하다 소멸되었다. 대부병 B는 2c기에 다시 경부의 직경이 좁은 형식이 생겨나 경부 직경이 넓은 것과 함께 공존하였으나, 3기 이후에는

경부가 넓은 편구형병만 남았다.

편구형병류는 원래 무문으로 제작되었으나 2a기 형식부터 어깨부에 침선대를 돌리고 무늬를 새겼다.

신라 후기의 병류에는 이외에 소형의 편구형병들이 있는데, 이들은 앞의 편구형병들을 모형화한 것으로 판단되며, 대체적인 변화 과정은 앞의 것들과 같으나 소형화로 인해 생략된 부분들이 있어 반드시 일치하지는 않는다.

또 평저의 구형 동체에 외반된 짧은 구경부가 붙은 평저병이 있는데, 윤상덕은 이 평저병이 편구형병으로 발전된 것으로 판단한 것 같으나(윤상덕 2010), 별개의 기종으로 시기가 내려오면서 동체의 길이가 길어져 2d기까지 존속하였다.

(2) 분기와 종합

앞서 이미 상대편년의 분기와 그 기준을 밝힌 다음 기종별로 분기에 따른 토기 형식의 변화 과정을 살펴보았으므로, 여기서는 1기와 2기, 및 그 소기를 나누는 데 근거가 된 기종의 출현이나 형식의 변화에 대해 요점을 정리해 두겠다. 아울러 무늬의 변화에 대해서도 종합해 보겠다.

유물에 대한 상대편년의 객관성을 담보하기 위해서는 각 기종의 유물에서 시간적 변화에 유의미한 속성을 인지해 낸 다음 속성이나 속성의 결집인 형식을 순서배열법 등 편년 방법론에 따라 배열해야 한다. 그러나 많은 기종의 상대편년을 원론적인 순서에 따라 설명하는 것도 대단히 번거롭고, 또 상대편년의 내용이 이미 학계에서 이루어진 선행 연구들과 일치되는 부분이 많으므로, 앞서는 편년 과정에 대한 세부적인 설명을 생략하였다. 하지만 신라후기양식토기의 상대편년에서 가장 유의한 점은 폐기동시성을 가진 기종과 형식의 공반 관계 파악이었다. 이에 여기서는 상대편년된 기종들의 소기별 형식을 종합한 도면을 제시하고, 아울러 그 공반 현황표를 제시해 두는 것으로 생략된 과정의 설명을 보완하도록 하겠다.[1]

....

1   신라후기양식토기 분기별 공반현황표는 필자의 전고(최병현 2011)와 함께 작성된 것이었으나, 전체 원고의 분량 때문에 게재하지 못하였다. 이에 이번 연구에서 보완된 부분은 표에 포함되지 않았음을 밝혀둔다.

① 1기

　　필자의 구고에서는 단각고배와 '찍은 무늬', 즉 인화문의 출현 시점이 거의 같았을
것으로 판단하고, 인화문의 출현부터를 신라후기양식토기의 시작으로 보았다(최병현
1987; 1992a). 그 뒤 단각고배와 인화문의 출현에는 선후가 있는 것으로 밝혀졌으므로
(홍보식 2000; 윤상덕 2001), 본고에서는 단각고배와 후기형 유개합의 출현부터를 신라후
기양식토기의 시작으로 하였다. 그리고 신라후기양식토기 중 인화문이 출현하기 이전
을 1기로 하였다.

　　선행 연구 가운데 홍보식은 그의 연대관으로 6세기 이후를 후기로 하였으나 기형
상으로 분명한 기준을 알 수 없지만(홍보식 2000; 2001), 윤상덕은 단각고배의 출현을 그
의 중기, 즉 필자의 후기의 시작으로 하였다(윤상덕 2010). 그런데 윤상덕의 중기 Ia기는
본고의 단각고배 B형이 출현하는 후기 1b기이고, 본고의 후기 1a기는 윤상덕의 전기양
식 IVb기로, 윤상덕은 후기양식의 시작을 본고보다 1단계 뒤로 잡고 있다.

　　그러나 앞서 언급한 바와 같이 본고의 1a기에 유개식고배류의 급격한 단각화 현상
이 명백하고, 이와 함께 신라후기양식토기의 주류가 되는 두 기종 중 유개합에서는 후
기형이 출현하고, 편구형병류에서도 전기형인 구형 동체에서 편구화하는 현상이 뚜렷
하므로, 필자는 윤상덕 안보다 1단계 앞부터를 신라후기양식토기의 시작으로 본다.

　　1기는 기형의 변화에 따라 다시 3소기로 구분이 가능한데, 1기 토기는 무문이 많
고 무늬를 새긴 것도 시문 면적은 좁다. 시문 방법에서 단위문양을 미리 새겨둔 시문구
로 찍는 인화기법이 발생되기 이전이므로 1기의 토기무늬는 모두 그어낸 것이다.[2] 1a
기 고배 뚜껑에 사격자문, 1b기의 유개합에 거치식 사선문, 1b기 A류 발형토기에 파상
문, 1c기에 출현하는 후기형 장경호에 어골문 등 전기식의 무늬가 극히 일부 남아 있으
나, 고배 뚜껑에 주로 새겨진 것은 삼각문+반원점문의 조합문이다. 이 조합문은 유개합
뚜껑에도 새겨진 예가 있으며, 그 외 유개합의 동체, 발형토기 B, 직구호 어깨 등에는
위로 둥근 반원점문만 새긴 예들이 있다. 이 1기 무늬는 대개 위 또는 아래에 배치한 침

....
2　　방내리(영남) 16호분 출토 토기 중 본고에서 1c기로 편년한 발형토기 B와 2a기로 편년한 평저단경호 뚜껑의
　　반원점문을 보고서(영남문화재연구원 2009)에서는 찍은 것으로 기술하였지만, 경주박물관에서 이 토기들을
　　확인한바 모두 콤파스로 그은 것이었다.

선대에 맞추어 같은 무늬를 옆으로 반복해서 한 줄로 그어간 것이다. 1기의 토기문양은 이상과 같이 정리되므로 이하 각 소기별 종합에서 문양에 대한 설명은 생략한다.

◎ 1a기(도 2.3-16, 표 2.3-1)

1a기는 경주에서 횡혈식의 석실봉토분이 축조되기 시작하는 단계이지만 매납, 즉 폐기동시성을 확인할 수 있는 수혈식의 적석목곽분과 수혈식석곽분도 아직 다수 존재하였다. 다만 수혈식고분이라 하여도 1960년대 방내리고분군 발굴자료 가운데에는 고분 중심의 곽과 시차가 있는 봉분 속의 배장곽 출토 토기가 섞여 있는 예들이 있어서 주의를 요한다.

앞서 언급한 유개식고배류의 단각화, 후기형 유개합의 출현, 병류 동체의 편구화 외에 직구호 대각의 1단화, 부가구연 대부장경호 구연부의 외반 등이 전기 말 토기로부터의 주요 변화이다.

유개식고배 가운데 1단투창고배는 이후의 변화 과정으로 보아 이 단계에 이미 사실상의 단각고배로 전환된 것으로 보아야 한다. 신라고배는 전기 이래로 대각이 짧아지고 규모가 왜소해져 가는 것이 그 변화 방향이지만, 이 단계에서 고배들의 급격한 단각화 현상에는 아마도 다른 요인이 작용하지 않았을까 판단된다. 아직 구체적인 실례를 들 수는 없지만, 낮은 굽의 중국 도자기들과의 접변, 또는 불교 공인에 따라 성행하였을 낮은 굽의 금속 불기(佛器)의 영향 등을 생각해 볼 수 있겠다.

후기의 대형 유개합은 전기의 유개합보다 규모가 급격하게 커졌는데, 불교 공인에 따른 화장법의 도입과 관련이 있었을 것으로 판단된다. 1b기의 동천동 화장묘 공반 토기와 비교를 통해 동체부 깊이가 깊은 것이 앞선 형식으로 1a기에 출현한 것을 알 수 있다. 뚜껑 꼭지가 보주형이고 대족이 높은 동체에 耳가 붙은 방내리 11호분 출토 유개합도 이 단계의 것으로 판단된다. 1a기의 소형 유개합은 너비 52cm의 수혈식석곽묘인 경마장부지 C1지구 2-7호분에서 이 단계의 편구형병, 컵형토기와 공반되었는데, 침선대로 덮인 전기 말 형식과 달리 기면을 5단 분할한 것이 주목된다.

각각 구경부의 형태가 뚜렷이 구분되는 편구형병류에서는 A의 편구화 진전, B의 편구화 시작을 볼 수 있다.

이외에 컵형토기 가운데 대형은 전기와 같이 아직 파수가 붙었으나 파수 단면이 원형인 것만 출토되고, 소형의 컵형토기는 전기 말에 비해 대각이 짧아지면서 상부가

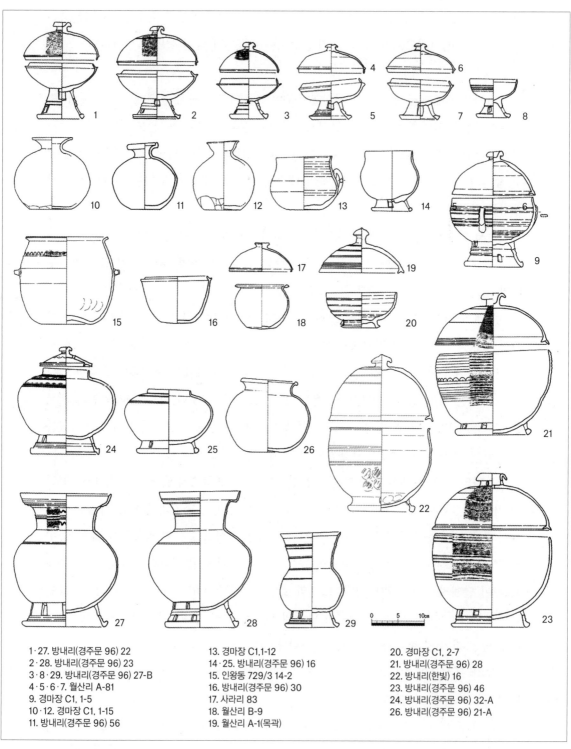

도 2.3-16 신라후기양식토기-1a기

1·27. 방내리(경주문 96) 22
2·28. 방내리(경주문 96) 23
3·8·29. 방내리(경주문 96) 27-B
4·5·6·7. 월산리 A-81
9. 경마장 C1, 1-5
10·12. 경마장 C1, 1-15
11. 방내리(경주문 96) 56
13. 경마장 C1,1-12
14·25. 방내리(경주문 96) 16
15. 인왕동 729/3 14-2
16. 방내리(경주문 96) 30
17. 사라리 83
18. 월산리 B-9
19. 월산리 A-1(목곽)
20. 경마장 C1, 2-7
21. 방내리(경주문 96) 28
22. 방내리(한빛) 16
23. 방내리(경주문 96) 46
24. 방내리(경주문 96) 32-A
26. 방내리(경주문 96) 21-A

표 2.3-1 신라후기양식토기 1a기 형식 토기 공반 현황

	2단투창고배(대)	2단투창고배(중)	2단투창고배(소)	대족하부돌대고배	단각고배 A	무개식고배	30부완	유개합(대1)	유개합(대2)	유개합(소)	편구형병A	편구형병B	편구형병C	컵형토기(대)	컵형토기(소)	발형토기 A	발형토기 B	직구호(대)	직구호(소A)	부가구연장경호1	부가구연장경호2	V형경부장경호	단경호	연질토기소호	두형1	두형2
방내리 22호	3			3																	1					
방내리 23호		1	1	4	2															2	1					
방내리 27-B호			11	2	1	2												1				1	1			
월산리 A-81호				2	2																					
경마C1.1-5호(1차)	1			1	1	1	1																			
방내리 28호(2차)	2	1		1	1			1												2	2	1	3	1		
방내리 46호(2차)				5	3				1												3	1	1			
경마정C1.2-7호				7						1	1												1			
경마C1.1-15호										1	1		2					1		1			1	1		
방내리 56호		4										1														
경마C1.1-12호														2						1			1	1		
방내리 16호(1차)															1				1				1	1		
인용헌성 14-2호	1	2	1						1					1		1		1				1	1		1	
방내리 30호(1차)				7	7	3											4	1			1	1	1	2		
방내리 32-A호(1차)				4	4	1																				
월산리 21-A				4	2											1						2	2	1		
월산리 A-1호		1												1									1			
사라리 83호																									2	
월산리 B-9호				4	4	2																	1	2		
방내리 11호(1차)																1							1			
월산리 B-2호		1		5		2								2				1					1			
월산리 B-16호				5	3	4													1							
월산리 32-B호				4	4														1		2	1				1
방내리 55호			1																							
방내리 51호				5										1				1					1			

넓어졌으며, 직구호 동체의 최대경이 상향하는 것도 볼 수 있다.

◎ 1b기(도 2.3-17, 표 2.3-2)

유개식고배류 대각의 직선화, 단각고배 B와 고배 뚜껑의 환형꼭지 발생, 기고보다 구경이 넓은 대형 유개합과 유개합 뚜껑의 병형꼭지 발생, 편구형병 C의 편구화로 병류 동체의 동질화, 파수가 붙지 않은 컵형토기 출현 등이 이 단계의 변화이다.

단각고배 A의 대각은 1a기에 비해 더 낮아졌으나 아직 높은 편이고 작은 투공이 뚫린 것이 일반적이다. 단각고배 B가 발생한 이 단계부터는 대각하부돌대고배의 부장도 급격히 줄어 고배류로는 단각고배 A와 B만 출토되는 고분들이 대부분이다.

동천동 화장묘에서 이 단계의 고배들과 동시 매납된 대형 유개합이 출토되었는데 (국립경주박물관 1995), 전체적인 규모는 1a기 형식보다 커졌으나 구경에 비해 기고가 낮아졌다. 방내리 39호분 출토 대형 유개합도 이와 같은데 모두 뚜껑에 호형꼭지가 붙은 공통점이 있다. 그러나 방내리 28·33·43·46·50호분에서는 말린형 꼭지가 붙은 것이 출토되었다(국립경주문화재연구소 1996).

편구형병 A·B·C는 동체부가 모두 편구형으로 동질화하였으나, 구경부는 각각의 형태를 유지하고 있다.

이외에 직구호 동체의 최대경이 어깨부로 올라가 동체 단면이 역삼각형화하였고, 부가구연 대부장경호의 동체가 편구화하였다.

◎ 1c기(도 2.3-18, 표 2.3-3)

유개식고배류 대각의 투창크기 축소, 대각하부돌대 무개식고배와 3이부유대완 소형의 출현, 중·소형 유개합의 기면 4단 분할, 편구형병류 구연부의 반구화 시작, 부가구연 대부장경호의 대각 직선화, 부가구연 대부장경호 외의 전기형 장경호 소멸과 후기형 장경호의 출현 등이 이 단계의 변화이다.

단각고배 A의 대족도 더욱 짧아져 단각고배 B와 구분이 애매해졌으나, A 가운데 에는 짧아진 대족에도 투공을 뚫은 예들이 있어서 구분하는 것이 옳다고 판단된다.

이 단계 고배류의 변화에서 가장 주목되는 것은 대각하부돌대 무개식고배의 출현 이다. 이 무개식고배는 경주 황룡사지에서 출토된 것이 가장 이른 형식으로 후기형 무 개식고배, 또는 황룡사형 무개식고배로 불러도 좋다고 생각된다.

필자의 구고에서는 경주 황룡사지 발굴조사에서 출토된 토기 가운데 1차가람 이전

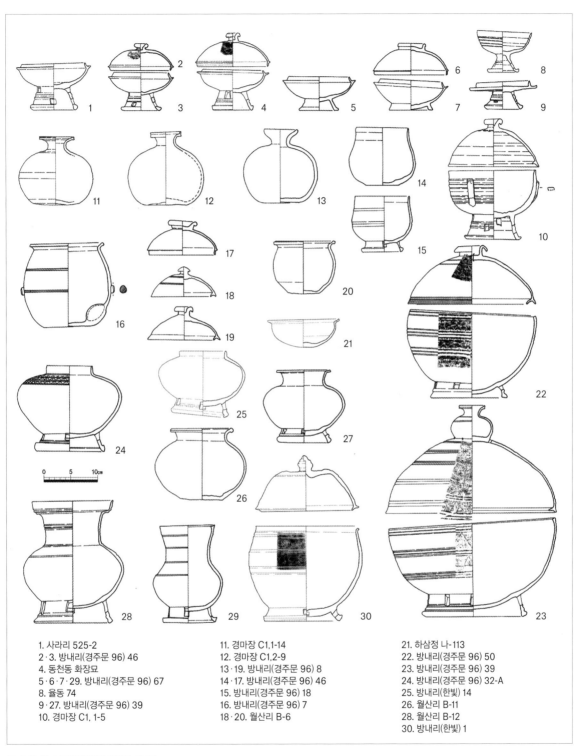

1. 사라리 525-2
2·3. 방내리(경주문 96) 46
4. 동천동 화장묘
5·6·7·29. 방내리(경주문 96) 67
8. 율동 74
9·27. 방내리(경주문 96) 39
10. 경마장 C1, 1-5

11. 경마장 C1,1-14
12. 경마장 C1,2-9
13·19. 방내리(경주문 96) 8
14·17. 방내리(경주문 96) 46
15. 방내리(경주문 96) 18
16. 방내리(경주문 96) 7
18·20. 월산리 B-6

21. 하삼정 나-113
22. 방내리(경주문 96) 50
23. 방내리(경주문 96) 39
24. 방내리(경주문 96) 32-A
25. 방내리(한빛) 14
26. 월산리 B-11
28. 월산리 B-12
30. 방내리(한빛) 1

도 2.3-17 신라후기양식토기-1b기

표 2.3-2 신라후기양식토기 1b기 형식 토기 공반 현황

유구	2단투공고배(합)	2단투공고배(소)	대각하부돌대고배	단각고배 A	단각고배 B	무개식고배	대부완형	30부완	유개합(대1)	유개합(대2)	판구형병 A	판구형병 B	판구형병 C	편병토기(대)	편병토기(소)	발형토기 A	직구호(대)	부가구연장경호1	V형경부장경호	단경호(평저)	단경호(대부)	연결토기소호	두정1	두정2	두정3
사라리 525-2호	1																								
방내리 46호(3차)	1	3								1				2				1		4			1		
동천동 화정묘	1		4			1			1																
방내리 67호				2	1									1				1	1	1			1		
율동 74호					4	2														1					
방내리 39호(1차)			5		3		1		1											2	4		7		
경마 C1, 1-5호									1											2					2
방내리 50호			1	4						1				1				2	1	3			4		
경마 C1, 1-14호				3							2			1											
경마 C1, 2-9호(1차)			1	1		1			1			1		2						4		1	4	1	
방내리 3호		1		1	1									1						2					
방내리 18호(1차)				4	1									1						2			4	1	
방내리 7호(1차)		1		1	1			1						1		1									
방내리 32-A호(2차)																	1								
월산리 B-12호			4	1	1									1								2			
월산리 B-11호(1차)		1		3										1			1	1		1			4		
월산리 B-6호																						1			
방내리 8호				1									1					1						1	
방내리 37호										1										1			1		1
방내리 53호														1					1	3					
방내리 28호(3차)		2	2							2										3					
방내리 43호										1															
방내리 33호(1차)										1											1				

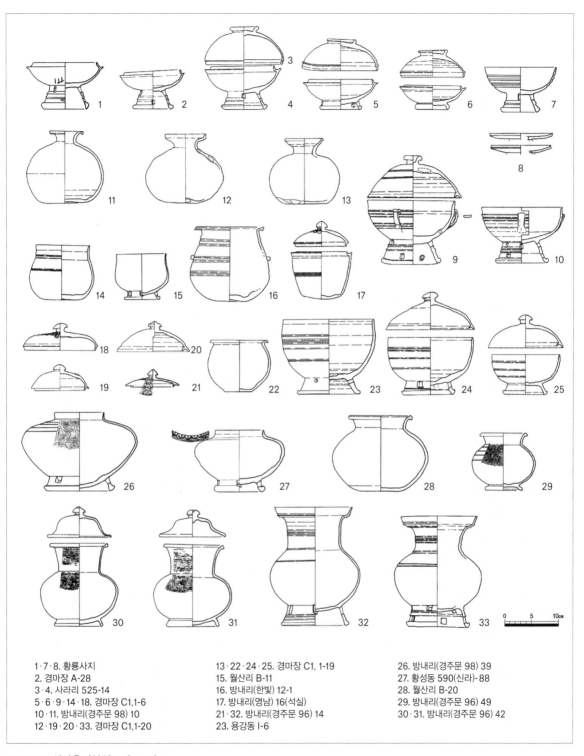

1 · 7 · 8. 황룡사지
2. 경마장 A-28
3 · 4. 사라리 525-14
5 · 6 · 9 · 14 · 18. 경마장 C1,1-6
10 · 11. 방내리(경주문 98) 10
12 · 19 · 20 · 33. 경마장 C1,1-20

13 · 22 · 24 · 25. 경마장 C1, 1-19
15. 월산리 B-11
16. 방내리(한빛) 12-1
17. 방내리(영남) 16(석실)
21 · 32. 방내리(경주문 96) 14
23. 용강동 I-6

26. 방내리(경주문 98) 39
27. 황성동 590(신라)-88
28. 월산리 B-20
29. 방내리(경주문 96) 49
30 · 31. 방내리(경주문 96) 42

도 2.3-18 신라후기양식토기-1c기

표 2.3-3 신라후기양식토기 1c기 형식 토기 공반 현황

	2단투창고배(통)	2단투창고배(소)	대족하부돌대고배	단각고배 A	단각고배 B	무개식고배	대부명	30부완(대)	30부완(소)	유개합(통)	유개합(소)	편구형 병A	편구형 병B	편구형 병C	컵형토기(대)	컵형토기(소)	발형토기 B	직구호(대)	부가구연장경호 1	부가구연장경호 2	휴기형장경호(통)	단경호(평저)	단경호(대부)	연질토기소호	두형1	두형2	두형3	두형4
황룡사지	2																											
경마장 A-28호 요지		2		0	0	2	2		2																			
사라리 525-14호(1차)			1			1																						
경마 C1, 1-6호				4	1			1							1							2			1			
방내리(조) 10호				1					1	1																		
경마 C1, 1-19호				1						1	2			1	1							2		1		1	1	
경마 C1, 1-20호				1									1	1	1	1			1			2				1	1	
월선리 B-11호(2차)															1			1		1				1				
방내리(영) 16호(1차)																	1											
방내리 39호(2차)			1															1				2						
방내리 14호															1					3								1
방내리 42호(1차)								1					1								2							1
월선리 B-20호				4											1							2						
방내리 49호												2			1								1					
방내리 5호				1	3										1							1						
경마 C1, 1-13호				1								1										1						
방내리(조) 6호(1차)													1									1					1	
사라리 525-6호(1차)	1			1																								
방내리 18호(2차)		2		4		1									1							2						

의 기초유구에서 출토된 것과 가장 시기가 이른 폐토기문이, 즉 토기 폐기수혈에서 출토된 것들은 시차가 그다지 크지 않았을 것으로 판단하여 '황룡사 창건기토기'라는 이름 아래 모두를 단일 시기로 본 바 있다(최병현 1984; 1992a). 그러나 본고의 상대편년 분기에 따르면 이들 사이에 몇 단계의 시차를 인정해야겠다. 그 가운데 폐토기문이에서 출토된 것으로 편년표에 도면을 제시한 가장 이른 형식이 본고의 1c기에 해당하고 그보다 늦은 형식, 즉 유개식고배 중 구연부 길이가 짧아져 뚜껑받이 턱과 V자형을 이룬 것, 대각이 더욱 짧아진 무개식고배, 입술이 짧아지고 찍은 반원점문이 시문된 고배뚜껑(최병현 1992a: 639의 ③⑤⑧, 146의 ④) 등은 2기로 내려올 것으로 판단된다.

　　유개합은 이 단계의 것으로 중·소형만 찾아졌지만 전체적으로 규모가 작아진 가운데 대·중·소로 분화된 것으로 판단된다. 굽형 대족이 붙고 굴절형 뚜껑이 덮인 후기형 장경호는 아마도 금속기를 토기로 번안하여 이 단계에 출현하였을 것으로 판단된다.

② 2기

　　1기에서 2기로의 가장 큰 변화는 단위문양을 찍어서 시문한 인화문의 출현이지만, 고배류에서 단각고배 대형, 무개식고배 대형, 직구호에서 소B가 파생되고, 편구형병이 저부에 대족이 붙어 대부병으로 전환되며, 발형토기 A2와 B, 후기형 장경호의 정형화도 이루어지고 있어서 단순히 시문기법의 변화만은 아니다. 찍은 무늬가 등장했지만 각각의 단위문양을 옆으로 반복해서 찍어간 '한줄로 찍기'를 해서 문양의 배치상태는 1기와 같다.

　　2기는 다시 4소기로 구분되며, 여기서는 단계마다 문양의 변화도 볼 수 있다.

　　◎ 2a기(도 2.3-19, 표 2.3-4)

　　유개식 2단투창고배와 대각하부돌대고배의 배신이 더욱 납작해지고 구연부도 짧아졌으며, 대각도 좀 더 낮아졌다. 단각고배 A·B의 대족은 짧아질대로 짧아져 더 이상 앞뒤 단계와 구분할 수 있는 변별력은 없어졌으나, 한 고분에 동시 매납된 토기들 가운데 여전히 A와 B형의 공존이 확인된다. 단각고배 대형은 방내리 11호분의 추가장 매납품에서 배신 높이가 낮은 것이 이 단계의 것으로 확인된다(국립경주문화재연구소 1996).

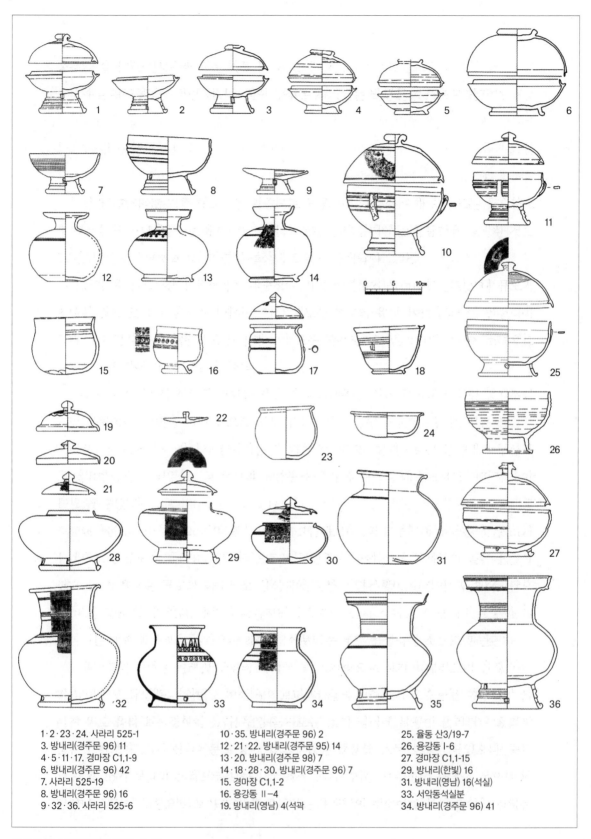

0   5   10cm

1·2·23·24. 사라리 525-1
3. 방내리(경주문 96) 11
4·5·11·17. 경마장 C1,1-9
6. 방내리(경주문 96) 42
7. 사라리 525-19
8. 방내리(경주문 96) 16
9·32·36. 사라리 525-6

10·35. 방내리(경주문 96) 2
12·21·22. 방내리(경주문 95) 14
13·20. 방내리(경주문 98) 7
14·18·28·30. 방내리(경주문 96) 7
15. 경마장 C1,1-2
16. 용강동 Ⅱ-4
19. 방내리(영남) 4(석곽

25. 율동 산3/19-7
26. 용강동 I-6
27. 경마장 C1,1-15
29. 방내리(한빛) 16
31. 방내리(영남) 16(석실)
33. 서악동석실분
34. 방내리(경주문 96) 41

도 2.3-19 신라후기양식토기-2a기

표 2.3-4 신라토기양식토기 2a기 형식 토기 공반 현황

	2단투공고배(중)	2단투공고배(소)	대족하부돌대고배	단각고배A	단각고배B	단각고배(대)	무개식고배	무개식고배(대)	대부평명	30부완(대)	30부완(소)	유개합(중)	편구형병A	편구형병B	편구형병C	컵형토기(대)	컵형토기(소)	발형토기A	발형토기B	직구호(대)	직구호(소B)	부가구연장경호1	부가구연장경호2	휴기형장경호(대)	휴기형장경호(중)	단경호(평저)	연질토기소호	연질토기완	두정1	두정2	두정3	두정4
사라리 525-14호(2차)	1			1												1											1	1				
망내리 11호(2차)		1	1		1	1	1							1		1																
경마 C1, 1-9호				1	1						1					1		1								1			1			
망내리 42호(2차)		2			1																											
사라리 525-19호		2	1	2	1		1		2													1					1	3				
망내리 16호(2차)		2			1			1							1																	
사라리 525-6호(2차)	1								1	1											1	1										
망내리 2호(1차)								1		1						2							1									
경마 C1, 1-15호(2차)												1																				
망내리(휴) 14호				1	4																											
망내리(조) 7호															1					1										1		
망내리 7호(2차)													1	1	1	1				1												
경마 C1, 1-2호						2				1						2				1						1			1			
율동 38호						2																									1	
서악리석실분(1차)																									1							
망내리 41호(1차)																									1							1
망내리(영) 16호(2차)										1			2											1		1		1				
망내리(영) 4호 석곽															1						1											
황룡사지	1						1																									
망내리 10호						1				1																1		1				

유개합은 기면이 3단 분할된 경마장 C1지구 1-15호분 추가 매납품이 이 단계의 것이다.

편구형병은 모두 반구화가 진행되었으나 A는 아직 구순이 짧아 다른 것과 구분이 가능하여, 대부병으로의 전환이 B와 C에서만 일어난 것을 알 수 있다. 편구형병 C 가운데에는 대족은 붙지 않고 경부가 좀 길어진 것도 방내리 4호분과 6호분에서 이 단계 토기들과 공반되었다(영남문화재연구원 2009). 모두 어깨에 침선대를 배치하기 시작하였는데, B·C에서는 이 단계부터 문양도 시문되기 시작하였다.

컵형토기의 구경이 확대되고 파수가 완전 소멸하였다. 발형토기들은 침선대 배치 외에는 아직 무문인데 소형화된 A2는 아직 대족이 붙지 않은 것이, B는 대족이 붙은 것이 이 단계의 것으로 판단된다. 직구호는 규모가 급격히 축소되었다.

후기형 장경호 가운데 대형은 횡혈식석실분인 사라리 525-6호분에 부가구연 대부장경호와 함께 1차 매납된 것, 중형은 서악리석실분에 1차 매납된 것, 그리고 이와는 미세한 차이가 있는 방내리 41호분 1차 매납품이 이 단계의 것으로 판단된다.

평저단경호의 어깨에 침선대가 배치되고, 연질완은 아직 모두 외반구연이다. 단면 ㄴ자형 뚜껑도 이 단계에 출현하였다.

〈문양〉 이 단계의 문양은 삼각문과 반원점문 또는 원점문의 조합문을 그어 시문한 것이 많지만, 원문류 가운데 찍은 2중원문이 새로 출현한 것이 중요한 변화이다. 이 찍은 2중원문은 그은 삼각문과 조합되는 것이 일반적이지만, 경마장 C1지구 1-9호분 출토 발형토기 A2 뚜껑에는 2중원문만 3개씩 '모아찍기'했다. 이들로 보아 찍은 무늬는 원문류 가운데에서도 2중원문이 가장 먼저 출현한 것으로 판단된다.

다만 방내리 7호분 출토 대부병 C는 기형이나 공반토기로 보아 이 단계에 위치하는 것이 분명한데 어깨에 긴 삼각문과 반원점문을 모두 찍어 배치하여 이례적이다. 2a기에서는 유일한 예로 같은 2a기 단계라도 약간의 시차가 있는지도 모르겠다.

◎ 2b기(도 2.3-20, 표 2.3-5)

유개식고배류에서 대각하부돌대고배의 대각 길이 축소, 단각고배 대형의 기고가 높아져 반구형화, 무개식고배 대형의 대각 돌대 한 줄로 감소 또는 소멸, 3이부유대완의 구연부 외반, 유개합 대형의 기면 2단 분할, 편구형병류의 장경화, 발형토기류의 인화문 시문, 후기형 장경호 동체의 편구화, 연질토기완에서 외반구연완과 직구완의 공

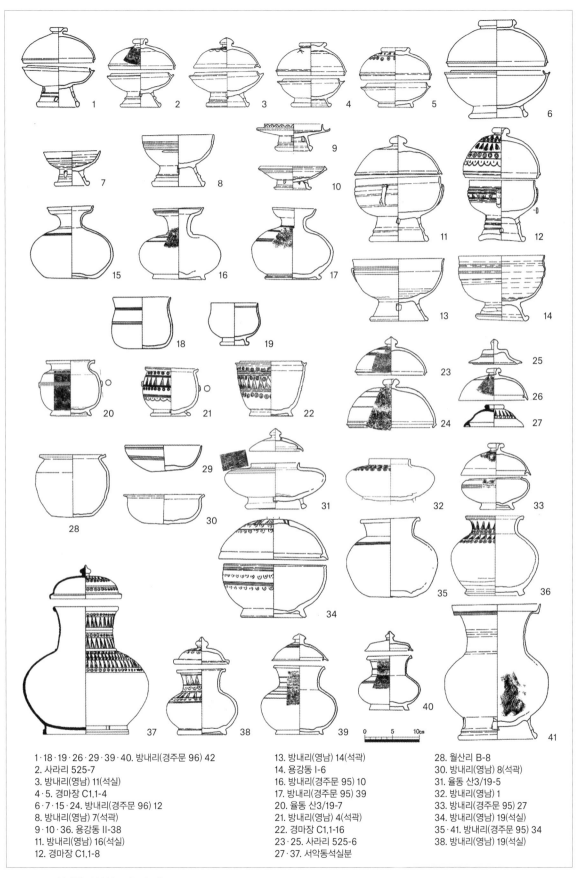

1・18・19・26・29・39・40. 방내리(경주문 96) 42
2. 사라리 525-7
3. 방내리(영남) 11(석실)
4・5. 경마장 C1,1-4
6・7・15・24. 방내리(경주문 96) 12
8. 방내리(영남) 7(석곽)
9・10・36. 용강동 II-38
11. 방내리(영남) 16(석실)
12. 경마장 C1,1-8

13. 방내리(영남) 14(석곽)
14. 용강동 I-6
16. 방내리(경주문 95) 10
17. 방내리(경주문 95) 39
20. 율동 산3/19-7
21. 방내리(영남) 4(석곽)
22. 경마장 C1,1-16
23・25. 사라리 525-6
27・37. 서악동석실분

28. 월산리 B-8
30. 방내리(영남) 8(석곽)
31. 율동 산3/19-5
32. 방내리(영남) 1
33. 방내리(경주문 95) 27
34. 방내리(영남) 19(석실)
35・41. 방내리(경주문 95) 34
38. 방내리(영남) 19(석실)

도 2.3-20 신라후기양식토기-2b기

표 2.3-5 신라후기양식토기 2b기 형식 토기 공반 현황

	2단투공고배(종)	2단투공고배(소)	대족하부돌대고배	단각고배A	단각고배B	단각고배(대)	무개식고배	무개식고배(대)	3이부완(대)	3이부완(소)	유개합(대)	편구형병A	편구형병B	편구형병C	컵형토기(대)	컵형토기(소)	발형토기A	발형토기B	직구호(대)	직구호(소A)	직구호(소B)	부가구연장경호	후기형장경호 경호(대)	후기형장경호 경호(종)	후기형장경호 경호(소)	단경호(소)	연질토기소호	연질토기완(직립)	연질토기완(외반)	뚜껑1	뚜껑2	뚜껑3	뚜껑4	뚜껑5
방내리 42호(3차)	2																							1	1			1					1	
사라리 525-7호	1	2																																
방내리(영) 11호 석실(1차)			1																					1	1									
경마C1, 1-4호				1	3										1									2			1							
방내리 12호(2차)					1	2		1				1			1								1								1			
방내리(영) 7호 석곽						1			1	1					1									1		1								
방내리(영) 16호 석실(3차)								1	1						2									2			1						2	
경마C1, 1-8호						1		1		1					1										1									
방내리(영) 19호 석실(1차)						1				1	1	1			1									2										
방내리(휴) 10호						1							1		1									2										
방내리 39호										1				1	1						1				1			1						
방내리(영) 4호 석곽													1	1					1		1	1			1									
경마C1, 1-16호								1			1	1			1		1	1	1							1								
월산리 B-11호(3차)																		1	1	1														
방내리(영) 6호 석실(1차)																			1	1	1													
방내리(휴) 27호																			1	1	1	1		1				1						
방내리(휴) 34호								1											1		2		1		1									
서악리 석실분(2차)												1					1				2													2
월산리 B-8호																				1					1									
방내리(영) 8호																						1	1				1						1	
사라리 525-6호(3차)																							1				1		1	1			1	
율동 71호																						1					1							
방내리 33호(2차)																	1							1										
방내리(휴) 6호(1차)																										1								

반, 그리고 완전 반구형의 卜자형 뚜껑과 안턱식 굴절형 뚜껑의 출현 등이 이 단계의 변화이다.

단각고배 A가 아직 공존하나 대족에 투공을 뚫은 것은 없다. 단각고배 대형은 방내리고분군에서만 출토되었다. 방내리(경주문 95) 25호분의 1차 매납품 중 대각에 돌대가 없는 무개식고배 대형(국립경주문화재연구소 1995), 서악리석실분 2차 매납품 가운데 3이부유대완(윤무병·박일훈 1968)도 이 단계에 속할 것으로 판단된다.

유개합은 방내리(영남) 19호분 출토 대형이 이 단계의 것으로, 뚜껑은 기면을 3단으로 분할하였으나 동체는 2단으로 분할하였다. 무문양인 1c기, 2a기의 유개합과는 달리 뚜껑과 동체에 문양을 배치한 것도 큰 변화인데, 이후 유개합은 인화문 시문의 주기종이 된다.

편구형병 C는 동체와 구경부 형태에서 명백히 구분되지만, A와 B는 동체와 구경부가 모두 같아져 구분되지 않는다. 그러나 그 중 대부병은 무늬가 새겨지고, 대족이 없는 편구형병은 여전히 무문이어서 이로써 구분된다.

발형토기는 A2에도 대족이 붙었고, 후기형 장경호는 소형도 출현하였는데 대·중·소 모두 동체의 편구화가 더욱 진행되어 동체가 납작해졌다.

〈문양〉 이 단계에는 삼각문도 찍은 것이 출현하였고, 원문류에서도 2중원문만이 아니라 반원점문도 찍은 것으로 전환되었으며, 화형(花形)원문(원13)이 새로 출현하였다. 그러나 이 단계의 무늬가 모두 찍은 것은 아니어서, 그은 삼각문과 반원점문, 그은 삼각문과 찍은 2중원문 또는 반원점문, 모두 찍은 삼각문과 2중원문 또는 반원점문이 결합된 것이 있고, 그은 반원점문만 단독으로 시문된 것도 있다. 화형원문은 방내리(경주문 95) 10호분의 안턱식 뚜껑에 2중원문과 결합하여 찍은 것, 방내리 42호분의 후기형 장경호에 그은 삼각문과 찍은 화형원문·2중원문을 결합하여 배치한 것 등으로 보아 아직 단독으로 존재하지는 않았는데, 2중원문과 함께 새로 출현한 단위문양이었을 것으로 판단된다.

이 단계 대형 유개합의 뚜껑에는 그은 삼각문과 찍은 반원점문을 배치하고, 동체부에는 반원점문만 '한줄로 찍기'하여 뚜껑과 동체의 문양구성이 다른데, 유개합의 뚜껑과 동체부의 문양 불일치는 2d기까지 계속된다.

◎ 2c기(도 2.3-21, 표 2.3-6)

단각고배 A와 대형의 소멸, 안턱식 굴절형 뚜껑의 발달과 유개합의 굴절형 뚜껑 채용 및 소형 유개합의 기면 3단 분할, 대족이 붙지 않은 편구형병의 소멸과 대부병의 경부 침선대 배치, 연질토기 파수부호의 출현 등의 변화를 볼 수 있다.

2단투창고배 소형의 대각에는 투창이 생략되기 시작하였고, 잔존한 단각고배 B의 동체가 얕아져 납작해졌다. 무개식고배 대형은 넓어진 바닥에서 기벽이 꺾여 올라가 동체가 얕아졌으며, 대부평명은 출토 빈도가 아주 낮지만 이전에 비해 배부가 깊어진 것을 볼 수 있다. 3이부유대완의 구연부 외반이 뚜렷해진다.

유개합은 방내리(경주문 95) 33호분 추가매납품의 동형 2점, 소형 석곽인 사라리 525-13호분에서 출토된 동체부 등이 이 단계의 것인데, 굴절형 뚜껑의 채용과 함께 정형화되어 가는 것을 볼 수 있다.

모두 대족이 붙은 편구형병에는 구경부 형태로 보아 아직 C가 남아 있고, B는 경부 직경이 넓은 것과 좁아진 것으로 나뉜다.

소형화된 직구호는 동 최대경이 완전히 중앙으로 내려왔다. 각각 방내리(영남) 19호분과 5호분의 추가 매납품인 후기형 장경호 중형은 이전의 변화 방향에서 약간 이탈한 것이지만, 이 장경호들에 덮인 같은 계열의 뚜껑이 다음 단계에서는 중앙부가 높아지는 것으로 보아 이들은 이 단계의 것으로 판단된다.

연질 직구완에도 인화문이 새겨진 것들이 있다.

〈문양〉 이 단계에는 수적형문이 출현하여 각종 원문류와 결합하여 시문된다. 원문류도 다양하게 발전하여 〈도 2.3-1의 1〉에 제시한 찍은 원문류가 거의 모두 등장하였으며 수적형문 또는 찍은 삼각문과 결합 시문되거나, 원문류만 시문되기도 한다. 비율상으로는 아직 찍은 삼각문이 수적형문보다 우세하다.

그러나 소수이지만 그은 무늬도 아직 남아 있어서 그은 삼각문과 반원점문, 그은 삼각문과 찍은 반원점문이 결합하여 시문된 것도 있다.

유개합의 경우 방내리(경주문 95) 33호분 출토 2점 모두 굴절형 뚜껑에는 삼각문과 반원점문을 찍고 동체부에는 원문 없이 수적형문만 찍어 문양구성이 다르고, 사라리 525-13호분의 합신에는 3단 분할된 기면에 반원점문·수적형문·반원점문을 상하로 찍어 배치하였다. 방내리 36호분 출토 발형토기 A2에는 같은 기면에 찍은 수적형문과 삼

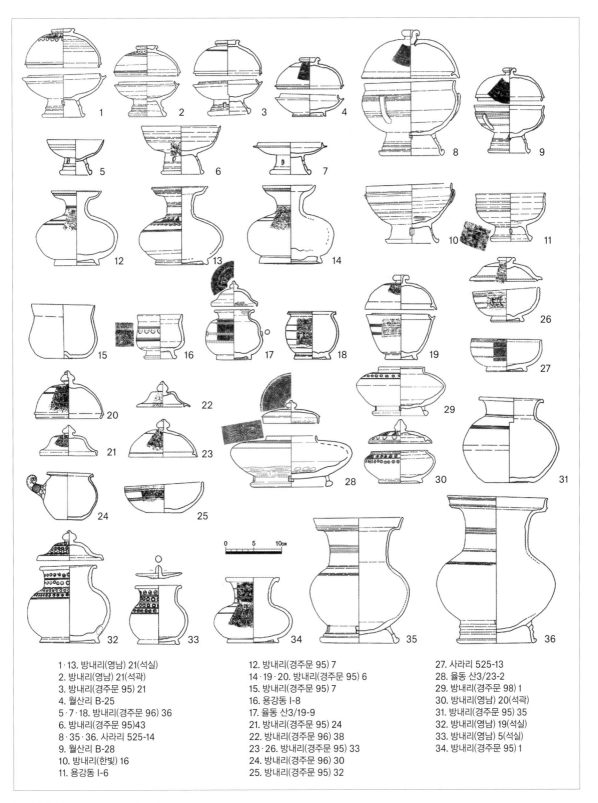

1·13. 방내리(영남) 21(석실)
2. 방내리(영남) 21(석곽)
3. 방내리(경주문 95) 21
4. 월산리 B-25
5·7·18. 방내리(경주문 96) 36
6. 방내리(경주문 95)43
8·35·36. 사라리 525-14
9. 월산리 B-28
10. 방내리(한빛) 16
11. 용강동 I-6

12. 방내리(경주문 95) 7
14·19·20. 방내리(경주문 95) 6
15. 방내리(경주문 95) 7
16. 용강동 I-8
17. 율동 산3/19-9
21. 방내리(경주문 95) 24
22. 방내리(경주문 96) 38
23·26. 방내리(경주문 95) 33
24. 방내리(경주문 96) 30
25. 방내리(경주문 95) 32

27. 사라리 525-13
28. 율동 산3/23-2
29. 방내리(경주문 98) 1
30. 방내리(영남) 20(석곽)
31. 방내리(경주문 95) 35
32. 방내리(영남) 19(석실)
33. 방내리(영남) 5(석실)
34. 방내리(경주문 95) 1

도 2.3-21 신라후기양식토기-2c기

표 2.3-6 신라후기양식토기 2c기 형식 토기 공반 현황

	2단투공 굽다리접시완 고배 (종)	2단투공 고배 (소)	대족하부 돌대완 고배	단각 고배 B	무개식 고배	무개식 고배 (대)	대부 병형	30부 완(대)	30부 완(소)	유개함 (소)	편구형 병B1	편구형 병B2	편구형 병 C	연통토기 (대)	발형토기 A	발형토기 B	직구호 (대)	직구호 (소B)	부가 구연 장경호 1	부가 구연 장경호 2	휴기형 장경호 (중)	휴기형 장경호 (소)	단경호	연질 토기 소호	연질 토기완	투경1	투경2	투경3	투경4
방내리(영) 21호 석실	1											1																	
방내리(영) 21호 석곽		1							1																				
방내리(휴) 21호			1		1				1					1			1	1											
월산리 B-25호			1	1		1		1									1	1							1				
방내리 36호(2차)							1								2														
방내리(휴) 43호		1	1		1	2																							
사라리 525-14호(2차)								1											1	1									
월산리 B-28호(1차)	1		1						1																				
방내리(휴) 33호										2				1									1	1					1
사라리 525-13호	1	1							1	1				1											1				
방내리(휴) 7호											1			1		1		1								1			
방내리(휴) 6호(2차)													1													1			
방내리(조) 1호(2차)													1				1												
방내리(영) 20호 석곽														1				1	1										
방내리(영) 19호 석실(2차)																					1								
방내리(영) 5호 석실(2차)																					1								
방내리(휴) 1호														1								1	1	1					1
방내리(휴) 35호(2차)										1		1		1								1	1		1				
방내리 30호(3차)																		1							2				
방내리(휴) 32호										1	1							3									1		
방내리(휴) 24호											1							1							1			1	
방내리 38호											1			1		1									1				
방내리(휴) 22호			1																					1				1	
방내리(휴) 46호				1										1				2							1				
방내리(휴) 27호(2차)			2	2										1											1				

각문으로 문양대를 구성하여, 문양 구성이 다양해진 것을 알 수 있다.

한편, 2b기의 유개합 동체에 반원점문만 '한줄로 찍기'한 예가 있기는 하지만, 이 단계 후기형 장경호의 뚜껑과 동체에는 침선대를 사이에 두고 각각 2중원문과 화형원문을 번갈아 '한줄로 찍기'하여 구성한 새로운 문양대가 나타나 주목된다.

◎ 2d기 (도 2.3-22, 표 2.3-7)

대각하부돌대고배의 소멸, 단각고배 B의 동체 확대 저평화, 대소 유개합의 기면 2단 분할로 정형화, 편구형병 C의 소멸, 부가구연 대부장경호의 극단적 형식화 등을 볼 수 있다.

3이부유대완을 포함한 모든 고배류들의 극단적인 퇴화상태를 볼 수 있는데, 규모가 커지고 저평해진 단각고배에 고배 뚜껑이 아닌 다른 형식의 뚜껑이 덮인 예들도 많으며, 〈도 2.3-13의 2d-1, 2〉도 그러한 예이다. 무개식고배의 규모가 최소화하였는데, 〈도 2.3-13의 2d-3〉의 뚜껑은 〈도 2.3-3의 2d〉의 무개식고배 대형의 뚜껑으로 덮여 있던 것이다.

유개합 〈도 2.3-14의 2d-1〉은 동체부와 뚜껑의 형태가 소형과 같으나 크기에 따라 대형으로 분류하였는데, 대형의 앞뒤 형식과는 자연스럽게 연결되지 않는다. 그러나 뚜껑의 기면분할과 구연부의 형태 등으로 보아 이 단계에 속하는 것은 분명하다고 판단된다.

편구형병의 동체는 더욱 납작해져 동체 중앙에 각이 생기는 것을 볼 수 있고, 컵형토기 소형에도 수적형문을 시문한 것이 있다.

방내리 2호분 출토 대부단경호는 이 고분의 2a기 1차매납 토기, 2b기 추가매납 토기와는 어울리지 않고, 2중원문만 한줄로 찍기하여 여러 줄 배치한 문양대를 구성한 점을 고려하여 여기에 두었으나 좀 더 앞 단계로 올라갈 가능성이 있다.

〈문양〉 단위문양의 종류는 앞 단계와 같으나 비율상 삼각문보다는 수적형문이 우세해졌다. 수적형문 중에는 가늘고 길어지거나 반대로 짧아진 것 등 변형이 생겨나기 시작하였다. 거의 찍은 무늬 일색이지만 앞에 소개한 〈도 2.3-13의 2d-1〉 단각고배 뚜껑에는 그은 삼각문과 반원점문이 배치되어 있어, 그은 무늬도 아직 부분적으로 존재하였다.

유개합은 여전히 뚜껑에는 삼각문과 원문류, 동체에는 수적형문과 원문류 또는 원

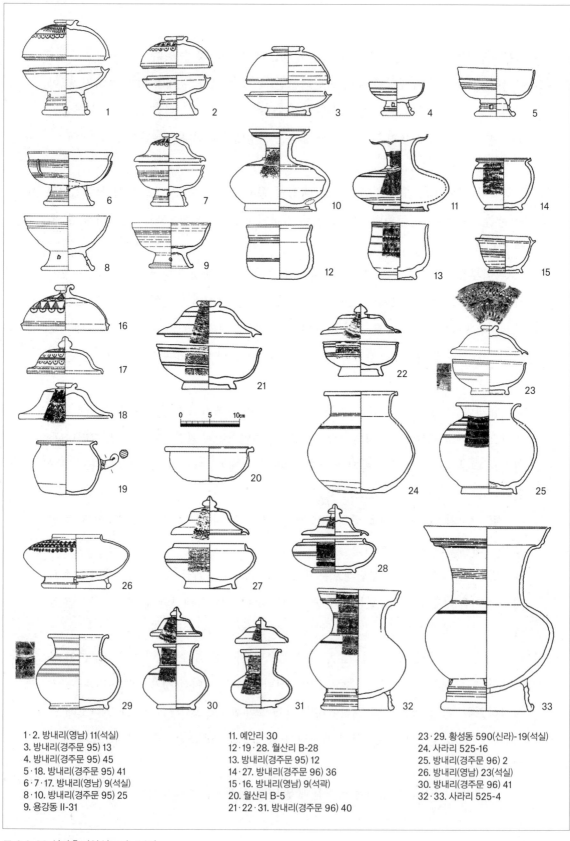

1·2. 방내리(영남) 11(석실)
3. 방내리(경주문 95) 13
4. 방내리(경주문 95) 45
5·18. 방내리(경주문 95) 41
6·7·17. 방내리(영남) 9(석실)
8·10. 방내리(경주문 95) 25
9. 용강동 II-31

11. 예안리 30
12·19·28. 월산리 B-28
13. 방내리(경주문 95) 12
14·27. 방내리(경주문 96) 36
15·16. 방내리(영남) 9(석곽)
20. 월산리 B-5
21·22·31. 방내리(경주문 96) 40

23·29. 황성동 590(신라)-19(석실)
24. 사라리 525-16
25. 방내리(경주문 96) 2
26. 방내리(영남) 23(석실)
30. 방내리(경주문 96) 41
32·33. 사라리 525-4

도 2.3-22 신라후기양식토기-2d기

표 2.3-7 신라후기양식토기 2d기 형식 토기 공반 현황

품목	2단투창고배(중)	2단투창고배(소)	단각고배 B	무개식고배(대)	무개식고배(소)	30부완(대)	30부완(소)	유개함(대)	유개함(소)	편구형병B1	편구형병B2	편병토기(대)	편병토기(소)	발형토기 A	발형토기 B	직구호(대)	직구호(소B)	부가구연장경호1	부가구연장경호2	휴기형장경호(중)	휴기형장경호(소)	단경호(평저)	단경호(대부)	연질토기소호	연질토기완	두형1	두형2	두형3
방내리(영) 11호 석실(2차)	1	1																										
방내리(휴)13호(3차)			1	1																								
방내리(휴) 45호				1													1								1			
방내리(휴) 41호					1							1																2
방내리(영) 9호 석실			2																								1	
방내리 40호						1	1	1	2																			
방내리(휴) 25호										1																	1	
예안리 30호											1																	
월산리 B-28호(2차)												1					1							2				
방내리(휴) 12호									1				1				1											
방내리 36호(3차)														2			1											
방내리(영) 9호 석곽															1									2		1		
사라리 525-4호																1		1										
방내리 41호(2차)																	4	1	1	1			1					
사라리 525-16호																						1						
방내리 2호(3차)																					1							
월산리 B-5호									1																			
방내리(휴) 28호																									1			

※ 표 2.3-1~7의 범례
— 방내리: 방내리(경주문 96)
— 방내리(휴): 방내리(경주문 95)
— 방내리(조): 방내리(경주문 98)
— 방내리(영): 방내리(영남)
(1~3차: 1~3차 매납)

문류나 수적형문만 찍고 있어, 뚜껑과 동체부 문양이 아직 일치되지 않고 있다. 황성동 590(신라)-19호분 출토 뚜껑에는 2중반원점문, 수적형문, 능형문, 합신 동체에는 능형 문과 2중반원점문을 찍었는데, 뚜껑과 합신이 제짝인지 알 수 없지만 역시 뚜껑과 합신 의 문양대는 동일하지 않다.

4) 3기(도 2.3-23)

3기는 신라후기양식토기의 주 기종 중 하나인 유개합의 뚜껑과 동체에 기면분할이 없어지기 시작한 것을 기준으로 한다. 이는 인화문의 문양대 구성과 밀접한 관련이 있 는 것으로, 단위문양의 '흩어찍기', 종장연속문 '한번씩 찍기'의 연속 반복과 같은 새로 운 문양과 시문방법이 등장하였다. 기형과 문양의 변화에 따라 3소기로 구분된다.

◎ 3a기

유개합의 중형과 소형에서 침선대에 의한 기면분할이 없어지고, 문양은 아직 단위 문양이지만 원문류의 '흩어찍기'가 나타난다.

고배류로는 방내리(영남) 14호분 출토 2단각 유개식고배와 방내리(경주문 95) 38호 분 출토 단각고배가 이 단계의 것으로 판단된다. 이 중 2단각 유개식고배는 2단투창고 배의 소형 계열로 2d기 형식보다 더 작아졌으며, 뚜껑의 입술도 더욱 퇴화된 것을 볼 수 있다. 단각고배는 앞 단계처럼 배신이 납작해진 것으로 안턱식 뚜껑이 덮였다.

유개합은 대·중·소가 모두 확인되는데, 대형은 소형 석곽인 방내리(경주문 95) 38 호분에서 앞의 단각고배 및 뒤의 뚜껑·연질완과 공반한 것이 이 단계의 것으로 판단된 다. 이 유개합은 침선대를 배치하여 동체의 기면을 4단 분할하였으며, 뚜껑도 기면을 여러 단으로 분할하였다. 뚜껑은 굴절형으로 구연부는 안턱과 바깥구연이 수평을 이룬 것이 앞 시기 것들과 달라진 점인데, 같은 모양을 중형에서도 볼 수 있어서 이 구연부 형태가 유개합의 시기적인 기형 변화를 보여주는 속성으로 인정된다. 이 대형 유개합은 동체부와 뚜껑의 기면을 여러 단으로 분할하여 기면 분할에서 2기보다도 더 후퇴한 것 인데, 그것은 대형의 넓은 기면에 작은 단위문양을 열을 맞추어 배치하기 위한 의도였 을 것으로 판단된다. 왕경유적에서 출토된 유개합 가운데에는 침선대로 기면을 5단 분

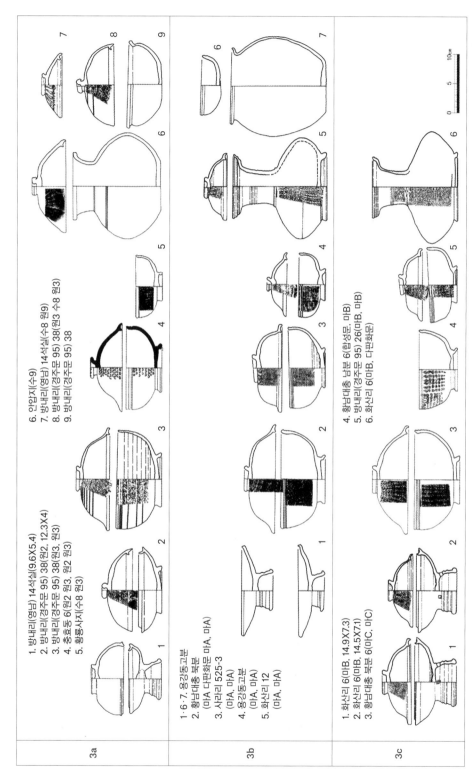

도 2.3-23 신라후기양식토기 37| 토기[( )안은 단위문양, 기교cm]

할하고 2중반원점문과 2중능형문을 번갈아 한줄로 찍기하여 문양대를 구성한 대형 동체부가 있는데(국립경주문화재연구소 2001: 유물번호 38), 이 역시 같은 의도였을 것이다.

충효리 6호분에서 출토된 유개합 중형의 동체와 뚜껑, 황룡사지에서 출토된 소형 유개합의 동체부는 모두 기면을 분할하지 않고 문양을 배치하였다.

안압지 출토 평저단경호는 2기에 비해 동체의 편구화가 더 진행되고, 경부가 더 길어진 것을 알 수 있다.

비굴절형 뚜껑들의 안턱은 모두 바깥 구연보다 위로 올라붙은 것을 볼 수 있다.

〈문양〉 아직 2기식의 시문 방법이 남아 있어서 방내리(경주문 95) 38호분 출토 대형 합과 뚜껑, 안압지 출토 단경호 뚜껑, 방내리(영남) 4호 석실분 출토 뚜껑에는 침선대를 두고 원문류나 수적형문과 원문류를 시문하였다.

방내리(경주문 95) 38호분 출토 단각고배 뚜껑과 충효리 6호분 출토 유개합은 침선대로 기면을 분할하지 않고 원래는 2중원문이나 2중반원점을 열을 맞추어 한줄로 찍기를 의도한 것 같으나 원문들의 위치가 들쭉날쭉하여 사실상 흩어찍기가 된 것으로 보이는데, 이 단계 토기 중에는 열을 의식하지 않고 단위문양을 흩어찍기한 것으로 보이는 예들도 있다.

황룡사지 출토 유개합 소형의 동체부에는 수적형문과 2중반원점문을 조합하여 한줄로 찍기하였으나 중간에 침선대를 두지 않아, 기면에 침선대를 두르고 두 문양을 위아래로 배치하였던 2기와는 다른 모습을 보여준다.

기형 변화로 보아 다음 단계에 속하는 토기들 가운데에도 원문류를 흩어찍기한 것(최병현 1992: 672)과 침선대 없이 수적형문과 원문류를 한줄로 찍기한 것(국립경주문화재연구소 2003: 15 도면 6)이 있어 이와 같은 시문방법이나 문양은 다음 단계까지도 일부 남아있었던 것으로 판단된다.

◎ 3b기

유개합 대형도 침선대에 의한 기면분할이 없어지고, 문양에서 종장연속문이 출현한다. 용강동고분(문화재연구소 경주고적발굴조사단 1990)이 이 단계로, 추가장이 이루어진 석실분이지만 출토 토기는 큰 시차가 없는 것으로 판단된다.

고배류로는 용강동고분에서 동체부가 깊어진 대부평명 B 2점이 출토되었는데, 대각의 형태와 높이가 다르지만 시차는 크지 않았을 것으로 판단된다.

유개합으로는 대형-황남대총 북분 봉토 출토품, 중형-사라리 525-3호분 출토품, 소형-용강동고분 출토품이 이 단계 것으로 판단된다. 이 단계에는 대형도 침선대에 의한 기면분할이 없어지기 시작하였다. 그러나 황남대총 남분 봉토 출토 유개합(문화재관리국 문화재연구소 1994: 도면 202-⑤), 황남동 376번지유적 출토 합신(동국대학교 경주캠퍼스박물관 2002: 79 도면 129) 등은 기형과 문양이 다음 단계의 특징을 보이고 있지만, 동체부의 기면이 침선대에 의해 2단으로 분할되어 있어, 유개합의 기면분할이 부분적으로 늦게까지 남아 있었던 것으로 보인다.

기면분할 외에 유개합에서 시기적인 변화를 가장 민감하게 반영하고 부분은 뚜껑의 구연부이다.[3] 소형은 안턱이 아직 두껍고 바깥구연과 수평을 이루고 있어 전 단계 중형과 유사하나, 대형과 중형은 안턱이 짧고 작아지면서 바깥구연보다 위로 올라붙기 시작한다. 또, 중형의 뚜껑은 구연부를 급격하게 꺾어 반전시켜 구연부 외면이 수평상을 이루는 것이 이 단계의 특징인데, 이와 같은 뚜껑 형태는 울주 화산리 12호분 출토 유개합에서도 볼 수 있고, 다음 단계들의 중·소형으로도 이어지고 있어 개별적인 변이는 아니었던 것으로 판단된다.

편구형병은 경부 직경이 넓은 것만 확인되는데, 2기에 비해 경부 길이가 좀 더 길어진 것을 알 수 있다.

〈문양〉 종장연속문이 출현하고 이를 반복 시문하여 문양대를 구성하기 시작하는 것이 이 단계이다. 이 단계의 종장연속문은 단위문양이 아직 둥근 형태인 2중반원점문을 종으로 배치한 연속마제형문 A이며, 시문방법은 '한번씩 찍기'(宮川禎一의 A수법)이다. 이동헌 분류 다판화문 F1형이 함께 시문되기도 한다.

◎ 3c기

유개합의 대·중·소형 모두 뚜껑 구연부의 안턱이 위로 올라붙고, 대형의 뚜껑은 중앙부가 높아진다. 종장연속문 B와 C가 출현하였다.

울주 화산리 6호분 출토 유개식고배 2점이 이 단계의 것인데, 중형 계열로 2d기 형

....
3   유개합의 동체 구연부 형태도 시기에 따른 변화가 있어 이를 형식분류의 근거로 삼은 연구들이 있으나 시기와 개체에 따른 변이가 심하고 일관되지 않아 본고에서는 이를 기형 변화의 기준으로 채택하지 않았다. 뚜껑의 전체 형태와 구연부 변화 과정도 대·중·소형에 따라 시차가 있고 개체에 따른 변이가 있지만, 그래도 유개합의 기형 변화 과정을 가장 잘 보여주는 부분이어서 본고에서는 이를 중심으로 살펴본다.

식과 비교해 보면 기고는 비슷하나 구연부가 극도로 퇴화된 것을 볼 수 있다. 유개합의 굴절형 뚜껑이 덮여 나왔다.

유개합은 대형-황남대총 북분 봉토 출토품, 중형-황남대총 남분 출토 합신, 소형-방내리(경주문 95) 26호분 출토품이 이 단계의 것으로 판단된다. 대형과 소형 모두 뚜껑 구연부의 짧아진 안턱이 완전히 위로 올라붙은 것을 알 수 있다. 소형의 뚜껑 구연부의 반전 각도는 약간 완만해졌다.

앞의 유개식 고배와 공반된 화산리 6호분의 편구형병이 이 단계의 것으로 동체가 더욱 납작해져 중앙에서 각이 진 것을 알 수 있다.

〈문양〉 종장연속문 가운데 단위 문양인 원문이 말각방형화한 연속마제형문 B와 C가 아직 '한번씩 찍기' 연속 반복으로 시문된다. 이동헌 분류 다판화문 F2형이 함께 시문되기도 한다.

5) 4기(도 2.3-24)

4기는 유개합 가운데 외반구연합이 출현하여 종래의 직립구연합과 공존한 시기이다. 기형과 문양의 변화에 따라 3소기로 구분된다.

◎ 4a기

고배로는 율동 3/19-5호묘에서 출토된 것이 이 단계의 것으로 판단된다. 3c기의 고배에 비해 더 짧아진 대각에는 투공이 생략되었고, 굴절형 뚜껑에는 종장연주문이 한번씩 찍기로 문양대를 이루고 있다.

기고가 높은 외반구연합이 출현하고, 종장연속문의 시문방법으로 연속 반복 'ㅅ자형 찍기'(宮川禎一의 B수법)가 등장하였다. 외반구연합은 〈도 2.3-24의 4a-2〉의 왕경유적 출토품이 기고가 가장 높아 초현기의 것으로 보이는데, 길게 뻗은 구연부가 외반되었으며, 뚜껑은 굴절형이지만 안턱이 없고 구연이 ㄱ자형으로 꺾여 내려온 특징이 있다. 이와 같은 외반구연합은 앞 시기의 직립구연합으로부터 발전되어 온 것으로 보기 어려우며, 아마도 이 시기에 같은 형태의 금속기를 새로 토기로 번안한 것이 아닐까 추측된다.

〈도 2.3-24의 4a-3〉의 황남대총 북분 봉토 출토 외반구연합도 기고가 높은 편인데,

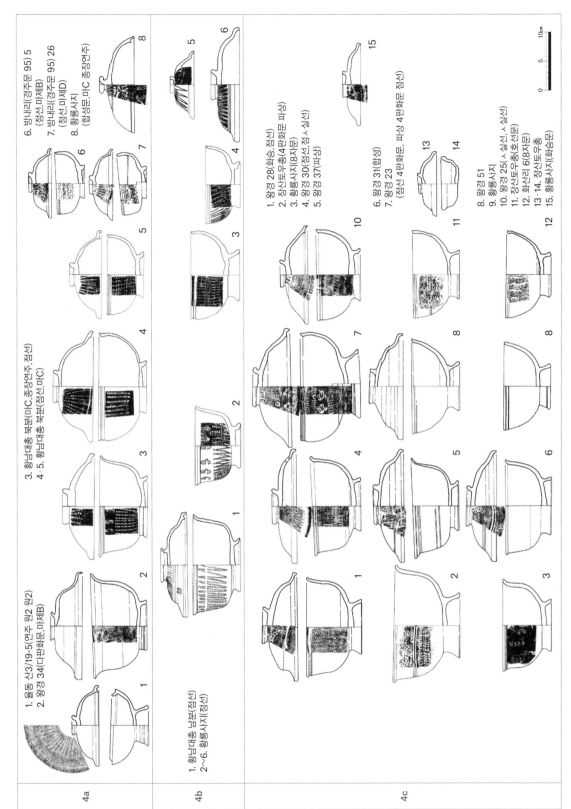

4a

1. 율동 산3/19-5(연주 원2 원2)
2. 왕경 34(다판화문,마제B)

3. 황남대총 북분(마C,종장연주,점선)
4 · 5. 황남대총 북분(점선,마C)

6. 방내리(경주문 95) 5
   (점선,마제B)
7. 방내리(경주문 95) 26
   (점선,마제D)
8. 황룡사지
   (함성문,마C 종장연주)

4b

1. 황남대총 남분(점선)
2~6. 황룡사지(점선)

4c

1. 왕경 28(회승 점선)
2. 장산토우총(4판화문 마성)
3. 황룡사지(8자문)
4. 왕경 30(점선,점수ㅅ실선)
5. 왕경 37(마성)

6. 왕경 31(함성)
7. 왕경 23
   (점선 4판화문, 마성 4판화문 점선)

8. 왕경 51
9. 황룡사지
10. 왕경 25(ㅅ실선,ㅅ실선)
11. 장산토우총(호선문)
12. 화산리 6(8자문)
13 · 14. 장산토우총
15. 황룡사지(회승문)

도 2.3-24 신라후기양식토기 4기 토기Ⅱ( )안은 단위문양, 기그cm]

동체의 바닥이 넓고 외반된 구연부는 짧은 편이며 구연부 외면에 2줄의 침선이 돌고 있는 것 등이 앞의 것과 다르다. 뚜껑도 왕경유적 합과는 다른 계보로, 흔적기관화한 안턱이 있어 직립구연합의 뚜껑으로부터 변화된 것처럼 보이지만, 직립구연합의 뚜껑들에 비교할 수 없이 운두가 낮은 것이 다른 점이다. 문양에 있어서는 왕경유적의 것이 더 고식이어서 두 외반구연합의 기형상 차이점은 시기적인 변화일 가능성도 있지만, 다음 단계 외반구연합들의 변화상태를 고려해 보면 각각의 번안 모델이 다른 데서 온 차이일 수 있고, 아니면 오히려 후자만 이 단계이고 전자는 한 단계 앞의 것일 가능성도 있다고 판단된다.

직립구연합 대·중·소의 뚜껑 구연부는 짧아진 안턱이 모두 올라붙으며 점차 흔적기관화하는 것을 알 수 있고, 대형과 중형은 중앙부의 높이가 최대로 높아졌으며, 중·소형 뚜껑에서 구연부의 반전이 확인된다.

비굴절형 안턱식 뚜껑도 아직 존재하고 있었다고 판단된다.

〈문양〉 이 단계에는 연속마제형문 B와 C가 남아 있으나, 단위문양이 홑겹의 마제형문인 D와 종장점선문이 새로 출현하였으며, 시문 방법도 '한번씩 찍기'와 함께 연속 반복 'ㅅ자형 찍기'가 새로 나타났다. 重見 泰는 종장연속문을 한번씩 찍기한 것 중에도 종장연속문의 아랫부분이 약간 어긋나게 찍힌 예들이 있는 것을 들어 宮川禎一의 B수법, 즉 본고의 ㅅ자형 찍기가 존재하지 않았다고 주장하였으나(重見 泰 2004), 그것은 종장연속문을 제자리 덧찍기하다 시문구 위치가 약간 빗나간 것과 시문구 아랫부분을 완전히 벌여 ㅅ자형 찍기한 것을 혼동한 것이다.

왕경유적 외반구연합에는 이 단계로서는 고식문양인 한번씩 찍기한 연속마제형문 B와 이동헌 분류 F2형 다판화문이 시문되어 있어, 이 외반구연합의 실제 시기는 이 단계보다 앞이고, 또 외반구연합의 출현 시기도 앞 단계로 소급될 가능성도 있다. 그러나 지금으로서는 유일한 예이고 무늬만 고식인지도 알 수 없어 판단을 유보해두기로 하겠다.

이 단계의 유개합 중에는 뚜껑에 종장점열문, 합신에 연속마제형문, 또는 그 반대로 다른 무늬가 배치되거나, 같은 기면에 종장점열문을 한번씩 찍기한 것과 ㅅ자형 찍기한 것이 함께 나타나기도 한다. 또, 방내리(경주문 95) 5호분 출토 소형합의 경우 합신에는 한번씩 찍기로 연속마제형문 B를 시문한 반면 뚜껑에는 ㅅ자형 찍기로 종장점열문을 시문하였다. 이와 같은 예들로 보아 종장연속문의 신구 형태와 시문방법은 이 단계에 서로 공존하면서 빠르게 변화해간 것으로 판단된다. 두 줄의 종장연주문이 함께 시문되기도 한다.

◎ 4b기

유개합에 새로운 형태의 뚜껑과 고대(高臺)가 출현하고, 종장연속문의 시문방법으로 '지그재그 찍기'(宮川禎一의 C수법)가 등장한다.

외반구연합은 〈도 2.3-24의 4b〉의 대형-황남대총 남분 봉토 출토품, 중소형-황룡사지 출토 합신이 이 단계의 것으로 판단된다. 이들의 합신은 동체의 넓은 바닥부, 짧게 외반하는 구연부와 외면의 침선으로 보아 앞 단계의 황남대총 북분 출토품과 같은 계열이라 판단된다. 그런데 그 중 대형에 덮인 뚜껑은 안턱이 있기는 하지만 중앙부가 낮아 납작한 전체 모양이나 굴절 위치와 형태 등 전체적으로 이전 단계의 유개합 뚜껑으로부터 변천된 기형으로 보기는 어려운 특징을 갖고 있다. 또 이 뚜껑에 새겨진 문양은 합신보다 고식으로 같은 기면에 종장점열문을 한번씩 찍기와 ㅅ자형 찍기를 섞어서 한 것이어서 이전 단계의 수법으로 되어 있다.[4] 〈도 2.3-24의 4b-6, 4c-4 및 15〉와 같이 일단의 이 계열 뚜껑들이 존재하고, 또 이들대로 좀 더 납작해져가는 기형의 변화도 확인할 수 있어서, 이 단계나 또는 이전 단계의 외반구연합에서 이와 같은 새로운 형태의 뚜껑이 출현한 것이라 판단된다. 중앙부의 높이가 급격히 낮아진 4a기의 이 계열 외반구연합 뚜껑도 이와 같이 보면 이해될 수 있을 것으로 판단된다.

직립구연합은 〈도 2.3-24의 4b〉의 황룡사지 출토 중·소형이 이 단계의 것이라 판단되는데, 중형에서 대족이 높아져 유개합의 고대화가 시작된 것을 볼 수 있다. 외반구연합 소형과 직립구연합 소형은 대족 하면의 정면수법이 동일하다.

직립구연합의 뚜껑으로는 〈도 2.3-24의 4b-5〉와 같은 황룡사지 출토 뚜껑처럼 아직 중앙부가 높고 안턱이 흔적만 남거나 없어진 것이 덮였을 것으로 판단된다.

〈문양〉 이 단계에는 종장점선문을 '지그재그 찍기' 방법으로 시문하여 문양대를 구성하였다. 화판이 원형 또는 타원형인 4판화문이 함께 시문되기도 한다.

....

4 보고서(문화재관리국 문화재연구소 1994) 도면에는 실선으로 이어진 종장연속문을 한번씩 찍기한 것처럼 그려져 있으나, 보고서 도판 363-3 사진에서 문양이 이와 같이 시문된 것을 확인할 수 있다. 제작 시기에 차이가 있는 뚜껑과 합신을 맞추어 하나의 장골용기로 황남대총 남분의 봉토에 매장하였을 가능성도 있다.

◎ 4c기

신라후기양식토기의 마지막 단계이다. 외반구연합과 직립구연합 모두 높은 대족이 붙어 고대가 일반화되고, 외반구연합은 동체 중앙에 침선대를 배치하여 기면을 2단 분할한 것이 출현한다. 종장연속문으로 종장파상문이 새로 나와 지그재그 찍기로 문양대를 구성한다.

여러 차례 추가장이 이루어진 서악리 장산토우총 출토 토기 가운데 이른 형식의 것을 이 단계의 표준으로 한다. 〈도 2.3-24의 4c-2〉의 외반구연 합신은 고대가 붙고 기면을 침선대로 2단 분할하여 위에는 4판화문, 아래에는 지그재그 찍기한 종장파상문으로 문양대를 구성하였다. 〈도 2.3-24의 4c-11〉은 직립구연 합신으로 역시 고대가 붙었고 침선대로 기면을 2단 분할하여 위 아래에 각각 두 줄로 손톱문 모양의 호선문을 횡으로 연속 찍었다. 〈도 2.3-24의 4c-13〉의 뚜껑과 〈도 2.3-24의 4c-14〉의 완도 이 단계의 것으로 판단된다.

〈도 2.3-24의 4c〉의 나머지 토기들은 이 단계이거나 또는 이 단계에 가깝다고 판단되는 것들을 모아 유개합의 기형변화를 살펴보고자 한 것으로, 앞으로 어느 유적에서 이들의 공반유물이 발견되면 단계를 더 세분해 볼 수도 있을 것이다. 외반구연합은 합신 형태나 뚜껑으로 보아 두 계열이 공존하면서 합신이나 뚜껑을 교차 사용하기도 하였으며, 후자 계열은 고대화가 늦거나 이루지지 않았던 것으로 판단된다.

고대화한 직립구연합도 시기가 내려오면 기벽의 외반도가 심해져 기벽이 밑에서부터 외반하는 나말여초양식으로 변해갔을 것으로 판단된다.

〈문양〉 이 단계의 종장연속문으로 종장파상문이 새로 출현하였지만, 종장점선문을 지그재그 찍기한 것도 아직 남아 있고, 또 시문구에 실선을 ㅅ자형으로 새겨 연속 찍은 문양대도 있다. 이전부터 골호 등 다른 기종에 새겨지던, 횡장연속문 사이에 각종 화문이나 합성문을 배치하여 구성한 花繩文도 유개합에 새겨진다.

그러나 한편으로는 이 단계부터 인화문은 쇠퇴기로 접어들어 8자형 화판화문이나 雲文과 같은 단위문양을 듬성듬성 찍거나 아예 문양을 시문하지 않은 무문양토기도 나타났다.

2. 절대연대

먼저 신라후기양식토기의 절대연대를 고찰할 수 있는 자료들을 시기순으로 살펴보면서 해당 분기의 연대를 비정하고 마지막에 전체를 종합해보기로 하겠다.

◎ 첫째, 홍보식은 동래 복천동 65호 횡구식석곽분에서 유개식고배와 공반된 청자완(도 2.3-25의 1)을 소개하였다. 그는 이 청자완을 중국 수대(隋代)의 것으로 보고, 신라 진평왕 16년(595)의 견사기록을 들어 공반한 유개식고배의 연대를 7세기 초로 비정하였다(홍보식 2000: 179~180; 2003: 102~103). 이에 대해 윤상덕은 복천동 65호분 출토 청자완이 동위대(東魏代)인 中國 河北省 贊皇縣 南邢村 李希宗 부부묘(石家庄地區 革委會文化局文物發掘組 1977)에서 출토된 것과 가까운 것이며, 이희종은 540년에 사망하였고, 합장된 그의 부인 최씨는 북제시기(550~557)에 사망했을 가능성을 보고자가 언급하고 있으므로, 청자완의 매납 하한은 540년, 또는 540년에서 557년의 어느 한 시기라고 하였다.[5] 이에 따라 복천동 65호분 출토 고배와 같은 형식인 동천동 화장

....

5   石家庄地區革委會文化局文物發掘組, 1977, p.390에는 이희종의 부인 최씨의 매장을 北齊 立國 뒤인 武平七年(577)으로 언급하고 있다. 윤상덕(2010)이 557년이라 한 것은 577년의 오기다.

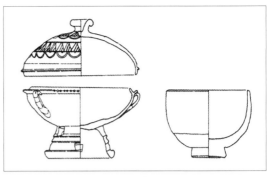

1. 동래 복천동 65호분 출토 고배와 청자완

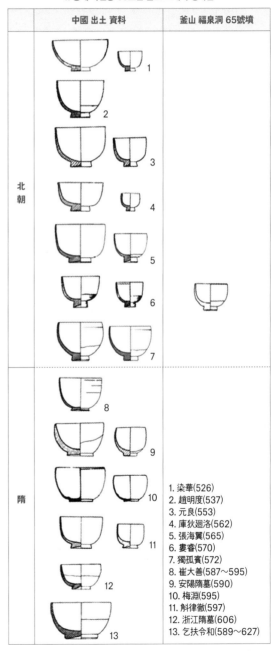

	中國 出土 資料	釜山 福泉洞 65號墳
北朝	1 2 3 4 5 6 7	6
隋	8 9 10 11 12 13	1. 染華(526) 2. 趙明度(537) 3. 元良(553) 4. 庫狄廻洛(562) 5. 張海翼(565) 6. 婁睿(570) 7. 獨孤賓(572) 8. 崔大善(587~595) 9. 安陽隋墓(590) 10. 梅淵(595) 11. 斛律徹(597) 12. 浙江隋墓(606) 13. 乞扶令和(589~627)

2. 중국 출토 자료와 복천동 65호분 청자완 비교(최정범 2017)

도 2.3-25 동래 복천동 65호분 출토 고배 및 청자완과 관련 자료

묘 고배가 속한 그의 중기양식 Ia기의 연대를 6세기 중엽으로 비정하였다(윤상덕 2010: 145~146). 윤상덕의 중기양식 Ia기는 필자의 신라후기양식토기 1b기이며, 앞서 동천동 화장묘 공반토기는 이 단계에 속하는 것으로 보았다.

그 후 복천동 65호분의 청자완과 관련된 중국의 자료들에 대해서는 최정범이 종합 적으로 검토하였다(최정범 2017). 그 결과 복천동 65호분 출토 청자완은 중국에서 6세 기 3/4분기 紀年墓 출토품들과 가장 가깝다고 한다(도 2.3-25의 2).

이에 따라 신라후기양식토기가 성립된 시기는 6세기 중엽이며, 1a기는 6세기 중엽 의 전반, 1b기는 6세기 중엽의 후반으로 비정된다.[6]

◎ 다음은 황룡사 창건기 토기의 연대관이다(최병현 1984; 1992a: 646~650). 필자의 황룡사 창건기 토기의 성격과 연대관에 대해서는 학계의 비판이 있었다(홍보식 2000; 2003: 97~100). 앞서는 필자가 구고에서 '황룡사 창건기 토기'라 명명한 토기들이 단일 시기의 것은 아니며, 그 가운데 폐토기문이 출토 토기 중에서 이른 것은 1c기에 속하고, 늦은 것들은 2기로 내려온다는 것을 밝혔다.

황룡사 창건기 토기 중 황룡사의 원지반인 벌흙층이나 대지축토층에서 나온 고배 의 배신과 대각(최병현 1992a: 633)은 대개 본고의 1a기로 상대편년되며, 황룡사 착공 연 대인 553년과 1차가람 필공년(畢功年)인 566(또는 569)년이 하한이 된다는 판단에는 변 함이 없다. 폐토기문이 출토 토기들은 이보다 늦고, 그 자체도 시간폭이 있지만 그 중 이른 단계인 1c기로 상대편년되는 것은 1차가람 필공년에 가깝게 비정될 수 있다고 본 다. 이에 신라후기양식토기 1c기는 6세기 후엽의 전반으로 비정해 둔다.

◎ 다음은 신라후기양식토기 2a기에 처음 찍은 무늬로 등장하는 2중원문의 원류와 연대 문제이다. 山本孝文은 신라토기에서 가운데 점이 없는 원문이나 2중원문을 찍은 것을 5세기 토기에서도 볼 수 있어 신라후기양식토기의 찍은 2중원문도 자생적인 것일 가능성을 배제할 수는 없지만, 중국 江西省 豊城市 洪州窯의 수대(隋代) 도자기에서 그 원류를 찾을 수 있다고 하였다(山本孝文 2007).

앞서 본 바와 같이 신라후기양식토기에서 1기까지는 그은 삼각문과 그은 반원점문

6　필자의 전고에서는 윤상덕의 이희종묘 청자완에 대한 고찰을 인용하는 과정에서 오류가 있었다(최병현 2011: 158~161). 이에 대해서는 이희준의 지적이 있었고(이희준 2012), 그 후 최정범 등의 세밀한 연구가 있었으므로, 신라후기양식토기 성립기의 연대를 이와 같이 수정한다.

의 조합이 기본무늬였으나 찍은 무늬로 처음 나타나는 것은 그 중 반원점문이 아니라 2중원문이다. 2중원문도 삼각문과 조합되었지만, 2기 토기에도 그어 시문한 것은 일반적으로 삼각문과 반원점문의 조합이어서 필자도 찍은 2중원문의 출현은 자생적이지 않았을 가능성을 생각하고 있다.

山本孝文이 예로 든 수대 홍주요 도자기는 주로 기면에 2중원문만 산개하여 찍은 것들이나, 2중원문을 연꽃의 연자로 자방에 찍거나 蓮瓣과 줄을 맞추어 나란히 찍은 것(도 2.3-26의 1)은 수대 이전인 남조시기의 홍주요 자기에서도 확인되므로(萬良田·萬德强 1989; 權奎山 2008), 찍은 2중원문의 출현 자체를 수대 이후로 늦추어 볼 필요는 없다. 신라후기양식토기에서 처음 등장한 찍은 2중원문도 단독이 아니라 삼각문과 조합하여 시문한 것은 홍주요 자기의 연판과 2중원문의 조합에서 먼저 2중원문만 채택하여 반원점문 자리에 배치한 것이 아니었을까 판단된다. 필자는 구고에서 수적형문을 꽃잎으로 보아 '菊花形花瓣文'이라 이름붙인 바 있는데(최병현 1987), 그와 같이 보면 수적형문은 이전 시기의 삼각문이 변화된 것이 아니라 홍주요 자기의 陽刻蓮瓣을 신라토기에 陰刻線文으로 재현한 것일 가능성이 있다.

◎ 다음은 용강동 I-6호분에서 출토된 외래계 유물의 연대이다. 용강동 I-6호분에서는 대·소 3이부유대완과 대부완, 후기형 장경호와 편구형 대부병, 각종 뚜껑, 대형의 파수부컵형토기, 반형토기 등 다양한 신라후기양식토기와 함께 바둑돌, 중국의 褐釉兩耳罐과 曲棒形帶鉤가 출토되었다. 신라후기양식토기는 여러 단계의 형식으로, 시문된 무늬는 그은 삼각문과 찍은 원문류의 조합, 찍은 삼각문과 찍은 원문류의 조합이며, 수적형문이 새겨진 것은 없다. 그은 삼각문과 찍은 원문류가 새겨진 후기형 장경호와 편구형 대부병은 2b기 형식이며, 여러 점의 뚜껑도 대개 2b기 형식이지만 그보다 늦은 형식의 굴절형 안턱식 뚜껑도 포함되어 있다..

앞의 청자완과 함께 최정범이 용강동 1-6호분의 외래계 유물을 검토하였는데(최정범 2017), 그 중 褐釉兩耳罐은 중국의 河北省 邢台 大業三年墓(607) 출토품과 가깝다고 보고(도 2.3-26의 2), 용강동 I-6호분 출토 외래계 유물의 연대를 7세기 1/4분기로 비정하였다(최정범 2017). 용강동 I-6호분은 출토 토기로 보아 1회 이상의 추가장이 이루어진 고분이어서,[7] 외래계 유물이 어느 단계에 매납된 것인지는 알 수 없으나 이로써 2b기 연대의 일단을 판단해 볼 수 있다.

1. 남조시기 홍주요 자기

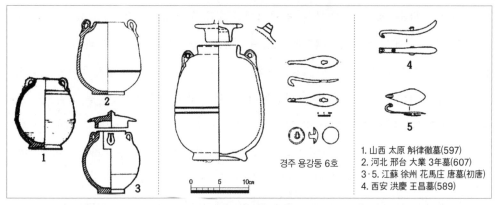

경주 용강동 6호

1. 山西 太原 斛律徹墓(597)
2. 河北 邢台 大業 3年墓(607)
3·5. 江蘇 徐州 花馬庄 唐墓(初唐)
4. 西安 洪慶 王昌墓(589)

2. 경주 용강동 6호분 출토 중국유물과 비교 자료(최정범 2017)

3. 경주 방내리 36호분 출토 연화문 와당

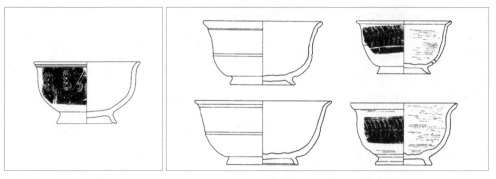

4. 황룡사 경루지

5. 서울 시흥동 호암산성 한우물 출토 토기

도 2.3-26 신라후기양식토기 편년 자료

◎ 다음은 수적형문의 출현 시기와 관련된 문제이다. 필자의 구고에서는 황룡사 창건기 토기와 동금당지 기단토 출토 토기를 근거로 편년하여 수적형문의 출현시기를 6세기 말로 본 바 있다. 그리고 안압지 서편 건물지 하부에서 수적형문이 시문된 뚜껑이 덮이고 안에 開元通寶가 담긴 단경호가 나왔는바, 이 단경호의 매납연대는 상한-개원통보의 초주년인 621년, 하한-안압지가 조성된 674년이지만, 뚜껑이 단경호와 제짝으로 만들어진 것이 아니어서 뚜껑과 단경호의 시기가 다를 수 있고, 뚜껑의 수적형문도 변형된 것이어서 이로써 수적형문의 출현 시기를 판단할 것은 아니라고 보았다(최병현 1987). 이에 대해서도 그동안 학계의 비판이 있었다(이희준 1994; 홍보식 2001).

그런데 앞서 보았듯이 이 안압지 단경호(앞의 도 2.3-23의 3a-6 참조)는 본고의 3a기에 속하며, 수적형문은 그보다 앞서 2c기부터 출현하였으므로 그 출현 연대는 안압지 단경호 매납 하한 연대보다 훨씬 앞으로 비정되어야 한다고 판단된다.

◎ 다음으로 부여지역에서 출토되는 신라 인화문토기의 연대 문제이다. 그동안 정림사 연지 출토품과 능산리사지 출토품이 대표적으로 알려져 왔는데, 이들의 폐기시점은 백제가 멸망한 660년이 그 상한연대로 해석되고 있다(이희준 1994; 김현정 2002). 정림사 연지 출토 토기 가운데에는 그은 삼각문이 시문된 것도 있지만, 두 유적에서 출토된 인화문토기 가운데에는 정원형에 가까운 2중반원점문 3개를 한 단위로 배치한 초기 종장연속문이 시문된 것이 주류이고, 이보다 앞선 문양인 수적형문을 시문한 것, 원문류를 흩어찍기한 것이 있는가 하면 후대의 변형 수적형문, 종장점열문이 찍힌 것들도

....

7   용강동 I-6호분(강유신 2010)에서 출토된 신라후기양식토기에는 3이부유대완 대형의 2a기 형식과 2b기 형식, 소형의 2b기 형식이 포함되어 있고, 뚜껑은 대부분 찍은 삼각문과 찍은 2중원문이 시문된 2b기 형식이나, 굴절형 안턱식 뚜껑 1점은 무늬가 찍은 삼각문과 찍은 2중원문이지만 솟음부가 긴 보주형 꼭지로 보아 2c기보다 더 앞으로 올라가기는 어려운 형식이다. 한편 이 고분에서는 앞의 ⟨도 2.3-5⟩에서 살펴본 바와 같이 경주지역의 신라 후기고분에서는 잘 출토되지 않는 대부완이 여러 점 출토되었는데, 1c기 형식부터 2c기 형식까지로 분류되었다.

이 고분의 석실 바닥에는 전면에 잔자갈이 깔렸으나 시상은 석실 중앙에 남북으로 전돌을 깔아 만든 것 하나만 설치되었는데, 출토 토기는 1c기부터 2c기 형식까지 여러 단계의 것이어서 유의된다. 도굴되어 석실 바닥이 교란된 출토 유물 가운데 1c기 형식의 유물은 대부완 1점뿐이었고, 2a기 형식부터 2c기 형식의 유물은 모두 복수로 출토되었는데, 그 중 가장 수가 많고 중심적인 것은 2b기 유물들이다. 최병현 2021a, 687쪽 및 1104쪽에서는 용강동 I-6호분을 신라후기양식토기 2c로 편년하였으나 출토 유물로 보아 축조 시기는 늦어도 2b기일 것으로 보인다.

있다.

앞서 언급하였듯이 수적형문을 찍거나 원문류를 흩어찍기한 것은 본고의 3b기에도 잔존함으로 두 유적에서 출토된 토기들 중에서도 이들과 종장연속문을 찍은 토기는 공존하였을 수 있고,[8] 종장연속문보다 후대 문양이 찍힌 것은 문제가 되지 않으므로, 결국 두 유적을 통해서 알 수 있는 것은 신라후기양식토기에서 종장연속문의 출현시점으로, 초기형식의 종장연속문은 660년 무렵에는 이미 발생되어 있었다고 보아야 할 것이다.

한편 이와는 별도로 부여지역에서 출토되는 신라토기는 모두 백제 멸망 이후에 반입된 것인가의 문제이다.

부여 북포유적에서는 백제시대 I문화층에서 흩어찍기한 2중반원점문·2중점선원점문·수적형문(앞의 도 2.3-1의 분류 수8)이 시문된 병의 경부편이, 백제시대 II층 주변확장부에서는 수적형문(수7)을 찍은 유개합 동체부편, 2중반원점문을 흩어찍기한 유개합 동체부편이 백제토기들과 공반되었다(충청문화재연구원 2009). 또 부여 관북리유적에서도 사비기 성토 2층에서 반원점문(원7)을 찍은 토기편, 여러 줄의 침선대를 두고 수적형문(수8)과 타원문을 찍은 본고 2d기 형식의 대부편구형병 동체편이 백제토기들과 공반되었다(국립부여문화재연구소 2009). 보고자는 사비기 성토 2층의 조성 시기를 상한 7세기 1/4분기 말, 중심 시기는 7세기 2/4분기의 어느 시점에서 백제 멸망까지로 보았다. 또, 2005년 충청문화재연구원의 부여 금성산 백제주거지 발굴에서 문양이 시문되지 않은 신라토기 후기형 장경호가 백제토기들과 공반한 것을 실견한 바도 있다.

이와 같은 예들은 부여에서 출토되는 신라토기들이 모두 백제가 멸망한 660년 이

....

8   정림사 연지에서 출토된 토기의 삼각문에 대해서 보고서에는 「沈線三角形花瓣文」이라 하였는데(윤무병 1987: 16), 이희준은 보고서의 탁본으로 보아 「線刻의 三角集線文」이 분명하다고 하고 있다(이희준 1994: 125). 그러나 보고서의 탁본으로는 그은 것인지 찍은 것인지 분명하지는 않지만, 삼각형이 가늘고 길며 내부의 선이 가지런한 것으로 보아서는 찍은 것일 가능성이 크다. 어떻든 그은 삼각문이 본고의 2d까지 확인되므로 그은 삼각문이나 찍은 삼각문이 더 늦게까지 남아 있었을 수도 있고, 아니면 이 토기의 제작 시기나 폐기 시점이 주류토기와 차이가 있을 수도 있다. 일괄하여 정림사 연지 출토라 하였지만, 보고서에 의하면 이 정림사지 출토 인화문토기들은 "대개가 연못 외부에서 발견되었으며" 연못 내 퇴적토 상부층에서 출토된 것은 4-5점이라 하고 있는 것으로 보아 대부분은 흩어져서 나온 것으로 그 중에는 660년이 그 폐기 상한이 아닌 것도 있을 수 있다.

후 반입된 것이 아니라 백제 멸망 이전부터 부여에 신라토기가 일부 반입되고 있었음을 말해주는 것이며, 오히려 이들을 통해 신라에서 수적형문의 출현이 7세기 전반기에서도 이른 시기로 올라가는 것을 알 수 있다.

◎ 본고의 2a기 뚜껑, 수적형문이 출현한 2c기와 2d기의 발형토기 A류 및 직구호 소형이 출토된 방내리 36호분(국립경주문화재연구소 1996)에서는 3가지 형식의 연화문 와당이 공반되었는데(도 2.3-26의 3), 고식의 단판 8엽 연화문와당은 6세기대로, 능선식 단판 8엽 연화문와당은 7세기 초로, 복판 8엽 연화문와당은 7세기 2/4분기 초로 편년된다고 한다(신창수 1985; 1987). 이와 같은 신라 연화문와당의 연대를 통해서도 신라후기 양식토기에서 수적형문의 중심시기는 7세기 전반기이며 그 출현은 7세기 초까지 올라갈 수 있음을 알 수 있다.

◎ 다음은 도용이 출토된 황성동 석실분과 그 출토 토기의 연대관이다(국립경주박물관 1993). 보고자는 이 고분 출토 도용이 남자는 당(唐)의 복식이고 여자는 그렇지 않아, 신라에서 남자의 복식이 중국식으로 바뀌는 진덕왕 3년(649)에서 여자의 복식도 중국식으로 바뀌는 문무왕 4년(664) 사이에 제작된 것이며, 이 고분의 축조연대도 그와 같다고 하였다. 또, 토기도 도굴로 인하여 교란되고 흩어져 나왔으나 주류를 이루는 것은 정원형에 가까운 2중반원점문으로 구성된 연속종장문이 시문된 것으로 이들의 연대도 7세기 후반 초로 볼 수 있다고 하였다. 이 고분의 연속종장문 초기형은 정원형에 가까운 2중반원점문 3개를 한 단위로 한 것도 있지만 4개를 한 단위로 한 것도 있다.

이후 보고자의 고분 축조 연대는 인정하면서도 토기는 봉토에서 출토된 가장 고식을 그 연대로 본 견해들도 있었으나(홍보식 2001; 이동헌 2008), 이에 대해서는 윤상덕의 비판이 있어 재론하지 않는다(윤상덕 2010).

앞서 살펴본 부여지역 출토 인화문토기, 그리고 이 고분의 도용과 토기 연대에 의하면 연속종장문의 발생은 7세기 중기에서 더 늦지 않으며, 그 초기형(마 A)이 시문되는 본고의 3b기는 7세기 후반 초로, 그에 따라 단위문양을 흩어찍기한 3a기는 그 이전인 7세기 전반의 늦은 시기로 비정된다.

◎ 황성동 석실분보다 먼저 용강동고분에서 출토된 도용은 여자의 복식도 중국의 영향을 받은 것으로(문화재연구소 경주고적발굴조사단 1990), 이에 따라 이 고분의 축조연대는 664년 이후가 된다. 출토토기에 찍힌 연속마제형문도 단위문양이 황성동 석실분

것보다는 약간 U자형으로 말각방형화하여 늦은 것을 알 수 있다. 그러나 아직 2중반원점문의 형태를 벗어나지 않아 시차는 그다지 크지 않다고 판단된다.

◎ 마지막으로 본고의 4c기 및 그 이후의 연대와 관련된 유물들이다. 경주 황룡사 경루지 기초유구에서 출토된 외반구연합 동체(도 2.3-26의 4)는 8자형 2瓣花文이 시문되었으나 무문화 경향이 뚜렷하다. 황룡사 경루는 경덕왕 13년(754) 황룡사 동종이 만들어질 때 종루와 함께 대칭으로 세워졌을 것이므로 이 토기의 연대는 754년 전후라 판단된다.

서울 시흥동 호암산성 제2 우물지 최하층에서는 신라 경덕왕 16년(757) 군현 정비에 의해 지명이 개칭되기 이전인 고구려식 지명으로「仍伐內力只乃末〇〇〇」라는 명문이 새겨진 청동숟갈이 나와, 그 위에 쏟아부은 듯한 상태로 겹쳐 있던 토기들의 연대를 8세기 중엽으로 비정할 수 있는데(서울대학교박물관 1990),〈도 2.3-26의 5〉에서 보듯이 유개합은 모두 외반구연으로 동체 중앙에 침선을 돌렸으며, 인화문은 호선상으로 구부러진 점선문을 지그재그찍기로 시문한 것이 주류이다.

경주 갈항사 석탑에서 출토된, 하한이 서기 758년인 사리용기 호(高正龍 2000)도 뚜껑에는 매미형 문양과 손톱문을 찍었으나 동체는 무문화가 진행되어 퇴화된 화승문만 한 줄 돌리고 있을 뿐인데,〈도 2.3-24의 4c-1〉왕경유적 출토 외반구연 합의 뚜껑에도 그와 유사한 화승문이 돌려져 있어 대개 같은 시기로 볼 수 있다(이동헌 2008).

경남 산청의 지리산 폐암자에서「永泰二年」명 납석제호와 종장연속점열문을 지그재기찍기한 인화문호가 공반되었는데(박경원 1983), 그 연대는 766년을 하한으로 볼 수 있다(宮川禎一 1989).

경주 민애왕릉 주변에서 출토된「元和十年」명 골호(국립경주박물관 1985)는 절대연대가 815년인데 완전 무문화되어 인화문의 퇴조 시기를 판단하는 기준이 된다.

이와 같은 절대연대 자료들로 보아 신라후기양식토기의 마지막 단계인 본고의 4c기는 8세기 중엽으로 비정된다.

이상과 같은 근거로 각 분기의 연대는 다음과 같이 비정된다.

1기; 1a기: 6세기 중엽의 전반, 1b기: 6세기 중엽의 후반, 1c기: 6세기 후엽의 전반

2기; 2a기: 6세기 후엽의 후반, 2b기: 6세기 말·7세기 초, 2c기: 7세기 전반의 전기,

2d기: 7세기 전반의 중기

3기; 3a기: 7세기 전반의 후기, 3b기: 7세기 후반의 전기, 3c기: 7세기 후반의 중기

4기; 4a기: 7세기 후반의 후기~8세기 초, 4b기: 8세기 전엽, 4c기: 8세기 중엽

신라후기양식토기의 전개 III

1. 경주지역의 신라 후기고분과 신라후기양식토기의 전개(도 2.3-27)

경주지역의 신라 후기고분, 왕경 관련 유적, 절터 등에서는 막대한 양의 신라후기양식토기가 출토된다. 그러나 야외유적인 왕경 관련 유적이나 절터에서 출토되는 신라후기양식토기는 편년자료로 활용하기 어렵다. 야외유적의 발굴조사에서 토기들은 대개 단발성으로 출토될 뿐 여러 기종의 토기가 세트로 출토되어 폐기동시성을 확인할 수 있는 예는 거의 없기 때문이다. 신라 후기고분도 수혈식인 전기고분과 달라서 추가장이 이루어질 수 있는 횡혈식의 석실봉토분 중심이고, 그 이하 횡구식석곽분도 추가장이 이루어지므로, 고분 출토 토기도 모두 폐기동시성을 가진 것은 아니다. 그렇다 하더라도 고분 출토 토기는 매납 횟수가 한정되어 있으므로 이를 잘 가려내면 편년자료로 활용하기에 유리하다. 이에 앞서는 신라후기양식토기를 고분 출토 토기를 중심으로 상대편년하고 그 연대를 고찰해 보았다.

그런데 지금까지 경주지역에서 조사된 석실봉토분은 대개 신라후기양식토기 2d기

	2단투창 고배(중)	하부돌대 고배	단각고배 A	단각고배 B	후기형 장경호 유개합(외반구연1)	편구형병 유개합(외반구연2)	유개합 (직립구연)	그은 무늬	찍은 무늬
1a					1. 방내리(경주문 96) 23 2~5. 월산리 A-81 6. 방내리(경주문 96) 56 7. 방내리(경주문 96) 46				
1b			1. 사라리 525-2 2. 동천동 화장묘 3~5. 방내리(경주문 96) 67			6. 경마장 C1,2-9 7. 방내리(경주문 96) 39			
1c									
2a									
2b									
2c			1. 방내리(영남) 21석실 2. 방내리(경주문 95) 21 3. 월산리 B-25 4. 방내리(영남) 19			5. 방내리(영남) 21 6. 방내리(영남) 33			
2d			1. 방내리(영남) 11석실 2. 방내리(경주문 95) 23 3. 방내리(경주문 96) 41 4. 예안리 30 5. 방내리(경주문 96) 40						
3a			1. 방내리(영남) 14석실 2·3. 방내리(경주문 95) 38						
3b			1. 용강동 II-34 2. 화산리 12 3. 황남대총 북분						
3c			1. 화산리 6 2·3. 황남대총 북분						
4a			1. 율동 산3/19-5 2. 왕경 34 3·4. 황남대총 북분						
4b		1c 1. 황룡사지 2·3. 사라리 525-14 4·5. 경마장 C1.1-6 6. 방내리(경주문 96) 42 7. 경마장 C1,1-20 8. 경마장 C1,1-19	2a 1. 사라리 525-1 2. 방내리(경주문 96) 11 3·4. 경마장 C1, 1-19 5. 서악동 6. 방내리(경주문 98) 7 7. 경마장 C1,1-15	2b 1. 방내리(경주문 96) 42 2. 방내리(영남) 11 3·4. 경마장 C1, 1-4 5. 방내리(영남) 19 6. 방내리(경주문 95) 10 7. 방내리(영남) 19석실					1. 황남대총 남분 2. 황룡사지
4c									1. 장산토우총 2. 왕경 37 3. 왕경 23

도 2.3-27 신라후기양식토기 편년표

까지로 편년되고, 3a기 이후로 내려오는 것은 극소수에 불과하다. 그것은 횡구식석곽분이나 수혈식석곽묘도 마찬가지이다. 이는 단순히 발굴조사의 편중이나 빈도의 문제가 아니라 경주지역에서 신라 후기고분의 전개 과정과 관련되는 문제로, 불교 공인에 따라 신라 왕경에서는 화장이 일반화되면서 석실분을 비롯한 고분의 축조가 급감한 데 따른 것이었다(최병현 2021a: 685~688, 757~758).

앞서 살펴본 신라후기양식토기의 편년은 이와 같은 경주지역의 신라 후기고분 전개 과정과 밀접하게 관련되어 있다. 즉, 2d기까지는 고분 출토 토기로 상대편년이 가능하였지만, 3a기 이후는 고분 내부 출토 토기가 거의 존재하지 않아 고분 출토 토기만으로는 편년이 불가능하였다. 이에 3기와 4기는 부득이 황남대총 봉토 표면이나 왕경유적, 황룡사지 등 야외유적에서 출토된 인화문토기 유개합을 중심으로 편년하였다. 편년의 내용도 3기와 4기는 인화문의 변화가 큰 비중을 차지할 수밖에 없었다. 그러다 보니 편년표상에서는 2d기와 3a기 사이에 토기문화의 큰 변화가 있었던 것처럼 되었다. 즉 3기와 4기 편년의 주 자료가 된 유개합과 편구형병은 1, 2기에서 3, 4기로 이어졌지만, 그 외의 기종들은 2기 말이나 3a기를 지나면서 대부분 소멸된 것처럼 보이게 된 것이다.

그러나 기종의 출몰이 실제로 그와 같이 급격하게 이루어진 것은 아니다. 신라전기양식토기에서부터 이어져 온 부가구연장경호나 단경호 등의 호류는 대개 3기 이후로는 내려오지 않은 것 같고, 3a기까지 이어진 단각고배 A와 B도 그 이후 곧 소멸된 것으로 보인다. 그러나 신라전기양식토기 이래의 2단각고배는 앞의 편년표에 4a기 형식까지 들어갔지만 그 이후로 이어진 형식이 안압지에서 출토된 바 있다. 후기형 장경호도 3b기 형식까지는 존재한 것이 확인된다. 또 앞의 편년표에는 2d기 형식까지만 제시하였지만 신당리 1호 석실분 주변의 매납유구(계림문화재연구원 2013)와 안압지에서는 3기 이후로 내려오는 유대완이 출토된 바 있다(도 2.3-28의 6~9).

고분 출토 토기에서 형식이 이어지지 않아 앞의 상대편년에서 제외하였지만, 야외유적에서 출토되는 3기 이후의 인화문토기 가운데에는 1, 2기 신라후기양식토기의 후속 형식으로 보이는 기종들이 많다. 예컨대 3기와 4기의 인화문토기로 크게 번성한 장경병도 그 선진 기형이 2기 이전의 용강동고분에서 출토되었고(도 2.3-28의 1, 2), 인화문 대부소호, 인화문 파수부호와 대부단경소호의 이른 형식도 2기로 올라가는 율동 산 3/23-2호분과 황성동 590(신라)-7호 석실분에서 출토된 바 있다(도 2.3-28의 3~5). 그런

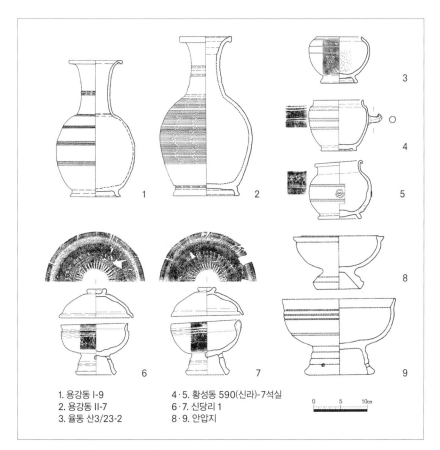

도 2.3-28 신라후기양식토기 각종

1. 용강동 I-9
2. 용강동 II-7
3. 율동 산3/23-2
4·5. 황성동 590(신라)-7석실
6·7. 신당리 1
8·9. 안압지

가 하면 전용골호로 쓰인 연결고리유개호는 그와 달리 3기에 들어온 이후에 성립한 것이 분명하다. 여기서 일일이 다 거론할 수는 없지만, 요컨대 신라후기양식토기에서 기종의 출몰은 앞의 편년표에서와 같이 이루진 것이 아니라, 구기종의 소멸과 신기종의 출현이 자연스럽게 이어졌다는 것이다.

인화문의 전개 과정도 마찬가지이다. 3기부터 종장연속문이 문양대를 이루거나 각종 화문을 횡장연속문으로 이은 화승문이나 영락문이 출현하는 등 3기와 4기가 인화문의 최성기를 이루었지만, 신라토기에서 인화문은 신라후기양식토기 2기부터 출현하였고, 단위문양과 시문수법이 단계적으로 발전하여 그와 같은 최성기를 맞이하게 된 것이다. 그러므로 앞의 편년표에서 보이는 2d기와 3a기 사이의 단층은 경주지역의 신라 후기고분 전개에 따른, 편년 가능한 자료 확보의 문제에서 기인된 것일 뿐 토기문화의 급격한 변화를 의미하는 것이 아니다.

일제강점기 이래로 신라토기는 고신라토기와 통일신라토기로 구분되어 왔다. 有光教一이 경주 충효동의 석실분 발굴을 통해 경주 시내 평지의 적석목곽분은 고신라 고분, 경주분지 주변 산지의 횡혈식석실분은 통일신라 고분, 경주시내 평지의 적석목곽분 출토 토기는 고신라토기, 경주분지 주변 산지의 횡혈식석실분 출토 토기는 통일신라토기라고 한 데 따른 것이다. 그리고 충효동 석실분에서 출토된 토기들에는 인화문이 시문되었으므로 통일신라토기는 곧 인화문토기라고 인식하여 왔다(조선총독부 1937: 45~53).

하지만 小田富士雄는 일본 유적에서 출토되는 신라 인화문토기의 연대가 공반된 일본토기에 의해 신라의 삼국통일 이전인 6세기 후반~말경까지 올라가는 것을 확인하고 이를 '新羅一統期樣式'이라고 명명하였다(小田富士雄 1978). 이에 한국 학계에서도 '한국고고학의 통일신라토기가 반드시 668년 삼국통일 이후의 토기를 의미하는 것은 아니며 신라토기 형성에 일대 변혁을 가져온 석실고분 축조기부터 신라 말까지 쓰인 토기를 지칭한다'(한병삼 1979)고 하게 되면서, 고신라토기와 통일신라토기 대신 '고신라양식토기'와 '통일신라양식토기'(김원룡 1984)라 하거나 '통일양식'(부산대학교박물관 1985: 313)이라고 하기도 하였다. 신라의 삼국통일과는 관계없이 그 이전에 이미 새로운 토기문화가 시작되었으므로 '양식'을 붙여 토기문화의 전개에서 정치적 의미를 희석하고자한 것이다.

그러나 필자는 경주 황룡사지 발굴을 통해 신라토기의 양식 전환이 6세기 중기에는 시작된 것을 확인하고(최병현 1984), 신라토기의 양식을 '신라전기양식토기'와 '신라후기양식토기'로 규정할 것을 제안하였다(최병현 1987; 1992a: 661~664). 고신라와 통일신라는 엄연히 역사상의 일정한 시기이므로 아무리 '양식'으로 탈색하여도 '통일'은 신라의 삼국통일을 의미하기 때문이다. 삼국통일보다 1세기 이상 앞서서 시작된 토기 양식에 굳이 '통일'을 붙여 토기문화의 변동이 마치 삼국통일과 가까운 시기에 일어난 것과 같은 편견이나 선입관을 갖게 해서는 안 된다고 보았다.

필자의 이 제안은 학계에서 대세로 자리 잡아 갔지만, 이설이 아직도 이어지고 있다. 먼저 홍보식은 필자의 신라후기양식토기를 수용하되 통일 이전으로 제한하고, 통일 이후 토기는 다시 '통일양식토기'라고 하였다(홍보식 2000; 2003). 그러나 홍보식의 주장은 신라후기양식토기부터 필자의 안과 차이가 컸다. 그는 고배류의 유개화와 부가구연장경호의 등장이 후기양식토기의 시작으로 서기 6세기 초부터라고 하였는데, 우선 '고배류의 유개화'라고 한 것이 무엇을 의미하는지 알 수 없다. 신라토기 고배에 뚜껑이 덮이기 시작하는 것은 신라조기양식토기부터이며, 대각에 장방형의 투창이 뚫리는 신라전기양식토기 고배도 1Aa기 형식부터 뚜껑이 덮였다. 앞서 보았듯이 부가구연장경호는 신라전기양식토기 3a기부터 출현하였다.[9] 이와 같이 그의 후기양식은 전기양식과의 구분이 모호한데, 이는 서기 400년 '고구려군 남정영향설'에 따라 신라의 전기고분과 전기양식토기를 지체편년하면서 굳이 5세기 토기와 6세기 토기를 구분하고자 한 것이 아닌가 판단된다.

통일양식토기는 660년 신라가 백제를 멸망시키는 시점에 등장한다고 하면서 고배의 구연이 흔적만 남고 대부완(앞의 3이부유대완)에서 파수가 사라지며 부가구연장경호 II형이 작아지고 수적형문, 종장연속문, 지그재그문 등의 인화문이 유행한다고 하였다. 그러나 그가 통일양식토기의 이른 시기 예로 제시한 토기들은 대개 필자의 신라후기양식토기 2d기와 3a기 토기들이며,[10] 그가 형식조합과 양식을 종합한 표(홍보식 2000: 169)에서 양식의 전환과 같은 유의미한 변화가 확인되지는 않는다.

결국 홍보식의 통일양식토기는 토기문화의 변혁에 따른 구분이나 설정이라기보다는 660년 삼국통일이란 정치적 기점을 기준으로 하였을 뿐이며, 『김해예안리고분군 I』에서 제안된 '통일양식'을 시기적으로 제한하여 복구시킨 것이라고 할 수 있다. 최근에는 이동헌이 '후기양식토기와 신라통일양식토기'로 나눈 편년안을 냈는데(이동헌 2020), 홍보식의 양식구분을 따른 것으로 보인다.

그 후 山本孝文은 각 양식의 구체적인 내용 등에 대해서는 따로 밝히겠다고 하면서, 신라토기의 양식을 전기양식, 중기양식, 후기양식, 말기양식의 4개 양식(단계)으로 나누었다. 그는 토기의 형태와 양식의 전환에는 자연적 형식 변화보다 생산 배경이나

<hr>

9   홍보식이 그의 후기양식토기의 가장 이른 시기 고배로 든 월성로 가-1호묘의 2단각 교차투창 고배와 나-9호묘의 1단각고배는 각각 필자의 신라전기양식토기 4a기와 2b기에 해당된다. 부가구연장경호로는 I형으로 미추왕릉지구 7구역 1호분 출토 장경호를 들었는데, 보고서(문화재관리국 사적관리사무소 1980)에서 이 장경호는 확인되지 않지만 필자의 3a기 형식과 같다. II형으로 제시한 장경호는 월성로 가-1호묘에서 출토된 것이다(홍보식 2000: 146, 156).

10   그의 통일양식토기 제I양식 중에는 필자의 신라후기양식토기 2c기 뚜껑에서부터 3c기의 고배, 편구형병이 포함되어 있다(홍보식 2000: 146, 156).

용도의 변화가 크게 작용했을 것으로 추정하면서, 기형이나 문양 외에 출토유적 등 토기 성격을 포함한 각종 상황을 참고하고 '역사적 배경도 감안'하여 양식(단계)를 나눈다고 하였다(山本孝文 2007: 87~880). 山本孝文의 이와 같은 신라토기 양식 구분은 그대로 윤상덕에게 이어졌다(윤상덕 2010).

구체적인 내용은 알 수 없지만, 山本孝文의 신라토기 양식(단계)은 필자의 신라후기양식토기를 중기양식과 후기양식으로 나눈 것이고, 뒤에 필자가 수용하여 나말여초 양식토기로 설정한(최병현 2011) 박순발의 나말여초 토기(박순발 2000)를 말기양식이라 한 것으로 판단된다. 윤상덕은 그의 중기양식(Ia~IIIb기)과 후기양식 초기(1a기)의 편년안을 냈는데, 필자의 신라후기양식토기 편년과 거의 차이가 없다. 다만 그의 중기양식 Ia기와 IIIb기, 후기양식 1a기가 필자의 신라후기양식토기 1b기와 3a기, 그리고 3b기로 된 정도의 차이일 뿐이다. 그러나 그의 편년표(윤상덕 2020: 그림 16)에서도 중기양식과 후기양식 사이에 양식의 전환을 의미할 만큼의 토기 형태나 기종의 변화가 나타나지는 않는다. 山本孝文이 '역사적 배경도 감안'하여 양식(단계)을 나눈다고 하였듯이 윤상덕도 신라의 삼국통일이라는 정치적 기점을 의식하여 중기양식과 후기양식을 구분한 것이다.

홍보식의 후기양식, 山本孝文과 윤상덕의 중기양식은 단각고배가 크게 번성한 시기로 대체로 필자의 신라후기양식토기의 앞부분인 1, 2기에 해당된다. 이 시기는 신라 전기양식토기에서 신라후기양식토기로 이행하는 과도기이기도 하다. 앞의 신라조기양식토기, 신라전기양식토기에서도 보았듯이 토기문화에서 새로운 양식으로 이행하는 과도기는 항상 있는 것이며, 필자는 토기문화의 새로운 양식은 그 과도기를 포함하여 시작된다고 본다.

이와 관련하여 최근 이동헌이 '후기양식토기와 신라통일양식토기'로 나눈 편년안도 참고가 된다. 그는 모두 9개 기종의 형식 변화를 종합한 종합 편년표를 제시하였는데(이동헌 2020: 250), 그 중 3개 기종은 그의 통일신라양식 2기(700~760)에 출현한 것이지만, 그 외는 모두 신라의 삼국통일 이전, 즉 필자의 신라후기양식토기 1, 2기부터 이어져 내려온 것으로 되어 있다. 편년표에 통일신라양식 2기부터 포함된 장경병은 형식이 이어지지 않았지만, 필자가 앞서 언급했고, 그도 세장경병의 변화표(이동헌 2020: 245)에 배치해 두었듯이 신라의 삼국통일 이전에 이미 출현한 기종이다. 그러므로 그의 10개 기종 중 연결고리유개호와 그의 직구호 단 2개 기종만이 통일 이후에 출현한 것이

된다. 그렇다고 통일 이전부터 내려온 기종에서 통일 무렵 토기 형태상의 큰 변화도 읽히지 않는다. 이 종합 편년표는 토기문화의 양식이나 시기구분이 정치적 기점으로는 나누어지지 않는다는 점을 오히려 잘 보여주고 있다.

2. 지방의 신라후기양식토기 전개

신라후기양식토기는 경주지역에서 성립과 함께 지방에서도 큰 시차 없이 전개되어 나간 것으로 보인다. 경주지역에서 신라후기양식토기가 성립한 시기는 서기 6세기 중엽으로, 이때 신라는 낙동강 이서의 가야를 통합하고, 남한강유역에 이어 한강 본류역과 북한강유역으로 진출하여 중부지방을 지배하에 넣었다. 이에 따라 낙동강 이서지방과 중부지방은 6세기 중엽부터 신라후기양식토기의 분포권이 되었는데, 신라의 진출에 따라 각 단계의 신라후기양식토기가 경주지역과 큰 시차 없이 전개된 것을 보여준다.

신라후기양식토기는 낙동강 이동의 영남지방을 비롯하여 앞 시기에 이미 신라전기양식토기가 전개된 지역은 물론, 그와 같이 신라가 새로 진출한 지역으로 확산되어 나갔다. 삼국통일 이후에는 신라가 지배한 한반도 전체가 신라후기양식토기의 분포권이 된 것은 더 말할 것도 없다. 아래에서는 앞 시기에 이미 신라전기양식토기가 전개된 지역은 제외하고 6세기 중엽 이후 신라가 새로 진출한 지역에서 신라후기양식토기의 전개 과정을 각 지역의 대표적인 유적을 통해 살펴보기로 하겠다.

1) 각 지방의 신라후기양식토기

(1) 낙동강 이서 지방

① 김해지역(도 2.3-29)

김해지역은 신라 전기에서도 비교적 이른 시기에 이미 신라전기양식토기의 분포권이 되었지만, 낙동강 이서 다른 지역의 신라후기양식토기 전개 과정의 이해를 위해 화정유적의 신라후기양식토기를 살펴두겠다. 김해 화정유적은 가야 조기 이래의 김해지역 중심고분군인 대성동유적에서 멀지 않은 곳에 위치하였으며, 가야토기를 부장한 고분에서 신라전기양식토기를 부장한 고분으로의 전환과 신라후기양식토기의 전개 과정을 잘 보여준다(복천박물관 2004; 2009).

화정유적에서는 신라전기양식토기에 이어 신라후기양식토기가 1a기부터 부장되었다. 14호분과 46호분-2곽의 2단각고배와 단각고배 A, 19호분의 대각하부돌대고배와 단각고배 A가 이를 말해준다. 1a기 형식의 무개식고배, 컵형토기, 발형토기 A1, 부가구연장경호도 경주지역의 1a기 형식들과 같다.

1b기부터는 단각고배 A와 B가 공반되고, 1c기에 편구형병과 후기형 장경호, 2a기에는 발형토기 B가 부장된 것을 볼 수 있으며, 이 토기들의 구조·형태는 경주지역 신라후기양식토기와 거의 차이가 없다. 각 기종 토기의 형식 변화도 경주에서와 같은 것을 알 수 있다.

김해 화정유적의 신라후기양식토기는 기종도 다양하고 형식의 변화도 경주에서와 다르지 않아, 경주지역에서의 토기 양식과 형식의 변화가 거의 그대로 반영되고 있었음을 알 수 있다.

② 합천지역-삼가고분군(도 2.3-30)

낙동강 이서지방에서 김해지역 다음으로 이른 시기의 신라토기가 출토되는 유적은 합천 삼가고분군이다(동아대학교박물관 1982; 동서문물연구원 2014). I지구 3호 석곽에서 출토된 교차투창 2단각고배, I지구 5호 석곽에서 출토된 대부장경호와 원저장경호는 신라전기양식토기 4a기로 편년되는 토기들이다. I지구 3호 석곽에서는 교차투창 2단각고배 4점이 삼각형투창의 서부경남양식 고배 2점, 고령양식 장경호 2점 및 단경호 2점과 공반되었는데, 교차투창 2단각고배 중 2점은 접지부가 높아 3단각의 잔영이 남아 있는 것으로 지방의 지역양식으로 보인다. 고배들의 뚜껑도 신라식과 가야식이 교차되어 덮이기도 하였다.

I지구 M2호분-5곽의 교차투창 2단각고배와 대부장경호, I지구 M6호분-4곽과 M7

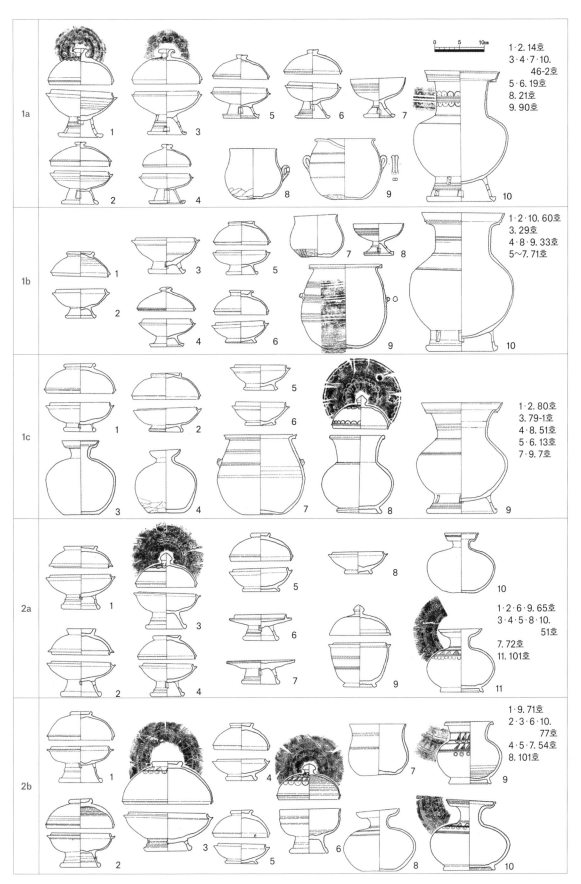

<table>
<tr><td>1a</td><td>1 · 2. 14호
3 · 4 · 7 · 10.
46-2호
5 · 6. 19호
8. 21호
9. 90호</td></tr>
<tr><td>1b</td><td>1 · 2 · 10. 60호
3. 29호
4 · 8 · 9. 33호
5~7. 71호</td></tr>
<tr><td>1c</td><td>1 · 2. 80호
3. 79-1호
4 · 8. 51호
5 · 6. 13호
7 · 9. 7호</td></tr>
<tr><td>2a</td><td>1 · 2 · 6 · 9. 65호
3 · 4 · 5 · 8 · 10.
51호
7. 72호
11. 101호</td></tr>
<tr><td>2b</td><td>1 · 9. 71호
2 · 3 · 6 · 10.
77호
4 · 5 · 7. 54호
8. 101호</td></tr>
</table>

도 2.3-29 김해 화정유적의 신라후기양식토기 전개 (도 2.2-72에서 이어짐)

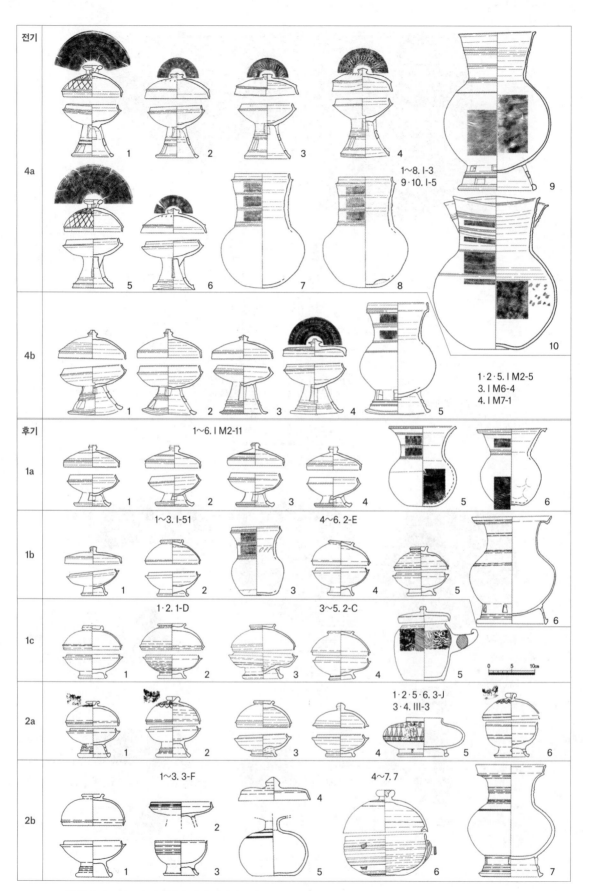

호분-1곽의 대각하부돌대 유개식고배는 신라전기양식토기 4b기로 편년된다. M2호분-5곽의 교차투창 2단각고배와 같은 형식의 고배는 I지구 M3호분-4곽에서도 출토되었고, 대각 하부에 2줄의 돌대가 돌아간 유개식고배는 I지구 M3호분-4곽과 M7호분-7곽에서도 출토되었다. 대개 서부경남양식이나 고령양식 고배 또는 장경호들과 함께 출토되었다.

신라후기양식토기 1a기 단각고배 A는 I지구 M2호분-11호 석곽에서 가야토기 장경호와 함께 출토되었다. 1b기 단각고배 A와 B는 I지구 51호 석곽에서 고령양식 장경호와 함께 출토되었고, 1982년(동아대) 보고 2호분-E곽의 단각고배 A와 B, 부가구연장경호도 1b기 형식으로 편년된다. 그 외 1982년 보고 1호분-E곽, 3호분-A곽 등에서는 1b기 형식과 1c기 형식 단각고배들이 함께 출토되었다. 신라후기양식토기 1c기 형식 단각고배가 출토된 고분은 1호분-D곽, 2호분-C곽 등이다.

소석곽인 3호분-J곽 출토 토기들은 신라후기양식토기 2a기 형식으로 편년된다. III지구 3호 석곽에서 출토된 단각고배들도 2a기 형식이다.

3호분-F석실에서 출토된 고배, 7호분 석실에서 출토된 편구형병은 2b기 형식이고, 7호분 석실의 유개완도 동체가 2b기 형식의 3이부유대완 동체와 같은 형태인데, 두 유구에서는 이질적인 배신과 뚜껑이 공반되었다. 이들은 6호분-B곽에서 고령양식 가야토기 개배들과 함께 나온 것과 같은 형태이다. 두 유구 모두 추가장이 여러 번 이루어진 횡혈식석실로, 신라후기양식토기 이전에 부장된 가야토기들로 보인다.

1b기의 2호분-E곽, 1c기의 I호분-D곽, 2b기의 7호분에서 출토된 부가구연장경호는 대각의 형태 변화에서 단계적인 변화가 보인다.

종합하면 합천 삼가고분군에서는 신라전기양식토기 4a기부터 신라토기가 단절 없이 출토되는데, 신라 후기 1c기까지는 고분에서 신라토기와 가야토기가 공반되는 예가 많다. 신라토기에서 가야토기로의 교체가 자연스럽게 이루어진 것을 말해준다.

③ 창원지역(도 2.3-31)

김해 서쪽의 창원지역에는 가음정동 고분에서 이른 시기의 신라후기양식토기가 출토되었다(창원문화재연구소 1994). 1호분의 주구에서는 신라전기양식토기 고배의 뚜

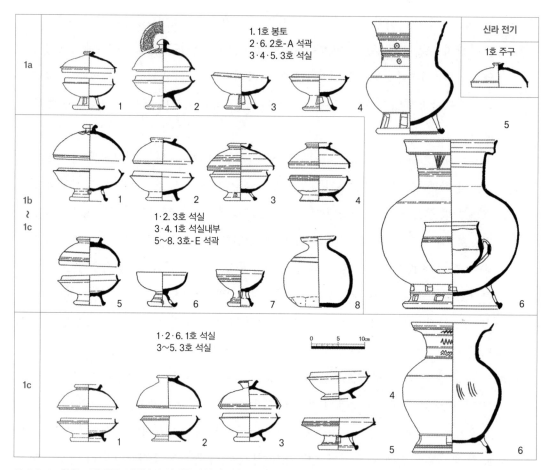

도 2.3-31 **창원 가음정동 석실분의 신라후기양식토기**

껑이 출토되었고, 1호분 봉토의 단각고배 A, 2호분-A석곽에서 출토된 단각고배 A, 3호분 석실에서 출토된 토기들 중 대각이 높은 단각고배 A는 신라후기양식토기 1a기 형식이다. 2호분-A석곽의 구연부가 직립한 부가구연장경호, 3호분 석실의 대각에 장방형 투창이 크게 뚫린 대부장경호는 신라후기양식토기보다는 신라전기양식토기 말의 형식에 가깝다.

대각이 짧아진 3호분 석실의 단각고배 A 2점, 1호분 석실의 단각고배 A와 B, 3호분-E곽의 단각고배 A와 무개식고배는 1b기 형식이다. 수혈식석곽인 3호분-E곽에서는 경주지역에서 1c기 출현하는 대각하부돌대 무개식고배, 1c기 형태의 구경부로 된 편구형병이 공반되어, 이 석곽의 축조 시기는 1c기로 내려올 것이다.

1호분 석실과 3호분 석실 출토 짧은 대각의 단각고배 A와 직경이 좁아진 환형대족의 단각고배 B, 1호분 석실의 부가구연장경호는 1c기 형식이다. 3호분 석실에서는 배신이 평면에 가까운 고배가 공반되었는데, 그 대각의 형태는 경주지역의 대부평명 B의 2a기 형식에 가깝다. 이 고분의 1c기 단각고배의 부장 시기도 2a기로 내려올 가능성이 있다.

이상과 같이 창원 가음정동 고분에는 신라전기양식토기 고배 뚜껑도 출토되었고, 신라전기 말 형식의 장경호가 신라후기양식토기 1a기 형식의 단각고배들과 함께 부장되었다. 단각고배들 중 3호분 석실의 1b기 형식 1점, 3호분-E곽의 1b기 형식 1점은 이입품일 가능성이 있지만, 그 외는 구연부와 대각의 형태로 보아 현지에서 모방 생산되었을 것으로 보인다. 하여튼 창원지역에서는 이웃 동쪽의 김해지역에서와 같이 신라후기양식토기가 일찍 1a기부터 전개된 것이 유의된다.

④ 의령지역 (도 2.3-32)

운곡리 1호분 석실에는 고령양식 가야토기에 이어 신라후기양식토기가 부장되었는데(경상대학교박물관 2000), 도굴갱에서 출토된 단각고배 A 중에는 분명한 1b기 형식이 있지만, 석실에서 출토된 대각이 높은 편인 단각고배 A는 1b기나 1c기 형식을 모방 제작한 것으로 보인다. 운곡리 21호분-1석곽에서는 단각고배 A의 1b기 형식과 1c기 형식이 함께 출토되었는데(경남발전연구원 역사문화센터 2007), 수혈식인 석곽의 축조 시기는 1c기로 내려올 것이다. 횡구식석곽분인 죽전리 1호분에서도 고령양식 가야토기 개배에 이어 신라후기양식토기가 부장되었는데(경상문화재연구원 2011), 소형 직구호는 1b기 형식이지만 공반된 단각고배 A와 B는 1c기 형식이다.

횡혈식석실분인 운곡리 29호분에서는 1c기 형식의 단각고배 A와 부가구연장경호가 부장되었다.

수혈식인 운곡리 22호분-4호 석곽에서 출토된 2단각고배 소형과 컵형토기는 2a기 형식으로 편년되고, 앞의 운곡리 1호분 석실에서 출토된 대각이 짧은 단각고배 A와 대부완도 2a기 형식으로 편년된다. 이외 운곡리 1호분의 도굴갱 출토 토기 가운데에는 2b기 형식으로 판단되는 2단각고배 소형과 대각하부돌대고배가 포함되어 있다.

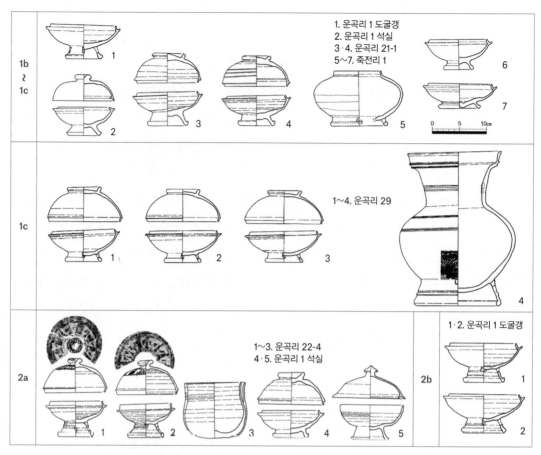

도 2.3-32 의령 운곡리·죽전리고분의 신라후기양식토기

의령지역에서는 이상과 같이 신라후기양식토기가 1b기 형식부터 확인된다. 의령지역에서 1b기의 신라후기양식토기는 경산리고분에서도 출토되었다(경상문화재연구원 2011: 47). 그런데 앞서 살펴본 의령지역의 고분에서는 고령양식 가야토기에 이어 1b기 형식의 신라후기양식토기가 대개 1c기 형식을 공반하여 출토되었다. 그러나 신라후기 양식토기가 1c기 이후 형식만 매납된 고분에서는 가야토기가 출토되지 않았다. 이로 보아 의령지역에서는 고령양식 가야토기를 이어 신라후기양식토기가 1b기 형식에서 1c기 형식으로 이행해 가는 단계부터 매납되기 시작한 것을 알 수 있다.

⑤ 합천지역-저포리고분군(도 2.3-33)

합천 저포리고분군에서는 C지구와 D지구 고분에서 신라후기양식토기의 전개 과

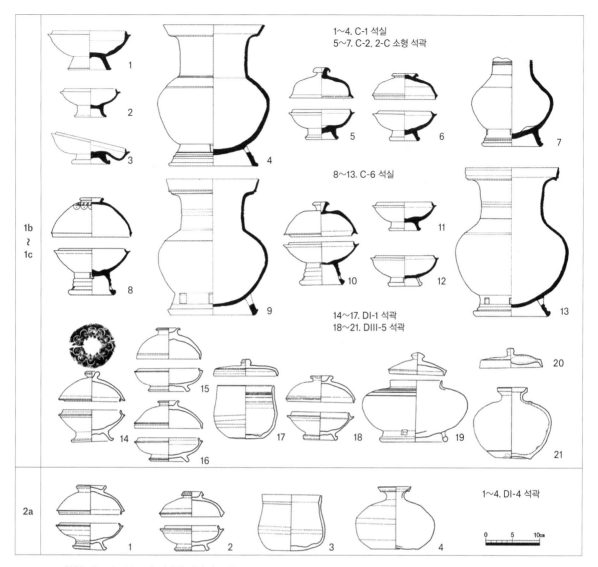

도 2.3-33 합천 저포리고분군의 신라후기양식토기

정을 살펴볼 수 있다(효성여자대학교박물관 1987; 경북대학교고고인류학과 1987).

저포리 C지구 1호분 석실에는 고령양식 가야토기에 이어 신라후기양식토기가 부장되었다. 신라후기양식토기는 구연부와 대각의 형태로 보아 현지 모방품으로, 단각고배 A 중에는 높은 대각으로 보아 1b기 이전 형식이 모델이 된 것도 있지만 1c기 형식에 가까운 것도 포함되어 있다. 수혈식인 C지구 2호분-C석곽에서 출토된 단각고배 A들은 1b기 형식에 가깝다. C지구 6호분 석실에도 고령양식 가야토기에 이어 신라후기양식토기가 부장되었다. 2단각고배의 배신, 부가구연장경호의 대각에서 형태의 차이를 볼 수 있으며 단각고배 A는 1c기 형식에 가깝다.

저포리 D지구 1호분 석실에는 고령양식 가야토기가 부장되었고, 그에 딸린 수혈식의 1호 석곽에서는 1c기 형식을 모델로 한 단각고배 A, B와 가야토기 뚜껑이 덮인 컵형토기가 함께 출토되었다. D지구 Ⅲ-5호 석곽묘에서도 가야토기 뚜껑들과 함께 단각고배, 직구호, 편구형병 등의 신라후기양식토기가 출토되었는데, 직구호의 납작한 동체는 늦은 형식으로 보이지만 뚜껑은 아주 늦은 형식이 아니다. 편구형병의 구경부는 1b기 형식에 가까우나 동체는 1c기 형식에 가까워, D지구 Ⅲ-5호 석곽묘의 신라후기양식토기 부장은 1c기로 판단된다. D지구 1호분 4호 석곽 출토 토기는 2a기의 신라후기양식토기들이다.

종합하면 합천 저포리유적에는 신라후기양식토기 1b기 형식을 모델로 한 단각고배도 부장되었지만, 고령양식 가야토기가 1c기 형식의 신라후기양식토기와도 공반하여, 저포리유적에서 가야토기로부터 신라후기양식토기로의 교체 시기는 1c기로 판단된다.

⑥ 고령지역(도 2.3-34)

대가야의 중심 고령 지산동고분군에서는 가야고분에 이어 신라후기양식토기가 매납된 고분이 축조되었다(경상북도문화재연구원 2000; 영남문화재연구원 2006; 대동문화재연구원 2020). 이를 통해 고령지역의 신라후기양식토기 전개를 살펴본다.

지산동(영남) Ⅱ-29호 석곽묘에서 출토된 신라후기양식토기에는 1a기 형식과 1b기 형식의 단각고배 A 모방 제작품이 포함되어 있으나, 경주지역에서 1c기에 출현한 대각하부돌대 무개식고배를 동반하였다. 추가장이 이루어진 것으로 보이는 지산동(경북) 26호 석실분에 출토된 토기들 가운데에도 단각고배 A의 1a기 형식과 1b기 형식 모방 제작품이 포함되어 있으나 1b기 형식 모방품에는 그은 삼각문과 찍은 반원점문이 시문된 2a기 형식의 뚜껑이 덮여 나왔다. 부가구연장경호도 대각의 형태로 보아 2a기 형식에 가깝다.

지산동(경북) 14호 석실분의 2호 배장곽에서도 1b기 형식의 단각고배 A가 1c기 형식의 단각고배 A, 컵형토기 등과 함께 출토되었다. 지산동(영남) Ⅱ-86호 석곽묘는 가야토기가 매납된 1차 석곽 바닥보다 20cm 높게 신라후기양식토기가 매납된 2차 바닥을

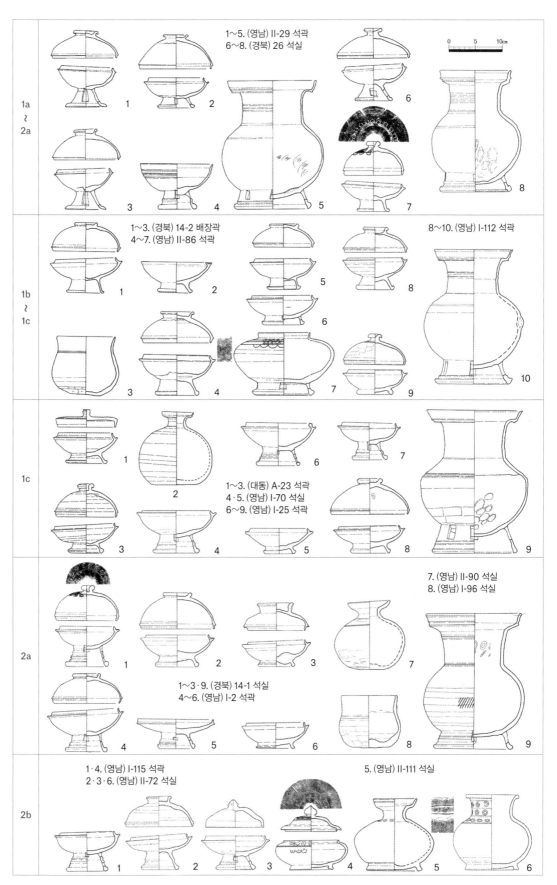

도 2.3-34 고령 지산동고분군의 신라후기양식토기

만들어 재사용되었다. 2차 바닥의 신라후기양식토기 중에도 1b기 형식의 단각고배 A 가 포함되어 있으나 1c기 형식의 단각고배 A, 대부직구호를 동반하였다. 지산동(영남) I-112호묘는 가야토기가 매납된 1차 석곽묘를 개조하여 신라후기양식토기가 매납된 2 차 석곽묘가 축조되었다. 2차 석곽묘에 매납된 단각고배는 1b기 형식이지만 앞의 II-86 호묘에서 출토된 것과 거의 같은 1c기 형식의 대부직구호가 공반되었다.

지산동(대동) A-23호 석곽묘에는 1차로 가야토기가 매납되었고, 추가장 때 2차 매 납된 토기들은 신라후기양식토기 1c기 형식의 단각고배와 편구형병이다. 그 중 1c기 형식의 모방 제작품으로 보이는 단각고배에 고령양식 가야토기 뚜껑이 덮여 나왔다. 지 산동(영남) I-70호 석실분의 고배, 지산동(영남) I-25호 수혈식석곽묘의 고배들과 부가 구연장경호는 1c기 형식으로 편년된다.

지산동(경북) 14-1호 석실분 출토 고배류와 부가구연장경호, 가야토기가 부장된 수 혈식석곽묘의 바닥을 30cm 높이고 횡구식석곽묘로 개조하여 재사용한 지산동(영남) I-2호 석곽묘 출토 고배류와 부가구연장경호, 그리고 지산동(영남) II-90호 석실분 출토 편구형병, 지산동(영남) I-96호 석실분 출토 컵형토기는 2a기 형식으로 편년된다.

지산동(영남) I-115호 석곽묘 출토 고배와 대부직구호, II-72호 석실분 출토 고배들 과 후기형 장경호, II-111호 석실분 출토 편구형병은 2b기 형식으로 편년된다.

앞서 설명을 생략한 부가구연장경호는 동체가 편구화하고, 대각의 직경이 좁아지 면서 장방형 투창이 작아지는 형식의 변화를 볼 수 있다.

종합하면 고령 지산동고분군에서 출토된 신라후기양식토기 가운데에는 1a기나 1b 기 형식을 모방 제작한 단각고배들이 존재하지만, 이들의 실제 매납 시기는 신라후기양 식토기 1c기 이후이다. 지산동고분군에서 부장토기가 가야토기로부터 신라후기양식토 기로 전환되는 것은 신라후기양식토기 1c기라고 판단된다.

(2) 중부지방

① 중원지역(도 2.3-35~37)

과거에도 필자는 중원지역의 신라후기양식토기 편년안을 발표한 바 있다(최병현

2009). 당시는 필자의 새로운 경주지역 신라후기양식토기의 편년안(최병현 2011)이 이루어지기 전이고 중원지역의 신라 후기고분 발굴자료도 지금처럼 갖추어지기 이전이어서, 그것은 시론적인 발표에 지나지 않았다. 현재도 중원지역의 신라후기양식토기 편년 자료가 모두 갖추어진 것은 아니지만, 그때에 비하면 충주지역에서는 하구암리고분군 외에 누암리고분군의 새로운 발굴 결과가 발표되었고, 청주지역에서는 신라후기양식토기 3기와 4기로 편년되는 용암동유적의 발굴자료가 추가되어(한강문화재연구원 2019) 훨씬 늘어났다. 이에 중원지방 신라후기양식토기의 새로운 편년안을 작성하였는데, 개별 기종의 설명으로 들어가면 앞서 살펴본 내용과 대부분 중복되므로 중원지역 신라후기양식토기 전개의 방향에 대해서 요점만 정리해 두기로 하겠다.

앞 장에서 언급한 바와 같이 소백산맥 북쪽의 보은 삼년산성 고분군에서는 신라전기양식토기가 부장된 신라고분이 2b기부터 축조되었고, 그 서쪽 금강 수계권을 따라 전북 무주 대차리, 충북 옥천 금구리, 청원 미천리에는 3b기 신라전기양식토기가 부장된 고분이 축조되고 있었다. 동쪽으로 남한강 상류 정선 임계리고분군에서도 3b기 신라전기양식토기부터 부장되고 있었다.

서쪽의 청원 미천리고분군에서는 1a기의 신라후기양식토기도 부장되었다(국립문화재연구소 1995). 중원지역에서 보은 삼년산성 고분군을 이은 최대 고분군은 충주 누암리고분군(문화재연구소 1991; 1992; 충북대학교박물관 1993; 국립중원문화재연구소 2009; 2012)과 하구암리고분군(중앙문화재연구원 2010)인데, 두 고분군에서 신라전기양식토기가 부장된 고분은 발견되지 않아, 고분군들은 신라 후기에 들어와서 조영되기 시작한 것으로 보인다. 소수의 신라고분이 조사된 충주 큰골유적(한국문화재보호재단 2001), 음성 미곡리유적(중앙문화재연구원 2006)에서는 누암리·하구암리고분군보다 늦은 시기의 토기가 출토되었다.

그 중 누암리 가-56호 석실분에서 출토된 토기 중에는 1a기 형식의 단각고배 A와 컵형토기가 포함되어 있고, 하구암리 23호 석실분에서도 1a기 형식의 단각고배 A와 편구형병이 출토되었다. 하구암리 29호 횡구식석곽에서 출토된 대각하부돌대 유개식고배 1점과 컵형토기도 1a기 형식으로 편년된다.

이와 같이 중원 누암리고분군과 하구암리고분군에서는 신라후기양식토기가 1a기 형식부터 부장되었는데, 누암리 가-56호분 출토 컵형토기와 고배 뚜껑들은 토기들의

	2단투창고배(중)	2단투창고배(소)	하부돌대 고배	단각고배 A	단각고배 B	무개식고배	그은 무늬	찍은 무늬
1a	1·2·7. 미천리 나-5	3·4. 하구암리 29 석곽		5·6. 누암리 가-56 석실				
1b				1. 하구암리 28 석곽 2. 하구암리 5 석실 3~5. 누암리 가-45 배장곽 6. 하구암리 25 석실				
1c				1. 하구암리 2 석실 2~4. 누암리 가-50 석실 5. 하구암리 26 석실				
2a				1·2·4·6. 하구암리 32 석실 3·5. 누암리 가-50 석실				
2b				1·2. 하구암리 28 석실 3~5. 하구암리 33 석실 6. 하구암리 25 석실				
2c				1. 큰골 3 석실				
2d				1·2. 하구암리 31 석곽				

도 2.3-35 중원지방의 신라후기양식토기(1)

구조 형태나 소성 상태로 보아 대개 현지에서 모방 제작된 것들이고, 하구암리 29호 석곽묘의 대각하부돌대 고배들도 1a기 형식을 거칠게 모방 제작한 것이다. 따라서 이들의 실제 매납시기는 경주지역에서와 같지는 않아 1b기에 들어온 이후일 것이다.

2단투창고배 중과 소, 대각하부돌대 유개식고배, 단각고배 A와 B는 형식이 다 채워지지 않은 부분도 있지만 대체로 2b기까지는 형식이 이어지며, 2c기부터는 출토되는 기종이 소수화되었는데, 이때부터 고분의 축조가 급감한 데 따른 것으로 판단된다. 하지만 2d기 하구암리 31호 석곽묘의 대각하부돌대 고배에 뚜껑처럼 덮인 단각고배는 경주지역에서와 같이 배신이 납작해져 이어진 것을 보여준다. 2b기형식의 대형 단각고배가 출토된 예도 있다. 청주 용암동유적에서는 단각고배류가 4b기까지도 일부 존속한 것을 보여주는데, 이는 경주지역에서는 확인되지 않는 지방적 현상으로 보인다.

한편 무개식고배는 1a기에 미천리 나-5호묘에서 단각화된 것이 1b기까지 이어지는 지방적 성격을 보여주다가 경주지역에서 1c기에 출현한 대각하부돌대 무개식고배로 대체된 것을 알 수 있고, 대부평명의 출토 예도 있다(이상 도 2.3-35, 37).

고배류와 함께 중원지역에서는 3이부유대완, 컵형토기, 대부직구호 소형, 편구형병, 부가구연장경호가 지속적으로 부장되었다. 3이부유대완은 대각 중간의 돌대가 한 줄인 것이 경주와는 다른 지방적 특징을 보이지만, 동체는 경주지역에서와 거의 같은 방향으로 변화되었다. 컵형토기, 대부직구호 소형은 경주지역에서의 변화와 같고, 발형토기 소형도 같은 변화 과정을 보인다. 편구형병은 경주지역처럼 세부기종이 나누어지지 않지만 동체와 구연부의 변화가 경주지역에서와 방향을 같이하였다. 부가구연장경호는 동체의 편구화와 점차 낮아져가는 대각이 형식의 변화를 보인다. 후기형장경호의 출토 예도 있다. 특이한 것은 2c기 형식까지 예를 찾을 수 있는 대부완으로, 이른 시기 것으로 보아 경주지역의 유개합이 아니라 대부완에서 유래하여 자체적인 형식의 변화를 이루어 간 것으로 보인다(이상 도 2.3-36).

3기와 4기 토기는 충주 단월동유적(건국대학교박물관 1994; 1995), 음성 미곡리유적, 청주 용정동유적(한국문화재보호재단 2000)과 용담동유적(국립청주박물관 2002), 청주 용암유적(한강문화재연구원 2019) 등의 소형 석곽묘들에서 출토되었다. 특히 청주 용암동 일대의 소형 석곽묘군에서 늦은 시기까지의 인화문토기들이 출토되어 편구형병과 유개합 소형의 편년이 이어진다.

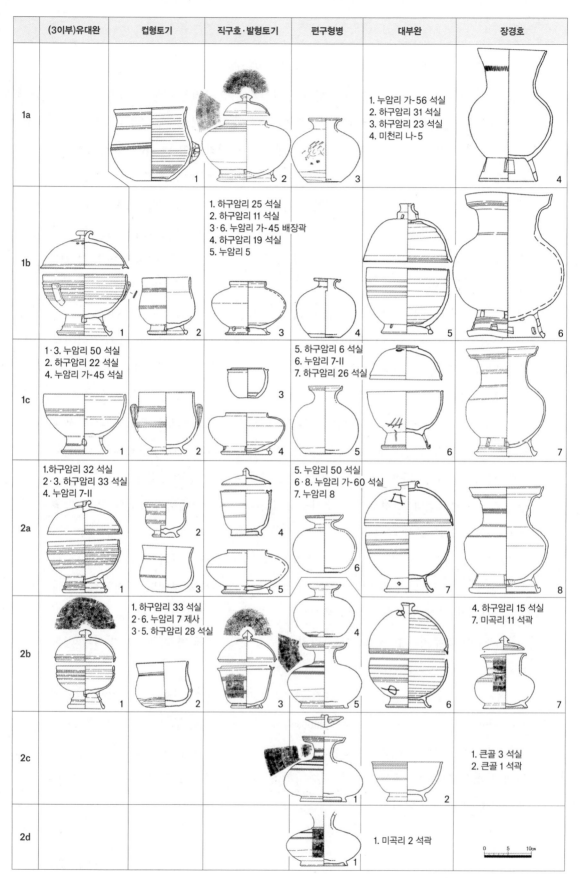

	(3이부)유대완	컵형토기	직구호·발형토기	편구형병	대부완	장경호
1a					1. 누암리 가-56 석실 2. 하구암리 31 석실 3. 하구암리 23 석실 4. 미천리 나-5	
1b			1. 하구암리 25 석실 2. 하구암리 11 석실 3·6. 누암리 가-45 배장곽 4. 하구암리 19 석실 5. 누암리 5			
1c	1·3. 누암리 50 석실 2. 하구암리 22 석실 4. 누암리 가-45 석실			5. 하구암리 6 석실 6. 누암리 7-II 7. 하구암리 26 석실		
2a	1.하구암리 32 석실 2·3. 하구암리 33 석실 4. 누암리 7-II			5. 누암리 50 석실 6·8. 누암리 가-60 석실 7. 누암리 8		
2b		1. 하구암리 33 석실 2·6. 누암리 7 제사 3·5. 하구암리 28 석실				4. 하구암리 15 석실 7. 미곡리 11 석곽
2c						1. 큰골 3 석실 2. 큰골 1 석곽
2d					1. 미곡리 2 석곽	

도 2.3-36 중원지방의 신라후기양식토기(2)

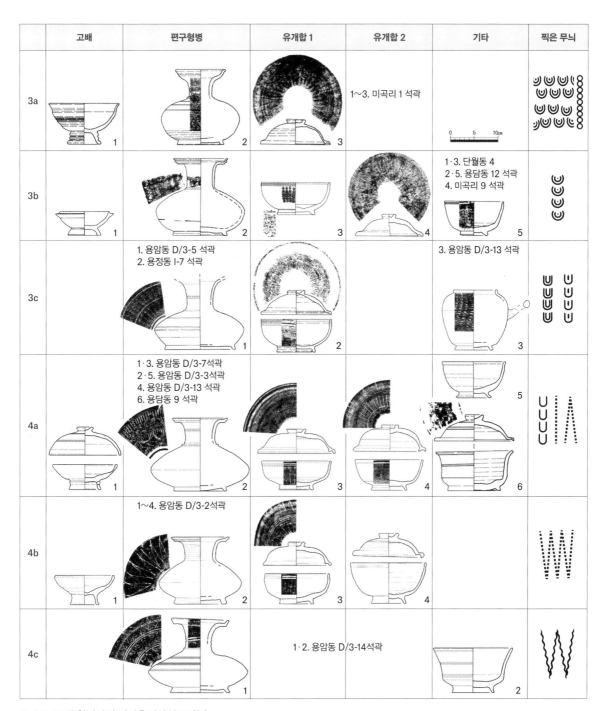

	고배	편구형병	유개합 1	유개합 2	기타	찍은 무늬
3a	1	2	3	1~3. 미곡리 1 석곽	0 5 10cm	
3b	1	2	3	4	1·3. 단월동 4 2·5. 용담동 12 석곽 4. 미곡리 9 석곽	
3c		1. 용암동 D/3-5 석곽 2. 용정동 I-7 석곽 1	2		3. 용암동 D/3-13 석곽 3	
4a	1	1·3. 용암동 D/3-7석곽 2·5. 용암동 D/3-3석곽 4. 용암동 D/3-13 석곽 6. 용담동 9 석곽 2	3	4	5 6	
4b	1	1~4. 용암동 D/3-2석곽 2	3	4		
4c		1	1·2. 용암동 D/3-14석곽		2	

도 2.3-37 중원지방의 신라후기양식토기(3)

편구형병은 경주지역보다 좀 더 늦은 시기까지 편년할 수 있다. 3c기에는 경주지역
과 마찬가지로 동체의 단면이 능형화하였고, 이후 4b기 형식까지 단면 능형의 동체에
경부 직경이 커진 편구형병이 이어졌으나, 경부 직경이 커지지 않은 편구형병도 함께

존재하였던 것으로 보인다. 경부 직경이 좁은 용암동 D/3-14호 출토 편구형병이 단면 능형의 납작한 동체와 변형 인화문으로 보아 4c기로 편년되기 때문이다. 유개합은 주로 소형이 출토되었는데, 동체와 뚜껑의 기형과 문양 변천이 경주에서와 같이 진행되었으며, 4b기에 중형의 출토 예가 있는데 환형 대족이 낮고 무문화되었다. 용담동 9호묘에서 출토된 외반구연합과 4c기의 용암동 D/3-14호묘에서 출토된 외반구연합을 비교하면 기벽이 직립에 가깝고 구연부만 외반한 용담동 9호묘 합이 기벽이 밑에서부터 외반하여 올라간 용암동 D/3-14호묘 합보다 이른 형식으로 편년된다(이상 도 2.3-37).

중원지방의 신라후기양식토기에서 인화문도 단계마다 경주지역에서와 거의 같이 출현하여 발달해 갔는데, 3a기로 편년한 뚜껑의 연주문, 4c기로 편년한 편구형병의 원문과 지그재그 점선문을 결합한 인화문이 유의된다. 연주문은 황룡사지 동금당지 출토 토기 등 경주에서도 2기의 늦은 단계나 3기의 이른 단계 토기에서 볼 수 있는 것이지만(최병현 1992a: 672), 원문과 지그재그 점선문을 결합한 인화문은 경주지역에서 찾아지지 않는 지방의 변형 인화문으로 보인다.

② 한강유역(도 2.3-38)

남북 한강이 합류하여 한강 본류가 지나가는 경기도지방과 북한강유역의 강원 영서지역에서도 신라 후기에 들어와 신라후기양식토기가 부장된 신라고분군이 조영되었다. 경기도지방에서 남한강유역인 여주 매룡리 일대에 대고분군이 자리 잡았고, 용인 보정리에도 대고분군이 조영되었다. 북쪽으로는 임진강 하류에 가까운 파주 덕은리유적(국방문화재연구원 2013), 남쪽으로는 안성천유적의 안성 반제리유적(중원문화재연구원 2007)까지 단각고배를 부장한 신라고분군이 조영되었다. 강원 영서지역에서는 춘천 봉의산고분군, 홍천 역내리고분군(강원문화재연구소 2005)에서 단각고배가 부장된 신라고분군이 조사되었다(최병현 2015: 84~87).

대고분군에도 현지 모방 제작 신라후기양식토기가 많이 부장되었지만, 소규모 고분군들의 부장토기는 대개 거칠게 모방 제작된 것들이어서 세부적 편년이 어렵다. 여기서는 한강유역에서 가장 이른 시기 신라토기가 부장된 것으로 보이는 파주 성동리고분군(경희대부설 고고·미술사연구소 1992) 출토 토기를 통해 경기도 지역의 신라후기양식

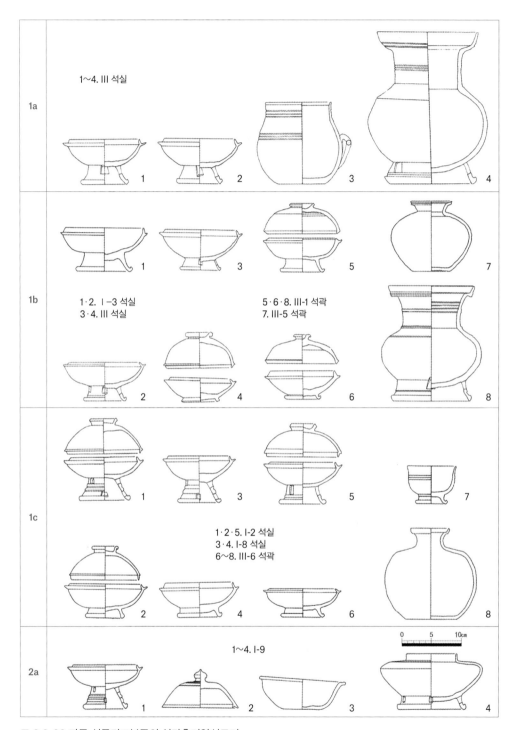

1a 1~4. III 석실

1b 1·2. I-3 석실 5·6·8. III-1 석곽
    3·4. III 석실   7. III-5 석곽

1c 1·2·5. I-2 석실
    3·4. I-8 석실
    6~8. III-6 석곽

2a 1~4. I-9

도 2.3-38 파주 성동리고분군의 신라후기양식토기

토기 개시 시기를 살펴본다.

성동리 Ⅲ지구-석실분(횡구식석곽분)에서 출토된 토기들 중에는 1a기 형식의 단각고배 A와 컵형토기가 포함되어 있지만, 1b기 형식의 단각고배 A와 B도 함께 출토되어 실제 매납 시기는 1b기로 내려올 것이다. 그 외 Ⅰ지구-3호 석곽, Ⅲ지구-1호 석곽에서 출토된 단각고배 A와 B, 부가구연장경호도 1b기 형식이고, Ⅲ지구-5호 석곽에서 1b기 형식의 단각고배 존재로 보아 공반된 편구형병도 같은 시기로 편년된다.

Ⅰ지구-2호 석곽의 2단각고배(중)과 단각고배 A, 대각하부돌대고배, Ⅰ지구-8호 석곽의 2단각고배 소와 단각고배 A, Ⅲ지구-6호 석곽의 단각고배 A와 컵형토기 소형, 편구형병은 1c기 형식으로 편년된다.

Ⅰ지구-9호 석곽에서 출토된 2단각고배(중), 대부직구호, 완 등은 2a기로 내려온다.

성동리고분군과 인접한 법흥리 석곽묘에서는 신라후기양식토기 4기의 인화문 유개합, 파수부호 등이 출토되었다.

파주 성동리고분군의 신라후기양식토기는 경기도지방에서도 신라후기양식토기가 1a기 형식부터 부장되기 시작된 것을 말해주는데, 그 실제 부장 시기는 1b기에 들어와서부터일 것으로 판단된다. 기종은 충주 누암리·하구암리고분군에 비하면 다양하지 않은 것을 알 수 있다.

(3) 원산만 일대(도 2.3-39)

동해안지역에서 신라전기양식토기의 분포선은 강릉과 양양의 경계선 이북까지였는데, 신라 후기에 들어오면 북상하여 강원도 통천 구읍리고분군(량익룡 1962), 함경남도로 넘어가 안변 용성리고분군(량익룡 1958)에서부터 그 북쪽 북청 지만리고분군, 이원 율지리고분군까지(조선총독부 1916; 한석정 1960) 신라 고분군과 산성이 자리하여, 신라후기양식토기의 분포권이 되었다(최병현 1992a: 31).

북한 쪽 보고문의 도면으로 보아 대개 거칠게 모방 제작된 단각고배, 부가구연장경호 등이 부장된 것으로 보이는데, 안변 용성리고분군에서 나온 토기들의 사진(박진욱 1967: 13)에는 단각고배, 대부직구호, 편구형병, 발형토기 등이 포함되어 있다. 동체 단면이 능형으로 변한 대부직구호, 기벽이 높은 발형토기로 보아 2b기 형식까지 포함된

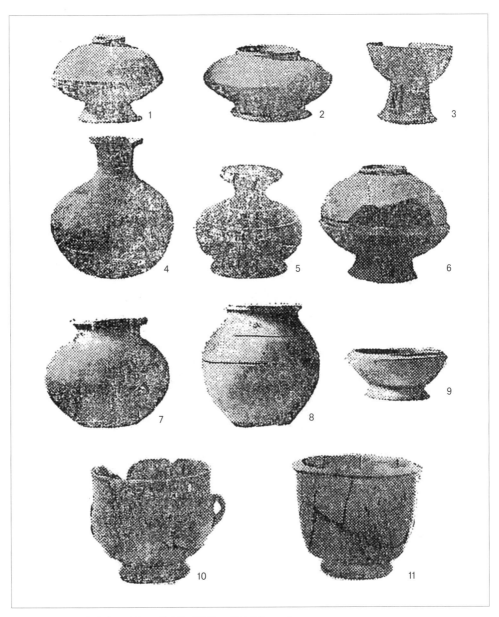

도 2.3-39 안변 용성리고분 출토 신라후기양식토기(박진욱 1967)

것으로 보인다.

　이로 보아 원산만 일대에서 2기의 이른 단계까지는 신라후기양식토기가 전개된 것이 분명하지만, 그 이후의 양상은 알 수 없다.

(4) 중서남부지방

중부지방에서 신라전기양식토기 분포의 서쪽 한계는 무주 대차리유적, 옥천 금구리유적, 청원 미천리유적 등이었다. 이 유적들에는 대체로 3b기부터 신라전기양식토기를 부장한 신라고분이 축조되었다. 신라 후기로 들어가면 곧 신라토기의 분포가 그보다 좀 더 미세하게 서쪽으로 확장된 것으로 보인다. 금산 장대리유적(한남대학교박물관 1992), 대전 주산동유적(윤무병 1978)에 단각고배 단계의 신라후기양식토기가 부장된 신라고분군이 형성되었다.

남쪽으로는 진안 삼락리 승금유적(전북대학교박물관 2001), 남원 운봉 북천리유적(전라문화유산연구원 2014), 남원 두락리 2호 석실분에서 신라후기양식토기 단각고배 뚜껑이 출토된 바 있다(전북대학교박물관 1989). 남원 유곡리·두락리고분군은 고령양식 가야토기가 부장된 가야고분군으로, 신라가 가야를 통합한 뒤 두락리 석실분에 신라후기양식토기가 매납된 사실을 말해준다.

이로 보아 대전 주산동, 금산 장대리, 진안 승금, 남원 북천리가 신라 후기 초 단각고배 단계 신라후기양식토기 분포의 서쪽 경계선이었을 것으로 보이며, 장수·남원 지역 등 고령양식토기를 부장한 가야고분(곽장근 1999)이 축조된 호남 동부지역도 이 때 신라후기양식토기의 분포권이 되었을 것으로 판단된다.

대전 북쪽으로는 진천 교성리유적에 단각고배 단계의 신라후기양식토기가 부장된 신라고분군이 조영되었고(충북대학교 중원문화연구소 2002), 그 북쪽으로 더 올라가 안성천으로 연결되어 그 이북이 신라후기양식토기의 분포권이 되었다.

백제의 수도인 부여지역에서는 신라의 삼국 통일 직후부터 신라후기양식토기가 전개되어 부여 능산리사지에서 연속마제형문 초기 형식의 인화문토기부터 출토된 바 있다(김현정 2002). 그러나 부여와 청양지역(서현주 2017), 그리고 북쪽 안성천 이남의 아산 둔포리유적(중앙문화재연구원 2011) 등의 신라 석곽묘에서 출토된 신라후기양식토기들은 대체로 3b기 이후의 인화문토기들이다.

전북지방의 군산 축산리 계남유적, 고창 부곡리유적, 전주 마전유적 등 서부지역에서도 통일신라기 석곽묘들이 조사되고 있다. 출토되는 토기는 대개 3b기 이후의 신라후기양식토기이다(이경희 2021).[11]

신라가 백제를 통합한 후 곧 사비기 백제지역에도 신라후기양식토기가 부장된 신라고분들이 축조된 것을 말해주는데, 그것은 전남지방에서도 마찬가지였을 것이다.

2) 신라토기 지역양식의 소멸

신라후기양식토기는 서기 6세기 중엽 경주지역에서 성립한 후 곧 지방으로 전개되어 나갔다. 앞서는 주요 유적 출토 토기의 편년을 겸하여 6세기 중엽 이후 신라가 통합하거나 진출한 지방의 신라후기양식토기 전개 과정을 살펴보았다. 그 결과 낙동강 이서 지방 중 김해와 합천 삼가지역 고분에서는 신라전기양식토기부터 부장되어 오다가 신라후기양식토기로 이어졌고, 창원지역 고분에서도 신라후기양식토기가 1a기 형식부터 부장되고 있었다. 그 외의 낙동강 이서 지역 고분에서는 1a기나 1b기 형식을 모델로 하여 제작된 신라후기양식토기도 일부 존재하였지만, 신라후기양식토기가 실제로 부장되기 시작하는 것은 1c기부터였다. 중원지방과 한강유역의 극히 일부 고분에서도 1a기 형식이나 이를 모델로 하여 제작된 신라후기양식토기가 출토되었지만, 이들의 실제 매납 시기도 1b기 이후로 판단되었다. 그리고 사비기 백제지역인 충남과 전남·북에서 신라후기양식토기를 매납한 신라고분이 축조되기 시작한 것은 신라후기양식토기 3b기 이후였다.

신라후기양식토기가 이와 같이 지방에서 단계마다 개시된 것은 한편으로는 경주와 지방에서 거의 시차 없이 신라후기양식토기가 전개된 것을 의미하기도 하지만, 다른 한편으로는 앞서 비정한 신라후기양식토기의 연대에 문제가 없음을 말해준 것이기도

....

11 두락리유적보다 서쪽 남원 월평리 수월유적의 파괴된 석곽묘에서 고배와 뚜껑, 인화문 편구형병이 출토되었는데, 편구형병의 인화문이 고식인 점을 들어 고배도 단각고배로 보고 6세기 후반에서 7세기 전반의 신라후기양식토기로 편년하였다(전주문화유산연구원 2020). 그러나 편구형병은 동체의 형태와 인화문이 고식 속성을 가지고 있지만, 고배는 대각의 형태나 구연부로 보아 3기 이후의 퇴화형이고, 뚜껑도 안턱이 소멸되고 무문화된 것으로 보아 3기 이후로 지방화된 것이다.
앞의 아산 둔포리 2지구 1호 석곽묘에서도 4a기의 인화문 유개합과 구경부가 파실된 편구형병이 출토되었는데(중앙문화재연구 2011: 86), 편구형병에 찍힌 인화문은 2b기에 등장하는 삼각문과 2중원문이지만 동체의 형태는 어깨가 들린 3c기 이후의 형식이다.

한다.『삼국사기』에서 신라가 남한강유역으로 진출한 것이 서기 551년, 한강 하류지역을 차지한 것이 553년, 고령의 대가야를 통합한 것이 562년, 백제를 멸망시킨 것이 660년이라고 한 연대와 잘 부합하기 때문이다.

그런데 앞서도 언급하였듯이, 지방의 신라후기양식토기는 구조·형태로 보아 현지에서 제작된 것이 많았지만, 각 지역의 주요 유적 출토 토기는 경주지역의 토기와 비교하여 편년할 수 있었다. 지방의 주요 유적에서 출토된 토기 중에는 경주지역 토기와 구조·형태 차이가 없는, 외부로부터의 이입품으로 판단되는 것도 일부 있었지만, 현지 제작품이 분명한 것 중에도 모델을 충실하게 모방하여 경주지역의 토기와 구조·형태의 차이가 크지 않은 토기들이 많았기 때문이다. 신라조기양식토기는 물론 신라전기양식토기에 비해 신라후기양식토기는 분포권이 훨씬 확대되었지만, 이와 같이 분포 지역과 관계없이 전체적으로 통일성이 강하였다.

물론 단각고배 단계인 지방의 1, 2기 신라후기양식토기 중에는 거칠게 모방 제작되어 경주지역 토기와 비교하여 편년이 불가능한 예들도 있다. 예컨대 〈도 2.3-40의 1, 2〉에서 보는 바와 같이 성남 여수동유적의 단각고배와 완, 부가구연장경호는 지방에서 아주 거칠게 모방 제작된 것으로, 이 토기들은 전체적인 형태와 세부구조가 경주지역의 같은 기종 토기와 너무도 달라 도저히 이들을 비교하여 편년할 수가 없을 정도이다. 또 3기 이후 지방토기의 인화문 중에는 경주지역의 토기 문양과는 다르게 변형되거나, 지방에서는 넓게 분포하였지만 경주지역에서는 찾아지지 않는 것도 있다(도 2.3-40의 3). 3기 이후 지방토기 중 고배류는 경주와는 다르게 변형되기도 하였다(도 2.3-41, 앞의 도 2.3-37 참조).

이와 같이 신라후기양식토기 중에도 경주와 달라진 지방토기가 존재하고, 〈도 2.3-41〉의 홍천 역내리유적의 토기에서 확인되는 바와 같이, 지역화된 토기가 그 자체로서 형식의 변화를 약간 보이는 예도 있다. 앞의 신라전기양식토기의 경우 지방에서 원신라양식인 경주토기와는 다른 구조·형태를 갖게 되고 그 자체로서 형식이 변화되어 간 토기들을 각 지역의 지역양식으로 구분하였다. 이에 따르면 홍천 역내리유적과 같이 자체적인 형식 변화가 확인되는 신라 후기 지방의 일부 군소형 고분군의 토기들도 소지역양식으로 설정될 수도 있을 것이다.

1기와 2기에 지방에서 현지 제작한 신라후기양식토기 중에는 이와 같이 충실 모방

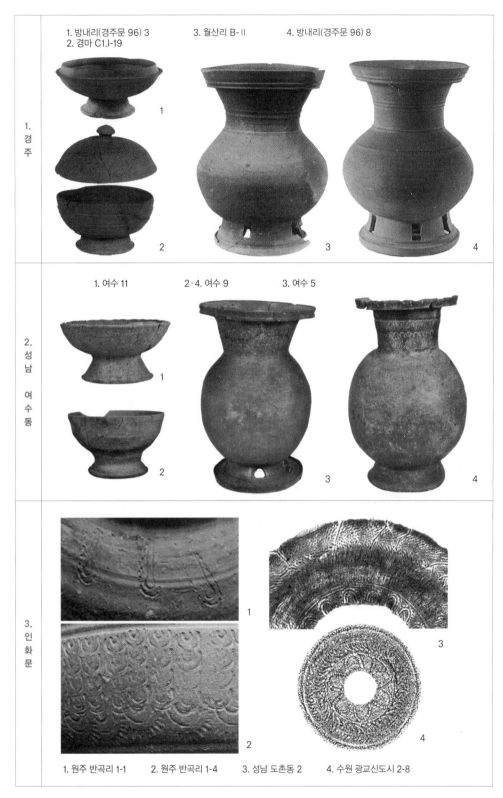

1. 경주
1. 방내리(경주문 96) 3
2. 경마 C1,I-19
3. 월산리 B-Ⅱ
4. 방내리(경주문 96) 8

2. 성남 여수동
1. 여수 11
2·4. 여수 9
3. 여수 5

3. 인화문
1. 원주 반곡리 1-1   2. 원주 반곡리 1-4   3. 성남 도촌동 2   4. 수원 광교신도시 2-8

도 2.3-40 신라후기양식토기의 지역성

제작품과 거친 모방 제작품이 있었고, 3기 이후에도 고배류 등 지방의 장기지속적 기종들 중에는 경주와는 달라진 구조와 형태가 이어진 것도 있었다. 그런데 지방의 고분군에 매납된 신라후기양식토기는 고분군의 성격에 따라 차이가 있었던 것으로 보인다. 예컨대, 충주 누암리고분군과 하구암리고분군, 용인 보정리고분군과 같은 지방 거점의 대고분군에 부장된 토기는 일부 거친 모방 제작품도 없지는 않았지만 대개는 이입품이거나 충실 모방품이었다. 이에 비해 성남 여수동유적이나 홍천 역내리유적과 같은 외딴 지역의 군소형 고분군에서는 거친 모방 제작품이 매납되었고, 그 자체로서 형식의 변화를 이어가기도 한 것이다.

지방의 고분군에 매납된 토기에서 보이는 이와 같은 차이는 당시 토기 생산체제와 관련된 것으로 이해된다. 즉, 지방의 정치적·군사적 거점지역은 신라 중앙의 직접적인 통제하에 있어, 토기도 신라 중앙에서 이입되거나 신라 중앙에 장악된 공방에서 생산된 반면, 거점에서 벗어난 외딴 지역에서는 취락이나 소지역 단위로 토기의 모방 생산이 이루어졌기 때문일 것이다.

한편 1, 2기의 고배류나 부가구연장경호 등에 비하면 3기 이후의 편구형병, 유개합을 비롯한 인화문토기는 지방토기도 기형이나 인화문의 이질성이 그다지 크지 않았다. 이 점은 앞의 중원지역 토기에서도 잘 확인된다(앞의 도 2.3-36, 37 참조). 중원지역의 신라후기양식토기 가운데 1기와 2기의 유개합(유대완)은 경주지역과는 다른 지역적 성격이 두드러졌다. 그러나 3기와 4기의 유개합은 경주지역 유개합과 크게 차이가 없었다. 경주지역에서는 3기와 4기 편구형병의 형식이 모두 확인되지는 않았지만, 중원지방의 편구형병도 경주지역에서와 같은 방향으로 변화된 것으로 보인다. 그와 같은 현상은 〈도 2.3-41〉의 원주 반곡동유적과 홍천 역내리유적의 토기에서도 확인된다. 역내리유적에서 고배는 지역성이 컸으나, 고배에 덮인 유개합의 굴절형 뚜껑과 편구형병, 반곡동유적의 유개합은 경주지역 토기와 구조·형상상의 차이가 크지 않았다.

신라후기양식토기에서도 신라전기양식토기처럼 지방의 지역양식이 존재하였을 것으로 상정하고 경주토기를 '小(地域)樣式으로서「新羅王京樣式」의 설정'을 제창하거나(重見泰 2004: 174), 신라전기양식토기가 지역별로 차이가 있듯이 '신라 후기양식토기와 통일신라양식토기'도 지역양식의 존재를 인식할 수 있다(이동헌 2020: 183)는 주장이 있다. 그러나 이상에서 살펴본 바와 같이, 지방의 토기 중에 경주토기와 구조·형태가 달

분기	2단각고배	1단각고배	단각고배 A	단각고배 B1	단각고배 B2	대부완	부가구연 대부장경호 유개합	평저병 A 대부 편구형병 A	평저병 B 대부 편구형병 B	편년자료
I-1	1·4~6. 역내리 12 2·3. 역내리 10									
I-2										
I-3					1·7·10. 역내리 11 2·4. 역내리 12 3·8·11~13. 역내리 10			5·6. 역내리 4 9. 역내리 6	1·7. 역내리 11 2·5·6. 역내리 9 3·4. 역내리 4	
II-1		1·5·6. 역내리 7 2·3·7. 반곡동 1 4. 역내리 3								
II-2		1·3. 역내리 7 2·5. 반곡동 4 4. 역내리 13								
II-3		1. 역내리 7 2. 반곡동 5 3·5·6. 반곡동 6 4. 역내리 3								

도 2.3-41 강원 영서지방 신라후기양식토기 편년표

라진 지역 토기가 국소적으로 존재하기는 하였지만, 신라후기양식토기는 경주와 지방, 지방의 지역과 지역 사이에 차이가 크지 않았고 전체적으로 통일성이 강하였다. 지방에서 제작된 토기도 대개는 경주토기와 비교하여 편년이 가능할 정도로 구조·형태의 차이가 크지 않았다. 이와 같은 지방산 토기들이 지방의 각 지역양식으로 설정될 수는 없다.

신라후기양식토기는 신라전기양식토기에 비해 그 분포권이 훨씬 확대되었지만 구조와 형태의 통일성이 강하였다. 토기문화상의 지역양식이 사실상 존재하지 않게 된 것이다. 신라토기의 전개 과정에서 지역양식이 소멸되기 시작한 것은 신라전기양식토기 4a기부터였으며, 그 흐름이 신라후기양식토기로 이어진 것이다. 신라후기양식토기는 전체적으로 양식의 제일성이 한층 강화된 것이다.

3. 나말여초양식토기로의 전환

앞서 언급하였듯이 7세기 중엽부터 경주지역에서는 고분의 축조가 급감하여 폐기 동시성을 가진, 편년 가능한 토기 자료들을 거의 찾아볼 수 없다. 이에 신라후기양식토기 3기와 4기의 편년에는 야외유적 출토 인화문토기를 포함하였고, 특히 4기는 거의 야외유적 출토 토기로 보완할 수밖에 없었다. 그나마 장산토우총 출토 토기들이 있어, 그 1차 매납토기를 4c기의 편년 기준자료 삼았고(앞의 도 2.3-24 참조), 연대가 8세기 중엽으로 비정되는 서울 시흥동 호암산성 한우물에서 경주의 장산토우총 1차 매납토기와 기형 및 문양이 같은 토기들이 출토되어(앞의 도 2.3-26의 5 참조) 그 연대도 살필 수 있었다.

장산토우총 1차 매납토기와 한우물 출토 합신에는, 무늬의 내용은 이전과 달라졌지만, 인화문이 기면 전면을 덮고 있었다. 그런데 이들과 함께 연대가 8세기 중엽으로 비정되는 황룡사 경루지 출토 합신 등은 기면에 단순한 단위의 인화문만 반복 시문되었을 뿐 무문으로 남은 부분이 많아 무문화 경향을 뚜렷이 하였다. 서기 8세기 중엽으로 비정되는 신라후기양식토기 4c기는 아직 퇴화된 인화문이 남아있었지만, 한편으로 인화문의 퇴조도 분명해진 것이다.

경주의 현 민애왕릉 주변에서 출토된 '元和十年'명 골호(국립경주박물관 1985), 즉 서기 815년의 절대연대를 가진 연결고리유개호는 완전 무문이어서, 신라토기는 8세기 중엽부터 인화문이 퇴조하고 무문화가 진행되어 9세기 이후에는 인화문이 거의 소멸되었음을 보여준다. 그와 같은 양상은 보령 진죽리요지(변영환 2007; 보령박물관 2016), 안성 조일리요지(기남문화재연구원 2017), 영암 구림리요지(이화여대박물관 1998; 2001) 등 지방에서 조사된 토기요지들이 잘 보여준다. 이 요지들에서는 유개합이나 대부완 등 신라후기양식토기 이래의 기종도 일부 남아 있지만, 종형뚜껑, 주름무늬소병, 장경병, 사각병, 1면편병, 반구호 등 신라후기양식토기에는 존재하지 않은 새로운 기종들이 생산되었다. 또 대부완이나 주름무늬소병 등 소형 기종에는 인화문이 일부 남아 있지만, 대부분의 토기들이 무문화되었거나, 토기무늬가 그어낸 파상문이나 점선문 등으로 바뀌었다. 이 요지들의 토기는 신라토기가 이미 신라후기양식토기에서 나말여초양식토기로 바뀐 양상을 잘 보여주는 것이다.

그런데 이 요지유적들 중에서 보령 진죽리요지군 2지구 1폐기장 출토 토기는 그 중 가장 이른 시기의 토기양상을 보여준다. 종형뚜껑, 주름무늬소병, 장동호, 경부파상문대호 등 새로운 기종이 출현하였고, 전체적으로 무문화가 진행된 것으로 보아서는 이 폐기장 출토 토기도 이미 나말여초양식토기로 바뀐 것이다(도 2.3-42). 그러나 주름무늬소병이나 다른 편구형병의 어깨편 등에 일부 인화문이 남아 있는 것이나, 기벽이 외반하였지만 아직 기고가 높은 합신 또는 대부완이 존재하는 것은 이 폐기장 출토 토기들이 신라후기양식토기 말에서 멀지 않음을 보여준다.

유개합은 외반구연합이나 기벽이 외반된 직립구연합 모두 〈도 2.3-43〉에서 보는 바와 같이 기고가 낮아지는 방향으로 변화되어 간 것이 분명하다. 그런데 진죽리 2지구 1폐기장에서는 기벽이 높은 합신과 기벽이 낮아진 합신이 함께 출토되어, 앞으로 편년에 따라서는 그 출토 토기도 소기가 세분될 수도 있다. 그러나 지금 단계에서 이를 갈라 세부 편년하기는 어렵다.

보령 진죽리요지를 중심으로 나말여초양식토기를 편년한 변영환은 2지구 1폐기장 출토 토기를 그의 나말여초토기 상대편년 제2단계로 보고, 1단계로는 한우물 출토 인화문 합신, 황룡사 경루지의 8자형 인화문 합신과 동형의 안압지 출토 합신, '永泰二年'(766)명 납석제호와 함께 출토된 경남 산청 지리산 폐암자의 인화문호 등을 들었다

도 2.3-42 보령 진죽리유적 2지구 1폐기장 출토 토기 각종(축척 부동)

(변영환 2007). 그러나 변영환의 나말여초토기 1단계는, 앞서 살펴보았듯이 필자의 신라
후기양식토기 4c기로, 아직 인화문이 성행하고 새로운 기종의 출현도 뚜렷하지 않다.
따라서 필자는 이 단계까지는 신라후기양식토기로, 보령 진죽리요지 제2지구 1폐기장
단계부터를 나말여초양식토기로 구분하는 것이 옳다고 본다.

　　그런데 신라후기양식토기로부터 나말여초양식토기로 전환되는 과정의 토기 변화
를 이와는 완전히 반대로 파악하는 주장이 있다. 홍보식은 화장용 골호인 연결고리유개
호가 원래 금속기였으나 8세기 후반에 무문의 토기로 번안되어, 9세기 2/4분기 후반 이
후가 되면 각종 인화문이 절정을 이루었으며, 동체와 뚜껑의 연결파수도 원래 그 사이

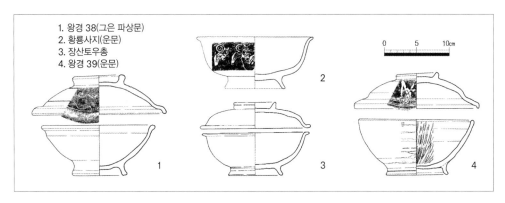

1. 왕경 38(그은 파상문)
2. 황룡사지(운문)
3. 장산토우총
4. 왕경 39(운문)

0 5 10cm

도 2.3-43 유개합 각종[( )안은 단위문양]

에 간극이 없는 형태였으나 9세기 3/4분기가 되면 동체와 뚜껑의 연결파수 사이의 간극이 최대로 벌어진다고 하였다(홍보식 2005).

그러나 홍보식의 이와 같은 주장은 신라 연결파수부골호, 즉 연결고리유개호가 동체와 뚜껑의 연결파수 사이에 간극이 있는 형태로 인화문의 최성기에 출현하여 인화문이 퇴조하고 동체와 뚜껑의 연결파수가 밀착하는 형태로 발전하였다는 宮川禎一의 선행 연구(宮川禎一 1989)와 완전히 반대되는 것이다. 그리고 宮川禎一의 인화문 발전 과정(宮川禎一 1988)을 좀 더 세밀화한 이동헌의 인화문 진행 방향(이동헌 2008)과도 반대가 되는 독특한 주장이다. 물론 앞서 살펴본 필자의 신라후기양식토기 발전 과정과도 다르고, 보령 진죽리요지를 비롯한, 지금까지 전국에서 조사된 나말여초양식토기를 생산한 요지들의 토기 변화와도 맞지 않다.

그것은 어떻든 지금까지 경주지역에서는 안압지, 황룡사지, 왕경유적 등의 야외유적에서 막대한 양의 나말여초양식토기가 출토되었고, 또 전국 각지에서 나말여초양식토기를 생산한 요지들이 조사되었다. 그러나 공반유물 등 이들을 세부적으로 상대편년할 수 있을 만큼의 근거를 가진 자료는 아직 거의 확보되지 않았다. 이에 이 연구에서는 나말여초양식토기의 편년은 유보해 둘 수밖에 없음을 밝혀둔다.

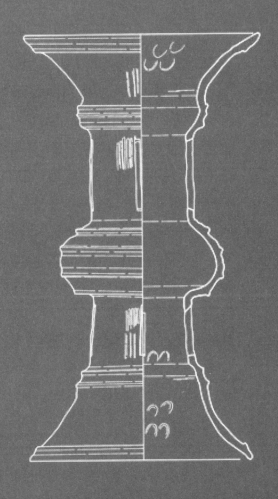

결론

신라토기의 전개와
그 정치적 함의

토 기는 1차적으로 일상의 기능적인 생활용기이므로 어느 유적에서나 일반적으로 출토되는 유물이며, 고고학자료 가운데 가장 변화가 빠른 것이기도 하다. 이에 토기는 고고학자료 가운데 세밀한 상대편년에 가장 적합한 것이며, 토기에 대한 분석 연구는 다른 고고학자료 해석의 토대가 된다. 또한 유물복합체로서의 토기는 인간 집단에 대한 종합적 정보를 제공해주므로 인간 집단의 변화 과정을 추적하는 데에 유용한 자료가 된다.

앞서는 토기의 이러한 기능적 측면에 유의하면서 신라의 중심지 경주에서 신라토기의 각 시기양식 성립과 그 편년, 그리고 각 시기양식 신라토기의 지방 확산에 따른 그 분포 양상을 살펴보았다. 여기서 분포의 의미는 각 시기 신라토기의 개체나 소수가 교역이나 교류 등에 의해 경주 아닌 다른 지역으로 이동되어 단발적으로 존재하는 것이 아니라, 경주에서 성립한 일정 양식의 토기군이 일정 지역의 고분군에서 일정 기간 집중적으로 부장되고 있었던 양상을 말한다. 그러므로 경주지역에서 신라토기의 각 시기양식 성립과 전환이 신라 중심부의 내적 발전 과정을 반영하는 것이라면, 각 시기양식 신라토기의 지방 확산과 그 분포는 신라의 지배영역 확장과 관련된 것이다.

여기서 먼저 토기양식과 고대국가의 관계에 대해 분명히 해 두어야겠다. 우리 학계에는 최근까지도 물질문화의 양식으로 종족이나 정치체의 경계를 구분할 수 있는가와 같은 인간집단의 정체성과 고고학자료의 관계에 대한 논란이 있고(박순발 2006; 김종일 2008), 이 논란은 앞으로도 계속될 것으로 보인다. 삼국시대 토기양식의 확산과 분포에 대해서도, 그것은 문화적 현상일 뿐이라거나, 정치적 측면보다는 지역 간에 생산과 분배라는 경제적 측면이 작용한 것으로 특정 토기양식의 시공적 확대를 정치적 권역의 확대와 결부시키기는 어렵다는 등의 주장이 있어 왔다(이성주 1993: 296; 1998: 289~295; 2000).

그러나 신라토기를 예로 들면, 일찍이 김원룡은 영남지방의 삼국시대 토기를 낙동강 동안양식-신라중심군과 낙동강 서안양식-가야군으로 나누어 신라와 가야의 권역을 구분한 바 있다(김원룡 1960).[1] 필자는 신라토기가 관모·귀걸이·과대와 같은 신라 장

....

1 낙동강을 경계로 한 김원룡의 신라토기, 가야토기 분포권 구분에 대해 단순한 문화권의 구분이라거나(이성주 2001) 완전히 정치적 의미로 해석하지는 않았다(이희준 2007: 55)고 평가하기도 하지만, 필자는 이에 동의하지 않는다. 김원룡의 그와 같은 구분은 분명히 경주만 신라이고 그 외의 영남지방은 모두 임나라고 한

신구 및 환두대도와 함께 부장되며, 그러한 부장 양상을 가진 영남지방의 고분은 신라 지배하의 지방고분이라고 하였다(최병현 1991: 161~165). 이희준도 신라토기와 함께 분포의 정형성을 가진 신라의 고총과 위세품은 고대국가 신라의 정체성을 나타내는 것이며, 그 분포 범위는 곧 신라의 영역에 해당된다고 하였다. 신라전기양식토기인 범낙동강 이동양식은 원신라양식인 경주양식이 먼저 성립하고 그것이 양식적 선택압(selective pressure)으로 작용한 결과로 성립한 것이므로, 신라토기의 분포범위는 곧 신라의 영역이라고 하였다(이희준 1996a; 2007: 51~90).

사실 낙동강을 경계로 한 신라토기와 가야토기의 분포는 삼국시대 토기양식과 정치체의 관계를 극명하게 보여준다. 낙동강의 동쪽에 접하여 위치한 대구 문산리고분군은 신라전기양식토기가 부장된 신라 고분군으로, 고총 6기와 수백 기의 소규모 석곽묘를 전면 발굴한 결과, 보고된 고총 6기에서 나온 2000점 가까운 토기 가운데 고령양식으로 추정되는 가야토기는 3~4점에 불과하였다고 한다(이희준 2007: 334). 그런가 하면 그 대안 낙동강 서쪽에 위치한 고령 지산동고분군의 발굴에서 출토되어 보고된 가야토기는 셀 수 없지만, 지금까지 지산동고분군에서 출토된 신라전기양식토기를 필자가 발굴보고서를 모두 검토하여 계산한 바로는 각지 지역양식을 포함하여 40점을 넘지 않았다.

지리적 장애로서 낙동강이 가지는 지역 분할성을 아무리 강조한다고 하더라도(이희준 2007: 331~336), 이와 같은 현상을 신라토기와 가야토기라는 토기양식의 분포가 가지는 정치적 의미 외에 달리 해석할 수가 없다. 사실 이제 우리 학계에서 삼국시대 고대국가의 성립과 토기양식의 성립이 불가분의 관계라는 데에 이설은 거의 없으며, 토기양식의 지방 확산은 고대국가의 영역 확대의 선행지표가 아니라 오히려 후행지표라는 해석이 나온 바도 있다(성정용 2008).

앞서는 경주지역에서 신라토기의 양식 전환에 따라 각 시기양식의 성립과 편년, 그 지방 분포 양상을 시기순으로 살펴보았다. 이제 여기서는 신라토기의 전개 과정을 경주와 지방으로 나누어 각각을 통시적으로 고찰함으로써 신라토기의 전개 과정에 함의된 신라의 정치적 성장과 관련된 의미를 좀 더 분명히 해 두고자 한다. 경주지역의 신라토

....

일제 관학자들의 주장에 제동을 걸고 가야의 권역을 낙동강 이서로 좁혀 놓은 것이다.

기 전개는 신라 중심부의 정치적 변화에 유의하면서 앞서 살펴본 각 시기양식의 성립과 편년 내용을 요약·정리하겠다. 그리고 각 시기양식 신라토기의 지방 전개는 신라의 지배영역 변화 과정에 초점을 두어 고찰해 보기로 하겠다.

1. 경주지역의 신라토기 전개와 그 정치적 함의

신라토기와 가야토기는 영남지방의 원삼국시기 공통양식 토기인 와질토기 중 원삼국 후기의 신식와질토기에서 갈라져 나와 발전한 것으로, 신라토기는 경주지역에서, 가야토기는 김해지역에서 각각 성립하였다. 신라토기와 가야토기는 또 시기에 따라 새로운 양식으로 전환되었다. 앞서는 경주지역에서 신라토기의 양식 전환을 살피고 새로운 양식의 성립에 따라 각 시기양식의 토기를 편년하였다. 신라토기와 가야토기의 분립 과정을 대비할 수 있도록 가야토기도 시기양식마다 그 초기 변화 과정을 밝혀보았다.

신라토기의 양식 전환은 표지적인 중심 기종의 새로운 출현이나 성립을 기준으로 하였다. 신라토기의 양식구분은 신라고분의 시기구분과도 같은 것이며, 경주지역의 각 시기 신라토기의 편년은 각 시기양식 신라토기의 변화 과정을 규명하는 것이기도 하다. 또 경주지역 신라토기의 편년은 신라토기가 전개된 각 지역 신라토기 편년의 기준이 되는 전체 신라토기 편년의 종적 체계를 구축하는 것이기도 하다. 이에 지방의 신라토기를 포함한 전체 신라토기 편년의 표준편년표가 될 수 있도록 경주지역 출토 토기 가운데 편년이 가능한 모든 기종을 포함하여 세밀한 편년체계를 구축하고자 하였다.

경주지역에서는 원삼국 전기의 고식와질토기와 후기의 신식와질토기에 이어 신라토기가 출현하였다. 신라토기는 신라조기양식토기, 신라전기양식토기, 신라후기양식토기, 나말여초양식토기로 시기양식이 구분되었다.

이중 여기서 좀 더 언급되어야 할 것은 신라조기양식토기의 설정이다(최병현 2012). 신라조기양식토기는 과거 김원룡의 '신라토기 조기', 와질토기론의 '고식도질토기'에 대응되지만 문제가 되는 것은 고식도질토기이다.

원래 와질토기론에서 고식도질토기는 원삼국시기 영남지방의 질이 무른 와질토기에 이어 등장한 고화도 소성의 회청색 경질토기로, 낙동강 이동·이서양식의 신라토기와 가야토기가 출현하기 이전까지의 삼국시대 토기로 규정되었다(최종규 1982; 신경철 1982). 그런데 도질토기는 와질토기에 상대되는 토기의 질을 의미하는 것이지만, 이에 따라 고식도질토기는 토기 개체의 질을 가리키기도 하고, 원삼국 후기 신식와질토기와 낙동강 이동·이서양식 신라·가야토기 사이의 토기군, 즉 일정 시기의 토기양식과 같은 의미로도 사용되고 있다.

　　그러나 '고식도질토기'가 토기 개체의 질을 표현할 수는 있지만, 그것이 과연 일정 시기의 토기군, 즉 토기양식을 의미하는 용어로 쓰일 수 있느냐가 문제이다. 첫째로 우선 도질토기가 어느 일정 시점에서 돌연 출현하여 와질토기 시기와 도질토기 시기가 확연히 구분되는가의 문제이다. 와질토기론의 주창자 중 신경철은 김해 대성동 29호묘 출토 양이부원저단경호가 남부지방 최초의 도(경)질토기로, 중국 북방에서 남하하여 남부지방에서 서기 3세기 후엽부터 제작되기 시작하였다고 주장하고 있고(신경철 2012), 최종규도 중국 한대(漢代)의 灰釉陶 기술이 우리나라에는 위진대(魏晉代)에 도입되어 도질토기가 생산되기 시작하였다고 한다(최종규 1994).

　　그러나 김해 대성동 29호묘에 직경 26.4cm, 높이 21.5cm의 소형 양이부원저단경호가 부장될 무렵 경주 황성동유적에서는 직경 49.9cm에 복원 높이가 거의 1m에 달하는 회청색 경(도)질토기 대호가 부장되고 있었다(앞의 도 2.1-1 참조). 과연 경주 황성동유적의 그러한 경(도)질토기 대호도 김해 대성동 29호묘의 양이부원저단경호처럼 그렇게 돌발 출현한 것일까?

　　와질토기론의 주창자 양인은 원삼국시기의 고화도 소성 토기를 우연적인 것으로 치부하고 유사도질토기, 擬도질토기라고 하면서 원삼국시기 경(도)질토기의 존재를 극구 부정하고 있지만, 원삼국 전기에도 고화도 소성 토기가 존재한 것은 그들도 인정하는 바이고(앞의 도 1.2-3 참조), 최근에는 삼각형 점토대토기와 타날문토기가 공반된 함안 신음리유적(경남연구원 역사문화센터 2021)의 원삼국 전기 거주지들에서 '도질토기'편들이 출토된 바도 있다. 원삼국 후기의 원저단경호 중에 1000℃ 이상의 고온으로 소성된 것도 다수 존재하는 것은 佐佐木幹雄의 울산 하대유적 출토 신식와질토기 분석에서 드러난 바 있다(佐佐木幹雄 1996). 또 신식와질토기 2b기의 중산리 VIII-90호묘에서는 높이 40cm의 회색 경질토기 양뉴부원저단경호가 출토되었다(앞의 도 2.1-1 참조). 황성동 유적에서 부장된 경(도)질토기 대호가 이와 같이 원삼국시기 이래로 개량·발전되어 온 토기 제작기술에 의해서 제작된 것이 아니라면 그 출현을 어떻게 설명할 수 있을까?

둘째는 설사 '고식도질토기'가 어느 시점에 돌연 출현하였다 하더라도, 그것이 과연 삼국시대의 일정 시기 토기군, 즉 시기양식을 의미할 수 있는가이다. 아무리 '고식'이라는 말을 붙여도 '도질토기'는 '와질토기'에 상대되는 토기의 질을 의미할 뿐이다. 그러므로 고식도질토기는 토기 개체의 질을 설명할 때는 그렇게 할 수 있다고 해도, 토기 개체가 아니라 일정 시기, 그것도 삼국시대의 일정 시기 토기군, 즉 삼국시대 토기의 시기양식이 될 수는 없다.[2] 하지만 삼국시대의 토기라면서도 토기군이 탈역사적인 고식도질토기로 불리다 보니 그와 공존한 와(연)질토기는 학계에서 삼국시대 토기가 아니라 삼한 후기 토기(안재호 1994)나 원삼국 후기 토기(이성주 1999)로 취급되어 온 것이다.

사실 고식도질토기가 사용된 시기에는 도(경)질토기뿐만 아니라 와(연)질토기도 굳건히 남아 있었다. 앞서 본 바와 같이 그 전반기에는 도(경)질토기보다 와(질)토기가 오히려 더 많았고, 유적에 따라서는 그 전·후반기 전체에 사실상 와(연)질토기밖에 존재하지 않은 유적도 많았다. 이 시기의 토기군에는 도(경)질토기와 와(연)질토기, 또 와질토기와는 따로 분류하는 적갈색연질토기가 함께 존재하였다. 그러므로 토기양식은 이를 모두 포괄할 수 있어야 한다. 그리고 그 토기군이 삼국시대의 것이라면 시대적, 역사적 의미가 함의된 양식으로 규정되어야 한다. 이에 필자는 이 토기군을 신라조기양식 토기로 설정하고 있는 것이다(최병현 1992a·b; 2012).

....

2 신석기시대의 빗살문토기와 청동기시대의 무문토기는 적갈색 연질토기이지만, 적갈색 연질토기를 신석기시대와 청동기시대의 토기군을 이르는 양식으로 칭하지 않는다. 선사시대의 토기들이므로 특정 정치체와 관련된 역사적 의미가 함의되지 않은 빗살문토기, 무문토기와 같은 양식으로 부르고 있는 것이다. 와질토기도 원래 토기의 질을 표현한 것으로, 앞서 밝힌 바와 같이 필자는 그 용어 사용을 반대하였지만, 이미 원삼국 토기 가운데 일정한 지방의 토기 이름으로 정착되었고, 또 그것이 특정 '국'과 관계된 중심지가 없는 진변한 공통의 토기이기도 하므로 이를 토기 양식명으로 수용한 것이다. 그러나 '고식도질토기'는 이와 다르다. 분명히 경주와 김해에서 삼국시대의 신라와 가야가 성립한 이후의 토기를 선사토기나 중심지가 특정되지 않는 원삼국 토기와 같은 차원에서 대할 수는 없다.

1) 신라조기양식토기

서기 3세기 중엽 경주지역에서는 신라조기양식토기가 성립하여, 원삼국 후기의 신식와질토기로부터 전환되었다. 경주지역에서 신라조기양식토기의 성립은 이혈·동혈의 주부곽식 목곽묘의 출현과 함께 하였는데, 주부곽식 목곽묘는 원삼국 후기의 장방형 목곽묘에서 발전된 것이었으며, 또한 이와 함께 묘광과 목곽 사이에 돌을 쌓아 충전한 석재충전목곽묘도 출현하였다. 이혈주부곽식의 석재충전목곽묘는 경주지역의 중심고분군인 월성북고분군에서 배타적으로 축조되고 있었으며, 주변 지구에서는 동혈주부곽식의 점토충전목곽묘가 주로 축조되었다.

주변 지구의 동혈주부곽식 점토충전목곽묘도 그 규모가 원삼국 후기의 장방형 목곽묘보다 확대된 것이지만, 월성북고분군의 이혈주부곽식 석재충전목곽묘는 그 격차가 더욱 심하였다. 이와 같이 신라 조기의 경주지역은 중심고분군인 월성북고분군을 정점으로 고분군의 위계화가 진전되고, 고분의 계층성도 한층 더 강화되어 원삼국 후기, 즉 사로국 후기의 경주지역과는 여실히 다른 사회상을 보여준다(최병현 2021a: 783~788).

『삼국사기』에 의하면, 신라조기양식토기가 사용된 서기 3세기 중엽부터 4세기 전엽까지는 신라 이사금시기의 후반에 해당하지만, 고분문화가 보여주는 경주지역은 이제 사로국이 아니라 사로국의 읍락이 신라 6부로 개편된 고대국가 신라의 중심부가 된 것을 의미한다. 또, 뒤에서 보겠지만 이 시기에 경주지역에서 발생한 신라 조기의 동혈주부곽식 목곽묘는 영남 일원으로 확산되어, 경주에서 성립하여 퍼져 나간 신라조기양식토기가 부장되었다. 이는 신라 세력의 지방 진출, 즉 신라의 지방 지배가 시작된 것을 말해준다.

이와 같이 신라조기양식토기는 사로국시기의 토기가 아니라 사로국이 고대국가 신라로 탈바꿈하면서 성립한 것으로, 횡방향 문양대로 덮인 대부직구호와 무파수노형기대가 표지적인 중심 기종이지만, 특히 제의용 복합토기와 권위를 상징하는 오리형토기가 경주지역 신라조기양식토기의 위상을 드러낸다. 신라조기양식토기는 원삼국 후기의 신식와질토기에 비해 기종이 월등히 증가하였으며, 경주의 중심고분군과 주변 지구 고분군의 부장토기 사이에 격차가 심해, 중심고분군인 월성북고분군에서는 회청색 경(도)질토기가 부장토기의 중심이었지만, 주변 지구 고분군의 부장토기는 여전히 연(와)

질토기가 많았다.

신라조기양식토기는 1(a, b)기, 2(a, b)기의 2기-4소기로 편년되었으며, 1기는 아직 원삼국 후기의 신식와질토기 색채가 강하게 남아 있는 데 비해, 2기는 신라전기양식토기로 발전해가는 과도기적 성격을 보여주었다.

2) 신라전기양식토기

신라전기양식토기는 신라조기양식토기로부터 발전하여 신라의 중앙이 된 경주지역에서 서기 4세기 중엽에 성립되었다. 과거의 고신라토기, 낙동강 이동(동안)양식 토기에 해당하지만, 그 상하한에는 차이가 있다. 고신라토기와 낙동강 이동양식 토기는 경주 황남동 109호분-3·4곽 출토 3단각고배를 시작으로 하였지만, 그 이전에 4단각고배 단계가 존재한 것이 새로 드러나고 장경호도 그와 함께 출현한 것으로 밝혀져, 신라전기양식토기는 이를 포함한다. 신라전기양식토기의 하한은 서기 553년 창건 경주 황룡사지 발굴에서 드러난 단각고배의 성립에 앞선 6세기 전엽까지이다.

신라전기양식토기의 성립은 신라의 중앙 경주의 중심고분군인 월성북고분군에서 적석목곽분의 출현과 함께하였다. 원삼국시기 사로국 이래의 목관묘·목곽묘는 물론 신라 조기의 이혈주부곽식 석재충전목곽묘도 매장주체부의 규모에 비해 지상의 봉분은 작은 규모의 저봉토묘인 반면 신라 전기의 적석목곽분은 매장주체부뿐만 아니라 지상 봉분을 거대하게 축조한 고총(高塚)으로 출현하였다. 적석목곽분은 묘광 없이 매장주체부와 봉분이 모두 지상에 축조된 지상식과 매장주체부가 지하·지상의 묘광 안에 축조되고 그 위에 봉토를 쌓은 묘광주체 상부적석식으로 구분되며, 월성북고분군에서 배타적으로 축조된 신라 최고 지배자 집단의 묘제였다. 지상식은 월성북고분군에서만 축조되었고, 묘광주체 상부적석식도 주변 지구의 중심고분군에서 극히 소수가 축조되었을 뿐이며, 주변 각 지구의 고분군에서는 대개 신라 조기 이래의 목곽묘와 석재충전목곽묘, 그리고 수혈식석곽묘가 소규모의 저봉토묘로 축조되었다(최병현 2021a: 667~670).

신라전기양식토기가 사용되고 월성북고분군에서 적석목곽분이 축조된 시기는 역사적으로 신라 마립간시기로, 적석목곽분은 '마립간시기의 묘제'였다. 마립간시기 경주지역의 고분군은 그와 같이 월성북고분군을 정점으로 중층적인 위계 구조를 형성하고 있었으며, 또한 피장자가 금관과 금제허리띠를 착장한 최상위 고분부터 토기만 부장한 최하위 고분까지 고분의 계층성도 뚜렷하였다. 이 시기 경주지역의 고분군은 신라 중심부 사회가 신라 조기와는 또 다른 사회로 크게 발전된 상황을 뚜렷하게 보여준다(최병현 2021a: 777~782).

이때 영남의 낙동강 이동지방에서는 신라의 고총이 축조되고 그 피장자는 신라식 장신구를 착장하였으며, 신라전기양식토기가 부장되었다. 신라가 지방의 고총주를 통해 간접지배하던 모습을 보여주는 것이다.

신라전기양식토기는 대각에 교차투창이 뚫린 고배와 장경호가 표지적인 중심 기종으로, 고배는 4단각으로 출발하여 3단각으로 변화되고, 경주 황남대총 남분 이후 2단각으로 정형화하였다. 신라조기양식토기에서 성행한 제의용 복합토기와 권위 상징의 오리형토기는 사라졌지만, 경주지역에서는 고배 뚜껑이나 장경호 어깨에 여러 자세의 인물상이나 갖가지 동물상을 붙인 토우장식 토기가 부장되었다. 또 신라전기양식토기에서는 회청색 경질토기가 일반화되어 중심고분군과 주변 지구 고분군 사이의 차별 없이 널리 부장된 것이 신라조기양식토기와 큰 차이점이다.

신라전기양식토기는 1Aa~4b기까지 4기-11소기로 편년되었는데, 1A(a, b)기는 4단각고배 단계, 1B(a~c)기는 3단고배 단계, 2a기 이후는 신라고배가 2단각으로 정형화한 이후이다.

3) 신라후기양식토기

신라토기는 서기 6세기 중엽 다시 경주지역에서 신라전기양식토기로부터 신라후기양식토기로 전환되기 시작하였다. 신라후기양식토기는 과거의 통일신라토기, 인화문토기, 또는 통일양식토기에 해당하지만 상하한에 차이가 있다. 과거에는 신라토기의 양식이 신라의 삼국통일을 기점으로 바뀌었다고 보아 그 이전은 고신라토기, 이후는 통일신라토기라 하였지만, 경주 황룡사지의 발굴조사를 통해 신라토기의 양식 전환이 삼국통일보다 100년 앞서 6세기 중엽에 일어난 사실이 밝혀졌다(최병현 1984). 이에 고신라토기와 통일신라토기는 신라전기양식토기와 신라후기양식토기로 재설정되었다(최병현 1987). 학계에는 아직 신라전기양식토기 이후를 중기양식과 후기양식(山本孝文 2007; 윤상덕 2020), 또는 후기양식과 통일양식(홍보식 2000; 2003)으로 나누는 이설이 남아 있으나, 이는 각각 신라전기양식토기에서 신라후기양식토기로 전환하는 과도기를 따로 나누어 놓은 것이다.

신라후기양식토기는 대각이 급격히 짧아진 단각고배, 규모가 급격히 확대된 유개합의 성립으로 시작되었는데, 단각고배와 대형 유개합의 출현은 신라의 불교 공인과 관계가 있었을 것으로 판단된다. 단각고배는 굽이 낮은 금속제 불기(佛器)의 영향으로, 골호로 쓰일 수 있는 대형 유개합은 불교의 화장과 관련하여 출현하였을 것이다.

신라후기양식토기에서는 단위문양을 미리 새겨놓은 도장과 같은 시문구로 찍어낸 인화문이 크게 성행하였는데, 신라전기양식토기에서 대칼이나 컴퍼스로 그어낸 단위문양을 그대로 미리 시문구에 새겨 찍은 단위문양 시문단계와 단위문양을 여러 단 연결하여 새긴 시문구를 반복적으로 찍어 문양대를 구성한 문양대 시문단계로 나눌 수 있다. 단위문양 시문단계에는 신라전기양식토기에서 변화된 단각고배와 부가구연장경호가 크게 성행하여 단각고배 단계로 구분되기도 한다. 여러 가지 문양대 시문은 대체로 통일 이후의 토기에 베풀어졌다.

경주지역에서 신라후기양식토기의 성립은 신라 최고 지배자 집단의 묘제가 적석목곽분에서 횡혈식석실분으로 교체되는 것과 함께하였다. 신라 전기의 적석목곽분은 경주 분지 내부의 평지에 축조되었으나, 신라 후기에는 묘지를 옮겨 분지 주변의 산지가 횡혈식석실분의 주 입지가 되었고, 왕실세력의 묘지가 옮겨간 서악동고분군이 중심 고분군이 되었다. 주변지구에서는 전기 이래의 기존 고분군에서 횡혈식석실분이 축조되었다. 그러나 경주지역의 고분군은 곧 소멸 단계에 들어가 7세기 중엽 이후 고분 축조가 급격히 쇠퇴하였다(최병현 2021a: 759~761).

신라후기양식토기가 사용된 시기는 역사상 대체로 신라의 중고기와 중대에 해당하며, 이때 신라 최고 지배자의 칭호는 중국식의 왕(王)이었다. 신라후기양식토기가 성립하기 직전부터 신라는 지방에 지방관을 파견하여 직접지배하기 시작하였다. 6세기 중엽 신라는 중부지방으로 진출하고 낙동강 이서의 가야제국을 통합하였다. 신라가 진출한 중부지역과 고 가야지역의 곳곳에는 신라고분이 축조되었는데, 7세기 중엽 이전에는 단각고배와 부가구연장경호가 매납된 봉토분들이 축조되었으나, 그 이후는 행정 치소 주변에 봉분이 남아 있지 않은 소규모 석곽묘들이 축조되었다. 이 소규모 석곽묘 들에서는 인화문토기가 출토된다.

신라후기양식토기의 중심 기종은 중·소형 유개합, 각종 편구형병, 골호로 쓰인 대 형 유개합 등인데, 서기 8세기 후엽부터는 인화문이 쇠퇴하여 토기의 무문화 경향이 뚜 렷해지고 주름무늬소병, 장동호, 경부파상문대호 등 새로운 기종이 출현한다. 신라토기 가 다시 신라후기양식토기에서 나말여초양식토기로 전환된 것이다. 따라서 신라후기양 식토기는 6세기 중엽부터 8세기 중엽까지인데, 1a~4c기까지 모두 4기-13소기로 편년 되었다. 1(a~c)기는 단각고배 단계로, 신라전기양식토기와 같이 단위문양이 아직 그은 무늬로 베풀어졌으며, 2(a~d)기도 아직 단각고배 단계이지만 단위문양이 찍은 무늬로 전환되었다. 3(a~c)기는 고분의 부장토기에서 고배가 거의 소멸되고 편구형 대부병과 직립구연 유개합이 중심이 되었는데, 유개합에 종장연속문대가 배치되었다. 4(a~c)기 에는 외반구연 유개합이 직립구연 유개합과 함께 부장되었으며, 종장연속문의 시문 방 법이 연속찍기로 바뀌었다.

4) 나말여초양식토기

서기 8세기 후엽 신라토기는 신라후기양식토기에서 나말여초양식토기로 전환되었 다. 나말여초양식토기는 역사상 신라 하대에 해당하는 토기양식이다. 이때는 경주에서 도 왕릉 외에는 고분이 거의 축조되지 않았으며, 지방에서는 고분을 찾기가 어렵다. 신 라의 지방지배 체제가 해체되었기 때문이기도 하지만, 선종불교가 유행하고 불교식 화 장에서 장골(藏骨)보다 산골(散骨)을 선호하게 되었기 때문으로 판단된다. 따라서 신라 하대는 사실상 무고분시기라고 할 수 있으며, 경주 안압지, 왕경유적과 화곡리 생산유 적, 보령 진죽리요지와 안성 조일리요지, 영암 구림리요지 등 지방의 토기요지에서 막 대한 양의 나말여초양식토기가 출토되었지만, 모두 야외유적이어서 토기의 계기적인 변화 과정을 알 수 있는 편년자료를 찾기는 어렵다. 이에 이 글에서는 나말여초양식토 기의 편년을 유보하였다.

표 결-1. 신라토기와 신라고분의 분기·편년표

연대	원삼국 · 신라토기				원삼국 · 신라고분	한국 고대고분 전개
BC 100	고식와질토기	1기			원삼국(사로국) 전기: 목관묘	1단계: 고분의 출현 — 저봉토묘·저분구묘
		2기	a			
			b			
			c			
		3기	a			
			b			
		4기	a			
			b			
AD 150	신식와질토기	1기	a		원삼국(사로국) 후기: 목곽묘	
			b			
		2기	a			
			b			
250	신라조기양식토기	1기	a		신라 조기: 주부곽식 목곽묘 (점토충전, 석재충전)	2단계: 대형분(묘)의 성립
			b			
		2기	a			
			b			
350	신라전기양식토기	1기	1A기	a		3단계: 고총의 등장 — 고총 1기
				b		
			1B기	a		
				b	신라 전기: 적석목곽분	
				c		
		2기		a		
				b		
450		3기		a		
				b		
		4기		a		
				b		
550	신라후기양식토기	1기	a			4단계: 고총의 쇠퇴 — 고총 2기
			b			
			c			
		2기	a			
			b			
			c		신라 후기: 석실봉토분	
			d			
650		3기	a			5단계: 고분의 쇠퇴
			b			
			c			
		4기	a			
			b			
			c			
750	나말여초양식토기					6단계: 고분의 소멸

앞서 말한 바와 같이 나말여초양식토기는 8세기 후엽 인화문의 쇠퇴, 주름무늬소병 등 새로운 기종의 출현으로 신라후기양식토기에서 전환되었으며, 각종 편호, 반구병, 장동호 등이 중심 기종이었고, 경부에 늘어진 파상문을 그어낸 대호도 이 단계 토기를 대표한다. 나말여초양식토기는 서기 10세기에 들어가 초기청자와 공존하다가 고려도기로 전환되어 갔다.

이상에서 살펴본 신라토기의 양식과 편년을 종합하면 〈표 결-1〉과 같이 된다.

2. 신라토기의 지방 전개와 그 정치적 함의

1) 신라조기양식토기

서기 3세기 중엽 경주지역의 토기가 원삼국 후기의 신식와질토기로부터 신라조기양식토기로 전환될 무렵, 김해지역의 토기도 때맞추어 가야조기양식토기로 전환되었다. 경주지역에서 성립한 신라조기양식토기는 경주와 인접한 포항과 울산지역으로, 이어서 낙동강 이동과 이서지방으로, 그리고 멀리는 동해안의 강릉지역까지 시차를 두고 확산되어 나갔다. 가야조기양식토기의 확산에 대해서는 구체적으로 언급하지 않았지만, 대체로 김해지역과 낙동강 건너편의 부산지역이 그 분포권이었다. 부산지역 가운데 양산과 접한 노포동유적에는 일찍이 신라조기양식토기가 진입하였고, 그 남쪽 복천동유적에서도 신라조기양식토기가 일부 부장되었지만, 신라·가야조기 복천동유적의 부장토기는 가야조기양식토기가 우세하였다. 이와 같이 신라·가야조기 영남지방의 토기 분포는 신라조기양식토기 분포권이 낙동강 하구의 가야조기양식토기 분포권을 포위하고 있는 양상이 되었다.

그런데 와질토기론에 바탕을 둔 고식도질토기의 지역색론이 나오고(안재호·송계현 1986; 부산대학교박물관 1993: 248~253), 이에서 발전한 고식도질토기 지역양식론에서는 고식도질토기를 '내륙양식'과 '낙동강 하구양식'으로 구분하였다(안재호 2000: 82; 이초롱 2013; 조성원 2014). 박천수는 이에서 더 나가 고식도질토기에 해당하는 3~4세기 영남지방의 토기를 '금관가야양식'과 '아라가야양식'으로 나누고, 영남 내륙은 물론 경주지역의 토기도 아라가야양식이 퍼져나간 것이라고 하였고(박천수 2000), 정주희는 박천수의 '아라가야양식'을 함안양식으로 바꾸어 같은 주장을 하였다(정주희 2009). 그러면서 그들은 영남지방에서 도질토기는 김해와 함안에서부터 생산되기 시작하였으며, 경주에서는 와질토기 생산체제가 늦게까지 유지되어 도질토기의 생산이 늦었다고 주장한다.

고식도질토기의 지역양식론은 고식도질토기를 삼국시대 토기가 아니라 특정 정치체와 관련된 발생 중심지가 없는 원삼국토기의 연장으로 보는 발상인데,[3] 여기에 '금관가야'와 '아라가야'를 갖다 붙인 것은 그러한 고식도질토기의 지역양식론조차 곡해하여 내륙양식의 발생 중심지를 함안의 '아라가야'라고 한 것이다. 김해지역의 '금관가야양식'보다도 더 광역에 확산된 토기양식이 성립하려면 그 발생 중심지에는 김해지역의 '금관가야'를 능가하는 강력한 정치체가 성립되어 있어야 한다. 그러나 함안지역에서는 지금까지 원삼국 후기의 신식와질토기에 이어 고식도질토기 시기에 중심지가 분명한 특정 토기양식을 출현시킬 수 있을 정도로 정치체가 성장하였음을 알려주는 수장층의 대형 목곽묘가 조사된 바 없다. 영남지방에서 그러한 수장층의 존재를 알려주는 대형 목곽묘가 조사된 지역은 경주와 김해지역이었다. 그러므로 '낙동강 하구양식'이 중심지가 김해지역인 '금관가야(조기)양식'이 될 수는 있어도 '내륙양식'이 중심지가 함안지역인 '아라가야양식'이나 '함안양식'이 될 수는 없는 것이다.

도질토기의 출현이 경주가 김해보다 늦었다는 주장이 사실이 아님은 앞서 누누이 밝혔으므로 더 이상 부연하지 않겠지만, 함안지역에서 이른바 고식도질토기 단계의 시작 자체가 경주·김해보다 늦어 신라·가야조기양식토기 1(a, b)기로 올라가기 어렵고 (신경철 2012: 107~109), 함안식 무파수노형기대와 통형고배는 그 2b기에 들어가서야 성립된 것임은 앞서 이미 살펴보았다.

와질토기론에서도 원래 고식도질토기는 삼국시대 토기라고 한 것이다. 그 후 김해

---

3 안재호는 '고식도질토기' 단계의 와질토기들을 삼한 후기 후엽의 토기로 편년한 바 있는데(안재호 1994), 그 후 안재호·한승현 2015에서 경주 덕천리유적과 황성동유적의 신라조기양식토기 사이에 기종 구성이나 동일 기종의 구조·형태에 차이가 있음을 들어, 그러한 지역색은 독립된 토기생산체제의 결과이며, 이로 보아 삼한 사회는 서기 3세기까지도 광역의 정치체제가 아니라 대규모 묘역을 형성한 단위집단이 사회정치적인 독립체였을 것이라고 하였다. '고식도질토기' 단계의 사회가 읍락이 기초 단위인 삼한 후기라는 주장을 고수하고 있는 것이다.

에서 앞에 말한 경(도)질토기 양이부원저단경호가 부장된 대성동 29호가 발굴되자 와질토기론 주창자인 신경철은 이를 '금관가야의 첫 번째 왕묘'일 것이라고 하였다(경성대학교박물관 2000b: 131). 김해지역에서 (금관)가야가 구야국에서 탈바꿈하여 성립한 것을 말한 것이다. 그러므로 서기 3세기 중엽에 원삼국 후기의 신식와질토기로부터 전환되어 경주지역과 김해지역에서 성립한 새로운 토기양식은 더 이상 원삼국토기의 연장이 아니라 각각 신라조기양식토기와 가야조기양식토기이다. 이 중 가야조기양식토기는 낙동강을 건너 부산지역까지 그 분포권이 된 데 비해, 신라조기양식토기는 낙동강 이동은 물론 낙동강을 건어 그 이서지방까지 분포권이 된 것이다.

신라조기양식토기의 지방 확산에는 시차가 있었다. 경주와 접한 포항과 울산지역에서는 신라조기양식토기가 경주와 거의 동시에 1a기부터 전개되었고, 경산과 대구지역에서는 1b기부터, 그 외 낙동강 동쪽의 연안지역과 낙동강 이서지역에서는 2a기부터 신라조기양식토기가 시작되었다. 신라조기양식토기의 지방 확산에는 기종에도 차이가 있어서, 경주와 접한 지역에서는 대부직구호, 복합토기, 통형기대, 오리형토기 등 기종 구성이 경주와 큰 차이가 없었지만, 원거리지역에서는 그러한 제의적·권위적 기종들은 탈락되고 존재하지 않았다. 그러나 모두 무파수노형기대와 통형고배의 존재라는 공통성이 있었다(앞의 도 2.1-33~35 참조)

이와 같이 신라조기양식토기는 경주지역에서 성립하여 시차적으로, 그리고 기종도 차별적으로 지방에 확산되었다. 지방에서 신라조기양식토기는 역시 경주에서 성립하여 지방으로 퍼져나간 이혈·동혈의 주부곽식 목곽묘나 세장방형 목곽묘에 부장되었다. 또 판상철모, 궐수형장식철모, 유자이기 등의 신라식 의기형 철기도 동반하여 신라조기양식토기와 함께 부장되었다(최병현 2018b: 96~108).

신라조기양식토기는 낙동강 동쪽으로 대구-칠곡 이남, 낙동강 이서로 고령-합천 삼가-진주지역까지, 동해안으로 강릉지역까지 분포하였다. 물론 이 분포 범위는 앞으로 유적조사에 따라 더 확대될 가능성이 있다. 신라조기양식토기는 분명히 신라의 성립과 함께 경주지역에서 출현하였고, 세장방형 주부곽식 목곽묘나 세장방형 목곽묘, 신라식 의기형 철기와 동반하여 지방으로 확산되어 나간 것이므로, 낙동강 이동은 물론 낙동강 이서를 포함한 신라조기양식토기의 분포권은 정치적으로 신라의 통제를 받고 있었다고 보아야 한다. 김해지역을 제외한 영남지방의 신라조기양식토기 분포권은 원삼국시기 와질토기문화권과 거의 일치한다. 신라는 조기에 낙동강 하구지역을 제외한 와질토기문화권을 장악하고, 동해안지방으로 진출해 나가기 시작한 것이다.

그러나 지리적인 위치에 따라 분포 양상이 차별적이었으므로 정치적 통제방식에도 차이가 있었다고 보아야 한다. 이에 대해서는 필자가 이미 전고들에서 살펴본 바 있다(최병현 2014a: 216~220; 2018b: 125). 이를 요약하면, 경주와 시차가 없고 기종 구성에도 큰 차이가 없는 신라조기양식토기가 전개된 포항과 울산지역은 신라 조기에 신라 6부의 직접지배 하에 들어간 것으로 판단된다. 무려 188점에 달하는 각종 철기가 부장된 포항 옥성리 78호 목곽묘(영남문화재연구원 1998), 울산 하대유적의 대형 목곽묘(부산대학교박물관 1997)는 원삼국 후기까지 이 지역들에 강력한 지역 수장층이 존재하였음을 의미하지만, 신라 전기에 이 지역들에서는 낙동강 이동의 영남지방 곳곳에 존재하는 신라 고총이 축조되지 않았다. 신라 조기에 지역 수장층이 해체되었기 때문일 것이다(이한상 2000; 김재홍 2001).

다음 신라조기양식토기가 1b기나 2a기부터 전개된 지역 중 낙동강 이동지방과 낙동강 이서의 일부 지역에서는 구조·형태상 대체로 경주지역과 큰 차이가 없는 신라조기양식토기가 전개되었으나, 낙동강 이서의 원거리지역에서는 그보다 좀 더 차이가 있는 신라조기양식토기 지역양식이 성립되었다. 낙동강 이서의 원거리지역에서는 아직 대형 목곽묘가 조사되지 않고 있으며, 유자이기 등의 의기적인 철기도 지역양식화한 특징이 있다(최병현 2018b: 107~109). 하지만 신라 전기·가야시기에 들어와 이 지역들에서는 신라의 고총이나 가야의 고총이 축조되었다. 이는 신라 조기에 지역수장층이 온존한 가운데 신라가 이들을 통해 간접지배하였거나, 또는 신라의 세력권하에서 지역수장층이 성장해 간 결과였을 것이다.

부산지역은 신라조기양식토기에 비해 가야조기양식토기가 우세하였지만, 목곽묘의 묘곽 형식이 신라식이고, 신라식의 의기적인 철기 부장이 이어진 것으로 보아 신라의 일정한 통제하에 있었을 것이다. 마지막으로 동해안지방에서는 원삼국 이래 중도식 무문토기가 사용된 呂·凸자형 주거지에서 신라조기양식토기가 소수 공반하다가, 강릉 안현동유적에서 신라조기양식토기가 부장된 목곽묘가 2b기부터 축조되기 시작하였다. 이는 신라가 동해안지방에 대한 정치적 영향력을 키워가다가 신라 조기말부터 강릉지역까지 간접지배하에 넣은 것을 의미하는 것으로 판단된다(최병현 2018b: 120~125).

서기 3세기 중엽 경주에서 성립하여 지방으로 확산되어 나간 신라조기양식토기의 지방 분포 양상은 이와 같이 사로국에서 고대국가로 탈바꿈한 신라가 지방을 통제방식에 차등을 두어 지배해나간 것을 보여준다. 그리고 신라조기양식토기 분포권이 낙동강 하구의 가야조기양식토기 분포권을 에워싸고 있는 양상은 진·변한에서 두각을 나타내며 세력을 경쟁하던 사로국과 구야국이 신라와 가야로 탈바꿈하면서, 신라가 확실히 우위에 서 가야세력이 낙동강 하구 일원을 벗어나지 못하도록 압박하고 있었던 상황을 의미한다.

2) 신라전기양식토기

서기 4세기 중엽 경주와 김해지역의 토기는 신라조기양식토기와 가야조기양식토기로부터 새로운 양식으로 전환하였다. 경주지역에서는 신라전기양식토기가, 김해지역에서는 가야양식토기가 성립한 것이다. 신라전기양식토기와 가야양식토기의 신출 기종은 성립 초기, 즉 그 1A(a, b)기에는 각각 경주와 김해지역을 거의 벗어나지 못했고, 경주와 김해지역 안에서도 소수 유적에서 부장되고 있었을 뿐이었다. 신라전기양식토기와 가야양식토기가 경주와 김해지역을 벗어나 각각 지방으로 확산되어 나간 것은 대체로 1B(a~c)기부터였다.

그런 가운데 신라전기·가야양식토기 1A(a, b)기 말부터 낙동강 연안지역의 토기양식 분포 양상에서 크게 유의되는 현상이 있었다. 첫째는 분명히 신라조기양식토기 분포권이었던 낙동강 이동의 연안 지역에서 가야양식토기가 일정 기간 고분에 부장된 것이다. 창녕과 인접한 청도 봉기리유적에서 가야양식토기가 일찍이 1Ab기 형식부터 부장되기 시작하여, 그 부장이 청도 송서리유적과 성곡리유적, 그리고 창녕 동리유적으로 확대되고, 이 지역에서 가야양식토기 단독 부장 고분이 1Bc기까지 이어졌다. 창녕지역에서는 1Bc기에 신라전기양식토기 창녕양식이 성립되었지만, 창녕과 그 인접 청도지역(이하 창녕지역)에서 2a기까지는 신라전기양식토기가 가야양식토기와 함께 부장되고 있었고, 창녕지역이 완전히 신라전기양식토기의 분포권이 된 것은 2b기부터였다(앞의 도 2.2-60, 66 참조).

낙동강 이동의 창녕지역에서 이와 같은 가야조기양식토기의 분포에 이어 가야산 이남의 낙동강 이서에서는 1B(a~c)기에 들어가 낙동강 이서양식 가야토기가 전개되기 시작한 것이다(앞의 도 2.2-61 참조). 앞서 살펴보았듯이 합천 삼가-진주까지의 낙동강 이서지방은 분명히 신라조기양식토기의 분포권이었다. 그러나 창녕지역의 가야양식토기 분포에 이어 신라조기양식토기 분포권이었던 낙동강 이서지방이 낙동강 이서양식 가야토기의 분포권으로 전환된 것이다. 창녕지역의 가야양식토기 분포와 낙동강 이서지방에서 낙동강 이서양식 가야토기의 성립은 연동하여 일어난 현상이 분명하다.

둘째는 낙동강 하구 유역에서 있은 현상들이다. 먼저 가야조기양식토기가 우세하였던 부산지역에서는 신라전기·가야양식토기 1A(a, b)기까지 가야조기양식토기 이래의 토기 분포가 이어졌으나, 그 1Ba기부터는 김해지역의 가야양식토기와는 연계성이 단절된 가운데 각종 외반구연고배가 번성하면서 신라전기양식토기로 전환되어 가는 현상이 있었다(앞의 〈도 2.2-58, 59〉 참조).

그런데 고 김해만 북안의 낙동강 하구에 위치한 김해 예안리유적에서는 가야조기양식토기, 가야양식토기가 부장되다가 1B(a~c)기부터 신라전기양식토기로 교체되어 갔고(앞의 도 2.2-69, 70 참조), 김해 서쪽의 창원 도계동유적에서도 1Ab기까지는 가야조기·가야양식토기가 부장되었으나 1Ba기부터는 가야양식토기와 함께 신라전기양식토기가 함께 부장되기 시작하여 점차 신라전기양식토기가 우세해지는 현상이 있었다. 특히 창원 도계동유적의 신라토기 중 장경호는 경주토기에 가까웠으나, 고배는 범낙동강 이동양식에 속하는 구미양식이 유입되어 함께 부장된 점이 주목되었다(앞의 도 2.2-72 참조).

다음은 김해 중심부의 변화로, 대성동유적을 비롯한 해반천 수계의 유적에서도 1Bb기부터 부장토기에 신라전기양식토기와 관련 있는 토기들이 소수 포함되다가 2a기부터는 부장토기의 중심이 가야양식토기에서 신라전기양식토기로 전환되는 현상이 있었다(앞의 도 2.2-57, 71 참조). 앞서는 예안리·칠산동·가달유적만 언급했지만, 이 유적들의 변화로 보아 중심부 이외의 김해지역 고분에서도 부장토기의 전환은 중심부보다 빨랐을 것으로 보이며, 그 영향이 중심부 유적에 미쳐오다가 2a기에는 중심부 유적의 부장토기 중심이 바뀐 것이다.

김해지역 일원에서의 이와 같은 현상들도 개별적인 것만은 아니고 연속적인 것이겠지만, 크게 보면 첫 번째와 두 번째도 상호 관련된 계기적인 현상이었을 것으로 판단된다. 그 중 먼저 일어난 것은 원래 신라조기양식토기 분포권이었던 낙동강 이동 연안 지역 일부가 가야양식토기 분포권이 된 것이고, 그에 이어서 원래 가야조기양식토기 분포권이었던 낙동강 하구 일원이 신라전기양식토기 분포권으로 변해가다 결국 김해 중심부까지 토기양식의 중심이 바뀐 것이다. 그러면 이와 같은 현상은 단순히 문화적인 것인가, 아니면 당시 낙동강 유역에서 일어난 정치적 격변의 결과일까?

역사적으로 이 무렵에 일어난 두 가지 사건의 기록이 있다. 먼저 『日本書紀』「神功紀」 神功攝政 49년조의 다음 기록이다.

> "49년 봄 …… 모두 卓淳에 모여 신라를 쳐서 깨트렸다. 그로 인하여 比自炑, 南加羅, 喙國, 安羅, 多羅, 卓淳, 加羅의 일곱 나라를 평정하였다 ……."[4]

뒤에 "거듭 군사를 옮겨 서쪽으로 돌아 古奚津에 이르러 南蠻 忱彌多禮를 잡아 백제에게 주었다"는 내용이 이어진 이 기록을 학계에서는 紀年을 조정하고 주체를 변경하여, 왜가 아니라 백제가 서기 369년 한반도 남부지방에서 군사활동을 한 내용으로 이해하는 것이 대세이다. 즉 백제 근초고왕의 남정에 대한 기록이라는 것이다.

다음은 집안 광개토대왕비의 다음 기록이다.

> "10년 경자에 왕이 보병과 기병 도합 5만명을 보내어 신라를 구원하게 하였다 …… (고구려군이) 그 뒤를 급히 추격하여 임나가라의 종발성에 이르니 성이 곧 항복하였다 ……."[5]

서기 400년 광개토대왕의 고구려군이 남정하여 신라성에서 왜적을 퇴각시키고 이

....

4 四九年春……俱集于卓淳 擊新羅而破之 因以平定 比自炑 南加羅 喙國 安羅 多羅 卓淳 加羅 七國 ……. 번역문은 金泰植 외, 2004, 『譯註 加耶史史料集成 -제1권 高麗以前篇』, 駕洛國史蹟開發硏究院, pp.156~157에서 옮김.

5 十年庚子 敎遣步騎五萬 往救新羅 …… ㅁㅁ背急追至任那加羅從拔城 城卽歸服 ……. 원문과 번역문은 韓國古代社會硏究所 編, 1992, 『譯註 韓國古代金石文』 제1권(고구려·백제·낙랑 편), 駕洛國史蹟開發硏究院, p.12와 pp.18~19에서 옮김.

를 추격하여 임나가라의 항복을 받은 사건이다. 신라전기양식토기와 가야양식토기가 성립한 직후 낙동강 연변에서 보이는 급격한 토기양식 분포 양상의 변화는 이상의 백제 근초고왕 남정과 그 뒤를 이은 고구려 광개토대왕의 남정이라는 격변의 결과로 일어난 것이 아니었을까.

앞의 백제 근초고왕 남정 기록을 학계에서는 흔히 '가야칠국 평정기사'라고 한다. 그러나 원문은 그냥 칠국평정이지 가야칠국 평정이 아니다. 여기에 김해의 남가라, 고령의 가라가 들어 있지만, 이는 평정 당시의 국명이 아니라 그보다 후대의 국명을 기록에 올린 것이다.[6] 또 군사가 탁순에 모여 신라를 쳐서 깨뜨렸는데, 이로 인하여 평정된 것이 김해의 남가라를 포함한 칠국이라는 것으로, 이때 깨뜨린 신라는 신라의 중앙 경주가 아니라 신라의 지배하에 있었던 낙동강 연안의 정치세력들로 보아야 옳다.

그런데 여기 7국 가운데 남가라의 김해를 제외하고는 모두 신라조기양식토기가 전개된 지역들이다. 그 중 백제 근초고왕군이 가장 먼저 깨뜨린 곳이 비자발로, 현재의 낙동강 이동 창녕지역이다.[7] 그런데 창녕과 청도의 창녕 인접지역에서는 가야양식토기가 1Ab기 형식부터 고분에 부장되었다. 앞서 신라전기·가야양식토기 1A(a, b)기는 서기 4세기 중엽으로 편년되었다. 그러므로 1Ab기는 서기 4세기 중엽의 후반이지만, 창녕지역에서 1Ab기 형식의 가야양식토기는 4세기 중엽 말이나 후엽 초부터 부장되었을 것이므로, 그 연대도 같다.[8] 이어서 1B(a~b)기에 들어가 그 외의 낙동강 이동 연안지역 중

....

6   金泰植 외, 2004, 『譯註 加耶史史料集成 −제1권 高麗以前篇』, 駕洛國史蹟開發研究院, p.156의 註 105, p.157의 註 109.

7   탁순은 대구설과 창원설이 있으며 현재는 창원설이 유력하다. 그런데 평정 대상인 7국 중 지명 비정에 이설이 없는 곳을 기록의 순서대로 보면, 창원(탁순)에 모인 군사가 북상하여 창녕(비자발)을 치고, 다시 남하하여 김해(남가라)→ 함안(안라)을 평정하고 옥전(다라)으로 북상하였고, 다시 창원(탁순)으로 남하하였다가 또 북상하여 고령(가라)을 치고 전라남도의 침미다례로 간 것이 된다. 그러나 탁순을 창녕의 서쪽, 백제군이 소백산맥을 넘어 비자발로 향하는 교통로 상에 위치한 지역으로 비정하면, 백제군이 기록의 순서대로 돌아 최후로 고령에서 다시 소백산맥을 넘어 전라남도로 향한 것이 된다. 『日本書紀』神功 49년조보다 앞서 46년조에 탁순국 왕이 백제 사신에게 貴國(倭)에 가는 길을 설명하면서 '바닷길 운운'하는 내용이 있지만, 『日本書紀』는 주체를 왜로 바꾸어 윤색한 것이므로, 여기에 연연할 필요는 없다고 생각된다.

8   창녕과 인접 청도지역의 가야양식토기를 '상하일렬투창 창녕양식'이라고 한 박천수는 창녕과 청도지역의 가야토기가 김해지역에서 북상한 것이 아니라 오히려 고 김해만의 가달고분군, 미음동고분군, 김해 서쪽 창원 도계동유적의 가야토기가 창녕에서 남하한 '창녕양식'이라는 독특한 주장을 하고 있다(박천수 2019). 이에 대해서는 앞서 비판하였으므로 더 이상 언급하지 않겠다.

에서도, 창녕지역만큼 지속적이지는 않았지만, 가야양식토기가 일부 부장되는 현상이 있었고, 낙동강 이서지방에서는 낙동강 이서양식 가야토기가 성립되어 갔다. 한편 1Bc 기부터 창녕지역에서는 신라전기양식토기 창녕양식이 성립되어, 창녕지역은 창녕양식의 신라전기양식토기 분포권이 되었다.

이와 같은 사실은 바로 백제 근초고왕의 남정으로 평정된 신라조기양식토기 분포권 가운데 낙동강 이동의 창녕지역은 신라가 곧 회복하였지만, 낙동강 이서지방은 이때부터 신라에서 떨어져 나와 가야권이 되었기 때문이 아닐까? 근초고왕의 평정 지역에 김해의 남가라가 포함되어 있지만, 근초고왕 남정 무렵부터 낙동강 이동 연안의 창녕지역에서 가야양식토기가 부장된 것, 이어서 그 외의 낙동강 이동 연안지역에서 일부 가야양식토기가 부장된 것, 그리고 낙동강 이서양식 가야토기가 성립된 것은 백제 근초고왕의 남정이 김해의 가야와 연계하에 이루어진 것을 말해준다.

다라국의 고분군으로 인정되는 합천 옥전고분군 23호분에서는 가야유물들과 함께 백제계의 금동관모와 금귀걸이가 출토되었다. 병두부 및 병부와 윤부의 경계부 측면만 철판으로 보강한 등자도 백제계일 가능성이 크다(도 결-1). 또 이 고분에서는 신라전기양식토기 1Bb기의 고배 2점도 함께 나왔다. 북연 '풍소불묘 최고 등자설'과 서기 400년 '고구려군 남정영향설'에 경도된 편년에서는 이 고분의 연대를 5세기 중엽에 가깝게 내려보지만, 백제계 장신구와 마구, 신라전기양식토기 고배, 그리고 공반된 刀身形 철촉의 형식으로 보아도 이 고분의 연대는 4세기 후엽을 더 내려오지는 않는다. 이러한 옥전 23호분의 백제계 유물은 백제가 낙동강 이서를 신라로부터 분리시키고 영향력을 행사해나간 물적 증거가 아닐 수 없다(최병현 2018b: 161~163).

다음 1B(a~c)기에 들어가 낙동강 하구유역의 토기양식 분포와 그 변화가 보여주는 일련의 현상은 김해의 가야와 연계된 백제 근초고왕의 남정에 대한 신라의 대응을 보여주는 것이 아닐까? 김해 예안리 고분들은 신라·가야 조기부터 신라 전기·가야시기 1A(a, b)기까지 가야고분의 정체성을 유지하고 있었지만, 신라·가야 조기에도 신라조기양식토기가 일부 부장되고 있었고(최병현 2018b: 127~28), 신라 전기·가야시기 1A(a, b)기에도 신라계 발형기대가 부장되고 있었다. 이는 신라가 낙동강 하구의 김해 예안리 일대에 조기부터 영향을 미치고 있었음을 말해준다. 그런데 백제가 원래 신라조기양식토기 분포권이었던 낙동강 연안지역을 평정하자, 신라는 김해의 가야를 동과 서 양쪽에

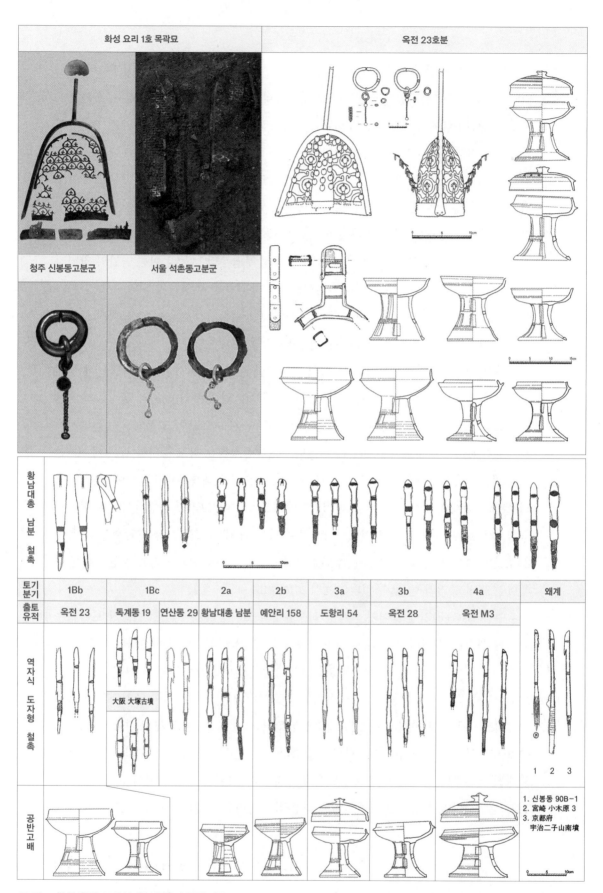

도 결-1 합천 옥전 23호분 출토유물과 관련 자료

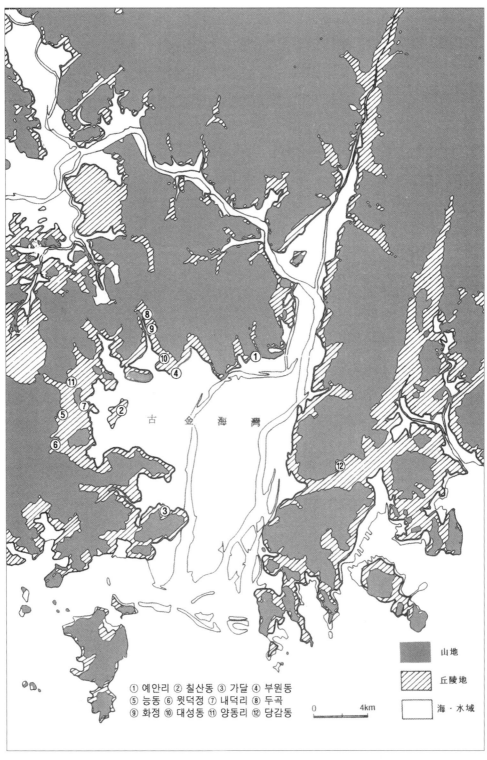

① 예안리 ② 칠산동 ③ 가달 ④ 부원동
⑤ 능동 ⑥ 윗덕정 ⑦ 내덕리 ⑧ 두곡
⑨ 화정 ⑩ 대성동 ⑪ 양동리 ⑫ 당감동

山地
丘陵地
海·水域

0   4km

도 결-2 고 김해만 일원의 고분군(이희준 1998)

서 본격적으로 고립시켜 나갔고, 최종적으로 신라를 도운 고구려 남정군이 왜와 연합한 가야의 항복을 받아내 김해의 가야를 신라에 귀속시킨 것이 아닐까 하는 것이다.

신라전기·가야양식토기 1B(a~c)기에 들어가 고 김해만의 낙동강 하구 김해 예안리유적의 토기양식이 가야양식에서 신라전기양식으로 바뀌고(도 결-2), 부산지역의 토기양식이 1Ba기부터 김해의 가야양식토기와 연계성이 단절된 현상은 신라가 낙동강 하구를 장악해 간 것을 의미하며,[9] 이와 함께 도계동유적을 비롯한 창원지역에서 신라전기양식토기가 전개된 것도 신라가 이곳에 진출하여 김해의 가야를 동서 양쪽에서 차단하여서 고립시켜 나간 것을 의미한다. 그 후 2a기부터 김해의 중심부 대성동유적을 비롯한 해반천 수계 유적까지 부장토기의 중심이 신라전기양식토기로 전환되었는데,[10] 앞서 신라전기양식토기 2a기는 4세기 말·5세기 초로 편년되었다. 서기 400년 고구려군의 남정과 김해의 중심부 해반천 수계 고분군의 부장토기 전환이 동시기인 것이다.

김해지역 중심부까지 부장토기의 중심이 신라전기양식토기로 전환된 것은 김해의 가야가 사실상 신라에 귀속된 상태를 의미하는 것으로 판단된다. 신라 전기·가야시기에 김해지역에서는 신라의 고총도, 가야의 고총도 축조되지 않았다. 이는 일찍이 신라 조기부터 신라 6부의 직접 지배하에 들어갔던 포항·울산지역과 같은 현상이다. 고구려군 남정 이후 사실상 신라에 귀속된 김해지역 가야의 위상이 어떠하였는지를 말해준다. 다만 신라전기·가야양식토기 3b기까지 해반천 수계의 유적에서 신라전기양식토기와 가야양식토기 무개식고배가 공반되고 있었던 점이 유의된다(앞의 도 2.2-71 참조). 그때까지 가야양식토기의 생산기반이 일부 남아 있었던 것으로, 신라 귀속하의 김해 (금관)

....

9 신라가 고 김해만의 낙동강 하구 김해 예안리 일대를 장악하여 가야를 고립시켜 나간 것에 대해서는 일찍이 이희준이 지적한 바 있으나(이희준 1998), 그는 그 시기를 서기 400년 고구려 남정 이후라고 하였고, 김해 대부분의 가야유적에서 5세기 후반의 늦은 시기 또는 6세기 초까지 신라토기가 부장되지 않고 가야토기가 부장되었다고 보았다. 이 점 본고와 차이가 있다.

10 김해 중심부의 부장토기 중심이 신라전기양식토기로 전환된 뒤 김해지역 고분에서는 창녕양식 토기의 부장이 많았는데, 김해지역에서 창녕양식 토기의 지속적 부장에 대해서는 신라에 의한 창녕지역 주민의 사민 가능성이 이미 언급되었다(이희준 2007: 303~305). 한편 앞서 언급하였듯이 창원 도계동유적의 신라토기 중 장경호는 경주식이었지만, 고배는 범낙동강 이동양식에 속하는 구미양식이 주류를 이루었다. 창원 도계동유적에서 구미양식 고배가 지속적으로 부장된 것은 김해 중심부보다 먼저 신라에 의한 지역주민의 사민 가능성을 시사한다. 구미지역에서는 낙동강 이동의 주변 다른 지역보다도 일찍부터 신라전기양식토기가 전개된 점도 유의되는데, 이는 강릉지역과 함께 일찍이 이루어진 신라의 외곽지역 장악과 관련이 있을 것이다.

가야세력의 존재양태와 관련하여 의미가 있을 것으로 판단된다.

이상 살펴본 바와 같이 신라전기·가야양식토기가 성립된 직후, 낙동강 연안에서 근초고왕 남정이라는 대파동을 겪은 후 가야산 이남의 낙동강 이서지방은 낙동강 이서 양식 가야토기의 분포권이 되었고, 낙동강 이동은 신라전기양식토기의 분포권이 되어 각 지역에서 범 낙동강 이동양식에 속하는 신라토기 지역양식이 성립되었다. 그 시기는 1A(a, b)기를 지나 대체로 1B(a~c)기에 들어와서였다. 이어서 낙동강 이서의 김해지역 은 고구려군의 남정이 있은 2a기부터 신라전기양식토기의 분포권이 되었다.[11]

낙동강 이서지방을 상실한 신라는 영남 북부와 중부지방으로의 진출에 박차를 가한 것으로 보인다. 소백산맥 아래의 상주지역에서도 신라전기양식토기가 1Ba기 형식 부터 고분에 부장되기 시작하였고, 신라 조기 말에 이미 신라조기양식토기가 부장된 목곽묘가 축조되고 있었던 강릉지역에서는 그대로 신라전기양식토기의 부장으로 이어졌 다. 강릉보다 남쪽 동해·삼척지역에서는 아직 신라 조기의 고분유적이 조사되지 않고 있지만, 삼척 갈야산에 신라 고분군이 존재하는 것으로 보아 강릉보다 이르거나 최소한 늦지 않게 신라 고분군이 조영되기 시작하였을 것이다. 이후 동해안지역에서 신라 고분 군의 조영이 중단된 시기는 없었다.

신라전기양식토기 1Ba기에 소백산맥 아래까지 진출한 신라는 이어서 소백산맥을 넘어 충북 보은의 삼년산성 주변 일대에 거대한 고분군을 조영하였다. 고분군에서 수집 된 토기 중에는 신라전기양식토기 2b기 형식부터 존재하여, 신라는 서기 5세기 전엽에 충북 보은 지역까지 진출한 것을 알 수 있다. 신라 삼년산성고분군의 대척점에는 백제 의 대 지방고분군인 청주 신봉동고분군이 자리하고 있다. 삼년산성고분군은 신라가 백

....

11 서기 400년 광개토대왕의 남정으로 한반도 남부지방의 고분문화가 변동되었다는 '고구려군 남정 영향설'(최
    종규 1983)에 따라 신라전기·가야 고고학자료를 편년하는 연구자들은 신라전기·가야양식토기 성립 후 일어
    난 영남지방의 고고학자료에 보이는 이러한 일련의 변동을 모두 고구려군의 남정에 의한 것으로 해석한다.
    박천수가 고 김해만과 창원지역의 가야토기가 창녕지역에서 남하한 것이라고 주장하는 것(박천수 2001;
    2019)도 마찬가지이다. 그러나 그것으로는 낙동강 연안에서 일어난 일련의 시차적인 변화를 설명할 수 없
    다. 신경철은 서기 400년 고구려의 남정으로 김해의 대성동고분군 축조집단이 일본열도로 이주하여 일본 고
    분시대의 須惠器 생산이 개시되었다고 주장하지만(신경철 1997), 일본 열도에서 須惠器의 출현이 서기 400
    년 고구려군 남정이 아니라 서기 369년 백제 근초고왕의 남정으로 인하여 발생한 한반도 남부지방 유이민의
    일본열도 이주에 의한 것으로 보아야 전후 맥락이 자연스럽다는 것은 이희준이 이미 지적한 바 있다(이희준
    2014: 178).

제의 더 이상의 남하를 막고 중부지방으로 진출하는 교두보를 이곳에 마련하였으며, 5세기 전엽부터 신라와 백제가 이곳에서 대치하고 있었던 상황을 말해준다. 문헌기록에 보은 삼년산성은 서기 470년에 쌓았다고 하므로, 삼년산성고분군은 그보다 훨씬 앞서 조영되기 시작한 것이다.

한편 충북 보은의 삼년산성고분군이 조영되기 시작할 무렵, 동해안지역에서도 신라고분군이 조금 더 북상하여 조영되기 시작하였다. 강릉의 경계선을 넘어 양양 원포리고분군에서 신라전기양식토기 2b기 형식부터 부장된 것이 확인된다.

신라는 삼년산성고분군을 교두보로 삼아 중부지방에서 그 동-서로 진출해 나간 것으로 보인다. 서쪽의 무주 대차리고분군, 청원 미천리고분군에서 3b기, 즉 5세기 후엽부터 신라전기양식토기가 부장된 신라고분이 조영되기 시작하였고, 현재 단양지역의 자료는 그보다 조금 늦지만, 정선 임계리고분군에서도 3b기부터 신라전기양식토기가 부장되기 시작하였다.

서기 475년 고구려는 백제 한성을 함락하고 남하하였고, 백제는 웅진으로 천도하였다. 신라가 5세기 후엽에 무주 대차리에서부터 정선 임계리까지 신라 고분군을 조영하기 시작한 것은 당시의 그와 같은 역사적 상황과 관련이 있을 것이다. 5세기 후엽부터 축조되기 시작한 중부지방의 신라 고분군은 이미 충북 보은지역에서 삼년산성고분군을 조영하고 있던 신라가 이때 삼년산성을 쌓고, 백제가 지방을 통제할 힘을 잃은 사이, 그 동서로 진출하여 남하하는 고구려와 대치한 것을 의미한다.

경주에서 성립한 신라전기양식토기가 지방으로 확산되면서, 각 지역에서는 범낙동강 이동양식에 속하는 신라토기 지역양식이 성립하였다. 각 지역의 지역양식은 경주에서 성립한 원신라양식이 선택압으로 작용하여 각 지역에서 각각의 구조 특징을 가진 토기군으로 성립하고, 자체적인 형식변화를 이루어 간 것이다. 이는 신라 중앙이 지방의 토기 생산기반을 완전히 장악하지는 못한 것을 의미하는 것으로, 신라 중앙의 지방에 대한 간접지배의 한 단면으로 해석되기도 한다.

지역양식은 지역에 따라 토기의 구조 속성에 차이가 있었으며, 중앙양식인 경주토기와 상대적으로 가까운 구조 속성을 유지한 지역도 있었고, 그보다 멀어져 이질화가 심하게 진행된 지역도 있었다. 그러나 그러한 차이가 반드시 지리적인 원근에 따른 것만은 아니었다. 부산양식에 비해 경산양식의 이질화가 더 심했고, 멀리 강릉지역 토기

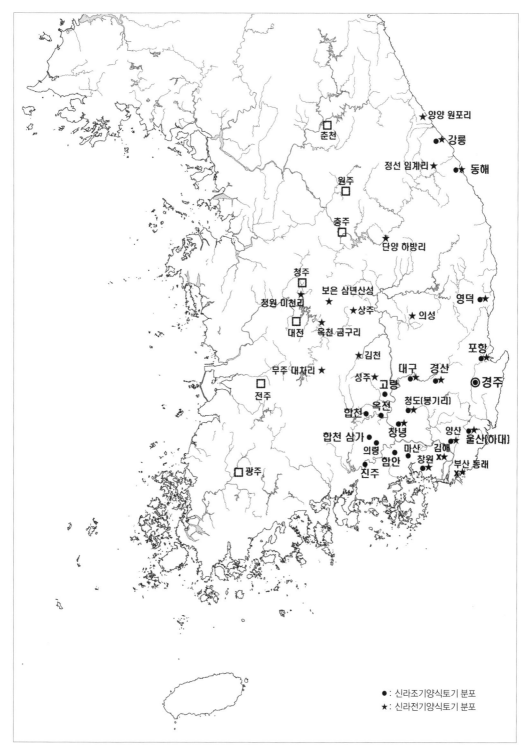

● : 신라조기양식토기 분포
★ : 신라전기양식토기 분포

도 결-3 신라조기·전기양식토기의 분포

는 오히려 경주토기와 더 가까웠다. 지역양식 사이의 그러한 차이는 지리적 원근이 아니라 신라 중앙의 차별적인 통제 정도에 의한 것이었다고 판단된다.

이상에서 설명해 온 신라조기양식토기와 신라전기양식토기의 분포권 변화를 지도에 표시하면 〈도 결-3〉과 같다.

3) 신라후기양식토기

서기 6세기 중엽 경주지역의 신라토기는 신라전기양식토기로부터 신라후기양식토기로 전환되었다. 지방에서도 신라토기의 양식전환은 경주와 큰 시차 없이 이루어진 것으로 보인다. 앞서는 낙동강 이서의 가야지역과 중부지방에서 대표적인 유적을 중심으로 신라후기양식토기의 전개 과정을 살펴보았다.

먼저 낙동강 이서의 가야지역을 살펴보면, 김해지역에서는 중심부에서도 신라 전기·가야시기 2a기부터 신라전기양식토기가 전개되어 왔고, 3b기까지는 가야양식토기가 일부 공반되었으나, 4a기부터는 가야양식토기가 단절되고 신라전기양식토기만 부장되고 있었다. 그러한 상황은 대성동유적의 약간 북쪽에 위치한 해반천 수계의 화정유적이 잘 보여준다(앞의 도 2·2-72 참조). 화정유적에서는 신라전기양식토기 4b기에서 신라후기양식토기 1a기로 자연스럽게 이어졌다(앞의 도 2.3-29 참조). 그러므로 김해지역에서 신라후기양식토기의 전개는 가야의 다른 지역에서와 같은 차원에서 볼 수 없다. 신라 전기에 이미 신라에 귀속된 지역에서 토기양식이 경주지역에서와 같이 신라전기양식토기에서 신라후기양식토기로 전환된 것이다.

다음 김해 이외의 낙동강 이서 가야지역에서 신라토기가 가장 먼저 부장되기 시작한 곳은 함천 삼가고분군이다. 삼가고분군에서는 신라전기양식토기가 4a기 형식부터 고령양식 가야토기들과 함께 부장되기 시작하였다(앞의 도 2.3-30 참조). 신라토기의 부장은 자연스럽게 신라후기양식토기로 이어져 1c기까지 일부 가야토기와 함께 부장되었다. 합천 삼가고분군에서 신라토기는 신라후기양식토기부터가 아니라 그에 앞서 신라전기양식토기부터 부장되기 시작한 점, 가야토기로부터 신라토기로의 전환이 자연스럽게 이루어진 점은 주목되는 현상이다.

창원지역은 이와 대조적이다. 창원지역은 가음정동유적을 통해 신라후기양식토기의 전개 과정을 살펴보았는데, 고분 주구에서 신라전기양식토기 고배 뚜껑이 출토되기도 하였지만, 신라토기가 본격 부장되기 시작한 것은 신라후기양식토기 1a기 형식부터이다. 그런데 창원 가음정동고분군에서는, 조사된 고분의 수가 적기는 하지만, 석실이나 석곽에서 가야토기와 신라토기가 공반된 사례가 없고, 모두 신라후기양식토기만 출토되었다. 창원 가음정동 3호분은 합천 삼가고분군에서와 같이 중심부의 석실 주위로 소석곽이 배치되는 가야 전통의 봉토분이지만, 석실과 석곽에 매납된 토기는 신라후기양식토기뿐이었다. 창원 가음정동 고분군에서 가야토기의 단절과 신라후기양식토기의 부장은 서기 6세기 중엽 초에 급격하게 이루어진 것을 알 수 있다.

다음으로는 의령지역, 합천 저포리고분군, 고령 지산동고분군의 신라후기양식토기를 살펴보았는데, 의령지역에서는 1b기 형식부터 존재하였고, 합천 저포리고분군에서는 1b기 형식, 고령지역에서는 1a기 형식을 모델로 제작된 토기도 존재하였지만, 그러나 이들이 실제 고분에 부장된 시기는 1c기 이후였다. 신라후기양식토기 1c기는 6세기 후엽의 전반으로 편년되었다. 그 이전까지는 모두 고령양식 가야토기들이 부장되고 있었다.

낙동강 이서 가야지역에서는 이와 같이 신라토기가 지역에 따라 시차를 두고 전개되기 시작하였다. 김해지역에서는 신라전기양식토기에서 신라후기양식토기로의 전환이 자연스럽게 이루어졌고, 다음은 합천 삼가고분군과 창원지역에서 신라후기양식토기가 전개되었는데, 모두 고령의 대가야가 신라에 통합된 562년 이전부터였다. 그 뒤 의령지역, 합천 저포리고분군, 고령 지산동고분군의 부장토기가 고령양식 가야토기에서 신라후기양식토기로 교체되었는데, 대가야가 신라로 통합된 직후로 판단된다.

그런데 가야사 연구에서는 『삼국사기』와 『일본서기』에서 서기 530년대 이전에 신라에 복속된 것으로 나오는 남가라(금관가야), 탁기탄, 탁순 3국을 가야 남부제국(김태식 1993: 167~213), 또는 낙동강 중·하류 가야 3국(이희준 2007: 351~373)이라고 하면서, 신라의 가야제국 통합이 낙동강 하류역부터 이루어진 것으로 보고 있다. 그러나 낙동강 이서 가야지역에서 신라토기의 전개 과정은 그와 다르게 나타나고 있다. 앞서는 『日本書紀』「神功紀」神功攝政 49년조에 기록된 백제 근초고왕의 남정 루트와 관련하여, 현재 창원지역으로 비정되고 있는 탁순의 위치에 대해 재고의 여지가 있음을 언급하였다. 서기 530년대에 신라에 복속된 3국의 위치도 그와 연계하고 고고학자료도 참고하여 재고할 필요가 있다.

다음은 중부지방으로, 청주 누암리고분군을 중심으로 중원지역, 임진강 하구의 파주 성동리유적을 통해 경기 북부지역의 신라후기양식토기 전개를 살펴보았다. 모두 신라후기양식토기가 1a기 형식부터 전개되었지만, 그 실제 부장 시기는 신라가 한강유역으로 진출한 550년대부터였을 것이다. 이어서 원산만 일대와 백제의 사비기 영토였던 서남부지방의 신라후기양식토기 전개도 간단히 언급하였다.

6세기 중엽 경주지역에서 성립된 신라후기양식토기는 이상과 같이 경주와 거의 시차 없이 신라가 진출하거나 통합한 지역에서 전개되었다. 그런데 지방의 신라후기양식토기는 그 구조·형태로 보아 대개 현지에서 제작된 것이 많았지만, 경주토기와 비교하여 상대편년이 가능할 정도로 모델을 충실하게 모방하여, 경주토기와 차이가 크지 않은 토기들이 많았다. 물론 국지적으로는 거칠게 모방·제작되어 구조·형태가 크게 달라진 예들도 없지는 않았다. 그러나 지방 거점의 대고분군 출토 토기들은 대개 충실하게 제작되었다. 신라후기양식토기는 전국적으로 제일성이 강했으며, 이는 신라전기양식토기와 달리 사실상 지방에서 지역양식이 성립되지 않은 것을 의미한다.

앞서 보았듯이 신라토기의 지역양식은 신라전기양식토기 4(a, b)기부터 소멸되었다. 그 연장선에서 신라후기양식토기의 지역양식은 사실상 성립하지 않은 것이다. 이는 신라가 중앙집권국가가 되면서 신라 중앙이 지방의 토기 생산체제도 장악해 나가기 시작하였음을 의미한다. 신라는 지증왕 때인 6세기 초부터 지방에 지방관을 파견하기 시작하였고, 이어서 법흥왕 때 율령을 반포하고 불교를 공인하는 등 중앙집권을 강화하였다. 신라토기의 지역양식 소멸은 신라의 지방 통제방식 변화, 즉 지방에 대한 신라의 직접지배와 깊이 관련되어 있었다고 판단된다.

이상 살펴본 바와 같이 경주에서 새로운 신라토기 양식의 성립은 신라 중앙의 정치적 성장·변화와 궤를 같이하였으며, 지방에서 각 시기 신라토기의 전개 과정은 신라 중앙의 지방에 대한 통제방식, 그에 따른 지방의 토기 생산체제에 대한 신라 중앙의 관여 정도나 장악 여부와 밀접히 관련되어 있었다.

참고문헌

저서

郭長根, 1999,『湖南 東部地域 石槨墓 研究』, 書景文化社.

국립경주문화재연구소, 2019,『월성해자의 축조연대-경주 월성(해자) 축조연대 규명을 위한 연대측정학적 분석 연구-』.

국립경주문화재연구소, 2020,『다양한 시선에서 본 고환경 연구』.

국립경주문화재연구소·영남고고학회, 2021,『연대측정학을 통해 본 고대 경주의 시간』.

김성남·김경택, 2013,『와질토기논쟁고』, 진인진.

金元龍, 1960,『新羅土器의 研究』, 乙酉文化社.

金元龍〈西谷正 譯〉, 1972,『韓國考古學槪論』, 東出版.

金元龍, 1973,『韓國考古學槪論』, 一志社.

金元龍, 1981,『新羅土器』, 悅話堂.

김용성, 2009,『신라왕도의 고총과 그 주변』, 학연문화사.

金泰植, 1993,『加耶聯盟史』, 一潮閣.

류창환, 2012,『가야마구의 연구』, 서경문화사.

박천수, 2010a,『가야토기-가야의 역사와 문화』, 진인진.

박천수, 2019,『비화非火가야加耶』, 진인진.

왕인문화연구소, 2016,『고대 전남지역 토기제작기술의 일본 파급연구』, 왕인박사현창협회.

윤용희, 1996,『아름다운 우리 도자기』, 학고재.

李盛周, 2014,『토기제작의 技術革新과 生産體系』, 학연문화사.

이희준, 2007,『신라고고학연구』, 사회평론.

이희준, 2017,『대가야고고학연구』, 사회평론.

崔秉鉉, 1992a,『新羅古墳研究』, 一志社.

최병현, 2021a,『신라 6부의 고분 연구』, 사회평론아카데미.

崔鍾圭, 1995,『三韓考古學研究』, 書景文化社.

최종택, 2013,『아차산 보루와 고구려 남진경영』, 서경문화사.

한국고고학회, 2008,『국가 형성의 고고학』, 사회평론.

한국고고학회, 2010,『개정신판 한국고고학강의』, 사회평론.

홍보식, 2003,『新羅 後期 古墳文化 研究』, 춘추각.

T. 더글러스 프라이스(이희준 옮김), 2013,『고고학의 방법과 실제』, 사회평론.

콜린 렌프류·폴 반(이희준 옮김), 2006,『현대 고고학의 이해』, 사회평론.

諫早直人, 2012,『東北アジアにおける騎馬文化の考古學的研究』, 雄山閣.

大阪府立 近つ飛鳥博物館, 2006,『年代のものさし-陶邑の須惠器』〈平成17年度企劃展/重要文化財指定記念〉.

藤井康隆, 2014,『中國江南六朝の考古學研究』, 六一書房.

小學館, 1979,『世界陶磁全集 17 韓國古代』, 小學館.

水野清一・樋口隆康・岡埼敬, 1953,『對馬』, 東亞考古學會.

有光敎一, 1937,『慶州忠孝里石室古墳調査報告-昭和七年度古蹟調査報告 第二冊-』.

田邊昭三, 1981,『須惠器大成』, 角川書店.

中村浩, 1993,『古墳時代須惠器の編年的研究』, 白書房.

熊海堂, 1995,『東亞窯業技術發展與交流史研究』, 南京大學出版社.

中國硅酸鹽學會, 1982,『中國陶瓷史』, 文物出版社.

논문

국문

諫早直人, 2007,「製作技術로 본 夫餘의 轡와 韓半島 南部의 初期轡」,『嶺南考古學』43, 嶺南考古學會.

강현숙, 2012,「高句麗 古墳과 新羅 積石木槨墳 交叉編年에서의 몇가지 論議」,『韓國上古史學報』78, 韓國
　　上古史學會.

顧幼靜, 2009,「韓國 硬質土器의 起源 考察-가마의 구조를 중심으로-」,『湖南考古學報』32, 湖南考古學會.

郭東哲, 1992,「嶺南地方出土 組合牛角形把手附壺에 대한 硏究」,『考古歷史學誌』8, 東亞大學校博物館.

具慈奉, 1997,「慶州仁旺洞古塚群의 木槨墓 出土土器 紹介」,『韓國 古代의 考古와 歷史』〈姜仁求 編〉, 學研文
　　化社.

권도희, 2020,「중부지역 마구의 편년과 전개」,『韓國基督敎博物館誌』16, 숭실대학교 한국기독교박물관.

金洛中, 1998,「慶州 月城의 性格과 變遷」,『韓國上古史學報』27, 韓國上古史學會.

김낙중, 2014,「가야계 환두대도와 백제」,『百濟文化』50, 公州大學校百濟文化研究所.

김대환, 2006,「新羅土器의 지방 생산과정-慶州産土器의 모방제작 一例-」,『繼往開來』5, 영남대학교박
　　물관.

김도영, 2018,「신라 대장식구의 전개와 의미」,『한국고고학보』107, 한국고고학회.

김도영, 2020,「동아시아 중원식대장식구의 전개와 의의」,『한국고고학보』117, 한국고고학회.

金斗喆, 2006,「三國・古墳時代의 年代觀」,『日韓古墳時代の年代觀』〈歷博國際研究集會發表文〉, 國立歷史民
　　俗博物館, 韓國國立釜山大學校博物館.

金斗喆, 2011,「皇南大塚 南墳과 新羅古墳의 編年」,『한국고고학보』80, 한국고고학회.

김무중, 2020,「중도문화 토기의 기원과 전개」,『문헌과 고고자료 속의 고대 강원』〈제3회 강원 고대문
　　화 연구 심포지엄〉, 국립춘천박물관.

金暘玉 1976,「韓半島 鐵器時代 土器의 研究」,『白山學報』20, 白山學會.

金龍星, 1996,「土器에 의한 大邱・慶山地域 古代墳墓의 編年」,『韓國考古學報』35, 韓國考古學會.

金龍星, 2000,「皇南大塚의 編年的 位置-土器를 中心으로 본 南墳의 年代-」,『皇南大塚의 諸照明』〈第1回
　　國立慶州文化財研究所 國際學術大會〉, 國立慶州文化財研究所.

金龍星, 2003,「皇南大塚 南墳의 年代와 被葬者 檢討」,『韓國上古史學報』42, 韓國上古史學會.

金元龍, 1957,「金海貝塚 年代에 關한 再檢討」,『歷史學報』9, 歷史學會.

金元龍, 1964,「韓國文化의 考古學的 硏究」,『韓國文化史大系 Ⅰ-民族·國家史-』, 高麗大學校 民族文化硏究所.

金元龍, 1979a,「古新羅의 土器와 土偶」,『世界陶磁全集』17, 小學館.

金元龍, 1979b,「金海式土器」,『世界陶磁全集』17, 小學館.

金元龍, 1982,「金海府院洞期의 設定」,『韓國考古學報』12, 韓國考古學硏究會.

金元龍, 1983,「소위「瓦質土器」에 대하여-原三國考古學上의 새 問題-」,『歷史學報』99·100, 歷史學會.

金元龍, 1984,「統一新羅土器初考」,『考古美術』162·163, 韓國美術史學會.

김재철, 2007,「영남지방 원삼국시대의 토기가마구조에 대한 예찰」,『文化財』40, 국립문화재연구소.

金才喆, 2011,「韓國 古代 土器窯 變遷 硏究」〈慶北大學校 大學院 碩士學位論文〉.

김재홍, 2001,「4~5세기 新羅의 古墳文化와 地域支配」,『한국고대사연구』24, 한국고대사학회.

金廷鶴, 1967,「熊川貝塚硏究」,『亞細亞硏究』Ⅹ-4, 高麗大學校 亞細亞問題硏究所.

김종일, 2008,「고고학 자료의 역사학적 해석에 대한 비판적 고찰」,『한국고대사연구』52, 한국고대사학회.

김지연, 2019,「함안 법수면 일대 토기 가마와 조사 성과」,『加耶와 倭의 토기 생산과 교류』〈2019 가야사 기획학술심포지엄〉, 국립가야문화재연구소·(재)가야문물연구원.

김지현, 2012,「古代 東亞細亞 晉式帶金具의 成立과 展開」,『韓國上古史學報』75, 韓國上古史學會.

金賢晶, 2002,「陵山里寺址 出土 印花紋土器에 대한 檢討」,『國立公州博物館紀要』2, 국립공주박물관.

金弘柱, 1992,「丹陽 下里出土 一括遺物에 對한 考察」,『考古學誌』4, 韓國考古美術硏究所.

南翼熙, 2018,「新羅土器 硏究」〈慶北大學校 大學院 文學博士學位論文〉.

량익룡, 1958,「안변 룡성리 고분 발굴 보고」,『문화유산』1958-4, 과학원출판사.

량익룡, 1962,「통천 구읍리 어은골 신라 무덤에 대하여」,『문화유산』1962-4, 과학원출판사.

柳昌煥, 2007,「加耶馬具의 硏究」〈東義大學校大學院 박사학위논문〉.

木下 亘, 2006,「스에키 출현과정을 통해 본 가야에 대한 토론문」,『4~6세기 가야·신라 고분출토의 외래계 문물』〈第16回 嶺南考古學會 學術發表會〉, 嶺南考古學會.

문재은, 2015,「4세기 영남지역 토기양식의 형성과 변천」,『한국고고학보』97, 한국고고학회.

박경신, 2018,「原三國時代 中島類型 聚落의 編年과 展開」〈숭실대학교 대학원 박사학위 논문〉.

朴敬源, 1983,「永泰二年銘蠟石製骨壺」,『年報』6, 釜山直轄市立博物館.

朴普鉉, 1999,「古式陶質土器로 본 4世紀代의 慶州」,『古代硏究』7, 古代硏究會.

朴成熙, 2003,「경춘복선 가평역사부지(달전리) 발굴조사」,『고구려고고학의 제문제』〈제27회 한국고고학전국대회〉, 韓國考古學會.

朴淳發, 1989,「漢江流域 原三國時代의 土器의 樣相과 變遷」,『韓國考古學報』23, 韓國考古學會.

朴淳發, 1996,「漢城百濟 基層文化의 性格」,『百濟硏究』26, 忠南大學校 百濟硏究所.

朴淳發, 1998a,「前期 馬韓의 時·空間的 位置에 대하여」,『馬韓史 硏究』, 忠南大學校 出版部.

朴淳發, 1998b,「漢江流域 百濟國家形成」〈서울大學校大學院 博士學位請求論文〉.

朴淳發, 2000,「羅末麗初 土器 編年 豫考」,『鶴山 金廷鶴博士 頌壽紀念論叢 韓國 古代史와 考古學』, 刊行委

員會.

朴淳發, 2005, 「鐎斗考」, 『東亞考古論壇』 創刊號, 忠淸文化財硏究院.

박순발, 2006, 「한국고대사에서 종족성의 인식」, 『韓國古代史硏究』 44, 한국고대사학회.

朴升圭, 2010, 「加耶土器 樣式 硏究」〈東義大學校 大學院 文學博士 學位論文〉.

박정재·최문정, 2017, 「경주 월성과 주변 건물지의 시기별 변천과정-월성해자 조사 성과를 중심으로-」, 『고고학』 16-3, 중부고고학회.

박진욱, 1967, 「동해안 일대의 신라무덤에 대하여」, 『고고민속』 1967-3, 사회과학원출판사.

朴天秀, 1998, 「大伽耶圈 墳墓의 編年」, 『韓國考古學報』 39, 韓國考古學會.

박천수, 2000, 「고고학으로 본 가라국사」, 『가야각국사의 재구성』, 부산대학교 민족문화연구소·가야사 정책연구위원회.

박천수, 2001, 「고고자료를 통해 본 가야시기의 창녕지방」, 『가야시기 창녕지방의 역사·고고학적 성격』〈국립창원문화연구소 2001년도 학술대회〉, 국립창원문화연구소.

朴天秀, 2003, 「地域間 竝行關係로 본 加耶古墳의 編年」, 『가야 고고학의 새로운 조명』, 혜안.

朴天秀, 2006, 「新羅·加耶古墳의 編年-日本列島 古墳과의 竝行關係를 中心으로-」, 『日韓古墳時代の年代觀』〈歷博國際硏究集會〉, 國立歷史民俗博物館·韓國國立釜山大學校博物館.

朴天秀, 2012, 「新羅·加耶古墳 曆年代 再論」, 『原三國·三國時代 曆年代論』(재)세종문화재연구원 학술총서 3, 학연문화사.

邊永煥, 2007, 「羅末麗初土器硏究-保寧 眞竹里遺蹟 出土遺物을 中心으로-」〈忠南大學校 大學院 碩士學位論文〉.

山本孝文, 2007, 「印花文土器의 發生과 系譜에 대한 試論」, 『嶺南考古學』 41, 嶺南考古學會.

서현주, 2017, 「분묘로 본 백제 고도의 신라 지배 양상-부여·청양지역을 중심으로」, 『백제학보』 22, 백제학회.

서현주, 2021, 「중부지역 원삼국~백제 한성기 토기의 지역별 접점」, 『韓國基督敎博物館誌』 17, 숭실대학교 한국기독교박물관.

成正鏞, 2000, 「中西部 馬韓地域의 百濟領域化過程 硏究」〈서울大學校 大學院 博士學位論文〉.

成正鏞, 2008, 「토기양식으로 본 고대국가 형성-백제토기를 중심으로-」, 『국가 형성의 고고학』, 한국고고학회.

成正鏞·權度希·諫早直人, 2009, 「淸州 鳳鳴洞遺蹟 出土 馬具의 製作技術 檢討」, 『湖西考古學』 20, 湖西考古學會.

宋桂鉉, 1988, 「三國時代 鐵製甲冑의 硏究-嶺南地域 出土品을 中心으로-」〈慶北大學校 大學院 석사학위논문〉.

申敬澈, 1980, 「熊川文化期 紀元前 上限說 再考」, 『釜大史學』 4, 釜山大學校史學會.

申敬澈, 1982, 「釜山·慶南出土 瓦質系土器」, 『韓國考古學報』 12, 韓國考古學硏究會.

申敬澈, 1985, 「古式鐙子考」, 『釜大史學』 9, 釜山大學校史學會.

申敬澈, 1986a, 「新羅土器의 發生에 對하여」, 『韓日古代文化의 諸問題』, (財)韓日文化交流基金.

申敬澈, 1986b, 「釜山 九瑞洞 出土의 瓦質土器」, 『嶺南考古學』 2, 嶺南考古學會.

申敬澈, 1989, 「加耶의 武器와 馬具-甲冑와 鐙子를 中心으로-」, 『國史館論叢』 7, 國史編纂委員會.

申敬澈, 1992, 「金海禮安里 160號墳에 對하여」, 『伽耶考古學論叢』, 伽耶文化研究所.

申敬澈, 1994, 「新羅土器의 發生에 對하여」, 『韓日古代文化의 連繫』, 서울프레스.

申敬澈, 1995a, 「金海大成洞·東萊福泉洞古墳群 點描」, 『釜大史學』19, 釜山大學校 史學會.

申敬澈, 1995b, 「三韓·三國時代의 東萊」, 『東萊區誌』, 東萊區誌編纂委員會.

申敬澈, 1995c, 「瓦質土器文化論-그 성과와 과제-」, 『韓國考古學의 半世紀』〈第19回 韓國考古學全國大會 光復 50周年 紀念 國際學會〉, 韓國考古學會.

申敬澈, 1997, 「日本 初期 須惠器의 發現」, 『東아시아 속의 韓·日關係』〈釜山大學校 韓國民族文化研究所 '97國際學術大會〉, 釜山大學校 韓國民族文化研究所.

申敬澈, 1999, 「加耶出土 土師器系土器의 意義」, 『加耶의 對外交涉』〈第5會 加耶史 學術會議〉 발표문, 김해시.

申敬澈, 2000, 「金海禮安里 160號墳에 대하여」, 『伽耶考古學論叢』1, 駕洛國史蹟開發研究院.

申敬澈, 2000, 「金官加耶 土器의 編年」, 『伽耶考古學論叢』3, 駕洛國史蹟開發研究院.

申敬澈, 2006, 「陶質土器와 初期須惠器」, 『日韓古墳時代の年代觀』〈歷博國際研究集會〉, 國立歷史民俗博物館·韓國國立釜山大學校博物館.

申敬澈, 2012, 「陶質土器의 발생과 확산」, 『考古廣場』11, 釜山考古學研究會.

申昌秀, 1985, 「皇龍寺址 廢瓦무지出土 新羅瓦當」, 『文化財』18, 文化財管理局.

申昌秀, 1987, 「皇龍寺址 出土 新羅기와의 編年」〈檀國大學校大學院碩士學位論文〉.

심재용, 2013, 「中國系遺物로 본 金官加耶와 中國 東北地方-大成洞古墳群 출토 金銅·銅製品을 중심으로-」, 『中國 東北地域과 韓半島 南部의 交流』〈第22回 嶺南考古學會 學術發表會〉, 嶺南考古學會.

안소현, 2020, 「화분분석으로 본 신라 왕경 식생사와 문화경관」, 『한국고고학보』117, 한국고고학회.

安在皓·宋桂鉉, 1986, 「古式陶質土器에 관한 약간의 考察-義昌 大坪里 出土品을 通하여-」, 『嶺南考古學』1, 嶺南考古學會.

安在皓, 1994, 「三韓時代 後期 瓦質土器 編年-下垈遺蹟을 中心으로-」, 『嶺南考古學』14, 嶺南考古學會.

安在皓·李陽洙, 2011, 「慶州 月城路 가-31號墳의 再檢討」, 『考古學誌』17, 國立中央博物館.

安在皓·韓丞鉉, 2015, 「慶州地域 臺附直口壺의 地域相」, 『한국고고학보』93, 한국고고학회.

呂熙珍, 2019, 「3~4세기 영남지방 노형기대의 전개-조기 신라·가야토기의 지역성과 그 의미-」, 『崇實史學』42, 崇實史學會.

禹枝南, 2000, 「考察 3. 咸安地域 出土 陶質土器」, 『道項里 末山里遺蹟』, 慶南考古學研究所.

유은식, 2006, 「두만강유역 초기철기문화와 중부지방 원삼국문화」, 『崇實史學』19, 崇實大學校史學會.

유은식, 2011, 「동북계토기로 본 강원지역 중도식무문토기의 편년과 계통」, 『崇實大學校博物館誌』7, 崇實大學校韓國基督敎博物館.

尹武炳·朴日薰, 1968, 「慶州西岳里石室墳發掘調査」, 『考古學』1, 韓國考古學會.

尹相悳, 2001, 「6~7世紀 新羅土器 相對編年 試論」, 『韓國考古學報』45, 韓國考古學會.

尹相悳, 2004, 「통일신라시대 토기의 연구 현황과 과제」, 『통일신라시대고고학』〈제28회 한국고고학전국대회 발표논문〉, 韓國考古學會.

尹相悳, 2010, 「6~7세기 경주지역 신라토기 편년」, 『한반도 고대문화 속의 울릉도-토기문화-』, 동북아역사재단.

尹世英, 1975, 「味鄒王陵地區 第9區域(A號破壞古墳 發掘調査報告」, 『慶州地區 古墳發掘調査報告』第1輯, 文化財管理局 慶州史蹟管理事務所.

尹溫植, 2002, 「영남지방 원삼국시대 土器「樣式」論의 제기」, 『嶺南考古學』 31, 嶺南考古學會.

이경희, 2021, 「전북지역 통일신라시대 분묘 출토 토기의 성격과 의미」〈전북대학교대학원석사학위논문〉.

李基東, 2021, 「新羅人의 '西學' 熱風」, 『學術院論文集』〈人文·社會科學篇〉 60-1, 大韓民國學術院.

李東憲, 2008, 「印花文 有蓋盌 研究-慶州地域 出土遺物을 中心으로-」〈釜山大學校 大學院 碩士學位 論文〉.

이동헌, 2020, 「후기양식토기와 통일신라양식토기의 편년」, 『신라토기와 가야토기 편년 & 분포』, 국립 부산대학교 박물관·국립김해박물관.

李盛周, 1988a, 「原三國 土器 胎土의 類型」, 『嶺南考古學』 5, 嶺南考古學會.

李盛周, 1988b, 「三國時代 前期 土器의 研究」, 『韓國上古史學報』 1, 韓國上古史學會.

李盛周, 1991, 「原三國時代 土器의 類型·系譜·編年·生産體制」, 『한국고대사논총』 2, 韓國古代社會研究所.

李盛周, 1993, 「洛東江東岸樣式土器에 대하여」〈제2회 영남고고학회학술발표회 발표 및 토론요지〉, 영남고고학회.

李盛周, 1993, 「新羅·伽耶社會의 分立과 成長에 대한 考古學的 檢討」, 『韓國上古史學報』 13, 韓國上古史學會.

李盛周, 1996, 「新羅式 木槨墓의 展開와 意義」, 『신라고고학의 제문제』〈제20회 한국고고학 전국대회〉 발표문, 韓國考古學會.

李盛周, 1998, 「新羅·伽耶社會의 政治·經濟的 起源과 成長」〈서울大學校 大學院 博士學位論文〉.

李盛周, 1999, 「辰·弁韓地域 墳墓出土 1~4世紀 土器의 編年」, 『嶺南考古學』 24, 嶺南考古學會.

李盛周, 2000, 「考古學을 통해 본 阿羅伽耶」, 『考古學을 통해 본 加耶』, 한국고고학회.

李盛周, 2001, 「4~5세기 가야사회에 대한 고고학적 연구」, 『韓國古代史研究』 24, 한국고대사학회.

李盛周, 2005, 「嶺南地方 原三國時代 土器」, 『원삼국시대 문화의 지역성과 변동』〈제24회 한국고고학 전국대회〉 발표문, 韓國考古學會.

이성주, 2011, 「原三國時代의 無文土器 傳統-硬質無文土器 鉢과 甕 製作의 地域性과 그 意味-」, 『韓國基督教博物館誌』 7, 숭실대학교 한국기독교박물관.

李陽洙, 2006, 「韓半島에서 漢鏡의 分配와 流通」, 『考古學誌』 15, 韓國考古美術研究所.

이원태, 2013, 「경부지역 전기 와질토기의 변천과 지역성」, 『한국고고학보』 86, 한국고고학회.

이원태, 2016, 「영남지방에서 격자문 전기 와질토기의 등장과 전개」, 『嶺南考古學』 74, 嶺南考古學會.

이원태, 2018, 「영남지방 목곽묘 출토 신선로형토기의 출현과 성격」, 『영남고고학』 81, 영남고고학회.

李殷昌, 1975, 「味鄒王陵地區 第10區域 皇南洞 第110號古墳 發掘調査報告」, 『慶州地區 古墳發掘調査報告』 第1輯, 文化財管理局 慶州史蹟管理事務所.

李在賢, 2000, 「加耶地域 出土 銅鏡과 交易體系」, 『韓國古代史論叢』 9, 韓國古代社會研究所.

李在賢, 2006, 「영남지역 후기와질토기의 문양성격」, 『石軒 鄭澄元教授 停年退任記念論叢』, 釜山考古學研究會論叢刊行委員會.

李政根, 2012, 「三國時代 土器 재임방법에 대한 檢討-古式陶質土器 재임방법과 변화를 중심으로-」, 『嶺南考古學』 60, 嶺南考古學會.

李昌鉉, 2005, 「江陵地域 新羅古墳 硏究」〈檀國大學校 大學院 碩士學位논문〉.

이창희, 2021, 「방사성탄소연대를 이용한 월성 해자의 역연대」, 『연대측정학을 통해 본 고대 경주의 시간』, 국립경주문화재연구소·영남고고학회.

이초롱, 2013, 「內陸樣式 古式陶質土器의 硏究」, 『考古廣場』 13, 釜山考古學硏究會.

이춘선, 2010, 「합천 삼가고분군 유적」, 『이주의 고고학』〈제34회 한국고고학전국대회 발표자료집〉, 한국고고학회.

이한상, 2000, 「4세기 전후 신라의 지방통제방식-분묘자료의 분석을 중심으로-」, 『역사와 현실』 37, 한국역사연구회.

이한상, 2011, 「신라사회를 지탱한 야장들의 유택-경주 황성동 590번지 유적」, 『한국고고학저널-2010』, 국립문화재연구소.

李漢祥, 2017, 「燕岐 羅城里 4號墓 帶金具의 龍文 復元과 豫察」, 『考古學探求』 20, 考古學探究會.

이현우, 2016, 「삼연마구三燕馬具의 성립과 그 배경」, 『加耶의 마구와 동아시아』〈제22회 가야사국제학술회의〉, 인제대학교 가야문화연구소.

이현정, 2019, 「5. 포항 남성리고분군 출토 마구의 검토」, 『포항 남성리고분군 - 고찰·맺음말·부록』, 세종문화재연구원.

李賢珠, 2008, 「三國時代의 甲冑」, 『日韓의 武具-한국과 일본의 무구』, 宮崎縣立西都原博物館.

이현주, 2010a, 「4~5세기 부산·김해지역 무장체제와 지역성」, 『嶺南考古學』 54, 嶺南考古學會.

이현주, 2010b, 「한국 고대갑주 연구의 현황과 과제」, 『韓國의 古代甲冑』, 福泉博物館.

李熙濬, 1994, 「부여 정림사 蓮池 유적 출토의 신라 인화문토기」, 『韓國考古學報』 31, 韓國考古學會.

李熙濬, 1995, 「경주 皇南大塚의 연대」, 『嶺南考古學』 17, 嶺南考古學會.

李熙濬, 1996a, 「낙동강 以東 4, 5세기 고분 자료의 定型性과 그 해석」, 『4·5세기 한일고고학』, 영남고고학회·구주고고학회.

李熙濬, 1996b, 「경주 月城路 가-13호 積石木槨墓의 연대와 의의」, 『碩晤尹容鎭敎授停任紀念論叢』 碩晤尹容鎭敎授停任紀念論叢刊行委員會.

李熙濬, 1997, 「토기에 의한 新羅 고분의 분기와 편년」, 『韓國考古學報』 36, 韓國考古學會.

이희준, 1998, 「4~5세기 新羅의 考古學的 硏究」〈서울大學校 大學院 博士學位論文〉.

李熙濬, 1998, 「김해 禮安里 유적과 新羅의 낙동강 西岸 진출」, 『韓國考古學報』 39, 韓國考古學會.

李熙濬, 2002, 「초기 진·변한에 대한 고고학적 논의」, 『진·변한사연구』, 경상북도·계명대학교 한국학연구원.

李熙濬, 2006, 「太王陵의 墓主는 누구인가?」, 『한국고고학보』 59, 한국고고학회.

李熙濬, 2011, 「경주 황성동유적으로 본 1~3세기 사로국」, 『新羅文化』 38, 東國大學校 新羅文化硏究所.

이희준, 2012, 「연구 주제 다변화의 모색: 2010~11년 역사고고학 연구의 동향」, 『歷史學報』 215, 歷史學會.

이희준, 2014, 「고고학으로 본 가야」, 『가야문화권 실체규명을 위한 학술연구』, 가야문화권 지역발전 시장·군수협의회.

임혜빈, 2020, 「삼국시대 계수호와 반구호의 형식 변천과 부장연대」, 『고문화』 96, 한국대학박물관.

張京淑, 1999, 「영남지역 출토 縱長板冑에 대한 硏究」, 『嶺南考古學』 25, 嶺南考古學會.

장기명, 2020, 「월성해자의 조사 성과와 고환경 연구와의 접점」, 『다양한 시선에서 본 고환경 연구』, 국립경주문화재연구소.

田立坤, 2012, 「고대 등자에 관한 새로운 고찰」, 『三國時代 國家의 成長과 物質文化 I』〈한국학중앙연구원 학술회의 문집〉, 韓國學中央研究院 共同研究팀.

井上主稅, 2006, 「嶺南地方 출토 倭系遺物로 본 韓日交涉」〈慶北大學校 大學院 博士學位論文〉.

鄭仁盛, 2004, 「樂浪土城의 '滑石混入系' 土器와 그 年代」, 『百濟研究』 40, 忠南大學校 百濟研究所.

鄭仁盛, 2008, 「瓦質土器 樂浪影響說'의 검토」, 『嶺南考古學』 47, 嶺南考古學會.

鄭仁盛, 2009, 「가평 대성리유적 출토의 외래계 유물-서북한계 유물을 중심으로-」, 『加平 大成里遺蹟』, 京畿文化財研究院.

鄭仁盛, 2012, 「瓦質土器의 출현과 歷年代 再論」, 『原三國·三國時代 歷年代論』, 학연문화사.

정주희, 2009, 「咸安樣式 古式陶質土器의 分布定型과 意味」, 『한국고고학보』 73, 한국고고학회.

鄭朱喜, 2013, 「3~4세기대 경주지역 토기의 형식분류와 편년」, 『박물관 연구논문집』 19, 부산박물관.

정주희, 2019, 「영남지방 고식도질토기 지역 양식의 형성과 전개」, 『한국고고학보』 112, 한국고고학회.

정주희, 2020a, 「목곽묘 출토 토기로 본 사로국과 신라」, 『목곽묘로 본 사로국과 신라』, 국립경주박물관.

정주희, 2020b, 「고식도질토기 함안(내륙)양식의 편년과 분포」, 『가야토기와 신라토기 편년 & 분포』, 국립부산대학교 박물관·국립김해박물관.

鄭澄元·申敬澈, 1987, 「終末期無文土器에 관한 研究-南部地方을 중심으로 한 예비적 고찰-」, 『한국고고학보』 20, 한국고고학회.

鄭澄元·安在皓, 1987, 「福泉洞 38號墳과 그 副葬遺物」, 『三佛 金元龍教授 停年退任紀念論叢 I』, 刊行委員會.

조성원, 2014, 「삼국시대 영남지역 도질토기 생산과 유통」, 『嶺南考古學』 69, 嶺南考古學會.

趙晟元, 2016, 「4~5世紀代 慶南地域 出土 軟質土器와 土師器系土器」, 『한일 4~5세기 토기·철기생산과 집락』, 「한일교섭의 고고학-삼국시대-」연구회.

趙榮濟, 1986, 「西部慶南 爐形土器에 대한 一考察」, 『慶尙史學』 2, 慶尙大學校 史學會.

趙榮濟, 2008, 「'型式亂立期'의 가야토기에 대하여」, 『考古廣場』 2, 釜山考古學研究會.

佐佐木幹雄, 1996, 「色調로 본 瓦質土器의 燒成에 對하여-蔚山 下垈遺蹟의 경우-」, 『嶺南考古學』 18, 嶺南考古學會.

重見 泰, 2004, 「新羅 印花文土器 研究의 文樣論 再考-「新羅王京樣式」의 提唱과 그 基礎研究로서-」, 『한·일교류의 고고학』〈영남고고학회·구주고고학회 제6회 합동고고학대회〉.

최문정, 2021, 「경주 월성에서의 연대측정 연구와 방향」, 『연대측정학을 통해 본 고대 경주의 시간』, 국립경주문화재연구소·영남고고학회.

崔秉鉉, 1981, 「古新羅 積石木槨墳의 變遷과 編年」, 『韓國考古學報』 10·11, 韓國考古學會.

崔秉鉉, 1983, 「古新羅鐙子考」, 『崇實史學』 1, 崇實大學校史學會.

崔秉鉉, 1984, 「皇龍寺址出土 古新羅土器」, 『尹武炳博士回甲紀念論叢』, 刊行委員會.

崔秉鉉, 1987, 「新羅 後期樣式土器의 成立試論」, 『三佛 金元龍教授 停年退任紀念論叢 I』, 三佛金元龍教授 停年退任紀念論叢刊行委員會.

崔秉鉉, 1988, 「新羅 石室古墳의 硏究-慶州의 橫穴式石室墳을 中心으로-」, 『崇實史學』 5, 崇實大學校史學會.

崔秉鉉, 1990a, 「鎭川地域 土器窯址와 原三國時代 土器의 問題」, 『昌山金正基博士華甲記念論叢』, 昌山金正基博士華甲記念論叢刊行委員會.

崔秉鉉, 1990b, 「新羅古墳硏究」 〈숭실대학교 대학원 박사학위 논문〉.

崔秉鉉, 1991, 「新羅의 成長과 新羅의 古墳文化의 展開」, 『韓國古代史硏究』 4, 한국고대사연구회.

崔秉鉉, 1992b, 「新羅土器」, 『韓國美術史의 現況』, 藝耕.

崔秉鉉, 1993, 「新羅古墳 編年의 諸問題-경주·월성로·복천동·대성동고분의 상대편년을 중심으로-」, 『韓國考古學報』 30, 韓國考古學會.

崔秉鉉, 1998, 「原三國土器의 系統과 性格」, 『韓國考古學報』 38, 韓國考古學會.

崔秉鉉, 2000a, 「嶺南地方 考古學資料의 編年-4세기대를 중심으로-」, 『韓國古代史論叢』 10, 韓國古代社會硏究所.

최병현, 2000b, 「新羅土器의 對外交涉」, 『新羅美術의 對外交涉 第6回 全國美術史學大會』, 예경.

崔秉鉉, 2002, 「土器 製作技術의 發展과 瓷器의 出現」, 『강좌 한국고대사』 6, 가락국사적개발연구원.

崔秉鉉, 2009, 「중원의 신라고분」, 『중원의 고분』, 국립중원문화재연구소.

최병현, 2011, 「신라 후기양식토기의 편년」, 『嶺南考古學』 59, 嶺南考古學會.

崔秉鉉, 2011, 「중부지방 고분문화의 전개」, 『중부지방 고고학의 시·공간적 정체성(II)』 〈2011년 중부고고학회 정기학술대회 발표논문〉, 중부고고학회.

崔秉鉉, 2011, 「한국 고분문화의 양상과 전개」, 『동아시아의 고분문화』, 중앙문화재연구원.

최병현, 2012, 「신라 조기양식토기의 설정과 편년」, 『嶺南考古學』 63, 嶺南考古學會.

최병현, 2013, 「신라 전기양식토기의 성립」, 『고고학』 12-1, 중부고고학회.

최병현, 2014a, 「5세기 신라 전기양식토기의 편년과 신라토기 전개의 정치적 함의」, 『고고학』 13-3, 중부고고학회.

최병현, 2014b, 「초기 등자의 발전」, 『中央考古硏究』 14, 中央文化財硏究院.

최병현, 2014c, 「경주 월성북고분군의 형성과정과 신라 마립간시기 왕릉의 배치」, 『한국고고학보』 90, 한국고고학회.

최병현, 2014d, 「신라 적석목곽분과 마립간시기 왕릉 연구의 현황」, 『2014년 국립중앙박물관 학술 심포지엄 금관총과 이사지왕』, 국립중앙박물관.

최병현, 2014e, 「신라·가야·백제 고고학자료의 교차편년」, 『쟁점, 중부지역 원삼국시대~한성백제기 물질문화 편년』 〈제11회 매산기념강좌 발표자료집〉, 숭실대학교 한국기독교박물관.

최병현, 2014f, 「原州 法泉寺址와 北原小京」, 『사적 제466호 원주 법천사지의 재조명』 〈학술심포지엄 발표자료집〉, 강원고고문화연구원.

최병현, 2014g, 「원삼국시대 와질토기논쟁, 그 후」, 『韓國基督敎博物館誌』, 숭실대학교 한국기독교박물관.

최병현, 2015, 「신라 조기 경주지역 목곽묘의 전개와 사로국 내부의 통합과정」, 『한국고고학보』 95, 한국고고학회.

최병현, 2016, 「경주 월성과 신라 왕성체제의 변천」, 『한국고고학보』 98, 한국고고학회.

최병현, 2018a, 「원삼국시기 경주지역의 목관묘·목곽묘 전개와 사로국」, 『中央考古研究』, 中央文化財研究院.

최병현, 2018b, 「진·변한에서 신라·가야로의 전환에 대한 고고학적 연구」, 『學術院論文集』 57-1, 大韓民國學術院.

최병현, 2019, 「신라 전기고분의 편년자료와 황남대총의 연대·피장자」, 『崇實史學』 43, 崇實史學會.

최병현, 2021b, 「한국 고대의 單鐙子 자료와 그 의의」, 『고고학』 20-1, 중부고고학회.

崔盛洛, 1988, 「原三國期 土器의 變遷과 問題點」, 『嶺南考古學』 5, 嶺南考古學會.

崔正凡 2017, 「釜山 福泉洞 65號墳 靑瓷 碗의 再檢討」, 『야외고고학』 29, 한국매장문화재협회.

崔鍾圭, 1982, 「陶質土器 成立前夜와 展開」, 『韓國考古學報』 12, 韓國考古學研究會.

崔鍾圭, 1983, 「中期古墳의 性格에 대한 약간의 考察」, 『釜大史學』 7, 釜山大學校史學會.

崔鍾圭, 1994, 「陶質土器의 起源」, 『考古學誌』 6, 韓國考古美術研究所.

土田純子, 2013, 「百濟土器 編年 研究」〈충남대학교 대학원 박사학위논문〉

하승철, 2007, 「스에키 출현과정을 통해 본 가야」, 『4~6세기 가야·신라 고분출토의 외래계 문물』〈第16回 嶺南考古學會 學術發表會〉, 嶺南考古學會.

하승철, 2008, 「晉州 安磵里 出土 古式陶質土器에 대한 一考察」, 『晉州 安磵里 遺蹟』, 慶南發展研究院 歷史文化센터.

韓炳三, 1974, 「釜山 아치섬(朝島) 貝塚發掘의 意義」, 『金元龍 編 韓國考古學年報 1-一九七三年度』 17, 서울大學校 文理科大學 考古人類學科.

韓炳三, 1979, 「統一新羅の土器」, 『世界陶磁全集』 17, 小學館.

한석정, 1960, 「함경남도의 유래미상의 산성들과 고분들에 대하여」, 『문화유산』 1960-2, 과학원출판사.

洪潽植, 2000, 「新羅後期樣式土器와 統一樣式土器의 研究」, 『伽耶考古學論叢』 3, 財團法人 駕洛國史蹟開發研究院.

洪潽植, 2001, 「6~7世紀代 新羅古墳研究」〈釜山大學校 大學院 博士學位 論文〉.

홍보식, 2004, 「統一新羅土器의 上限과 下限-연구사 검토를 중심으로-」, 『嶺南考古學』 34, 嶺南考古學會.

洪潽植, 2004, 「日本出土 新羅土器와 羅日交涉」, 『韓國上古史學報』 46, 韓國上古史學會.

홍보식, 2005, 「통일신라 연결고리유개호의 발생과 전개」, 『韓國上古史學報』 50, 韓國上古史學會.

홍보식, 2005, 「신라토기의 한강유역 정착과정에 대한 試論-용인 보정리 소실분묘군 출토품을 중심으로-」, 『畿甸考古』 5, 기전문화재연구원.

洪潽植, 2007, 「日本出土 新羅土器의 曆年代-7世紀代 新羅土器와 須惠器의 竝行關係-」, 『제2회 국제학술회의 한일 삼국·고분시대의 연대관(II)』, 釜山大學校博物館.

洪潽植, 2012, 「신라·가야토기·須惠器의 편년 – 교차편년과 역연대-」, 『原三國·三國時代 曆年代論』 (재)세종문화재연구원 학술총서 3, 학연문화사.

홍보식, 2014, 「신라·가야 고분 교차편년」, 『嶺南考古學』 70. 嶺南考古學會.

洪志潤, 1999, 「嶺南西北部地域 初期政治體의 動向-考古學 資料를 中心으로-」〈崇實大學校 大學院 碩士學位 論文〉.

홍지윤, 2003, 「尙州地域 5世紀 古墳의 樣相과 地域政治體의 動向」, 『嶺南考古學』 32, 嶺南考古學會.

후지다겐지(藤田憲司)(金斗喆 역), 2011, 「하시하카(箸墓)고분은 히미코(卑彌呼)의 무덤인가」, 『考古廣場』 8, 부산고고학연구회.

중문

權奎山, 2008, 「洪州窯瓷器流布初探」, 『中國歷史文物』 2008-3, 中國國家博物館.

董高, 1995, 「公元3至6世紀慕容鮮卑, 高句麗, 朝鮮, 日本馬具之比較研究」, 『文物』 1995-2, 文物出版社.

萬良田·萬德强, 1989, 「江西豊城東晋, 南朝窯址及匣缽裝燒工藝」, 『江西文物』 1989-3, 江西省文化廳 江西文物編輯部.

石家庄地區革委會文化局文物發掘組, 1977, 「河北贊皇東魏李希宗墓」, 『考古』 1977-6, 社會科學院考古研究所.

黎瑤渤, 1973, 「遼寧北票縣西官營子北燕馮素弗墓」, 『文物』 1973-3, 文物出版社.

遼寧省博物館文物隊 外, 1984, 「朝陽袁台子東晋壁畵墓」, 『文物』 1984-6, 文物出版社.

劉可棟, 1982, 「試論我國古代的饅頭窯」, 『中國古陶瓷論文集』, 文物出版社.

劉尹泉·李寶壘·原芳芳, 2018, 「山東青州出土十六國時期鎏金銅馬具」, 『文物』 2018-2, 文物出版社.

劉振群, 1982, 「窯爐的改進和我國古陶瓷發展的關係」, 『中國古陶瓷論文集』, 文物出版社.

浙江省文物考古研究所, 1987, 「浙江上虞縣商代印紋陶窯址發掘簡報」, 『考古』 1987-11, 社會科學院考古研究所.

田立坤, 1991, 「三燕文化遺存的初步研究」, 『遼海文物學刊』 1991-1, 遼寧省博物館·遼寧省文物考古研究所.

田立坤·李智, 1994, 「朝陽發現的三燕文化遺物及相關問題」, 『文物』 1994-11, 文物出版社.

田立坤, 2002, 「袁台子壁畵墓的再認識」, 『文物』 2002-9, 文物出版社.

田立坤, 2006, 「論喇嘛洞墓地出土的馬具」, 『加耶, 洛東江에서 榮山江으로』 〈第12會; 加耶史國際學術會議〉 발표문, 金海市.

田立坤, 2010, 「論喇嘛洞墓地出土的馬具」, 『文物』 2010-2, 文物出版社.

田立坤, 2012, 「古鐙新考」, 『三國時代 國家의 成長과 物質文化 I』 〈한국학중앙연구원 학술회의 문집〉, 韓國學中央研究院共同研究팀.

中國社會科學院考古研究所山西工作隊, 1987, 「山西襄汾縣大柴遺址發掘簡報」, 『考古』 1987-7, 社會科學院考古研究所.

中國社會科學院考古研究所安養工作隊, 1983, 「安養孝民屯晉墓發掘報告」, 『考古』 1983-6, 社會科學院考古研究所.

일문

諫早直人, 2005, 「原三國時代における鐵製轡製作技術の特質」, 『朝鮮古代研究』 6, 朝鮮古代研究刊行會.

諫早直人, 2008, 「古代東北アジアにおける馬具の製作年代-三燕·高句麗·新羅-」, 『史林』 91-4, 京都大學文學部史學研究會.

江浦 洋, 1988, 「日本出土の統一新羅系土器とその背景」, 『考古學雜誌』 74-2, 日本考古學會.

江浦 洋, 1989, 「近畿地方の新羅系土器」, 『陶質土器の國際交流』, 大谷女子大學資料館.

高久健二, 2000, 「樂浪郡と弁·辰韓の墓制-副葬品の造成と分析を中心に-」, 『考古學からみた弁·辰韓と倭』

　　〈嶺南考古學會·九州考古學會 第4回 合同考古學大會〉, 嶺南考古學會·九州考古學會.

高田貫太, 2013, 「古墳出土龍文透彫製品の分流と編年」, 『國立歷史民俗博物館研究報告』 178, 國立歷史民俗
　　博物館.

高正龍, 2000, 「葛項寺石塔と舍利容器」, 『朝鮮古代研究』 2, 朝鮮古代研究刊行會.

光谷拓實·次山淳, 1999, 「平城宮下層古墳時代の遺物と年輪年代」, 『國立奈良文化財研究所年報 1999-I』, 國
　　立奈良文化財研究所.

光谷拓實, 2006, 「IV-1-8 宇治市街遺跡」, 『歷史學の編年研究における年輪年代法の應用-中期計劃(2001年
　　~2005年)事業調査報告書』, 奈良文化財研究所埋藏文化財センター 古環境研究室.

廣瀨和雄, 2009, 「日本古墳時代の年代觀と日韓交涉史」, 『日韓における古墳·三國時代の年代觀(III)』〈第3回
　　國際學術會議〉, 日本國人間文化研究機構國立歷史民俗博物館·大韓民國國立釜山大學校博物館.

橋口達也, 1983, 「北部九州における陶質土器と初期須惠器-近年の成果を中心として-」, 『古寺墳墓群 II』, 甘
　　木市敎育委員會.

宮崎光南·江浦 洋, 1989, 「日本出土の統一新羅系土器「盒」」, 『韓式系土器研究』 II, 韓式系土器研究會.

宮川禎一, 1988, 「文樣からみた新羅印花文陶器の變遷」, 『高井悌三郎喜壽記念論集』, 高井悌三郎喜壽記念事
　　業會.

宮川禎一, 1988, 「新羅陶質土器研究の一時點-7世紀代を中心として-」, 『古代文化』 40-6, 財團法人古代學協
　　會.

宮川禎一, 1989, 「新羅連結把手骨壺の變遷」, 『古文化談叢』 20, 九州古文化研究會.

宮川禎一, 1990, 「東京國立博物館保管の新羅陶製骨壺」, 『MUSEUM 東京國立博物館美術誌』 6月號, 東京國
　　立博物館.

宮川禎一, 1991, 「宗像市相原2號墳出土新羅土器の再檢討-初期印花文陶器の文樣系譜-」, 『地域相研究』 20,
　　地域相研究會.

宮川禎一, 1993, 「大和文華館所藏の新羅印花文陶器について」, 『大和文華』 89, 大和文華館.

宮川禎一, 1993, 「新羅印花文陶器變遷の劃期」, 『古文化談叢』 30, 九州古文化研究會.

宮川禎一, 2000, 「新羅印花文土器の文樣分析-慶州雁鴨池出土土器の檢討-」, 『朝鮮古代研究』 2, 朝鮮古代研
　　究刊行會.

金武重, 2012, 「原三國時代の鐵器生産と流通」, 『二○一二年度 福岡大會研究發表資料集』, 日本考古學協會
　　2012年度福岡大會實行委員會.

桃崎祐輔, 2006, 「馬具からみた古墳時代實年代論」, 『日韓古墳時代の年代觀』〈歷博國際研究集會〉, 國立歷史
　　民俗博物館·韓國國立釜山大學校博物館.

都出比呂志, 1982, 「前期古墳の新古と年代論」, 『考古學雜誌』 67-4, 日本考古學會.

藤田亮策, 1938, 『朝鮮發見の明刀錢と其遺蹟』, 『史學論叢』〈京城帝國大學文學會論纂〉 7, 岩波書店.

藤井康隆, 2003, 「三燕における帶金具の新例をめぐって」, 『立命館大學考古學論集』 III-2, 立命館大學考古學
　　論集刊行會.

藤井和夫, 1979, 「慶州古新羅古墳編年試案-出土新羅土器を中心として-」, 『神奈川考古』 6, 神奈川考古同人
　　會.

鈴木一有, 2012, 「淸州新鳳洞古墳群の鐵器にみる被葬者集團」, 『청주 신봉동 백제고분군』〈발굴 30주년 기

념 국제학술회의〉, 충북대학교박물관.

鈴木一有, 2014, 「七觀古墳出土遺物からみた鋲留技法導入期の實相」, 『七觀古墳の研究 –1947年·1952年出土遺物の再檢討–』, 京都大學大學院文學研究科.

柳本照男, 2004, 「土器からみた西求女塚古墳の年代」, 『西求女塚古墳發掘調查報告書』, 神戸市.

柳本照男, 2014, 「交差資料からみる韓日古墳の編年と年代觀」〈第24回 古墳研究會 前期發表會資料〉, 고분연구회.

毛利光俊彦, 1983, 「慶州積石木槨墳考」, 『文化財論叢』〈奈良國立文化財研究所創立30周年記念論文集〉, 奈良國立文化財研究所.

武末純一, 1974, 「金海式土器に關する一私見」, 『古文化談叢』 1, 九州古文化研究會.

武末純一, 1985, 「慶尙道の「瓦質土器」と「古式陶質土器」–三韓土器の提唱–」, 『古文化談叢』 15, 九州古文化研究會.

朴天秀, 1993, 「韓半島から見た初期須惠器の系譜と編年」, 『古墳時代における朝鮮系文物の傳播』〈第34回埋藏文化財研究集會〉, 埋藏文化財研究會·關西世話人會.

朴天秀, 2001, 「三國·古墳時代における韓·日交涉」, 『渡來文化の波–5~6世紀の紀伊國を探る』(和歌山市立博物館 平成13年 秋季特別展).

朴天秀, 2010b, 「新羅·加耶古墳の曆年代」, 『韓式系土器研究』 XI, 韓式系土器研究會.

白石太一郎, 1979, 「近畿における古墳の年代」, 『考古學ジャーナル』 164-8, ニュ－サイエンス社.

白石太一郎, 1985, 「年代決定論(二)」, 『岩波講座 日本考古學 1–研究の方法』, 岩波書店.

白井克也, 1995, 「九州大學考古學研究室所藏新羅土器·綠釉陶器」, 『九州考古學』 70, 九州考古學會.

白井克也, 2003, 「新羅土器の型式·分布變化と年代觀–日韓古墳編年の竝行關係と曆年代–」, 『朝鮮古代研究』 4, 朝鮮古代研究刊行會.

北條芳隆, 2002, 「古墳時代前期の石製品」, 『考古資料大觀』 9, 小學館

榧本杜人, 1954, 「金海貝塚の再檢討」, 『考古學雜誌』 40-2, 日本考古學會.

榧本杜人, 1957, 「金海貝塚の甕棺と箱式石棺」, 『考古學雜誌』 43-1, 日本考古學會.

三辻利一·虎間英喜, 1994, 「久米田古墳群出土の初期須惠器·3」, 『韓式系土器研究』 V, 韓式系土器研究會.

緖方 泉, 1985, 「高句麗古墳に關する一試案–中國集安縣における發掘調查を中心として–」, 『古代文化』 37-1·3, 財團法人 古代學協會.

成正鏞, 2003, 「百濟漢城期 騎乘馬具の樣相と起源」, 『古代武器研究』 4, 古代武器研究會·滋賀縣立大學考古學研究室.

小野山節, 1966, 「日本發見の初期の馬具」, 『考古學雜誌』 52-1, 日本考古學會.

小田富士雄, 1978, 「對馬·北部九州發見の新羅系陶質土器」, 『古文化談叢』 5, 九州古文化研究會.

小田富士雄, 1979, 「集安高句麗積石墓出土遺物と百濟·新羅の遺物」, 『古文化談叢』 6, 九州古文化研究會.

小田富士雄, 1991, 「須惠器文化の形成と日韓交涉·總說編–西日本初期須惠器をめぐって–」, 『古文化談叢』 24, 九州古文化研究會.

植野浩三, 1996, 「堂山古墳群と久米田古墳群出土須惠器の檢討」, 『文化財學報』 14, 奈良文化財研究所.

申敬澈, 1991, 「韓國の瓦質土器」, 『日韓交涉の考古學』, 六興出版.

申敬澈, 2009, 「韓國考古學資料からみた日本古墳時代年代論」の問題點」, 『日韓における古墳·三國時代の年

代觀(III)』〈第3回 國際學術會議〉, 日本國人間文化研究機構國立歷史民俗博物館・大韓民國國立釜山大學校博物館.

申敬澈, 2019, 「大庭寺初期須惠器の吟味」, 『古墳と國家形成期の諸問題』, 白石太一郎先生傘壽記念論文集編輯委員會.

安田龍太郎, 2002, 「飛鳥藤原地域出土の新羅印花文土器」, 『文化財論叢』III, 奈良文化財研究所.

安在晧, 1993, 「土師器系軟質土器考」, 『伽耶と古代東アジア』, 新人物往來社.

安在晧, 2000, 「慶州地域の初期新羅土器の檢討」, 『福岡大學總合研究所報』240(總合科學編第3號), 福岡大學總合研究所.

有光敎一, 1954, 「金海貝塚土器の上限と下限」, 『考古學雜誌』40-1, 日本考古學會.

田中淸美, 2006, 「初期須惠器生産の開始年代-年輪年代から導き出された初期須惠器の實年代-」, 『韓式系土器研究』IX, 韓式系土器研究會.

田中淸美, 2007, 「年輪年代法からみた初期須惠器の年代觀-」, 『한일 삼국・고분시대의 연대관(II)』〈제2회 국제학술회의〉, 韓國・國立釜山大學校博物館・日本國・國立歷史民俗博物館.

早乙女雅博, 2007, 「裝身具からみた日韓の曆年代」, 『한일 삼국・고분시대의 연대관(II) 日韓古墳・三國時代の年代觀(II)』, 韓國・國立釜山大學校博物館, 日本國・國立歷史民俗博物館.

酒井淸治, 2006, 「須惠器の編年と年代觀」, 『日韓古墳時代の年代觀』〈歷博國際研究集會〉, 國立歷史民俗博物館・韓國國立釜山大學校博物館.

重見 泰, 2004, 「7~8世紀を中心とする新羅土器の形式分類-「新羅王京樣式」構築に向けての基礎研究-」, 『文化財學報』22, 奈良大學文學部文化財學科.

重見 泰, 2005, 「7世紀前後における新羅土器「有蓋高杯」の形態變化-立ち上がりの變化と型式・形式分類-」, 『考古學研究』51-4, 考古學研究會.

重見 泰, 2005, 「7~8世紀新羅土器研究の課題と大和出土資料の檢討」, 『研究紀要』10, 由良大和古代文化研究協會.

崔鍾圭, 1983, 「慶州市朝陽洞遺蹟發掘調査槪要とその成果」, 『古代文化』35-8, 財團法人古代學協會.

韓炳三, 1979, 「統一新羅の土器」, 『世界陶磁全集』17〈韓國古代〉, 小學館.

和田晴吾, 2009, 「古墳時代 年代決定法」, 『日韓における古墳・三國時代の年代觀(III)』〈第3回 國際學術會議〉, 日本國人間文化研究機構國立歷史民俗博物館・大韓民國國立釜山大學校博物館.

虎間英喜, 1993, 「久米田古墳群出土の初期須惠器」, 『韓式系土器研究』IV, 韓式系土器研究會.

穴澤咊光・馬目順一, 1973, 「北燕・馮素弗墓の提起する問題-日本・朝鮮考古學と關連性-」, 『考古學ジャナル』85, ニュー・サイエンス社.

穴澤咊光, 1988, 「五胡十六國の考古學(上)」, 『古代學評論』創刊號, 古代を考える會.

보고서 및 도록

강유신, 2010, 『경주 용강동고분군』 I・II, 대구가톨릭대학교 박물관.

金元龍, 1967, 『風納里包含層調査報告』, 서울大學校考古人類學科.

金元龍·鄭永和·崔夢龍, 1974, 「楊平郡 大心里 遺蹟發掘調査」, 『八堂·昭陽댐水沒地區遺蹟發掘綜合調査報告』, 文化公報部 文化財管理局.

金廷鶴·鄭澄元, 1975, 「味鄒王陵地區 第5區域 古墳群發掘調査報告書」, 『慶州地區古墳發掘調査報告書』 第1輯, 文化財管理局 慶州史蹟管理事務所.

尹武炳, 1978, 「注山里 古墳群 發掘調査」, 『大淸댐水沒地區遺蹟發掘報告書』, 忠南大學校博物館.

尹武炳, 1987, 『夫餘定林寺址蓮池遺蹟發掘報告書』, 忠南大學校博物館.

李股昌, 1975, 「味鄒王陵地區 第10區域 皇南洞 第110號古墳 發掘調査報告」, 『慶州地區 古墳發掘調査報告』 第1輯, 文化財管理局 慶州史蹟管理事務所.

韓炳三·李健茂, 1976, 『朝島貝塚』, 국립중앙박물관.

江陵大學校博物館, 2004, 『襄陽郡의 歷史와 文化遺蹟』.

江陵原州大學校博物館, 2011, 『江陵 草堂洞 古墳群』.

江原文化財研究所, 2005, 『洪川 驛內里 古墳群』.

江原文化財研究所, 2007, 『旌善 臨溪里 古墳群』.

江原考古文化研究院, 2011, 『강릉 강문동 취락』.

江原考古文化研究院, 2011, 『東海 松停洞 聚落 I』.

江原考古文化研究院, 2012, 『東海 松停洞 聚落 II』.

江原考古文化研究院, 2020, 『襄陽 後浦梅里 古墳遺蹟』.

建國大學校博物館, 1994, 『忠州 丹月洞 古墳群』.

建國大學校博物館, 1995, 『忠州 丹月洞 古墳群 2次發掘調査報告書』.

京畿文化財研究院, 2009, 『加平 大成里遺蹟』.

京畿文化財研究院, 2012, 『烏山 水淸洞 百濟 墳墓群』 III.

慶南考古學研究所, 2000, 『道項里 末山里遺蹟』.

慶南考古學研究所, 2002, 『泗川 鳳溪里 三國時代 集落』.

慶南考古學研究所, 2004, 『晉州 武村 III-三國時代(1)-』.

慶南考古學研究所, 2005, 『晉州 武村 IV-三國時代(2)-』.

경남고고학연구소, 2006, 『늑도 패총 V-고찰편-』.

慶南考古學研究所, 2007, 『馬山 合城里 遺蹟』.

慶南文化財研究院, 2005, 『梁山所土里古墳群』.

慶南發展研究院 歷史文化센터, 2001, 『晉州 安礪里遺蹟-集賢-生比良間 國道擴張工事 區間內 文化遺蹟 發掘調査-』.

慶南發展研究院 歷史文化센터, 2004, 『昌原 道溪洞遺蹟』.

慶南發展研究院 歷史文化센터, 2007, 『宜寧 雲谷里遺蹟』.

慶南發展研究院 歷史文化센터, 2008, 『晉州 安礪里遺蹟』.

慶南發展研究院 歷史文化센터, 2013, 『합천 삼가고분군(II지구)』.

慶南研究院 歷史文化센터, 2021, 『함안 신음리유적』.

慶南研究院 歷史文化센터 1987, 『陜川苧浦里D地區遺蹟』.

慶北大學校博物館, 1996, 『安東 造塔里古墳群 II('94)』.

慶北大學校博物館, 2000, 『慶州 隍城洞 遺蹟 III』.

慶北大學校博物館, 2003, 「부록 1. 大邱 達城古墳 殘存遺蹟-大邱市 飛山4洞 200-82番地 遺蹟」, 『大邱 花園
　　　城山里 1號墳』.

慶北大學校博物館, 2006, 『義城 大里里 3號墳』.

慶北大學校博物館·慶南大學校博物館, 1991, 『慶州新院里古墳群發掘調査報告書』.

慶尙大學校博物館, 1994, 『咸安篁沙里墳墓群』.

慶尙大學校博物館, 1994, 『宜寧禮屯里墳墓群』.

慶尙大學校博物館, 1997, 『陜川 玉田墳群 VI-23·28호분-』.

慶尙大學校博物館, 1998, 『陜川玉田古墳群 I-木槨墓-』.

慶尙大學校博物館, 2000, 『宜寧 雲谷里古墳群』.

慶尙大學校博物館, 2003, 『서재-영계간 도로 확·포장공사구간내 河東 愚伏里遺蹟』.

경상문화재연구원, 2011, 『의령 죽전리 고분군』.

慶尙北道文化財研究院, 2000, 『高靈池山洞古墳群』.

慶尙北道文化財研究院, 2002, 『浦項鶴川里遺蹟發掘調査報告書 I』.

慶尙北道文化財研究院, 2004, 『漆谷 深川里遺蹟 發掘調査報告書-木槨墓 外-』.

慶尙北道文化財研究院, 2005, 『盈德德谷里遺蹟』.

慶尙北道文化財研究院, 2005, 『星州 栢田 禮山里 土地區劃整理事業地區內 文化遺蹟遺蹟發掘調査報告書』.

慶尙北道文化財研究院, 2006, 『淸道 鳳岐里遺蹟』.

慶尙北道文化財研究院, 2008, 『성주 가암리 유적』.

경상북도문화재연구원, 2010, 『달성 평촌, 예현리유적』.

경상북도문화재연구원, 2010, 『청도 성곡리유적 I(I지구-가구역)』.

경상북도문화재연구원, 2011, 『청도 성곡리유적 I(I지구-나구역)』.

경상북도문화재연구원, 2013, 『칠곡 심천리유적 II-목관·목곽묘-』.

경상북도문화재연구원, 2015, 『경주 황성동 590번지 유적』 I~V.

경상북도문화재연구원, 2019, 『청도 송서리 710번지 유적』.

慶星大學校博物館, 1985, 『金海七山洞古墳群 I』.

慶星大學校博物館, 2000a, 『金海大成洞古墳群 I』.

慶星大學校博物館, 2000b, 『金海大成洞古墳群 II』.

慶星大學校博物館, 2003, 『金海大成洞古墳群 III』.

慶星大學校博物館, 2010, 『金海大成洞古墳群 IV』.

慶星大學校博物館, 2015, 『金海七山洞古墳群 II』.

慶州大學校博物館, 2003, 『慶州隍城洞古墳群 III』.

慶州文化財研究所, 1994, 『慶州西岳地域地表調査報告書』.

慶州文化財研究所, 1995, 『乾川休憩所新築敷地 發掘調査報告書』.

경희대부설 고고·미술사연구소, 1992, 『통일동산 및 자유로 개발지구 발굴조사 보고서』.

계림문화재연구원, 2013, 『경주 신당리 산7번지 내 1호 석실분』.

계림문화재연구원, 2015, 『영천 금노동 82-2번지 일원 유적』.

계림문화재연구원, 2019, 『경주 인왕동 790-2번지 일원 유적』.

啓明大學校 行素博物館, 2006, 『星州星山洞古墳群』.

高麗文化財研究院, 2011, 『光教新都市 文化財 發掘調査 IV』.

과학원 고고학 및 민속학연구소 고고학연구실, 1963, 『고고학자료집 3-각지유적정리보고』, 과학원출판사.

국강고고학연구소, 2015, 『강릉 강문동 신라토성』.

국립가야문화재연구소, 2011, 『창녕 송현동 고분군 I-6·7호분 발굴조사보고-』.

국립가야문화재연구소, 2012, 『창녕 송현동 고분군 II-15~17호분 발굴조사보고-』.

국립가야문화재연구소, 2013, 『창녕교동고분군-주차장 조성부지 내 유적 발굴조사보고-』.

國立慶州文化財研究所, 1995, 『慶州 皇南洞 106-3番地 古墳群 發掘調査 報告書』.

國立慶州文化財研究所, 1995, 『乾川休憩所新築敷地 發掘調査報告書』.

國立慶州文化財研究所, 1996·7, 『慶州芳內里古墳群』.

國立慶州文化財研究所, 1998, 「慶州 芳內·棗田里 古墳群」, 『文化遺蹟發掘調査報告(緊急發掘調査報告書 III)』.

國立慶州文化財研究所, 2000, 『玉城里 古墳群 I-『가』地區 發掘調査報告-』.

國立慶州文化財研究所, 2001, 『新羅王京 發掘調査報告書 I』.

國立慶州文化財研究所, 2002, 『慶州 仁旺洞 古墳群 發掘調査報告書』.

國立慶州文化財研究所, 2003, 『慶州月山里遺蹟』.

國立慶州文化財研究所, 2003, 『慶州皇南洞新羅建物址』.

國立慶州文化財研究所, 2004, 『慶州蓀谷洞·勿川里遺蹟-慶州競馬場豫定敷地A地區』.

국립경주문화재연구소, 2010, 『경주쪽샘유적』.

國立慶州文化財研究所, 2018, 『慶州 쪽샘地區 新羅古墳遺蹟 IX-C10 목곽묘·C16호 적석목곽묘-』.

국립경주문화재연구소·국립경주박물관, 2018, 『新羅신라 王宮왕궁 月城월성』.

國立慶州博物館, 1985, 『傳閔哀王陵周邊整備報告』.

國立慶州博物館, 1990, 『慶州市月城路古墳群』.

國立慶州博物館, 1993, 『慶州 隍城洞 石室墳』.

國立慶州博物館, 1995, 「慶州 東川洞 收拾調査報告」, 『국립경주박물관연보-1994년도』.

國立慶州博物館, 1998, 『慶州竹東里古墳群』.

國立慶州博物館·國立慶州文化財研究所, 1999, 『慶州 千軍洞 避幕遺蹟』.

國立慶州博物館, 1999, 『盈德 槐市里 16號墳』.

國立慶州博物館, 2000, 『慶州朝陽洞遺蹟 I』.

國立慶州博物館, 2000, 『玉城里 古墳群 I-『가』地區 發掘調査報告-』.

國立慶州博物館, 2002, 『慶州隍城洞古墳群 II-513·545번지-』.

國立慶州博物館, 2003, 『慶州朝陽洞遺蹟 II』.

國立慶州博物館, 2003, 『慶州 仁旺洞 遺蹟-협성주유소 부지-』.

國立慶州博物館, 2006, 『慶州九政洞古墳』.

國立慶州博物館, 2011, 『慶州 普門洞合葬墳-舊 慶州 普門里夫婦塚』.

國立金海博物館, 2007, 『咸安于巨里土器生産遺蹟』.

國立文化財研究所, 1995, 『淸原 米川里 古墳群 發掘調査報告書』.

국립부여문화재연구소, 2009, 『扶餘 官北里百濟遺蹟 發掘報告 IV-2008年 調査區域-』.

國立中央博物館, 1982, 『中島 進展報告 III』〈國立博物館 古蹟調査報告 第十四冊〉.

국립중앙박물관, 1985, 「경주 황성동유적 발굴조사 보고」, 『국립박물관고적조사보고』 제17책.

國立中央博物館, 2000, 『法泉里 I』.

국립중앙박물관, 2001, 『樂浪낙랑』, Sol.

國立中央博物館, 2002, 『法泉里 II』.

국립중앙박물관, 2006, 『북녘의 문화유산』.

국립중앙박물관, 2014, 『慶州 瑞鳳塚 I(遺物篇)』

國立中原文化財研究所, 2009, 『忠州 樓岩里古墳群』.

國立中原文化財研究所, 2012, 『忠州 樓岩里古墳群 2차 시·발굴조사보고서』.

國立晋州博物館, 1992, 『昌寧余草里토기가마터(I)』.

國立晋州博物館, 1995, 『昌寧余草里토기가마터(II)』.

國立昌原文化財研究所, 1997, 『咸安道項里古墳群 I』.

國立昌原文化財研究所, 1999, 『咸安道項里古墳群 II』.

國立淸州博物館, 2002, 『淸州龍潭洞古墳群』.

국방문화재연구원, 2013, 『파주 덕은리유적』.

군산대학교 가야문화연구소, 2020, 『무주 대차리 고분군』.

기남문화재연구원, 2017, 『安城 照日里遺蹟』.

畿甸文化財硏究院, 2005, 『龍仁 寶亭里 소실遺蹟』.

기호문화재연구원, 2012, 『城南 麗水洞遺蹟』.

기호문화재연구원, 2020, 『아산 공수리유적』.

김해시 대성동고분박물관, 2012, 「김해 대성동고분군 7차 발굴조사 자문위원회」〈김해시 대성동고분
박물관 발굴조사 자문위원회 자료집〉.

大邱大學校 中央博物館, 2009, 『龜尾 黃桑洞遺蹟 發掘調査 報告書』.

大東文化財硏究院, 2020, 『高靈池山洞大加耶古墳群 I』.

대동문화재연구원, 2020, 〈경주 도시계획 보문유원지(천군지구) 시설사업부지내 유적 정밀발굴조사
전문가 검토회의 자료(제I-2A~D구역)〉.

대성동고분박물관, 2011, 『金海 大成洞古墳群-68분~72분-』.

대성동고분박물관, 2013, 『金海 大成洞古墳群-73분~84분-』.

대성동고분박물관, 2015, 『金海 大成洞古墳群-70호분 主槨·95호분-』.

대성동고분박물관, 2015, 『金海 大成洞古墳群-85호분~91호분-』.

대성동고분박물관, 2016, 『金海 大成洞古墳群-92호분~94호분, 지석묘-』.

대성동고분박물관, 2017, 『金海 大成洞古墳群-추가보고 및 종합고찰-』.

東國大學校 慶州캠퍼스博物館, 2002, 『隍城洞古墳群』.

東國大學校 慶州캠퍼스博物館, 2002,『慶州 皇南洞 376 統一新羅時代 遺蹟』.

東國大學校 慶州캠퍼스博物館, 2008,『慶州 皇吾洞100遺蹟 I』.

東西文物研究院, 2014,『陜川 三嘉古墳群 III(III지구)』.

東西文物研究院, 2014,『합천 삼가고분군』I~IV.

東亞大學校博物館, 1981,『金海府院洞遺蹟』.

東亞大學校博物館, 1982,『陜川三嘉古墳群』.

東亞大學校博物館, 1984,『上老大島 附東萊福泉洞古墳·固城東外洞貝塚』.

東亞大學校博物館, 1992,『昌寧校洞古墳群』.

東亞大學校博物館, 2001,『晉州內村里遺蹟』.

동아세아문화재연구원, 2019,『〈현장설명회자료〉 창녕 퇴천리 비화가야 토기가마』.

東洋大學校 博物館, 2005,『高靈 盤雲里 木槨墓』.

東義大學校博物館, 2000,『金海良洞里古墳文化』.

頭流文化研究院, 2018,『창원 도계동·중동·반계동 유적』.

馬韓·百濟文化研究所, 2012,『高敞 鳳德里 1號墳』.

文化公報部 文化財管理局, 1974,『天馬塚』.

文化公報部 文化財管理局, 1976,『馬山外洞城山貝塚發掘調查報告』.

文化公報部 文化財管理局, 1984,『雁鴨池』.

文化財管理局慶州史蹟管理事務所, 1975,『慶州地區古墳發掘調查報告書』第一輯.

文化財管理局慶州史蹟管理事務所, 1980,『慶州地區古墳發掘調查報告書』第二輯.

文化財管理局 文化財研究所, 1984,『皇龍寺 遺蹟發掘調查報告書 I』.

文化財管理局 文化財研究所, 1985,『皇南大塚 北墳發掘調查報告書』.

文化財管理局 文化財研究所, 1994,『皇南大塚 南墳發掘調查報告書』.

文化財研究所, 1981,『安溪里古墳群』.

文化財研究所, 1991,『中原 樓岩里 古墳群』.

文化財研究所, 1992,『中原 樓岩里 古墳群』.

文化財研究所 慶州古蹟發掘調查團, 1990,『慶州龍江洞古墳 發掘調查報告書』.

文化財研究所 慶州古蹟發掘調查團, 1990,『月城垓字發掘調查報告書 I』.

보령박물관, 2016,『통일신라의 보령 진죽리토기』.

福泉博物館, 2004,『金海花亭遺蹟 I』.

福泉博物館, 2008,『東萊福泉洞古墳群-第8次發掘調查 160~166號-』.

福泉博物館, 2009,『金海花亭遺蹟 II』.

복천박물관, 2009,『복천동고분문화-토기편-』.

福泉博物館, 2010,『東萊福泉洞古墳群-第5次發掘調查 38號墳-』.

福泉博物館, 2015,『東萊福泉洞古墳群-第6次發掘調查 126~132號墓-』.

釜慶大學校博物館, 1998,『金海 大成洞燒成遺蹟』.

釜慶大學校博物館, 2020,『金海杜谷遺蹟』.

釜山廣域市立博物館 福泉分館, 1999,『釜山五倫臺古墳』.

釜山大學校博物館, 1979, 『釜山華明洞古墳群』.

釜山大學校博物館, 1982, 『東萊福泉洞古墳群 I-圖面·圖版-』.

釜山大學校博物館, 1983, 『東萊福泉洞古墳群 I-本文-』.

釜山大學校博物館, 1983, 『蔚州華山里古墳群』.

釜山大學校博物館, 1985, 『金海禮安里古墳群 I』.

釜山大學校博物館, 1985, 『蔚州良洞遺蹟調査槪報』.

釜山大學校博物館, 1988, 『釜山老圃洞遺蹟』.

釜山大學校博物館, 1989, 『東萊福泉洞古墳群 第2次 調査槪報』.

釜山大學校博物館, 1990, 『東萊福泉洞古墳群 I』.

釜山大學校博物館, 1993, 『金海禮安里古墳群 II』.

釜山大學校博物館, 1996, 『東萊福泉洞古墳群 III』.

釜山大學校博物館, 1997, 『蔚山下垈遺蹟-古墳 I-』.

釜山大學校博物館, 1998, 『釜山老圃洞遺蹟』.

釜山大學校博物館, 1998, 『釜山老圃洞遺蹟 II』.

釜山大學校博物館, 2001, 『東萊 福泉洞 鶴巢臺古墳』.

釜山大學校博物館, 2014, 『東萊福泉洞古墳群 VI-2·27, 8·9, 14·24號墳-』.

釜山大學校博物館, 2015, 『東萊福泉洞古墳群 VII-1·3·5·6·16·28·29·33·34號墳-』.

釜山博物館, 2012, 『蓮山洞古墳群-연제체육공원 조성부지 조사-』.

釜山博物館, 2014, 『蓮山洞 M3號墳-연산동 고총고분 2차 조사-』.

釜山女子大學校博物館, 1984, 『昌原三東洞甕棺墓』.

釜山直轄市立博物館, 1992, 『東萊福泉洞53號墳』.

釜山直轄市立博物館, 1993, 『生谷洞加達古墳群 I』.

釜山直轄市立博物館, 1998, 『釜山老圃洞遺蹟』.

釜山直轄市立博物館, 2001, 『生谷洞加達古墳群 II』.

三江文化財研究院, 2010, 『晉州 倉村里 遺蹟-三韓~朝鮮墓-』.

三江文化財研究院, 2013, 『昌寧 校洞 新羅墓群-창녕박물관 증축부지 내 유적 시·발굴조사-』.

삼한문화재연구원, 2015, 『大邱 新塘洞遺蹟』.

서울大學校博物館, 1990, 『한우물-虎岩山城 및 蓮池發掘調査報告書』.

서울대학교박물관, 2014, 『석촌동고분군 II』.

聖林文化財研究院, 2012, 『浦項 玉城里 古墳群』.

聖林文化財研究院, 2012, 『慶州 花谷里 生産遺蹟』.

聖林文化財研究院, 2016, 『義城 大里里 古墳群』.

세종문화재연구원, 2019, 『浦項 南城里古墳群-II구역-』.

숭실대학교 한국기독교박물관, 2010, 『水原 西屯洞 遺蹟』.

신라문화유산연구원, 2010, 『慶州奉吉里遺蹟-방사성폐기물 처리시설 건설부지내 유적-』.

신라문화유산연구원, 2010, 『경주 천북 동산리 401번지 일원 아파트건립부지내 慶州 東山里遺蹟 II-2 – 삼국시대-』.

신라문화유산연구원, 2010, 『慶州 東山里遺蹟 II-1』.

신라문화유산연구원, 2010, 『慶州 東山里遺蹟 II-2』.

신라문화유산연구원, 2010, 『慶州 東山里遺蹟 II-3』.

신라문화유산연구원, 2014, 『경주 황성동 590번지 유적 I』.

신라문화유산연구원, 2015, 『경주 황성동 590번지 유적 II』.

신라문화유산연구원, 2016, 『경주 황성동 590번지 유적 III』.

신라문화유산연구원, 2017, 『경주 황성동 590번지 유적 IV』.

신라문화유산연구원, 2017, 『경주 황성동 590번지 유적 V』.

신라문화유산연구원, 2017, 『경주 황성동 590번지 유적 VI』.

嶺南大學校博物館, 1975, 『皇南洞古墳發掘調査槪報』.

嶺南大學校博物館, 1987, 『陜川 苧浦里 古墳群(A地區)』.

嶺南大學校博物館, 1991, 『慶山 林堂地域 古墳群 I-造永 1A地域-』.

嶺南大學校博物館, 1994, 『慶山林堂地域古墳群 II-造永 EIII-8號墳 外-』.

嶺南大學校博物館, 1998, 『慶山 林堂地域 古墳群 III-造永 1B地域-』.

嶺南大學校博物館, 1999, 『慶山 林堂地域 古墳群 IV-造永 CI·II號墳-』.

嶺南大學校博物館, 2000, 『慶山 林堂地域 古墳群 V-造永 EI號墳-』.

嶺南大學校博物館, 2002, 「附錄 達城古墳 發掘調査」, 『慶山 林堂地域 古墳群 VI-林堂2號墳-』.

嶺南大學校博物館, 2003, 『慶山 林堂地域 古墳群 VII-林堂5·6號墳-』.

嶺南大學校博物館, 2005, 『慶山 林堂地域 古墳群 VIII-林堂 7號墳-』.

嶺南埋藏文化財研究院, 1996, 『高靈快賓洞古墳群』.

嶺南埋藏文化財研究院, 1998, 『浦項玉城里古墳群 I-ㄴ地區-』.

嶺南文化財研究院, 1999, 『慶州 舍羅里遺蹟 I』.

嶺南文化財研究院, 2001, 『慶山林堂洞遺蹟 II-G地區 5·6號墳-』.

嶺南文化財研究院, 2001, 『慶山林堂洞遺蹟 III-G地區 분묘-』.

嶺南文化財研究院, 2001, 『大邱 西邊洞古墳群 I』.

嶺南文化財研究院, 2001, 『永川 淸亭里遺蹟』.

嶺南文化財研究院, 2003, 『達城 汶陽里古墳群 I』.

嶺南文化財研究院, 2003, 『大邱 旭水洞·慶山 玉山洞遺蹟 I』.

嶺南文化財研究院, 2004, 『大邱 佳川洞遺蹟』.

嶺南文化財研究院, 2005, 『慶州 舍羅里 525番地遺蹟』.

嶺南文化財研究院, 2006, 『高靈 池山洞古墳群』 I~V.

嶺南文化財研究院, 2007, 『慶州舍羅里遺蹟 III-木槨墓·甕棺墓-』.

嶺南文化財研究院, 2008, 『慶山 林堂洞 低濕池遺蹟 I·II·III』.

嶺南文化財研究院, 2008, 『慶州德泉里遺蹟 II-木棺墓-』.

嶺南文化財研究院, 2009, 『慶州 芳內里 古墳群』.

嶺南文化財研究院, 2009, 『慶州德泉里遺蹟 III-木槨墓-』.

嶺南文化財研究院, 2009, 『慶州德泉里遺蹟 IV-木槨墓·甕棺墓 外-』.

嶺南文化財研究院, 2010,『경주 황성동 공동주택 건설부지 내 慶州 隍城洞 575番地 古墳群』.

嶺南文化財研究院, 2011,『慶州九於里古墳群 II-木槨墓-』.

嶺南文化財研究院, 2011,『大邱 旭水洞·慶山 玉山洞遺蹟 II』.

嶺南文化財研究院, 2015,『大邱 八達洞遺蹟 III』.

예맥문화재연구원, 2011,『江陵 雁峴洞遺蹟』.

우리문화재연구원, 2011,『咸陽 新官里 遺蹟』.

우리문화재연구원, 2013,『梁山 虎溪·山幕洞 遺蹟』.

蔚山文化財研究院, 2008,『蔚山達川遺蹟 1次發掘調査. 附錄 蔚山達川遺蹟 2次發掘調査』.

蔚山文化財研究院, 2010,『蔚山達川遺蹟 3次發掘調査』.

蔚山文化財研究院, 2011,『蔚山中山洞古墳群』.

蔚山文化財研究院, 2013,『蔚山藥泗洞北洞遺蹟 I-木槨墓-』.

울산발전연구원 문화재센터, 2014,『울주 구미리 709-3번지 유적』.

梨花女子大學校博物館, 1998,『靈岩 鳩林里 土器窯址發掘調査』.

梨花女子大學校博物館, 2001,『靈岩 鳩林里 陶器窯址』.

전라문화유산연구원, 2014,『남원 운봉 북천리유적』.

全北大學校博物館, 1989,『斗洛里』.

全北大學校博物館, 2001,『鎭安龍潭댐水沒地區內文化遺蹟發掘調査報告書 II』.

전주문화유산연구원, 2020,『남원 월평리 수월유적』.

중부고고학연구소, 2021,〈파주 축현지구 산업유통단지 조성사업부지 내 유적 학술자문회의 자료집〉.

中央文化財研究院, 1998,『尙州 新興里古墳群』 I~V.

中央文化財研究院, 2006,『美谷里·美蠶里·內村里遺蹟』.

中央文化財研究院, 2008,『慶州 花山里遺蹟』.

中央文化財研究院, 2010,『忠州 下九岩里遺蹟』.

中央文化財研究院, 2011,『牙山 屯浦里遺蹟』.

中原文化財研究原, 2007,『安城 盤諸里遺蹟』.

中原文化財研究院, 2011,『沃川 金龜里 新羅 古墳群』.

중원문화재연구원, 2012,『보은 삼년산성 고분군 종합학술조사 보고서』.

昌原大學 博物館, 1987,『昌原 道溪洞古墳群 I』.

昌原大學 博物館, 1988,『陜川 苧浦里B古墳群』.

昌原大學 博物館, 1990,『馬山縣洞遺蹟』.

昌原大學校博物館, 2006,『蔚山中山里遺蹟 I』.

昌原大學校博物館, 2006,『蔚山中山里遺蹟 II』.

昌原大學校博物館, 2014,『蔚山 中山里遺蹟 VII-VIII地區-』.

昌原文化財研究所, 1994,『昌原加音丁洞遺蹟』.

춘추문화재연구원, 2021,『경주 죽동리 639-3번지유적』.

忠北大學校博物館, 1991,『鎭川 松斗里遺蹟 發掘調査報告』.

忠北大學校博物館, 1993,『中原 樓岩里 古墳群』.

忠北大學校 中原文化硏究所, 2002,『鎭川 校成里 發掘調査 報告書』.

忠州博物館, 1997,『丹陽 下坊里古墳群 發掘調査 報告書』.

충청남도역사문화원, 2011,『아산 탕정 LCD단지 조성부지(2구역)내 牙山 鳴岩里 박지므레遺蹟』.

忠淸文化財硏究院, 2009,『夫餘 雙北里 현내들·北浦遺蹟』.

충청북도문화재연구원, 2015,『보은 삼년산성고분군 172호분』.

한강문화재연구원, 2013,『원주 반곡동유적 I』.

한강문화재연구원, 2017,『춘천 유두동유적-본문 3-』.

한강문화재연구원, 2019,『청주 용암동·운동동 유적』.

한강문화재연구원, 2020,『남양주 ○○부대 현대화사업부지내 유적 문화재 발굴조사 약식보고서』.

한겨레문화재연구원, 2014,『昌寧 東里 遺蹟 I-창녕 군립도서관 건립부지 내 유적-』.

韓國文化遺産硏究院, 2012,『華城 料里 270-4番地 遺蹟』.

韓國文化財保護財團, 1999,『慶州 競馬場 豫定敷地 C-I地區 發掘調査 報告書』.

韓國文化財保護財團, 2000,『慶州 栗洞 1108番地 古墳群 發掘調査 報告書』.

韓國文化財保護財團, 2000,『淸州 龍岩遺蹟(I)』.

韓國文化財保護財團, 2001,『中部內陸高速道路 忠州區間 發掘調査 報告書』.

韓國文化財保護財團, 2005,『慶州 隍城洞 遺蹟 II-江邊路 3-A工區 開設區間內 發掘調査 報告書-』.

韓國文化財保護財團, 2009,『慶州 神堂里 遺蹟』.

韓國文化財保護財團, 2013,「포항 마산리 149-4번지 유적」,『2011년도 소규모 발굴조사 보고서 IX-경북 4-』.

한국문화재단, 2015,「5. 울산 중산동 613-3번지 유적」,『2012년도 소규모 발굴조사 보고서 VIII-울산-』.

한국문화재단, 2017,「2. 경주 황성동 885-7번지 유적」,『2015년도 소규모 발굴조사 보고서 XX-경북 8-』.

한국문화재단, 2019,「157. 창녕 초곡리 1002번지 유적(한국문화재재단)」,『2017년도 소규모 발굴조사 보고서 XXIII』.

한국문화재단, 2020,「56. 경주 율동 산3-19번지 유적(한국문화재재단)」,『2018년도 소규모 발굴조사 보고서 X』.

한국문화재단, 2020,「81. 경주 탑동 6-1번지 유적(한국문화재재단)」,『2018년도 소규모 발굴조사 보고서 XIII』.

한국문화재단, 2020,「122 경주 율동 산3-22번지 유적」,『2018년도 소규모 발굴조사 보고서 XXI』.

한국문화재단, 2020,「123 경주 율동 산3-23번지 유적」,『2018년도 소규모 발굴조사 보고서 XXI』.

한국문화재조사연구기관협회, 2009,『사적 제490호 강릉 초당동 유적』.

한국토지공사 토지박물관, 2004,『용인보정리고분군 발굴조사 보고』.

韓南大學校博物館, 1992,『錦山場垈里古墳群』.

韓南大學校博物館, 2006,『鎭川 三龍里·山水里 土器窯址群』.

한빛문화재연구원, 2018,『경주 조전리~율동 유적』.

한양문화재연구원, 2018,『楊平 兩水里 537-1番地 遺蹟』.

한울문화재연구원, 2010, 『성남도촌동유적』.

湖南文化財研究院, 2007, 『益山射德遺蹟』.

曉星女子大學校박물관, 1987, 『陜川苧浦里 C. D地區遺蹟』.

曉星女子大學校박물관, 1988, 『善山 洛山洞古墳群 發掘調査報告』.

大阪文化財研究所, 2015, 『加美遺蹟發掘調査報告 VI』, 公益財團法人 大阪市博物館協會.

朝鮮總督府, 1916, 『朝鮮古蹟圖譜 三』.

朝鮮總督府, 1923, 『大正九年度古蹟調査報告 第一冊-金海貝塚發掘調査報告-』.

朝鮮總督府, 1925, 『大正十一年度古蹟調査報告 第一冊-慶尙南北道忠清南道古蹟調査報告-』.

朝鮮總督府, 1928, 『金冠塚と其遺寶』.

朝鮮總督府, 1932, 『慶州金鈴塚飾履塚發掘調査報告』〈大正十三年度古蹟調査報告第一冊〉.

朝鮮總督府, 1937, 『慶州皇南里第百九號墳皇吾里第十四號墳調査報告』〈昭和九年度古蹟調査報告〉第一冊.

朝鮮總督府, 1937, 『昭和七年度古蹟調査報告 第二冊-慶州忠孝里石室古墳調査報告』.

吉林省文物考古研究所, 1987, 『楡樹老河深』, 文物出版社.

遼寧省文物高古研究所, 2002, 『三燕文物』, 遼寧人民出版社.

찾아보기

지은이

최병현(崔秉鉉)

1948년 전북 옥구 출생

숭실대학교 사학과를 졸업하고 같은 학교 대학원에서 문학박사 학위를 받았다.

경주 천마총, 황남대총, 안압지 발굴단원을 거쳐 문화재관리국 문화재연구소 학예연구사로 황룡사지를 발굴하였다. 그 후 한남대학교 사범대학 역사교육과 교수, 숭실대학교 인문대학 사학과 교수로 재직하였고, 현재는 숭실대학교 명예교수이다.

문화재위원, 한국고고학회장, 국사편찬위원을 역임하였고, 2012년부터 대한민국학술원 회원(인문·사회 제3분과)으로 활동하고 있다.

저서로『新羅古墳硏究』(一志社, 1992), 『신라 6부의 고분 연구』(사회평론아카데미, 2021), 『韓國の考古學』(講談社, 1989, 공저), 『韓國古代國家形成時期의 考古學的 硏究』(韓國精神文化硏究院, 1991, 공저), 『개정 신판 한국 고고학 강의』(사회평론아카데미, 2010, 공저), 『동아시아의 고분문화』(서경문화사, 2011, 공서) 등이 있고, 신라고분과 신라토기에 대한 많은 논문을 발표하였다.